Robert E. Manus
Glücklich ohne Gott

Robert E. Manus

Glücklich ohne Gott

Warum Bibel und Koran
uns die Antwort
schuldig bleiben

Tectum Verlag

Robert E. Manus
Glücklich ohne Gott
Warum Bibel und Koran uns die Antwort schuldig bleiben

© Tectum – ein Verlag in der Nomos Verlagsgesellschaft, Baden-Baden 2018
ISBN 978-3-8288-4066-9
E-PDF 978-3-8288-6908-0
E-Pub 978-3-8288-6909-7

Umschlaggestaltung: Tectum Verlag, unter Verwendung des Bildes
#604198601 von frankie's | www.shutterstock.com

Druck und Bindung: FINIDR, Český Těšín
Printed in the Czech Republic

Alle Rechte vorbehalten

Besuchen Sie uns im Internet:
www.tectum-verlag.de

Bibliografische Informationen der Deutschen Nationalbibliothek
Die Deutsche Nationalbibliothek verzeichnet diese Publikation
in der Deutschen Nationalbibliografie; detaillierte bibliografische
Angaben sind im Internet über http://dnb.ddb.de abrufbar.

Inhalt

Vorwort		XI
1	**Gott – ein Hirngespinst?**	**1**
1.1	Warum der Mensch glaubt	1
1.1.1	Angst, Unwissenheit und die daraus erwachsenden Mythen	2
1.1.2	Der Wunsch nach einem Leben nach dem Tod	8
1.1.3	… und die Vorstellungen der Philosophen und Naturwissenschaftler zum Leben nach dem Tod	13
1.1.4	Einfluss der Evolution, frühkindliche Indoktrination sowie weitere Einflussfaktoren	16
1.2	Wegbereiter zur Wahrheit – die „Augenöffner"	22
2	**Die Religionen und ihre Bücher – Märchen aus dem Morgenland?**	**31**
2.1	**Altes Testament und Judentum**	**32**
2.1.1	Historischer Abriss der Geschichte Israels	34
2.1.2	Entstehungsgeschichte des Alten Testaments	43
2.1.3	Vorbiblische Quellen	46
2.1.4	Die Bücher des Alten Testaments – Inhalt und Kritik	58
	Genesis 66 – Exodus 83 – Levitikus, Numeri, Deuteronomium 92 – Josua 97 – Richter 100 – Samuel 104 – Könige 109 – übrige Bücher 119ff.	
2.1.5	Folgenschwere Auswirkungen des Alten Testaments – bis heute	139
2.2	**Neues Testament und Christentum**	**145**
2.2.1	Inhalt und Entstehungsgeschichte	147

2.2.2	Beziehungen zwischen Altem und Neuem Testament, Judentum und Christentum	149
2.2.3	Jesus	154
2.2.4	Markante Stellen des Neuen Testaments	169
2.2.5	Die Evangelien	194
2.2.6	Die Apostelgeschichte	203
2.2.7	Die Paulusbriefe	211
2.2.8	Die Offenbarung des Johannes	220
2.3	**Koran und Islam**	**224**
2.3.1	Einführung	224
2.3.2	Zur Quellenlage: Islamische Tradition versus historisch-kritische Forschung	230
2.3.3	Arabien vor dem Islam	238
2.3.4	Mohammed	242
2.3.5	Der Koran	247
2.3.6	Scharia und Dschihad	280
2.3.7	Geschichte und Spaltungen des Islam	290
2.3.8	Islam, Judentum und Christentum – Gemeinsamkeiten und Unterschiede	297
2.3.9	Der Islam heute	302
3	**Die Wahrheit – Eine Annäherung**	**333**
3.1	**Warum es (mit ziemlicher Sicherheit) keinen Gott gibt**	**334**
3.1.1	Er hat sich Zeit gelassen ... und geht unzählbare Umwege!	334
3.1.2	Er lässt alles zu („Theodizee-Problematik")	339

3.1.3	Er offenbart sich nicht.	342
3.1.4	Es hat sich bisher keiner der Verstorbenen gemeldet	344
3.1.5	Wir brauchen ihn nicht mehr zur Erklärung der Welt – Der Gott der Lücken	346
3.2	**Glaube und Vernunft**	**352**
3.3	**Die Immunisierung des Glaubens**	**361**
3.4	**Respekt für Religionsgläubige – oder reicht Toleranz?**	**367**
3.5	**Religion und Demokratie**	**372**
3.5.1	Die Wurzeln unseres Staatswesens und die Trennung von Staat und Kirche	372
3.5.2	Die geheimnisvolle Finanzierung der Kirchen in Deutschland	384
4	**Leben ohne Gott – Glücklich ohne Gott**	**399**
4.1	**Das Verschwinden der Gottesgläubigkeit**	**400**
4.2	**Ethische Prinzipien – ohne Gottesbezug**	**414**
4.3	**Glücklich ohne Gott**	**431**
4.3.1	Ist das Leben ohne Gott nicht mehr schön?	431
4.3.2	Ein erfülltes Leben ohne Gott	440
Anlage 1: Literaturhinweise		**451**
Anlage 2: Abkürzungen der biblischen Bücher		**455**
Anlage 3: Endnoten		**457**

> Es gibt lange Abschiede.
> Manche dauern ein Leben lang.
>
> Uta Ranke-Heinemann,
> dt. Theologin

Vorwort

Warum dieses Buch?

Es hat lange gedauert, von meinem Glauben loszukommen. Jahrzehnte. Es gab Rückfälle. Und zeitweilig nahm ich das „Thema" nicht mehr ernst. Dies änderte sich durch Dawkins Kampfschrift *Der Gotteswahn*. Da wusste ich, es ist falsch, nur tolerant zu sein.

Den Ausschlag für das Buchprojekt gab allerdings erst eine Reise nach Äthiopien im Jahr 2012, genauer gesagt die Konfrontation mit dem tiefen (Aber-)Glauben meines äthiopischen Reiseführers. So galt und gilt ihm und wohl vielen anderen das von der hohen Decke einer Höhle (nahe der für ihre monolithischen Felsenkirchen bekannten Stadt Lalibela) tropfende Wasser, das in Behältern aufgefangen wird, als heilig. Nachweislich gebe es im Erdbereich über der Höhle kein Wasser – diese Wasserbildung sei ein Wunder, so unser Reiseleiter. Die Höhle wurde zum Wallfahrtsort, weil diesem Wasser zudem heilende Kräfte zugesprochen werden.

Auch glauben die äthiopischen Christen fest daran, dass sich in der nordäthiopischen Stadt Aksum die Bundeslade mit den zwei Steintafeln befindet, die Gott auf einem wolkenverhüllten Berggipfel Moses überreicht haben soll und auf denen – von Gott höchstpersönlich – die zehn Gebote eingemeißelt oder geschrieben sein sollen. Angeblich hatte ein äthiopischer König sie zu Zeiten Salomos aus dem Tempel in Jerusalem entwendet und nach Äthiopien gebracht. Der Einzige, der die Bundeslade je zu Gesicht bekommt und sie in der eigens dafür gebauten Kirche beschützt, ist ein mit dieser Aufgabe lebenslang betrauter Priester. Es gibt – natürlich – nicht einmal Fotoaufnahmen von all dem.

Ich las während dieser Äthiopienreise das Buch der Religionswissenschaftlerin Uta Ranke-Heinemann *Nein und Amen* aus dem Jahr 1992 – ein Kontrastprogramm zu der gelebten äthiopischen Frömmigkeit. Sie weist nach, dass das Neue Testament über weite Strecken schlicht erfunden ist, zwanghaft den „Prophezeiungen" des Alten Testaments zu entsprechen sucht, auf Übersetzungsfehlern beruht etc. Mein erster Gedanke war: Warum macht sie keinen harten Schnitt und sagt sich los von diesem von ihr beschriebenen Lügen- und Legendengebäude? Schließlich, in einer späteren Auflage, tat sie dies und ergänzte den ursprünglichen Titel um den Zusatz „Mein Abschied vom traditionellen Christentum". Daraus stammt auch das diesem Text vorangestellte Zitat. Bleibt zu erwähnen, dass Uta Ranke-Heinemann bereits 1987 ihren Lehrstuhl für katholische Theologie verloren hatte, weil sie an der Jungfrauengeburt Marias zweifelte.

Es drängt sich die Frage auf, warum wir in vielen Dingen so rational sind, den religiösen Bereich jedoch weitgehend ausklammern. Darüber rätselt man schon lange. Arthur Schopenhauer beispielsweise vermutete, die uns in kindlichem Alter eingebläute Religion wirke, als wäre sie uns eingebrannt worden und lasse uns – wenn wir uns nicht mit aller Kraft gegen sie auflehnen und von ihr abwenden – für das ganze Leben in einem diesbezüglich infantilen, unkritischen Zustand. Ein Beispiel dafür: Im März 2012 verunglückte in einem Schweizer Alpentunnel ein Bus mit vielen belgischen Schulkindern. Bei dem Aufprall gegen eine Tunnelmauer am Ende einer Nothaltebucht wurden 22 Kinder sowie sechs Erwachsene (Lehrer, Busfahrer) getötet. Die Nothaltebucht war unter sicherheitstechnischen Aspekten idiotisch gebaut, da sie an einer zur Fahrbahn rechtwinklig ausgerichteten Betonwand endete. Bei einer schrägen Ausrichtung der Betonwand wäre der Unfall glimpflicher verlaufen. Alles, was passieren kann, passiert auch. Als ob kein Gott eine schützende Hand über uns hielte. Und dann findet ein Gottesdienst statt und die Angehörigen beten zu ihrem Gott, der das zugelassen hat. Eigentlich müssten sie ihn verfluchen.

Nun passieren ständig schlimme Dinge: Naturkatastrophen, Seuchen, Krankheiten, Kriege, sonstige Verbrechen. Sie treffen alle Menschen. Da ist keine Schonung zu erkennen, keine Bevorzugung, weder nach Rasse noch nach Religionszugehörigkeit, und selbst der Papst (Johannes Paul II.) wurde durch ein Attentat schwer verletzt. Es scheint also, als würde kein Gott, kein Jesus uns lieben. Ist der Himmel leer? Ist alles Quatsch?

Bei der Frage nach Gott hält man bald inne. Zunächst haben wir ja unsere Vorstellungen von einem „persönlichen", den Menschen zugewandten oder sie auch drangsalierenden Gott, wie er in den „Heiligen Büchern" beschrieben ist. Religionswissenschaftler, Historiker und Archäologen machen jedoch große Zweifel am Wahrheitsgehalt von Altem und Neuem Testament geltend; die Gott (vor allem im Alten Testament) zugeschriebenen Eigenschaften und Verhaltensweisen – grausam, eifersüchtig, ungerecht, parteiisch – widerspiegelten die Vorstellungswelt der Verfasser. Bei einer Infragestellung oder Verneinung des „biblischen" Gottes wäre die Frage nach Gott aber noch nicht beantwortet. Könnte es nicht sein, dass es einen *anderen* Gott gibt, sozusagen den wahren Gott? Einen, wie ihn sich vielleicht Deisten („Gott hat das Universum bzw. die Welt geschaffen, greift aber nicht mehr in das weitere Geschehen ein") oder Pantheisten („Gott ist eine Kraft, die sich im Universum, in der Natur und anderem zeigt") vorstellen? Die Gottesvorstellungen in Bibel und Koran, um nur von diesen zu sprechen, könnte man, wenn man wohlwollend ist, als allzu menschliche Interpretationen des eigentlichen Gottes ansehen. Aber sprechen nicht auch Argumente gegen diesen „abstrakteren" Gott?

Kann man sich demnach, wenn Skepsis in der Gottesfrage ohnehin angebracht erscheint, nicht weitere Ausführungen zu Bibel und Koran ersparen? Ich glaube nein, werden die Auseinandersetzungen zur Frage, ob es einen Gott gibt, doch hauptsächlich auf der Grundlage dieser Bücher geführt. Ferner ist der kindliche Glaube der Menschen an Gott durch die Bilder und Geschichten der „Heiligen Bücher" geprägt: die Erschaffung der Erde und des Menschen, die Arche Noah, das Lotterleben von Sodom und Gomorrha und deren Vernichtung, die Erzväter Abraham, Isaak und Jakob, David und Goliath, Moses und die Zehn Gebote, mit Blick auf das Neue Testament die Geburt Jesu (Weihnachten), sein Kreuzestod und seine Auferstehung (Ostern), die Wunder Jesu, die Bergpredigt.

Diese uns als Kinder beeindruckenden Geschichten müssen in einem Buch, das sich mit der Frage nach Gott und dem Glauben an ihn auseinandersetzt, kritisch beleuchtet werden. Das hat zudem mit der auch heute noch gängigen Vermittlung der „biblischen Wahrheiten" durch die Kirche zu tun. Uns Kindern, aber auch den Gläubigen im Allgemeinen wurde und wird immer noch vermittelt, dass die Bibel Gotteswort sei, von Gott inspiriert, den Bibelschreibern von Gott eingeflüstert; die Bibel sei wahr, fast wie ein Geschichtsbuch zu lesen; sie sei heilig, originär und originell, die Grundlage von Ethik und Moral, und alle Religionen, sofern sie sich nicht auf die Bibel stützen, seien falsch. Für Muslime gilt hinsichtlich des Korans und der Wertungen Ähnliches. Ausgehend hiervon habe ich meine Überlegungen in vier Fragenkreise bzw. Themenbereiche unterteilt:

1. Ist Gott ein Hirngespinst? – Warum der Mensch glaubt. Als Humus für den Gottesglauben erscheinen vor allem Angst und Unwissenheit der Menschen, Armut und Not sowie evolutionäre Einflüsse. Wann aber fing das alles an und wo? Und welchen Einfluss hat die frühkindliche Indoktrination?

2. Die Religionen und ihre Bücher – Märchen aus dem Morgenland? Im Fokus stehen vor allem zwei Aspekte: die nach dem Wahrheitsgehalt und die nach der „Heiligkeit", der Ethik dieser Bücher. Zum Wahrheitsgehalt von Bibel und Koran ist zu fragen, ob sie Geschichten oder Geschichte enthalten. *Und die Bibel hat doch recht* titelte einst Werner Keller und landete damit in den 1950er-Jahren einen Weltbestseller. Stimmen also die in der Bibel geschilderten Ereignisse, die mich in meiner Kindheit in ihren Bann gezogen haben? Gab es die bekannten biblischen Gestalten? Sind die zeitlichen Angaben korrekt? Wann wurden diese Bücher verfasst? Mit Blick auf die „Heiligkeit" dieser Bücher geht es darum, welche Lehren, welche Werte uns Bibel und Koran und die darauf aufbauenden Religionen vermitteln und ob sie uns als Wegbereiter und Kompass für ein friedvolles Miteinander und ein glückliches Leben dienen können.

3. *Die Wahrheit – welche Argumente sprechen für, welche gegen die Existenz eines Gottes? Und welche Konsequenzen ergäben sich bei einer Verneinung seiner Existenz?* Im Vordergrund stehen neben den Theodizee-Überlegungen insbesondere die „Gottesbeweise" sowie die Erkenntnisse der Naturwissenschaften (Physik/Kosmologie, Evolutionsbiologie). Bleibt da noch Platz für einen über allem thronenden Mann mit weißem Bart? Aber auch die für uns als Staatsbürger und für unser Zusammenleben wichtigen Fragen sind zu stellen: Wie verträgen sich Glaube und Vernunft, wie Religion und Demokratie? Dies alles auch vor dem Hintergrund der katastrophalen Situation in vielen islamischen Ländern mit Kriegen, Unfreiheit, Armut, Zwang und Unterdrückung und dadurch ausgelösten Flüchtlingsbewegungen.

4. *Kann man auch ohne Gottesglauben ein ethisches, sogar glückliches Leben führen?* Ohne Gott keine Moral? Könnte man bei einem Blick in die Geschichte und auf die aktuellen Begebenheiten nicht eher zu dem Schluss kommen, es verhalte sich umgekehrt? Dass diejenigen, die sich auf Gott berufen, keine Moral haben? Auch dass ohne Gott ein glückliches Leben möglich sei, wird von religiösen Menschen, vor allem ihren Mandatsträgern, gerne bestritten. Milliarden Menschen, verteilt über alle Erdteile, die keinen religiösen Rucksack tragen, sehen das sicherlich anders, einschließlich der über 30 Millionen Menschen in Deutschland, die keiner Kirche mehr angehören und die wahrscheinlich zum großen Teil den kirchlichen Glaubensinhalten kritisch oder ablehnend gegenüberstehen. Nicht zu vergessen viele ganz außerordentliche Menschen, Künstler wie Matisse, van Gogh, Monet, Picasso, Komponisten wie Bizet, Ravel, Schostakowitsch,

Schriftsteller wie Georg Büchner oder Marcel Proust, die ohne einen Gottesbezug ein vermutlich recht erfülltes Leben führten.

Noch einige Bemerkungen zu meiner Themenauswahl: Richtig gut kann man nur auf dem eigenen Acker pflügen. Das ist bei mir das Christentum. Da das Alte Testament (auch „hebräische Bibel" genannt) Teil der christlichen Bibel wurde, ist die Beschäftigung hiermit – und damit auch mit dem Judentum – geboten. Und wir werden sehen: Der Einfluss des Alten auf das Neue Testament ist kaum zu überschätzen. Darüber hinaus erschien mir die Ausweitung auf den Islam vor allem aus zwei Gründen sinnvoll: Zum einen setzt er auf dem religiösen Fundament von Judentum und Christentum auf und bildet mit diesen die „abrahamitischen" Religionen. Zum anderen wäre bei der Frage nach Gott und den aktuellen Auseinandersetzungen mit der Rolle der Religionen (wie auch nach dem Verhältnis zwischen den Religionen und Kulturen) eine Nichteinbeziehung des Islam unbefriedigend. Die Beschäftigung mit dem Islam ist auch der Tatsache geschuldet, dass in Europa zwischenzeitlich mehr als 50 Millionen Muslime leben, aufgrund der muslimischen Flüchtlinge aus außereuropäischen Ländern mit stark wachsender Tendenz.

Mein Buch hat sich während des Schreibens entwickelt. Ursprünglich als Abrechnung mit meiner eigenen katholischen Erziehung und als eine Hinterfragung der darin vermittelten religiösen Botschaften gedacht, kam doch dies und jenes dazu ... Es wendet sich an Menschen, die einen kritischen Blick auf Religionen und ihre Götter werfen wollen. An jene, denen die Bibel – wie auch mir – als ein wahres, auch geschichtlich wahres, und „heiliges" Buch vermittelt wurde. Die Wahrheit soll aufgezeigt werden, auch wenn dadurch vieles „entzaubert" wird.

Die häufige Wiedergabe biblischer Textstellen und Koransuren verfolgt mehrere Zwecke.[1] Der Leser soll sich selbst ein Bild davon machen können, welchen Geistes diese Bücher sind. Meine kritischen Anmerkungen dürften so zudem besser nachvollziehbar sein. Einige

Zitate sind auch eine Referenz an die sprachliche Schönheit und Ausdruckskraft mancher Textpassagen, so etwa die ersten Verse der Genesis, das Buch Prediger oder einige Psalmen. Darunter finden sich „geflügelte Worte", die wir heute noch verwenden. Die Koransuren im Wortlaut zu kennen, erleichtert die Diskussion über deren Inhalte und gibt einen Eindruck von der uns zunächst fremd erscheinenden Diktion.

1 Gott – Ein Hirngespinst?

1.1 Warum der Mensch glaubt

Wer einmal die Taufe eines Säuglings in Oberbayern erlebt hat, die herausgeputzten Eltern und Verwandten, mit Lederhosen, Gamshüten und Dirndl, der weiß: die Religionszugehörigkeit hat hier mit Brauchtum zu tun. Die Religion wird von Generation zu Generation einfach weitergegeben. Der Wahrheitsgehalt steht dabei weniger im Fokus – er interessiert einfach niemanden sonderlich.

So geschieht das ständig. Millionenfach. Warum wir heutigen Menschen glauben und was wir glauben, beruht, da ist man sich weitgehend einig, auf frühkindlicher Beeinflussung – auf Erziehung, Tradition und der Region, in der man aufgewachsen ist. Aber wo kommt die Religion, wo kommt der Glaube *ursprünglich* her?

Als *Wurzeln* der Gottesgläubigkeit – wie also alles einmal angefangen hat in archaischen Zeiten – verweist die Wissenschaft überwiegend auf die Angst der Menschen vor Gefahren, auch vor dem Tod, gepaart mit Unwissenheit. Darüber hinaus werden evolutionäre Einflüsse gesehen. Generell ist eine Erklärung zudem, dass Armut, (seelische) Not und Unterdrückung der Menschen, verbunden mit dem Wunsch nach einem besseren Leben, die Aufnahmebereitschaft für religiösen Glauben begünstigen.

Die großen Religionen sind, wir werden fast täglich daran erinnert, allesamt in archaischen, vorwissenschaftlichen Zeiten entstanden. Warum? Warum nicht heute? Die Antwort vermag eigentlich jeder Leser selbst zu geben. Religiös Überzeugte behaupten zwar gerne, die Tatsache, dass alle Völker in der Vergangenheit an höhere Wesen geglaubt hätten, sei ein Hinweis auf die Existenz eines göttlichen Wesens. Hier muss man schlicht feststellen: Unsere Urahnen hatten keine andere Möglichkeit, als sich die Welt und ihre vielen Phänomene – Blitz und Donner, die Himmelskörper, den Wechsel von Tag und Nacht und auch der Jahreszeiten, Erdbeben, Krankheiten und Tod – religiös zu deuten, mangelte es ihnen doch an natürlichen oder wissenschaftlichen Erklärungsmöglichkeiten.

Hinzu kommen Projektionen. Die Menschen projizierten ihr Innenleben – ihre Gedanken, Gefühle, Wünsche, Ängste – auf Objekte, andere Lebewesen, aber eben auch auf Götter und das Jenseits. So strafen die Götter in der Weise, wie es sich die Menschen selbst antun würden. Das Jenseits, das Paradies bei dem in der arabischen Wüste lebenden Mohammed ist geprägt von Bächen, Gärten, Blumen, Früchten, hübschen bereitwilligen Jungfrauen; selbst Wein und Schweinefleisch, auf Erden streng verboten, dürfen nun genossen werden. Es steht zu vermuten, dass diese Bilder mit den Lebensumständen, Wünschen und Hoffnungen der Gesellschaft, in denen der Prophet wirkte, zu tun haben.

1.1.1 Angst, Unwissenheit und die daraus erwachsenden Mythen

> Furcht gebiert Götter.
>
> Lukrez

Wovor fürchteten sich die Menschen in alten Zeiten? Sicherlich vor wilden Tieren – wir standen Jahrtausende lang nicht an der Spitze der Nahrungskette! Furcht auch vor Erdbeben, Vulkanausbrüchen, Stürmen und Gewittern, Krankheiten, Dürre und Hungersnöten. Hinzu kamen, dies überlagernd, die Furcht vor dem Tod und die Ungewissheit, ob und wie es danach weitergeht, in einem Paradies oder gar in der Hölle. Dementsprechend finden sich bei allen Völkern vielfältige und ausgeprägte Todes- und Jenseitsmythen. Das Wissen um die eigene Sterblichkeit sowie das Sich-nicht-abfinden-Wollen mit dem Tod als Ende des (begrenzten) Lebens waren sicherlich eine wichtige Triebkraft zur Entstehung religiösen Glaubens. Die Hoffnung auf das Paradies hat auch mich schon als Kind beschäftigt. Aber: Ist das Dasein dort eigentlich so erstrebenswert? Es wäre im himmlischen Paradies, wenn es denn so etwas überhaupt gäbe, wahrscheinlich ziemlich langweilig! Keiner weiß, warum und wozu er lebt. Und immer nur Halleluja singen, das hat schon den Alois bzw. den Engel Aloisius, den „Münchner im Himmel" in der Satire von Ludwig Thoma, nicht zufriedengestellt: Niemand hat eine Aufgabe, und allen engelsgleichen Wesen dämmert es, dass dieses ewige Leben sinnlos ist. Eine entsetzliche Vorstellung – nicht nur für Esther Vilar, die darauf verwies, dass den meisten Menschen doch schon an einem verregneten Sonntagnachmittag langweilig sei.[2] Voll wäre es zudem in Hölle und Paradies: Bereits jetzt haben vielleicht 110 Milliarden Menschen gelebt. Und es kommen aufgrund der stark wachsenden Erdbevölkerung noch Hunderte Milliarden Menschen dazu. Keine leichte Aufgabe für Petrus, den Überblick zu behalten! Jesus lehrte gar, dass nach der Auferstehung die Menschen nicht mehr heiraten und nicht mehr sterben werden, sie würden den (geschlechtslosen) Engeln gleich sein (Lk 20,35–36, Mk 12,25–27). Also auch *das* Vergnügen fällt weg! Da ist der islamische Himmel nun doch amüsanter. Doch Spaß beiseite: Der Wunsch ins Paradies zu kommen hat ziemlich fatale Auswirkungen auf unser irdisches Leben. Scheitert doch ein „Paradies auf Erden" zum großen Teil auch an denen, die an ein Paradies im Himmel glauben und dem irdischen Leben wenig Bedeutung beimessen. Ihr fehlendes Engagement auf Erden verhindert oder erschwert zumindest die Möglichkeiten, die Erde friedlicher und schöner zu machen.

Zur Angst als Ursache für Gottesglauben und Religionen schrieb der Philosoph und Mathematiker Bertrand Russell in seinem berühmten, 1927 verfassten Aufsatz „Warum ich kein Christ bin": „Die Religion stützt sich vor allem und hauptsächlich auf die Angst. Teils ist es die Angst vor dem Unbekannten und teils … der Wunsch zu fühlen, dass man eine Art großen Bruder hat, der einem in allen Schwierigkeiten und Kämpfen beisteht. Angst ist die Grundlage des Ganzen – Angst vor dem Geheimnisvollen, Angst vor Niederlagen, Angst vor dem Tod. Die Angst ist die Mutter der Grausamkeit, und es ist deshalb kein Wunder, dass Grausamkeit und Religion Hand in Hand gehen, weil beide der Angst entspringen." Fast alle Religionen haben Vorstellungen entwickelt, dass und wie es nach dem Tod weitergehen könnte, oder besser: „sollte". Der Glaube an das Jenseits ist keine Erfindung der abrahamitischen Religionen. Sie haben hier schlicht ältere Vorstellungen (Sumerer, Ägypter etc.) übernommen und teilweise modifiziert. Da gibt's im Grundsatz nichts allzu Originelles im Judentum, Christentum und Islam und in ihren „Heiligen Büchern".

Für den Bewusstseinsforscher Thomas Metzinger kollidiert unsere Angst vor der eigenen Sterblichkeit mit unserem Selbsterhaltungstrieb. Ihm zufolge versuchen wir diese zu bewältigen, indem wir Sicherheit und Stabilität in einer Weltanschauung suchen, die wir als „Angstpuffer" benutzen.[3] Ein fester ideologischer Rahmen ermögliche uns dann auch auf emotionaler Ebene, unsere Selbstwertgefühle zu stabilisieren, zum Beispiel durch einen religiösen Glauben, die gemeinsame Verpflichtung auf bestimmte Werte, Rituale und eine auf mehr oder weniger strengen Regeln basierende und mit anderen Gläubigen geteilte Form der Lebensführung. Die empirische Forschung zeige: Je schlechter es uns gelinge, Informationen über die eigene Sterblichkeit zu verdrängen, desto stärker identifizierten wir uns mit dem von uns gewählten ideologischen System.

Metzinger verwendet dafür den Begriff des „adaptiven Wahnsystems". „Wahn" sei zunächst, rein psychiatrisch gesehen, eine offensichtlich falsche Überzeugung, die mit einem starken subjektiven Gewissheitserleben einhergeht und die durch vernünftige Argumente oder empirische Belege nicht korrigiert werden kann. Solche Glaubenssysteme könnten zwar für einzelne Menschen und in kurzen Zeiträumen das subjektive Leiden wirksam vermindern, sie spendeten Trost, ermöglichten intensive Gemeinschaftserfahrungen und das Erleben von Geborgenheit in einer unsicheren Welt, sie seien sozusagen metaphysische Placebos, die in der existenziellen Palliativmedizin eingesetzt würden. Für die Menschheit als Ganzes sei diese Strategie aber *objektiv* nicht nachhaltig, und die lokale, kurzfristige Stabilisierung des Selbstwertgefühls erzeuge auf globaler Ebene immer wieder unfassbares Leid. Die Religion sei historisch gesehen aus Bestattungsriten, aus Grabbeigaben und dem Ahnenkult, sprich aus systematischen Formen der Sterblichkeitsverleugnung entstanden, aus Strategien, die dazu dienen sollen, das Bewusstsein der eigenen Endlichkeit zu bewältigen.

Unwissenheit gilt als Schwester der Angst. Auch Stephen Hawking, der berühmte Astrophysiker, ist überzeugt, dass „Unkenntnis der Naturgesetze Menschen früherer Zeiten (veranlasste), Götter zu erfinden, die in jeden Aspekt des menschlichen Lebens hineinregierten … Da die Beziehung zwischen Ursache und Wirkung in der Natur für sie nicht ersichtlich war, erschienen diese Götter als unergründlich und die Menschen ihnen auf Gedeih und Verderb ausgeliefert."[4] Und natürlich mussten die Götter in der Fantasie der Menschen zunächst auch Himmel und Erde sowie Menschen, Tiere und Pflanzen schaffen. Da wurde eifrig spekuliert. Der Mensch ist neugierig.

Auf der Zeitleiste unserer menschlichen Geschichte ist die wissenschaftliche Forschung eine ganz neue Beschäftigung. Da stellt sich unwillkürlich die Frage, wie die griechischen Philosophen, die jüdischen Propheten und Bibelautoren, Jesus, die Evangelisten, Paulus, Augustinus oder Mohammed gedacht hätten, wenn sie über den heutigen vor allem naturwissenschaftlichen Kenntnisstand verfügt hätten. Wahrscheinlich würden sie sich wundern, dass wir ihre damaligen Ergüsse immer noch ernst nehmen und nachplappern, immer noch die alten Lieder singen.

Man kann es sich wie eine Sanduhr vorstellen: Der obere Behälter steht für „Unwissen, unmündiger Mensch, Glaube an Götter", der untere Behälter für „Wissen/Wissenschaft, mündiger Mensch,

Selbstverantwortung". Die Menschen im Altertum hatten – nach unseren heutigen Maßstäben – nur sehr geringe naturwissenschaftliche Kenntnisse. Eine wichtige Voraussetzung für die Naturforschung war die Sesshaftigkeit der Menschen. Die gab es aber erst mit der Fähigkeit zum Getreideanbau, vermutlich zuerst in Mesopotamien, vielleicht auch parallel in Ägypten und im Gebiet der heutigen Türkei (evtl. 8.000–10.000 v. Chr.). Erste Entdeckungen betrafen einfache Gesetzmäßigkeiten in Naturvorgängen wie den Wechsel der Jahreszeiten oder die periodischen Bewegungen der Himmelskörper. Eine recht genaue Bestimmung der Sonnen- und Sternpositionen sowie der Mondphasen belegen viele der sogenannten Kalenderbauten (Kreisgrabenanlagen, Sonnentempel und Megalithanlagen). Wichtige Daten wie Neumonde, Tag-und-Nacht-Gleiche sowie die Winter- und Sommersonnenwende wurden erfasst und hatten in vielen Frühkulturen kultische Bedeutung. Seit etwa 700 v. Chr. führten die Babylonier systematisch genaue Beobachtungen der bekannten Planeten durch. Sie dachten sich die Erde als eine von Wasser umgebene Scheibe, die von einer Himmels-Halbkugel überwölbt ist. Die Ägypter stellten sich die Welt quaderförmig vor, deren flacher oder etwas gewölbter Himmel von vier Bergspitzen an den Ecken des Festlands gehalten wurde.

Im Bereich der Medizin wurden Krankheiten früher als das Wirken dämonischer Geister angesehen, die es durch Verabreichung von Arzneimitteln zu vertreiben galt, und auf behinderten Menschen lastete, so glaubte man, ein Gottesfluch. Früher? Im Zusammenhang vor allem mit der Aids-Krankheit sprachen religiöse Autoritäten und gläubige Menschen in zahlreichen Fällen von einer Strafe Gottes.[5] Allerdings gab es um die Zeit 1600 v. Chr. schon die Beschreibung zahlreicher Krankheiten mit ihren Symptomen, Diagnose- und Therapiemöglichkeiten. Und wahrscheinlich waren es die Phönizier, die als Erste (im 2. Jahrtausend v. Chr.) eine Alphabetschrift mit etwa nur 30 Zeichen, basierend auf Lauten der Aussprache, entwickelten. Dadurch konnten auch Menschen niedrigerer Klassen das Lesen und

Schreiben lernen. Außerdem wurde im 2. Jahrtausend v. Chr. die Eisenverarbeitung erfunden. Sie löste die aufwendigere Bronzeverarbeitung ab.

So richtig hat sich unser naturwissenschaftliches Wissen allerdings erst in den vergangenen 150 Jahren vermehrt – und es explodiert förmlich seit einigen Jahrzehnten aufgrund der Fortschritte in Physik, Chemie, Biologie, Medizin und schließlich der Computerisierung/Digitalisierung sowie der Fortschritte in der Astronomie/Raumfahrt. Schnell vergessen wir, dass erst Anfang der 1930er-Jahre die Urknalltheorie entwickelt wurde, dass man bis dahin glaubte, die Milchstraße sei die einzige Galaxie unseres Universums, und dass erst 1953 die Bedeutung der DNA erkannt wurde.

Werfen wir also den Alten nichts vor. Sie haben entsprechend ihrem Wissensstand in Göttern, Geistern, Teufeln und Dämonen die Ursache für die ihnen unerklärlichen Naturphänomene gesehen, die Antwort auf die Fragen danach, woher wir kommen, wie der Kosmos, unsere Sonne, die Erde, der Mond, die Berge, die Tiere und Pflanzen geschaffen wurden. Diese „Mythen" unserer Vorfahren, insbesondere die aus Mesopotamien und der Levante, aus Persien und Ägypten, haben auch Eingang in die „Heiligen Schriften" der abrahamitischen Religionen, zunächst in das Alte Testament, gefunden, seien es Schöpfungs- und Jenseitsmythen, Mythen über Götter, Engel, Teufel und Dämonen und anderes. Auf die vorbiblischen Quellen werde ich in einem späteren Kapitel noch näher eingehen.

Unsere heutigen Erkenntnisse zeigen, dass alle Schöpfungsgeschichten aus Unwissenheit geborene Fantasieprodukte sind. Das Universum, die Galaxien, unsere Sonne und Erde sowie das Leben, also die Pflanzen, die Tiere und wir selbst, entstanden in einem Milliarden Jahre dauernden Prozess. Die Menschen des Altertums, die damaligen Religionsgründer, verfügten noch nicht über dieses Wissen. Und den von ihnen erfundenen Göttern konnten sie auch nur ihren damaligen Wissensstand in den Mund legen. Keiner ihrer Götter, kein Jesus sagte damals: Die Erde kreist um die Sonne, die Erde ist eine Kugel und es gibt noch andere Erdteile, der Mensch ist in einem Millionen Jahre dauernden evolutionären Prozess entstanden, die biblische Schöpfungsgeschichte stimmt nicht. Der Gott der Bibel oder auch der Allah des Korans sagen immer nur das, was die Menschen, die diese Bücher geschrieben haben, wussten. Das war – nach unseren heutigen Maßstäben – nicht allzu viel. Deutlich wird dies etwa, wenn der Evolutionsbiologe Richard Dawkins in seinem Buch *Der Zauber der Wirklichkeit* den Mythen über die Entstehung der Welt, der Pflanzen und Tiere sowie der Menschen die tatsächlichen Prozesse gemäß unseren zwischenzeitlichen naturwissenschaftlichen Erkenntnissen für all diese Dinge gegenüberstellt. Und man bemerkt rasch: Die Beschreibung der Realität und ihrer tatsächlichen Ursachen ist viel spannender und facettenreicher als der Griff in die Mottenkiste religiöser Mythen.[6]

1.1.2 Der Wunsch nach einem Leben nach dem Tod

> Die Gräber sind die Geburtsstätten der Götter.
> Wenn der Tod nicht wäre, gäbe es keine Religion.
>
> Ludwig Feuerbach

Die Angst vor dem Tod und die Furcht, dass nach dem Tod alles vorbei sei, beschäftigen die Menschen von alters her und sind Gegenstand fast aller Religionen.[7] Hierzu gibt es im Wesentlichen drei Ansätze:

1. Das menschliche Leben wird als eine Art Bewährung oder Prüfung gesehen. Nach dem Tod wechselt der Mensch in einen anderen Seinszustand (Weiterleben in einem Totenreich, Jenseits, Himmel, Hölle etc.). Das entspricht vor allem der christlichen und islamischen Lehre (auch „Vollendung" genannt).

2. Der Mensch besitzt einen geistigen Anteil (meist als „Seele" bezeichnet), der immer wieder in neuen Körpern auf der Erde erscheint, ein Leben lebt und wieder stirbt. Das wird insbesondere von Hinduismus und Buddhismus vertreten (auch „Inkarnation" genannt).

3. Mit dem Tod endet die Existenz eines Menschen. Der Mensch lebt nicht mehr als Subjekt weiter. Das ist für die Naturwissenschaft am wahrscheinlichsten.

In Deutschland erwartet nur noch gut ein Drittel der Bevölkerung (36 %), dass das Leben nach dem Tod irgendwie weitergeht. Selbst bei Katholiken sind es nur noch 49 Prozent und bei Protestanten gar nur 39 Prozent, die davon ausgehen – obwohl das Weiterleben nach dem Tod doch ein zentraler Glaubensinhalt der christlichen Kirchen ist.[8] Ein Blick in die (vorbiblische) Geschichte zeigt folgende unterschiedliche Jenseitsvorstellungen und -mythen, die teilweise entsprechende Jenseitsvorstellungen in Judentum, Christentum und Islam beeinflusst haben:

Die *Sumerer* des alten Mesopotamien (3. Jahrtausend v. Chr.) glaubten an ein Totenreich, das sie als „Land ohne Wiederkehr" auffassten, und ein Totengericht. Andererseits war bei ihnen, wie später bei den Babyloniern, auch die Vorstellung verbreitet, dass sich die Toten an ihren Grabstätten aufhalten. Daher brachten sie den Verstorbenen dort Speisen und Getränke dar. Im Gilgamesch-Epos (Tafel 12) kehrt der ins Totenreich hinabgestiegene Enkidu bzw. sein Totengeist in die Welt der Lebenden zurück und schildert die Schicksale der Toten, die von der Todesart, der Anzahl ihrer Kinder und der Fürsorge der überlebenden Angehörigen abhängen.

Nach den Vorstellungen im persischen Zoroastrismus (Hauptverbreitungszeit vermutlich vom 7.–4. Jahrhundert v. Chr.) gehen die Seelen nach dem Tod über die Činvat-Brücke. Hier wird Gericht gehalten: Für den rechtschaffenen Menschen ist die Brücke breit wie ein Pfad, für den anderen schmal wie eine Messerschneide. Die Guten gelangen ins Paradies, den „Ort der Lobgesänge"; die Seelen der Bösen kommen in die Hölle, den „schlechtesten Ort". Außer der Vitalseele (uštāna), die mit dem Tod vernichtet wird, gibt es noch eine unabhängig vom Körper agierende Freiseele oder Verstandesseele (urvan). Nach dem Tod bleibt diese „Freiseele" drei Nächte lang in der Nähe des Leichnams und begibt sich dann auf den Weg ins Jenseits. Neben den Vorstellungen vom jenseitigen Fortleben der Seele gab es den Glauben an eine Auferstehung als Wiederbelebung toter Körper, die als möglich galt, falls die Knochen der Verstorbenen vollzählig und intakt aufbewahrt wurden, sowie die Erwartung eines Weltgerichts.

Im *Alten Ägypten* unterschied man die Seelenarten Ka (Seele eines lebenden Menschen) und Ba (Verklärungsseele eines Verstorbenen, die erst nach dessen Tod entsteht). Ziel der Menschen war die ewige Fortdauer im „Reich des Osiris", für die der Verstorbene die Einbalsamierung sowie Mumifizierung und die Zustimmung des Totengerichts benötigte. Voraussetzung, um ins Jenseits eintreten zu dürfen, war ein moralisch gutes Leben, was durch ein Totengericht festgestellt werden musste. Während der Körper im Grab verbleibt, verlassen der „Ka" und der „Ba" diesen. In den mythologischen Vorstellungen seit dem Neuen Reich entscheidet sich nach dem Wiegen des Herzens, ob die Seele des Verstorbenen die Reise antreten kann oder vernichtet wird.

Allgemein kann man sagen, dass im *Judentum* der Fokus auf das Leben im Diesseits gerichtet ist, das in jeder Weise bejaht wird. Man will/soll Kinder haben und in seinen Kindern weiterleben. In den jüdischen Schriften finden sich keine einheitlichen Aussagen zum Leben nach dem Tod. Man kann im Judentum hierzu vor allem drei Richtungen unterscheiden. Im *alten Judentum* ging man davon aus, dass der Ort der Toten die Scheol, die Unterwelt ist, in der die Gemeinschaft mit Gott erlischt. Demnach gibt es also kein Weiterleben im Jenseits. Der Tod des Menschen wird als Verlust seiner Gottesverbundenheit betrachtet. „Tote können den Herrn nicht mehr loben. Sie sind dort, wo man für immer schweigt", so Psalm 115,17. Und in

Prediger 3,19 heißt es: „Wie die Tiere sterben, so sterben die Menschen." Unter dem Einfluss von Jenseitsvorstellungen der Religionen und Kulturen der Nachbarländer (Zoroastrier, Hellenen etc.) setzte *nach dem babylonischen Exil* im Judentum zunehmend auch der Glaube an eine Auferstehung bei der Ankunft des Messias ein, zu dem sich vor allem konservative und orthodoxe Juden bekennen. Erst im *Spätjudentum* entwickelte sich die Vorstellung von der Unsterblichkeit der Seele und einem jenseitigen Leben bei Gott als Belohnung für ein gutes Leben im Diesseits. Ihr hängt vor allem das Reformjudentum an. Im Buch Daniel (wahrscheinlich im 2. Jh. v. Chr. verfasst) findet sich die Lehre von einem „ewigen Leben" bei Gott: „Viele, die unter der Erde schlafen liegen, werden aufwachen, die einen zum ewigen Leben, die andern zu ewiger Schmach und Schande" (Dan 12,2). Zur Zeit Jesu gab es Anhänger aller drei genannten Vorstellungen. Die Sadduzäer bestritten Unsterblichkeit und Auferstehung, die Pharisäer glaubten dagegen an eine Auferstehung. Die Essener nahmen nach dem Bericht des jüdischen Geschichtsschreibers Flavius Josephus eine unsterbliche Seele an, die im Körper wie in einem Gefängnis lebt und beim Tode befreit wird.

Nach *christlicher Lehre* gibt es ein „ewiges Leben" (die „Auferstehung") nach dem Tod. Im katholischen Glaubensbekenntnis ist sogar die Erwartung der „Auferstehung des Fleisches" enthalten. Nicht nur die Seelen leben demnach fort, sondern auch der „Leib" wird wieder lebendig. Wie es dann weitergeht, kann man im vom Vatikan erstellten *Katechismus der Katholischen Kirche – Kompendium* ganz genau erfahren.[9] So heißt es unter Textziffer 205: „Durch den Tod wird die Seele vom Leib getrennt. Der Leib fällt der Verwesung anheim. Die Seele, die unsterblich ist, geht dem Gericht Gottes entgegen und wartet darauf, wieder mit dem Leib vereint zu werden, der bei der Wiederkunft des Herrn verwandelt auferstehen wird." Und unter Textziffer 207 wird zum ewigen Leben ausgeführt: „Das ewige Leben ist das Leben, das gleich nach dem Tod beginnt ... Ein *besonderes Gericht* durch Christus, den Richter der Lebenden und der Toten, wird für jeden Menschen dem ewigen Leben vorangehen, und durch das *Letzte Gericht* wird es bestätigt werden …" (Hervorhebungen R. M.). Man muss also zweimal ran! Das *Letzte Gericht* wird erst „am Ende der Welt stattfinden, dessen Tag und Stunde Gott allein kennt" (Textziffer 215). Da das Ende unserer Erde nach ziemlich einhelliger Meinung der Naturwissenschaftler voraussichtlich in etwa fünf Milliarden Jahren droht, müssen wir uns also noch auf etwas Wartezeit einstellen. Zum *Fegefeuer* („Purgatorium") heißt es in Textziffer 210, es sei für diejenigen, die „noch der Läuterung bedürfen, um in die himmlische Seligkeit eintreten zu können". In Textziffer 211 werden Ratschläge erteilt, wie die noch Lebenden den Seelen der im Fegefeuer Leidenden helfen können. Neben Fürbitten können sie „auch Almosen, Ablässe und Bußwerke für sie darbringen". Dabei wetterte schon Martin Luther gegen „Ablässe", und die Ablehnung dieser Vorstellung war eine der Triebfedern der Reformation. Textziffer 212 gibt schließlich Auskünfte zur „*Hölle*": „Sie besteht in der ewigen Verdammnis jener, die aus freiem Entschluss in Todsünde sterben … Christus fasst diese Wirklichkeit in die Worte: ‚Weg von mir, ihr Verfluchten, in das ewige Feuer!' (Mt 25,41) …" Die Kirchen vermeiden heutzutage weitgehend Aussagen zu Hölle und Teufel, da dies ihren Schafen kaum noch vermittelbar ist.

Die Jenseitsvorstellungen des *Islam* ähneln im Grundsatz den christlichen Glaubensvorstellungen – wobei die Jenseitsorientierung, wie aus den im Kapitel 2.3 wiedergegebenen Suren ersichtlich, noch stärker ausgeprägt ist.

1.1.3 ... und die Vorstellungen der Philosophen und Naturwissenschaftler zum Leben nach dem Tod

> Es gibt nicht nur keine Seele, es gibt
> überhaupt kein substanzielles Selbst.
> Thomas Metzinger, dt. Philosoph
> und Wissenschaftstheoretiker

Beginnen wir mit dem griechischen Philosophen *Demokrit* (460–371 v. Chr.). Er erklärt im Rahmen seiner materialistischen Weltdeutung die Seele als Zusammenballung von Seelenatomen, die in der Luft schweben; durch die Atmung werden sie ihr entnommen und wieder an sie zurückgegeben. Der Tod ist das Ende dieses Stoffwechsels, mit ihm zerstreuen sich die Seelenatome des Verstorbenen. Insofern gibt es nach Demokrit keine Unsterblichkeit der Seele.

Für *Platon* (428–348 v. Chr.), dessen Lehre später Paulus beeinflusst hat, ist die Seele hingegen immateriell und unsterblich; sie existiert unabhängig vom Körper und ist schon vor dessen Entstehung da (sogenannter Körper-Geist-Dualismus). Seele und Körper sind gemessen an ihrer Beschaffenheit und ihrem Schicksal völlig verschieden, ihr vorübergehendes Zusammentreten und Zusammenwirken ist nur für eine bestimmte Zeit bedeutsam, ihre Trennung erstrebenswert; der Körper ist das „Grab" oder der „Kerker" der Seele.[10] Da allein die Seele eine Zukunft über den Tod hinaus hat, kommt es nur auf ihre Förderung und ihr Wohlergehen an. Wegen ihrer Gottähnlichkeit als unsterbliches Wesen steht es ihr zu, über den vergänglichen Körper zu herrschen. Ferner beschreibt Platon das Leben der Seele im Jenseits, das Seelengericht und die Seelenwanderung.

Aristoteles (384–322 v. Chr.) kritisiert wiederum die Seelenlehre Platons mit ihrer strikten Trennung von Körper und Geist. Er selbst hält die Seele für eine (emergente) Eigenschaft des lebenden Organismus, die untrennbar mit dem Schicksal des Körpers verbunden sei. Daraus folgert er, dass es keine unsterbliche Seele geben könne.[11]

Das hat schon Ähnlichkeit mit der heutigen Auffassung der Naturwissenschaft. Die Seelenlehre des Aristoteles, insbesondere dass die Seele nicht unabhängig vom Körper existieren könne und sie somit nicht unsterblich sei, wurde natürlich von den christlichen Theologen abgelehnt – ihr Hausphilosoph war und ist Platon.

Epikur (342–271 v. Chr.) fasste auf der Grundlage seines Atomismus die Seele als materiellen Bestandteil des physischen Organismus auf und hielt sie für einen Körper innerhalb des Körpers. Von der grobstofflichen Materie unterscheide sich die seelische durch ihre feinere Beschaffenheit. Wenn der Tod eintritt, löst sich nach der epikureischen Lehre die Seele auf, da ihre atomaren Bestandteile sich schnell zerstreuen. Der Zusammenhalt der Seelenmaterie ist nur durch ihre Anwesenheit im Körper möglich.

Immanuel Kant (1724–1804) hielt es für unmöglich, auf theoretischer Ebene die Existenz einer unsterblichen Seele zu beweisen oder zu widerlegen. Mit seiner Stellungnahme zur Seelenfrage wandte er sich sowohl gegen die auf dem Platonismus fußende Seelenlehre als auch gegen die Auffassung Descartes', aus der Tatsache des Selbstbewusstseins lasse sich eine inhaltliche Selbsterkenntnis der Seele gewinnen. Kant zufolge handelt es sich bei den angeblichen Unsterblichkeitsbeweisen um Paralogismen (Fehlschlüsse). Das Subjekt könne sich in seiner Selbstwahrnehmung nicht als Ding an sich erfassen, sondern nur als Erscheinung, und wenn es über sich selbst nachdenke, sei der Gegenstand dieses Denkens ein reines Gedankending, das von den verschiedenen Varianten der traditionellen Seelenmetaphysik mit einem Ding an sich verwechselt werde.[12]

Zum aktuellen Stand der „Körper-Geist-Problematik" sei die Konzepteinteilung des Philosophen und Wissenschaftstheoretikers Thomas Metzinger erwähnt. Er unterscheidet insbesondere drei Ansätze:[13]

Laut dem *dualistischen Interaktionismus* (Descartes, Karl Popper etc.) sind Geist und Materie verschiedene Substanzen, die aufeinander einwirken. Wenn es aber einen Ort der Interaktion zwischen

Geist und Gehirn gibt, so die Kritiker dieses Ansatzes, dann muss dieser Ort auffindbar sein. Die Spekulationen von Descartes (er setzte auf die Zirbeldrüse als Interaktionsort) wurden widerlegt. Der Vorteil des interaktionistischen Dualismus wird darin gesehen, dass er sich mit der Alltagserfahrung der Menschen in Übereinstimmung befindet, da sie sich als geistige Wesen erfahren, die von der physikalischen Welt getrennt sind, aber mithilfe ihrer Sinneswahrnehmungen, ihrer Handlungen und ihrer Sprache mit ihr und den Mitmenschen kommunizieren können. Für Metzinger ist dieser Ansatz jedoch empirisch nicht plausibel.

Der *Materialismus* bzw. „materielle Monismus"[14] lehnt die Existenz einer Seele ab, da alles „Seelische" auf körperliche und neuronale Zustände reduzierbar sei. Seiner Grundannahme nach ist ein mentaler Zustand nichts anderes als ein (materieller) Gehirnzustand. Alles, was es in Wirklichkeit gebe, seien biologische Prozesse. Anhänger dieser Theorie gehen davon aus, dass der rasante Fortschritt in den Neurowissenschaften die Identität von mentalen Zuständen und Gehirnzuständen weiter untermauern wird.

Beim *nichtreduktiven Materialismus*[15] handelt es sich um ein Konzept, das es ablehnt, psychische Phänomene allzu strikt auf physische Ursachen zu reduzieren, und entsprechend auf emergente Eigenschaften des Gesamtsystems verweist.[16] Seine Vertreter gehen von zweierlei aus: Mentale Zustände sind keine immateriellen Entitäten (d. h., die materielle Basis bleibt bestehen) und mentale Zustände lassen sich nicht auf physische Zustände reduzieren.

Heute glaubt kaum noch ein in der aktuellen empirischen Bewusstseinsforschung beteiligter Neurowissenschaftler an ein Leben nach dem Tod. Kaum jemand geht davon aus, dass es nach dem körperlichen Tod noch Sinneswahrnehmungen, Erinnerung, Denken oder Aufmerksamkeit geben kann. Ein funktionierendes Gehirn gilt beim Menschen als eine notwendige Bedingung für das Entstehen von Bewusstsein. Geist und Körper könnten nicht unabhängig voneinander existieren.[17]

1.1.4 Einfluss der Evolution, frühkindliche Indoktrination sowie weitere Einflussfaktoren

Hat religiöser Glaube für den Menschen einen evolutionären Nutzen? Welche Rolle spielt die religiöse Indoktrination der Kinder? Sind Armut und Not Faktoren, die den Glauben begünstigen? Gibt es psychoanalytische Erkenntnisse zur Gottesgläubigkeit? Tatsächlich gibt es viele Theorien, und am Anfang des Kapitels habe ich bereits mögliche Einflussfaktoren benannt.

Sicherlich waren (und sind) *Armut, Not sowie Unfreiheit und Ungerechtigkeit* ein fruchtbarer Boden für die begierige Annahme von Verheißungen (und Vertröstungen) der „Propheten" und Religionsführer auf ein schönes Jenseits, wo alles gut wird, kein Mangel herrscht und alles im Überfluss vorhanden ist. Wer sieht, in welchen Regionen der Welt heute religiöse Verheißungen auf besonders fruchtbaren Boden fallen, kann dem nur zustimmen. Karl Marx bezeichnete bekanntlich Religion als das Opium des Volkes, und es spricht einiges für diese Einschätzung. Also gilt es, geduldig die Armut und die Zurücksetzungen im „ersten Leben", dem auf unserem Planeten, zu ertragen, denn erst danach geht es richtig los.

Ein bisschen zynisch wirkt es schon, wenn gerade den Armen die meiste Hoffnung auf einen guten Platz im Paradies gemacht, Armut sogar als beste Voraussetzung für das selige Leben im Jenseits gepriesen wird – umso mehr halten sie in ihrer Erdenzeit still. Auch ein wenig spekulative Schadenfreude wird ihnen gegönnt, denn schon bei Jesus kommen die Reichen kaum durch das Nadelöhr, das zum Himmel führt. Die Vertröstungen der Armen und Unterdrückten auf das Paradies – man könnte meinen, dies sei ein nicht unwesentlicher Grundzug aller Religionen. Tatsächlich gab es zur Zeit der Religionsgründungen ja überall viel Armut, Hunger, Ungerechtigkeit – der Verweis auf ein schönes Jenseits musste hier dankbare Aufnahme finden.

Gibt es *psychoanalytische Begründungen* für den Gottesglauben? Für Sigmund Freud ist die Entstehung von Religion ein psychologisches Phänomen: „Die Psychoanalyse hat uns den intimen Zusammenhang zwischen dem Vaterkomplex und der Gottesgläubigkeit kennen gelehrt, hat uns gezeigt, dass der persönliche Gott psychologisch nichts anderes ist als erhöhter Vater, und führt uns täglich vor Augen, wie jugendliche Personen den religiösen Glauben verlieren, sobald die Autorität des Vaters bei ihnen zusammenbricht. Im Elternkomplex erkennen wir so die Wurzel des religiösen Bedürfnisses; der allmächtige, gerechte Gott und die gütige Natur erscheinen uns als großartige Sublimierungen von Vater und Mutter, vielmehr als Erneuerungen und Wiederherstellungen der frühkindlichen Vorstellungen von beiden." Weil der Mensch so lange hilflos und von der Fürsorge der Eltern abhängig sei, präge sich bei ihm früh ein psychologisches Schutzbedürfnis aus, das sich wieder geltend mache, sobald der Erwachsene „seine wirkliche Verlassenheit und Schwäche gegen die großen Mächte des Lebens" erkenne.[18]

Jegliche Form von Religion ist für Freud „reine Illusion, eine Erfüllung der ältesten, stärksten und dringendsten Wünsche der Menschheit", „nicht Niederschläge der Erfahrung oder Endresultate des Denkens"; „das Geheimnis ihrer Stärke ist die Stärke dieser Wünsche".[19] Diese Wünsche verweisen, so Freud, zurück auf einen hilflosen, kindlichen Menschen, der sich nach Schutz vor den Gefahren des Lebens, nach Trost und Geborgenheit sehnt.

Auch der *Einfluss der Evolution* ist in der Forschung über die Relevanz von Religion, ihre Entstehung und ihre Wirkmächtigkeit ein wichtiger Aspekt. Viele Wissenschaftler vermuten, dass ein gemeinsamer Glaube an höhere Wesen für die Bildung der ersten Gesellschaften förderlich war. Verwiesen wird unter anderem auf die prähistorischen Steinkreisanlagen mit nahezu 200 bis zu 20 Tonnen schweren Steinsäulen in Göbekli Tepe in Südanatolien aus der Zeit von 8000 bis 9000 v. Chr., mit deren Ausgrabungen der deutsche

Archäologe Klaus Schmidt befasst war. In einer Zeit, da Jäger und Sammler noch das Bild bestimmten, wird dies als frühes Zeugnis fortgeschrittener Arbeitsteilung und beginnender Sesshaftigkeit gesehen. Dass dieses Projekt gelang, beruht für den kanadischen Sozialpsychologen und Religionsforscher Ara Norenzayan insbesondere darauf, dass sich die Menschen dort „unter die Aufsicht gemeinsam verehrter Gottheiten gestellt" hätten. Grundsätzlich fördere gemeinsame Arbeit das Zusammengehörigkeitsgefühl und das gegenseitige Vertrauen, was auch die Basis für das weitere Wachstum von Gemeinwesen sei. Gerade unter „Aufsicht" eines göttlichen Wesens würden die Menschen sozialer und kooperativer und hielten mehr zusammen. Norenzayan konstatiert aber auch, dass weltliche Instanzen an die Stelle der Religionen treten können. Heute haben wir Normen und Gesetze, die unser Zusammenleben regeln. Mit Blick auf die westeuropäischen Länder sagt er: „Solche Gesellschaften beweisen, dass es auch ohne Glauben geht. Sie kletterten die Leiter der Religion hinauf und warfen sie hinter sich um."[20]

Neuere Ergebnisse der *evolutionären Psychologie* beschreibt Thomas Metzinger in seinem 2013 erschienen Aufsatz „Spiritualität und intellektuelle Redlichkeit".[21] Diese Forschungsrichtung liefert ihm zufolge erste Modelle für die Entstehung metaphysischer Glaubenssysteme und beginnt zu untersuchen, wie das Phänomen der Religiosität in der Geschichte der Menschheit schrittweise entstanden sein könnte. Nach dem, was sich in der Forschung langsam herauskristallisiert, hat die Evolution des Glaubens, so Metzinger, viel mit der Evolution von nützlichen Formen der Selbsttäuschung zu tun. In der Evolution des Bewusstseins seien nämlich nicht einfach nur immer bessere Wahrnehmungen und immer bessere Formen von Denken und Intelligenz entstanden, sondern auch „nützliche falsche Überzeugungen", positive Illusionen und komplette Wahnsysteme aufgetaucht. Diese hätten sich möglicherweise deshalb erhalten, weil sie zum Fortpflanzungserfolg der betreffenden Wesen beigetragen hätten, dazu also, mehr Gene erfolgreich in die nächste Generation zu kopieren.

Metzinger verweist als Beispiel darauf, dass fast alle Eltern die eigenen Kinder als überdurchschnittlich hübsch und intelligent wahrnehmen und behaupten, dass ihre emotionale Lebensqualität, ihre allgemeine Zufriedenheit und persönliche Sinnerfahrung mit der Elternschaft zugenommen habe. Die psychologische Forschung zeige jedoch, dass sie in Wirklichkeit eine geringere emotionale Lebensqualität hätten als Kinderlose, dass positive Gefühle seltener aufträten, negative Gefühle und depressive Episoden häufiger seien und dass auch die Zufriedenheit mit der Ehe und dem Lebenspartner schwächer sei. „Ganz allgemein glaubt die Mehrheit der Menschen, mehr positive und weniger negative Erlebnisse zu haben als der Durchschnitt. Selbsttäuschung lässt uns vergangene Niederlagen vergessen, sie erhöht Motivation und Selbstvertrauen." Manche Formen der Selbsttäuschung funktionieren Metzinger zufolge nur in Gruppen wirklich gut; sie stabilisieren interne Hierarchien und bereits existierende Ausbeutungsstrukturen und fördern dadurch offensichtlich den Zusammenhalt von Großgruppen (zum Beispiel gegenüber anderen Stämmen, Völkern oder Religionsgemeinschaften) – all dies Funktionen, die auch die Religion erfülle.

Der Evolutionsbiologe Richard Dawkins untersuchte ebenfalls mögliche Vorteile der Religion (die natürlich nichts über den Wahrheitsgehalt einer Religion aussagen).[22] Ausgangspunkt von Dawkins' Theorie ist, dass wir zum Überleben Erfahrungen früherer Generationen nutzen. Zum Beispiel warnen wir Kinder, nicht zu nahe an Felsklippen heranzugehen, nicht in Gewässern voller Krokodile zu schwimmen etc. Für Kindergehirne bedeute es einen Selektionsvorteil, wenn sie die Faustformel erlernten: „Glaube alles, was die Erwachsenen dir sagen, ohne weiter nachzufragen. Gehorche deinen Eltern, gehorche den Stammesältesten, insbesondere dann, wenn sie in feierlichem, bedrohlichem Ton zu dir sprechen. Vertraue den Älteren, ohne Fragen zu stellen."[23] Die Kehrseite des vertrauensvollen Gehorsams sieht Dawkins freilich in einer dadurch beförderten sklavischen Leichtgläubigkeit. Dies habe zur Folge, dass das Kind, das vertraue, nicht zwischen guten und schlechten Ratschlägen unterscheiden könne. Wenn das Kind dann erwachsen werde und selbst wieder Kinder habe, werde es aller Wahrscheinlichkeit nach wie selbstverständlich all die Vorgaben und Hinweise einschließlich der ihnen zugrunde liegenden Annahmen – und zwar Sinnvolles wie Unsinniges – auf die gleiche ansteckende, gewichtige Weise an den eigenen Nachwuchs weitergeben. Religionsführer wissen Dawkins zufolge genau, wie anfällig Kindergehirne sind und wie wichtig es ist, dass die Indoktrination frühzeitig stattfindet.

Auf den Punkt brachte dies bereits Arthur Schopenhauer (1788–1860), der darauf hinweist, dass die Religionen darauf bedacht seien, sich der Kinder zu bemächtigen: „Wenn nämlich dem Menschen, in früher Kindheit, gewisse Grundansichten und Lehren mit ungewohnter Feierlichkeit und mit der Miene des höchsten, bis dahin von ihm noch nie gesehenen Ernstes wiederholt vorgetragen werden, dabei die Möglichkeit eines Zweifels daran ganz übergangen, oder aber nur berührt wird, um darauf als den ersten Schritt zum ewigen Verderben hinzudeuten; da wird der Eindruck so tief ausfallen, dass ... in fast allen Fällen der Mensch fast so unfähig sein wird, an jenen Lehren, wie an der eigenen Existenz, zu zweifeln; weshalb dann unter vielen Tausenden kaum Einer die Festigkeit des Geistes besitzen wird, sich ernstlich und aufrichtig zu fragen: ist Das wahr?"[24] Und selbst Friedrich Schiller (1759–1805) warnte: „Man sollte es sich zur heiligsten Pflicht machen, dem Kind nicht zu früh einen Begriff von Gott beibringen zu wollen. Die Forderung muss von innen heraus geschehen, und jede Frage, die man beantwortet, ehe sie aufgeworfen ist, ist verwerflich ... Und das Kind hat vielleicht seine ganze Lebenszeit daran zu wenden, um jene irrigen Vorstellungen wieder zu verlieren, oder wenigstens zu schwächen."[25] Schließlich weist Sigmund Freud in seinem Aufsatz „Zwangshandlungen und Religionsübungen" auf die Ähnlichkeit von Zwangshandlungen „mit den Verrichtungen ..., durch welche der Gläubige seine Frömmigkeit bezeugt", hin. Der Kranke sei unfähig, sie zu unterlassen, „denn jede Abweichung von dem Zeremoniell straft sich durch unerträgliche Angst, die sofort die Nachholung des Unterlassenen erzwingt".[26]

Ein Weiteres kommt hinzu: Wir alle denken in Begriffen, Bildern und alten Erkenntnissen, die nicht mehr unserem heutigen Erkenntnisstand entsprechen. Wir hinken dem aktuellen Stand des Wissens hinterher. Muslime, die nur den Koran ernst nehmen, verharren in dem Denken, das Mohammed hatte, der im 7. Jahrhundert in einer archaischen Gesellschaft lebte. Wir lassen es zu, wirken mit, dass unseren Kindern Religionslehren vermittelt werden, die ihren Ursprung in vorchristlicher Zeit haben. Mit der Dominanz der Männer, mit dem Bild von Frauen, die allenfalls die zweite Geige spielen. Unsere Vorfahren waren nicht dumm. Sie waren nur arm an Kenntnissen über die Welt, die Natur, den Kosmos und mussten sich alles durch übernatürliche Wesen, durch Götter erklären. Platon, Aristoteles, Descartes, Leibniz, Kant, Hegel würden, wenn sie heute lebten, anders über Gott und die Welt schreiben.

Das Verharren in infantilem Denken bei stark religiösen Menschen zeigte sich übrigens schön und eindrucksvoll an einer Veranstaltung im Juni 2014 im Aachener Dom: Der katholische Aachener Bischof Heinrich Mussinghoff eröffnete die Ausstellung der Windeln Jesu! Sie gelten als bedeutende Reliquien des Aachener Domschatzes. Was äußerte der Bischof angesichts der Lächerlichkeit der ganzen Veranstaltung – man weiß ja aufgrund wissenschaftlicher Untersuchungen der besagten Windeln, dass sie erst im frühen Mittelalter zwischen dem 5. und 7. Jahrhundert hergestellt worden sind: Es komme nicht darauf an, ob es „die Windeln sind, in die Jesus wirklich reingemacht hat". Es gehe, so Mussinghoff, nicht um „Echtheit" im naturwissenschaftlichen Sinn, sondern um den Glauben ... Auf dem Enthauptungstuch Johannes des Täufers und dem Lendenschurz Jesu, weiteren Reliquien des Aachener Doms, befinden sich nach eigenem Augenschein des Bischofs immerhin Blutspuren.[27] Dann wird's ja echt sein. Und auf diejenigen, die dort hinpilgern, passt ganz gut der Satz von Albert Einstein: „Um ein tadelloses Mitglied einer Schafherde sein zu können, muss man vor allem ein Schaf sein." Es wurden 100.000 Besucher erwartet.

1.2 Wegbereiter zur Wahrheit – die „Augenöffner"

Es können hier nur wenige genannt werden, die dazu beigetragen haben, dieses Ursachengeflecht für den Gottesglauben aufzudecken; manche von ihnen werden zudem noch später im jeweiligen sachlichen Zusammenhang erwähnt.es ist eine kleine Auswahl bedeutender, mutiger Menschen, darunter insbesondere Naturwissenschaftler, Philosophen, Psychologen, Archäologen und Religionswissenschaftler, die für die vielen stehen, die sich der Wahrheit verpflichtet fühlten. Viele wurden übrigens dafür bestraft, und manche zahlten mit ihrem Leben. Dennoch oder gerade deswegen: Wir müssen bereit und bestrebt sein, uns die Augen öffnen zu lassen, sie offen zu halten.

Beitrag der Philosophen und Naturwissenschaftler

Ionische und griechische Philosophen bzw. Naturwissenschaftler gehörten zu den Ersten, die versuchten, Naturerscheinungen durch Naturgesetze statt durch Mythen oder Theologie zu erklären. Zu nennen sind hier unter anderem *Thales von Milet* (624–546 v. Chr.), *Demokrit* (460–370 v. Chr.), der bereits eine auf Atomen aufbauende, materialistische Weltsicht hatte, sowie *Aristarchos von Samos* (310–230 v. Chr.), der vielleicht als Erster das heliozentrische Weltbild vertrat.

Methodisch neu war das von *Sokrates* (469–399 v. Chr.) eingeführte Verfahren des philosophischen Dialogs zwecks Erkenntnisgewinns in einem ergebnisoffenen Prozess. Dies nutzte er auch gerade zur Begründung einer philosophischen Ethik. Sokrates hatte dem Tod gegenüber wohl eine agnostische Haltung. Ob die im *Phaidron*, dem Werk seines Schülers Platon, Sokrates in den Mund gelegten Äußerungen zur Unsterblichkeit der Seele tatsächlich der Auffassung des Sokrates entsprach (und nicht eher Platons eigener Lehre), darf bezweifelt werden.[28] Platon befasste sich darüber hinaus, wie vor allem auch sein Schüler Aristoteles, mit einem breiten Spektrum an Wissensgebieten.

Aristoteles (384–322 v. Chr.) gilt als der bedeutendste Wissenschaftsphilosoph der Antike mit großem Einfluss auch im Mittelalter und bis in die Neuzeit. Schwerpunkte seines umfangreichen Wirkens waren Wissenschaftstheorie, Biologie, Physik, Staatstheorie und Ethik. Seine – im Gegensatz zu Platon stehende – Seelenlehre wurde bereits erwähnt.[29]

Epikur (341–271 v. Chr.) hielt die Lehren der Religionen für ein Abbild menschlicher Ideen, was später Ludwig Feuerbach wieder aufgriff. Er glaubte weder an die Macht der Götter noch an Wunder, noch an die Unsterblichkeit der Seele. Sein späterer römischer Seelenverwandter *Lukrez* (99–55 v. Chr.) hatte ähnliche Vorstellungen, die er vor allem in seinem Hauptwerk *De rerum natura* beschrieb.[30] Er dachte die Welt, die Gesellschaft und die menschliche Kultur ohne irgendwelche Gottheiten, war zudem überzeugt, dass die Seele sterblich und es den Göttern nicht möglich sei, sich in das Leben der Menschen einzumischen. Lukrez wollte den Menschen die Furcht vor dem Tod und den Göttern nehmen – nicht zuletzt mit dem Hinweis, die Welt sei viel zu mangelhaft, um von Göttern erschaffen worden zu sein.

Ein zeitlich großer Sprung führt uns zu den *ersten Universitäten* für alle Fachgebiete, die im 12. Jahrhundert in Bologna, Paris und Oxford entstanden. *Nikolaus Kopernikus* (1473–1543 n. Chr.), in Posen geboren, beschreibt in seinem Hauptwerk *De revolutionibus orbium coelestium* das heliozentrische Weltbild, nach dem sich die Erde um die eigene Achse dreht und sich zudem wie die anderen Planeten um die Sonne bewegt. Er stellte sich damit gegen das geozentrische Weltbild des Griechen Ptolemäus (100–160 n. Chr.), das in Europa vorherrschte und von der Kirche mit allen Mitteln verteidigt wurde. Der italienische Naturwissenschaftler *Galileo Galilei* (1564–1641) entdeckte unter anderem die Monde des Jupiters und sah, dass sich manche Himmelskörper nicht um die Erde drehen. Er wurde, weil er die kopernikanischen Vorstellungen teilte, diesen aber im gegen ihn geführten Prozess abschwor, (nur) zu lebenslangem Kerker verurteilt. Johannes Kepler (1571–1630), ein schwäbischer Naturwissenschaftler, entdeckte die Gesetzmäßigkeiten, nach denen sich Planeten um die Sonne bewegen („Keplersche Gesetze").

Giordano Bruno (1548–1600), italienischer Philosoph und Naturwissenschaftler, formulierte (pantheistische) Thesen von einer unendlichen materiellen Welt, die keinen Raum für ein Jenseits lassen, da eine zeitliche Anfangslosigkeit des Universums eine Schöpfung und dessen ewiger Bestand ein Jüngstes Gericht ausschließen. Bruno wurde entsprechend von der katholischen Inquisition in Rom angeklagt und auf dem Scheiterhaufen verbrannt; erst im Jahr 2000 wurde das Urteil in einer päpstlichen Erklärung als Unrecht bezeichnet. Der Mathematiker und Philosoph *René Descartes* (1596–1650) gilt als Vorläufer der Aufklärung und Begründer des Rationalismus. Nach Descartes kann man alles bezweifeln, nicht jedoch, dass man es selbst ist, der zweifelt („Ich denke, also bin ich.").

Einer der Begründer der modernen Bibelkritik war *Baruch de Spinoza* (1632–1677), ein niederländischer Jude portugiesischer Abstammung. An den Gott der Bibel glaubte er nicht. Sein Gott hat nichts Persönliches, er ist vielmehr identisch mit der Ordnung des Universums und wohnt der Natur und allen materiellen und geistigen Dingen inne. Spinoza wird als Begründer des „Pantheismus" angesehen.[31] Die Rabbiner der portugiesischen jüdischen Gemeinde Amsterdams schlossen den gerade einmal 23 Jahre alten Spinoza 1656 aus ihrer Gemeinde aus, nachdem sie vom Altar einen „Bannfluch" gegen ihn ausgesprochen hatten, und verboten jeden schriftlichen oder mündlichen Kontakt mit ihm. Im Wortlaut liest sich dies unter anderem wie folgt: „Mit dem Urteil der Engel, mit dem Ausspruch der Heiligen, mit der Zustimmung des Gebenedeiten Gottes und dieser ganzen heiligen Gemeinde und dieser heiligen Bücher, mit den Sechshundertdreizehn Geboten, die in ihnen geschrieben sind, mit dem Fluch, mit dem Josua Jericho verflucht hat, und mit dem Fluch, mit dem Elisha die Burschen verflucht hat, und mit allen Flüchen, die im Gesetz geschrieben sind, verbannen, verstoßen, verwünschen und verfluchen wir Baruch de Espinosa. Verflucht sei er bei Tag und verflucht sei er bei Nacht ..."[32]

John Locke (1632–1704) war ein Vordenker der Aufklärung und gilt allgemein als Vater des Liberalismus. Zusammen mit *David Hume* (1711–1776) ist er der Hauptvertreter des britischen Empirismus. Lockes politische Philosophie beeinflusste die Unabhängigkeitserklärung und die Verfassung der Vereinigten Staaten sowie die Verfassung des revolutionären Frankreichs, insbesondere auch den Katalog der darin enthaltenen allgemeinen Menschenrechte. *Isaac Newton* (1643–1727) wiederum trug mit seinen drei Bewegungsgesetzen und dem Gravitationsgesetz, das die Bahnen von Erde, Mond und Planeten erklärte und Aufschluss über Erscheinungen wie die Gezeiten gab, zu einer materialistischen Weltsicht im 18. Jahrhundert bei.

Zu nennen sind auch *französische Philosophen der Aufklärung und Kirchenkritiker*, insbesondere Abbé Jean Meslier (1664–1729), Voltaire (1694–1778), Julien Offray de La Mettrie (1709–1751), Denis Diderot (1713–1784) und Baron d'Holbach (1723–1789). Meslier bezeichnete die Bibel als ein von Menschen in betrügerischer Absicht geschriebenes Buch. Anders als zumeist angenommen, verwarfen einige Philosophen der Aufklärung Gott nicht grundsätzlich, sondern waren (wie Voltaire) Deisten: Sie lehnten nicht die Idee von Gott selbst, jedoch viele Lehren über Gott ab und wollten einen „entmenschlichten" Gott, der eher dem philosophischen Denken entsprach.

Immanuel Kants (1724–1804) Schrift aus dem Jahr 1784 „Was ist Aufklärung?" enthält – wie in Stein gemeißelt – den berühmten Text:[33] „Aufklärung ist der Ausgang des Menschen aus seiner selbst verschuldeten Unmündigkeit. Unmündigkeit ist das Unvermögen,

Gott – Ein Hirngespinst?

sich seines Verstandes ohne Leitung eines anderen zu bedienen. Selbstverschuldet ist diese Unmündigkeit, wenn die Ursache derselben nicht am Mangel des Verstandes, sondern der Entschließung und des Mutes liegt, sich seiner ohne Leitung eines anderen zu bedienen. Sapere aude! Habe Mut dich deines eigenen Verstandes zu bedienen! Ist also der Wahlspruch der Aufklärung." Und er ergänzt: „Faulheit und Feigheit sind die Ursachen, warum ein so großer Teil der Menschen ... gerne zeitlebens unmündig bleiben."

Ludwig Feuerbach (1804–1872) hat es vielleicht am klarsten auf den Punkt gebracht: „Wie der Mensch denkt ... so ist sein Gott." Seinem Zeitgenossen *Karl Marx* (1818–1883) zufolge spiegeln sich in der Religion nicht nur unerfüllte abstrakte Bedürfnisse wider, sondern auch das konkrete, sich durch die gesamte menschliche Geschichte ziehende gesellschaftliche Elend und Unrecht. Mit der Interpretation von Religion durch Feuerbach sei es daher noch nicht getan: „Die Philosophen haben die Welt nur verschieden interpretiert; es kommt drauf an, sie zu verändern", so das bekannte Credo von Marx.

Arthur Schopenhauer (1788–1860) prangerte nicht nur die für ihn absurden Inhalte der Religionen und deren Vermittlung schon an Kleinkinder an, sondern kritisierte auch allzu „respektvolles" Verhalten gegenüber Anhängern von Glaubenslehren aus „Lug und Trug". Die religionskritische Haltung seines Seelenverwandten Friedrich Nietzsche (1844–1900) mündete in der Feststellung „Gott ist tot"; lesenswert ist auf jeden Fall seine Schrift *Der Antichrist*.[34]

Charles Darwin (1809–1882) revolutionierte mit seinem 1859 – 15 Jahre nach Fertigstellung! – erschienenen Buch *Über die Entstehung der Arten* ebenso wie mit seinem zweiten Buch *Die Abstammung des Menschen und die geschlechtliche Zuchtwahl* (1871) die Biologie und unsere Sichtweise auf uns selbst. Gegen Darwin und seine Evolutionslehre gab es seitens der Kirchen den stärksten Widerspruch, verwies diese Lehre doch die Schöpfungsgeschichte der Bibel ins Reich der Fantasie. Darwins wissenschaftliche Beiträge waren so vielleicht der schwerste Schlag gegen die kirchliche Lehre.

Sigmund Freud (1856–1939) wies auf drei fundamentale Kränkungen hin, die die Wissenschaft der Menschheit zugefügt habe:[35] die *kosmologische* Kränkung (die Entdeckung, dass die Erde nicht der Mittelpunkt des Weltalls ist), die *biologische* Kränkung (die Entdeckung Darwins, dass der Mensch durch Evolution aus der Tierreihe hervorgegangen und eben keine gesonderte göttlichen Schöpfung ist) und die *psychologische* Kränkung (seine eigene Erkenntnis, dass sich ein beträchtlicher Teil des Seelenlebens der Kenntnis und der Herrschaft des bewussten Willens entzieht und der Mensch mit der peinlichen Einsicht konfrontiert wird, „nicht Herr ... in seinem eigenen Haus" zu sein). In seiner berühmten Abhandlung „Die Zukunft einer Illusion" aus dem Jahr 1927[36] entwickelte er die Vorstellung, dass sich hinter dem Glauben an Gott die Sehnsucht nach dem Vater unserer frühen Kindertage, der seine Hand schützend über uns hielt, verbirgt.

Schließlich ist auf die bahnbrechenden Arbeiten der Physiker *Albert Einstein* (1879–1955), *Werner Heisenberg* (1901–1976) und Max Planck (1858–1947) hinzuweisen. Insbesondere Einsteins Relativitätstheorie aus den Jahren 1905–1916, die sich mit der Struktur von Raum und Zeit sowie mit dem Wesen der Gravitation befasst, ist hier hervorzuheben. Wichtig ist auch *Edwin Hubble* (1889–1953) mit seiner Entdeckung der Ausdehnung des Weltraums – bis noch vor rund 100 Jahren hatte man keine Vorstellung von der Größe des Universums und wusste noch nichts von den Milliarden Galaxien. Zu erwähnen sind auch Quantenphysiker wie *Richard Feynman* (1918–1988) oder die Physiker und Kosmologen *Alexander Friedmann* (1888–1925) und *Stephen Hawking* (geb. 1942). Hawking ist davon überzeugt, dass der Urknall durch einen quantenphysikalischen Prozess ausgelöst wurde, und schließt einen göttlichen Schöpfer aus.

Beiträge der Religions- und Bibelforscher und kritiker einschließlich der Historiker und Archäologen

Stellvertretend für viele weitere können hier nur einige wenige Autoren und deren Werke genannt werden, wobei meine Auswahl zweifellos höchst subjektiv ist. Mit Blick auf ihre Wirkung stehen die Archäologen *Israel Finkelstein* (geb. 1949) und *Neil A. Silberman* (geb. 1950) mit ihrem 2001 erschienenen Buch *Keine Posaunen vor Jericho* ganz vorne, haben sie doch wesentliche Teile des Alten Testaments als reine Fantasieprodukte entlarvt. Behauptungen, die Bibel könne wie ein Geschichtsbuch gelesen werden, sind seitdem vom Tisch oder, wenn sie dennoch aufgestellt werden, lächerlich. Daher werden beide Wissenschaftler von vielen gehasst, und bei nationalistischen Juden gelten sie als Nestbeschmutzer.

Von den Bibelkritikern sind die historisch wichtigsten vielleicht der schon genannte Baruch de Spinoza und die der französischen Aufklärung. Von den deutschen Vertretern der „historisch-kritischen Methode" der Bibelkritik sowie den sonstigen Religions- und Kirchenkritikern seien nur die Theologen *Johann Salomo Semler* (1725–1791), *David Friedrich Strauß* (1808–1874) und *Rudolf Bultmann* (1884–1976) erwähnt. Sie befürworteten eine weitgehende Entmythologisierung der Bibel und erklärten bestimmte biblische Geschichten als Mythen, die nicht zur Überlieferung von Tatsachen bestimmt seien, sondern zur Verkündigung von Glaubensinhalten. Auf der von Strauß vorgenommenen Unterscheidung zwischen der historischen Person Jesu und dem Christus des Glaubens baute später Rudolf Bultmann auf.

Erwähnt werden kann auch der Philosoph *Hans Albert* (geb. 1921), der sich als Vertreter des Kritischen Rationalismus mit den Schriften von Jürgen Habermas, des Theologen Hans Küng sowie des späteren Papstes Josef Ratzinger auseinandergesetzt hat. Ein teilweise ähnlicher Ansatz findet sich bei Franz Buggle (1933–2011), Psychologe und Religionskritiker, mit seinem 1992 erschienen Buch *Denn sie wissen nicht, was sie glauben. Oder warum man redlicherweise* nicht mehr Christ sein kann. Eine große Wirkung erzielte auch *Karlheinz Deschner* (1924–2014), der mit zahlreichen Büchern (*Kriminalgeschichte des Christentums, Der gefälschte Glaube, Abermals krähte der Hahn*) den schönen Schein, den sich die Kirchen gerne geben, ziemlich zerstörte. So bekannte der katholische Theologe und Religionssoziologe Adolf Holl: „Nach der Lektüre wirken all die Päpste, Kardinäle, Bischöfe und Äbte, Theologen, Nonnen, Mönche und Priester von den ersten Anfängen der Kirche bis in die katholische Gegenwart wie eine Bande von Gangstern, deren verbrecherische Machenschaften sich hinter Weihrauchwolken verbergen."[37] Hingewiesen werden kann auch auf die sogenannten Neuen Atheisten wie die US-Amerikaner *Sam Harris* (geb. 1967), *Daniel C. Dennett* (geb. 1942) und *Victor J. Stenger* (1935–2014), die Briten *Richard Dawkins* (geb. 1941) und *Christopher Hitchens* (1949–2011) sowie den Franzosen *Michel Onfray* (geb. 1959).

Alle diese Autoren, einschließlich der vorher genannten Naturwissenschaftler und Philosophen, wären von der Kirche, als diese hierzu noch die Macht hatte, gefoltert und hingerichtet worden. Hinzu kam das Instrument der Kirche, die Veröffentlichung von Büchern zu verbieten, ihr missliebige Schriften auf den Index zu setzen, auch die Ausgaben entsprechender Werke zu verbrennen. Der *Index Librorum Prohibitorum* war ein Verzeichnis der päpstlichen bzw. römischen Inquisition, das jene Bücher auflistete, deren Lektüre für Katholiken als schwere Sünde galt; bei manchen war als kirchliche Strafe die Exkommunikation vorgesehen. Erstmals erschien das Verzeichnis 1559, ein Verbot solcher Schriften gab es aber schon im 4. Jahrhundert. Der Index wurde erst 1967 (nach dem Zweiten Vatikanischen Konzil) formell außer Kraft gesetzt. Davon abgesehen, dass man sich zunehmend lächerlich machte, war hierfür maßgeblich, dass die größer werdende Flut von Büchern und Schriften eine Aktualisierung des Indexes immer schwieriger machte.

Es kann als Qualitätsausweis gelten, in diesem Index aufgeführt worden zu sein. So schafften es unter vielen anderen folgende Autoren in diese Giftliste der katholischen Kirche: Balzac, Descartes, Diderot, Flaubert, Galilei, Heine, Hugo, Kant, Luther, John Stuart Mill, Montaigne, Pascal, Rousseau, Spinoza, Stendhal, Voltaire, Zola. Insbesondere die Aufnahme der Philosophen der Aufklärung in den Index der verbotenen Bücher zeigt, was von den gern zitierten „christlichen Wurzeln unseres Staatswesens" zu halten ist. Selbst die (lateinische) Bibel durfte über Jahrhunderte hinweg nicht in die Landessprachen übersetzt werden. Das gemeine Volk sollte die Bibel nur unter Anleitung lesen dürfen. Erst Martin Luther setzte sich über Widerstände hinweg und übersetzte, gemeinsam mit anderen, in den Jahren 1521–1534 die Bibel ins Deutsche. Jetzt konnten sich viele erstmals ein eigenes Bild machen, auch von den Grausamkeiten des biblischen Geschehens, und, waren sie aufmerksam, all die Ungereimtheiten erkennen. Aber auch im Judentum ging man nicht sanft mit Kritikern um, wie das Beispiel Spinozas zeigt. Und im Islam müssen Kritiker heute noch um ihr Leben fürchten.

2 Die Religionen und ihre Bücher – Märchen aus dem Morgenland?

> Die Bibel ist ein Buch
> von Menschen geschrieben,
> wie alle Bücher.
>
> Georg Christoph Lichtenberg,
> dt. Wissenschaftler, 1742–1799

Im Mittelpunkt meiner Untersuchung stehen zwei grundlegende Fragen: *Sind die „Heiligen Bücher" (Altes Testament, Neues Testament und Koran) wahr* und *wie „heilig" sind die darin vermittelten ethischen Vorstellungen?* Dies impliziert zahlreiche weitere Fragen. Mit Blick auf den Wahrheitsgehalt der betreffenden Schriften ist grundlegend, ob es die in den „Heiligen Büchern" geschilderten Menschen und Begebenheiten überhaupt gab und wie die Quellenlage ist. Relevant ist für eine kritische Beurteilung weiter, wann diese Bücher verfasst wurden, wie der Entstehungsprozess im Einzelnen war, ob Ereignisse und Vorstellungen aus vorbiblischen Mythen und Nachbarreligionen übernommen wurden und wie originell bzw. originär Bibel und Koran überhaupt sind. Bei der Frage nach der Ethik geht es darum, für welche Werte diese Bücher und die auf ihnen aufbauenden Religionen stehen. Sind die verkündeten Lehren mit unseren heutigen Vorstellungen über Menschenrechte und Demokratie, die Stellung der Frau und die allgemeinen Regeln für das Zusammenleben der Menschen vereinbar? Oder geht es besser ohne sie? Können sie der Rahmen sein für ein friedvolles Miteinander und ein glückliches Leben? Oder hindern sie uns daran durch unzählige uns klein haltende Vorschriften

(Gebote, Verbote, Strafandrohungen)? Wie hoch ist ihr Gewaltpotenzial? Ist es – entsprechend der vermittelten Botschaften, den Missionierungsgeboten etc. – unterschiedlich hoch? Trennen sie die Menschen voneinander durch den jeweiligen Anspruch, die allein wahre Religion zu sein, und führen so zu Intoleranz und Feindschaft? Unabhängig davon hat dabei durchaus die Erkenntnis Platz, dass zahlreiche Passagen der „Heiligen Bücher", insbesondere des Alten Testaments, von hoher literarischer Qualität sind. Es stellt sich schließlich die vor allem an die Gläubigen zu richtende Frage, ob die „Heiligen Schriften", sollten sie unwahr sein und keine von uns heute akzeptierte Ethik enthalten, als Grundlage der sich auf sie berufenden Religionen taugen.

2.1 Altes Testament und Judentum

Die „hebräische Bibel" oder „Tanach" wurde Ende des 4. Jahrhunderts n. Chr., nachdem die römischen Kaiser Konstantin und Theodosius das Christentum zur Staatsreligion erklärt hatten, von den Christen mit zur „Heiligen Schrift" erhoben. Man gab ihr den Namen „Altes Testament" und ergänzte entsprechend das bereits als christlich angesehene „Neue Testament", das einen deutlich geringeren Umfang hat und nur etwa 20 Prozent des Gesamtwerks ausmacht. Durch die Entwicklung des Christentums zur Weltreligion wurde das bislang weitgehend nur den Juden bekannte literarische jüdische Werk aufgewertet und international verbreitet.[38]

Tanach ist in der jüdischen Tradition die Bezeichnung der biblischen Texte, die für das Judentum normative Geltung haben. Er besteht aus drei Teilen:

- Thora („fünf Bücher Mose"); in christlicher Tradition die Bücher Genesis, Exodus, Levitikus, Numeri und Deuterono-

mium, entsprechend der griechischen Bezeichnung auch Pentateuch genannt.
- Propheten (in christlicher Tradition: Geschichtsbücher): Josua, Richter, Samuel 1 und 2, Könige 1 und 2 (vordere Propheten) sowie Jesaja, Jeremia, Ezechiel, Zwölfprophetenbuch (hintere Propheten).
- Schriften (in christlicher Tradition: Lehrweisheit und die Psalmen): Psalmen, Hiob, Sprüche, Rut, Hoheslied, Prediger (Kohelet), Klagelieder, Ester, Daniel, Esra und Nehemia, Chroniken 1 und 2.

Die Thora wurde etwa bis 400 v. Chr. insgesamt redaktionell fertiggestellt, die übrigen Bücher des Tanach überwiegend bis etwa 200 v. Chr. Sie sind im Wesentlichen in Hebräisch verfasst, zum kleineren Teil auch in Aramäisch. Hierzu ist anzumerken, dass nach dem babylonischen Exil (539 v. Chr.) das Aramäische das Hebräische als Alltagssprache der Juden abgelöst hatte, Hebräisch aber die Sprache des jüdischen Gottesdienstes und der biblischen Texte blieb. Für die Bevölkerung wurden Teile der Bibel ins Aramäische übersetzt (Targumim). Die ältesten gefundenen zusammenhängenden Bibeltexte sind die Schriftrollen vom Toten Meer, die etwa 250 v. bis 100 n. Chr. entstanden sind. Ab etwa 250 v. Chr. wurden die Bücher in Alexandria aus dem Hebräisch-Aramäischen in die griechische Septuaginta übersetzt. Die Übertragung in die lateinische Vulgata etwa 400 n. Chr. wurde die Vorlage für die römisch-katholische Bibel.

In den folgenden Kapiteln werden der historische Rahmen und die Entstehungsgeschichte des Alten Testaments dargestellt. Es folgt die Einzeldarstellung der alttestamentlichen Bücher – mit kritischen Anmerkungen gemäß den oben genannten Kriterien.

2.1.1 Historischer Abriss der Geschichte Israels

Bei vielen „Zeittafeln", die in der Literatur zum Judentum Verwendung finden, ist Skepsis angebracht – und zwar umso mehr, je älter die vermeintlichen Ereignisse. Die Erkenntnisse unvoreingenommener Historiker, Archäologen und Bibelwissenschaftler führen – teilweise erst seit 20 bis 30 Jahren – zu realistischeren Einschätzungen. Vorsicht ist vor allem geboten, wenn es bei Jahreszahlen oder auch der Wiedergabe von Ereignissen „nach jüdischer Tradition" heißt. Da ist dann meist Wunschdenken im Spiel, üblicherweise nach dem Prinzip: Je älter die Ereignisse scheinen, desto besser!

Dessen eingedenk soll folgende Zeittafel der (vermeintlichen) biblischen Begebenheiten „nach jüdischer Tradition" unter Gegenüberstellung der wahrscheinlichen historischen Ereignisse dem Verständnis der biblischen Texte und der Absichten der Bibelschreiber dienen.[39] Die Zeitangaben „nach jüdischer Tradition" bzw. gemäß den Angaben in der Bibel sind dabei kursiv wiedergegeben, die Zeitangaben nach den Erkenntnissen der Geschichtswissenschaft, der Archäologie etc. in Normalschrift.

3762 v. Chr.	*Zeitpunkt der biblischen Schöpfung, Beginn des jüdischen Kalenders*
2000–1800 v. Chr.	*Zeit der Urväter Abraham, Isaak, Jakob in Kanaan*
1800–1300 v. Chr.	*Israeliten in Ägypten*
1300–1200 v. Chr.	*Leben des Moses und Flucht aus Ägypten nach Kanaan*
1207 v. Chr.	Erstmalige Erwähnung eines Stammes „Israel" auf einer Siegesstele von Pharao Merenptah (Bedeutung jedoch umstritten); erst im 9. Jahrhundert v. Chr. wird ein *Staat* mit Namen Haus Omri in assyrischen Inschriften und auf der

	Mescha-Stele als Gleichsetzung mit dem Namen Israel belegt.
1200–1020 v. Chr.	Zeit der Richter: von Josua und anderen über Debora bis Samuel
1025–1005 v. Chr.	König Saul
1005–970 v. Chr.	König David
970–931 v. Chr.	König Salomo; Bau des Jahwe-Tempels und eines monumentalen Königspalasts in Jerusalem
950 v. Chr.	Jerusalem ist gemäß Archäologen ein Dorf mit kaum mehr als 200 bis 1000 Einwohnern; Judäa ist eine arme, dünn besiedelte Region.
ab 930 v. Chr.	Zerfall des israelitischen Königreichs in zwei Teile
931–914	König Rehabeam (Südreich)
931–909	König Jerobeam I. (Nordreich)
931–722 v. Chr.	Bestand des Nordreichs Israel bis zur Eroberung durch die Assyrer; das Nordreich hat im 8. Jahrhundert insgesamt etwa 200.000 Einwohner.[40]
931–587 v. Chr.	Bestand des Südreichs Juda (im 8. Jh. etwa 20.000 Einwohner) bis zur Eroberung durch die Babylonier
639 v. Chr.	Josia, König von Juda, bekämpft die Vielgötterei und versucht den Monotheismus durchzusetzen; möglicherweise Beginn der Arbeiten am Deuteronomistischen Geschichts- und Gesetzeswerk.
587 v. Chr.	Der Babylonier Nebukadnezar zerstört den Tempel von Jerusalem.
587–538 v. Chr.	Babylonisches Exil der jüdischen Oberschicht; der Perserkönig Kyros erlaubt

	ihre Rückkehr; vermutlich werden 10.000 bis 15.000 der insgesamt 75.000 Einwohner Judas ins Exil geschickt[41]; für das 5. bis 4. Jahrhundert wird die Bevölkerung Judas dann nur noch auf etwa 30.000 geschätzt.
538–332 v. Chr.	Eroberung Judas durch die Perser mit darauf folgender etwa zwei Jahrhunderte dauernder persischer Herrschaft (= persische Provinz „Jahud")
450-400 v. Chr.	Der Pentateuch (Thora) erhält durch Priester in Jerusalem im Wesentlichen seine jetzige Gestalt; öffentliche Verkündigung der Thora durch Esra in Jerusalem (Esr 7; Neh 8–10).
332–323 v. Chr.	Eroberung durch Alexander den Großen
323–168 v. Chr.	Machtausübung durch die Nachfolger Alexanders (zunächst durch die Ptolemäer in Ägypten, dann durch die Seleukiden in Syrien)
3. Jh. v. Chr.	Niederschrift der biblischen Bücher *Prediger* und *Hoheslied*
250–100 v. Chr.	Übersetzung der meisten Bücher des Tanach vom Hebräischen ins Griechische (Septuaginta)
240 v. Chr.	Entstehung der Papyrusrollen von Qumran
168–165 v. Chr.	Aufstand der Makkabäer gegen syrische/seleukidische Besatzer
168 v. Chr.	Der Seleukidenkönig Antiochos IV. verbietet den Jahwe-Kult und die Beschneidung der Knaben.

165–63 v. Chr.	Unabhängige Verwaltung der Makkabäer, die aber in einen Bürgerkrieg übergeht.
141 v. Chr.	Wiederherstellung eines unabhängigen jüdischen Staates „Judäa"
63–37 v. Chr.	Die zu Hilfe gerufenen Römer machen Judäa zur römischen Provinz.
37–4 v. Chr.	Herrschaft des von den Römern als König von Judäa eingesetzten Herodes I.
8–4 v. Chr.	Geburt Jesu
4 v. Chr. – 66 n. Chr.	Zahlreiche politische und religiöse Unruhen in Palästina
66–70 n. Chr.	Jüdischer Aufstand gegen die römische Besatzung unter Kaiser Vespasian, der mit der Niederlage der Juden und der Zerstörung ihres Tempels in Jerusalem endet (geschildert durch Flavius Josephus); Verstreuung der Juden in viele Teile des römischen Weltreichs
70 n. Chr.	Markus schreibt das erste Evangelium.
132–135 n. Chr.	Letzter jüdischer Aufstand gegen die Römer durch Simon „Bar Kochba"; nach der Niederlage römische Umbenennung von Judäa in „Syria Palästina"

Der dem jüdischen Kalender zugrunde liegende Zeitpunkt der göttlichen Schöpfung der Welt, nämlich das Jahr 3762 v. Chr., geht auf den jüdischen Patriarchen Hillel II. im Jahr 359 n. Chr. zurück, der ihn anhand von Bibelangaben, vor allem dem Lebensalter der vermeintlichen Akteure, ermittelte. Demgegenüber datierte der irische anglikanische Theologe James Ussher, Professor am Trinity College in Dublin, im Jahr 1650 den Schöpfungszeitpunkt – immerhin etwas besser – auf Sonntag, den 23. Oktober 4004 v. Chr. John Lightfoot von der Universität Cambridge hatte 1644 schon ähnliche Berechnungen angestellt, deren Resultat mit dem Usshers übereinstimmte – zusätzlich zum Datum bestimmte er jedoch auch die Uhrzeit: 9 Uhr vormittags! Selbst der große Isaac Newton stellte Berechnungen an und kam zu dem Ergebnis, dass die Welt 534 Jahre jünger sei als von Ussher berechnet. Seine Korrektur ging somit in die falsche Richtung. Hier geht es jedoch nicht um Häme, wussten es doch die Genannten nicht besser. Eine ganz andere Sache ist es aber, wenn Kreationisten – vor allem evangelikale Christen insbesondere in den USA sowie ultraorthodoxe Juden – heute noch entsprechende Vorstellungen haben, Museen bauen, um ihre absurden Vorstellungen zu belegen, und die Arche Noah „rekonstruieren", als hätten sie noch nie das Skelett eines Dinosauriers oder das von Lucy gesehen.

Die Zeit der *Erzväter Abraham, Isaak und Jakob* liegt im mythischen Dunkeln. Diese Erzählungen wurden wahrscheinlich im 7. bis 4. Jahrhundert v. Chr. von jüdischen Priestern fantasiereich konstruiert. Es fehlt jeglicher historische Hintergrund und Nachweis. Auch zur *Geschichte der „Protoisraeliten"*, zum *Auszug aus Ägypten* und zur *Landnahme Kanaans* gibt es keinerlei Belege. Die Archäologen Finkelstein und Silberman resümieren entsprechend: „Es gab keinen Massenauszug aus Ägypten, ebenso wenig wie eine gewaltsame Einnahme Kanaans. Die meisten Menschen, die das frühe Israel bildeten, waren Einheimische ... Die frühen Israeliten waren – ein Gipfel der Ironie – selbst ursprünglich Kanaanäer!"[42]

Die Vorstellung eines in der frühen Eisenzeit *vereinigten, glanzvollen Königreichs* unter Saul (1025–1005 v. Chr.), David (1005–970 v. Chr.) und Salomon (970–931 v. Chr.) – Jahreszahlen „nach jüdischer Tradition" –, ja das ganze *Saul-David-Salomo-Epos* mit seinen bildhaften Übertreibungen ist eine durchdachte Fälschung jüdischer Bibelschreiber aus der Zeit Josias, König des Südreichs (639–609 v. Chr.). Nichts davon stimmt. „Das ruhmreiche Epos von der vereinten Monarchie war – wie die Erzählungen über die Erzväter und die Geschichten vom Auszug und der Landnahme – eine eindrückliche Komposition, in der alte Heldengeschichten und Sagen zu einer kohärenten, überzeugenden Prophezeiung für das Volk Israel im 7. Jahrhundert v. Chr. miteinander verflochten wurden", stellen Finkelstein und Silberman fest.[43] Für sie ist die Geschichtsdarstellung der Bibel „eine ideologische und gleichzeitig theologische Komposition."[44] Dazu führen sie weiter aus: „Bei vielem von dem, was gewöhnlich als reale Geschichte gilt – die Geschichten über die Erzväter, der Auszug aus Ägypten, die Einnahme Kanaans und sogar die Schilderung der ruhmreichen vereinten Monarchie unter David und Salomo – handelt es sich vielmehr um den schöpferischen Ausdruck einer mächtigen religiösen Reformbewegung, die in der späten Eisenzeit im Königreich Juda blühte"; all diese biblischen Schilderungen und „spiegeln ... hauptsächlich Ideologie und Weltbild der Verfasser" wider. Entsprechen warnen die beiden Archäologen geradezu vor der Lektüre ihres Buches: „Unsere Geschichte weicht dramatisch von der vertrauten Darstellung ab."[45]

Nachdem schon viele Wissenschaftlern, bis zurück in die Renaissance, Vorarbeit geleistet hatten und manche Täuschung ruchbar geworden war, brachten Finkelstein und Silberman mit ihrem 2001 erschienen Buch *Keine Posaunen vor Jericho* das biblische Fantasiegebäude gänzlich zum Einsturz. Dabei rückten sie auch die Rolle des Nordreichs Israel gerade, einer (im Gegensatz zum kleinen und kargen „Südreich" Juda) fruchtbaren, reichen und weltoffenen Region, die in der von judäischen Eiferern geschrieben Bibel immer „die Rolle als Bösewicht" zugesprochen bekommt. Nicht umsonst gelangen die beiden Archäologen zur desillusionierten Schlussfolgerung: „Wenn es weder Erzväter noch einen Auszug aus Ägypten und auch keine Einnahme Kanaans – genauso wenig wie eine wohlhabende vereinte Monarchie unter David und Salomo – gegeben hat, kann man dann sagen, dass das frühe biblische Israel, wie es in den fünf Büchern Mose und den Büchern Josua, Richter und Samuel geschildert wird, je existiert hat?"[46]

Es sind also Geschichten, die der Einbildungskraft der von der Idee eines Großreichs und Gottesstaates Israel beseelten nationalistisch-religiösen Bibelschreiber geschuldet sind. Diese Texte und ihre Frühdatierung sollten „hauptsächlich dazu dienen, Ursprung und Rechtmäßigkeit israelischer Gebietsansprüche zu legitimieren."[47] Eine der Unwahrheiten betrifft zum Beispiel Genesis 24,19, wo Rebekka, die Frau Isaaks, sagt: „Ich will deinen Kamelen auch schöpfen, bis sie alle genug getrunken haben." Die Abraham-Erzählungen werden nach jüdischer Tradition etwa 2000 Jahre v. Chr. angesiedelt. Dumm nur, dass es zu dieser Zeit noch keine domestizierten Kamele gab. Nach den Befunden der Archäo-Zoologin Lidar-Sapir-Hen am Institut für Archäologie der Universität Tel Aviv gab es solche Kamele „erst im letzten Drittel des ersten Jahrtausends vor Christus".[48] Das stützt auch die zwischenzeitliche Datierung der Erstellung des Alten Testaments. Eine durchgängige Methode der Bibelschreiber war es, wie inzwischen vielfach nachgewiesen worden ist, die von ihnen geschriebenen Texte „als etwas Uraltes" zu präsentieren.[49] Ein Motiv für diese häufig praktizierte Vortäuschung eines alten Textes war auch, dass so Propheten „Prophezeiungen" in den Mund gelegt werden konnten, nachdem die Ereignisse schon längst passiert waren (vaticinium ex eventu). Beispiele hierfür finden sich unter anderem in den Büchern Rut, Jesaja, Jeremia, Ezechiel, Daniel, Judit, Baruch, Tobit und Micha, aber auch im Neuen Testament: So berichtet das Markusevangelium, verfasst etwa 70 n. Chr., von den Voraussagen Jesu zur Zerstörung Jerusalems im Jahr 68 n. Chr.

Ernüchtert äußert sich auch der Göttinger Religionswissenschaftler Gerd Lüdemann zum Wahrheitsgehalt des Alten Testaments: „Weder hat es eine Väterzeit noch eine Richterzeit gegeben. Israel tritt erst mit dem Königtum ins Licht der Geschichte – und mit einiger Verzögerung auch die exklusive Verehrung Jahwes, die sich erst seit dem Schock des Exils (587–539 v. Chr.) endgültig gegen den konkurrierenden jüdischen Polytheismus und Polyjahwismus durchsetzen konnte". Die erzählerische Kombination von „Jahwe allein" mit der Person Moses sei eine Rückprojektion des Glaubens des nachstaatlichen Judentums in die Anfänge über einen Abstand von mehr als 700 Jahren hinweg. Das Alte Testament sei die Bibel des Judentums der persischen und hellenistischen Zeit, nicht die Literatur des alten Israels. Lüdemann ergänzt: „Es gab keinen Exodus aus Ägypten, keine Sinai-Offenbarung und keine Übergabe der Zehn Gebote. Abraham, Isaak, Mose und Josua sind bloße Namen. Jericho wurde nie erobert. Man kann diese Sätze nicht oft genug wiederholen, denn das Gegenteil davon war fast 2000 Jahre lang Teil einer heiligen Vergangenheit, die den Kirchenfunktionären und Politikern zur Erhaltung ihrer Macht diente."[50] Den historischen Wert des Alten Testaments im Sinne einer Entsprechung von Bibeltext und historischem Hergang schätzt Lüdemann auf weniger als ein Prozent.

Den am Alten Testament interessierten Lesern ist zu raten, nur mit Skepsis die dieses kommentierenden Bücher zu lesen, die älter als 30 Jahre sind – oder ganz von ihnen zu lassen. Bis etwa 1980, so Finkelstein und Silberman, waren die meisten Bibelwissenschaftler, Historiker und Archäologen der Meinung, die Bibel sei grundsätzlich wahr und im Wesentlichen wie ein Geschichtsbuch zu lesen. Seit ihrem eine Zäsur darstellenden Buch wissen wir, dass es sich gerade umgekehrt verhält: Die „wahren" Elemente der Bibel sind die Ausnahmen!

Zu den an zahlreichen Stellen des Alten Testaments geschilderten Auseinandersetzungen zwischen dem „Nordreich Israel" und dem „Südreich Juda" merken Finkelstein und Silberman an, die Archäologie zeige deutlich, dass die frühen Könige von Juda ihren Kollegen im Norden weder in ihrer Machtfülle noch in ihrer Fähigkeit als Verwalter ebenbürtig waren. „Israel und Juda waren zwei verschiedene Welten."[51] Auch sei die Bevölkerungszahl im Nordreich zehn Mal höher gewesen als im kargen judäischen Bergland. Grundsätzlich propagiert die von judäischen Priestern verfasste Bibel einseitig die Sonderrolle Judas/Jerusalems. Juda war bis ins 8. Jahrhundert v. Chr. ein kleines, unfruchtbares, isoliertes Gebiet, dünn besiedelt und unbedeutend. Jerusalem war ein kleines Dorf – und das 200 bis 300 Jahre nach den sagenhaften Herrschern David und

Salomo! Das änderte sich erst nach dem Niedergang des Nordreichs und durch seinen Vasallenstatus im Assyrischen Reich ab dem späten 8. Jahrhundert. Juda und seine Hauptstadt Jerusalem wurden nun bevölkerungsreicher und bedeutender; Jerusalem wuchs schätzungsweise von 1.000 Einwohnern in wenigen Jahrzehnten auf 15.000 Einwohner.[52] Es waren die Jahre der Könige Ahas und Hiskia (743–698 v. Chr.), und es begann allmählich die Zeit der Bibelautoren. Sie schrieben sich ihre Vergangenheit und Bedeutung schön und beanspruchten in ihren Texten – auch gerade rückwirkend – eine Sonderrolle für Juda. Um die historische Wahrheit scherten sie sich nicht weiter. Beispiele hierfür sind:[53]

- Die (von ihnen erfundenen) Erzväter Abraham, Isaak und Jakob lassen die Bibelschreiber in der alten judäischen Hauptstadt Hebron (Machpela-Höhle) ihre letzte Ruhestätte finden.
- Den Anführer eines kleinen Stammes, David, beschreiben sie als großen König eines vereinigten Königreichs und lassen ihn im judäischen Dorf Bethlehem zur Welt kommen. Seinen Nachfolger Salomo lassen sie in Jerusalem den großen Tempel und den prächtigsten Palast der Welt bauen ... Reine Fantasiegebilde!
- Das Nordreich wird als böse, weil der Vielgötterei huldigend, dargestellt, Juda als gut und dem einen Gott Jahwe dienend – obwohl auch in Juda (einschließlich Jerusalem) den vielen kanaanäischen Göttern (Baal, Astarte, auch Jahwe und seiner Gattin, der Göttin Aschera) geopfert wurde.

Aber die Bibelschreiber hatten mit ihrer Dichtung Erfolg. Juda überlebte. Wer schreibt, der bleibt!

2.1.2 Entstehungsgeschichte des Alten Testaments

> Es gibt Dinge, die mehr als einmal gesagt werden sollen
> und die nicht oft genug gesagt werden können.
>
> Sigmund Freud

Viele Christen und Juden glauben bis heute, das Alte Testament, speziell die ersten fünf Bücher, seien als göttliche Offenbarung von Moses eigenhändig geschrieben worden und stellten eine exakte historische Abhandlung dar. Ferner gelten für sie König David als Verfasser der Psalmen, König Salomon als Verfasser der Sprüche und des Hohelieds. Nur: Es stimmt alles nicht! Die Texte wurden zu unterschiedlichen Zeiten und von unterschiedlichen Männern – viele Jahrhunderte nach den vermeintlichen Ereignissen – geschrieben. Mehr noch: Die erzählten Geschichten sind im Wesentlichen erfunden. Sie sind keine göttliche Offenbarung, sondern ein „herausragendes Ergebnis menschlicher Einbildungskraft".[54] So konstatierte der *Spiegel* vor einigen Jahren: „Immer deutlicher wird, dass Gottes Wort, das ‚Buch der Bücher', voller Mogeleien steckt. Eine Gruppe von Fälschern, ‚Deuteronomisten' genannt, bürsteten Realgeschichte um; sie verzerrten die Wirklichkeit, schafften unbequeme Fakten beiseite und erfanden, nach Art eines Hollywood-Drehbuchs, die Geschichte vom Gelobten Land."[55]

Wie die Arbeit im Einzelnen ablief, ist noch nicht vollständig geklärt. Einen guten Überblick bietet die vom katholischen Alttestamentler Christian Frevel (davor Erich Zenger) herausgegebene *Einleitung in das Alte Testament* (8. Aufl.). Sie enthält insbesondere die wesentlichen Theorien über die Entstehung des Pentateuchs, darunter die auf den protestantischen Theologen und Orientalisten *Julius Wellhausen* (1844–1918) zurückzuführende „Neuere Urkundenhypothese" oder das von dem katholischen Religionswissenschaftler *Erich Zenger* (1939–2010) entwickelte „Münsteraner Pentateuchmodell", auf die weiter unten näher eingegangen wird.[56]

Die Autorenschaft des Moses für die ersten fünf Bücher des Alten Testaments wurde schon im Mittelalter angezweifelt – durch den mittelalterlichen jüdischen Gelehrten Abraham Ibn Esra (1092–1167) und durch Reformatoren im 16. Jahrhundert, wie Andreas Karlstadt. Erst im 17. Jahrhundert veröffentlichte Baruch Spinoza (1632–1677) die Erkenntnisse Ibn Esras und leitete damit die historische Pentateuchkritik ein. Zahlreiche Unstimmigkeiten sowie Doppelerzählungen wurden festgestellt. So gibt es zum Beispiel gleich zwei Berichte von der Schöpfung der Welt und des Menschen mit zum Teil widersprüchlichen Aussagen (Gen 1,1–2,4a und Gen 2,4b), zwei Versionen von der Dauer der Sintflut, vom Bau der Arche und der Rettung der Tiere (Gen 6–8) und eine dreifache Rettung der Stammesmutter Sara bzw. Rebecca (Gen 12, 20 und 26). Innerhalb des Pentateuch findet ein ständiger Wechsel der Gottesbezeichnungen „Elohim" und „JHWH" statt; ebenso ist mal von „Sinai", dann von „Horeb" die Rede; es gibt zwei Fassungen der Zehn Gebote (Ex. 20,2–17 und Dtn 5,6–21) usw. All diese Unstimmigkeiten und Mehrfacherzählungen deuten auf einen vielschichtigen Entstehungsprozess.

Den Beginn der Arbeiten am deuteronomistischen Gesetzes- und Geschichtswerk sehen Finkelstein und Silberman in der Zeit des Königtums Josias (639–609 v. Chr.). In der nachbabylonischen Zeit hätten die Texte des Pentateuch und des deuteronomistischen Geschichtswerks jedoch umfassende Zusätze erhalten und seien umgearbeitet worden.[57] In den Jahrzehnten nach der Rückkehr der Exilanten aus Babylonien (ab 539 v. Chr.) unterstanden die Bewohner Judas den beiden Archäologen zufolge einem zweigleisigen System: „politisch den von den persischen Behörden ernannten Statthaltern, die keinerlei Verbindungen zur davidischen Königsfamilie hatten; religiös den Priestern. Da es das Königtum nicht mehr gab, wurde jetzt der Tempel der Mittelpunkt, mit dem sich die Bewohner von Jehud (Juda) identifizierten. Das war einer der entscheidenden Wendepunkte in der jüdischen Geschichte." Eine der wichtigsten Funktionen der priesterlichen Elite im nachexilischen Jerusalem habe darin bestanden, „unablässig Literatur und Schrifttum hervorzubringen, um die Gemeinschaft zu festigen und ihre Normen von denen der Völker rings umher abzugrenzen."⁵⁸

Mit Blick auf den Entstehungsprozess des Pentateuchs unterschied die „Neuere Urkundenhypothese" Julius Wellhausens vier Quellen: Jahwist (J) aus der Zeit um 950 v. Chr.; Elohist (E) aus der Zeit um 800 v. Chr.; (Ur-)Deuteronomium (D) aus dem 7. Jahrhundert v. Chr. und Priesterschrift (P) aus der Zeit um 550 v. Chr. Seit Beginn der 1970er-Jahre wird dieses Modell zunehmend infrage gestellt.⁵⁹ In den letzten Jahren hat das „Münsteraner Pentateuchmodell", das auf Erich Zenger zurückgeht, größere Verbreitung erfahren. Er geht von drei Quellenschriften aus:⁶⁰ Quelle JG = nichtpriesterliche Texte (ca. 700 v. Chr.), Quelle D = deuteronomistische Texte (vor 567 v. Chr.) und Quelle P = priesterliche Texte (nach 520 v. Chr.). Der Pentateuch wurde gemäß den Münsteraner Religionswissenschaftlern erst ab 400 v. Chr. als eigenständiges Werk aus dem Gesamttext Genesis 1 bis 2 Könige ausgegrenzt und später „weiter fortgeschrieben", zumindest bis in die Zeit der Makkabäer (Mitte 2. Jh. v. Chr.).⁶¹ Andere Pentateuch-Modelle, beispielsweise von Erhard Blum, Eckart Otto oder Reinhard G. Kratz, siedeln hingegen die ersten übergreifenden Arbeiten zur Zusammenfassung einzeln tradierter Erzählstränge erst in der nachexilischen Zeit (ab etwa 520 v. Chr.) an.⁶²

Einige Religionswissenschaftler, die sogenannten „Minimalisten", wie Niels Peter Lemche und Thomas Thompson von der „Kopenhagener Schule", Philip R. Davies von der Universität Sheffield sowie Hermann Michael Niemann von der Universität Rostock, halten das Alte Testament gar für ein hellenistisches Werk. Es sei in der Substanz erst nach 330 v. Chr. verfasst worden. Noch weiter geht der Theologe Bernd Jörg Diebner, Universität Heidelberg. Für Diebner ist die Thora ein „diplomatisches Kompromisspapier", an dem womöglich noch bis 50 n. Chr. gefeilt worden sei; die Bibel sei das Ergebnis eines Machtgerangels um die religiöse Federführung, angeführt vom Hohepriester in Jerusalem, der historische Fakten umschrieb und „seine eigenen

Großmachtträume in die Vergangenheit projizierte". Noch die Makkabäer, so glaubt Diebner, hätten Kerntexte der Bibel umgeschrieben.[63]

2.1.3 Vorbiblische Quellen

Stellt man die Frage nach den vorbiblischen Quellen, also nach Themen und Texten, die in die biblischen Texte einflossen oder woran diese anknüpften, so sind insbesondere die religiösen Mythen Mesopotamiens und der Levante, also die sumerische, babylonische, akkadische und ugaritische Religion, zu nennen, ebenso aber auch die ägyptische Religion sowie der persische Zoroastrismus.

Nach dem Sesshaftwerden der Menschen durch die Erfindung von Ackerbau und Viehzucht (sog. Neolithische Revolution/Neusteinzeit) entwickelten sich erste Dörfer und Städte. In der frühsumerischen Zeit (Uruk-Kultur, ca. 4000–3000 v. Chr.) bildeten sich Stadtstaaten, und es entstanden in Mesopotamien, im Industal und in Ägypten die ersten Hochkulturen (Frühbronzezeit, ca. 3000–2000 v. Chr.). Ab etwa 2500 v. Chr. finden sich zunehmend verwertbare schriftliche Quellen (Tontafeln) zur sumerischen Zeit. Die Herkunft der Sumerer ist besonders wegen ihrer nicht semitischen Sprache unklar. Dem sumerischen Reich folgten das (semitische) akkadische Großreich (24. bis 22. Jh. v. Chr.), später die Reiche Assur und Babylon. Ugarit war ein seit etwa 2400 v. Chr. bezeugter kanaanäischer Stadtstaat im Nordwesten des heutigen Syrien; die ugaritische Religion beruhte insbesondere auf sumerischen und akkadischen Vorstellungen.

Die großen Werke der sumerisch-akkadischen Literatur (Gilgamesch-Epos u. a.) wurden „in der gesamten altorientalischen Welt" gelesen, „wozu gehört, dass sich die Gebildeten dieser Epoche mit Keilschrift und Babylonisch auskannten". Die kanaanäische Geisteskultur Syrien-Palästinas „war im 2. und beginnenden 1. Jahrtausend v. Chr. vorwiegend mesopotamisch bestimmt", und Israel, „ein vergleichsweise junger Eindringling …, machte sich diese ihm dargebotene Erbschaft zunächst augenscheinlich schnell zu eigen ...", so der Alttestamentler und evangelische Theologe Walter Beyerlin (1929–2015) in dem von ihm herausgegebenen *Religionsgeschichtlichen Textbuch zum Alten Testament*.[64] Die religiösen Überzeugungen, die sich in alttestamentlichen Texten ausdrückten, seien nicht ohne die „religiösen Bekundungen der altvorderorientalischen Umwelt befriedigend zu erfassen"[65], formuliert Beyerlin zurückhaltend – immerhin war er Theologe und wollte der Bibel nicht allzu viel wegnehmen. Die Flut dessen, was an Text- und Themenübernahmen aus vorbiblischen Quellen durch die alttestamentlichen Bibelschreiber feststellbar ist, ist nämlich beeindruckend und ließe auch eine deutlichere Wortwahl zu. Dabei umfasst die Untersuchung Beyerlins noch nicht einmal das gesamte Spektrum vorbiblischer Quellen, die bei der Abfassung des Alten Testaments Pate gestanden haben könnten.[66]

Die alttestamentlichen Bibelschreiber bedienten sich bei ihren Dichtungen nicht nur zahlreicher „Themen" vor allem aus den mesopotamischen Epen (Erschaffung der Erde, Arche Noah, Moses-Mythos etc.) oder der auf dem Zoroastrismus beruhenden Vorstellungen über Gott und Teufel, Himmel und Hölle. Sie übernahmen auch sprachliche, poetische Elemente der mesopotamischen Werke, was sich unter anderem bei den Psalmen und den Prophetenbücher feststellen lässt. Das Alte Testament ist also nicht vom Himmel gefallen oder von Gott diktiert worden. Es steht vielmehr in der Tradition dessen, was es vorher schon gab. Gewiss gab es umfangreiche, die eigenen Zwecksetzungen berücksichtigende Zugaben, Veränderungen und Mischungen, auch eine andere Wortwahl, sodass es durchaus als ein gesondertes, ja beeindruckendes literarisches Werk anzusehen ist. Wie dieser Entstehungs, Aneignungs- und Umformungsprozess im Einzelnen ablief, wird vielleicht nie vollständig geklärt werden können, auf alle Fälle aber bietet sich hier immer noch ein großes Feld für weitere Forschungen.

In der Untersuchung vorbiblischer Texte durch Beyerlin werden insgesamt fast 1.800 Bezüge zu alttestamentlichen Textstellen genannt, davon etwa 680 zu den Psalmen und Sprüchen, 310 zu den ersten fünf Büchern Moses, 280 zu den Büchern Jesaja, Jeremia und Ezechiel, 160 zu den Büchern Könige und Samuel und 70 zum Buch Hiob. Diese „Bezüge" umfassen unmittelbare Einwirkungen vorbiblischer Texte auf die alttestamentlichen, aber auch „Paralleltexte", die den alttestamentlichen entsprechen.[67]

Mesopotamische Texte

Während vor allem die im Folgenden genannten Epen aus dem Zweistromland mit Blick auf ihre Mythen und deren teilweise Übernahme im Alten Testament bekannt und von Bedeutung sind[68], waren weitere Schriften aus dem Zweistromland maßgebliche Vorlagen biblischer Texte. So zum Beispiel der „Akkadische Dialog über die Ungerechtigkeit der Welt"[69] (evtl. um 800 v. Chr.), der bei der Abfassung der biblischen Bücher Hiob und Prediger berücksichtigt wurde[70], oder der sumerische Mythos „Enki und Ninchursanga", der teilweise im Buch Jesaja (Jes 11) bei der Ankündigung des messianischen Reiches seinen Niederschlag fand[71]: Hier wurde etwa aus „Der Wolf raubt nicht das Lamm. Den Hund, der das Zicklein reißt, kennt man nicht", wie es im sumerisches Mythos heißt, im Jesaja-Text: „Dann wohnt der Wolf beim Lamm, der Panther liegt beim Böcklein" (Jes 11,6).

Gilgamesch-Epos

Das Gilgamesch-Epos ist sumerisch-akkadischen Ursprungs; seine Abfassungszeit wird auf einen Zeitraum vom 24. bis zum 18. Jahrhundert v. Chr. geschätzt (im Vergleich: das Alte Testament wurde überwiegend erst zwischen dem 7. und dem 4. Jahrhundert v. Chr. erstellt). Die umfassendste Version der Heldengeschichte, das sogenannte Zwölftafel-Epos, ist aus der Bibliothek des assyrischen Königs Assurbanipal in Ninive überliefert.

Das Epos[72] erzählt von den Heldentaten des Gilgamesch, des vergöttlichten Königs der sumerischen Stadt Uruk, der zu zwei Dritteln aus göttlichen und zu einem Drittel aus menschlichen Anteilen bestand, und seiner Freundschaft mit dem von der Göttin Aruru aus Lehm erschaffenen Enkidu, der zunächst mit wilden Tieren zusammenlebte. Als Gilgamesch das Liebesbegehren der Liebesgöttin Istar zurückwies, sendet sie den Himmelsstier aus, um Gilgamesch zu töten. Gilgamesch und Enkidu gelingt es, den Stier zu töten, worauf die erbosten Götter Enkidu bestrafen und ihn an einer Krankheit sterben lassen. Gilgamesch stürzt durch den Tod seines Freundes in tiefe Verzweiflung und begibt sich auf eine lange Wanderschaft, um das Geheimnis des Lebens zu finden. Er will die eigene Unsterblichkeit und hofft, dass ihm sein Urahn Utnapischtim dabei helfen kann.

Da Gilgamesch den Fährmann, der ihn über das „Wasser des Todes" zur Insel „Land der Seligen" bringen soll, auf der Utnapischtim (der biblische „Noah") mit seiner Frau lebt, im Streit erschlägt, muss er diese Überfahrt alleine bewerkstelligen. Utnapischtim erzählt ihm die Geschichte von der großen Flut und seiner Rettung. Diese ist in (der unvollständigen) Tafel 11 des Gilgamesch-Epos dargestellt und kommt uns sehr bekannt vor. Auch hier ist die Flut eine göttliche Strafaktion. Bereits hier werden genaue Angaben zu den Maßen des Schiffes und den Stockwerken gemacht. Neben Tieren bzw. dem Vieh durften nur die Familie bzw. die Sippe sowie Handwerker auf das Schiff. Die große Sturmflut wird wie folgt beschrieben: „Sechs Tage und Nächte rauscht die Sturmflut ... Die ganze Menschheit war zu Ende geworden ... Das Schiff trieb nach dem Berge Nissir ... Als der siebente Tag herbeikam, hielt ich eine Taube hinaus und ließ sie los. Die Taube flog fort und kam zurück ... Ich hielt einen Raben hinaus und ließ ihn los. Der Rabe flog fort ... und kehrte nicht um." Immerhin gab es anschließend Streit unter den Göttern wegen der Vernichtung fast aller Menschen. Solche Gewissensbisse hatte der grausame Gott des Alten Testaments nicht. Als Gilgamesch Utnapischtim verlässt, gibt dieser ihm zum Abschied ein Geheimnis preis und berichtet, dass das Verzehren eines bestimmten Krauts („Kraut des Lebens") zur Unsterblichkeit führe. Gilgamesch holt das begehrte Grünzeug vom Meeresboden herauf, doch umgehend bemächtigt sich eine Schlange des Krauts, und die Unsterblichkeit ist in weite Ferne gerückt ...

Das Epos gilt als die erste Dichtung, welche die Loslösung von den Göttern und die Angst vor der Vergänglichkeit des Lebens thematisiert. Es enthält verschiedene Motive, die ins Alte Testament übernommen wurden. Neben dem Mythos von der Sintflut sind dies die Schaffung eines Menschen (Enkidu) aus Lehm, das Kraut des Lebens (im Alten Testament „Baum" des Lebens), das zur Unsterblichkeit führt, das Schlangenmotiv sowie das Motiv von Engeln, die sich auf der Erde materialisiert haben und Beziehungen mit Menschenfrauen eingegangen sind (Genesis, Kap. 6).

Atrahasis-Epos

Das sumerisch-altbabylonische Atrahasis-Epos, das wahrscheinlich um oder vor 1800 v. Chr. entstand, enthält eine ähnliche Sintflutgeschichte; hier ist der Priester Atrahasis Vorbild für den alttestamentlichen Noah. Ferner findet sich in ihm ebenfalls die Schaffung des „Urmenschen" aus Lehm, dem Fleisch, Blut und Speichel der Götter beigefügt wurden (Tafel 1, Verse 194 bis 241). Tafel 1 trägt den Titel „Als die Götter (noch) Menschen waren" und handelt unter anderem vom Beschluss der Anunnaki (Götter), die Menschen als nachfolgende Generation der Igigu (niedere Götter, die das Land bearbeiteten) zu erschaffen. Der Gott Enki verfügt nach der Sintflut, dass die Menschen von nun an sterblich sein sollen, dass sie Leid und Tod kennen sollen und dass es unfruchtbare und unberührbare Frauen geben soll, um die Vermehrung der Menschen zu regulieren (Tafel 3).[73]

Enuma-Elisch-Epos[74]

In diesem wahrscheinlich aus dem 12. oder 13. Jahrhundert v. Chr. stammenden babylonischen Epos wird geschildert, wie die Erde und der Mensch geschaffen wurden. Hier sind Apsu („der Uranfängliche") und Tiamat („die sie alle gebar") dargestellt als Seeungeheuer; sie werden auch in Genesis 1,21 erwähnt. Das große Gedicht beginnt mit einer poetischen Beschreibung des Nichts:[75]

Als oben der Himmel noch nicht existierte
Und unten die Erde noch nicht entstanden war
Gab es Apsu, den ersten, ihren Erzeuger,
Und Schöpferin Tiamat, die sie alle gebar ...

Apsu und Tiamat schaffen die Götter. Ein Nachkomme der Götter ist Marduk, der babylonische Stadtgott und spätere Hauptgott der Babylonier (1. Tafel). Marduk wird nach Zustimmung der Götter König. Er besiegt Tiamat, spaltet deren Leichnam und schafft aus einer Hälfte den Himmel nach der Gestalt des Apsu (3. und 4. Tafel). Marduk setzt die Sternbilder fest und erschafft den Mondgott Nannar und den Sonnengott Šamaš. Aus der unteren Hälfte der Tiamat erschafft er Berge, Euphrat und Tigris und den Rest der Erde. Danach begutachtet er alles (5. Tafel). Marduk erzählt seinem Vater, dem Wassergott Ea (sumerisch: Enki), seinen weiteren Plan: Er will Menschen aus Blut erschaffen, damit sie die Mühsal der Götter tragen und diese ihre Ruhe haben. Auch bittet Marduk die Götter, in Babylon die ihm geweihte Tempelanlage Esagila bauen zu dürfen (6. Tafel).

Enki und Nammu/Ninmach

Dieses etwa um 2000 v. Chr. entstandene sumerische Epos schildert ebenfalls die Erschaffung des Menschen. Die Göttinnen Nammu und Ninmach werden von Enki, dem Gott der Weisheit, damit beauftragt, den Menschen nach dem Abbild der Götter zu schaffen. Aus der Verbindung von Lehm und dem heiligen Wasser des Ur-Ozeans soll der Mensch geformt und zukünftig von den Göttern geleitet werden.[76] Enki wird zugeschrieben, die Ursprache der Menschen mit einem sogenannten Nam-shub (= Verwirrungsmethode) durcheinandergebracht und so das Ende eines goldenen Zeitalters bewirkt zu haben. Diese Geschichte weist – unter Einbeziehung des Baus von Zikkuraten – Ähnlichkeiten mit der biblischen Geschichte der Sprachverwirrung beim „Turmbau zu Babel" auf.

Auf die akkadische Sargonlegende, die Grundlage der Geschichte von Moses, seiner Aussetzung und Auffindung ist (Ex 2,1–10), wird in der Erläuterung des Buches Exodus im Folgekapitel eingegangen.

Ugaritische Religion

Ugaritische Keilschrift-Tafeln betreffen u. a. den Hauptgott El, den Meeresgott Jaw und eine Urversion der Adam-und-Eva-Geschichte; Einzelheiten werden im Kapitel zum Inhalt des Alten Testaments (zum Gottesnamen) sowie im Kapitel zum Buch Genesis (zur Geschichte von Adam und Eva) dargestellt.

Ägyptische Religion (Monolatrie, Monotheismus, Zehn Gebote)[77]

In Ägypten wurden zahlreiche Götter verehrt, einige aber besonders. Im Alten Reich war das der Sonnengott Re, im Mittleren Reich der Fruchtbarkeitsgott Amun. Unter Echnaton (Regierungszeit 1351–1334 v. Chr.) kommt diese Stellung dem Sonnengott Aton zu, der in seiner Erscheinung als Sonnenscheibe verehrt wurde. Unter der Herrschaft Echnatons stieg Aton zum obersten göttlichen Wesen auf; die anderen Gottheiten existierten aber noch in untergeordneten Rollen weiter (Monolatrie). Es gilt als wahrscheinlich, dass mit dem Aton-Kult die Idee des Monotheismus in die Welt kam und einen Einfluss

auf die Entwicklung im Judentum hatte; die Monolatrie kann sozusagen als Vorstufe des Monotheismus angesehen werden.
Die im Ägyptischen Totenbuch, das vermutlich um 1500 v. Chr. entstanden ist, in Kapitel 125[78] enthaltenen Texte gelten vielen Wissenschaftlern als Vorlage für die Zehn Gebote des Alten Testaments. Als Textstellen zur alttestamentlichen Schöpfungsgeschichte nennt Beyerlin verschiedene ägyptische Fragmente.[79] In einem Text aus der Ramessidenzeit (1292–1070 v. Chr.) heißt es zum Beispiel zur Schöpfung des Sonnengotts Re: „Ich bin es, der die Erde gemacht hat … Ich bin es, der den Himmel gemacht hat … Ich bin es, der seine Augen öffnet, auf dass es Licht werde, und der seine Augen schließt, auf dass es Finsternis werde … Ich bin es, der die Stunden schafft, auf dass die Tage werden …"[80] Andere Texte beschreiben die Welt vor der Schöpfung; zum Beispiel: „… als der Himmel noch nicht entstanden war, als die Erde noch nicht entstanden war, als die Menschen noch nicht entstanden waren …", oder: „(Amun ist der Gott) der im Uranfang war, … als noch nicht der Name irgendeines Dinges genannt worden war."[81] Einflüsse betreffen unter anderem auch Psalm 104 (Bezug zum Hymnus Echnatons an Aton aus dem 14. Jh. v. Chr.)[82] sowie zahlreiche Psalmen mit Bezug auf das „Tausend-Strophen-Lied" oder den „Hymnus des Mer-Sechmet" aus der Nach-Amarna-Zeit (nach dem 13. Jh. v. Chr.).[83] Den Verfassern des alttestamentlichen Buchs der Sprüche, aber auch anderer Bücher (Psalmen und Prediger) war der ägyptische Text „Die Lehre des Amenemope" aus der Zeit der 20. Dynastie (1186–1070) wohl eine kleine Fundgrube – mit zahlreichen, auch wörtlichen Übereinstimmungen.[84]

Persische Religion/Zoroastrismus (Monotheismus, Gott und Teufel, Engel und Dämonen)

Der Zoroastrismus ist eine um 1200 v. Chr. entstandene Religion, wobei die Datierung als umstritten gilt. Bekannte Zoroastrier waren unter anderen die achämenidischen persischen Großkönige Darius I. (549–

486 v. Chr.) und Xerxes I. (519–465 v. Chr.). Über den Religionsstifter Zarathustra ist wenig bekannt. Im Zentrum des auf ihn zurückgeführten Glaubens steht der Schöpfergott Ahura Mazda. Insofern wird die zoroastrische Religion als eine ursprünglich monotheistische Religion angesehen. Widersacher des Schöpfergotts Ahura Mazda ist der böse Dämon Angra Mainyu, auch als Ahriman bekannt. Dieser Dualismus hat nach Meinung von Religionswissenschaftlern die entsprechenden Vorstellungen in Judentum, Christentum und Islam beeinflusst. Im Mittelpunkt des zoroastrischen Kults steht das von einem Priester im Beisein der Gläubigen durchgeführte Yasna-Ritual, das mit Opferkult und der Rezitation von hymnischen Texten den Kampf zwischen Ahura Mazda und Angra Mainyu thematisiert.[85]

Die Schöpfungsgeschichte des Zoroastrismus besagt, dass Ahura Mazda in den ersten 3.000 Jahren durch einen lang herrschenden Windhauch zuerst den eiförmigen Himmel und dann die Erde und die Pflanzen erschuf. In einem zweiten Zyklus von erneut 3.000 Jahren entstehen die Urtiere und danach der Urmensch. Dann schreitet der böse Dämon Angra Mainyu ein, der den Urmenschen und den Ur-Stier tötet und eine Periode des Kampfes eröffnet, die ihr Ende mit der Geburt Zarathustras erreicht. Weitere 3.000 Jahre vergehen, bis Saoschjant, eine Art Messias oder Heiland, geboren wird, der die bösen Geister vernichtet und eine neue, unvergängliche Welt herbeiführt. Auch die Toten werden nun mit ihren wiederhergestellten Körpern auferstehen. Wahrscheinlich haben wir hier die Vorlage für die entsprechenden christlichen Vorstellungen. Andererseits findet sich die Auferstehungsvorstellung auch zum Beispiel in der altägyptischen Religion. Im Zoroastrismus wird eine freie Entscheidung des Menschen unterstellt, Gutes oder Böses zu tun. Hier ist bereits das Konzept der Sünde, der Sündenvergebung durch Beichte und Buße wie auch der Bestrafung des Bösen im Jüngsten Gericht angelegt.

Zoroastrische Glaubensvorstellungen sind während des babylonischen Exils (etwa 597–539 v. Chr.) auch in das Judentum eingeflossen. Speziell die Begriffe Himmel und Hölle waren im Judentum vorher unbekannt; der biblische Satan als Gegenspieler Gottes geht vermutlich auf Ahriman zurück, und Engel sind ebenfalls bereits im Zoroastrismus bekannt. Auch die in dieser Zeit entstandene Endzeiterwartung des Judentums beruht wahrscheinlich auf der zoroastrischen Lehre.

Mythen über Engel, Teufel und Dämonen

Die Engel, Teufel und Dämonen, die in den abrahamitischen Religionen eine wichtige Rolle spielen und in ihren Büchern entsprechend Erwähnung finden, sind ebenfalls aus älteren Kulturen und Religionen übernommen worden. Engel, als Mittler zwischen Gottheit und Menschen, finden sich in den Mythen Mesopotamiens, Ägyptens und den heiligen Schriften des Zoroastrismus. Bildliche Darstellungen zeigen Engel meist als geflügelte Wesen, so in den Königspalästen der Babylonier und Assyrer. Die ägyptische Mythologie wiederum nennt zahlreiche Dämonen auf der Erde, in der Luft und im Wasser. In der sumerischen sowie später auch der babylonischen Mythologie gibt es neben den himmlischen auch „verfinsterte" Geister, die auf und in der Erde wohnen, etwa Feuer, Licht- und Feldgeister. In der persischen Mythologie (Zoroastrismus) sind dem Schöpfergott Ahura Mazda sieben gute Geister, seinem Widersacher Ahriman sieben dämonische Wesen und noch weitere böse Geister untergeordnet.

Die Vorstellungen von Satan bzw. Teufel im Judentum unterscheiden sich deutlich von denen im Christentum und im Islam. Satan ist in der hebräischen Bibel vor allem der Titel eines Anklägers vor dem göttlichen Gericht; er ist also nicht das personifizierte Böse. Das Gute und das Böse werden im Judentum als zwei Seiten einer Zusammengehörigkeit gesehen, die beide in Gott begründet sind. Der Satan handelt dabei nicht eigenmächtig und nicht nach eigenem Willen, sondern im Auftrag Gottes und steht voll unter der Kontrolle und dem Willen Gottes, so zum Beispiel im Buch Hiob.

Im Christentum hingegen ist der Teufel der Inbegriff des Bösen. Er gilt als ein eigenständiges Wesen, das mit seinem freien Willen nicht unter der direkten Herrschaft und Befehlsgewalt Gottes steht. Dabei wird er als ein gefallener Engel gesehen, der gegen Gott rebelliert hat und seitdem die Welt heimsucht. Zudem hat sich im Christentum die Vorstellung entwickelt, dass der Teufel in Gestalt einer Schlange im Garten Eden die Menschen zur Erbsünde verführte und so den Opfertod Jesu als einzig mögliche Erlösung erforderte (siehe Offb 12,9; Eph 2,2; Joh 8,44). Paulus bezeichnet den Teufel als den Gott dieser Welt (2. Kor 4,4), und in den Evangelien tritt er in der Rolle des Versuchers auf, der Jesus zu einem Missbrauch seiner göttlichen Macht verleiten will (Mt 4). Jesus bezieht sich auch in einigen Gleichnissen auf den Teufel (so in Mt 13,24–30).

Der christliche Glaube an die Existenz des Teufels trug in der frühen Neuzeit (16.–18. Jh.) wesentlich zur Hexenverfolgung bei. Papst Innozenz VIII. dehnte die Inquisition 1484 durch die sogenannte Hexenbulle, in der er das Hexenwesen als etwas Reales bezeichnete, auch auf dieses Gebiet aus, und der Dominikaner und Inquisitor Heinrich Kramer veröffentlichte 1487 eine entsprechende Darstellung des Inquisitionsprozesses, den *Hexenhammer*. Der Hauptvorwurf, der den Hexen und Hexenmeistern damals gemacht wurde, war, dass sie einen Pakt mit dem Teufel geschlossen hätten und mit ihm Geschlechtsverkehr („Teufelsbuhlschaft") treiben würden. Unschwer sind hier schwüle Männerfantasien zu erkennen. Der angebliche Aufenthaltsort des oder der Teufel ist die Hölle. Der Begriff Hölle wiederum ist von dem Namen der germanischen Unterwelt Hel abgeleitet. Die Grundlagen der christlichen Dämonologie hat Augustinus entwickelt, der die Lehre von den zwei Reichen begründete, dem Gottesreich (civitas dei) und dem Dämonenreich (civitas diaboli). Nach der Lehre des Augustinus sind die Dämonen gefallene Engel.

Durch das Wirken der Bibelkritik und die Entmythologisierung der neutestamentlichen Verkündigung durch Rudolf Bultmann und andere ist es ruhiger geworden um den Teufel. Im Vatikan und im katholischen Milieu herrscht dessen ungeachtet noch das alte Denken. Erinnert werden kann an einen Fall im fränkischen Klingenberg. Dort führten noch in den 1970er-Jahren zwei katholische Geistliche – mit Zustimmung des Würzburger Bischofs – einen „großen Exorzismus" bei einer offenbar schizophrenen jungen Frau, Anneliese Michel, durch. Die junge Frau starb daraufhin bald. Noch heute ist der Exorzismus Teil der katholischen Lehre. Der Vatikan bietet Exorzismus-Kurse an und führte 2004 die erste internationale Exorzismus-Konferenz durch. Während einer Generalaudienz auf dem Petersplatz am 15. September 2005 wandte sich Papst Benedikt XVI., der ehemalige Kardinal Ratzinger, an die Teilnehmer des Nationalkongresses der italienischen Exorzisten und ermutigte sie dazu, „mit ihrem wertvollen Dienst an der Kirche fortzufahren". Unter seinem Vorgänger Johannes Paul II. waren im Jahr 2003 in Italien circa 200 Priester als Exorzisten bestellt worden.[86]

Die islamische Dämonenwelt kennt neben den Engeln auch, noch aus der vorislamischen Zeit stammend, Teufel (Iblis bzw. Schaitan) und Dschinn. Letztere werden zu den guten Dämonen gezählt, solange sie sich für Allah entscheiden.

Als Fazit lässt sich festhalten, dass zentrale Glaubensvorstellungen der abrahamitischen Religionen – Himmel, Hölle, Gott, Teufel, Engel, Schöpfung, Seele, Jenseitsvorstellungen (göttliches Gericht, Fortleben nach dem Tod) – auf alten mesopotamischen, persischen und ägyptischen Mythen beruhen. Dieser mythische Krempel aus archaischer Zeit wird heute noch unseren Kindern beigebracht und beeinflusst deren Denken.

2.1.4 Die Bücher des Alten Testaments – Inhalt und Kritik

Der Gott der Schöpfung ist noch ein universeller Gott – der bald aber nur noch als Stammesgott der zwölf Stämme Israels wahrnehmbar ist. Ein Gott, der einen Bund mit den Israeliten schließt – nur mit ihnen! –, der sich nur noch um ihre Angelegenheiten kümmert, sie allen anderen Völkern gegenüber bevorzugt, ihnen alles Land verspricht und aktiv, vor allem auch kriegerisch, unterstützt. Eine durchsichtige Konstruktion der judäischen Bibelverfasser! Aber dazu später mehr. Letztlich wird – nachdem die Schöpfungsgeschichte vorbei ist – eine Familiengeschichte erzählt, die bei Abraham ihren Anfang nimmt und vom israelitischen Stammesgott Jahwe wohlgefällig begleitet wird. Manchmal lassen die priesterlichen Bibelschreiber diesen Gott auch „zürnen" oder wütend werden – wenn ihre jüdischen Schäflein wieder den alten Göttern huldigen, nicht fromm genug sind oder zu wenig an Opfer darbringen. Bald aber lassen sie ihn wieder seine Gunst zeigen.

Die ständigen Kriege mit (teilweise von den Israeliten vertriebenen) Nachbarvölkern, die häufige Rückkehr zu den alten Göttern (v. a. im Nordreich), die Bruderkriege zwischen dem „sündigen" Nordreich Israel und dem „frommen", im allgemeinen Jahwe-treuen Südreich Juda – sie prägen das Bild von der „Heiligen Schrift". Gleiches gilt für die als „Strafe Gottes" gesehenen Invasionen und Unterwerfungen durch die Assyrer und Babylonier, die Zerstörung Jerusalems und des Tempels, das babylonische Exil und das damit verbundene Ende der Monarchie.

Das Alte Testament ist, dies gilt es immer wieder zu betonen, eines der beeindruckendsten Werke der Weltliteratur. Eine kleine Auswahl markanter Stellen des Alten Testaments mag dies unterstreichen. Schöne Stellen sind beispielsweise Psalm 23

Der Herr ist mein Hirte, mir wird nichts mangeln.
Er weidet mich auf einer grünen Aue und führet mich zum frischen Wasser.
Er erquicket meine Seele und führet mich auf rechter Straße um seines Namens willen.
Und ob ich schon wanderte im finsteren Tal, fürchte ich kein Unglück; denn du bist bei mir, dein Stecken und Stab trösten mich.
Du bereitest vor mir einen Tisch im Angesicht meiner Feinde. Du salbest mein Haupt mit Öl und schenkest mir voll ein.
Gutes und Barmherzigkeit werden mir folgen mein Leben lang, und ich werde bleiben im Hause des Herrn immerdar.

oder die folgenden Verse aus dem Buch Prediger (3,1–8)

Ein jegliches hat seine Zeit,
und alles Vorhaben unter dem Himmel hat seine Stunde:
geboren werden hat seine Zeit, sterben hat seine Zeit;
pflanzen hat seine Zeit, ausreißen, was gepflanzt ist, hat seine Zeit;
töten hat seine Zeit, heilen hat seine Zeit;
abbrechen hat seine Zeit, bauen hat seine Zeit;
weinen hat seine Zeit, lachen hat seine Zeit;
klagen hat seine Zeit, tanzen hat seine Zeit;
Steine wegwerfen hat seine Zeit, Steine sammeln hat seine Zeit;
herzen hat seine Zeit, aufhören zu herzen hat seine Zeit;
suchen hat seine Zeit, verlieren hat seine Zeit;
behalten hat seine Zeit, wegwerfen hat seine Zeit;
zerreißen hat seine Zeit, zunähen hat seine Zeit;
schweigen hat seine Zeit, reden hat seine Zeit;
lieben hat seine Zeit, hassen hat seine Zeit;
Streit hat seine Zeit, Friede hat seine Zeit.
Man mühe sich ab, wie man will, so hat man keinen Gewinn davon.

Die Religionen und ihre Bücher – Märchen aus dem Morgenland?

Weitere „schöne", wortgewaltige und spannend zu lesende Geschichten sind die der ersten beiden Bücher (Genesis und Exodus) über die Schöpfung und die Arche Noah, die Erzählungen über Moses, über Joseph und seine Brüder. Fast jeder Gläubige oder literarisch Interessierte kennt diese Geschichten.

Weniger im Bewusstsein, gleichwohl teilweise in nächster Nachbarschaft zu ihnen sind allerdings die üblen, hässlichen Geschichten. Aber da es sich für religiöse Menschen um ein „heiliges" Buch handelt, wird über die Grausamkeiten, über das teilweise Fehlen jeglicher ethischer Prinzipien bei den handelnden Akteuren (einschließlich Gottes) großzügig hinweggesehen. Nur: Diese Stellen überwiegen! Und der alttestamentliche Gott sieht, wie auch viele der handelnden Personen (Abraham, Moses, Josua, Samson, Saul, David, Salomo und andere), gar nicht gut aus. Sie würden heute wegen ihrer Taten zu hohen Freiheitsstrafen verurteilt und in manchen Ländern (USA, Saudi-Arabien, China) hingerichtet. Sehen wir uns ein paar dieser schlimmen Stellen an.

Es fängt schon mit der Vertreibung aus dem Paradies an, die ja aus einem nichtigen Anlass erfolgt: wegen eines Apfeldiebstahls vom Baum der Erkenntnis. Das ist schon bezeichnend für alles Weitere, das folgt: Adam und Eva werden hart bestraft, weil sie mehr wissen wollten, weil sie neugierig waren. Hier schon sieht man die Absicht jeglicher Religion: Der Mensch soll klein gehalten werden, er soll gehorsam sein. Das zeigt sich dann in vielen zentralen Geschichten des Alten Testaments. Die Kehrseite der Arche-Noah-Legende ist, dass alle Menschen und Tiere umgebracht werden – außer denen, die auf der Arche überleben durften. In der Geschichte von Abraham und Isaak fordert Gott Abraham auf, seinen Sohn Isaak zu erdolchen; erst als Abraham bereits mit dem Messer ausholt, gebietet ihm Gott Einhalt. Grausam und ungerecht sind die Strafen Gottes für die Ägypter: Ihnen schickt er zehn Plagen, so etwa die Vernichtung der Ernten, den Tod von Mensch und Tiere durch Hagel, die Ermordung aller erstgeborenen Kinder – übrigens durch Gott persönlich! – und schließlich die Tötung aller Ägypter einschließlich der Frauen und Kinder und dem Vieh, um die Israeliten ziehen zu lassen. Berichtet werden auch die Gräueltaten bei der Landnahme Kanaans, etwa beim Kampf gegen die Midianiter, zu dem Gott Moses aufgefordert hatte (Num 31,1–18): Die Israeliten „*töteten alle männlichen Personen*". Das aber war dem frommen Moses zu wenig, weshalb er seine Heeresführer zornig anfuhr: „*Habt ihr wirklich alle Frauen am Leben gelassen? ... Tötet sofort alle männlichen Kinder, ebenso tötet jede Frau, die bereits mit einem Mann geschlechtlich verkehrt hat! Alle jungen Mädchen aber, die mit einem Mann noch nicht geschlechtlich zu tun hatten, lasst für euch am Leben!*"

Es findet sich auch die grausame Ahndung kleinen Fehlverhaltens. Als die Israeliten in der Wüste sind, ertappen sie einen Mann, der am Sabbat Holz aufliest. Sie bringen ihn zu Moses und Aaron und zur ganzen Gemeinde und nehmen ihn dann in Gewahrsam, da noch nicht entschieden ist, was mit ihm zu geschehen hat. „*Der Herr aber sprach zu Moses: Der Mann ist mit dem Tod zu bestrafen, die ganze Gemeinde soll ihn draußen vor dem Lager steinigen! Da führte ihn die ganze Gemeinde vor das Lager hinaus und steinigte ihn zu Tode, wie der Herr es dem Moses befohlen hatte*" (Num 15,32–36). Zu denken ist auch an die Qualen bzw. Hiobsbotschaften im Buch Hiob. Und, und, und ...

Stellenweise geht es im Alten Testament auch sexuell deftig und gewalttätig und ohnehin frauenverachtend zu. Man merkt auch hier, dass kein „Gott" die Feder geführt haben kann – es sind ausschweifende männliche Fantasien. Einige Beispiele: Abraham stellte seine Frau Sara dem Pharao zur Verfügung. Der Lohn: Herden von Schafen, Ziegen, Rindern und Kamelen (Gen 12,12–16). Oder diese Begebenheit: König David gefiel eine Nachbarin. Seine Boten holten sie in seinen Palast. Er ordnete an, dass der Ehemann der Frau bei einer kriegerischen Auseinandersetzung in vorderster Front kämpfen musste, wo er alsbald den Tod fand (2. Sam 11). Oder es kommt statt zu homosexuellem Verkehr zu der Vergewaltigung einer Frau: Ein durchreisender Priester hatte mit seiner Frau ein Nachtquartier in Gibea gefunden. Dort klopften Männer aus dem Dorf an die Tür: *„Bring uns den Mann heraus, der bei dir eingekehrt ist. Wir wollen mit ihm Verkehr haben."* Der Gastgeber lehnte entschieden ab, bot jedoch seine Tochter an. Als die Männer keine Ruhe gaben, nahm der Priester seine Nebenfrau und führte sie zu ihnen hinaus. *„Sie vergewaltigten sie die ganze Nacht über und ließen sie erst in Ruhe, als der Morgen dämmerte"* (Ri 19,23–25). Eine ähnliche Begebenheit wird von Lot erzählt (Gen 19,5–10). Dort ist zudem von einem Inzest die Rede: Da es an Männern fehlte und Lots Töchter nicht kinderlos bleiben wollten, machten sie ihren Vater betrunken und ließen sich von ihm schwängern. (Gen 19,30–38).

Weitere Beispiele lassen sich anführen: Amnon, der älteste Sohn König Davids, stellte sich krank und bat ein junges Mädchen, ihm eine Speise ans Bett zu bringen. Als sie kam, vergewaltigte er sie (2. Sam 13). Pornografisch ist die Beschreibung der Rivalität zwischen den Städten Samaria und Jerusalem, die symbolisch die Frauennamen Ohola und Oholiba erhalten. *„An jeder Straßenecke hast du (Oholiba) dein Hurenlager aufgeschlagen und hast deine Schönheit in den Schmutz gezogen. Du warst unersättlich und hast vor jedem, der vorüberging, die Beine gespreizt ..."* (Ez 16,24–30). *„Als sie (Ohola) ihre Lust mit den Babyloniern gestillt hatte, wurde sie überdrüssig und suchte nach neuen Liebhabern. Sie dachte an ihre Jugendzeit in Ägypten und sehnte sich nach den Freunden von damals, den Männern, deren Glied so groß ist wie das eines Esels und deren Samenerguss so mächtig ist wie der eines Hengstes."* (Ez 23,19–20).

Heilige Schrift? Worte Gottes?

Einige Bemerkungen zur Biografie Jahwes/Elohims

Im Alten Testament ist häufig von anderen Göttern die Rede (Baal, Astarte etc.). Und auch bei den Zehn Geboten fällt auf, dass sie sich gleich am Anfang mit fremden Göttern beschäftigen. Gott trägt zudem unterschiedliche Namen: Elohim (z. B. in der Schöpfungsgeschichte Gen 1,1–2,4a) und Jahwe/JHWH (z. B. in der Schöpfungsgeschichte/ „Paradieserzählung" Gen 2,4b–3,24). Man ist verwundert. Galt bei den Juden nicht ein strenger Monotheismus? Die uneinheitliche Bezeichnung Gottes als Elohim oder Jahwe macht den Bibelwissenschaftlern zufolge insbesondere die unterschiedlichen Überlieferungsquellen der Bibelstoffe deutlich.[87]

Zunächst aber zum Monotheismus: Er setzte sich erst allmählich gegen Ende der im Alten Testament berichteten Zeit durch. Davor gab es mehrheitlich – wie in nahezu allen Nachbarreligionen und -regionen – einen Polytheismus. Selbst in der Makkabäer-Zeit (etwa 165–63 v. Chr.) ist noch polytheistische Verehrung anzutreffen.

Die Idee des Monotheismus stammt, wie gezeigt, vor allem aus dem persischen Zoroastrismus sowie der ägyptischen Mythologie. Erst Josia, König von Juda (639–609 v. Chr.), versuchte ernsthaft, den Monotheismus durchzusetzen. „Es gab keine Unterschiede zwischen ihrer Religion und den umliegenden Kulturen", erklärt der Tübinger Alttestamentler Herbert Niehr zu dieser Epoche.[88] Diese Vielgötterei bei den damaligen Israeliten belegt auch eine von dem Schweizer Alttestamentler Othmar Keel durchgeführte Untersuchung von rund 8.500 Stempelsiegeln aus der damaligen Zeit. Verehrung fand vor allem der Wettergott Baal. Laut Niehr wurde er „in vielen lokalen Varianten verehrt. Eine davon ist Jahwe."

Ins Reich der Märchen verweist die Wissenschaft die von den Bibelschreibern genährte Vorstellung, bereits Abraham, der „nach jüdischer Tradition" zwischen 2000 und 1888 v. Chr. gelebt haben soll, habe nur dem einzigen Gott geopfert. Gleiches gilt für die anderen Erzväter wie auch für Moses, dem sich angeblich der einzige Gott im brennenden Dornbusch offenbarte. Erst der judäische König Hiskia (717–698) begann wohl konsequenter die Altäre für die kanaanitischen Götter auf den Höhen zu entfernen, die seit jeher verehrt wurden. „*Und er* (Hiskia) *tat, was dem HERRN wohlgefiel, ganz wie sein Vater David. Er entfernte die Höhen und zerbrach die Steinmale und hieb das Bild der Aschera um ..."* (2. Kön 18,3-4). „Das goldene Zeitalter, in dem die Stämme und David JHWH treu sind, entspricht ... einem späteren Ideal, keiner historischen Realität", so die Archäologen Finkelstein und Silberman. Die im Buch Könige geschilderte und verfluchte Vielgötterei nicht nur im Nordreich Israel, sondern auch im Südreich Juda war „keine Abkehr von ihrem früheren Monotheismus. Es war ihre herkömmliche Religion seit Jahrhunderten." Auch in Juda (einschließlich Jerusalem) wurde also bis weit ins 7. Jahrhundert ebenfalls den vielen kanaanäischen Göttern (Baal, Astarte, auch Jahwe und seiner Gattin, der Göttin Aschera) geopfert.[89]

Die Aussagen im Buch Hosea, dass angeblich um 750 v. Chr. der Prophet Hosea die Vielgötterei im Nordreich Israel verfolgte und Elija, ebenfalls Prophet des Nordreiches, bereits im 9. Jahrhundert v. Chr. (Buch der Könige) 450 Baal-Priester tötete, gelten als Trug – durchsichtige Versuche, den monotheistischen Gott auf alt zu trimmen. So lässt etwa der Prophet Jeremia, dessen Wirken für die Zeit 627-587 v. Chr. angenommen wird, Gott klagen: *„Denn so viele Städte du hast, Juda, so viele Götter hast du auch, und so viel Gassen Jerusalem zählt, so viele Baalsaltäre gibt es dort"* (Jer 2,28). Zwar gehen viele Forscher davon aus, dass sich damals in Kanaan tatsächlich eine „Jahwe-Allein-Bewegung" formierte. Doch deren Anhänger waren noch „randständige Außenseiter", die erst langsam an Einfluss gewannen.[90]

Der Gott der Juden – er hat sich vielleicht auch erst aus einem kleinen ugaritischen Gott entwickelt. Ugarit war ein seit etwa 2400 v. Chr. bezeugter kanaanäischer Stadtstaat im Nordwesten Syriens. Die ugaritische Religion, die durch umfangreiche Keilschrifttafeln belegt ist, beruhte insbesondere auf sumerischen und akkadischen Vorstellungen. Hauptgott war der Schöpfer der Welt namens El. In der Pluralform Elohim wird er häufig in der Bibel als Gottesname genannt. Der Meeresgott Jam (Meer) erhält von El den Namen Jaw. Ein Fund in Ugarit zeigt einen El darstellenden Mann mit Bart – der uns bekannt vorkommt! El wurde später in seiner Bedeutung durch den Fruchtbarkeits- und Wettergott Baal verdrängt. Anfangs war Jahwe nur ein Wettergott, so die Religionswissenschaftler Michael Tilly und Wolfgang Zwickel in ihrer *Religionsgeschichte Israels*. Für den Religionswissenschaftler Reinhard Müller ist der frühe Jahwe mit königlichen Wettergöttern aus den altorientalischen Nachbarkulturen verwandt, und Müller verweist auf Texte in den Psalmen, die einen Gott zeichnen, der im Gewitter erscheint (Ps 18; 29; 77; 97) oder als göttlicher König über die Erde herrscht (Ps. 24; 29; 36; 48; 85; 93; 97; 98).[91]

Aus der Bibel kann man gar herauslesen, dass Gott verheiratet war – mit der Göttin Aschera. Als er genug von ihr hatte, ließ er sich scheiden. Süffisant kommentiert Matthias Heine in der *Welt*[92] die merkwürdigen Stellen im Buch Hosea 2,4: *„Verklagt eure Mutter, verklagt sie! Denn sie ist nicht meine Frau und ich bin nicht ihr Mann. Sie soll von ihrem Gesicht das Dirnenzeichen entfernen und von ihren Brüsten die Male des Ehebruchs. Sonst ziehe ich sie nackt aus und stelle sie hin wie am Tag ihrer Geburt; ich mache sie der Wüste gleich, wie verdorrtes Land mache ich sie und lasse sie verdursten. Auch mit ihren Kindern habe ich kein Erbarmen; denn es sind Dirnenkinder ..."* Hier spreche eindeutig ein Vater (Gott) gegenüber seinen Kindern (dem Volk Israels). Gemäß 2. Könige 21,7 ließ König Menasse sogar im Tempel von Jerusalem ein Bildnis von Aschera aufstellen.

Der Durchbruch zum Monotheismus geschah wohl erst im Zusammenhang mit dem babylonischen Exil. Befreit wurden die Israeliten 539 v. Chr. durch die Perser, wobei sie deren Religion, den Zoroastrismus, kennenlernten, eine monotheistische Religion, in deren Zentrum der Schöpfergott Ahura Mazda steht. Wie jüngst Archäologen bei Ausgrabungen auf einer etwa zehn Kilometer von Jerusalem entfernten Bergkuppe festgestellt haben, wurde allerdings noch im 2. Jahrhundert v. Chr. den alten Göttern gehuldigt.

Die folgende Betrachtung der einzelnen Bücher des Alten Testaments[93] erfolgt grundsätzlich nach folgendem Schema: A) Wiedergabe des Inhalts des jeweiligen Buches des Alten Testaments und B)

Kritische Anmerkungen, die sich vor allem auf die eingangs des Kapitels genannten Kriterien beziehen. Zu erwähnen ist, dass über die Ereignisse unmittelbar vor, während und nach dem babylonischen Exil insbesondere in den folgenden Büchern berichtet wird:

- bis zur Zerstörung Jerusalems: 2. Könige
- Leben und Erwartungen der jüdischen Verbannten in Babylon: Ezechiel
- Situation in Juda nach der Zerstörung Jerusalems: Jeremia
- Situation nach der Rückkehr: Bücher Esra und Nehemia sowie die Prophetenbücher Haggai und Sacharja

Auch die Terminologie ändert sich nach der Rückkehr aus Babylon: „Aus dem Königreich Juda wird Jehud – der aramäische Name der Provinz im Persischen Reich –, und die Bewohner Judas, die Judäer, sind fortan als *Jehudim*, oder Juden, bekannt."[94]

Das Buch Genesis

> Erschaffung der Welt; Adam und Eva, „Sündenfall" und Vertreibung aus dem Paradies; Kain erschlägt Abel; Noah und die Sintflut; Turmbau zu Babel; Geschichte der Erzväter Abraham, Isaak und Jakob; Jakob (auch Israel genannt), der zwölf Söhne hat, die für die zwölf Stämme Israels stehen (Josef und seine Brüder); Josefs Wirken in Ägypten. Jakob erklärt in seinem Testament, der Stamm seines Sohnes Juda werde über alle anderen herrschen.

Die Genesis ist das uns allen bekannteste Buch des Alten Testaments, das Buch mit der größten Wirkungsgeschichte, zwischenzeitlich aber auch das wahrscheinlich umstrittenste, da es als Literatur zwar großartig ist, aber nicht wahr, eine gut dargebotene Fiktion – aber kein Sachbuch! Schnell fällt zudem auf, dass es nicht aus einem Guss ist: Es finden sich Wiederholungen, unterschiedliche Erzählweisen, zusammenhanglose Texteinschiebungen etc., all dies ein deutliches Zeichen, dass hier offensichtlich unterschiedliche Schriften zusammengefasst wurden.

Schöpfungsgeschichte, „Sündenfall", Noah und die Sintflut

A) Darstellung im Alten Testament

Es sind die vielleicht am häufigsten zitierten Texte des Alten Testaments, sodass hier weitgehend auf eine Wiedergabe verzichtet werden kann. Einzig die Schöpfungsgeschichte soll in Auszügen wiedergegeben werden[95], gibt es doch hierüber gleich zwei Berichte – mit zum Teil widersprüchlichen Aussagen: in Genesis 1,1–2,4a, der sogenannten „Priesterschrift", wo der Mensch durch ein Wort Gottes entsteht, und in Genesis 2,4b–25, der (älteren) „jahwistischen Version", wo der Mann von Gott durch Erde geformt wird und die Frau aus der Rippe des Mannes.

Der „erste Schöpfungsbericht" (Gen 1,1–2,4a) beginnt mit der berühmten Hymne: *„Im Anfang schuf Gott den Himmel und die Erde. Und die Erde war wüst und leer, und Finsternis war über der Tiefe; und der Geist Gottes schwebte über dem Wasser ... Und Gott sprach: Lasst uns Menschen machen in unserm Bild, uns ähnlich! Sie sollen herrschen über die Fische des Meeres und über die Vögel des Himmels und über das Vieh und über die ganze Erde und über alle kriechenden Tiere, die auf der Erde kriechen! Und Gott schuf den Menschen nach seinem Bild, nach dem Bild Gottes schuf er ihn; als Mann und Frau schuf er sie. Und Gott segnete sie, und Gott sprach zu ihnen: Seid fruchtbar und vermehrt euch, und füllt die Erde, und macht sie euch untertan ..."*

Im „zweiten Schöpfungsbericht" (Gen 2,4b–25) heißt es hingegen: *„An dem Tag, als Gott, der HERR, Erde und Himmel machte – noch war all das Gesträuch des Feldes nicht auf der Erde, und noch war all das Kraut des Feldes nicht gesprosst, denn Gott, der HERR, hatte es* *noch nicht auf die Erde regnen lassen, und noch gab es keinen Menschen, den Erdboden zu bebauen; ein Dunst aber stieg von der Erde auf und bewässerte die ganze Oberfläche des Erdbodens –, da bildete Gott, der HERR, den Menschen, aus Staub vom Erdboden und hauchte in seine Nase Atem des Lebens; so wurde der Mensch eine lebende Seele. Und Gott, der HERR, pflanzte einen Garten in Eden im Osten, und er setzte dorthin den Menschen ... ihn zu bebauen und ihn zu bewahren. Und Gott, der HERR, gebot dem Menschen und sprach: Von jedem Baum des Gartens darfst du essen; aber vom Baum der Erkenntnis des Guten und Bösen, davon darfst du nicht essen; denn an dem Tag, da du davon isst, musst du sterben! Und Gott, der HERR, sprach: Es ist nicht gut, dass der Mensch allein sei; ich will ihm eine Hilfe machen, die ihm entspricht. Und Gott, der HERR, bildete aus dem Erdboden alle Tiere des Feldes und alle Vögel des Himmels ... Aber für Adam fand er keine Hilfe, ihm entsprechend. Da ließ Gott, der HERR, einen tiefen Schlaf auf den Menschen fallen, so dass er einschlief. Und er nahm eine von seinen Rippen und verschloss ihre Stelle mit Fleisch; und Gott, der HERR, baute die Rippe, die er von dem Menschen genommen hatte, zu einer Frau, und er brachte sie zum Menschen. Da sagte der Mensch: Diese endlich ist Gebein von meinem Gebein und Fleisch von meinem Fleisch; diese soll Männin heißen, denn vom Mann ist sie genommen. Darum wird ein Mann seinen Vater und seine Mutter verlassen und seiner Frau anhängen, und sie werden zu einem Fleisch werden. Und sie waren beide nackt, der Mensch und seine Frau, und sie schämten sich nicht."*

B) Kritische Anmerkungen

Es handelt sich um zwei unabhängig voneinander tradierte und erst später zusammengefügte Texte, mit unterschiedlichen Fakten und Erzählweisen sowie unterschiedlichen Gottesbezeichnungen – im ersten Schöpfungsbericht ist von „Elohim" die Rede, im zweiten von „Jahwe Elohim".[96]

Der naturwissenschaftlichen Beurteilung hält der Schöpfungsmythos schon seit langer Zeit nicht mehr Stand, wissen wir doch heute, wie in etwa das Universum und unser Sonnensystem mit der Erde als einem der Planeten und wie Pflanzen und Tiere und wir Menschen entstanden sind. In sieben Tagen war das nicht getan! Angefangen hat alles vor fast 14 Milliarden Jahren – und nicht, wie viele Kreationisten glauben, erst vor etwa 7.000 Jahren. Auch haben wir inzwischen – vor allem dank Darwin – aufgrund von Funden und wissenschaftlichen Analysen ziemlich verlässliche Vorstellungen davon, wie sich auf der Erde das Leben, die Pflanzen, die Tiere und auch der Mensch im Prozess der Evolution entwickelt haben.

Zwar möchten uns Judentum und Christentum gerne glauben machen, dass die Bibel mit ihrer Schöpfungsgeschichte einmalig und originär sei. Wir wissen aber bereits infolge des Blicks auf die vorbiblischen Quellen, dass es mesopotamische Schöpfungsmythen und entsprechende ägyptische Textstellen gibt, die der Bibel vorangingen und hier wohl auch Pate standen. Dies gilt auch für die Geschichte von Adam und Eva und dem Obstdiebstahl, der zur Mutter aller Sünden, der „Erbsünde", wird: Eine Urversion enthalten die etwa 3.500 Jahre alten ugaritischen Tontafeln, die von zwei niederländischen Wissenschaftlern neu übersetzt wurden.[97] Der Inhalt dieser Vorlage weicht zwar von der etwa 800 Jahre später entstandenen biblischen Version ab. So ist Adam in der ugaritischen Urfassung ein Gott, der gegen einen weiteren, einen „bösen" Gott als seinen Widersacher kämpfen muss. Letzterer verwandelt sich, um Adam zu täuschen, in eine Schlange, vergiftet den Baum des Lebens und fügt seinem Gegner eine Bisswunde zu, wodurch dieser seine Unsterblichkeit verliert. Um den nun sterblichen Adam zu trösten, erschafft die Sonnengöttin ihm eine „gute Frau" und gibt ihr den Namen Eva. Jetzt kann Adam sich fortpflanzen und seine Unsterblichkeit in neuer Form zurückgewinnen. Auch dieser Mythos wurde, wie schon andere Beispiele zeigten, umgedeutet, umgeschrieben und in einen neuen Zusammenhang gebracht.[98]

Der biblische Mythos von Sintflut und Arche Noah ist, wie wir schon gesehen haben, ebenfalls aus mesopotamischen Mythen übernommen worden. Hier ist in der Bibel nicht viel Neues hinzugekommen. Ob die Sintflutgeschichte einen realen Hintergrund hat, ist unter Geologen umstritten und wird überwiegend verneint. Im Fokus steht das Schwarze Meer. Dieses war wohl lange ein reiner Binnen- und Süßwassersee. Wie es dann zu einem salzigen Gewässer mit Zugang zum Mittelmeer wurde, beschäftigt bis heute die Geologen. Fest steht, dass irgendwann in der Geschichte der Bosporus durchbrach und dadurch eine dauerhafte Verbindung zum Mittelmeer entstand. Der Theorie, dass es vor 7.000 Jahren im Zusammenhang mit dem Ende der Eiszeit zu einer gigantischen Überflutung des Schwarzen Meeres gekommen ist, wie die Geologen Walter Pitman und William Ryan vermuten, widersprechen namhafte Wissenschaftler, so die Potsdamer Geowissenschaftler Helge Arz und Christian Borowski, unter Verweis auf Untersuchungen mit Bohrkernen.

Abraham, Isaak, Jakob – die „Erzväter"

A) Darstellung im Alten Testament

Die biblische Darstellung der (vermeintlichen) „Erzväter", insbesondere Abrahams, soll etwas ausführlicher wiedergegeben werden, da sich hierauf auch das Christentum und der Islam beziehen – nicht umsonst spricht man von den drei „abrahamitischen" Religionen. Diese Texte bergen Konfliktpotenzial – bis heute (Landversprechungen, Beschneidung etc.).

Abraham

Abraham (ursprünglich Abram) war der Sohn Terachs, der sich mit ihm und seinem zweiten Sohn Nahor sowie seinem Neffen Lot aus Ur (Mesopotamien) nach „Haran" (heutige Türkei) aufmachte, um dort zu wohnen. Mit dabei war auch Abrahams Frau Sara. Hier erfolgte Abrahams „Berufung" (Gen 12): *„Der Herr sprach zu Abram: Ziehe fort aus deinem Land, von deiner Verwandtschaft und aus deinem Vaterhaus in das Land, das ich dir zeigen werde! Ich will dich zu einem großen Volk machen. Ich will dich segnen und deinen Namen groß machen; du sollst ein Segen sein. Ich werde segnen, die dich segnen, und die dich verwünschen, werde ich verfluchen! Durch dich sollen gesegnet sein alle Generationen auf Erden."*

Abraham begab sich also mit seiner Frau Sara und Lot auf den Weg nach Kanaan, zunächst nach Sichem und Bethel, wo er jeweils Altäre errichtete, und dann – wegen einer Hungersnot – weiter nach Ägypten. Dort gab er, weil er um sein Leben fürchtete, seine (schöne) Frau als seine Schwester aus; der Pharao nahm sie als Lebensgefährtin und beschenkte Abraham reichlich. Als der Pharao die Lüge Abrahams bemerkte, mussten beide und auch Lot das Land verlassen. Reich geworden zogen sie nach Bethel zurück. Dort trennten sie sich nach Streitereien von Lot und teilten das Land auf. Lot wählte die fruchtbare Gegend des Jordantals, Abraham blieb und ließ sich bei Hebron nieder. Später befreite er Lot, der in kriegerische Auseinandersetzungen verwickelt war, und holte ihn und seine Familie nach Hebron.

Gottes Bund mit Abraham beinhaltete vor allem auch Landversprechungen (Gen 15,18–21): *„An jenem Tag schloss der Herr mit Abraham einen Bund, indem er sprach: Deinen Nachkommen gebe ich dieses Land vom Bach Ägyptens bis zu dem großen Strom, dem Eufratfluss, das Land der Keniter und Kenasiter und Kadmoniter, der Hetiter, Perisiter und Rafaiter, der Amoriter, Kanaaniter, Girgaschiter und Jebusiter."* Aber auch sonst zeigte sich Jahwe von seiner großzügigen Seite. Abraham zeugte – mit Einwilligung seiner Frau Sara, die bis dahin kinderlos geblieben war – mit Hagar, seiner ägyptischen Magd, den Ismael. Zu Hagar sagte der Engel des Herrn (Gen 16,10–12): *„Ich will deine Nachkommen so zahlreich machen, dass man sie vor Menge nicht zählen kann. Ferner sprach der Engel des Herrn zu ihr: Siehe,* *du bist schwanger und wirst einen Sohn gebären; ihn sollst du Ismael (Gott hört) nennen, denn der Herr hat auf deine Not gehört. Er wird ein Mensch sein wie ein Wildesel. Seine Hand wird gegen alle sein, und die Hand aller gegen ihn; und er wird unabhängig von seinen Brüdern wohnen."* In Genesis 17 äußert sich Gott höchstpersönlich zu Ismael, und die Sache nimmt einen etwas anderen Verlauf. Gott will, so die Regie der Bibelschreiber, seinen Bund nicht mit Ismael fortsetzen, sondern mit Isaak, dem überraschend doch noch von Abraham und Sara gezeugten Sohn. Als kleiner Ausgleich hat er aber auch für Ismael noch einige freundliche Worte (Gen 17,20): *„Fürwahr, ich segne ihn und lasse ihn fruchtbar werden und gebe ihm eine zahlreiche Nachkommenschaft. Zwölf Fürsten wird er erzeugen und ich mache ihn zu einem großen Volk."* Ismael war gemäß Genesis 17,23 übrigens 13 Jahre alt, als er beschnitten wurde.

Hagar und Ismael wurden auf Drängen Saras, die nicht billigte, dass Ismael mit ihrem Sohn Isaak spielte, von Abraham verstoßen (Gen 21). Sie verirrte sich mit ihrem Knaben in der Wüste. Als der Wasservorrat zu Ende war, legte Hagar den Knaben unter einen Strauch, um ihn sterben zu lassen. Gott war nun großmütig – nachdem er schon keinen Bund mit ihm eingehen wollte – und sprach zu Hagar (Gen 21,28ff): *„Steh auf, nimm den Knaben und halt ihn fest an deiner Hand; denn ich will ihn zu einem großen Volk machen. Dann öffnete Gott ihre Augen und sie sah einen Wasserbrunnen. Sie ging hin, füllte den Schlauch und gab dem Knaben zu trinken. Gott war mit dem Knaben. Er wuchs heran und wohnte in der Wüste und wurde ein Bogenschütze. Er ließ sich in der Wüste Paran nieder; seine Mutter nahm ihm eine Frau aus Ägypten."* In einem späteren Kapitel der Genesis (Gen 25,12–18) wird Ismaels Nachkommenschaft erwähnt, seine zwölf Söhne, deren Namen für ihre Geschlechter stehen.

Zur Einrichtung des Rituals der Beschneidung kommt es, als Gott in Genesis 17 seinen „ewigen" Bund mit Abraham und auch das Landversprechen erneuert: *„Ich gebe dir und deinen Nachkommen das*

Land, in dem du jetzt als Fremder weilst, das ganze Land Kanaan, zum ewigen Besitz ..." Dabei fordert er: *„Alles Männliche unter euch soll beschnitten werden, und zwar sollt ihr an dem Fleisch eurer Vorhaut beschnitten werden. Dies sei zum Zeichen des Bundes zwischen mir und euch. Mit acht Tagen soll alles Männliche unter euch beschnitten werden ... Was aber männlich und trotzdem unbeschnitten, wer am Fleisch seiner Vorhaut nicht beschnitten ist, soll aus seinem Volk ausgerottet werden. Er hat meinen Bund gebrochen."*

Dann folgt eine üble Geschichte, die mit der Zerstörung Sodom und Gomorras endete. Zwei Engel – wohl in Gestalt von Männern – übernachten in Lots Haus in Sodom, als die männlichen Einwohner Sodoms sich vor dem Haus versammeln und mit den beiden Besuchern Lots verkehren wollen. Was aber macht Lot? Genesis 19,6–9 berichtet: *„Da ging Lot zu ihnen hinaus vor den Eingang, während er die Tür hinter sich schloss, und sprach: Meine Brüder, begeht doch nicht einen solchen Frevel! Da habe ich zwei Töchter, die noch keinen Mann erkannt haben. Diese will ich zu euch herausbringen und tut mit ihnen, was euch beliebt. Diesen Männern aber dürft ihr nichts tun; denn sie haben sich unter den Schutz meines Daches begeben".* Den armen Mädchen passierte dann glücklicherweise nichts, da sich die aufgebrachte Menge doch lieber an die beiden Fremden halten wollte. Diese aber schlugen die Menge mit Blindheit, so dass auch sie unbehelligt blieben. Immerhin durften Lot, seine Frau und die beiden Töchter die Stadt Sodom verlassen – bevor Gott über Sodom und Gomorra Schwefel und Feuer regnen ließ und die Städte zerstörte. Für Lots Frau hatte die Geschichte bekanntlich kein gutes Ende: als sie zurückschaute auf das grausige Spektakel, erstarrte sie zur Salzsäule.

Aber die Sache geht noch weiter. Nachdem Lot und seine Töchter in einer Höhle Zuflucht genommen hatten, machten die Töchter, beseelt vom Kinderwunsch, ihren Vater betrunken, schliefen mit ihm und wurden schwanger. *„Die Ältere gebar einen Sohn und nannte ihn Moab. Es ist der Stammvater der Moabiter. Auch die Jüngere gebar* *einen Sohn und nannte ihn Ben-Ammi. Er ist der Stammvater der Ammoniter"* (Gen 19,57,58). Eine ziemlich perfide Diffamierung der unmittelbaren Nachbarvölker, die sich die Bibelschreiber hier ausgedacht haben: Die Ismaeliten als Nachkommen eines unehelichen Kindes einer Magd, die Moabiter und Ammoniter als Inzestbrut.

Zurück zu Abraham: Sara wurde – mit Gottes Hilfe – schwanger und gebar Isaak. Aber der liebe Gott zeigte sich bald wieder von seiner gemeinen Seite. Besser gesagt, die Bibelschreiber dachten sich eine äußerst grausame „Gehorsamkeitsprüfung" aus: Gott spricht laut Genesis 22,2–12 zu Abraham: *„Nimm deinen Sohn, den einzigen, den du lieb hast, den Isaak, und gehe in das Land Morija und bringe ihn dort auf einem der Berge, den ich dir bezeichnen werde, als Brandopfer dar! ... Als sie an den Ort kamen, den Gott ihnen genannt hatte, baute Abraham den Altar, schichtete das Holz auf, band seinen Sohn und legte ihn auf den Altar, oben auf das Holz. Dann streckte Abraham seine Hand aus, nahm das Messer, um seinen Sohn zu schlachten. Da rief ihm der Engel des Herrn vom Himmel her zu und sprach: Abraham, Abraham! Er antwortete: Hier bin ich! Da sprach er: Streck deine Hand nicht nach dem Jungen aus und tu ihm nichts zuleide. Denn nun weiß ich, dass du Gott fürchtest und mir deinen einzigen Sohn nicht vorenthalten hast ..."*

Sara starb mit 127 Jahren und wurde in Hebron begraben. Ausführlich wird erzählt, dass Abraham das Grundstück für die Grabstätte, die Höhle von Machpela östlich von Mamre, kaufte. Hebron lag im Gebiet der Hetiter, und Abraham, als Nomade, empfand sich hier nur als „Fremder und Halbbürger" (Gen 23,4). Vor seinem Tod beauftragte Abraham einen Knecht, in seiner alten Heimat, der Stadt Nahor, eine Frau für seinen Sohn Isaak zu suchen. Die Wahl fiel auf Rebekka, eine Enkelin seines Bruders Nahor. Abraham starb mit 175 Jahren und wurde von Isaak und Ismael neben Sara begraben.

Abraham im Christentum

Abraham wird im Neuen Testament im Stammbaum Jesu aufgeführt (Mt 1,1–17) und mehrmals als Vorbild dargestellt (Mt 3,9). Im Gleichnis vom reichen Mann und dem armen Lazarus erscheint Abraham als Vater der im Leben Benachteiligten (Lk 16,19–31), und Lazarus wird nach seinem Tod „in Abrahams Schoß" aufgenommen. Im Johannesevangelium (Joh 8,33–59) kommt es wegen Abraham zum Streit zwischen Jesus und jüdischen Gegnern, behauptet doch Jesus kühn: *„Noch ehe Abraham wurde, bin ich"*, worauf seine Gegner ihn steinigen wollen (Joh 8,58–59). Im Römerbrief (Röm 4,1–25) wird Abraham zum Gegenstand wesentlicher Lehren des Paulus. Danach seien Abraham die göttlichen Verheißungen nicht wegen seiner „Gesetzeswerke", sondern durch „Glaubensgerechtigkeit" zuteil geworden (Röm 4,13).

Abraham im Islam

Im Islam wird Abraham „Ibrahim" genannt und gilt als einer der wichtigsten Propheten – auch gerade weil er als Erster erkannt haben soll, dass es nur einen einzigen Gott gebe (Sure 2,135). Die 14. Sure des Korans ist nach Ibrahim benannt. Ibrahim wird als Verkünder des Glaubens, gegen den Widerstand seines Vaters, dessen Götzenbilder er zerstört, dargestellt (Sure 21,52–58 und 37,88–96). Daraufhin wirft ihn sein eigenes Volk ins Feuer, aber er wird auf wunderbare Weise gerettet (Sure 21,68f.). Dieses Wunder veranlasst einige seiner Landsleute, darunter auch Lot (Sure 29,26), sich zum Glauben an Gott zu bekehren. Ähnlich wie in der Genesis soll Ibrahim seinen Sohn, dessen Name allerdings nicht genannt wird, opfern. Muslime nehmen an, es sei Ismael gewesen. Die Wallfahrt nach Mekka geht nach islamischer Auffassung ebenfalls auf Ibrahim zurück. Er soll dort, wo heute die Kaaba steht, mit seinem Sohn Ismael, den ihm Hadschar (Hagar) gebar, die Gedenkstätte neu errichtet haben.

Muslime und Juden verehren Abrahams Grab in Hebron. Als sein Geburtsort gilt Muslimen jedoch nicht die sumerische Stadt Ur, sondern Şanlıurfa (in der Türkei gelegen), wo seine Geburtshöhle verehrt wird. Hebron und Şanlıurfa sind daher die viert- bzw. fünftheiligste Stätte des Islam.

Isaak und Jakob

Über Isaak wird von allen drei Erzvätern am wenigsten berichtet. Am bekanntesten sind die Geschichte seiner Beinahe-Opferung sowie die Brautsuche. Isaak und Rebekka bekamen Zwillinge: Esau, der zuerst das Licht der Welt erblickte, und Jakob. Schon während der Schwangerschaft hatte Gott zu Rebekka gesprochen (Gen 25,23): *„Zwei Völker trägst du in deinem Schoß. ... Der eine Stamm wird den anderen überwältigen und der Ältere wird dem Jüngeren dienen."*

Isaak mochte den Esau, der ein Jäger war, lieber, da er gern Wildbret aß, Rebekka bevorzugte hingegen Jakob. Als Esau eines Tages hungrig vom Feld kam, nutzte Jakob die Erschöpfung Esaus aus und überredete ihn – gegen ein Linsengericht – zum Verkauf seines Erstgeburtsrechts. Später erschlich sich Jakob auf Initiative und mithilfe seiner Mutter auch den Erstgeburtssegen von seinem Vater Isaak, der inzwischen in hohem Alter erblindet war. Jakob gab sich als Esau aus, und Isaak segnete ihn, weil er glaubte, seinen Erstgeborenen vor sich zu haben. Als der Betrug herauskam, geriet Esau außer sich vor Zorn und hegte Mordpläne gegen seinen Bruder. Isaak hingegen zeigte sich, obwohl er so getäuscht worden war, milde und beließ es bei seinem Segen für Jakob. Auch Gott lassen die Bibelschreiber gute Miene zum bösen Spiel machen und ihn nicht eingreifen. Aus Angst vor Esaus Mordplänen schickte Rebekka Jakob nach Haran zu ihren Verwandten. Auf dem Weg dahin erschien ihm im Traum die Himmelsleiter. Gott erneuerte auch Jakob gegenüber den Bund und das Landversprechen (Gen 28,10ff.).

In Haran diente Jakob Laban, dem Bruder seiner Mutter Rebekka, jeweils sieben Jahre lang für dessen Töchter Lea und Rahel, die er beide heiratete. Eigentlich wollte er nur die schöne Rahel heiraten, doch Laban sorgte mit List – in der Hochzeitsnacht schickte er, ohne dass Jakob es bemerkte, Lea statt Rahel zu ihm – dafür, dass er auch Lea zur Frau nahm. Rahel blieb jedoch seine Lieblingsfrau. Zwischen den Schwestern kam es zu Auseinandersetzungen um den Ehemann, und da Rahel zunächst keine Kinder bekam, gab sie Jakob ihre Magd Bilha, mit der er zwei Söhne zeugte. Gott erhörte Rahels Gebete doch noch, und sie gebar den bis dahin jüngsten Sohn Jakobs, Josef. Rechnet man alle zusammen, dann hatte Jakob mit Lea sechs Söhne (Ruben, Simeon, Levi, Juda, Issachar, Sebulon), mit seiner Lieblingsfrau Rahel zwei Söhne (Josef und Benjamin), mit deren Magd Bilha zwei Söhne (Dan, Naftali) und mit Silpa, einer Magd Leas, ebenfalls zwei Söhne (Gad, Ascher), insgesamt also zwölf männliche Nachkommen. Sie stehen für die zwölf Stämme Israels.

Nachdem Jakob seinem Onkel 20 Jahre gedient hatte, machte er sich mit seiner Familie und seinem ganzen Hab und Gut heimlich auf den Rückweg nach Kanaan. Jakob fürchtete sich davor, in der Heimat seinem Bruder Esau zu begegnen. In der Nacht, bevor es zu einem Wiedersehen der beiden kam, wurde Jakob am Fluss Jabbok von einem Mann angegriffen, der mit ihm die ganze Nacht rang. Als die Morgendämmerung heraufzog, ließ Jakob ihn nur gegen einen Segen ziehen. Er erhielt von dem Mann, der, wie sich herausstellte, ein himmlisches Wesen war, den Namen Israel, was so viel bedeutet wie „Gottesstreiter", da er mit Gott und Menschen gerungen und gesiegt hatte. Am nächsten Tag begegneten sich die beiden Brüder. Esau war Jakob gegenüber – anders als von diesem befürchtet – freundlich gestimmt. Sie versöhnten sich, und Jakob ließ sich in Kanaan nieder. Als Isaak mit 180 Jahren in Mamre/Hebron starb, wurde er von seinen Söhnen Esau und Jakob begraben.

B) Kritische Anmerkungen

Die Geschichten der Erzväter Abraham, Isaak und Jakob, aber auch die von Josef und seinen Brüdern sind – da herrscht Einigkeit unter den intellektuell redlichen Religionswissenschaftlern – „durchkonstruiert", also erfunden. Nichts ist wahr, nichts historisch, nichts archäologisch nachweisbar. Um ein „herausragendes Ergebnis menschlicher Einbildungskraft" handelt es sich, so die Archäologen Finkelstein und Silberman.[99] Die Erzväter seien als „nationale Mythen zu betrachten, mit keiner stärkeren historischen Grundlage als Homers Odyssee oder Vergils Geschichte von der Gründung Roms durch Äneas", zitieren sie den Bibelwissenschaftler Julius Wellhausen[100] und wundern sich über frühere Archäologen, die diese Geschichten über Abraham als „wahr" bezeichneten. Sie erklären es sich damit, dass „viele der frühen biblischen Archäologen Geistliche oder Theologen (waren). Sie waren aufgrund ihres Glaubens davon überzeugt, dass Gottes Verheißung an Abraham, Isaak und Jakob … echt war." Der französische Bibelwissenschaftler und Archäologe Roland de Vaux, ein Dominikaner, der an den Ausgrabungen in Qumran beteiligt war, warnte schon: „Wenn sich der historische Glaube Israels nicht auf Geschichte gründet, ist solch ein Glaube falsch und daher auch unser Glaube."[101] Solche Skrupel sind bei Religionsvertretern heute selten anzutreffen.

Dass das (vermeintliche) Wirken Abrahams etwa 2000 v. Chr. nicht stimmen kann, zeigt auch ein kleines in der Genesis genanntes Detail: Die erwähnten Kamele als Lasttiere gab es erst ab 1000 v. Chr., und mit den von ihnen transportierten Gütern Harz, Balsam und Myrrhe, von denen bei den Erzvätern die Rede ist (Gen 37,25), handelte man erst etwa ab dem 8. Jahrhundert v. Chr., also 1.300 Jahre nach der berichteten Zeit. In Kapitel 25,12–18 der Genesis wird ferner die Nachkommenschaft Ismaels, der als Stammvater der Araber gilt, erwähnt, seine zwölf Söhne, deren Namen für ihre Geschlechter stehen: Nebajot (Erstgeborener), Kedar, Adbeel, Mibsam, Mischma, Duma, Massa, Hadad, Tema, Jetur, Nafisch,

Kedma. Die hieraus ableitbaren Stämme sind jedoch erst zwischen dem 8. und 6. Jahrhundert v. Chr. in Erscheinung getreten – ein weiterer Beweis dafür, dass die Bibelschreiber in dieser Zeit bei Abfassung ihrer Fantasiegeschichten die von ihnen aktuell erlebten Konfliktsituationen in die Zeit Abrahams zurückdatierten.[102]

Bis heute schlimme Auswirkungen haben die „Landversprechungen", die die jüdischen Bibelschreiber ihrem Gott in den Mund legten (und ihn das mindestens noch 50-mal wiederholen lassen). Sie dienen bis heute als eine Art göttliches Grundbuch in der politischen Auseinandersetzung. Übrigens: Da die Bibelschreiber den (von ihnen erfundenen) jüdischen Stammesgott dem (von ihnen erfundenen) Abraham sagen lassen, er solle die männlichen Babys nach acht Tagen beschneiden lassen, sie aber den von Abraham mit einer Magd gezeugten Ismael erst mit 13 Jahren beschneiden ließen, werden *heute* jüdische Knaben nach acht Tagen, muslimische Knaben mit 13 Jahren beschnitten.

Entstanden ist die Genesis, wie die meisten der anderen Bücher, wahrscheinlich zwischen dem 7. und 4. Jahrhundert v. Chr., hauptsächlich wohl in der nachbabylonischen Zeit (ab 539 v. Chr.). Sie ist also viele Jahrhunderte jüngeren Datums, als die „traditionelle jüdische Überlieferung", aber auch die Bibelschreiber in ihren Texten es den Lesern weismachen wollen. Die ganze Abrahamgeschichte, auch der vermeintliche genealogische Bezug Abraham–Isaak–Jakob, ist ein kreativ gestaltetes Konstrukt. Der Genesis-Text offenbare „unmissverständlich Vertrautheit mit Lage und Ruf der assyrischen und babylonischen Reiche im 9.–6. Jahrhundert v. Chr." Ferner unterstellen Finkelstein und Silberman den Bibelschreibern, dass sie Abraham deswegen in Hebron (hier sind die Gräber Abrahams, Isaaks und Jakobs) und Jerusalem (Salem) ansiedelten, um schon frühzeitig die Vorrangstellung Judas gegenüber dem Nordreich zu behaupten. Überhaupt sehen sie in den Erzvätererzählungen „einen machtvollen Ausdruck der Träume Judas im 7. Jahrhundert" – die „Macht der Legende" habe die Stämme Israels geeint.[103]

Auch die Geschichten über Isaak und Jakob gelten als auf alt getrimmte Erfindungen, die dem Wunschbild der Jahrhunderte nach den vermeintlichen Ereignissen agierenden Bibelschreiber entsprechen. Sie lassen Gott der schwangeren Frau Isaaks, Rebekka (die nach der jüdischen Tradition etwa 1.900 v. Chr. gelebt haben soll), sagen, der ältere, als tumb dargestellte Sohn (Esau-Edom) werde dem jüngeren, empfindsamen und gebildeten Sohn (Jakob-Israel) dienen. Die Bibelverfasser wollten damit eine auch *gottgewollte* Überlegenheit des Landes Israel über das Land Edom (etwa heutiges Südjordanien) kundtun. Den Staat Edom gab es aber erst ab dem 7./6. Jahrhundert. Das bedeutet, die Bibelverfasser haben die angedeuteten Konflikte um 1.300 Jahre vordatiert! Ähnliches gilt auch für die in Genesis 26,1 berichtete Begegnung Isaaks mit Abimelech, dem König der Philister. Die Philister lebten erst ab etwa dem 12. Jahrhundert im Süden Kanaans, genauer im Küstengebiet zwischen Tel Aviv/Jaffa und Gaza. Es kann also keine Begegnung in der berichteten Zeit um etwa 2000 bis 1800 v. Chr. zwischen „Isaak" und „Abimelech" gegeben haben!

Joseph und seine Brüder

A) Darstellung im Alten Testament

Jakob hatte zwölf Söhne. Da er seinen Sohn Joseph mehr liebte als seine übrigen Söhne, zog dieser den Hass seiner Brüder auf sich. Joseph trug allerdings das Seinige dazu bei, indem er ihnen von zwei Träumen erzählte, die seine Sonderstellung bezeugen sollten (Gen 37ff.): *„Seht, wir waren beim Garbenbinden auf dem Feld; und siehe da, meine Garbe richtete sich auf und blieb stehen; eure Garben aber stellten sich ringsum und verneigten sich vor meiner Garbe." „Seht, ich hatte wieder einen Traum. Die Sonne, der Mond und die Sterne verneigten sich vor mir."* Statt ihn zu töten, verkauften seine Brüder ihn für 20 Silberstücke an eine vorbeiziehende Karawane, die auf dem Weg nach Ägypten war. Diese veräußerten ihn dort an Potifar, den Kämmerer und

Obersten der Leibwache des Pharao. Ihrem Vater Jakob berichteten die Brüder, Joseph sei von wilden Tieren getötet worden, und sie zeigten ihm die von ihnen mit Ziegenblut durchtränkten Kleider Josephs.

Joseph hatte bald eine Vertrauensstellung bei Potifar inne. Als er sich den Verführungskünsten von Potifars Frau widersetzte, bezichtigte diese ihn, er habe mit ihr schlafen wollen, und als sie sich gewehrt habe, sei er geflohen. Potifar entbrannte in Zorn und ließ Joseph ins Gefängnis werfen. Dort deutete Joseph zwei Beamten des Pharaos klug deren Träume. Dies wurde dem Pharao zugetragen, als der seinerseits Träume hatte und nach einem Traumdeuter suchte. Joseph legte den Traum des Pharao so aus, dass auf sieben fette Jahre landwirtschaftlichen Überflusses sieben magere, trockene Jahre folgen würden und der Pharao Vorsorge durch eine Getreiderücklage treffen müsse. Der Pharao war hiervon so angetan, dass er Joseph zu seinem ersten Staatsbeamten machte und ihn mit der Rücklagenbildung betraute. Er gab ihm Asenat, die Tochter eines Priesters, zur Frau, die ihm zwei Söhne gebar, Manasse und Efraim.

Während der sieben trockenen Jahre, als überall Hungersnot herrschte, nur nicht – dank Josefs vorsorglicher Getreidespeicherung – in Ägypten, kamen Josefs Brüder, allerdings ohne ihren jüngsten Bruder Benjamin, nach Ägypten, um Getreide zu kaufen. Er erkannte seine Brüder, sie ihn aber nicht. Er gab ihnen Getreide und schickte sie – bis auf Simeon – zurück, damit sie ihm auch Benjamin brächten. Als die Hungersnot weiter anhielt, kamen sie zurück, diesmal mit Benjamin, seinem einzigen leiblichen Bruder. Josef weinte. Er gab sich seinen Brüdern zu erkennen und verzieh ihnen. Jakob und die ganze Familie zogen daraufhin auf Wunsch Josefs und mit Wohlwollen des Pharaos mit all ihrem Habe nach Ägypten, um der Hungersnot in Kanaan zu entgehen. *„Die Gesamtzahl der leiblichen Nachkommen Jakobs, die mit ihm nach Ägypten übersiedelten, betrug ohne die Frauen der Söhne Jakobs 66 Personen"* (Gen 46,26).

Bevor Jakob starb, versammelte er seine zwölf Söhne, die für die Stämme Israels stehen. Er verteilte Lob und Tadel, bei manchen äußerte er Zorn und Abscheu: so gegenüber Ruben, weil dieser mit Jakobs Nebenfrau Bilha geschlafen hatte, sowie gegen Simeon und Levi, weil sie wegen der Vergewaltigung Dinas, einer Tochter Leas und Jakobs, durch Sichem alle Männer in dessen Geburtsstadt erschlagen hatten (Gen 34). Am besten kam natürlich Juda weg (Gen 49,8–12): *„Juda, dich werden deine Brüder loben, deine Hand wird auf dem Nacken deiner Feinde ruhen. Vor dir werden sich die Söhne deines Vaters neigen. Ein junger Löwe ist Juda, von der Beute erhebst du dich, mein Sohn. Dann streckt er sich hin, liegt wie ein Löwe da, wie eine Löwin. Wer darf ihn reizen? Nicht wird das Zepter von Juda weichen, noch der Herrscherstab von seinen Füßen, bis Tribut ihm entrichtet wird und die Völker ihm gehorchen. An den Weinstock bindet er sein Füllen und an die Rebe das Junge einer Eselin. Er wäscht im Wein sein Gewand, sein Kleid im Blut der Reben. Seine Augen sind dunkel wie Wein, seine Zähne weiß wie Milch."* Die Genesis endet mit dem Tod Josephs in Ägypten.

B) Kritische Anmerkungen

Mit der Schilderung der Bevorzugung Judas fingen die Bibelschreiber schon an, ihre Machtbasis zu schaffen. Dies ist ein wichtiger Baustein im später noch eingehender zu behandelnden Machtkampf zwischen dem reichen, größeren und weltoffeneren Norden Palästinas, dem „Nordreich" Israel, das stets eine weniger gute Figur macht, und dem kargen, armen und kleinen „Südreich" Juda (mit Jerusalem und Bethlehem), das meistens gut, weil „gottgefällig" ist und in dem die religiös ambitionierten und machthungrigen Bibelschreiber walteten. Ein weiteres Beispiel für die von den Bibelschreibern auf alt getrimmten Texte ist der in Gen 42,25 berichtete Gebrauch von Münzgeld bei Josef und seinen Brüdern. Zwischenzeitlich ist nachgewiesen, dass Münzgeld erst seit dem 7. Jahrhundert verwendet wird. Noch ein Hinweis, dass die Abfassung dieser Texte erst etwa 1.300 Jahre nach den vermeintlichen Geschehnissen erfolgte.

Altes Testament und Judentum

Das Buch Exodus

A) Darstellung im Alten Testament

> Moses; Unterdrückung der Israeliten durch den Pharao; Ringen um die Freilassung und die zehn Plagen für die Ägypter; Auszug aus Ägypten; Gotteserscheinen und Bundesschluss; Übergabe der Gesetzestafeln mit den zehn Geboten an Moses auf dem Sinai (Berg Horeb) sowie Übermittlung weiterer Rechtsvorschriften (Bundesbuch); vorübergehender Abfall des Volkes von Gott (goldenes Kalb) und Vergebung Gottes.

Nach dem Tod Josephs bahnten sich bald Konflikte an, denn die Bevölkerungszunahme der Israeliten war dem Pharao zu viel: *„Die Gesamtzahl der Nachkommen Jakobs betrug siebzig Personen ... Nach dem Tod Josefs, seiner Brüder und jener ganzen Generation waren die Israeliten fruchtbar und vermehrten sich; sie wurden überaus zahlreich und stark, sodass das ganze Land (Ägypten) von ihnen voll war"* (Ex 1,6–7). Der Pharao begann, die Israeliten zu unterdrücken, sie zu Fronarbeit zu zwingen, und gab sogar den Befahl, alle neugeborenen Knaben der Israeliten zu töten. Um dem zu entgehen, legte eine jüdische Frau aus dem Hause Levi ihren neugeborenen Jungen in ein Kästchen aus Papyrusschilf, dichtete dieses mit Asphalt und Pech ab und setzte es in das Schilf am Ufer des Nils. Eine Tochter des Pharao fand das Kind, ahnte, dass es ein israelitisches Kind war, und hatte Mitleid mit ihm. Durch Fürsprache der Schwester des Jungen bei der Pharaonentochter durfte seine leibliche Mutter ihn stillen. Als der Junge größer geworden war, adoptierte die Tochter des Pharao den Jungen und nannte ihn Moses (Ex 2).

Für alle, die Moses als „heiligen Mann" verehren, mag eine Episode aus seinem frühen Erwachsenenalter ganz aufschlussreich sein (Ex 2,11ff.): *„In jener Zeit, als Moses herangewachsen war, ging er einmal zu seinen Brüdern hinaus und schaute sich ihre Fronarbeiten an. Da sah er, wie ein Ägypter einen Hebräer, einen von seinen Brüdern, schlug. Er blickte sich nach allen Seiten um, und als er sah, dass niemand in der Nähe war, erschlug er den Ägypter und verscharrte ihn* *im Sand."* Als der Pharao von der Mordtat des Moses erfuhr, wollte er ihn töten lassen. Moses ergriff die Flucht in das Land Midian. Dort heiratete er Zippora, die Tochter eines Priesters, die ihm zwei Söhne, Gerschom und Elieser, gebar. Als er in dieser Zeit am Berg Horeb die Schafe seines Schwiegervaters hütete, erschien ihm Gott in Form eines brennenden Dornbuschs, der durch das Feuer aber nicht verzehrt wurde. Die Bibelschreiber legen Gott folgende Worte in den Mund (Ex 3,6–10): *„Ich bin der Gott deines Vaters, der Gott Abrahams, der Gott Isaaks und der Gott Jakobs ... Ich habe das Elend meines Volkes, das in Ägypten ist, wohl gesehen und sein Schreien über ihre Peiniger gehört. Ja, ich kenne seine Leiden. Darum bin ich herabgestiegen, um es aus der Gewalt der Ägypter zu befreien und aus diesem Land herauszuführen in ein schönes und weites Land, in das Land, das von Milch und Honig fließt, in das Gebiet der Kanaaniter, Hetiter, Amoriter, Perisiter, Hiwiter und Jebusiter. Jetzt aber ist das Schreien der Israeliten zu mir gedrungen und ich habe auch gesehen, wie die Ägypter sie quälen. So geh nun! Ich will dich zum Pharao senden. Führe mein Volk, die Israeliten, aus Ägypten heraus."*

Gott fuhr dann parteiisch fort (Gen 3,19ff.): *„Ich weiß aber, dass der König von Ägypten euch nicht entlässt, wenn er nicht durch eine starke Hand gezwungen wird. Darum werde ich meine Hand ausstrecken und die Ägypter schlagen mit allen meinen Wundern, die ich in ihrer Mitte wirken werde. Dann wird er euch entlassen."* Die Bibelschreiber lassen ihren Gott den Israeliten auch noch die Lizenz zum Plündern erteilen (Ex 3,21f.): *„Ich will diesem Volk eine günstige Stimmung bei den Ägyptern verschaffen, sodass ihr bei eurem Auszug nicht mit leeren Händen weggeht. Die Frauen sollen von ihrer Nachbarin und Hausgenossin silbernen und goldenen Schmuck sowie Kleider verlangen. Diese sollt ihr euren Söhnen und Töchtern anlegen; so werdet ihr die Ägypter ausplündern."* Gott verlieh Moses schließlich noch die Fähigkeit, durch kleine Wunder, falls erforderlich, die Menschen zu überzeugen, falls die ihm seine exklusiven Gespräche mit Gott nicht so recht glauben wollten. Da Moses aber kein Mann des Wortes war (*„unbeholfen sind mein Mund und meine Zunge"*; Gen 4,10), empfahl ihm Gott, offensichtlich genervt und zornig, seinem Bruder Aaron das Sprechen zu überlassen.

Schließlich gingen also Moses und Aaron zum Pharao und baten ihn, die Israeliten auswandern zu lassen. Der Pharao weigerte sich bekanntlich und behandelte, so die Dramaturgie der Bibelschreiber, die Israeliten noch schlechter. Da wandte sich Moses an Gott und bat um Unterstützung, die dieser auch schon bald gewährt – schließlich war Eile geboten, waren die Israeliten doch mit Moses unzufrieden und begehrten allmählich auf. Der grausame Stammesgott der Israeliten ließ nun seinen Zorn über den störrischen Pharao an dessen Volk, den Ägyptern, also an unschuldigen Menschen aus und strafte sie mit zehn Plagen:

1. Plage: Moses verwandelte unter Mithilfe Aarons das Wasser des Nils und auch die übrigen Gewässer in Blut.

2. bis 4. Plage: Heimsuchung Ägyptens durch Frösche, Stechmücken und Bremsen.

5. Plage: Heimsuchung durch eine Viehseuche, wobei Gott einen Unterschied machte zwischen dem Vieh der Ägypter und dem der Israeliten. *„Es starb alles Vieh der Ägypter; vom Vieh der Israeliten aber starb nicht ein einziges Stück"* (Ex 9,6).

6. Plage: Geschwüre.

7. Plage: Hagel: *„Da ließ es der Herr donnern und hageln und Blitze fuhren zur Erde nieder: und der Herr ließ Hagel über Ägypten niedergehen ... Der Hagel erschlug in ganz Ägypten alles, was auf dem Feld war. Menschen und Tiere, auch alle Pflanzen des Feldes, vernichtete der Hagel und zerschmetterte alle Bäume auf dem Feld. Nur in dem Land Goschen, in dem die Israeliten wohnten, fiel kein Hagel"* (Ex 9,23–26).

8. Plage: Heuschrecken: *„Sie werden die Oberfläche des Landes so bedecken, dass man den Boden nicht mehr sehen kann; und sie werden verzehren, was euch als letzter Rest vom Hagel noch übrig geblieben ist, und alle Bäume abfressen, die auf den Feldern wachsen. Sie werden in Massen sogar in deine Häuser und in die Häuser aller deiner Diener und in die Häuser aller Ägypter kommen ..."* (Ex 10,5–6) – so die Ankündigung von Moses und Aaron gegenüber dem Pharao – und so kam es ganz nach den grausamen Fantasien der Bibelschreiber dann auch.

9. Plage: Drei Tage Finsternis über ganz Ägypten – überflüssig zu sagen: *„Die Wohnplätze der Israeliten aber waren taghell erleuchtet"* (Ex 10,23).

10. Plage: Der Tod der Erstgeburt: *„Um Mitternacht aber geschah es, dass der Herr alle Erstgeburt in Ägypten schlug, vom Erstgeborenen des Pharao, der auf dem Thron saß, bis zum Erstgeborenen des Gefangenen, der im Kerker lag, und jede Erstgeburt des Viehs ... Es war ein großes Wehklagen in Ägypten. Denn es gab kein Haus, in dem nicht ein Toter lag"* (Ex 12,29–30).

Um von der Tötung verschont zu bleiben, sollte auf Geheiß Gottes jede israelitische Familie abends ein männliches Jungtier von Schaf oder Ziege schlachten, mit dessen Blut die Türpfosten bestreichen und es dann braten und gemeinsam vollständig verzehren. An den so markierten Häusern werde der Todesengel in derselben Nacht vorübergehen (hebr. pāsah), während er Gottes Strafaktion an Ägypten vollstrecke (Ex 12). Ein unwissenden Gott, der der farblichen Markierung von Türpfosten bedarf, um nicht die Falschen zu treffen? Sei's drum, diese furchtbare Geschichte der Ermordung unschuldiger Menschen wegen der Halsstarrigkeit eines Pharao ist der Ursprung des jüdischen Pessach-Festes, eines der wichtigsten Feiertage im Judentum.

Erst jetzt, so die Erzählstrategie der Bibelschreiber, war der Pharao ausreichend mürbe und ließ die Israeliten ziehen. Diese stopften sich – natürlich im Einvernehmen mit dem Herrn – vorher noch die Taschen mit Silber und Gold der Ägypter voll (Ex 12,35–36). Dann brachen sie auf, *„600.000 Mann zu Fuß, Frauen und Kinder nicht gerechnet"* (Gen 12,57). Über solche Übertreibungen und Großmachtfantasien können die Historiker heute nur lächeln – abgesehen davon, dass diese Begebenheiten gar nicht stattgefunden haben. Doch folgen wir der Erzählung weiter: Nun ging es endlich los Richtung Kanaan. *„Der Herr zog vor ihnen her, bei Tag in einer Wolkensäule, bei Nacht in einer Feuersäule, um ihnen zu leuchten, damit sie bei Tag und Nacht wandern konnten"* (Ex 13,21). Und gleich haben sich die Bibelschreiber wieder etwas ziemlich Gemeines ausgedacht. In Exodus 14,4 lassen sie Gott sagen: „Ich werde das Herz des Pharao verhärten, sodass er ihnen nachsetzt. Dann will ich am Pharao und an seinem ganzen Heer meine Macht beweisen." Hier also wird Gott erneut instrumentalisiert. Stünde es doch gewiss in seiner Macht, den Pharao bei seinem Entschluss bleiben zu lassen, so lässt er diesen vielmehr seine Entscheidung, den Israeliten nach all den schrecklichen Plagen endlich die Ausreise zu gewähren, rückgängig machen – auf dass wieder ein Gemetzel einsetzt. Erneut ein ziemlich dreistes dramaturgisches Konstrukt der Bibelschreiber: Die Ägypter sollen erneut grausam geschlagen werden, die Israeliten sich wieder in der Gunst Gottes sonnen können.

So kommt es dann auch. Der Pharao setzt den Israeliten *„mit 600 auserlesenen Streitwagen und allen anderen Wagen besetzt mit seinen Kriegern nach"* (Ex 14,7). Endlich sind wir bei der auch aus einem Hollywood-Film bekannten Szene angelangt: Moses – im Film Charlton Heston – hebt seine Hand und das Meer teilt sich. Die Israeliten können trockenen Fußes das Meer durchqueren. Als sie das andere Ufer erreicht haben, streckt Moses, natürlich auf Anweisung Gottes, seine Hand erneut Richtung Meer aus – und das Wasser schlägt über den nachfolgenden Ägyptern zusammen. *„Die Wasser fluteten zurück* *und bedeckten die Wagen und Reiter des ganzen Heeres des Pharao, die hinter ihnen in das Meer gezogen waren. Nicht einer von ihnen blieb am Leben"* (Ex 14,28). Doch zum Glück – man kann es nicht oft genug wiederholen – ist auch dies alles nicht passiert. Es sind allesamt nur Hirngespinste der Bibelschreiber, verfasst etwa 800 Jahre nach den (erdachten) Ereignissen.

Auf dem weiteren Weg ins gelobte Land kümmert sich Gott natürlich um seine Schäflein, sorgt für Trinkwasser (Ex 15,25; 17,1–7) und lässt Manna und Wachteln regnen (Ex 16). Dann beginnen die ersten kriegerischen Auseinandersetzungen. Zunächst gegen die Amalekiter: Mit Gott im Rücken siegen erwartungsgemäß die von Josua angeführten Israeliten. Schließlich gelangen sie zum Sinai, wo Gott seinen Bund mit ihnen erneuert. Am Berg Sinai darf Moses die Zehn Gebote sowie weitere rechtliche Regelungen und Kultregeln verkünden (Ex 20). Dabei geht es unter anderem um (Ex 20–31)

- den Bau von Altären,
- die Sklavenhaltung (die Südstaatler in den USA konnten sich bei ihrer Sklavenhaltung auf derlei Passagen der Bibel berufen; die Bibelschreiber waren Kinder ihrer Zeit, und da damals Sklavenhaltung gang und gäbe war, haben sie auch den von ihnen geschaffenen Gott dies gutheißen lassen),
- Mord und Totschlag (z. B. *„Wer seinen Vater oder seine Mutter verflucht, soll mit dem Tod bestraft werden"* – sicherlich keine gute Grundlage für unser Strafrecht),
- Körperverletzung (z. B. *„Wenn jemand seinen Sklaven oder seine Sklavin mit einem Stock schlägt, dass sie unter seiner Hand sterben, so muss dies gesühnt werden. Bleibt der Betreffende aber noch einen oder zwei Tage am Leben, so soll ihn keine Strafe treffen, weil es sich um sein (des Sklavenhalters) eigenes Vermögen handelt"* (Ex 21,20–21) – der Gott des Alten Testaments sieht also, entsprechend der Sichtweise der Bibelschreiber, Sklaven als Menschen zweiter Klasse an),

- Gesetze des sittlichen und religiösen Lebens (u. a. *„Eine Zauberin darfst du nicht am Leben lassen"* (Ex 22,17) – dieser Satz kostete im Mittelalter und später Tausende Frauen („Hexxen") das Leben; oder: *„Wer anderen Göttern opfert, soll dem Untergang geweiht sein"*, wie es in Ex 22,19 heißt) sowie
- Erstlingsfrüchte und Erstlingsgeburt, die Pflichten gegen die Feinde, Sabbatjahr und Sabbat, Israels Feste etc.

Interessant ist, mit was die Bibelschreiber ihren Gott sich haben beschäftigen lassen! Dazu gehören ins Einzelne gehende Anweisungen Gottes an Moses (Ex 25ff), wie verschiedene Kult- und Aufbewahrungsgegenstände für eine heilige Stätte anzufertigen sind: So finden sich zum Beispiel detaillierte Anweisungen zur Anfertigung der Leuchter (Gen 25,31–40), zum Bau einer Lade oder eines Tischs für Schaubrote, zur Herstellung von Teppichen und Decken, des Vorhangs und des Altars, zur Ausführung der Holzarbeiten und zum Schneidern der Kleidung der Priester.

Dann wird ein zweites Mal die Geschichte der Zehn Gebote erzählt. Diesmal schreibt Gott sie höchstpersönlich mit dem Finger auf zwei Steintafeln („Bundesurkunde"), die er Moses auf dem Berg Sinai überreicht (Ex 31,18). *„Die Tafeln waren auf beiden Seiten beschrieben; vorn und hinten waren sie beschrieben. Die Tafeln waren von Gott selbst gemacht und die Schrift war Gottes Schrift, in die Tafeln eingegraben"* (Ex 32,15–16).

Moses blieb 40 Tage und Nächte auf dem Berg, heißt es in Exodus 24,18. Das war den unten wartenden Israeliten dann doch zu lange. Sie rotteten sich um Aaron zusammen und verlangten von ihm: *„Auf, mache uns einen Gott, der vor uns herzieht! Denn wir wissen nicht, was aus diesem Moses geworden ist ... Da sprach Aaron zu ihnen: Nehmt die goldenen Ringe ab, die euere Frauen, euere Söhne und euere Töchter an den Ohren tragen, und bringt sie zu mir! Er ... schmolz sie in einer Form ein und goss daraus ein goldenes Kalb. Da riefen sie: Das ist dein Gott, Israel, der dich aus Ägypten geführt hat!*

Als Aaron dies sah, baute er vor ihm einen Altar und Aaron ließ ausrufen: Morgen ist ein Fest für den Herrn! Am anderen Morgen standen sie früh auf, opferten Brandopfer und brachten Gemeinschaftsopfer dar. Und das Volk ließ sich nieder, um zu essen und zu trinken; dann erhoben sie sich, um sich zu vergnügen" (Ex 32,1–6).

Der Herr war natürlich zornig auf dieses von ihm als „halsstarrig" bezeichnete Volk und teilte Moses, der noch bei ihm oben auf dem Berg Sinai war, mit, er werde es „vertilgen" (Ex 12,7–10). Moses versuchte Gott zu besänftigen und redete auf ihn ein. Mit Erfolg! *„Da reute den Herrn das Unheil, das er seinem Volk angedroht hatte"* (Gen 32,14). Als Moses zurückkam und das Volk immer noch um das goldene Kalb tanzte, *„entbrannte sein Zorn und er schleuderte die Tafeln weg und zerbrach sie am Fuß des Berges. Dann nahm er das Kalb, das sie gemacht hatten, verbrannte es, zerstieß es zu Staub, den er ins Wasser streute, und gab den Israeliten davon zu trinken"* (Ex 32, 19–20). Er versammelte die ihm Treuen (Leviten) um sich und sprach zu ihnen: *„So spricht der Herr, der Gott Israels: Jeder gürte sein Schwert um die Hüfte! Geht im Lager von einem Tor zum anderen und tötet auch den eigenen Bruder, Freund und Verwandten! Die Leviten taten nach dem Befehl des Moses und es fielen vom Volk an jenem Tag dreitausend Mann"* (Ex 32,27–28). Dann zogen die Israeliten weiter – nicht ohne dass Gott in bewährter Art versicherte: *„Ich will einen Engel vor dir her senden und die Kanaaniter, Amoriter, Hetiter, Perisiter, Hiwiter und Jebusiter vertreiben"* (Ex 33,2).

Gott schrieb schließlich die zehn Gebote noch einmal auf von Moses gefertigten Steintafeln und erneuerte seinen Bund mit dem Volk Israel. Er, der sich selbst als eifersüchtigen Gott bezeichnete, befahl Moses, mit den Bewohnern der Länder, in die sie zogen, keine Bündnisse einzugehen, nicht deren Götter anzubeten, vielmehr solle er *„ihre Altäre niederreißen, ihre Steinmale zertrümmern und ihre Kultpfähle umhauen"* (Ex 34,15). Mit dem Bau eines Heiligtums (Offenbarungszelt, Aufbewahrung der Bundeslade) endet das Buch Exodus.

B) Kritische Anmerkungen

„Kritische Anmerkungen" finden sich bereits bei der Wiedergabe der einzelnen Textpassagen. Die Ablehnung der Historizität der gesamten Exodus-Geschichte durch Archäologen, Historiker und Bibelwissenschaftler wurde schon angesprochen. Die Figur des Moses gilt als redaktionelles Konstrukt, Belege über einen „historischen Moses" gibt es nicht. Die Legende wurde schon mit seiner Geburt und der Aussetzung in einem Körbchen, gestrickt – sie basiert auf der akkadischen Sargonlegende: „Ich bin Sargon, der starke König, der König von Akkad. Meine Mutter war eine Priesterin (?), meinen Vater kenne ich nicht ... Meine Stadt ist Azupiranu, das am Ufer des Euphrat liegt. Meine Mutter empfing mich und gebar mich insgeheim. Legte mich in einen Binsenkorb, machte meinen Deckel mit Asphalt dicht (und) setzte mich im Fluss aus, der mich nicht überspülte. Der Fluss trug mich zu Akki, dem Wasserschöpfer. Akki, der Wasserschöpfer, holte mich heraus, als er seinen Eimer eintauchte. Akki, der Wasserschöpfer, (nahm mich) als Sohn an und zog mich groß. Akki, der Wasserschöpfer, machte mich zu seinem Gärtner. Als ich Gärtner war, schenkte mir Ischtar ihre Liebe, und für vierund(fünfzig) Jahre übte ich die Königsherrschaft aus ..."[104]

Die „Flucht der Israeliten aus Ägypten" und die „Landnahme", sprich die gewaltsame Eroberung Kanaans, wurden bisher in dem Zeitraum von 1300 bis 1200 v. Chr. gesehen. Hierfür gibt es jedoch keinerlei archäologische Anhaltspunkte, ist doch der Sinai mit den Hauptorten, an denen sich die Israeliten laut Bibel aufgehalten hatten auf ihrer 40 Jahre dauernden Wanderung ins gelobte Land, so etwa Kadesch-Barnea oder Ezjon-Geber, intensiv auf mögliche Spuren untersucht worden. Für Finkelstein und Silberman reflektieren die in diesen Geschichten genannten politischen Bedingungen, geografischen Einzelheiten und Namen die Verhältnisse der Zeit, als die Bibelschreiber aktiv waren, also etwa 650–600 v. Chr., zur Zeit König Josias.[105] Entsprechend fällt das Resümee der beiden Archäologen aus: „Es gab keinen Massenauszug aus Ägypten, ebenso wenig wie eine gewaltsame Einnahme Kanaans."[106]

Die Bücher Levitikus, Numeri und Deuteronomium

A) Darstellung im Alten Testament

Das Buch Levitikus

Es enthält Vorschriften zu Opferritualen und zur Einsetzung der Priester, Reinheitsgesetze, Heiligkeitsgesetze und andere, abschließend auch einen Abschnitt „Tarife und Einschätzungen" – die Bibel schreibenden Priester wollten schließlich auch ihr eigenes Einkommen sichern. Und wie immer legen sie all dies ihrem Gott in den Mund. Das von ihnen geschaffene Regelwerk ist somit kaum angreifbar, ebenso ihr eigener Status als dessen Hüter (*„Der Herr berief Moses und sprach zu ihm vom Offenbarungszelt aus: Rede zu den Israeliten und sag ihnen …"*; Lev 1,1–2). So kann man sich auch hier nur wundern, womit die Bibelschreiber den von ihnen erschaffenen Gott beschäftigen und welche rigiden Strafen sie ihn verkünden lassen. Einige wenige Beispiele:

„Will einer als Brandopfer ein Rind darbringen, so muss er ein männliches, fehlerloses Tier darbringen. Er bringe es an den Eingang des Offenbarungszeltes, damit es vor dem Herrn Annahme finde. Dann lege er seine Hand auf den Kopf des Brandopfers, damit es für ihn angenommen wird und für ihn Sühne bewirkt. Hierauf schlachte er das junge Rind vor dem Herrn; die Söhne Aarons aber, die Priester, sollen das Blut darbringen. Sie sollen das Blut ringsum an den Altar, der vor dem Eingang des Offenbarungszeltes steht, sprengen. … Dann sollen die Söhne Aarons, die Priester, die Stücke mit dem Kopf und dem Fett auf das Holz über dem Feuer auf dem Altar legen. Die Eingeweide und die Beine soll er mit Wasser waschen und der Priester soll alles zusammen auf dem

Altar als ein Brandopfer in Rauch aufgehen lassen, als ein Feueropfer zum beruhigenden Duft für den Herrn" (Lev 1,3-9).

„Wenn eine Frau niederkommt und einem Knaben das Leben schenkt, so bleibt sie sieben Tage unrein ... Schenkt sie einem Mädchen das Leben, dann bleibt sie zwei Wochen unrein ..." (Lev 12).

„Wenn ein Mann mit einem anderen Mann wie mit einer Frau schläft, haben beide Schändliches begangen. Sie sollen mit dem Tod bestraft werden; es lastet Blutschuld auf ihnen" (Lev 20,13).

„Eines Tages mischte sich der Sohn einer Israelitin, der einen Ägypter zum Vater hatte, unter die Israeliten. Der Sohn der Israelitin und ein Israelit gerieten in Streit. Dabei lästerte der Sohn der israelitischen Frau den Namen des Herrn und fluchte. Deshalb brachte man ihn zu Moses ... Man hielt ihn in Gewahrsam, bis Moses ihnen aufgrund eines Spruchs des Herrn eine Entscheidung gäbe. Der Herr sprach zu Moses: Lass den Lästerer vor das Lager hinausführen und alle, die es gehört haben, sollen ihm ihre Hände auf den Kopf legen und die ganze Gemeinde soll ihn steinigen ..." (Lev 24,10-15).

Das Buch Numeri

> Berichte über den weiteren Zug der Israeliten durch den Sinai bis ins Land Moab; Versorgung mit Manna und Wachteln, Wasser aus dem Felsen; Verzeichnis (Volkszählung) der israelitischen Stämme.

Es beginnt mit der Musterung der wehrfähigen Männer der Stämme Israels. Addiert man die genannten Zahlen, ergibt sich die stolze Zahl von 603.550! Da waren die wehrfähigen Männer des Stammes Levi noch gar nicht dabei, da sie für religiöse Dienste zur Verfügung stehen sollten. Allein auf den Stamm Juda entfallen ganze 74.600! Ohne Zweifel haben die Bibelschreiber auch hier dick aufgetragen. Und weil die genannten Zahlen so berauschend hoch angesetzt waren, werden sie in Numeri 2 gleich noch einmal in großer Ausführlichkeit wiedergegeben. Es folgen detaillierte Ausführungen über den Transport der Bundeslade und andere wichtige Dinge, ferner auch eine schöne Regelung für eifersüchtige Männer: Wenn bei einem Mann der Verdacht hochkommt, seine Frau sei ihm untreu, kann er sie zu einem Priester schleppen. Der verabreicht ihr „unreines" Wasser; überlebt sie es, war der Verdacht des Mannes unbegründet ... Im Falle, dass eine Frau ihren Mann verdächtigt, untreu zu sein, gibt es solche Regelungen übrigens nicht.

Im Buch Numeri wird seitens der Bevölkerung viel gejammert über die beschwerliche Reise durch die Wüste und die mangelhafte und eintönige Ernährung. Viele sehnen sich nach Ägypten zurück und hadern mit dem Entschluss, von dort weggezogen zu sein: *„Wer gibt uns Fleisch zu essen? Wir denken an die Fische zurück, die wir in Ägypten umsonst zu essen bekamen, an die Gurken und Melonen, an den Lauch, die Zwiebeln und den Knoblauch. Jetzt aber vertrocknet uns die Kehle, nichts ist mehr da, nichts als Manna bekommen wir zu sehen. Das Manna aber war wie Koriandersamen und sah aus wie Bdelliumharz"* (Num 11,4–7). Der Herr bezog die Kritik des undankbaren Volkes auf sich und rief zornig aus: *„Ich will es mit der Pest schlagen und es so ausrotten ..."* (Num 14,12). Moses konnte seinen Gott aber wieder besänftigen.

Erwähnenswert ist auch die Auflehnung des Korach, eines Leviten, und etwa 250 anderer Mitstreiter gegen Moses und Aaron (Num 16). Religionswissenschaftlern deuten die beschriebenen Ereignisse als einen Aufstand gegen die Macht und die Privilegien der Priester. Der Herr wollte in gewohntem Zorn und in gewohnter Manier gleich die ganze Gemeinde umbringen. Durch gutes Zureden Moses tötete er aber nur die eigentlichen Akteure, dies freilich in spektakulärer Weise: *„(D)a spaltete sich auch schon der Boden unter ihnen, die Erde tat ihren Schlund auf und verschlang sie mit ihren Familien und all den Menschen, die zu Korach gehörten, und mit all ihrer Habe. So stürzten sie mit allem, was ihnen gehörte, leben-*

dig in die Unterwelt hinab und die Erde schloss sich über ihnen ... Dann ging vom Herrn Feuer aus und verzehrte die 250 Männer, die (zuvor) das Räucherwerk darbrachten" (Num 16,31–35). Da das Volk gegen diese Strafaktion murrte, ließ der Herr noch 14.700 Israeliten an einer Seuche sterben. Und weil sie an den Opferfesten der Moabiter für deren Gott Baal teilgenommen und mit Moabiterinnen „Unzucht getrieben" hatten, brachte der zornige Gott an anderer Stelle weitere 24.000 Israeliten durch eine Plage um (Num 25).

Wie nicht anders zu erwarten, wenn Priester eine Bibel schreiben, stärkt ihr Gott nur ihnen den Rücken, nicht ihren Kritikern. Ein dies bezeugendes Wunder – der Aaron-Stab – inklusive. Die Priester lassen ihren Gott auch noch anweisen, dass sich Aaron, die Priester und ihre Familien der Opfergaben bedienen können (Num 18,8ff.) – eine weitere göttliche Lizenz zum Reichwerden. Auf Geheiß Gottes bestimmte Moses den Josua zum Führer der Gemeinde, der auch an ihrer Spitze in den Krieg ziehen sollte, wobei ausdrücklich der Priester Eleasar, der Sohn Aarons, die endgültige Entscheidung zu treffen hatte (Num 27).

Schließlich gibt es noch einen Rachefeldzug der Israeliten, natürlich im Auftrag des Herrn, gegen die Midianiter. Alle Männer und auch die Könige wurden getötet, die Städte und Zeltlager angezündet, Frauen, Kinder und Vieh und alle sonstige Habe zu Moses und dem Priester Eleasar gebracht. *„Moses wurde über die Heeresführer und die Hauptleute der Tausend- und Hundertschaften, die vom Kriegszug heimkehrten, zornig. Er fuhr sie an: Habt ihr wirklich alle Frauen am Leben gelassen? Sie waren doch gerade für die Israeliten ... der Anlass, ... vom Herrn abzufallen ... Tötet sofort alle männlichen Kinder, ebenso tötet jede Frau, die bereits mit einem Mann geschlechtlich verkehrt hat! Alle jungen Mädchen aber, die mit einem Mann noch nicht geschlechtlich zu tun hatten, lasst für euch am Leben!"* (Num 31,14–18) Dann geht es wieder an das Verteilen der fetten Beute und auch der 32.000 Mädchen.

Während des von siegreichen kriegerischen Auseinandersetzungen geprägten Zuges der Israeliten ins Ostjordanland starb Aaron im stolzen Alter von 123 Jahren auf dem Berg Hor, im 40. Jahr seit dem Auszug aus Ägypten (Num 33,38). Ausführlich werden in Numeri 33 die Stationen der über 40 Jahre dauernden Wanderung der Israeliten seit ihrem Auszug aus Ägypten genannt. Und zum x-ten Mal geht es um die Festlegung der Landesgrenzen Israels – dafür hat der Herr immer sehr viel Zeit.

Das Buch Deuteronomium

> Berichte über den weiteren Zug der Israeliten zum „gelobten Land"; Vorschriften und Gesetze; erneuter Bundesschluss („Moab-Bund"); Einsetzung Josuas zum Nachfolger Moses; Tod Moses am Berg Nebo.

Es ist das letzte Buch des Pentateuchs und nimmt innerhalb der Thora eine Sonderstellung ein. Aufgrund der unterschiedlichen Ausdrucksweise und da von einem eigenständigen Gesetz gesprochen wird, schreibt man seine Erstellung einer eigenständigen Schule zu. Es beginnt mit zwei Reden von Moses, bei denen es sich um Nacherzählungen und rückblickende Betrachtungen über die Geschehnisse seit dem Auszug aus Ägypten handelt. Und erneut finden sich Worte Gottes aus dem Mund von Moses zur „Landnahme" (Deut 1,7–8): *„Nun wendet euch dem Bergland der Amoriter zu, brecht auf und zieht hinauf! Zieht aus gegen alle seine Bewohner in der Araba, auf dem Gebirge, in der Schefela, im Negeb und an der Meeresküste! Zieht in das Land der Kanaaniter und in das Gebiet des Libanon, bis an den großen Strom, den Eufrat! Hiermit liefere ich euch das Land aus. Zieht hinein und nehmt es in Besitz …"*

Es folgt die „deuteronomische Gesetzessammlung". Sie enthält unter anderem eine Wiederholung der Zehn Gebote (mit leichten Änderungen), Regeln zu Opfergaben, Regeln zu den jüdischen Festen, Speisevorschriften, Sexual- und Ehevorschriften, das Verbot, anderen Göttern zu opfern, sowie Konsequenzen, die aus dem Übertreten der Gebote folgen; ferner auch die Festlegung, dass die Kulthandlungen zentral im Jerusalemer Tempel durchgeführt werden sollen. Das Buch endet mit Moses' Tod auf dem Berg Nebo.

B) Kritische Anmerkungen

Die in den Büchern Levitikus, Numeri und Deuteronomium beschriebene 40 Jahre (!) dauernde Wanderung der Israeliten durch den Sinai und die gewaltsame „Landnahme" gab es nicht! Entsprechend auch nicht die dazu erzählten vermeintlichen Ereignisse. Die Gräueltaten der Israeliten an Kindern und Frauen beim Krieg gegen die Midianiter wären wieder Fälle für das UN-Kriegsverbrechertribunal in Den Haag. Und die „Ethik" vieler Vorschriften ist sicherlich keine gute Grundlage für ein friedliches Zusammenleben. Die Zahl der in der Thora enthaltenen jüdischen Gebote und Verbote (Mitzwot) wird übrigens im Talmud mit 613 angegeben (die Zehn Gebote sind ein Teil davon), die sich auf 248 Gebote und 365 Verbote aufteilen – für die meisten Menschen sicherlich eine „Anleitung zum Unglücklichsein", keine zum selbstbestimmten Leben.

Das Buch Josua

A) Darstellung im Alten Testament

> Viele – mit Gottes einseitiger Hilfe – siegreiche Schlachten ums „gelobte Land"; die Zerstörung Jerichos und die Verteilung des eroberten Landes an die israelitischen Stämme.

Das Buch Josua beschreibt die weitere gewaltsame Eroberung Kanaans durch die Israeliten nach ihrem Exodus aus Ägypten und fährt fort in dem Geist, der uns bereits bekannt ist. Der Herr redet nun zu Josua, dem neuen Heerführer der Israeliten, der das verheißene Land erobern soll: *„Nun auf und zieh über den Jordan, du und dieses ganze*

Volk, in das Land, das ich den Israeliten gebe. Jeden Ort, den euer Fuß betritt, gebe ich euch, wie ich es Moses gesagt habe. Von der Wüste und dem Libanon bis zum großen Strom, dem Eufrat, und bis zum Großen Meer gegen Sonnenuntergang, das soll euer Gebiet sein. Niemand wird dir standhalten können, solange du lebst. Ich werde mit dir sein, wie ich mit Moses gewesen bin; ich werde dich nicht verlassen und dich nicht preisgeben" (Jos 1,2–5).

Es beginnt mit Unterstützung ihres Stammesgottes der erwartungsgemäß siegreiche, grausame Eroberungskrieg der Israeliten. „Gott ordnet an, das Land von allen Spuren der Abgötterei zu reinigen – und das bedeutet die vollständige Vernichtung der Kanaanäer."[107] Die Israeliten ziehen vom Ostjordanland, in gewohnter Weise trockenen Fußes, durch den Jordan, um Jericho zu erobern. Die Eroberung war bekanntlich ein leichtes Spiel. Die berühmte Szene: Die Priester stoßen in die Posaunen – und die Stadtmauern Jerichos stürzen ein. Aber obwohl es so einfach ist, kennen die Israeliten keine Gnade. *„Sie weihten alles, was in der Stadt war, dem Untergang, Mann und Frau, Jung und Alt, bis zu Rind und Schaf und Esel, mit der Schärfe des Schwertes"* (Jos 6,21). Auch dies ein Fall für das Kriegsverbrechertribunal. Dort müsste vor allem der hier beschriebene Gott selbst auf der Anklagebank sitzen, der ja alles anstiftet und teilweise aktiv mit Gräueltaten begleitet. Und wieder sicherten die bibelschreibenden Priester der Priesterschaft fette Beute (Jos 6,24).

Es folgt die Vernichtung aller Einwohner der Stadt Ai, die danach abgebrannt wird. Dann die siegreiche Schlacht gegen eine Allianz von fünf Amoriterkönigen (die Könige von Jerusalem, Hebron, Jarmut, Lachisch und Eglon), wobei der Gott der Israeliten mit Hagelgeschossen die Entscheidung bringt. Sogar die Sonne lässt Gott auf Wunsch Josuas stehen, *„bis das Volk Rache genommen hatte an seinen Feinden"* (Jos 10,13). *„Josua und die Israeliten vernichteten alle"* (Jos 10,20). Auch für die fünf Könige, die sich in eine Höhle geflüchtet hatten, gibt es keine Gnade: *„Als man jene Könige zu ihm gebracht hatte, rief Josua alle Männer Israels und sprach zu den Anführers der*

Kriegsleute, die ihn begleitet hatten: tretet heran und setzt eueren Fuß auf den Nacken dieser Könige! Sie traten heran und setzten ihren Fuß auf deren Nacken. Josua sprach zu ihnen: Seid ohne Furcht und Angst, seid vielmehr stark und fest, denn so wird es der Herr mit allen Feinden machen, gegen die ihr zu kämpfen habt. Danach erschlug sie Josua und ließ sie an fünf Bäumen aufhängen. Dort blieben sie bis zum Abend hängen ..." (Jos 10,24–27).

Das blutige Gemetzel ging weiter, Gefangene wurden nicht gemacht! Es folgten die Städte Makkeda, Libna, Lachisch, Eglon, Hebron, Debir. Schließlich begann Josua mit der Eroberung des nördlichen Kanaans: *„Alle Beute dieser Städte und auch das Vieh nahmen die Israeliten an sich. Alle Menschen aber erschlugen sie mit der Schärfe des Schwertes, bis sie alle vernichtet hatten: Niemand überlebte"* (Jos 11,14). Dann, endlich, ist die „Landnahme" abgeschlossen: *„So gab der Herr den Israeliten das ganze Land, das er ihren Vätern eidlich versprochen hatte. Sie nahmen es in Besitz und ließen sich darin nieder"* (Jos 21,43). Josua konnte also beruhigt sterben – im Alter von 110 Jahren.

B) Kritische Anmerkungen

Zum Glück sind auch die hier beschriebenen Gräueltaten der Israeliten, durchgeführt auf Anweisung und mit tatkräftiger Unterstützung ihres Stammesgottes Jahwe, auf dem Weg ins „gelobte Land" nicht passiert. „Keine Posaunen vor Jericho", keine gewaltsame israelitische Landnahme Kanaans. Keine historischen und archäologischen Belege für die beschriebenen Ereignisse. Spuren von diesen Kriegen gibt es nicht. Auch aus den Briefen aus Tell el-Amarna, den „Amarna-Briefen", einer auf 400 noch erhaltenen Tontafeln festgehaltenen umfangreichen Korrespondenz der Pharaonen Amanophis III. und seines Sohnes Echnaton aus dem 14. Jahrhundert, ergeben sich keinerlei Hinweise. Die genannten wehrhaften „Städte" – sie waren gar keine, sondern allenfalls kleinere Verwaltungssitze ohne

Befestigungsanlagen in dünn besiedelter Umgebung. Die gesamte sesshafte Bevölkerung Kanaans zählte zu dieser Zeit nur knapp 100.000 Menschen. Und Kanaan stand unter strenger Aufsicht der mächtigen Ägypter.[108]

Für Jericho (wie auch für andere Orte) gibt es in der berichteten Zeit im 13. Jahrhundert überhaupt keine Besiedlungsspuren. Also konnten auch keine Stadtmauern Jerichos durch Posaunenstöße einfallen. „Eine romantische Mär", kommentieren die Archäologen Finkelstein und Silberman und zitieren die Bibelwissenschaftler Albrecht Alt und Martin Noth, um zu zeigen, dass es sich bei den im Buch Josua überlieferten Erzählungen um Sagengeschichten handelt.[109] Allerdings seien sich die Gelehrten erst in jüngster Zeit einig geworden, auf die Geschichte von der Einnahme Kanaans zu verzichten. Diese Erzählungen seien „ein klassischer literarischer Ausdruck der Sehnsüchte und Phantasien eines Volkes …"[110]

Das Buch Josua ist vielleicht das schrecklichste Buch der Bibel. Man fragt sich, welche Auswirkungen es hat, wenn Kinder und Jugendliche in Schulen und religiösen Einrichtungen in Israel ständig solche Geschichten lesen. Friedensfördernde Wirkung sicherlich nicht. Da vermag es auch nicht zu verwundern, dass Anfang Januar 2017 der israelische Bildungsminister Naftali Bennett, angesprochen auf die Zwei-Staaten-Lösung, erklärte, das *ganze* Land gehöre Israel – das stehe schon in der Bibel.

Das Buch der Richter

A) Darstellung im Alten Testament

Strafen Gottes, da die Israeliten andere Götter verehren (Baal, Aschera u. a.) und sich mit anderen Völkern mischen; Streit und Kämpfe mit der Urbevölkerung; Samsons grausame Bestrafung der Philister.

Zunächst wird, in Überschneidung mit dem Buch Josua, im Buch der Richter über Landeroberungen berichtet. Vermeintlich waren ja zuerst die Ostjordangebiete erobert worden, dann die westlich des Jordans gelegenen Landstriche. Die Israeliten schlachteten – sehr zum Leidwesen des Herrn – nicht alle Alteingesessenen Kanaans ab, sondern ließen sie in ihren Gebieten weiterleben. Mehr noch: Sie übernahmen ihre Riten und Götter und vermischten sich mit ihnen. Daraufhin lassen die Bibelverfasser den Herrn wieder einmal wütend werden: *„Da entbrannte der Zorn des Herrn gegen Israel. Er überließ sie Räubern, die sie ausraubten, er gab sie in die Gewalt ihrer Feinde ringsum und sie konnten ihnen nicht standhalten. Sooft sie in den Krieg zogen, war die Hand des Herrn gegen sie, wie der Herr es ihnen gesagt und wie der Herr es ihnen geschworen hatte. So brachte er sie in höchste Bedrängnis"* (Ri 2,11–15).

Darüber hinaus setzte der Herr „Richter" ein. Sie waren politisch-militärische Führer, weit mehr also als „Rechtsgelehrte". Offenbar hörten die Israeliten aber nicht auf ihre Richter. Eine Zeit lang ließ sich der Herr zwar von den Richtern milde stimmen, solange diese versuchten, dem Treiben Einhalt zu gebieten. Sie gewannen auch wieder Schlachten und befreiten die Israeliten aus zwischenzeitlicher Knechtschaft. Starb aber der Richter und wurden die Israeliten *„rückfällig und trieben es noch schlimmer als ihre Väter"* (Ri 2,19), entbrannte erneut der Zorn des Herrn, und es setzte Strafen in Form militärischer Niederlagen und neuer Knechtschaft. Hier zeigt sich ein Kreislauf, der sich im Buch der Richter vielfach wiederholt, insbesondere bei den „großen Richtern": Otniel, Ehud, Barak, Gideon, Jiftach und Samson (auch Simson).

Erwähnenswert sind die Begleitumstände der Geburt Samsons, des später ach so starken Richters. Auch hier hatte Gott (durch einen Engel) seine Hand im Spiel – wie zuvor schon beim alten Abraham und dessen alter, unfruchtbarer Frau Sara: *„Da war ein Mann mit Namen Manoach aus Zora aus der Sippe der Daniter. Seine Frau war unfruchtbar und hatte kein Kind bekommen. Dieser Frau erschien der Engel des Herrn und sprach zu ihr: Du bist unfruchtbar und hast kein Kind bekommen. Nun aber nimm dich in Acht; trink keinen Wein und nichts Berauschendes und iss nichts Unreines. Denn du sollst schwan-*

ger werden und einen Sohn gebären ..." (Ri 13,2–5). Die Abläufe bei Maria und Jesus – sie sind dem Alten Testament und vielen anderen ähnlichen (nicht biblischen) Geschichten „nachempfunden".

Wieder wird der zweifelhafte Charakter des Gottes der Israeliten offenbar, denn er agiert zugunsten Israels mit List und Tücke. Samson erzählt seinen Eltern: *„Ich habe in Timna unter den Töchtern der Philister eine Frau gesehen. Gebt sie mir jetzt zur Frau! Sein Vater und seine Mutter sprachen zu ihm: Gibt es denn keine Frau unter den Töchtern deiner Stammesbrüder und in meinem ganzen Volk, dass du eine Frau von diesen unbeschnittenen Philistern heiraten musst? Aber Samson antwortete seinem Vater: Gib mir diese, denn sie gefällt mir! Sein Vater und seine Mutter wussten nicht, dass es so vom Herrn geplant war; er suchte nämlich nach einem Anlass zum Streit mit den Philistern, denn in jener Zeit herrschten die Philister über Israel"* (Ri 14,2–4).

Es kam, wie es der Herr beabsichtigte: Samson gab während des siebentägigen Hochzeitsfestes seinen 30 Philister-Gästen ein Rätsel auf – bei einem Wetteinsatz von 30 Leinengewändern und 30 Festkleidern. Samsons Braut drängte Samson, ihm die Lösung zu nennen – und verriet sie an ihre Philisterfreunde. Da wurde Samson, wie von Gott geplant, zornig. Er erschlug 30 Philister und gab deren Gewänder denen, gegen die er die Wette verloren hatte. Seine Braut gab er einem Freund, der ihm als Brautführer gedient hatte. Als Samson es sich später anders überlegte und er zu seiner Frau zurückkehren wollte, verwehrte ihr das der Vater seiner Frau. Samson wurde erneut zornig – wie von Gott geplant: *„Da ging Samson hin, fing 300 Füchse, nahm Fackeln, band je zwei Füchse an den Schwänzen zusammen und brachte mitten zwischen den zwei Schwänzen eine Fackel an. Er zündete die Fackeln an und ließ dann die Füchse in die Weizenfelder der Philister los; er verbrannte die Garben ebenso wie das Korn auf dem Halm und selbst die Weinberge und Ölbäume"* (Ri 15,4–5). Dann begann wieder ein Gemetzel. Dabei erschlug Samson, als der Geist des Herrn über ihn kam, mit einem Eselskinnbacken 1.000 Philister (Ri 15,15).

Schließlich lesen wir hier auch die aus Hollywoodfilmen bekannte Liebesgeschichte mit Delila. Sie trieb ein hinterhältiges Spiel, entlockte Samson das Geheimnis der Quelle seiner Kraft – seine Haare – und verriet dies den Philistern. Während er schlief, wurden ihm die Haare abgeschnitten, dann nahmen sie ihn gefangen und ließen ihm die Augen ausstechen. Endlich das große Finale: Seine Haare waren im Gefängnis nachgewachsen, seine Kraft somit zurückgekehrt. Als er zum Ergötzen von etwa 3.000 Philistern vorgeführt werden sollte, stürzte er die Säulen des Versammlungssaales – und alle, einschließlich Samson, kamen um.

B) Kritische Anmerkungen

Die Archäologen senken die Daumen, wenn es um die historische Wahrheit dieses Buches geht. „Das bewegende Bild gerechter israelitischer Richter ... (weist) kaum Ähnlichkeit mit dem auf, was sich im Bergland von Kanaan in der frühen Eisenzeit wirklich zutrug".[111] Die von einem ziemlich verbrecherischen Gott initiierten gewaltsamen Auseinandersetzungen einschließlich der grausamen Strafaktionen an den Philistern sind nur Hirngespinste der jüdischen Bibelverfasser.

Das Buch Rut

A) Darstellung im Alten Testament

> Geschichte der „Ahnfrau" Rut, der Ururgroßmutter König Davids und damit gemäß Stammbaum Jesu im Neuen Testament auch mit Jesus verwandt.

Dieses Buch gilt als ein Meisterwerk hebräischer Erzählkunst. Es ist die Geschichte einer jüdischen Familie, die zur Zeit der Richter infolge einer Hungersnot von Bethlehem ins Land Moab, östlich des Jordans und des Toten Meeres, also im heutigen Jordanien gelegen, zieht. Die Söhne der Familie heiraten Moabiterinnen, Rut und Orpa. Als ihr Mann starb, zieht Rut auf eigenes Bestreben hin gemeinsam mit ihrer ebenfalls verwitweten jüdischen Schwiegermutter nach Bethlehem – obwohl sie dort als Moabiterin mit Zurückweisung rechnen muss. Sie arbeitet hier als Ährenleserin bei Boas, einem Verwandten ihrer Schwiegermutter. Boas nimmt sie dann zur Frau – und Rut gebiert ihm einen Sohn, Obed. Er ist der Vater von Isais und der Großvater Davids. Gemäß dem obskuren Stammbaum Jesu (Mt. 1,5 und Luk 3,32) ist sie auch mit Jesus verwandt!

B) Kritische Anmerkungen

Die Geschichte von Rut spielt zwar laut Eingangssatz des Buches in der Zeit der Richter, also etwa 1000 v. Chr. Die tatsächliche Niederschrift des Buches erfolgte allerdings erst in der nachexilischen Zeit im 6. Jahrhundert v. Chr.[112] Auch hier haben wir die Vortäuschung eines alten Textes, wie es von den Bibelschreibern häufig praktiziert wurde.

Die Bücher Samuel 1 und 2

A) Darstellung im Alten Testament

> Samuels Kampf gegen die Philister; Saul wird König, danach David; Davids Kampf gegen Goliath; Bruderkrieg zwischen Israel und Juda; David wird König über ganz Israel; Rückholung der Bundeslade nach Jerusalem; Davids Kriege und vor allem Siege.

Das 1. Buch Samuel

Auch bei der Zeugung Samuels hatte der Herr mitgeholfen (1. Sam 1). Samuel wuchs in Schilo auf, wo nach biblischer Lesart der Tempel mit der Bundeslade stand, und wurde ein Richter und Prophet. Erzählt wird von einer Niederlage im Kampf gegen die Philister, bei der diese auch die Bundeslade erbeuteten. Sofort lassen die jüdischen Bibelschreiber den „Gott Israels" in allen Städten der Philister, in die die Bundeslade verbracht worden war, die Pest ausbrechen. Mit Gottes Hilfe – und nachdem Samuel die Israeliten wieder von den „Baalen und Astarten" abgebracht hatte – siegten die Israeliten erwartungsgemäß. Schließlich verlangte das Volk vom schon betagten Samuel, er möge einen König einsetzen. Obwohl Samuel skeptisch war und vor den Nachteilen eines Königtums warnte und auch Gott das alles nicht wirklich gut fand (mit dem Hinweis, dass er selbst ja der König sei), gab Samuel mit Gottes Einverständnis letztlich doch nach.

Bald wurde er – mit Gottes Einflüsterung – fündig. Der junge Saul, schön und groß, ein Sohn von Kisch, einem Benjaminiten, besuchte auf der Suche nach entlaufenen Eseln den alten Samuel. Der wusste natürlich über eine Offenbarung Gottes von Sauls Bestimmung (1. Sam 9). Saul wurde schließlich, nach Losentscheid, von den Stämmen Israels als König eingesetzt (1. Sam 10). Und schon bald besiegte er in einer Schlacht die Ammoniter und später auch die Philister. Darüber hinaus gewann er Kriege gegen Moab, Edom, Zoba und Amalek (1. Sam 14,47; 15). Aber Saul war dem Herrn zu eigensinnig. Wieder einmal war Jahwe nicht vorausschauend genug, und es reute ihn, Saul zum König über Israel gemacht zu haben. Samuel war es, der diese Botschaften Saul übermittelte (1. Sam 15). Der Herr hatte schon einen Favoriten als Nachfolger: David, den jüngsten Sohn des Isai, der in Bethlehem lebte (1. Sam 16). Wieder setzte der Herr Samuel als Königsmacher ein. David war gerade auf dem Feld, Schafe hüten, als Samuel in Bethlehem eintraf. *„Da schickte er (Isai) aus und ließ ihn (David) holen. Er war blond, hatte schöne Augen und eine prächtige Gestalt. Da sagte der Herr: Auf! Salbe ihn; denn er ist es!"* (1. Sam 16,12)

David wurde vom zwischenzeitlich depressiv gewordenen Saul gerufen, um ihn mit seinem Harfenspiel zu erheitern. Legendär ist der Kampf Davids gegen Goliath, als sich wieder einmal Israeliten und Philister gegenüberstanden. David besiegte Goliath mit einer Steinschleuder und schlug ihm den Kopf ab. (1. Sam 17). Saul war nun eifersüchtig auf David, dem ob seines Erfolgs die Herzen vor allem der Frauen zuflogen, und er versuchte, ihn mit einem Speer zu töten. David wich ihm aber geschickt aus.

Zwischenzeitlich Hauptmann, hatte David weiter militärischen Erfolg. Saul versprach ihm seine Tochter Michal zur Frau, ließ ihm aber listig ausrichten: *„Der König fordert keinen anderen Brautpreis als die Vorhäute von 100 Philistern, um an den Feinden des Königs Rache zu nehmen. Dabei dachte Saul, David in die Hand der Philister fallen zu lassen. Als nun seine Hofleute David diese Worte mitteilten, war er damit einverstanden, des Königs Schwiegersohn zu werden. Bevor die Frist abgelaufen war, machte sich David auf den Weg, rückte mit seinen Leuten aus und erschlug 200 Philister. David brachte ihre Vorhäute und legte sie vollzählig dem König vor, um sein Schwiegersohn zu werden"* (1. Sam 18,25–27). Erneut versucht Saul David mit einer Lanze zu töten, weil er auf dessen Erfolge eifersüchtig ist. David flieht, aber Saul lässt ihn verfolgen. Alle, die David auf seiner Flucht unterstützten, auch Priester, lässt Saul töten. *„Auch die Priesterstadt Nob schlug er mit der Schärfe des Schwertes, Männer und Frauen, Kinder und Säuglinge, Rinder, Esel und Schafe"* (1. Sam 22,19). Das 1. Buch Samuel endet mit dem Tod Sauls: Er stürzt sich bei einem Kampf gegen die Philister, als er realisiert, dass eine Niederlage nicht mehr abzuwenden ist, in sein eigenes Schwert.

Das 2. Buch Samuel

Nachdem David vom Tod Sauls erfahren hatte, zog er nach Rücksprache mit Gott mit seinem Tross nach Hebron. Dort wurde er zum König von Juda gesalbt. Für das nördliche Israel wurde hingegen Ischbaal, ein Sohn Sauls, als König eingesetzt. Es kam zum Krieg zwischen Israel („Haus Sauls") und Juda („Haus Davids"). *„Dabei wurde David immer mächtiger, das Haus Saul aber immer schwächer"* (2. Sam 3,1), so berichtet die Bibel. Nachdem Ischbaal ermordet worden war, wurde David König von ganz Israel. Er eroberte Jerusalem und ließ sich in der Burg Zion nieder (2. Sam 5,9). Wie zu erwarten, schlug David alle Nachbarvölker und unterwarf sie, ob es nun Philister, Moabiter, Aramäer, Ammoniter, Edom oder das Königreich Zoba waren. Und immer wieder der Hinweis auf hohe Opferzahlen der Feinde: zunächst 22.000 Aramäer, dann noch einmal 40.000, ebenso 18.000 Opfer in Edom etc.

Allerdings huldigte David der Vielweiberei. Im 2. Buch Samuel Abschnitt 3 werden bereits sechs Frauen genannt, von denen er Söhne hatte. Das hinderte ihn nicht, weiter nach den Schönen des Landes Ausschau zu halten – wobei er vor nichts zurückschreckte: „*Eines Abends erhob sich David von seinem Lager und ging auf dem Dach seines Königspalastes spazieren. Dabei sah er vom Dach aus eine Frau, die badete. Die Frau aber war ausnehmend schön. David sandte jemand hin, um sich nach der Frau zu erkundigen. Man berichtete ihm, das ist Batseba, ... die Frau des Urija. Darauf schickte David Boten hin, um sie zu holen. Sie kam zu ihm und er schlief mit ihr ...*" (2. Sam 11,2-4). Um ihren Ehemann, der Soldat war, loszuwerden, schrieb David an Joab, seinen Heerführer: „*Stellt den Urija in den heftigsten Kampf vorn hin. Dann zieht euch hinter ihm zurück, damit er getroffen wird und den Tod findet*" (2. Sam 11,15). Das klappte, und David nahm Batseba zu sich in den Königspalast, wo sie ihm einen Sohn gebar (2. Sam 11,27). Immerhin „missfiel" das dem Herrn. Eigenartig nur, dass er als Strafe nicht David, sondern dessen neugeborenen Sohn sterben ließ. „*Dann tröstete David seine Frau Batseba. Er ging zu ihr und schlief mit ihr. Sie empfing und gebar einen Sohn; und sie gab ihm den Namen Salomo*" (2. Sam 12,24).

Damit der üblen Sex-and-Crime-Geschichten noch nicht genug: „*Abschalom, der Sohn Davids, hatte eine schöne Schwester namens Tamar. Amnon, der Sohn Davids, verliebte sich in sie. Amnon quälte sich wegen seiner Schwester Tamar so ab, dass er sich krank fühlte; sie war nämlich Jungfrau, und so schien es Amnon unmöglich, ihr etwas anzutun*" (2. Sam 13,1-2). Das tat er dann doch, er vergewaltigte sie und warf sie anschließend aus dem Haus (2. Sam 13,14). „*Als König David all diese Dinge erfuhr, wurde er sehr zornig. Er tat aber seinem Sohn Amnon nichts zuleide; denn er liebte ihn, weil er sein Erstgeborener war*" (2. Sam 13,21). Das erledigte Abschalom, der seinen Halbbruder Amnon töten ließ (2. Sam 13,23ff). David fand sich aber auch damit ab und verzieh ihm bald.

Gegen Ende des 2. Buchs Samuel wird noch eine von David initiierte Volkszählung erwähnt. „*Joab meldete dem König das Ergebnis der Volkszählung: Israeliten waren es 800.000 wehrfähige, zum Schwert taugliche Männer, Judäer aber 500.000 Mann*" (2. Sam 24,9). Wieder einmal, wie gewohnt, völlig absurde Zahlen.

B) Kritische Anmerkungen

Die Geschichten über die Großkönige Saul, David und Salomon sind weitere Erfindungen der jüdischen Bibelverfasser. Aus Stammesführern wurden „Könige", aus kaum landkreisgroßen Gebilden ein jüdisches Großreich, aus Hütten Paläste. Für Saul konstatieren die Archäologen Finkelstein und Silberman, sein Wirken sei auf das nördliche Bergland westlich des Jordans und auf Gilead östlich des Jordans (im Nordreich gelegen, etwa 150 Kilometer nördlich von Jerusalem) beschränkt gewesen. Im Bergland lebten zur Zeit der „Großkönige" Saul, David und Salomo gemäß archäologischen Befunden insgesamt etwa 45.000 Menschen, davon etwa 40.000 im Norden und lediglich 5.000 Menschen im dünn besiedelten Juda (mit Jerusalem, Hebron und zwanzig noch kleineren Dörfern). „Jerusalem selbst dürfte im besten Fall kaum mehr als ein typisches Dorf im Bergland gewesen sein."[113]

David war wohl ein Stammesführer in Juda. Viele Wissenschaftler betrachten die ganze hierzu berichtete Geschichte als „Propagandaschrift zur Legitimation und Verherrlichung der davidischen Dynastie oder als Heldensage ohne historischen Wert". Eine „gemeinsame israelitische Identität" gab es ohnehin noch nicht.[114] Eine volle „Eigenstaatlichkeit" für Juda/Jerusalem lässt sich erst 250 Jahre nach der behaupteten Zeit Sauls/Davids/Salomos nachweisen, also etwa ab 700 v. Chr.[115]

Die Bücher Könige 1 und 2

Davids Tod, Salomo wird zum König gesalbt; Bau des Tempels und des Königspalastes; Besuch der Königin von Saba; Salomos Reichtum; Salomos Tod; Abfall der zehn Stämme des Nordreichs unter Jerobeam; Geschichte der Teilstaaten Israel und Juda, vor allem ihrer ständigen Auseinandersetzungen; Wunder des Propheten Elisa im Nordreich Israel; Eroberung des Nordreichs Israel durch die Assyrer 722 v. Chr.; erfolglose Belagerung Jerusalems durch die Assyrer; Übernahme Jerusalems durch die Babylonier unter Nebukadnezar; Zerstörung des Tempels (587 v. Chr.) und Wegführung der jüdischen Führungselite nach Babylon (babylonisches Exil).

Zeit Davids und Salomo

A) Darstellung im Alten Testament

David hatte, bevor er hochbetagt starb, Salomo zu seinem Nachfolger bestimmt, einen Sohn aus seiner Beziehung zu Batseba. Dies ging jedoch nicht ganz reibungslos über die Bühne, denn ein anderer Sohn, Adonija, wollte das Königtum an sich reißen. Durch Fürsprache des Propheten Natan fiel die Wahl schließlich doch auf Salomo, der denn auch gleich seinen Halbbruder Adonija sowie dessen Unterstützer und ehemaligen Heerführer Davids, seinen Cousin Joab, ermorden ließ. Salomo heiratete eine Tochter des Pharao. Er baute sich einen Palast und den Tempel und vollendete die Stadtmauer Jerusalems.

Als ihm Gott im Traum erschien, kam es, so wollen uns die Bibelschreiber glauben machen, zu folgendem Gespräch: *„Herr, mein Gott ... dein Knecht steht mitten in deinem Volk, das du erwählt hast, einem so großen Volk, das man wegen seiner Menge nicht zählen kann. Gib also deinem Knecht ein hörendes Herz, damit es zu unterscheiden weiß zwischen Gut und Böse. Wer könnte sonst dein so zahlreiches Volk* *regieren? Es gefiel dem Herrn, das Salomo eine solche Bitte ausgesprochen hatte. Darum sprach der Herr zu ihm: ... Siehe, ich will dir ein so weises und verständiges Herz geben, dass niemand vor dir war und niemand kommen wird, der dir gleicht. Aber auch das, worum du nicht gebeten hast, will ich dir geben, sowohl Reichtum als Ehre, sodass keiner unter den Königen dir gleichen soll"* (1. Kön 3,7–13).

Es folgt das berühmte „salomonische Urteil", das bei vielen das Bild von diesem biblischen König prägt: Zwei Frauen stritten sich um ein Baby, einen Jungen, und jede behauptete, sie sei die leibliche Mutter. *„Nun sprach der König: Teilt das lebende Kind in zwei Hälften und gebt der einen die eine Hälfte und der anderen die andere Hälfte. Da sagte die Frau, der das lebende Kind gehörte – denn in ihr entflammte die Liebe zu ihrem Sohn –, zum König: Ach, mein Herr, gebt ihr das Kind und tötet es nicht! Die andere dagegen rief: Es soll weder mein noch dein sein, zerteil es! Da nahm der König das Wort und sagte: gebt jener das Kind und tötet es nicht! Sie ist seine Mutter!"* (1. Kön 3,25–27) Mit solchen Aktionen wurde Salomo zum Superstar: *„Er war weiser als alle Menschen ... Sein Name drang zu allen ringsum. Er dichtete 3000 Sprüche und die Zahl seiner Lieder betrug 1005. Er redete über die Bäume, von der Zeder auf dem Libanon bis zum Ysop, der an der Mauer emporwächst; er redete über die Vierfüßler und die Vögel, über die Kriechtiere und die Fische. Von allen Völkern kam man herbei, um die Weisheit Salomos zu hören. Abgesandte von allen Königen der Erde, die von seiner Weisheit gehört hatten"* (1. Kön 5, 11–14).

Dann baute Salomo den berühmten Tempel (1. Kön 5; 6). Eine Reihe von Angaben soll dessen Bedeutung deutlich machen: 30.000 Fronarbeiter, 70.000 Lastträger, 80.000 Steinhauer und 3.300 Aufsichtsführer wurden eingesetzt. Sieben Jahre baute man daran. Zedern- und Zypressenstämme kamen aus dem Libanon. Der König ließ große, mächtige und kostbare Steine ausbrechen, um mit Quadersteinen das Fundament des Hauses zu legen. Der Tempel war 60 Ellen lang, 20 Ellen breit und 25 Ellen hoch. Den ganzen Tempel überzog Salomo vollständig mit Gold, sogar den Fußboden ließ er innen und außen mit Gold belegen.

Die nächste Baustelle war Salomos Palast (1. Kön 7). Auch hier wurde geklotzt, nicht gekleckert: Es gab ein „Libanonwaldhaus", eine Säulenhalle, eine Thron- bzw. Gerichtshalle, Salomos eigenen Palast, den Palast für die Tochter des Pharaos, die er geheiratet hatte. An seinem Palast baute Salomo 13 Jahre lang. *„Alle diese Bauten waren aus prachtvollen Steinen errichtet ... Als Fundament dienten schwere Steine, gewaltige Steine, Blöcke von 10 Ellen und Blöcke von 8 Ellen ..."* (1. Kön 7,9–10). Die Rede ist von bronzenen Säulen, umfangreichen Ausstattungen und Verzierungen mit Tierfiguren, Granatäpfeln etc.

Bald gab es exotischen Besuch, denn *„die Königin von Saba hörte vom Ruf Salomos und kam, um ihn mit Rätselfragen auf die Probe zu stellen"* (1. Kön 10,1). Natürlich blieb kein Rätsel ungelöst, und die Königin fuhr schwer beeindruckt und nachdem sie ihn reichlich mit Gold, Balsam und Edelsteinen beschenkt hatte, wieder von dannen. Von einem Techtelmechtel, wie man es wohl erwartet hätte, wird nichts berichtet. Hingegen ergötzen sich die Bibelschreiber immer wieder an dem Reichtum Salomos. Einige Auszüge: *„Das Gewicht des Goldes, das für Salomo in einem einzigen Jahr einging, betrug 666 Goldtalente"* – das entspricht umgerechnet etwa 25 Tonnen Gold! –, *„abgesehen von dem, was einging als Abgaben der Karawanen, aus dem Handel der Kaufleute und von all den fremden Königen sowie von den Statthaltern des Landes ... Dann ließ der König einen großen Thron aus Elfenbein anfertigen und mit Feingold überziehen. Alle Trinkgefäße des Königs waren aus Gold ... Alle drei Jahre einmal kam die Tarschischflotte zurück und brachte Gold, Silber, Elfenbein, Affen und Pfauen. So überragte König Salomo alle Könige der Erde an Reichtum und Weisheit"* (1 Kön 10,14–23).

Seinen Status und seinen von den Bibelschreibern angeprangerten Lebenswandel soll vermutlich auch die Zahl der ihm angedichteten Frauen und Nebenfrauen bezeugen. 1. Könige 11 führt dazu aus: *„König Salomo liebte neben der Tochter des Pharao noch zahlreiche ausländi-*

sche Frauen, und zwar Moabiterinnen, Ammoniterinnen, Edomiterinnen, Sidonirinnen und Hetiterinnen, also Frauen aus den Völkern, von denen der Herr der Israeliten gesagt hatte: Ihr sollt euch nicht mit ihnen einlassen und sie sollen sich nicht mit euch einlassen; sonst werden sie gewiss euere Herzen verführen, sodass ihr ihren Göttern nachlauft. An diesen hing Salomo mit Liebe. Er besaß 700 fürstliche Frauen und 300 Nebenfrauen ... Salomo wurde alt und seine Frauen wandten sein Herz anderen Göttern zu. Sein Herz war nicht mehr ungeteilt dem Herrn, seinem Gott ergeben wie das Herz seines Vaters David. So lief Salomo Astarte, der Göttin der Sidonier nach, ebenso Milkom, dem Scheusal der Ammoniter" (1. Kön 11,1–5). Der weitere Ablauf folgt dem bewährten Muster: Der Herr wird zornig und droht Salomo, ihm das Königtum zu entreißen und es seinem Knecht zu geben. Er ergänzt aber: *„Doch zu deinen Lebzeiten will ich es wegen deines Vaters David noch nicht tun; aber deinem Sohn werde ich es aus der Hand reißen. Doch nicht das ganze Königreich will ich losreißen, einen einzigen Stamm will ich deinem Sohn geben wegen meines Dieners David und wegen Jerusalem, das ich erwählt habe"* (1. Kön 11,12–13). Salomo musste sich zwar bis zu seinem Tod mit äußeren und inneren Feinden auseinandersetzen, aber er herrschte laut Bibel über ein großes Reich: *„Salomo war Herrscher über alle Reiche vom Eufrat bis zum Land der Philister und bis an die Grenze Ägyptens. Sie entrichteten Abgaben und waren Salomo untertan, solange er lebte"* (1. Kön 5,1).

B) Kritische Anmerkungen zum Buch der Könige der Zeit Davids und Salomo

Alles intensive archäologische Buddeln hat bislang gezeigt, dass die glanzvollen Paläste Salomos, der ganze Reichtum, ja selbst der Tempel allein dem Wunschdenken jüdischer Bibelschreiber der nachbabylonischen Zeit entsprungen sind. Nichts stimmt. Jerusalem war in der Zeit Davids und Salomos (10. Jh. v. Chr.) ein Kaff mit vielleicht 200 Einwohnern, „ein armseliges Bergdorf ... ohne Monumentalbauten irgendwelcher Art", umgeben von einem dünn besiedelten Bergland. Das ganze Land Juda war „ein marginaler, isolierter Stammesverband".[116] Die Geschichte von Salomo gilt daher dem Schweizer Alttestamentler Othmar Keel als eine „Idealzeit ohne historischen Kern". Die Bibelforscher Niels Peter Lemche und Thomas Thompson von der Universität Kopenhagen, die als Minimalisten bezeichnet werden, sind der Ansicht, dass die gesamte biblische Darstellung der Geschichte Israels einschließlich jener der vereinten Monarchie unter David und Salomo nicht mehr ist als eine aufwendige, geschickte ideologische Konstruktion, produziert von Priesterkreisen in Jerusalem in der Zeit nach dem Exil oder sogar in hellenistischer Zeit.

Finkelstein und Silberman räumen ein, „sowohl von einem rein literarhistorischen als auch von einem archäologischen Standpunkt aus spricht einiges für diese Auffassung." Aufgrund von Fundstücken sind sie zwar der Meinung, es bestehe kaum ein Grund dafür, die Historizität Davids und Salomos anzuzweifeln, aber sie sehen „keine Belege für Davids Eroberungen oder sein Reich", und bei Salomo gebe es „keine Anzeichen einer monumentalen Architektur oder für Jerusalem als wichtige Stadt". Sie schließen daraus, dass „David und Salomo aus politischer Sicht kaum mehr als Stammesoberhäupter mit einer ziemlich kleinen, lokal beschränkten Verwaltung im Bergland waren."[117] Juda war „auch noch nach der vorgeblichen Zeit Davids und Salomos relativ frei von einer dauerhaften Bevölkerung, isoliert und randständig, ohne größere städtische Zentren und ohne ausgeprägte Hierarchie von Weilern, Dörfern und Städten." „David und sein Sohn Salomo sowie die späteren Mitglieder der davidischen Dynastie herrschten über eine isolierte, ländliche Region am Rand, in der es weder großen Reichtum noch eine zentralisierte Verwaltung gab. Auch erlebte es keinen plötzlichen Niedergang mit Schwäche und Unglück nach einer Zeit des beispiellosen Reichtums. Vielmehr machte es über Hunderte von Jahren eine lange, allmähliche Entwicklung durch."[118] Und „trotz der lange aufrechterhaltenen Behauptung, am reichen salomonischen Hof habe es eine Blüte der Literatur, des religiösen Denkens und der Geschichtsschreibung gegeben, fehlen jegliche Hinweise auf eine weit verbreitete Fähigkeit zu lesen und zu schreiben in Juda zur Zeit der geteilten Monarchie. Nicht eine einzige Spur einer angeblichen literarischen Tätigkeit in Juda im 10. Jahrhundert v. Chr. wurde entdeckt."[119] Davon abgesehen entsprechen auch die geschilderten Gepflogenheiten Davids und Salomos im Umgang mit Frauen und ihre Vielweiberei kaum unseren Vorstellungen vom Zusammenleben und von einer auch nur ansatzweisen Gleichberechtigung von Mann und Frau.

Nachsalomonische Zeit

A) Darstellung im Alten Testament

Israel (Nordreich) und Juda (Südreich)

Nach biblischer Darstellung (1. Kön 12ff.) zerfiel nach Salomos Tod das Reich Israel in das Nordreich Israel mit der Hauptstadt Sichem und das viel kleinere Südreich mit dem Stamm Juda und der Hauptstadt Jerusalem (Haus David). Von „Reichen" zu sprechen ist aber vor allem hinsichtlich des „Südreichs Juda" aufgrund seiner geringen Größe und Einwohnerzahl (etwa 5.000) ziemlich übertrieben. Bleiben wir aber der Einfachheit halber dabei.

König des Südreiches Juda wird Rehabeam, der Sohn Salomos, König des Nordreiches Israel wird Jerobeam. Erwähnenswert ist ein Text in 1. Könige 13, auf den im Neuen Testament Bezug genommen wird. Als Jerobeam begann, in Abgrenzung zum Südreich anderen Göttern zu opfern und auch die Riten zu ändern, *„da kam ein Gottesmann im Auftrag des Herrn von Juda nach Bet-El, während Jerobeam gerade am Altar stand, um zu opfern. Er rief im Auftrag des Herrn zum Altar hin diese Worte: Altar, Altar! So spricht der Herr: Dem Haus David wird ein Sohn geboren werden, Joschija ist sein Name, der wird die Priester der Kulthöhe, die auf dir opfern, hinschlach-*

ten ..." (1. Kön 13,1–2). Diese Szene wird gerne als die Voraussage für das Kommen Jesu gedeutet.

Auch mit Rehabeam als König von Juda hatte der Herr kein so rechtes Glück, denn selbst die Judäer wandten sich fremden Göttern zu. Es setzte der bekannte alttestamentliche Ablauf ein: Gott wird wütend und bestraft mit verlorenen Kriegen, vorzeitigem Sterbenlassen der Königskinder, Raub der Schätze aus Tempel und Königspalast in Jerusalem durch die Ägypter etc. Und dauernd gibt es Kriege zwischen Nord- und Südreich (1. Kön 14,30 u. a.). Hintergrund ist, wie schon beschrieben, dass Nordreich und Südreich wirtschaftlich und von der Größe her sehr unterschiedlich sind. Das Südreich, mit Jerusalem als Hauptstadt, ist klein, karg, trocken – kurz gesagt arm. Das Nordreich scheint hingegen klar im Vorteil: groß, mit fruchtbaren Böden, Wasser (Jordan, See Genezareth) und an der Schnittstelle von Handelswegen liegend. Sicherlich auch mit liberalerem Lebensstil und wohl toleranter gegenüber Fremden und deren Religionen. Wenig überraschend ist es da, dass die streng religiösen jüdischen Bibelschreiber im abgeschlosseneren Jerusalem eifersüchtig und missgünstig Richtung Norden schauen und den Menschen dort, vor allem den Königen, die Pest an den Hals wünschen. Man muss das wissen, wenn gegen Ende des 1. Buchs der Könige von dem Wirken des Propheten Elias (Elija) berichtet wird; vor allem in seiner Person spiegelt sich das Denken der Bibelschreiber.

Elias prophezeit im Auftrag Gottes Ahab, dem König des Nordreichs Israel, der Baal verehrt und sich eine Nichtjüdin zur Frau genommen hat (1. Kön 16,30–33), eine große Dürre (*„es soll in diesen Jahren weder Tau noch Regen fallen"*; 1. Kön 17,1). Danach verbirgt sich Elias an einem Bach und wird von Raben mit Brot und Fleisch versorgt. Als der Bach aufgrund des Regenmangels austrocknet, findet er Unterschlupf bei einer Witwe. Deren Vorräte an Mehl und Öl werden nun auf wundersame Weise immer wieder aufgestockt – eine Vorläufervariante der „wunderbaren Brotvermehrung" im Neuen Testament. Und damit nicht genug: Als der Sohn der Witwe stirbt, erweckt Elias ihn – mit Gottes Hilfe – wieder zum Leben. Schließlich kommt es zu einem ganz besonderen Wettbewerb um den richtigen Gott: Auf Anregung von Elias opfern auf dem Berg Karmel sowohl die Propheten Baals als auch er einen Stier als Brandopfer. Das Feuer soll – als Himmelszeichen – von Gott kommen. Wie zu erwarten, wird nur der Opferstier von Elias von Gott in Brand gesetzt, nicht jedoch der Opferstier der Baal-Priester. Das Volk bekennt sich daraufhin sofort zu Elias' Gott. Mit den 450 Baal-Priestern macht Elias, der fromme Prophet, kurzen Prozess: Er lässt alle ermorden.

Das zweite Buch der Könige

„*Nach Ahabs Tod fiel Moab von Israel ab. Ahasja, der Sohn Ahabs, stürzte in Samaria durch das Gitter seines Obergemachs und war krank.*" So beginnt das 2. Buch der Könige. Elias weissagt Ahasja den nahen Tod. Dieser will Elias gefangen nehmen und schickt einen Hauptmann mit 50 Mann, aber der Prophet lässt Feuer regnen, in dem die Männer umkommen. Als Elias und sein Nachfolger Elischa – nach bekanntem Vorbild – später trockenen Fußes den Jordan durchquert hatten und miteinander sprachen, „*kam ein feuriger Wagen mit feurigen Pferden und trennte die beiden voneinander. Elias fuhr im Sturmwind zum Himmel empor*" (2. Kön 2,11).

Auch sein Nachfolger Elischa bewirkt mehrere Wunder. Es gelingt ihm ebenfalls, den Jordan zu teilen, um ohne feuchte Füße wieder zurückgehen zu können. Elischa reinigt eine verseuchte Wasserquelle und versorgt die vereinigten Heere Israels, Judas und Edoms im Kampf gegen die Moabiter mit Wasser; zudem rettet er eine mittellose Witwe durch eine wunderbare Öl-Vermehrung und erweckt den toten Sohn einer Schunemiterin wieder zum Leben. Auch sorgt er während einer Hungersnot für eine wunderbare Brotvermehrung und heilt den aussätzigen Heerführer Naaman. All dies sind Blaupausen für die Wundererzählungen der Evangelisten zur Vergöttlichung Jesu. Spaß verstand Elischa allerdings keinen: „*Als er den Weg (nach Bet-El) hinaufstieg, kamen Knaben aus der Stadt heraus; die verspotteten ihn und riefen: Komm herauf, Glatzkopf! Komm herauf, Glatzkopf! Er aber wandte sich um, schaute sie an und verfluchte sie im Namen des Herrn. Da kamen zwei Bären aus dem Wald und zerrissen 42 von den Knaben. Er aber ging von dort zum Berg Karmel und kehrte dann nach Samaria zurück"* (2. Kön 2,23–25). Bleibt anzumerken, dass die christlichen Kirchen Elischa am 14. Juni als Heiligen verehren.

Wechselweise wird weiter von den Königen von Nord- und Südreich berichtet – und von ihren ständigen Auseinandersetzungen. Besonders grausam waren die Kämpfe, Abschlachtungen, Blutbäder auch innerhalb des Nordreichs, so etwa das Vorgehen gegen die Anhänger Baals und anderer Götter (2. Kön 10,25–27). Hier tat sich vor allem der von Elischa geförderte Jehu hervor, den er, bisher nur ein Oberst, zum König salben ließ. Jehu machte kurzen Prozess mit seinem Vorgänger (Pfeilschuss) und schlachtete dessen Nachkommen („Haus Ahab") ab (2. Kön 10,7–11). Dem Herrn jedenfalls hat der Blutrausch Jehus gut gefallen: *„Der Herr sprach zu Jehu: Weil du eifrig durchgeführt hast, was recht ist in meinen Augen, und ganz nach meinem Sinn am Haus Ahab gehandelt hast, sollen deine Nachkommen bis ins vierte Glied auf dem Thron Israels sitzen"* (2. Kön 10,30). Intention der Bibelschreiber ist aber vor allem, den Untergang des Nordreichs, das 732 v. Chr. von den Assyrern besetzt wird und 722 v. Chr. seine Selbstständigkeit gänzlich verliert, als eine Strafe Gottes darzustellen: *„Das geschah, weil die Söhne Israels gegen den Herrn ... gesündigt und fremde Götter verehrt hatten ..."* (2. Kön 17,5–12).

Erzählt wird in 2. Könige 18 von Hiskija als dem König von Juda. Seine Mutter war eine Tochter Sacharjas. *„Er tat, was dem Herrn gefiel ... Er war es, der die Kulthöhen abschaffte, die Steinmale zertrümmerte, die Kultpfähle umhieb ..."* (2. Kön 8,5–6). Natürlich hatte er dann auch militärische Erfolge gegen den König von Assur und gegen die Philister. Im Kampf gegen den Ersteren gewährte Jahwe wie schon so häufig göttliche Hilfe, nicht zuletzt infolge der Fürsprache des Propheten Jesaja: *„In jener Nacht zog der Engel des Herrn aus und erschlug im Lager der Assyrer 185.000 Mann. Als man am Morgen aufstand, waren sie allesamt Leichen. Da brach Sanherib, der König von Assur, auf und zog ab. Er kehrte nach Ninive zurück und blieb dort. Als er eines Tages im Tempel seines Gottes Nisroch betete, erschlugen ihn seine Söhne,..."* (2. Kön 19,35–37).

Nach Hiskijas Tod folgten sein Sohn Manasse und später dessen Sohn Amon als Könige von Juda. Manasse *„tat, was dem Herrn missfiel ... baute die Kulthöhen wieder auf ..., errichtete dem Baal Altäre ..., betete das ganze Himmelsheer an und diente ihm. Selbst im Haus des Herrn baute er Altäre ..."* (2. Kön 21,2–4). Sein Sohn Amon war in den Augen des Herrn respektive der Bibelschreiber nicht besser; er wird denn auch bald von seinen Dienern umgebracht. Sein Sohn Joschija, der ihm als Achtjähriger als König folgte, war hingegen wieder gottesfürchtig. Er befahl, *„aus dem Tempel des Herrn alle Geräte, die für den Baal, die Aschera und das ganze Himmelsheer angefertigt worden waren, hinauszuschaffen; er ließ sie außerhalb Jerusalems auf den Feldern am Kidron verbrennen ..."* (2. Kön 23,4). Die in 2. Könige 23 geschilderte Aufzählung dessen, was Joschija an Baulichkeiten, Einrichtungen und Gegenständen, die dem Baal und anderen Göttern gewidmet waren, zerstören ließ, zeigt das große Ausmaß der Verehrung von Baal & Co. In gleicher Weise verfuhr Joschija mit den Baal-Heiligtümern in Bet-El und den Städten Samarias bzw. des Nordreichs. Es half aber alles nichts: *„Doch der Herr ließ nicht ab von der gewaltigen Glut seines Zornes, die nun einmal gegen Juda entbrannt war wegen all der Ärgernisse, womit ihn Manasse erzürnt hatte. Denn der Herr hatte beschlossen: Auch Juda will ich verstoßen von meinem Angesicht, wie ich Israel verstoßen habe: ich will diese Stadt, die ich erwählt habe, verwerfen, Jerusalem mit dem Tempel, von dem ich erklärt habe: Mein Name soll dort dauernd wohnen"* (2. Kön 23,26–27). Entsprechend ging es auch mit Joschija zu Ende: *„Zu seiner Zeit zog der Pharao Necho ... gegen den König von Assur an den Eufrat. König Joschija stellte sich ihm entgegen, aber der Pharao tötete ihn bei*

Megiddo" (2. Kön 23,29). Schließlich kam es zu der Eroberung Jerusalems durch Nebukadnezar und dem Beginn des babylonischen Exils: *"Er führte von ganz Jerusalem alle Vornehmen und kriegstüchtigen Männer fort, zehntausend Gefangene, überdies alle Schmiede und Schlosser; nichts blieb übrig als das geringe Volk des Landes ..."* (2. Kön 24,14).

B) Kritische Anmerkungen zum Buch der Könige – nachsalomonische Zeit

Die in den Königsbüchern geschilderten Auseinandersetzungen zwischen dem ständig als götzenanbeterisch gebrandmarkten Nordreich Israel und dem „frommeren" Südreich Juda entsprechen nicht dem historischen Geschehen.[120] „Die Verfasser der Bibel beurteilten jeden einzelnen (König des Nordreichs) negativ."[121] Im Übrigen dürfte das Nordreich Israel von den Assyrern eingenommen worden sein, weil es reich war, nicht, weil es nicht „fromm" war. Die biblische Darstellung enthält Finkelstein und Silberman zufolge so viele Ungereimtheiten und Anachronismen, dass sie offensichtlich von der Theologie der Verfasser im 7. Jahrhundert v. Chr. beeinflusst ist. Die beiden Archäologen betrachten sie daher auch eher als einen historischen Roman.

Die Bücher der Chronik 1 und 2

> Abstammungslinien; nochmalige Darstellung der Geschichte Israels bis zur Erlaubnis des Perserkönigs Kyros II. (Kyros-Edikt) nach Ende des babylonischen Exils zum Wiederaufbau des Jerusalemer Tempels (538 v. Chr.).

Die beiden Bücher der Chronik werden häufig zusammen mit den Büchern Esra und Nehemia als das sogenannte Chronistische Geschichtswerk bezeichnet. Sie sind wahrscheinlich im 4. Jahrhundert v. Chr. entstanden. Die Lektüre lohnt nicht, handelt es sich doch um ein nochmaliges Wiederkäuen der alten (unwahren) Geschichten, vor allem zu David, Salomo und zum Tempelbau. Von der Verwendung der „Chroniken" wird daher auch eher abgeraten: „Ihre historische Perspektive ist stark zugunsten der historischen und politischen Ansprüche der davidischen Dynastie und Jerusalems gefärbt; den Norden übergehen sie beinahe völlig. In vielerlei Hinsicht spiegeln die Bücher der Chronik Ideologie und Bedürfnisse des zweiten Jerusalemer Tempels und gestalten größtenteils eine historische Erzählung neu, die bereits in schriftlicher Form vorlag."[122]

Die Bücher Esra und Nehemia

> Rückkehr der jüdischen Oberschicht aus dem babylonischen Exil; Konflikte der Rückkehrer, darunter Esra und Nehemia, mit der in Jerusalem verbliebenen Bevölkerung; Bau des Tempels und Befestigung der Stadtmauern. Esra ist Priester und Schriftgelehrter, der als Nachkomme des 1. Hohepriesters Aaron gilt und „das Gesetz", die Thora, mitbringt.

Das *Buch Esra* bildet zusammen mit dem Buch Nehemia eine Einheit. Inhaltliche Schwerpunkte des Buches Esra sind unter anderem die Erlaubnis zur Rückkehr der Juden aus dem babylonischen Exil durch den persischen König Kyros II. (539 v. Chr.) und die Rückgabe der Tempelgeräte („Kyros-Edikt"): *„So bestimmt Kyros, der König von Persien: Alle Reiche der Erde hat der Herr, der Gott des Himmels, mir gegeben. Er hat mich beauftragt, ihm ein Haus in Jerusalem zu bauen, das in Juda liegt. Wer immer von euch aus seinem ganzen Volk stammt ... ziehe nach Jerusalem hinauf ... und baue das Haus des Herrn, des Gottes Israel ..."* (Esra 1,2–3).

Glaubt man dem Buch Jeremia, mussten insgesamt 4.600 Menschen ins babylonische Exil ziehen (Jer 52,28–30). Das dürfte ab 597 v. Chr. begonnen haben. Das Buch Esra Kapitel 1 berichtet von knapp 50.000 Heimkehrern nach Israel. Die Rückkehr hat vermutlich ab 539 v. Chr. eingesetzt – also 60, vielleicht auch 70 Jahre nach Beginn des Exils. Angesichts der schon häufig festgestellten Übertreibungen der Bibelschreiber ist freilich auch bei dieser Zahlenangabe Skepsis geboten. Manche Wissenschaftler vermuten sogar, dass in den ersten Jahren nach dem Krieg der Perser Heimkehrer nur sporadisch in Judäa ankamen. In Esra 3ff. wird vom Beginn des Tempelbaus berichtet. Es ist jedoch zu vermuten, dass mit den Tempelarbeiten nicht – wie von den Bibelschreibern suggeriert – unmittelbar nach dem babylonischen Exil, sondern eher ein Jahrhundert später begonnen wurde.

Gemäß Esra 9–10 geriet Esra völlig außer sich, als ihm berichtet wurde, dass sich die Israeliten mit anderen Völkern vermischt hatten (Esra 9–10): *„Das Volk Israel und die Priester und Leviten haben sich nicht abgesondert von den Völkern der Länder, die in ihren Gräueln versunken sind, von den Kanaanitern, Hetitern, Perisitern, Jebusitern, Ammonitern, Moabitern, Ägyptern und Amoritern. Sie haben sich und ihren Söhnen von deren Töchtern Frauen genommen, sodass der heilige Same sich mit den Völkern der Länder vermischt hat. Bei diesem Treuebruch waren die Obersten und Vorsteher die Ersten. Als ich dies vernahm, zerriss ich mein Gewand und meinen Mantel, raufte mir die Haare und den Bart und saß niedergeschmettert da ..."* (Esra 9,1–3). Entsprechend einem Schwur, den Esra alle leisten ließ, die „fremde" Frauen hatten, *„schickten (sie) die Frauen und Kinder fort"* (Esra 10,44).

Das *Buch Nehemia* wird auch das 2. Buch Esra genannt. Nehemia ist nach eigenen Angaben Mundschenk des Perserkönigs Artaxerxes „in dessen 20. Jahr"; das dürfte damit etwa im Jahr 445 v. Chr. gewesen sein. Betrübt über den schlechten Zustand der nun zum Teil wieder aufgebauten Stadt Jerusalem erbat er von Artaxerxes die Ermächtigung, den Aufbau voranzutreiben, und wurde der Statthalter der Juden. Nehemia 13 berichtet über Nehemias Ringen für die Glaubensreinheit: über die strikte Abgrenzung gegen andere, die Einforderung der Sabbatruhe und die Verfluchung von Mischehen. Beispielhaft kommt dies in der folgende Passage zum Ausdruck: *„Ammoniter und Moabiter dürfen niemals in die Gemeinschaft Got-*

tes aufgenommen werden" (Neh 13,1). Drastisch, wie ein Religionspolizist, ging Nehemia zu Werke: *„Auch sah ich in jenen Tagen Juden, die Frauen von Aschdod, Ammon und Moab geheiratet hatten ... Ich tadelte sie, verfluchte sie, schlug einige von ihnen, packte sie bei den Haaren und beschwor sie bei Gott: Ihr sollt euere Töchter nicht ihren Söhnen geben und keine von ihren Töchtern für euere Söhne oder euch nehmen!"* (Neh 13,23–25)

Das Buch Ester

> Geschichte einer Jüdin, die in der persischen Diaspora Frau des persischen Königs Ahasveros (Xerxes I.) wird und einen geplanten Pogrom an den Juden verhindert.

Das Buch Ester wurde „nach jüdischer Tradition" gegen 400 v. Chr. verfasst. Zwischenzeitlich unterstellt die Wissenschaft eher eine 200 Jahre jüngere Entstehungszeit. Erzählt wird die Geschichte des Mordechai, eines Juden, der in der persischen Königsstadt Susa lebte und ein bedeutender Mann am Hof des persischen „Großkönigs Artaxerxes" war, sowie seiner Verwandten, der jungen Ester, deren Vormund er war. Als der König eine neue Frau suchte, fiel seine Wahl auf Ester. Ihre jüdische Herkunft hatte sie auf Anraten Mordechais verschwiegen. Als Mordechai sich vor dem Hauptbevollmächtigten des Königs, Haman, nicht verneigen wollte, plante Haman – nachdem er die Zustimmung des Königs eingeholt hatte – die Vernichtung aller Juden. Ester konnte den König aber umstimmen, der daraufhin Haman aufhängen ließ. Dann nahmen die Juden Rache an den Anhängern Hamans: *„Mit ihren Hassern verfuhren sie nach Willkür. In der Burg Susa brachten die Juden 500 Mann um, auch ... die 10 Söhne des Judenfeindes Haman ... ermordeten sie"* (Est 9,5–10). Auch für den nächsten Tag bat Ester beim König um eine Fortsetzung der Racheakte. *„So versammelten sich die Juden von Susa auch am 14. Tag des Monat Adar und töteten in Susa 300 Mann ... die übrigen Juden in* *den königlichen Provinzen versammelten sich und traten für ihr Leben ein. Sie nahmen Rache an ihren Feinden und ermordeten von ihren Hassern 75.000"* (Est 9,15–16). Danach wurde gefeiert – es ist der Ursprung des jüdischen Purim-Festes, einer Art Fasching. Zum Glück ist das alles nicht passiert, es gab keine 75.000 Toten – das ganze Buch Ester gilt heute als Erfindung.

Das Buch Hiob

> Gott lässt dem Teufel freie Hand, um die Gottesfürchtigkeit Hiobs, eines „rechtschaffenen Mannes", zu testen. Es folgen mehrere teuflische Prüfungen …

Als Entstehungszeitraum des Buches Hiob, das wahrscheinlich mehrere Verfasser hat, wird die nachbabylonische Zeit angenommen, vermutlich bis ins 3. Jahrhundert v. Chr. Am Buch der „Hiobsbotschaften" kann man gut den (üblen) Charakter des alttestamentlichen Gottes kennenlernen, den sich die jüdischen Bibelschreiber für ihn ausgedacht haben.

Das Buch beginnt mit einer kurzen Rahmenerzählung: *„Es war ein Mann im Land Uz mit Namen Hiob. Er war untadelig und rechtschaffen, fürchtete Gott und mied das Böse. Ihm wurden sieben Söhne und drei Töchter geboren. Sein Besitz umfasste 7.000 Stück Kleinvieh, 3.000 Kamele, 500 Joch Rinder, 500 Eselinnen und zahlreiches Hausgesinde …"* (Hiob 1,1–3). Dann aber nimmt die Sache ihren Lauf: *„Eines Tages geschah es, dass die Gottessöhne kamen, um vor den Herrn zu treten. In ihrer Mitte erschien auch der Satan. Da sprach der Herr zum Satan: Woher kommst du? Der Satan antwortete dem Herrn: Ich streifte auf der Erde umher und erging mich auf ihr. Da sprach der Herr zum Satan: Hast du auch auf meinen Knecht Hiob Acht gegeben? Denn es gibt niemand auf der Erde wie ihn. Er ist untadelig und rechtschaffen, fürchtet Gott und meidet das Böse. Der Satan erwiderte dem Herrn: Ist denn Hiob umsonst so gottesfürchtig? Hast* *du nicht selbst einen Zaun errichtet um ihn, sein Haus und all das Eigentum ringsum? Das Werk seiner Hände hast du gesegnet und sein Besitz dehnt sich im Land aus. Doch strecke einmal deine Hand aus und rühre an all seinen Besitz. Wahrhaftig, er wird dir ins Angesicht fluchen. Da sprach der Herr zum Satan: Siehe, alles, was er besitzt, ist in deine Hand gegeben. Nur gegen ihn selbst darfst du deine Hand nicht ausstrecken. Darauf ging der Satan vom Angesicht des Herrn fort"* (Hiob 1,6–12). Wem diese Passage irgendwie bekannt vorkommt: Goethe hat sich ihrer für die Rahmenhandlung seines *Faust* mit leichter Poetenhand bedient.

Zurück zu Hiob: Nun war es – mit dem Segen des Herrn – an Satan, die Gottestreue Hiobs mit teuflischen Prüfungen zu testen: *„Eines Tages aßen seine Söhne und Töchter im Haus ihres ältesten Bruders und tranken Wein. Da kam ein Bote zu Hiob und meldete: Die Rinder waren beim Pflügen und die Eselinnen weideten nebenan. Da fielen die Sabäer ein und raubten sie. Sie erschlugen die Knechte mit scharfem Schwert ... Dieser hatte noch nicht ausgeredet, da kam schon ein anderer und sprach: Feuer Gottes fiel vom Himmel, flammte unter den Schafen und den Knechten auf und verbrannte sie ... Dieser hatte noch nicht ausgeredet, da kam schon ein anderer und sprach: Die Chaldäer bildeten drei Heerhaufen, machten einen Überfall auf die Kamele und trieben sie fort. Sie erschlugen die Knechte mit scharfem Schwert ... Dieser hatte noch nicht ausgeredet, da kam schon ein anderer und sprach: Deine Söhne und Töchter aßen und tranken Wein im Haus ihres ältesten Bruders. Da kam plötzlich ein gewaltiger Sturmwind von jenseits der Wüste her und erfasste die vier Ecken des Hauses, sodass es über den jungen Leuten zusammenbrach und diese starben ...*

Da erhob sich Hiob, zerriss sein Obergewand, schor sein Haupt, fiel auf die Erde und betete. Dann sprach er: Nackt kam ich aus dem Schoß meiner Mutter; nackt kehre ich dorthin zurück. Der Herr hat gegeben, der Herr hat genommen; der Name des Herrn sei gepriesen.[123] *Bei alledem sündigte Hiob nicht und machte Gott keinen Vorwurf"*

(Hiob 1,13–22). Dann kam die letzte satanische Prüfung: *„Er schlug Hiob mit bösartigem Geschwür von seiner Fußsohle bis zum Scheitel"* (Hiob 2,7). Wie zu erwarten, fiel Hiob aber auch jetzt nicht vom Herrn ab: *„Wenn wir das Gute von Gott annehmen, warum nicht auch das Böse?"* (Hiob 2,10) Immerhin verfluchte er den Tag seiner Geburt … (Hiob 3,1).

Psalmen, Sprüche, Klagelieder

Das Buch der Psalmen (auch Psalter)

Hierbei handelt es sich um eine Sammlung von 150 Psalmen, also Gebeten und Liedern, die in der jüdischen wie in der christlichen Liturgie eine bedeutende Rolle spielen und auch in Musik und Literatur Eingang gefunden haben. Das Psalmenbuch ist das umfangreichste Buch des Alten Testaments und beinhaltet fünf ursprünglich eigenständige Bücher, die überwiegend aus dem 6. bis 2. Jahrhundert v. Chr. stammen. Es gehört zu den im Neuen Testament am meisten zitierten Schriften des Alten Testaments. Besonders die folgenden Psalmen dienen Christen als Nachweis, dass Jesu Leiden bereits im Alten Testament verankert sind: Psalm 22: *„Mein Gott, mein Gott, warum hast du mich verlassen … Meine Kehle ist trocken wie eine Scherbe, die Zunge klebt mir am Gaumen, du legst mich in den Staub des Todes. Viele Hunde umlagern mich, eine Rotte von Bösen umkreist mich. Sie durchbohren mir Hände und Füße. Man kann all meine Knochen zählen; sie gaffen und weiden sich an mir. Sie verteilen unter sich meine Kleider und werfen das Los um mein Gewand …"* Psalm 31,6: *„In deine Hände befehle ich meinen Geist …"* Psalm 69,22: *Sie gaben mir Gift zu essen, für den Durst reichten sie mir Essig …"* Umgekehrt wird indes ein Schuh draus: Die „Leidensgeschichte Jesu" und die Worte, die er spricht, wurden im Neuen Testament so konstruiert, so gewählt, dass sie mit Texten des Alten Testaments übereinstimmen. Dies ist eine häufig angewandte Übung der Evangelienschreiber und ein Beleg dafür, dass auch das Neue Testament keine Tatsachenberichte enthält, sondern religiöse Erbauungs- und Bekehrungsgeschichten.

Die Psalmen enthalten teilweise beeindruckend schöne literarische Schöpfungen mit bunter, vielfältiger Wortwahl. Manche Zeilen sind Grundlage bekannter Kirchenlieder, aber auch von Popsongs, so etwa Psalm 19,2: *Die Himmel rühmen...* als Grundlage des Chorals von Christian Fürchtegott Gellert in der Vertonung Ludwig van Beethovens, der schon zitierte Psalm 23 *Der Herr ist mein Hirte* oder Psalm 137: *An den Flüssen von Babel saßen wir und weinten, da wir deiner gedachten, o Zion,* Vorlage für „By the rivers of Babylon" von Boney M.

Das Buch der Sprüche (auch Sprüche Salomos oder Sprichwörter genannt)

Dieses Buch enthält unter anderem Unterweisungen und Ratschläge zum moralischen, gottesfürchtigen Leben. Ein Schwerpunkt der Sprüche bildet das Thema Erziehung (einschließlich Züchtigung!). Die Forschung nimmt eine längere Entstehungszeit dieses Buches an, die bis ins 3. Jahrhundert v. Chr. reicht. Von Salomon sind die „Sprüche" jedenfalls nicht! Auch für Christen ist das Buch der Sprüche von Bedeutung, finden sich doch 35 Zitate daraus im Neuen Testament. Es gibt einprägsame Sprüche, die sich in der Literatur niedergeschlagen haben und zu den geflügelten Worten zählen, so etwa „*Dem Zusammenbruch geht Hoffart voraus und Hochmut dem Fall*" (Spr 16,18) oder „*Wer eine Grube gräbt, fällt selbst hinein, und wer einen Stein hochwälzt, auf den rollt er zurück*" (Spr 26,27). Aber auch einiges, das viel Unheil angerichtet hat und heute noch sadistischen Vätern eine Rechtfertigung für blindwütiges Bestrafen ihrer Kinder liefert, findet sich hier: „*Wer seine Rute zurückhält, der hasst seinen Sohn, doch wer ihn liebt, der sucht ihn mit Züchtigung heim*" (Spr 13,24).

Klagelieder (zu den Prophetenbüchern zählend)

In diesen Liedern wird die Zerstörung Jerusalems und des Tempels durch die Babylonier 586 v. Chr. beklagt. Die Klagelieder gelten als Beispiele von hochstehender hebräischer Dichtkunst. Auffälligstes Merkmal ist die Personifikation Jerusalems als „Tochter Zion", klagende Mutter, vergewaltigte und entehrte Geliebte und verlassene Witwe.

Das Buch Prediger (Kohelet)

Es ist vielleicht das philosophischste, am wenigsten „religiöse" und „modernste", für mich auch schönste Buch des Alten Testaments. Die Texte, die zunächst Salomo zugesprochen, vermutlich aber erst im 3. Jahrhundert v. Chr. verfasst wurden, erinnern in ihrer philosophischen Ausrichtung an Texte von Epikur, Montaigne (über den Tod), auch an Camus und Schopenhauer. Man wundert sich, dass dieses Buch Aufnahme in den biblischen Kanon gefunden hat. Eindrucksvoll bereits die Eingangspassage: *„Windhauch, Windhauch, sagte Kohelet, Windhauch, Windhauch, das ist alles Windhauch. Welchen Vorteil hat der Mensch von all seinem Besitz, für den er sich anstrengt unter der Sonne? Eine Generation geht, eine andere kommt. Die Erde steht in Ewigkeit. Die Sonne, die aufging und wieder unterging, atemlos jagt sie zurück an den Ort, wo sie wieder aufgeht. Er weht nach Süden, dreht nach Norden, dreht, dreht, weht, der Wind. Weil er sich immerzu dreht, kehrt er zurück, der Wind. Alle Flüsse fließen ins Meer, das Meer wird nicht voll. Zu dem Ort, wo die Flüsse entspringen, kehren sie zurück, um wieder zu entspringen. Alle Dinge sind rastlos tätig, kein Mensch kann alles ausdrücken, nie wird ein Auge satt, wenn es beobachtet, nie wird ein Ohr vom Hören voll. Was geschehen ist, wird wieder geschehen, was man getan hat, wird man wieder tun: Es gibt nichts Neues unter der Sonne"* (Pred 1,2–9).

Das Buch ist teilweise von einer pessimistischen Grundstimmung geprägt: Der Mensch sucht (vergeblich) nach Weisheit. Da „Kohelet" – der in Ich-Form redende Verfasser, der behauptet, er sei König über Israel gewesen – jedoch zu der Erkenntnis gelangt, dass mit dem Tod alles endet, empfiehlt er, das Leben zu nutzen und jeden Tag zu genießen, als wäre er einzigartig. Diese Einstellung zeigt Anklänge an die Lehren der Epikureer. Kohelet weist zudem sämtliche Theologien zurück, die das menschliche Glück ins Jenseits verlegen: keine Entwertung des Diesseits zugunsten des Jenseits. Glück, so die Botschaft, ist allein im gegenwärtigen Erleben von Freude und tatkräftigem Handeln erreichbar.

Das Buch besteht in weiten Passagen aus persönlichen oder autobiografischen Betrachtungen, weitgehend in Form von Aphorismen oder Maximen. Zu den Bekannteren zählen: *„Alles ist Eitelkeit und ein Haschen nach Wind"* (Pred 1,14). *„Alles hat seine Stunde"* (Pred 3,1–8); *„Zweisamkeit ist besser als Einsamkeit"* (Pred 4,9–11); *„Nütze das Leben, denn im Totenreich kannst du nichts mehr machen"* (Pred 9,7–10).

Hoheslied

Es handelt sich um eine Sammlung von teilweise erotischen Liebesliedern, in denen das Suchen und Finden, das Sehnen und gegenseitige Lobpreisen zweier Liebender geschildert wird. Die Entstehungszeit des Hoheliedes ist umstritten, wobei vieles für eine Erstellung im 3. Jahrhundert v. Chr. spricht. Kennzeichnend für das Hohelied ist seine mehrdeutige, bildhafte Sprache. Die Schönheit des bzw. der Geliebten (z. B. Augen wie Tauben, Hld 4,1) oder der Liebesakt (z. B. Gang in den Garten, Hld 4,12–5,1) werden in Metaphern gekleidet. Bemerkenswert ist die herausgehobene Stellung der Frau. Bereits im Eingangslied fordert sie ihren Geliebten auf, zu ihr zu eilen. Vielleicht ist es hier das erste Mal in der Literatur überhaupt, dass eine Frau so eindeutig ihr sexuelles Begehren kundtut: *„Mit Küssen seines Mundes* *bedecke er mich. Süßer als Wein ist deine Liebe. Köstlich ist der Duft deiner Salben, dein Name hingegossenes Salböl; darum lieben dich die Mädchen. Zieh mich her hinter dir! Lass uns eilen! Der König führt mich in seine Gemächer. Jauchzen lasst uns, deiner uns freuen, deine Liebe höher rühmen als Wein. Dich liebt man zu Recht. Braun bin ich, doch schön, ihr Töchter Jerusalems, wie die Zelte von Kedar, wie Salomos Decken ..."* (Hld 1,2–5).

Gemäß der allegorischen Auslegungsmethode haben in der Antike und im Mittelalter Juden und Christen die erotische Annäherung als Beschreibung der Liebe zwischen Gott und seinem auserwählten Volk (im Judentum) bzw. zwischen Christus und der Kirche als Braut Christi (im Christentum) interpretiert. Zwischenzeitlich dominiert die „profane" Interpretation, der zufolge das Gedicht die Liebe zwischen Mann und Frau zum Gegenstand hat. Ein Kuriosum wie beim Buch Prediger, dass das Hohelied überhaupt in den biblischen Kanon aufgenommen wurde.

Die Bücher Jesaja, Jeremia und Ezechiel

Das Buch Jesaja

Jesaja zählt, gemeinsam mit Jeremia und Ezechiel, zu den wichtigsten Schriftpropheten des Tanach. Er lebte im damaligen Südreich Juda zwischen 740 und 701 v. Chr. in der Zeit der Bedrohung des Nordreichs durch Assyrien (worüber bereits im 2. Buch der Könige berichtet wird). Samaria, die Hauptstadt des Nordreichs, wurde 722 v. Chr. eingenommen. Die historisch-kritische Bibelforschung weist jedoch lediglich Teile der ersten 39 von insgesamt 66 Kapiteln dem Propheten Jesaja zu; die Kapitel 15, 16, 23–27, 32–35 sowie 40–66 stammen von anderen Autoren.

Diese ersten 39 Kapitel bestehen überwiegend aus Prophezeiungen, in denen „Jesaja" den Mächten droht, die Juda verfolgen. Zu ihnen gehören vor allem Assyrien, Ägypten, Babylonien, Syrien und

Moab. Generell haben die Prophezeiungen die schlichte Botschaft, dass Gott der Herr der Welt sei und alle ungläubigen Völker bestrafen werde. Die Kapitel 40ff. sind erst während oder nach dem babylonischen Exil entstanden. Dadurch erklärt sich, dass sie die „Vorhersage" der Eroberung Babylons durch die Perser im Jahr 539 v. Chr., sogar unter Nennung des Namens des Eroberers „Kyros" (Jes 44,28), sowie die Befreiung und Rückkehr der nach Babylon Verschleppten enthalten.

Jesaja erwähnt auch einen Messias, eine geweihte Person, die Macht von Gott bekommen habe und in deren Königreich Gerechtigkeit herrschen werde. Dieser Messias soll nach Jesaja 11, dem Kapitel, das als Ankündigung des messianischen Reichs gilt, ein Nachkomme von König David sein: *„Doch aus dem Baumstumpf Isais* (Isai, auch „Jesse", ist der Vater König Davids) *wächst ein Reis hervor, ein junger Trieb aus seinen Wurzeln bringt Frucht. Der Geist des Herrn lässt sich nieder auf ihm: der Geist der Weisheit und der Einsicht, der Geist des Rates und der Stärke, der Geist der Erkenntnis und der Gottesfurcht ..."* Das Buch Jesaja gilt zudem als einer der literarischen Höhepunkte des Alten Testaments, mit bekannten Zitaten wie *„Sie werden ihre Schwerter zu Pflugscharen schmieden und ihre Speere zu Winzermessern ..."* (Jes 2,4).

Schließlich findet sich hier eine der für das Christentum wichtigsten Stellen des Alten Testaments: In Jesaja 7 wird geschildert, dass der König von Aram und der König des Nordreichs Israel gegen Jerusalem zogen, um es zu belagern und einzunehmen. König von Juda (mit der Hauptstadt Jerusalem) war Ahas. Der Herr war natürlich mit dem – ängstlichen – Ahas und wollte ihm Mut einflößen: *„Darum wird euch der Herr selbst ein Zeichen geben: Seht, die junge Frau wird empfangen und einen Sohn gebären und ihm den Namen Immanuel geben. Von Dickmilch und Honig wird er sich nähren, bis er versteht, das Böse zu verwerfen und das Gute zu wählen. Denn ehe noch der Knabe weiß, das Böse zu verwerfen und das Gute zu wählen, wird das Land verödet sein, vor dessen beiden Königen dir graut ..."* (Jes 7,14–

16). Diese Passage wird von Matthäus (Mt 1,23) als die Verheißung der jungfräulichen Geburt Jesu angesehen. Etwas weit her geholt scheint das aber schon, ist der ganze Text doch auf eine völlig andere historische Situation bezogen. Er wurde, wie schon in vielen anderen Fällen, passend gemacht. Auch eine Passage in Jes 9 mit der Überschrift „Die Verheißung des Friedensfürsten" wird von Christen gerne auf Jesus gemünzt: *„Denn ein Kind ist uns geboren, ein Sohn ist uns geschenkt; die Herrschaft ruht auf seinen Schultern. Man ruft seinen Namen aus: Wunderbarer Ratgeber, starker Gott, ewiger Vater, Friedensfürst. Groß ist die Herrschaft und endlos der Friede für Davids Thron und sein Königreich, das er aufrichtet und festigt in Recht und Gerechtigkeit von nun an bis in Ewigkeit. Der leidenschaftliche Eifer des Herrn wird dies bewirken"* (Jes 9,5–6).

Und immer wieder wird das gottlose (Nordreich) Israel verflucht, so auch in Jesaja 9,10–16. Es folgen in Kapitel 13ff. üble Beschimpfungen und Bestrafungen Gottes gegen „Fremdvölker" beispielsweise gegen Babel: *„Wen man findet, der wird niedergestochen; wer ergriffen wird, fällt durch das Schwert. Ihre Kinder werden vor ihren Augen zerschmettert, ihre Häuser geplündert und ihre Frauen geschändet"* (Jes 13,15–16); gegen Assur: *„Ich will Assur in meinem Land zerschmettern und es auf meinen Bergen zertreten ..."* (Jes 14,25); oder gegen Moab: *„Die Wasser von Dimon sind voll Blut. Doch neues Unheil will ich über Dimon kommen lassen, einen Löwen über die Entronnenen von Moab und über den Rest von Adama"* (Jes 15,9). Ähnliches findet sich auch gegen Damaskus (Jes 17), gegen Kusch (Jes 18) und Ägypten (Jes 19).

Das Buch Jeremia

Jeremia wirkte vermutlich zwischen 627 und 587 v. Chr. Das Buch beschreibt die Situation in Juda nach der Zerstörung durch die Babylonier. Es sind die letzten Jahre des Südreichs – worüber bereits im 2. Buch der Könige berichtet wird. Josia, der König des Südreichs, fällt in der Schlacht bei Megiddo 609 v. Chr., Jerusalem wird 586 v. Chr. zerstört. Jeremia fordert das Volk Israels in seinen Predigten zur Bekehrung und Umkehr zu JHWH auf und prophezeit den Untergang Jerusalems und des Tempels.

Die Autorenschaft und auch der Zeitpunkt der Entstehung dieses Buches sind stark umstritten. Nach Meinung von Bibelforschern stammt weniger als ein Viertel der Texte von Jeremia, der Rest gilt als später verfasst. Als Zeitspanne der Erstellung werden die Jahre 580–480 v. Chr. angenommen, wobei manche Wissenschaftler auch eine Entstehung noch im 4. Jahrhundert v. Chr. für wahrscheinlich halten.[124] Vorsicht ist also auch hier bei allen „Prophezeiungen" geboten, etwa der Zerstörung Jerusalems im Jahr 587 v. Chr., da solche Vorhersagen, wie die vielen Beispiele zeigen, immer erst *nach* den berichteten Ereignissen verfasst wurden!

Das Buch umfasst inhaltlich und formal recht unterschiedliche Teile. Einerseits gibt es Prophetenworte Jeremias, zumeist aus seiner Perspektive formuliert, zum anderen auch eingeschobene Erzählungen und Berichte über Jeremia und sein Auftreten, formuliert in der dritten Person. Auch hier finden sich üble Prophetenworte gegen Nachbarvölker (Jer 46–51), und das Ganze endet in Kapitel 52 mit dem Bericht über die Zerstörung Jerusalems und die Begnadigung Jojachins (2. Kön 24f).

Betrachten wir einige Exzerpte der abwechslungsreichen literarischen Texte. So klagt Gott an einer Stelle: *„Denn so viele Städte du hast, Juda, so viele Götter hast du auch, und so viel Gassen Jerusalem zählt, so viele Baalsaltäre gibt es dort"* (Jer 2,28). Auch später wird ähnliche Beschwerde geführt: *„Ich mache sie satt, dafür brechen sie die Ehe und treiben sich im Dirnenhaus herum. Feiste, geile Hengste sind sie, jeder wiehert nach der Frau seines Nächsten. Und das sollte ich nicht ahnden – Spruch des Herrn –, an einem solchen Volk sollte ich nicht Rache nehmen?"* (Jer 5,7–9) Es droht also wieder einmal göttlicher Zorn. Jeremia wiederum betet zu Gott: *„Gieße deinen Zorn aus über die Völker, die dich nicht kennen"* (Jer 10,25). Die Replik Gottes: *„So spricht der Herr: Alle meine bösen Nachbarn, die das Erbe angetastet haben, das ich meinem Volk Israel verliehen habe, ja, ich werde sie wahrhaftig aus ihrem Boden herausreißen ..."* (Jer 12,14). Ein Gott mit fremdenfeindlichen Fantasien? Und als in Jerusalem ein Mordanschlag auf Jeremia geplant wird, bittet er Gott: *„Gib ihre Kinder dem Hunger preis, und wirf sie hin vor das Schwert. Ihre Frauen sollen kinderlos und zu Witwen werden. Ihre Männer soll die Pest dahinraffen, und ihre Söhne soll das Schwert erschlagen im Kampf"* (Jer 18,21). Das „Trostbuch" Jeremias (Kapitel 30 und 31) schließt dann aber mit den Worten des Herrn, dass Jerusalem *„in Ewigkeit ... nicht mehr niedergerissen und zerstört ..."* werde (Jer 31,40). Gott hat sich auch hier geirrt.

Das Buch Ezechiel (gemäß Lutherbibel: Hesekiel)

Das Buch ist möglicherweise im Zeitraum 600–560 v. Chr. in Babylonien entstanden, aber auch hier ist die Redaktionsgeschichte umstritten.[125] Es schildert die Visionen und symbolischen Handlungen des Propheten Ezechiel, der wohl zu den ins babylonische Exil verschleppten Israeliten gehörte. Es ist ein prophetischer „Ich-Bericht" – allerdings ist Ezechiel nur Sprachrohr Jahwes, nur dieser spricht und handelt. Angesichts der maßlosen und grausamen Rache- und Vernichtungsfantasien gegenüber den Nachbarvölkern ist es vielleicht das schlimmste Buch des Alten Testament neben dem Buch Josua. Erwähnenswert ist, dass wegen der sexuell aufgeladenen Sprache im Judentum nur Menschen, die über 30 Jahre alt sind, dieses Buch lesen dürfen!

Es gliedert sich in vier Teile. Im ersten Abschnitt (Kapitel 1–24) tadelt Ezechiel in visionärer Sprache und eindrücklichen Bildern (meist legt er seine Worte Gott in den Mund) das eigene Volk wegen „Götzenanbetung" und zahlreicher anderer Sünden und verspricht ihm grausame Strafen. Im zweiten Abschnitt (Kapitel 25–32) prophezeit er Gottes „gewaltige Rache mit grimmigen Strafen" und letztlich die grausame Vernichtung der Feinde Judas: der Moabiter, Edomiter, Philister, Ammoniter, der phönizischen Städte Tyros und Sidon und der Ägypter. Ezechiel spendet dann im dritten Abschnitt (Kapitel 33–39) den im Exil lebenden Israeliten Trost. Er weissagt den Wiederaufbau Jerusalems und des Tempels und prophezeit die Rückkehr Gottes. Der letzte Abschnitt (Kapitel 40–48) beschreibt visionär die kommende messianische Zeit und ein zukünftiges theokratisches Gemeinwesen der Juden. Hierzu ebenfalls einige, auch die vorgenannten Aussagen belegende, Textauszüge:

Es beginnt in Ezechiel 1 mit einer Vision vom Thronwagen des Herrn, der im Sturmwind vom Norden her kommt, eingehüllt in eine Wolke und loderndes Feuer – eine viel genannte Inspirationsquelle für Ufo- und Alienfans. *„Da sah ich, wie eine Hand nach mir ausgestreckt war, und es war eine Buchrolle darin. Er breitete sie vor mir aus, sie war sowohl auf der Vorderseite wie auf der Rückseite beschrieben und auf ihr waren Klagen, Seufzer und Wehrufe geschrieben. Er sprach zu mir: Menschensohn ... iss diese Rolle und geh und rede zum Haus Israel"* (Ez 2,9 bis 3,1). Und der Herr hat wieder das Übliche zu bemängeln, zuerst an Jerusalem: *„(E)s lehnte sich auf gegen meine Rechtsvorschriften, schlimmer als die Völker, und gegen meine Satzungen, ärger als die Länder, die es umgeben; denn meine Rechtsvorschriften haben sie verworfen und nicht nach meinen Satzungen gelebt"* (Ez 5,6).

Der Herr macht bei seinem Strafgericht keine halben Sachen: *„Darum werden Väter in deiner Mitte die Kinder verzehren und die Kinder werden ihre Väter verzehren ... und ich werde keine Schonung kennen. Ein Drittel von dir wird an der Pest sterben und durch Hunger in deiner Mitte umkommen, ein Drittel wird durch das Schwert fallen um dich herum und ein Drittel werde ich in alle Winde zerstreuen und ich werde das Schwert hinter ihnen zücken. Mein Zorn wird sich austoben ..."* (Ez 5,10–13). Worte eines radikalen religiösen Eiferers. Und der Furor geht so weiter. Interessant übrigens die geografischen Kenntnisse des Herrn: *„So spricht Gott der Herr zum Land*

Israel: Es kommt das Ende, das Ende kommt über die vier Ecken der Erde!" (Ez 7,2) Dass die Erde eine Kugel ist, war Ezechiel nicht bekannt – und damit auch nicht seinem Gott. Der sonderbare Charakter Ezechiels zeigt sich auch in seinem Vergleich der Gott untreuen Städte mit Unzucht treibenden Frauen (Ez 16,25–26; 23). Und immer wieder (hier Ez 20) wirft Gott dem Volk Israels vor, er habe es als sein Volk erwählt, mit ihm einen Bund geschlossen, es habe diesen Bund aber immer wieder gebrochen, indem es seine Satzungen und Gesetze nicht eingehalten und sich anderen Göttern zugewandt habe.

Nachdem Ezechiel genug gegen das eigene Volk gewettert hat, knöpft er sich die Nachbarvölker vor: Ammoniter, Moab, Edom, Philister, Tyrus, Sidon, Ägypten. Ersteren droht er zum Beispiel so: *"Denn so spricht Gott, der Herr: Weil du in die Hände geklatscht, mit dem Fuß gestampft und dich voll Schadenfreude über das Land Israel gefreut hast, darum strecke ich meine Hand gegen dich aus und gebe dich den Völkern zur Beute; ich rotte dich aus den Nationen aus und vertilge dich aus dem Land; ich vernichte dich, damit du erkennst, dass ich der Herr bin"* (Ez 25,6–7). Völkermord aus Schadenfreude? Und so geht es ständig weiter. Ausführlich zeigt sich das in der sadistischen Lyrik über die Vernichtung Ägyptens (Ez 30–32). Zum Glück ist all dies nur Ezechiels kranke Fantasie.

Schließlich beschreibt Ezechiel das von ihm als wünschenswert erachtete Ergebnis (er legt es wieder Gott in den Mund): *"Dann droht dem Haus Israel kein quälender Dorn und kein schmerzender Stachel mehr von jenen, die ringsum wohnen und die sie verachtet haben. Dann werden sie erkennen, dass ich Gott, der Herr bin. So spricht Gott, der Herr: Wenn ich das Haus Israel aus den Völkern sammle, unter die es zerstreut war, dann erweise ich mich an ihnen als heilig vor den Augen der Völker und sie werden in ihrem Land wohnen, das ich meinem Knecht Jakob gegeben habe. Sie sollen sicher darin wohnen, Häuser bauen und Weinberge pflanzen; sie sollen sicher wohnen, während ich ringsum das Gericht vollstrecke an allen, die sie verachtet haben. Dann werden sie erkennen, dass ich der Herr, ihr Gott, bin"*

(Ez 28,24–26). In Ezechiel 34 wird Gott als (guter) Hirte dargestellt, der seine Schafe hütet. Dann schließlich die sogenannte Verkündigung des messianischen Reiches: *„Ich setze über sie einen einzigen Hirten, der sie weiden soll, meinen Knecht David, er soll sie weiden und ihr Hirte sein. Ich der Herr werde ihr Gott sein und mein Knecht David wird Fürst in ihrer Mitte sein ... Ich schließe mit ihnen einen Friedensbund und rotte die wilden Tiere aus ... Ich spende ihnen rings um meinen Hügel Segen und lasse Regen kommen zur rechten Zeit ... Sie sollen nicht mehr eine Beute der Völker sein ... und nicht mehr den Spott der Völker tragen müssen"* (Ez 34,23–29). Im Neuen Testament wird auch Jesus als guter Hirte dargestellt – sollen er bzw. seine Anhänger sich doch auf die Tradition des Alten Testaments berufen können!

Übrige Bücher

Das Alte Testament umfasst darüber hinaus noch folgende Bücher: Daniel, Zwölfprophetenbuch, Tobit, Judit, Makkabäer, Weisheit, Jesus Sirach und Baruch. Auf sie soll im Folgenden knapp eingegangen werden.

Das *Buch Daniel* enthält im ersten Teil Erzählungen über Daniel im babylonischen Exil, während der zweite Teil weitgehend zur apokalyptischen Literatur des Judentums gezählt wird. Es ist vermutlich zwischen 167 und 164 v. Chr. entstanden, während früher – entsprechend der Behauptung im Buch selbst (Dan 1,7), eine während der Babylonischen Gefangenschaft entstandene Offenbarung zu sein – eine Niederschrift im 6. Jahrhundert v. Chr. unterstellt wurde. Kapitel 5 enthält die Geschichte, die uns aus der „Belsazar"-Ballade Heinrich Heines vertraut ist: „Die Mitternacht zog näher schon; In stummer Ruh lag Babylon ..." Beim Festmahl Belsazars, des Nachfolgers Nebukadnezars, wird der geraubte Jerusalemer Tempelschatz benutzt und durch Anbetung anderer Götter entweiht. Daraufhin erscheint eine geheimnisvolle Schrift an der Wand, und noch in derselben Nacht wird der König umgebracht. In Kapitel 6 folgt die bekannte Geschichte von „Daniel in der Löwengrube". In Kapitel 7 beschreibt Daniel seine Vision vom Aufstieg und Fall der vier Weltreiche (gemeint sind die Reiche der Babylonier, der Meder, der Perser und Alexanders des Großen) und vom Endgericht Gottes.

Im *Zwölfprophetenbuch* – auch „Kleine Propheten" genannt wegen des verhältnismäßig geringen Umfangs der Schriften – sind prophetische Schriften gesammelt, die aus einem Zeitraum von etwa 300 Jahren stammen und vermutlich um 180 v. Chr. zusammengestellt wurden. Es enthält unter anderem folgende Bücher:

Im *Buch Jona* oder *Jonas* findet sich die Geschichte, in welcher der Held von einem Fisch nach drei Tagen wieder ausgespien wird.

Auch das *Buch Micha* enthält in Kapitel 5 eine bekannte Passage, auf die sich das Neue Testament (Mt 2,6; Joh 7,42) bezieht und die von Christen im Zusammenhang mit Jesaja 7,14 („Seht, die junge Frau wird empfangen und einen Sohn gebären und ihm den Namen Immanuel geben") gesehen wird: *„Du aber, Bethlehem-Efrata, zwar das kleinste unter Judas Geschlechtern, doch aus dir wird mir hervorgehen, der über Israel herrschen soll. Sein Ursprung geht zurück bis in die Vorzeit, bis in längst entschwundene Tage. Darum gibt der Herr sie preis bis zur Zeit, da die Gebärende geboren hat und der Rest seiner Brüder zurückkehrt zu den Söhnen Israels"* (Mi 5,1–2).

Vom *Buch Zefanja* 1,15–18 ist der mittelalterliche Hymnus inspiriert, der in Totenmessen (und auch in Goethes *Faust*) Verwendung findet – *„Dies irae, dies illa"* („Tag der Rache, Tag der Sünden ...").

Bekannt aus dem *Buch Sacharja (Zacharias)* ist die Passage in Vers 9,9: *„Juble laut, Tochter Zion, jauchze, Tochter Jerusalem! Sieh, dein König kommt zu dir, gerecht und siegreich. Demütig ist er und reitet auf einem Esel, auf dem Füllen einer Eselin."* Diese „messianische Weissagung" wird im Markus- und im Matthäusevangelium des Neuen Testaments (Mk 11,1–11; Mt 21,4–5) erwähnt und mit dem Einzug Jesu in Jerusalem (im Christentum: Palmsonntag) als erfüllt verkündet. Bekannt ist sie aber auch durch das darauf basierende

Weihnachtslied mit der Musik von Georg Friedrich Händel. Auch die im Neuen Testament erwähnten „*dreißig Silberstücke*" als „Judaslohn" für den vermeintlichen Verrat an Jesus ist auf das Sacharja-Buch zurückzuführen (Sach 11,12–13)

Im *Buch Maleachi* ist vor allem die Stelle erwähnenswert, in der der Ankunft des Messias das Erscheinen des Elija vorhergeht: „*Bevor aber der Tag des Herrn kommt, der große und furchtbare Tag, seht, da sende ich zu euch den Propheten Elija*" (Mal 3,23). Bei den Urchristen bestand der Glaube, Johannes der Täufer sei der Elija, der das Kommen des Messias, Jesus Christus, angekündigt habe.

Auf das Zwölfprophetenbuch folgt das *Buch Tobit* (Lutherbibel: *Tobias*). Mit ihm beginnt die Reihe der Bücher des Alten Testaments, die nicht mehr Teil des jüdischen Tanachs sind. Das Buch wurde wahrscheinlich im 2. Jahrhundert v. Chr. verfasst, gibt aber vor, im 8. Jahrhundert v. Chr. verfasst worden zu sein. Tobit tritt für eine Art kategorischen Imperativ ein: „*Was du verabscheust, tue keinem anderen an*" (Tob 4,15). Seine „Prophezeiungen", etwa die Zerstörung Jerusalems, beeindrucken heute niemanden, da sie lange nach den „vorhergesagten" Ereignissen erfolgt sind.

Das *Buch Judit* wurde wahrscheinlich im 2. Jahrhundert v. Chr. verfasst und damit vier Jahrhunderte nach den (vermeintlichen) Ereignissen, die es beschreibt. Die Handlung des Buches ist – wegen der Wirkungsgeschichte vor allem in der Kunst, aber auch in Musik und Literatur – bekannt: Die schöne, gottesfürchtige Witwe Judit geht unbewaffnet in das Heerlager des Holofernes, der Oberbefehlshaber des (gemäß Buch assyrischen statt babylonischen) Königs Nebukadnezar (II.) ist, und enthauptet ihn mit seinem eigenen Schwert. Auch das eine Legende, kein historischer Bericht – obwohl dieser Eindruck erweckt werden soll. Tatsächlich eroberte Nebukadnezar um 600 v. Chr. Judäa, während ihm dies im Buch Judit nicht gelingt.

Das *1. Buch der Makkabäer* erzählt die Geschichte der Unabhängigkeitskämpfe der Juden gegen die hellenistischen Herrscher Syriens, die Seleukiden (175–140 v. Chr.). Es wurde vermutlich 104 v. Chr.

von einem offenbar national gesinnten und mit den Makkabäern sympathisierenden Juden verfasst. Das (kleinere) 2. *Buch der Makkabäer* stellt trotz seines gleichlautenden Namens keine Fortsetzung des ersten Buches dar; es stammt von einem anderen Autor, behandelt einen Teil der gleichen Ereignisse und enthält zusätzliches Material sowie Korrekturen. Auch bei den Makkabäer-Büchern werden große Zweifel am beschriebenen Geschehen geltend gemacht.

2.1.5 Folgenschwere Auswirkungen des Alten Testaments – bis heute

Die ursprünglich „hebräische Bibel" hat dadurch, dass schon das frühe und bald schnell wachsende Christentum alle Schriften übernahm und sie in seinen biblischen Kanon einbezog (etwa 150–400 n. Chr.), eine weltweite Verbreitung erfahren. Andernfalls wäre sie wahrscheinlich nur für das Judentum von Bedeutung geblieben, darüber hinaus allenfalls als herausragendes literarisches Werk bekannt geworden. Christen lesen das Alte Testament im Allgemeinen anders als Juden. Für Christen ist es ein religiöses Buch, das dem Neuen Testament nachgeordnet ist. Hier sind vor allem die Geschichten der Bücher Genesis und Exodus von Bedeutung und populär. Auch die Propheten und Psalmen spielen eine große Rolle. Für die meisten Juden ist das Alte Testament bzw. der Tanach hingegen vor allem ein nationalgeschichtliches Buch.[126] Zwar steht für das religiöse Judentum die Thora, also die Fünf Bücher Moses, im Mittelpunkt. Für den überwiegenden Teil des Judentums sind jedoch auch gerade die Geschichtsbücher (Josua, Richter, Samuel, Könige, Chroniken, Esra, Nehemia und Makkabäer) innerhalb der hebräischen Bibel von hoher *nationaler* Bedeutung.

Dass viele Juden auch heute noch glauben, sie seien das von Gott auserwählte Volk und ihnen gehöre das ganze vermeintlich von Gott versprochene Land Palästina (Kanaan), ist ziemlich verrückt – und eine der Ursachen für die Auseinandersetzungen Israels mit den

Palästinensern. Bis heute sehen viele Juden dieses Land als ihnen von Gott vermacht an, sozusagen ein göttlicher Grundbucheintrag; alle anderen Menschen und Völker erscheinen damit als unberechtigte Besitzstörer – als hätten nicht judäische Bibelschreiber dies alles verfasst und ihrem Bundesgott, auch dieser eine Erfindung der Bibelschreiber, in den Mund gelegt.

Früher war das in Israel eine Minderheitsmeinung. Das hat sich in den vergangenen Jahren zunehmend geändert. Mehrheitlich werden Politiker dieser Denkrichtung, insbesondere der nationalistisch-konservative Likud-Block mit Netanjahu, die nationalreligiöse Siedlerpartei, die sephardisch- und aschkenasisch-ultraorthodoxen Parteien gewählt, die auch die Regierung bilden.[127] Mit Verweis auf (vermeintliche) Gottversprechungen werden „historische" und „natürliche" Rechte der Juden auf das ganze Land Palästina eingefordert – auch für Gebiete (Westjordanland, Ostjerusalem) außerhalb der durch UNO-Teilungsbeschluss vom 29. November 1947 festgelegten Grenze. Dabei wird ausgeblendet, dass sich in den letzten fast 2.000 Jahren, bis Anfang des 20. Jahrhunderts, im Wesentlichen nicht jüdische Menschen in dieser Region aufgehalten haben.

Gibt es Hoffnung auf eine Lösung des israelisch-palästinensischen Konflikts? Die skeptischen Stimmen scheinen zu überwiegen. Die eher moderate, stets abwägende Korrespondentin der *Frankfurter Rundschau* für Israel und die palästinensischen Gebiete, Inge Günther, schätzt den Konflikt wie folgt ein: „Solange Israel an den besetzten Gebieten festhält, wird kein Frieden zu machen sein." Und sie weist darauf hin: „Die junge palästinensische Generation lehnt sich auf, weil sie sich nicht abfindet, weniger Rechte als die Israelis zu haben, weil sie nicht Bürger zweiter Klasse sein will." Wer einmal in Israel und den besetzten Gebieten war, merkt, dass die Palästinenser Eingesperrte sind und als Menschen zweiter Klasse behandelt werden.

Eine düstere Beurteilung auch von Avi Primor. Der frühere israelische Botschafter in Deutschland unterstellt Netanjahu und seinen Anhängern, nur an einem weiteren Siedlungsbau und der späterer

Annexion des Westjordanlandes interessiert zu sein, und wirft ihnen politische Dummheit und Kurzsichtigkeit vor. Ohne starken Druck des Westens, so Primor, werde Israel seine Politik der Annexion der palästinensischen Gebiete nicht ändern. Die langfristig ausgerichtete Siedlungspolitik Israels, die Blockade aller Bemühungen um eine Zwei-Staaten-Lösung und natürlich auch die Aussagen Netanjahus vor der letzten Knessetwahl im März 2015, mit ihm werde es keine Zwei-Staaten-Lösung geben, lassen keinen anderen Schluss zu. Übrigens war er mit seiner Aussage beim Wähler erfolgreich. Die ultranationalen Juden träumen umso mehr von einem Tempel statt der Felsendom-Moschee, so Inge Günther, und heizen die Konflikte damit weiter an.

Vor allem Palästina kämpft um seine Existenz. Israel kann sich zwischenzeitlich dank seiner starken Militärmacht sowie seinem Atomwaffenarsenal gut wehren. Die Knesset-Abgeordnete Stav Shaffir äußerte sich in einem *Stern*-Interview vom 12. Oktober 2015 wie folgt: „Wenn wir keine Gebiete aufgeben, wird es irgendwann zu einer Annexion des Westjordanlandes kommen. Dann werden Millionen Palästinenser zu Bürgern Israels. Unsere Demografie würde sich komplett verändern. Und wir müssen uns entscheiden, ob wir weiterhin ein zionistischer Staat sein wollen oder ein demokratischer. Ich möchte einen Staat, der gleichzeitig zionistisch und demokratisch ist. Die Palästinenser brauchen ihren eigenen Staat. So bleiben die Juden in der Mehrheit in Israel. Nur die Zwei-Staaten-Lösung verspricht Sicherheit…" In einem ähnlichen Sinn äußerte sich Anfang Januar 2017 auch der US-amerikanische Außenminister John Kerry in einer eindrücklichen Rede, in der er die Haltung der US-Regierung begründete, die erstmals eine Resolution der UNO zur Brandmarkung des völkerrechtswidrigen Verhaltens Israels ohne Veto-Einlegung passieren ließ, wie dies auch der Haltung der deutschen Bundesregierung und der EU entspricht. In gleicher Weise äußerten sich auch der israelische Soziologe und Philosoph Moshe Zuckermann und die israelische Sozialwissenschaftlerin Eva Illouz. Für sie ist die politisch kaum noch rückholbare Annexion des Westjordanlandes ein „eindeutiger, unverhohlener und unverfrorener Kolonialismus". Hoffnung, einen Ausweg aufzeigend, bietet vielleicht der Gedanke des zwischenzeitlich verstorbenen Shimon Perez, der im Januar 2016 in einem Interview darauf hinwies, dass im Kerngebiet Israels etwa 20 Prozent Araber seien – warum könne es dann nicht einen Palästinenserstaat geben, in dem 20 Prozent Juden lebten? Perez forderte entsprechend die Politiker Israels auf, ihre Denkfaulheit zu überwinden.

Erwähnt sei hier auch eine Studie des Ägyptologen Jan Assman, der im Monotheismus eine Wurzel religiöser Gewalt sieht, was neben dem Judentum auch Christentum und Islam betrifft. In den alten Religionen (sein Beispiel ist die ägyptische Religion) sei es um Wissen gegangen: Das Göttliche sei in der Schöpfung sichtbar gewesen. Es habe sich in der Welt manifestiert und sei mit austauschbaren Bildern umschrieben worden. „Der Himmel kann eine Kuh sein oder eine Frau oder eine Wasserfläche, die Sonne kann in einem Boot über den Himmel fahren ..." Erst bei den Juden sei aus Gott etwas Unsichtbares geworden, das sich offenbart hat und geglaubt werden muss. Und Glaube müsse sich gegen den Unglauben wehren. Dass der biblische Gott eifersüchtig sei, wurzle in der Idee des Bundes zwischen Gott und den Juden. Gott sei deshalb eifersüchtig, weil er ein Liebender sei, der sich leidenschaftlich für sein Volk engagiere. Und seine Anhänger müssten den Willen Gottes umsetzen, auch mit Gewalt. Die Bücher Exodus und Deuteronomium seien voller Gräuelpropaganda gegen die Kanaanäer im eigenen Land, die mit „Stumpf und Stiel" ausgerottet werden sollten. Und an vorderster Stelle der Zehn Gebote stehe: Du sollst keine anderen Götter neben mir haben.[128]

Es wirkt bis heute nach, dass vor allem in der Zeit des babylonischen Exils und in der nachexilischen Zeit religiöse Nationalisten mit Großmachtfantasien eine Lehre bzw. eine Religion oder einen nur dieses Volk liebenden Gott schufen – in erster Linie sicherlich mit dem Ziel, das Volk und seine Identität zu bewahren. Mit allerdings das friedliche Zusammenleben mit den Nachbarvölkern störenden „Nebenwirkungen": Indem sie einen nur das eigene Volk liebenden, nur das eigene Volk bevorzugenden Gott schufen, erhoben sie sich indirekt über die Nachbarvölker. Alle anderen Völker, alle Menschen mit anderen religiösen Vorstellungen, die natürlich von den Bibelschreibern keinen eigenen Schutzgott zugebilligt bekamen, würden Götzen anbeten, seien „Heiden". Zu allen anderen Völkern müsse man daher Abstand halten. Der „heilige Samen" (Buch Esra) dürfe nur innerhalb des Judenvolkes ausgetauscht werden. Mit dieser Methode der Vereinnahmung Gottes für die eigenen Zwecke, die ja kein jüdisches Alleinstellungsmerkmal ist, wird die Geschichte der Menschheit blutrot geschrieben. Auch Christen und Muslime beriefen sich – und tun das bis heute – auf ihren besonderen Bund mit Gott. Gerne hat man Gott auf seiner Fahne stehen, handelt natürlich nur in seinem Auftrag – seine Absolution für Gräueltaten inbegriffen.

Wie reagierten die Nachbarvölker auf diese in ihren Augen wahrscheinlich arrogante Haltung der Israeliten? Jedenfalls beschreibt das Alte Testament – bei allen Zweifeln an der Historizität der meisten Auseinandersetzungen – dass Israel ständig mit anderen Völkern in Konflikt stand. Das ganze Alte Testament ist eine ständige Abfolge von kriegerischen Auseinandersetzungen, kein Buch des Friedens und der Toleranz. Und auch innerhalb des Landes gab es ständig die kriegerischen Auseinandersetzungen und Konflikte zwischen Südreich und Nordreich, „da dieses tat, was (in den Augen der ultraorthodoxen Priester in Jerusalem) dem Herrn missfiel", z. B. andere Götter verehrte. Die in Jerusalem sind (meistens) die Guten, die im Norden die Schlechten – so bleibt man immer im Kriegsmodus!

Interessant ist nun, welche Einstellung die jüdische Bevölkerung Israels heute zu solchen Fragen hat und ob sie sich weiterhin als „auserwähltes Volk" sieht. Erstaunlich, das sei vorweggenommen, wie sehr das Alte Testament noch in den Köpfen steckt. Eine Anfang 2012 veröffentlichte Untersuchung des Guttmann-Zentrums bei Juden in Israel ergab unter anderem:[129]

- 77 Prozent der Befragten glauben an Gott.
- 67 Prozent sehen die Juden als von Gott auserwähltes Volk.
- 65 Prozent sagen, dass die Thora und die Gebote von Gott gegebene Ordnungen seien.
- 56 Prozent glauben an ein Leben nach dem Tod.
- 51 Prozent glauben an das Kommen des Messias.
- 43 Prozent bezeichnen sich als säkular (1999: 46 %); bei den aus Mittel- und Osteuropa stammenden aschkenasischen Juden sind es 67 Prozent.
- 32 Prozent bezeichnen sich als „traditionelle Juden" (1999: 33 %). 22 Prozent bezeichnen sich als orthodox oder ultra-orthodox (1999: 16 %); die aus der Sowjetunion und den arabischen Ländern stammenden Juden bezeichnen sich zu 73 Prozent als traditionell, orthodox oder ultra-orthodox. 3 Prozent sind antireligiös (1999: 6 %).
- 34 Prozent sind überzeugt, dass ein Jude, der die Gebote nicht hält, damit das gesamte Volk Israel gefährdet.
- 44 Prozent meinen, dass die Demokratie Maßstab für das Zusammenleben sein sollte; 20 Prozent wollen dagegen eine durch die jüdischen orthodoxen Gesetze (Halacha) geprägte Gesellschaft; 36 Prozent haben dazu keine Meinung und können sich beides vorstellen.
- 76 Prozent essen zu Hause koscher, 70 Prozent auch außerhalb; 72 Prozent essen nie Schweinefleisch.
- 68 Prozent wollen am Sabbat geöffnete Kinos, 65 Prozent schalten den Fernseher oder das Radio ein, 52 Prozent beschäftigen sich mit dem Internet, 37 Prozent treiben Sport, 29 Prozent suchen Vergnügen oder gehen essen, 16 Prozent nutzen den Tag zum Einkaufen und 11 Prozent zum Arbeiten.

Es gebe einen Trend hin zu mehr Religiosität, erläuterte die Wissenschaftlerin Ayala Keisser-Sugarmen. Der Soziologe Menachem Friedman von der Bar-Ilan-Universität, Ramat Gan bei Tel Aviv, merkt an, Jude zu sein sei eine Frage der nationalen Identität. Jüdisch zu sein sei nicht nur eine Religion, sondern auch ein Nationalgefühl.

2.2 Neues Testament und Christentum

> Du hältst das Evangelium, wie es steht, für die göttliche Wahrheit. Mich würde eine vernehmliche Stimme vom Himmel nicht überzeugen, daß das Wasser brennt und das Feuer löscht, daß ein Weib ohne Mann gebiert und daß ein Toter aufersteht. Vielmehr halte ich dieses für Lästerungen gegen den großen Gott und seine Offenbarung in der Natur.
>
> Johann Wolfgang von Goethe

Auch über den Wahrheitsgehalt des Neuen Testaments wird – schon lange – heftig gestritten. Vertreter der zwischenzeitlich an den theologischen Fakultäten und Hochschulen dominierenden „historisch-kritischen Methode der Bibelauslegung", für die Namen wie Rudolf Bultmann, Ernst Käsemann, Heinz Zahrnt oder auch Uta Ranke-Heinemann stehen, bezweifeln wesentliche Ereignisse und Aussagen des Neuen Testaments. Diesen stehen konservative Theologen wie der zwischenzeitlich emeritierte evangelische Professor für Neutestamentliche Theologie Klaus Berger gegenüber, der in seinem 2013 erschienen Buch *Die Bibelfälscher* scharfe Kritik an der historisch-kritischen Methode der Bibelauslegung übt – von den Evangelikalen ganz abgesehen.

Streitpunkte sind dabei hauptsächlich die „Entmythologisierung" des Neuen Testaments: Gegen die Naturgesetze geschehende Wunder werden von Bultmann & Co abgelehnt, so die Auferstehung Jesu, seine Himmelfahrt, seine Totenerweckungen, die Jungfrauengeburt Marias, das Laufen Jesu über das Wasser, Dämonen und ihre Austreibung, Brot- und Weinvermehrung. Jesus sei Mensch gewesen, nichts als Mensch. Aber auch der historische Gehalt vieler Ereignisse und mindestens die Hälfte der Jesus in den Mund gelegten Worte werden von ihnen bestritten. Kein „in Bethlehem geboren", kein „Kindermord des Herodes", kein Beten des „Vater unser" durch Jesus, mehrere „Paulusbriefe" seien nicht von Paulus etc. Klaus Berger, der für einen großen Teil seiner Kirche steht, klagt angesichts dieser Entwicklung: „So legen Theologen dem Herrgott Handschellen an und binden ihm einen Maulkorb um, damit er ja nichts tut oder sagt, was uns irritieren könnte." Es blieben die Wunder, die auch „bei Heilpraktikern vorkommen", so Berger empört.[130] Wolkig aber seine Begründung für die von seinen Theologenkollegen bestrittenen Wunder: „Um diese Wunder zu begreifen, muss unser Verstand sich weiten. Bei den Wundern Jesus geht es um eine mystische, also geheimnisvolle, Wirklichkeit, die über das hinausgeht, was die Naturwissenschaften aussagen können. Die Ursachen für die Wunder, über die die Bibel berichtet, sind physikalisch nicht erklärbar."

Diese Zerrissenheit zeigt sich tagtäglich im Fernsehen. Da gibt es die smarten, liberalen Theologen der Talkshows bei den öffentlich-rechtlichen Sendern, die den Zweiflern am Wahrheitsgehalt der Bibel in allem recht geben. Zappt man einige Kanäle weiter, gelangt man zu „Bibel-TV" mit seinen buchstabengetreuen US-amerikanischen, aber auch deutschen Bibelverkündern, und noch drei Kanäle weiter zu „K-TV" mit den unsäglichen, ob ihrer Trivialität schon als Satire durchgehenden Sendungen des „geistlichen Leiters" des Senders, Pfarrer Hans Buschor. Und zwischen dem, was an Hochschulen gelehrt wird, und dem, was von den Priestern – wider besseres Wissen – von den bayerischen Kanzeln und anderswo gepredigt wird, besteht schon immer ein Unterschied.

Das *Neue* Testament verstehen kann nur, wer das *Alte* Testament kennt. Und wie schon beim Alten Testament gilt: Auch das Neue Testament ist kein Geschichtsbuch! Es sollte vielmehr den neuen Glauben begründen – und da wurde entsprechend dick aufgetragen.

2.2.1 Inhalt und Entstehungsgeschichte

Das Neue Testament umfasst nach traditioneller Gliederung (mit Vermerk der wahrscheinlichen Entstehungszeit):[131]

- die *vier Evangelien* nach Matthäus (90 n. Chr.), Markus (70 n. Chr.), Lukas (90 n. Chr.) – die drei „Synoptiker" – und Johannes (110 n. Chr.)
- die *Apostelgeschichte* (90–100 n. Chr.)
- die *„Paulinischen" Briefe* (ab 50 – ca. 90 n. Chr.), davon
  – die *sieben „echten"* Paulusbriefe (Briefe an die Römer, Korinther (2), Galater, Philipper, der 1. Brief an die Thessalonicher sowie der Brief an Philemon), vermutliche Abfassung 50–60 n. Chr.
  – die *drei unechten* „deuteropaulinischen" Briefe (Briefe an die Epheser, Kolosser, 2. Brief an die Thessalonicher), vermutliche Abfassung 90–100 n. Chr.; und die *drei Pastoralbriefe* (Briefe an Timotheus (2) und Titus); Abfassung etwa 100 n. Chr.
- den *Hebräerbrief* (80–90 n. Chr.), der lange als Paulinischer Brief galt
- die *sieben „katholischen" Briefe*: Jakobus (Ende des 1. Jhs.); Petrus 1 und 2 (um 90 n. Chr. bzw. 110 n. Chr.); Johannes 1–3 (1.: 95 n. Chr., 2.+3.: 90 n. Chr.); Judas (80–100 n. Chr.)
- die *Offenbarung des Johannes* (90–96 n. Chr.)

Die *Evangelien* sind Glaubenszeugnisse und keine historischen Berichte – obwohl sie diesen Eindruck zu erwecken versuchen. Insbesondere Lukas wird seitens der Kirche gerne als der „Historiker" bezeichnet, obwohl er neben Johannes vielleicht der größte Evangeliumsdichter war. Die Skepsis gegenüber dem vermeintlichen Wahrheitsgehalt des Alten Testaments, sie ist auch gegenüber dem Neuen Testament berechtigt und geboten. Ist das Alte Testament weitgehend erfunden, gilt das – in kaum abgeschwächter Form – ebenso für das Neue Testament, auch wenn die Schreiber zeitlich weit näher am (vermeintlichen) Geschehen waren.

Entstehung des Neuen Testaments

Die vier Evangelisten sind unbekannt. Die Namen der Evangelisten wurden erst Ende des 2. Jahrhunderts vergeben. Sie gehörten nicht zur ersten Generation der frühen Christen. Keiner der Evangelienschreiber hat Jesus gekannt, auch Paulus nicht, obwohl er mit seinen Briefen zeitlich am nächsten dran war.

Das *Markusevangelium* ist nach überwiegender Auffassung das älteste Evangelium – nur die Paulusbriefe sind älter. Daher gilt das Markusevangelium als authentischer als alles, was folgte. Den „wahren" Jesus – ich unterstelle seine Existenz – kann man hier noch am ehesten erkennen.

Bei den danach verfassten Evangelien von *Matthäus* und *Lukas* lag den Verfassern neben dem Markusevangelium wahrscheinlich noch die *Logienquelle (Q)* vor, eine Sammlung mit Worten/Reden Jesu („Zwei-Quellen-Theorie"). Darüber hinaus verfügten beide möglicherweise jeweils über „Sondergut", also weitere Angaben zum damaligen Geschehen.[132] In diesen beiden Evangelien wird Jesus immer stärker erhöht, „göttlicher" gemacht, und es gibt mehr und eindrucksvollere Wunder.

Das zuletzt entstandene *Johannesevangelium* gilt – stärker noch als die übrigen – als fromme, ja als frömmste Dichtung. Es „bietet unter den Evangelien eindeutig die am stärksten aufgrund theologischer Prämissen stilisierte Jesusfigur", so die Theologen Theißen und Merz.[133] Hier wird der Weg Jesu zum Gottessohn geebnet. Aus einem galiläischen Wanderprediger wird ein Gott konstruiert. Das Johannesevangelium ist als Quelle für den historischen Jesus also mit noch größerer Skepsis zu sehen. Für die Kirche, Luther, Kierkegaard ist es allerdings das „schönste" Evangelium. Aber selbst die Kirche räumt, auch um sich nicht zu sehr angreifbar zu machen, zum Johannesevangelium ein, es seien keine historischen Zeugnisse, sondern Zeugnisse des Glaubens. Bei Markus ist Jesus noch ein Mensch, bei Johannes ein Gott.

Das gesamte Neue Testament wurde in Griechisch verfasst. Das älteste bekannte Fragment stammt aus dem Jahr 125 n. Chr., war aber bereits eine Abschrift. Die Schriften des Neuen Testaments wurden im vierten Jahrhundert kanonisiert.[134] Um 400 n. Chr. führten die Bischofssynoden von Rom, Hippo und Karthago zu einer *umfassenden* Kanonisierung der christlichen Bibel. Dabei wurde das Alte Testament dem Neuen Testament vorangestellt. Bei den späteren Übersetzungen griffen die Reformatoren (Luther) auf den hebräischen Kanon des Tanach zurück, während die katholische Kirche am Umfang der lateinischen Vulgata festhielt.

Näher eingegangen werden soll im Folgenden vor allem auf die in den Evangelien geschilderten Ereignisse, die Apostelgeschichte, den Paulusbrief an die Römer, da er den Kern der theologischen Vorstellungen des Paulus enthält und die größte Wirkungsgeschichte hat, sowie die Offenbarung des Johannes.

2.2.2 Beziehungen zwischen Altem und Neuem Testament, Judentum und Christentum

Man kann die Bedeutung des Alten Testaments für das Neue Testament kaum überschätzen. Der ältere Text schimmert in fast alle Passagen des jüngeren durch: die Theologie, die Begriffe, die Bezugnahmen, die Worte und Taten Jesu. Das Christentum hat von Anfang an im (von ihm sogenannten) „Alten Testament" die Grundlage des eigenen Glaubens gesehen, so die Genesis, die „Gesetzesschriften", die Worte der Propheten, die Psalmen. Dem Urchristentum galt das Alte Testament als Wort Gottes, das Jesus Christus als Messias Israels und der Völker ankündigte. Jesu Geschichte ist in dieser Sicht die Erfüllung der Erzählungen des Alten Testaments. Nach christlicher Vorstellung steht das Alte Testament für den „*Ersten Bund*" bzw. „*Alten Bund*" Gottes mit dem Volk Israel, das Neue Testament hingegen für den „*Neuen Bund*" Gottes mit allen Völkern.

Für Jesus und die Urchristen war der – allerdings in seinem Umfang noch nicht endgültig festgelegte – Tanach (Altes Testament) die maßgebende Heilige Schrift. Die ersten Christen, einschließlich Paulus, vereinnahmten das Alte Testament für sich und sahen es als etwas an, das für sie geschrieben war. Grundsätzlich findet nach Paulus das ganze Alte Testament sein „Ja und Amen in Christus". Die alttestamentlichen Weissagungen sah man als in Jesus erfüllt an (Mk 14,24). Negativ lässt sich – aus jüdischer Perspektive – auch sagen, dass die Christen den Juden das Alte Testament entwendet haben. Mehr noch: Vor allem Paulus proklamiert für das Christentum, es sei das neue und wahre Israel. Zudem brandmarkt er, wie vor allem auch Johannes, die Juden als die für den Tod Jesu Verantwortlichen. Als müsste man aus heilgeschichtlicher Sicht ihnen nicht eher dankbar sein, dass sie seinen – vom Gottvater so geplanten – Tod zur Erlösung der ach so sündigen Menschen zu verwirklichen halfen!

Einfacher als die Gemeinsamkeiten zwischen Judentum und Christentum zu benennen, ist es, die (weniger zahlreichen) Unterschiede aufzuzeigen, also das, was wirklich „neu" ist am Neuen Testament und worin sich jüdischer und christlicher Glaube unterscheiden. Zur Zeit des frühen Christentums – die frühen Anhänger des Messias waren Juden, und auch Jesus war Jude, man muss dies immer wieder ins Gedächtnis rufen – waren diese Unterschiede wohl noch geringer als heute nach 2.000 Jahren „Glaubensentwicklung" durch Kirchenväter, Päpste und Konzile.

Vor allem dass nach der Lehre des Christentums *Gott in Jesus Mensch geworden sein soll*, die „Fleischwerdung Gottes" (Inkarnation), die insbesondere im Johannesevangelium 1,14 sowie in den Paulusbriefen angesprochen wird, trennt das Christentum von den zwei anderen abrahamitischen Religionen. Das Judentum sieht in diesem Glaubenssatz eine Verletzung der Zehn Gebote („Du sollst keine anderen Götter neben mir haben") und lehnt die Trinität grundsätzlich ab. Jesus wird nicht als Sohn Gottes gesehen, da ein Mensch nach jüdischer Auffassung nicht göttlich sein kann. Das Judentum erkennt in Jesus auch nicht den Messias, da er nicht die endgültige Verwandlung der Welt gebracht habe, die die Juden nach biblischer Prophetie vom Messias erwarten. Ohnehin ist dieser in ihren Augen ein Mensch, wenn auch möglicherweise mit besonderen Gaben oder einem ausgeprägten Charisma. In Jesus sieht das Judentum lediglich einen jüdischen Wanderprediger, wie es zu seinen Lebzeiten viele gab, der jüdisches Gedankengut verbreitete und wegen Aufrührertums von der römischen Besatzungsmacht hingerichtet wurde. Göttliche Triaden (Dreiheiten, drei verschiedene, zusammengehörende Gottheiten), oft bestehend aus Vater, Mutter und Kind, sind übrigens aus vielen Mythologien bekannt, beispielsweise der ägyptischen Mythologie (Osiris, Isis und Horus) oder der römischen Mythologie (Jupiter, Juno und Minerva).

Die Evangelienschreiber des Neuen Testaments waren durchaus kreativ im (gewaltsamen) Deuten von Texten des Alten Testaments für ihre eigenen Schriften. Das Neue Testament musste als Erfüllung dessen dastehen, was im Alten Testament schon prophezeit war. Einige Beispiele:[135]

- *Jesus in Ägypten.* Im Alten Testament heißt es: „*(Gott spricht:) Als Israel jung war, hatte ich ihn lieb und rief ihn, meinen Sohn, aus Ägypten*" (Hos 11,1). Im Neuen Testament wird dies als Teil der Weihnachtsgeschichte umgedeutet: „*Da stand er (Joseph) auf und nahm das Kindlein und seine Mutter mit sich bei Nacht und entwich nach Ägypten und blieb dort bis nach dem Tod des Herodes, damit erfüllt würde, was der Herr durch den Propheten gesagt hat, der da spricht: ‚Aus Ägypten habe ich meinen Sohn gerufen.'*" (Mt 2,14–15).

- *Kindermord von Bethlehem.* Hier steht im Alten Testament: „*So spricht der HERR: Horch! In Rama hört man Totenklage, bitteres Weinen. Rahel beweint ihre Kinder. Sie will sich nicht trösten lassen über ihre Kinder, weil sie nicht mehr da sind.*" (Jer 31,15). Das Neue Testament berichtet: „*Da ergrimmte Herodes sehr, als er sah, dass er von den Weisen hintergangen worden war; und er sandte hin und ließ alle Jungen töten, die in Bethlehem und in seinem ganzen Gebiet waren, von zwei Jahren und darunter, nach der Zeit, die er von den Weisen genau erforscht hatte. Da wurde erfüllt, was durch den Propheten Jeremia geredet ist …*" (Mt 2,16–18).
- *Das ewige Königtum Jesus.* Im Alten Testament sagt der Prophet Nathan zu König David: „*Nun verkündet dir der Herr, dass der Herr dir ein Haus bauen wird. Wenn deine Tage erfüllt sind und du dich zu deinen Vätern legst, werde ich deinen leiblichen Sohn als deinen Nachfolger einsetzen und seinem Königtum Bestand verleihen. Er wird für meinen Namen ein Haus bauen und ich werde seinem Königsthron ewigen Bestand verleihen. Ich will für ihn Vater sein und er wird für mich Sohn sein. Wenn er sich verfehlt, werde ich ihn nach Menschenart mit Ruten und mit Schlägen züchtigen.*" (2. Sam 7,11–14). Im Neuen Testament spricht der Engel zu Maria: „*(Jesus) wird groß sein und Sohn des Höchsten genannt werden. Gott, der Herr, wird ihm den Thron seines Vaters David geben. Er wird über das Haus Jakob in Ewigkeit herrschen und seine Herrschaft wird kein Ende haben*" (Lk 1,32–33).
- *Die Jungfrauengeburt.* Das Alte Testament verkündet: „*Seht, die Jungfrau (Junge Frau) wird ein Kind empfangen, sie wird einen Sohn gebären und sie wird ihm den Namen Immanuel (Gott mit uns) geben*" (Jes 7,14). Fast gleichlautend steht im Neuen Testament: „*Seht, die Jungfrau wird ein Kind empfangen, einen Sohn wird sie gebären, und man wird ihm den Namen Immanuel geben, das heißt übersetzt: Gott ist mit uns.*" (Mt 1,22–

23). Der Religionswissenschaftler Gerd Lüdemann weist übrigens darauf hin, dass im hebräischen Originaltext des Alten Testaments von „junger Frau" die Rede sei, nicht von „Jungfrau", wie in der griechischen Übersetzung.

Auch dass es gerade *zwölf* Jünger sind, die sich Jesus ausgesucht haben soll, hat mit Symbolik zu tun: Sie stehen für die zwölf Stämme Israels. Das Alte Testament weise jedoch, so Lüdemann, anders als dies gerne bis heute gelehrt werde, nicht auf die Botschaft des Neuen Testaments hin. Die alttestamentlichen Verfasser hätten an keiner Stelle die Geschehnisse im Blick, die ihnen die neutestamentlichen Autoren zuschrieben. Der Wissenschaftler müsse heute davon ausgehen, dass das biblische Israel, die schönen Patriarchenerzählungen von Abraham und den Seinen, nichts seien als die Erfindung von Theologen, die den ins babylonische Exil vertriebenen Israeliten eine schöne Vergangenheit erfanden. Damit stehe der Glaube unter Ideologieverdacht. Der Gott des Alten Testaments habe weder Israel aus Ägypten geführt noch Jesus von den Toten erweckt. Und damit verliere das Christentum die Grundlagen seiner Lehren vom alten und vom neuen Bund.[136]

Der Gott des Alten Testaments, der ständig große Reden führt oder auch alltägliche Dinge bis ins Kleinste regelt, er meldet sich im Neuen Testament kaum noch selbst zu Wort. Andere sprechen von ihm: Paulus und vor allem die vier Evangelisten, die Gottes Worte Jesus in den Mund legen. Gott ist nun auch kein rachsüchtiger Herrscher mehr, der Sünder, vor allem die Feinde Israels, abschlachtet, sondern ein eher barmherziger Vater. Was ist passiert? Hat ihm jemand ins Gewissen geredet? Oder ist es einfach so, dass die Menschen etwas weiter waren als bei der Erfindung des archaischen grausamen Gottes Jahrhunderte zuvor? Vielleicht ist der neue, barmherzige Gott auch das „imaginäre Resultat menschlicher Hoffnungen und Wünsche, hervorgebracht von einer weiter entwickelten Kulturgesellschaft auf der Suche nach Trost für Demütigung und Unterdrückung."[137] Ein weiterer Beleg für Feuerbachs These: Wie der Mensch, so sein Gott! Der evangelische Theologieprofessor Notger Slenczka fordert gar in seinem Aufsatz „Die Kirche und das Alte Testament"[138] aus dem Jahr 2015, man solle die Bücher des Alten Testaments nicht länger als Teil des christlichen Kanons betrachten. Er begründet dies unter anderem mit dem deutlich anderen Gottesverständnis.

Zu guter Letzt: Hätten die Kirchenväter das Alte Testament in den biblischen Kanon aufgenommen, wenn sie um dessen fehlenden Wahrheitsgehalt gewusst hätten? Bei unterstellter Redlichkeit sicherlich nicht. Das Buch wäre das geworden, was es ist: ein fantastisches literarisches Werk, das mindestens in der Liga der homerischen Epen spielt; ein Identität schaffendes Mythenbuch der Juden. Fraglich ist natürlich, was vom Neuen Testament noch bliebe …

2.2.3 Jesus

Wer war Jesus?

Festmeter an Literatur hat die „historische Jesusforschung" hierzu schon produziert. Der besseren Übersichtlichkeit wegen wurde diese auch schon in drei oder fünf (historische) Phasen eingeteilt.[139] Im „Dreiphasenmodell" stehen für die erste Phase Namen wie Hermann Samuel Reimarus, David Friedrich Strauß, Albert Schweitzer (der vor seiner Arzttätigkeit in Lambarene ein angesehener Theologe war) oder gar der ehemalige US-Präsident Thomas Jefferson. Der zweiten Phase werden unter anderem die Theologen Rudolf Bultmann und Ernst Käsemann zugeordnet und der dritten Phase zum Beispiel Ed Parish Sanders, William Lane Craig oder das „Jesus-Seminar".

Manche traditionellen Christen meinen, es komme auf den „*historischen*" Jesus gar nicht an bzw. das sei nicht wichtig – das ganze Forschen ist ihnen suspekt. Wichtiger sei der „*verkündigte*" Jesus, also das, was die Evangelien, Paulus, die Kirchenväter und Konzile über ihn berichtet haben – eine beispielsweise im bayerischen Trachten-Katholizismus, aber auch in anderen Religionen häufig anzutreffende Vogel-Strauß-Einstellung. In der Wissenschaft wurde hingegen schon früh getrennt zwischen dem historischen Jesus, seinen Worten und Taten einerseits und dem „Christusglauben der Apostel" andererseits, so zum Beispiel in der frühen Aufklärung vom Hamburger Religions- und Sprachwissenschaftler *Hermann Samuel Reimarus* (1694–1768). Für ihn ist Jesus eine jüdische prophetisch-apokalyptische Gestalt; den durch sein Leiden die Menschen erlösenden, auferstandenen Jesus hält er dagegen für eine Neuschöpfung der Apostel. Diese hätten, um sich nicht wie Jesus selbst als gescheitert ansehen zu müssen, den Leichnam gestohlen und nach 50 Tagen seine Auferstehung und baldige Wiederkunft verkündigt – eine Meinung, der auch der Goethe anhing. Die Jesus von den Evangelisten angedichteten Wunder nahm dann der Philosoph und Theologe *David Friedrich Strauß* (1808–1874) auseinander und erklärte sie als Konzession der Evangelisten an die „jüdische Wundersucht" – für ihn eine „mythische" Ausgestaltung der Jesusüberlieferung.[140]

Zur Historizität Jesu konstatiert die Religionswissenschaftlerin *Uta Ranke-Heinemann*: „Es ist nicht viel, was wir über Jesus wissen. Wir wissen nicht, wann und wo er geboren ist, nicht wann er gestorben ist. Er ist ein Mensch ohne Biographie. Wir wissen nicht, welchen Zeitraum seine öffentliche Predigttätigkeit umfasste und wo genau sich diese abgespielt hat. Wir wissen genaugenommen nicht viel mehr, als dass er geboren wurde, dass es Menschen gab, die ihm während seiner Predigerzeit als seine Jünger und Jüngerinnen gefolgt sind, und dass er am Kreuz, dem römischen Galgen, als Aufrührer hingerichtet wurde und so auf elende Weise zu Tode kam."[141] Für den amerikanische Religionswissenschaftler *Ed Parish Sanders* gelten folgende Elemente der biblischen Überlieferung als historisch: die Taufe Jesu durch Johannes den Täufer, Jesus habe gepredigt und geheilt, er habe zwölf Jünger berufen, er sei in eine Kontroverse über den Tempel verwickelt gewesen („Tempelreinigung") und er sei außerhalb des Jerusalemer Stadtgebiets durch die römische Besatzungsmacht gekreuzigt worden. Die Berufung von „zwölf" Aposteln wird allerdings von *Rudolf Bultmann* und anderen bestritten; der Kreis habe sich erst nachösterlich gebildet und sei später in die Lebensgeschichte Jesu zurückprojiziert worden.

Zurückhaltend zum historischen Jesus äußert sich auch das *„Jesus-Seminar"*, eine 1985 gebildete internationale Gruppe von derzeit etwa 150 Religionswissenschaftlern („liberale Neutestamentler"), die ihre Forschungsergebnisse auf halbjährlichen Treffen diskutieren und hierüber abstimmen. Für sie gilt Jesus als Wanderprediger, Weiser und Wunderheiler, der ein Evangelium der Befreiung von jeglicher Ungerechtigkeit verkündet habe. Der Religionswissenschaftler *Gerd Lüdemann*, Mitglied des Jesus-Seminars, lässt als echte Taten Jesu gelten: seine Taufe durch Johannes, die Berufung der zwölf Apostel, seine Dämonenaustreibungen, seinen Kontakt mit „zwielichtigen Personen" sowie seine (ruppige) Reinigung des Tempels. Dass Jesus Naturwunder vollbracht habe, lehnt er – ganz im Sinne der historisch-kritischen Methode der Bibelauslegung – ab, ebenso dass Jesus das Abendmahl eingesetzt habe. Lüdemann resümiert: „Die frühen Christen haben sich, historisch geurteilt, Jesus so zurechtgemacht, wie er ihren Wünschen und Interessen entsprach und wie er ihnen im Kampf gegen Abweichler und Andersgläubige am nützlichsten zu sein schien."[142] Zweifel äußerte übrigens schon der religionsskeptische *Johann Wolfgang von Goethe* wegen der dünnen Beweislage: „Die Geschichte des guten Jesus hab ich nun so satt, daß ich sie von keinem als allenfalls von ihm selbst hören möchte."[143]

Die Frage, *ob Jesus nur ein Mensch war oder gleichzeitig auch Gott*, kann natürlich nur die ansprechen, die überhaupt an einen Gott glauben (für die anderen ist der Fall sowieso klar). „Entmythologisierer" wie Rudolf Bultmann und andere sprechen sich gegen eine Gotteseigenschaft Jesu aus. Jesus sei Mensch und nichts als Mensch gewesen.[144] Jesus wird zwar häufig als „Gottes Sohn" bezeichnet, aber das bedeutet nicht, dass er mit Gott gleichzusetzen ist und von den Menschen auch gleichgesetzt wurde. „Gottes Sohn" war kein speziell für Jesus geschaffener Begriff. Paulus beispielsweise bezeichnet in seinem Römerbrief als „Söhne Gottes" alle, „die vom Geist Gottes getrieben werden" (Röm 8,14), und in der Bergpredigt werden Friedensstifter „Söhne Gottes" (Mt 5,9) genannt. Jesus sagte angeblich selbst: „(D)er Vater ist größer als ich" (Joh 14,28). Die Gleichsetzung Jesu mit Gott erfolgte erst auf dem Konzil in Nicäa im Jahr 325 – „Wahrer Mensch und wahrer Gott" lautete die gefundene Formel. Gerichtet war dies gegen die Vorstellungen der Arianer, die auch den „Heiligen Geist" als gesonderten Gott bzw. als Gottesteil ablehnten. Ihr Wortführer Arius wurde als Häretiker zunächst verbannt und nach seiner Freilassung später offenbar vergiftet.

Man weiß nicht genau, welche Kenntnisse Jesus vom Alten Testament hatte. Vorsicht ist geboten, wenn sich Jesus auf Aussagen des Alten Testaments bezieht. „Wo die christlichen Quellen Jesus klar identifizierbare Schriftzitate oder Anspielungen auf biblische Traditionen in den Mund legen, ist keinesfalls sicher, ob diese auf Jesus zurückgehen", so die Autoren des derzeit bekanntesten Jesus-Lehrbuchs *Der historische Jesus*, Gerd Theißen und Annette Merz.[145] Problematisiert wird häufig, inwieweit sich seine Ethik, vor allem seine Nächstenliebe und gar Feindesliebe, auf die jüdische Ethik zurückführen lässt oder ob sie nicht vielmehr etwas völlig Eigenständiges ist. Dies ist eingebettet in die Frage, welches Verhältnis Jesus zum Gesetzeswerk, also zu den Normen der Thora bzw. des Alten Testaments, hat. Hier wird seitens der Religionswissenschaftler eine Ambivalenz Jesu aufgezeigt: Einerseits lässt sich eine Normentschärfung erkennen, andererseits auch eine Normverschärfung.[146]

Die Kritik Jesu an Normen der Thora betrifft in der Regel rituelle Gebote (Sabbatgebot, Reinheitsgebot, Opfergebot etc.). Diese werden von Jesus relativiert, wenn andere Prinzipien ihm übergeordnet erscheinen (Mitmenschlichkeit, Hilfeleistungen). Am bekanntesten ist vielleicht die Übertretung des Sabbatgebots, als Jesus an einem Sabbat eine Heilung vollbrachte: *„Als er ein andermal in eine Synagoge ging, saß dort ein Mann, dessen Hand verdorrt war. Und sie gaben Acht, ob Jesus ihn am Sabbat heilen werde; sie suchten nämlich einen*

Grund zur Anklage gegen ihn. Da sagte er zu dem Mann mit der verdorrten Hand: Steh auf und stell dich in die Mitte! Und zu den anderen sagte er: Was ist am Sabbat erlaubt: Gutes zu tun oder Böses, ein Leben zu retten oder es zu vernichten? Sie aber schwiegen. Und er sah sie der Reihe nach an, voll Zorn und Trauer über ihr verstocktes Herz, und sagte zu dem Mann: Streck deine Hand aus! Er streckte sie aus und seine Hand war wieder gesund. Da gingen die Pharisäer hinaus und fassten zusammen mit den Anhängern des Herodes den Beschluss, Jesus umzubringen" (Mk 3,1–6).

Normverschärfungen lassen sich in der Jesusüberlieferung vor allem bei den ethischen Geboten feststellen, so das Verbot des Tötens (Mt 5,22) und des Ehebruchs (Mt 5,28), das Gebot der Nächstenliebe, das Wiederheiratsverbot (Mk 10,11f.) und das Eidverbot (Mt 5,33ff.). Das Gebot der Nächstenliebe etwa, auf das im Kapitel zur Bergpredigt noch näher eingegangen wird, findet zwar bereits im alttestamentlichen Buch Levitikus Erwähnung: *„An den Kindern deines Volkes sollst du dich nicht rächen und ihnen nichts nachtragen. Du sollst deinen Nächsten lieben wie dich selbst"* (Lev 19,18). Unter dem „Nächsten" verstand man jedoch demzufolge vor allem Angehörige des *eigenen* Volkes.

Zur Ethik Jesu, ihren Quellen und ihrer Einordnung gibt es in der Literatur sehr unterschiedliche Deutungen. Dabei geht es darum, ob die Ethik Jesu weitgehend in Analogie zum Judentum steht, wozu Theißen und Merz neigen, oder ob sie etwas völlig Neues sei. Es dreht sich auch um die Frage, ob die starke Betonung der Nächsten- und sogar Feindesliebe ein absolutes, immer gültiges Prinzip darstellt oder ob diese Forderung nur aus dem von Jesus erwarteten unmittelbar bevorstehenden Reich Gottes mit Endgericht zu verstehen ist, sozusagen nur eine „Interimsethik" darstellt, was zum Beispiel von Johannes Weiß und Albert Schweitzer vertreten wurde. Ferner wird diskutiert, ob die Hochschätzung Jesu und seiner Anhänger von „Heimatlosigkeit, Besitz- und Schutzlosigkeit" und auch ihr „afamiliäres Ethos" nicht einfach nur Ausdruck ihrer Situation war – als

„wandernde Charismatiker ..., die unabhängig von den Bindungen des Alltags und eines ‚normalen' Erwerbslebens ... ein radikales Ethos praktizieren und entsprechende Normen predigen" konnten, also eine Art „Wanderradikalismus"-Ethik.[147]

Jesus beruft sich in vielen Fällen auf das Alte Testament. Da wir heute wissen, dass es weitgehend erfundene und gefälschte, zum Teil aus älteren Epen übernommene Geschichten enthält, müsste Jesus – wäre er „Gott" – eigentlich die Bezugnahme auf das Alte Testament unterlassen, zumindest was Namen und „Fakten" angeht. Er hätte ja die Wahrheit gekannt. War Jesus Gott, warum sagte er dann nicht zum Beispiel: „Die Geschichte von Adam und Eva ist allenfalls symbolisch zu verstehen, die Lebensformen und auch die Menschen haben sich über Milliarden Jahre durch Evolution entwickelt", oder: „Die Geschichten von Abraham, Isaak, Jakob, Joseph sind Erfindungen; sie haben auch keine genealogischen Verbindungen" usw. Jesus sagte das alles nicht – weil er, die Evangelienschreiber und auch Paulus es nicht besser wussten. Er war ein Mensch seiner Zeit mit dem – geringen – Wissen seiner Zeit, der offenbar auch nie Aussagen getroffen hat, die über seine kleine jüdische Welt hinausreichen. Entsprechend hat er sich auch mit einer zentralen Prophezeiung grundlegend geirrt. Als sein Kardinalirrtum gilt seine Erwartung des Reiches Gottes noch zu seinen Lebzeiten. So sagt er gemäß Markusevangelium 1,14: *„Die Zeit ist erfüllt und das Reich Gottes ist nahe"*, und laut Markusevangelium 9,1: *„Unter denen, die hier stehen, sind einige, die den Tod nicht kosten werden, bis sie das Reich Gottes in Macht haben kommen sehen."* Gekommen ist dieses Reich bislang bekanntermaßen nicht.

Eine Kirche wollte Jesus demnach sicherlich nicht gründen! Der Religionswissenschaftler *Hans Küng* schreibt dazu: „Der geschichtliche Jesus hat ... mit der Vollendung der Welt und ihrer Geschichte zu seinen Lebzeiten gerechnet. Und für dieses Kommen des Reiches Gottes wollte er zweifellos nicht eine von Israel unterschiedliche Sondergemeinschaft mit eigenem Glaubensbekenntnis, eigenem Kult, eigener Verfassung, eigenen Ämtern gründen ... Das alles bedeutet,

Jesus hat zu seinen Lebzeiten keine Kirche gegründet. Er dachte nicht an die Gründung und Organisation eines zu schaffenden religiösen Großgebildes ... Er dachte weder für sich noch für die Jünger an eine Mission unter den Heidenvölkern."[148]

Kann, ja darf sich ein Gott so irren?

Ein Aspekt erscheint noch bemerkenswert: Genießt schon die relativ kleine jüdische Bevölkerung, so die Konstruktion der alttestamentlichen Bibelschreiber, alleine die göttliche Bevorzugung, so hat dann auch Jesus den Tunnelblick: *„Ich bin nur zu den verlorenen Schafen des Hauses Israels gesandt"* (Mt 15,24). Kein Gedanke also an eine „Weltkirche"! Der dem auferstandenen Jesus in den Mund gelegte Satz *„Gehet hin in alle Welt und lehret alle Völker und taufet sie im Namen des Vaters und des Sohnes und des Heiligen Geistes",* der „Missions- und Taufbefehl" (Mt 28,16–20), gilt als unecht.[149]

In der Alchemistenküche der Evangelisten und von Paulus standen viele Töpfe, um aus Jesus einen göttlichen Propheten, einen Messias oder gar Gott selbst zu machen. Der größte Topf trug die Aufschrift „Altes Testament". Die hieraus entnommenen Zutaten waren, wie bereits angesprochen wurde, vielfältig: Sein Kommen als Messias leiten die Evangelisten, Paulus und die frühen Christen aus dem Alten Testament ab. Die den Propheten im Alten Testament zugeschriebenen Wunder werden auch Jesus zugebilligt (so etwa mit Blick auf Elias und Elischa in den Büchern der Könige). Die Konstruktionen seiner Abstammung („aus dem Haus David"), seiner Geburt (in Davids Geburtsort Bethlehem), seines Todes (die ihm in den Mund gelegten Worte) und seiner Wiederauferstehung stellen die Evangelisten weitgehend als durch alttestamentliche Schriften prophezeit dar. Und überhaupt legen ihm die neutestamentlichen Bibelschreiber in vielen Fällen Worte aus den alttestamentlichen Prophetenbüchern, Psalmen und so weiter in den Mund. Der wissenschaftlichen Jesusforschung zufolge sind unter den überlieferten Jesus-Stoffen am ehesten noch die Gleichnisse echt.

Jesus hat sich wohl selbst nicht als Gott verstanden. Als jemand ihn als „guten Lehrer" anredet und fragt, wie ewiges Leben zu erben sei, beginnt Jesus seine Antwort mit dem Satz: *„Niemand ist gut als Gott allein"* (Mk 10,18). Das heißt, er wurde zum Gott gemacht! Als wichtiges Ereignis für die Gottwerdung Jesu gilt insbesondere für Paulus seine Auferstehung (Röm 1,1–4). Der Hellenismus, in dem Paulus ebenfalls zu Hause war, kannte ja einige Gottessöhne. Und auch der Mithraskult[150] dürfte Paulus nicht fremd gewesen sein. In dem – nach den Paulusbriefen verfassten – Lukasevangelium war Jesus hingegen quasi schon mit seiner Zeugung göttlich.

Ein weiterer Aspekt: Wenn Jesus Gottes Sohn wäre, wie die Christen glauben, warum spielt er bis heute bei Milliarden Menschen, beispielsweise bei Chinesen oder Indern, keine Rolle? Kommen diese nun alle in die Hölle („Wer an mich glaubt, wird leben, auch wenn er gestorben ist")? Auch die Muslime, noch einmal fast 1,8 Milliarden Menschen, sehen in ihm nur einen „Propheten", keinen Gott. Was soll man von einem „Gott" halten, der angeblich für die ganze Menschheit gestorben ist, aber zwei Drittel der Menschheit nicht erreicht, dessen Kreuzestod vermeintlich „zur Rettung der ganzen Menschheit" geschah, die meisten Menschen auf der Erde aber bis heute nicht interessiert? Und nach Lage der Dinge wird sich das vermutlich auch nicht ändern. Mehr noch: Selbst die Zahl der Christen, die an derlei Dinge nicht mehr glauben, steigt ständig, und sie verlassen in Scharen die Kirchen.

Jesus war einer der vielen prophetischen Wanderprediger jener Zeit. Ein religiöser Eiferer, vielleicht auch ein Hitzkopf, möglicherweise charismatischer als andere Wanderprediger. Einer, der die Welt verbessern, der sie gerechter, sozialer, friedlicher machen wollte. Die vielen jüdischen Vorschriften über alle Lebensbereiche waren ihm wohl ein Gräuel. Es gab für ihn Wichtigeres. Substance over form! Über Kindheit, Jugend und das frühe Mannesalter Jesu wissen wir bekanntlich nichts. Jesus tritt erst kurz vor seinem Tod überhaupt öffentlich in Erscheinung. Sein ganzes Wirken erstreckte sich – glaubt man den Evangelien – über nicht mehr als ein Jahr! Es wird in den synoptischen Evangelien über eine einzige Jerusalem-Reise berichtet, und diese endete für ihn tödlich.

Es ist also schwierig, an den „wahren" Jesus heranzukommen, da wesentliche Fakten erfunden sind und der überwiegende Teil der Jesusworte ihm nachträglich in den Mund gelegt wurde. Auch von seiner Familie, der er wohl eher distanziert gegenüberstand, wissen wir wenig, von seiner Mutter Maria, seinem Vater Josef, seinen im Matthäusevangelium genannten Brüdern Jakobus, Josef, Judas und Simon, seinen nicht namentlich genannten Schwestern (Mt 13,55–56). Jesus stöhnt über sie: *„Nirgends hat ein Prophet so wenig Ansehen wie in seiner Heimat und in seiner Familie"* (Mt 13,57). Familie halt. Er selbst äußert sich auch nicht sehr freundlich. So nennt Jesus in Abgrenzung zu seinen Verwandten nach Markus 3,31–35 nur solche seine Brüder und Schwestern, die den Willen Gottes tun. Seine leiblichen Brüder verweigerten Jesus den Glauben; sie hielten ihn sogar für von Sinnen (Mk 3,20–21).

Für den Religionswissenschaftler Gerd Lüdemann ist das ganze Neue Testament – legt man die Ergebnisse der Bibelforschung zugrunde – weitgehend ein „großer Betrug". So auch der Titel seiner Untersuchung auf der Grundlage verschiedener Kriterien zur Textanalyse über echte und unechte Worte und Taten Jesu.[151] Als *echte Jesusworte* gelten nach Lüdemanns Analyse unter anderem

- die Seligpreisungen: *„Selig, ihr Armen, denn euch gehört das Reich Gottes. Selig, die ihr jetzt hungert, denn ihr werdet satt werden. Selig, die ihr jetzt weint, denn ihr werdet lachen"* (Lk 6,20b–21);
- die Bitte um das Kommen der Gottesherrschaft in der Zukunft: *„Dein Reich komme"* (Mt 6,10; Lk 11,2);
- die Gegenwart und Zukunft des Gottesreiches in den Gleichnissen Jesu, etwa die Gleichnisse von der selbstwachsenden

Saat (Mk 4,26-29), vom Senfkorn (Mt 13,31-32; Lk 13, 18-19) und vom Sauerteig (Lk 13,20-21; Mt 13,33);
- die Gesetzesverschärfung: *„So gebt dem Kaiser, was dem Kaiser gehört, und Gott, was Gott gehört!"* (Mk 12,17), *„Wer eine Frau auch nur lüstern ansieht, hat in seinem Herzen schon Ehebruch mit ihr begangen"* (Mt 5,28), *„Schwört überhaupt nicht..."* (Mt 5,34a) oder *„Liebt eure Feinde..."* (Mt 44a; Lk 6,27);
- die Ausrichtung des Gesetzes am Menschen: *„Der Sabbat ist für den Menschen da, nicht der Mensch für den Sabbat"* (Mk 2,27).

Als *unechte Worte Jesu*, die also nicht von ihm stammen, nennt Lüdemann unter anderem

- die Weherufe gegen Schriftgelehrte und Pharisäer, so etwa den ersten der insgesamt sieben Weherufe: *„Weh euch, ihr Schriftgelehrten und Pharisäer, ihr Heuchler! Ihr verschließt den Menschen das Himmelreich. Ihr selbst geht nicht hinein; aber ihr lasst auch die nicht hinein, die hineingehen wollen"* (Mt 23,13-38) – die Schärfe und Polemik gegenüber den „Schriftgelehrten und Pharisäern" setzen gemäß Lüdemann insbesondere die spätere urchristliche Gemeindesituation des Matthäus voraus;
- die Bezeichnung der Juden als Söhne des Teufels: *„Ich weiß, dass ihr Nachkommen Abrahams seid. Aber ihr wollt mich töten, weil mein Wort in euch keine Aufnahme findet. Ich sage, was ich beim Vater gesehen habe, und ihr tut, was ihr von eurem Vater gehört habt ... Ihr habt den Teufel zum Vater ..."* (Joh 8,37-45) – dieser Text des Johannesevangeliums sei, so Lüdemann, ein bedauerlicher vorläufiger Höhepunkt der antijüdischen Attacken im frühen Christentum und sei aus der Situation des johanneischen Gemeindeverbandes herzuleiten;

- Leidens- und Auferstehungsweissagungen des Markusevangeliums: *„Dann begann er, sie darüber zu belehren, der Menschensohn müsse vieles erleiden und von den Ältesten, den Hohenpriestern und den Schriftgelehrten verworfen werden; er werde getötet, aber nach drei Tagen werde er auferstehen"* (Mk 8,31; ähnlich in Mk 9,31 und Mk 10,32b–34) – die Unechtheit dieser Jesusworte ergebe sich aus der Absicht, die Markus mit ihnen verbinde: Jesus soll mit seiner Ankündigung selbst als Herr des Geschehens dargestellt werden; er soll *freiwillig* sein Leben opfern. Die Aussage, er werde nach drei Tagen wiederauferstehen, gilt als unecht, da dies für seine Jünger ein unverhofftes Geschehen gewesen wäre;
- die Ankündigung der Verleugnung des Petrus (Mk 14, 26–31). Auch diese Passage gilt als konstruiert, soll doch Jesus unbedingt das spätere Geschehen schon vorher gewusst haben. Dies gilt laut Lüdemann auch für die Ankündigung des Verrats des Judas (Mk 14,17–21). Bezeichnend sei auch die Bezugnahme auf ein alttestamentliches Zitat (Sach 13,7);
- den Umstand, dass Jesus seine Kirche auf Petrus aufbaut (Mt 16,17–19) und seine Jünger mit der Weltmission beauftragt (Mt 28,16–20) – Jesus kann diese Worte nicht gesprochen haben, da er keine Kirche gründen wollte – er sah ja (fälschlicherweise) das Reich Gottes nahe;
- die Voraussage Jesu an einige seiner Jünger von dem Überleben bis zur Ankunft des Gottesreiches sowie die Worte Jesu am Kreuz (*„Dein Reich komme"* und *„Mein Gott, mein Gott, warum hast du mich verlassen?"*).

Auch die Weissagungen Jesu über die Zerstörung Jerusalems (Lk 21,24), die Zerstörung des Tempels (Mk 13,2) oder die erwähnten Prophezeiungen Jesu, in denen er seinen Tod und seine Auferstehung vorhersagt (Mk 8,31) – diese „Prophezeiungen" sind ja erst *nach* den tatsächlichen Ereignissen niedergeschrieben worden –, gelten den historisch-kritischen Bibelexegeten als „vaticinia ex eventu", ein uns aus dem Alten Testament bereits bekanntes häufiges Schummeln der Bibelverfasser.

Jesus als Vorbild und ethische Leitfigur?

Zunächst das *Positive*: Viele Menschen, nicht nur Christen, betonen die Vorbildfunktion Jesu. Für Christen hat dies zudem den Vorteil, dass sie sich nicht mit dem furchtbaren Gott des Alten Testaments beschäftigen oder besser gesagt herumschlagen müssen. Die Kirche als Institution lässt sich ebenfalls leichter ausblenden. Vor allem ist der Jesus des Neuen Testaments menschenfreundlicher als der grausame Gott des Alten Testaments.[152] Jesus klebt nicht „pharisäerhaft" an den religiösen Gesetzen des Judentums. Und Jesu Ethik beeindruckt viele Menschen: Er wendet sich auch den Unterdrückten, Armen, Kranken, den Außenseitern und Ausgegrenzten der Gesellschaft zu und kritisiert Reiche. Er hat offenbar ein entspanntes Verhältnis zu Frauen (und wohl auch zum Genuss von Wein). Und vor allem sind „seine Aufrufe zur Liebe und Vergebung zeitlos, seine Gleichnisse vom verlorenen Sohn und vom barmherzigen Samariter und Teile der Bergpredigt gehören zum Besten, was in den neutestamentlichen Schriften überliefert wurde ..."[153] Inhaltlich sind es neue Momente, die in der Lehre Jesu auftreten, denn seine Verkündigung gilt nicht mehr wie bei den alttestamentlichen Propheten dem Volk als Ganzem, sondern *dem Einzelnen*.[154]

Aber Jesus hat auch eine *dunkle Seite*, die gerne ausgeblendet wird:

- Der ganze Bürde des Alten Testaments – er schleppt sie mit sich und verkündet sie als seine Richtschnur!
- Die ältesten Zeugnisse über Jesus im Markusevangelium zeigen ihn als Wanderprediger und Exorzisten. Als Apokalyptiker verkündet er die Gottesherrschaft, das Ende der Welt, so wie man sie sich vorstellte. Er war ein Endzeitprediger und

wollte seine Volksangehörigen aufrütteln. An die „Heiden", derer sich dann Paulus annahm, hatte er offenbar keine Botschaft. Als gläubiger Jude sah er sich nur zu Juden gesandt. Seine Predigt der Gottesherrschaft wäre für „Heiden" ohnehin unverständlich gewesen. Zu seiner Vorstellungswelt gehörte auch der Glaube an Hölle, Teufel und Endgericht.

- Jesus hat als Teufels- und Dämonenaustreiber (Exorzist) gewirkt. Die entsprechende Passage im Lukasevangelium (Lk 11,20) gilt als echtes Jesuswort.[155] Damit könnte er heute nicht punkten. Selbst der Klerus der katholischen Kirche wird bei diesem Thema zurückhaltend, von seinen Schäfchen ganz zu schweigen. Jesus also ein Exorzist? Ja! Das ist sogar ein wichtiger Teil seines Handelns. Das Ende der Herrschaft des Teufels gilt als eine tragende Glaubensüberzeugung Jesu. Die Zitate des Lukasevangelium *„Ich sah den Satan wie einen Blitz aus dem Himmel fallen"* (Lk 10,18) und *„Wenn ich aber durch den Finger Gottes die Dämonen austreibe, ist das Reich Gottes zu euch gekommen"* (Lk 11,20) gelten als authentische Jesusworte. Verwiesen werden kann zudem auf die zahlreichen Begegnungen Jesu mit Dämonen und die Versuchungsgeschichten. Bereits nach seiner Taufe durch Johannes war Jesus *„vierzig Tage lang ... in der Wüste und wurde vom Satan versucht"* (Mk 1,13). Auch heißt es im Markusevangelium: *„Als es Abend geworden war, brachte man nach Sonnenuntergang alle Kranken und Besessenen zu ihm. Die ganze Stadt war vor der Tür versammelt und er heilte viele, die an Krankheiten aller Art litten, und trieb viele Dämonen aus. Dabei ließ er die Dämonen nicht reden; denn sie kannten ihn"* (Mk 1,32–34), sowie: *„Und er wanderte umher, predigte in ganz Galiläa in ihren Synagogen und trieb die Dämonen aus"* (Mk 1,39).

- Für die Heiden, die Gottlosen, die Nichtgläubigen hatte Jesus nichts übrig. Er wünschte ihnen Hölle und Teufel. Für viele hatte er keine „frohe Botschaft", sondern das Gegenteil, die

Androhung ewiger Höllenqualen. *„Wer da glaubt und getauft wird, der wird selig werden; wer aber nicht glaubt, der wird verdammt werden"* (Mk 16,16). Denn ins Himmelreich kommen – so seine Botschaft zum himmlischen Gericht – nur wenige (Mt 22,14): *„Denn viele sind berufen, aber wenige sind auserwählt."* Jesus kennt bei Bestrafungen häufig keine Verhältnismäßigkeit. So prophezeit er schon ewige Höllenstrafen, wenn einer seinen Bruder einen „gottlosen Narren" nennt (Mt 5,21–22). Hier wabert auch bei Jesus noch der Geist des Alten Testaments. Dann doch lieber vor einem säkularen Landgericht stehen als vor einem – sich von religiösen Eiferern ausgedachten – göttlichen Endgericht.

- Im Gegensatz zum so friedfertigen Jesus wirkt in seiner Rigorosität gegenüber den eigenen Anhängern, seinen Jüngern, auch der folgende Ausspruch in Matthäus 10,34–39 befremdlich: *„Ihr sollt nicht meinen, dass ich gekommen bin, Frieden zu bringen auf die Erde. Ich bin nicht gekommen, Frieden zu bringen, sondern das Schwert. Denn ich bin gekommen, den Menschen zu entzweien mit seinem Vater und die Tochter mit ihrer Mutter und die Schwiegertochter mit ihrer Schwiegermutter. Und des Menschen Feinde werden seine eigenen Hausgenossen sein. Wer Vater oder Mutter mehr liebt als mich, der ist meiner nicht wert; und wer Sohn oder Tochter mehr liebt als mich, der ist meiner nicht wert. Und wer nicht sein Kreuz auf sich nimmt und folgt mir nach, der ist meiner nicht wert. Wer sein Leben findet, der wird's verlieren; und wer sein Leben verliert um meinetwillen, der wird's finden."* Verse mit ähnlichem Tenor finden sich auch im Alten Testament und im Koran.

Allzu einheitlich ist die Ethik, die sich bei Jesus erkennen lässt, also nicht ... Man kann natürlich sein privates Leben am Leben Jesu, an seinen Äußerungen zur Friedfertigkeit und zur Nächstenliebe ausrichten, was viele Menschen auch tun, und dabei seine dunklen Seiten ausblenden. Aber kann Jesus als religiöse Figur auch Grundlage eines säkularen und pluralistischen Staates sein? Sicherlich nicht. Und gerade seine dunklen Seiten passen nicht zu unserem Verständnis eines friedlichen Zusammenlebens. Denn Religion hat immer auch eine Abgrenzungstendenz. In unserem Staat soll aber *jeder* nach seiner Fasson leben können, Männer, Frauen, Atheisten, Christen, Muslime, Juden, „Ehebrecher", Geschiedene, Schwule, Lesben.

Außerbiblische Quellen zur Historizität Jesus

Quellen außerhalb des Neuen Testaments, die Informationen zu Jesus bieten, sind dünn gesät, und es gibt große Zweifel an ihrer Aussagekraft. Ganz vorne steht für fromme Christen eine (vermeintlich) im Jahr 93 n. Chr. verfasste Textpassage des römisch-jüdischen Chronisten *Flavius Josephus* (vermutlich 37–100 n. Chr.) über Jesus, das sogenannte Testimonium Flavianum: „Um diese Zeit lebte Jesus, ein weiser Mensch, wenn man ihn überhaupt einen Menschen nennen darf. Er war nämlich der Vollbringer ganz unglaublicher Taten und der Lehrer aller Menschen, die mit Freuden die Wahrheit aufnahmen. So zog er viele Juden und auch viele Heiden an sich. Er war der Christus. Und obgleich ihn Pilatus auf Betreiben der Vornehmsten unseres Volkes zum Kreuzestod verurteilte, wurden doch seine früheren Anhänger ihm nicht untreu. Denn er erschien ihnen am dritten Tag wieder lebend, wie gottgesandte Propheten dies und tausend andere wunderbare Dinge von ihm vorherverkündigt hatten. Und noch bis auf den heutigen Tag besteht das Volk der Christen, die sich nach ihm nennen, fort."[156] Der Authentizität des Textes wird jedoch überwiegend bestritten, gilt er doch den meisten Wissenschaftlern als nachträglich durch Christen eingefügt und somit als Fälschung. Allein wenn man die Passagen unmittelbar vor und nach dem zitierten Text liest, fällt auf, dass er nicht dazu passt. Flavius Josephus erwähnt ferner die Hinrichtung des Jakobus (evtl. 62 n. Chr.) unter dem sadduzäischen Hohepriester Hannas II.: „Er versammelte daher den Hohen

Rat zum Gericht und stellte vor dasselbe den Bruder des Jesus, der Christus genannt wird, mit Namen Jakobus, sowie noch einige andere, die er der Gesetzesübertretung anklagte und zur Steinigung führen ließ."[157] Zwar werden auch hier Zweifel geltend gemacht, viele Historiker halten diese Stelle jedoch für authentisch.

In seinen 116–117 n. Chr. verfassten Annalen berichtet *Tacitus* (um 58 n. Chr. bis um 120 n. Chr.), römischer Politiker und Historiker, über den Brand Roms unter Nero (Annalen XV 44): „Doch weder durch menschliche Hilfe, weder durch kaiserliche Spendungen, noch durch Sühnungen der Götter ließ sich der Schimpf bannen, dass man glaubte, es sei die Feuersbrunst geboten worden. Um daher dies Gerede zu vernichten, gab Nero denen, die, durch Schandtaten verhasst, das Volk Christen nannte, die Schuld und belegte sie mit den ausgesuchtesten Strafen. Der, von welchem dieser Name ausgegangen, Christus, war, als Tiberius regierte, vom Prokurator Pontius Pilatus hingerichtet worden, und der für den Augenblick unterdrückte verderbliche Aberglaube brach nicht nur in Judäa, dem Vaterlande dieses Unwesens, sondern auch in Rom, wo von allen Seiten alle nur denkbaren Greuel und Abscheulichkeiten zusammenflißen und Anhang finden, wieder aus."[158] Konkrete Anhaltspunkte für Fälschungen gibt es hier wohl nicht.

Die meisten heutigen Historiker und Neutestamentler halten Jesu Existenz für gesichert, vor allem weil sie Anteile der urchristlichen Evangelien auch unabhängig von der Bewertung außerchristlicher Erwähnungen Jesu als historisch zuverlässig beurteilen.[159]

2.2.4 Markante Stellen des Neuen Testaments

Du bist gebenedeit unter den Weibern

Gemäß Lukas (1,26) *„wurde der Engel Gabriel von Gott in eine Stadt in Galiläa namens Nazareth zu einer Jungfrau gesandt, die mit einem*

Mann namens Josef aus dem Hause Davids verlobt war. Der Name der Jungfrau war Maria ... Der Engel sagte zu ihr: Fürchte dich nicht, Maria; denn du hast bei Gott Gnade gefunden. Du wirst ein Kind empfangen, einen Sohn wirst du gebären; ihm sollst du den Namen Jesus geben ... Maria sagte zu dem Engel: Wie soll dies geschehen, da ich keinen Mann erkenne? Der Engel antwortete ihr: der Heilige Geist wird über dich kommen und die Kraft des Höchsten wird dich überschatten ..." Und Matthäus (1,22–23) ergänzt: *„Dies alles ist geschehen, damit das Wort des Herrn in Erfüllung geht, das er durch den Propheten gesprochen hat: Seht die Jungfrau wird schwanger werden und einen Sohn gebären, und man wird ihm den Namen Emmanuel geben".*

Exklusivität ist in der christlichen Lehre, anders als von ihr selbst beansprucht, selten zu finden – auch nicht, was die Jungfrauengeburt und die Mitwirkung eines Gottes betrifft. Es sind antike Vorstellungen, die schon im Alten Orient, in Ägypten, Griechenland und Rom vorkommen, nach denen Könige oder auch bedeutende Männer von Gott gezeugt werden oder „abstammen", teilweise in Kombination mit einer Jungfrauengeburt. So gebar die Göttin Isis als Jungfrau und wurde Mutter Gottes genannt; bei Alexander dem Großen wird von einer Empfängnis durch einen Blitzstrahl berichtet; Romulus wurde von der Jungfrau Rhea Silvia geboren; Kaiser Augustus galt als ein Sohn des Apoll.[160] Aber auch im Alten Testament hatte Gott, wie wir bereits gesehen haben, bei wichtigen Zeugungen seine Hand im Spiel: bei Abrahams Frau Sarah, bei Isaaks Frau Rebekka, bei Jakobs Frau Rahel und auch bei den Müttern des Propheten Samuel und des unbezwingbaren Samsons. Zudem gibt es einige Ungereimtheiten, so etwa der schon erwähnte Übersetzungsfehler, war doch in Jesaja 7,14 von einer „jungen Frau" die Rede (hebräisch: almah), nicht von einer „Jungfrau". Bemerkenswert ist auch, dass weder Markus noch Paulus, deren Schriften die ältesten neutestamentlichen Texte sind, nichts von einer Jungfrauengeburt berichten – auch dies ein Beleg dafür, dass Jesus sukzessive vergöttlicht wurde.

Neues Testament und Christentum

Ist die Figur Jesu schon konstruiert, so gilt dies erst recht für Maria. Es begann auf dem Konzil von Ephesos im Jahr 431 mit der Dogmatisierung Marias als „Mutter Gottes". Laut dem Konzil von Konstantinopel im Jahr 553 war Maria nicht nur bei Jesu Geburt Jungfrau, sie ist es auch zeitlebens geblieben. Also kein Sex mit Joseph! Fraglich ist dann nur, woher die im Markusevangelium 6,3-4 genannten Brüder Jesu, Jakobus, Joses, Judas und Simon, kommen? Im Jahr 1854 legte Papst Pius IX. das Dogma der unbefleckten Empfängnis fest: Maria selbst sei von ihrer Mutter ohne Erbsünde empfangen und geboren worden und in ihrem späteren Leben ganz ohne persönliche Sünde geblieben. Schließlich wurde im Jahr 1950 von Papst Pius XII. die leibliche Aufnahme Marias in den Himmel, besser bekannt als „Mariä Himmelfahrt", als Dogma verkündet.

Mit all dem löst man heute bei den meisten Menschen nur noch Kopfschütteln aus. Dabei kommt die „Gottesmutter Maria" im Neuen Testament eher schlecht weg. Sie hatte, legt man das Markus- und das Johannesevangelium zugrunde, ein schwieriges Verhältnis zu ihrem Sohn, und auch er hatte ein ziemlich distanziertes Verhältnis zu seiner Mutter, wie die bereits erwähnten Beispiele zeigen (Mk 3,21; 3,32-35; 6,3-4; Joh 2,4). Die Vergöttlichung Marias beruht ohnehin vielmehr auf den Bedürfnissen des religiösen Fußvolkes und vor allem glühender Marienverehrer im Klerus. Während die Kirche ja die Frauen generell herabsetzte und in ihnen immer noch das minderwertige Geschlecht sieht, das in seiner Schlechtigkeit den Mann verführt und die Vertreibung aus dem Paradies ausgelöst hat, stellt sie ihnen das Bild einer reinen, keuschen, unbefleckten Maria gegenüber. Eine zölibatäre, infantile Fantasie! Maria wird in der katholischen Kirche und bei vielen katholischen Christen heute in ihrer Bedeutung fast noch vor dem Heiligen Geist angesiedelt. Wie sagten doch Feuerbach und Freud: Der Mensch schafft seinen Gott nach seinen Bedürfnissen! Maria ist hierfür vielleicht das schönste, weil so gut dokumentierte Beispiel. Ein Lehrstück dafür, wie eine Göttin gemacht wird!

Auf die von den Evangelisten und der Kirche konstruierte komische Rolle Josefs und die vielfachen Ungereimtheiten und Widersprüche soll hier nicht weiter eingegangen werden.[161] Warum muss Josef aus dem Haus David sein, wo es doch auf seinen Samen gar nicht ankam? Es sollte mit aller Gewalt ein Bezug zum alttestamentlichen Text hergestellt werden, wonach Jesus aus dem Haus David zu stammen hatte! Dass die katholische Kirche auch ihre hirnrissigsten Dogmen mit großer Härte verteidigt, hat übrigens Uta Ranke-Heinemann, Professorin für katholische Theologie an der Universität Essen, erfahren: Als sie sich kritisch mit der Jungfrauengeburt Marias auseinandersetzte, entzog ihr der Essener Bischof Franz Hengsbach 1987 die Lehrbefugnis für katholische Theologie.[162]

Zu Bethlehem geboren

Das Markusevangelium beginnt mit den öffentlichen Auftritten Jesu – ohne Hinweis auf seine Geburt. Bei Lukas und Matthäus werden demgegenüber Geburtslegenden gestrickt, von denen das (ältere) Markusevangelium noch nichts weiß. Dass die Geburtsgeschichte in Bethlehem angesiedelt wurde, hat mit zwei alttestamentlichen Bibelstellen zu tun, die wir schon kennengelernt haben: Nach dem 1. Buch Samuel 16,1 wurde König David hier geboren, und in einer Weissagung im Buch Micha 5,1 heißt es: *„Du aber, Bethlehem-Efrata, zwar das kleinste unter Judas Geschlechtern, doch aus dir wird mir hervorgehen, der über Israel herrschen soll."* Entsprechend wurde die Geburtsgeschichte Jesu zusammengesponnen. Der künftige König Israels *musste* in Bethlehem geboren werden! Eine Herkunft aus Nazareth, dem wahrscheinlichen Ort der Geburt, reichte Lukas und Matthäus nicht aus – die Verankerung Jesu im Alten Testament war ihnen zu wichtig.

Nun brauchte man noch ein plausibles Argument, um die Reise der hochschwangeren Maria nach Bethlehem zu rechtfertigen. Also musste eine Volkszählung zur Steuerschätzung herhalten, um das

Lügengebäude weiter zu bauen. Diese Volkszählung fand aber, wenn überhaupt, erst im Jahr 6 n. Chr. statt. Ohnehin musste man damals – so die historische Forschung – zu diesem Zweck nicht an seinen Geburtsort reisen. Die Jahreszahl 6 n. Chr. kollidiert wiederum mit der ebenfalls von Lukas 1,5 gemachten Angabe, dass Johannes der Täufer, der sechs Monate ältere Vetter Jesu, zur Zeit des Herodes gezeugt worden sei. Da Herodes im Jahr 4 v. Chr. starb, muss Jesus (auch wegen der berichteten Kindstötung durch Herodes) *davor* geboren worden sein. Überwiegend wird daher der Zeitpunkt von Jesu Geburt in den Jahren 7-4 v. Chr. gesehen. Für die Religionswissenschaftlerin Uta Ranke-Heinemann hat sich Lukas „durch seinen willkürlichen Umgang mit der Geschichte als unhistorischer Berichterstatter, als Märchenerzähler erwiesen", wie sie auch an anderen Beispielen nachweist.[163]

Matthäus wurde für seine (erfundene) Geschichte des „Kindermords des Herodes" vom Propheten Jeremia (31,15) inspiriert, den er auch zitiert. Damit gewann er zudem ein Motiv für die von ihm konstruierte Flucht der Familie nach Ägypten – sie sollte sich dort vor Herodes in Sicherheit bringen. Auch das diente der Erfüllung einer (vermeintlichen) Voraussage des Propheten Hosea (11,1): *„Als Israel jung war, gewann ich ihn lieb, ich rief meinen Sohn aus Ägypten."*

Auch die „Heiligen drei Könige", die – einschließlich des „Sterns von Bethlehem" – nur im Matthäusevangelium vorkommen, wurden aus theologischen Gründen erfunden. Im Buch Numeri 24,17 des Alten Testaments wird von dem heidnischen Seher Bileam berichtet, der angesichts der nach dem Auszug aus Ägypten umherziehenden Israeliten bekennt: *„Ich sehe ihn, aber nicht jetzt; ich schaue ihn, aber nicht von nahem. Es wird ein Stern aus Jakob aufgehen und ein Zepter aus Israel aufkommen ..."* Zu alledem passt auch, dass im griechischen Urtext nur von drei „Magiern", nicht von Königen gesprochen wird – als solche wurden auch die zoroastrischen „Feuerpriester" bezeichnet. „Könige" unterstreichen natürlich stärker die Göttlichkeit des Babys. Seit 850 Jahren liegen angeblich die Gebeine der „Heiligen drei Könige" im großen Goldschrein des Kölner Doms, was die Stadt im Mittelalter zu einem bedeutsamen Wallfahrtsort machte. Die Kirche tut natürlich gut daran, keine Untersuchung der Echtheit zuzulassen, will man sich doch nicht – wie bei der Untersuchung der Windeln Jesu im Aachener Dom, die nicht das erhoffte Ergebnis hatte – Hohn und Spott aussetzen.

Anzumerken ist, dass es in der Zeit um 7 v. Chr. eine „Konjunktion" gab: ein enges Nebeneinander der Planeten Jupiter und Saturn, die nur alle 800 Jahre vorkommt. Möglicherweise bezieht sich, so einige der „Die Bibel hat doch recht"-Vertreter, der „Stern von Bethlehem" darauf. Vielleicht ein weiteres Beispiel für das bekannte Phänomen, dass zu dieser Zeit natürliche Vorgänge als übernatürliche, „göttliche" Ereignisse gedeutet wurden.

Die Auferweckung des Lazarus von den Toten

Es ist neben der „wunderbaren Brotvermehrung" (u. a. Mk 6,34–44) und der „Wasser-in-Wein-Verwandlung" (Joh 2,1–10) das vielleicht bekannteste Wunder Jesu (Joh 11,1–45). Lazarus und seine Schwestern waren Freunde Jesu. Als Jesus von der schweren Erkrankung des Lazarus erfuhr, wollte er ihn besuchen. Bei seiner Ankunft war Lazarus aber schon vier Tage tot und in einer Höhle beigesetzt worden. *„Jesus sagte: Hebt den Stein weg! Marta, die Schwester des Verstorbenen, sagte zu ihm: Herr, er riecht schon; er ist schon vier Tage tot. Jesus erwiderte ihr: Habe ich dir nicht gesagt, dass du die Herrlichkeit Gottes sehen wirst, wenn du glaubst? Da nahmen sie den Stein weg. Jesus aber erhob seine Augen und betete: Vater, ich danke dir, dass du mich erhört hast ... Nach diesen Worten rief er mit lauter Stimme: Lazarus, komm heraus! Da kam der Tote heraus, Füße und Hände mit Binden umwickelt, und sein Gesicht war mit einem Schweißtuch verhüllt. Jesus sagte zu ihnen: Macht ihn frei und lasst ihn gehen"* (Joh 11,39–44).

Wundersamer geht's nicht! Vor allem, dass er schon roch, beeindruckte mich als Kind. Ein wahrlich „göttliches" Wunder! Und genau diese Botschaft wollten die Erfinder solcher Wunder – insgesamt werden Jesu wohl 30 Wunder zugeschrieben – den Gläubigen, vor allem den noch zu gewinnenden, vermitteln. Aber auch was solche wundersame Handlungen Jesu angeht, gibt es nichts Neues im Neuen Testament.[164] Einige Vorlagen aus dem Alten Testament, die Wunder der Propheten Elias und Elischa, haben wir schon kennengelernt (Buch der Könige). Aber es gibt weitere Beispiele: Buddha machte Blinde sehend, Taube hörend, Krüppel gerade. Pythagoras heilte Kranke, stillte den Sturm auf dem Meer. Empedokles, der vorsokratische Philosoph und Arzt, soll Pestkranke kuriert und Tote wieder zum Leben erweckt haben. Dionysos, der griechische Gott des Weines, hat, so wird überliefert, zahlreiche Weinwunder bewirkt und Wasser in Wein verwandelt. Auch Berichte über Asklepios, den griechischen Gott der Heilkunst, scheinen die Evangelienschreiber inspiriert zu haben: Er heilte durch Handauflegung und Berühren der kranken Stellen, kurierte auf wundersame Weise Blinde und Gelähmte und soll mehrere Tote ins Leben zurückgeholt haben. Selbst Theologen geben zu, dass „allerlei im Volksmunde lebendige Geschichten von diesem und jenem Wundertäter" auf Jesus übertragen worden sind.[165] Von derlei Zugeständnissen an die intellektuelle Redlichkeit bzw. Wahrheit will die katholische Kirche jedoch wenig wissen. Im Gegenteil: In Text 548 des Katholischen Katechismus heißt es: „Die von Jesus vollbrachten Zeichen bezeugen, dass der Vater ihn gesandt hat ... So stärken die Wunder den Glauben an ihn, der die Werke seines Vater tut: sie bezeugen, dass er der Sohn Gottes ist ..."[166]

Warum passieren eigentlich heute keine Wunder mehr? Die Antwort ist für uns ziemlich einfach: Es geschehen überhaupt keine Wunder im Sinne einer Aufhebung der Naturgesetze. Bereits zu Zeiten der Kirchenväter stöhnte Augustinus schon ob solcher Fragen: „Man sucht uns in die Enge zu treiben mit der Frage, warum denn jetzt keine solchen Wunder geschehen, wie sie sich ehedem nach unserer Versicherung zugetragen hätten. Ich könnte darauf erwidern, sie seien notwendig gewesen, als die Welt noch nicht zum Glauben übergegangen war, damit sie sich zum Glauben bekehre. Wer immer noch Wunder braucht, um sich zum Glauben zu entschließen, ist selber eine gar wunderliche Erscheinung, da er nicht glaubt, wo alle Welt glaubt. Allein jene Frage hat einen anderen Zweck: man will damit die Tatsächlichkeit der Anfangswunder in Frage stellen. Wie kommt es dann aber, dass Christi leibliche Himmelfahrt allüberall mit so lebhaftem Glauben gefeiert wird?"[167] Gute Argumente sehen anders aus.

In den Augen der kritischen Bibelforschung fallen alle Naturwunder in die Rubrik „Unechte Taten Jesu".[168] Der Konflikt innerhalb der Kirchen ist offensichtlich: Auf der einen Seite steht die auf den evangelischen Theologen Rudolf Bultmann zurückgehende und an den Universitäten dominierende „Bultmann-Schule", die Jesus abspricht, die Naturgesetze aufheben zu können. Auf der anderen Seite wird behauptet, dass Gott, da er ja nach Auffassung der Kirche allmächtig ist, ex definitione hierzu in der Lage sei. Wie sagte der Erzengel Gabriel zur skeptischen Maria mit Blick auf ihre Schwangerschaft und die von Elisabet (Lk 1,37) so schön: *„Denn bei Gott ist kein Ding unmöglich."* Billigt man ihm dies nicht zu, stellt sich die Frage, was dann noch von ihm bleibt.

Bergpredigt: Nächstenliebe, Feindesliebe, „Vater unser"

Die Bergpredigt gilt als das Edelste und Feinste, wofür Jesus steht. Und in kritischen Fernsehdiskussionen, wenn es für die Vertreter der Kirche mal wieder brenzlig wird, ist sie häufig ein letzter Rettungsanker, um ein wenig aus der argumentativen Bedrängnis herauszukommen. Was hat es also auf sich mit der Bergpredigt? Sind es „echte" Worte Jesu? Sind Nächstenliebe und Feindesliebe wirklich etwas revolutionär Neues, das zu Jesus und zum Christentum gehört, wie es Vertreter der Kirchen oder viele ihrem Kindheitsglauben verhaftete Politiker uns mit großem Pathos gerne weismachen wollen?

Was die Textstellen des Neuen Testaments betrifft, so kennen wir zunächst die „eigentliche" *Bergpredigt*, über die im Matthäusevangelium (Mt 5-7) berichtet wird. Daneben gibt es im Lukasevangelium (Lk 6,17-49) eine Parallelstelle zur Bergpredigt, die kürzere „Feldrede" (Lk 6,17-49). Es wird davon ausgegangen, dass beiden Autoren eine weitere schriftliche Quelle, die Logienquelle, vorlag, über die Markus nicht verfügte. Matthäus hat, so vermuten die Religionswissenschaftler, diese Sprüche, die oft nur einen lockeren inhaltlichen Zusammenhang aufweisen, in seinem Evangelium zu einer zusammenhängenden Rede Jesu zusammengefügt. Die „Bergpredigt" ist also so nie gehalten worden. Und auch dass diese konstruierte Rede auf einem Berg gehalten worden sein soll, hat damit zu tun, dass hier eine Verbindung zum Berg Sinai hergestellt werden sollte: Es galt, Jesus mit Moses in Verbindung zu bringen, der gemäß dem Alten Testament dort die Zehn Gebote empfangen hat. Die Bergpredigt (Mt 5-7) umfasst insbesondere in Kapitel 5 die Seligpreisungen, in Kapitel 6 das Vaterunser und in Kapitel 7 die „goldene Regel". Schauen wir uns die markantesten Stellen im Einzelnen an.

Seligpreisungen

Die Bergpredigt beginnt mit den „Seligpreisungen" (Mt 5,3-12; Lk 6,20-25), wobei ich hier die als authentischer geltenden Seligpreisungen der „Feldrede" des Lukasevangeliums wiedergebe: „*Er (Jesus) richtete seine Augen auf seine Jünger und sagte: Selig, ihr Armen, denn euch gehört das Reich Gottes. Selig, die ihr jetzt hungert, denn ihr werdet satt werden. Selig, die ihr jetzt weint, denn ihr werdet lachen. Selig seid ihr, wenn euch die Menschen hassen und aus ihrer Gemeinschaft ausschließen, wenn sie euch beschimpfen und euch in Verruf bringen um des Menschensohnes willen. Freut euch und jauchzt an jenem Tag; euer Lohn im Himmel wird groß sein ...*" Es handelt sich wohl grundsätzlich um „echte" Worte Jesu. Sie spiegeln seine Erwartung einer unmittelbar bevorstehenden Gottesherrschaft. Gott greife dann „entsprechend einem verbreiteten altorientalischen Königsideal (vgl. Ps 72) zugunsten der Armen und Schwachen ein, so dass sich ihr Geschick bald zum Guten wenden wird", so die Jesusforscher Theißen und Merz.[169]

Zur Nächsten- und Feindesliebe

Auch die Aussagen zur Nächsten- und gar Feindesliebe gelten im Kern als authentische Jesu Worte.[170] *„Ihr habt gehört, dass gesagt worden ist: Du sollst deinen Nächsten lieben und deinen Feind hassen. Ich aber sage euch: Liebt eure Feinde und betet für die, die euch verfolgen ..."* (Mt 5,43–44). Hat Jesus damit eine neue Ethik geschaffen? Hat er grundsätzlich Neues verkündigt? Diese Frage wird von Theißen und Merz verneint. „Jesu Ethik ist jüdische Ethik."[171] Zu allen Forderungen der Bergpredigt gebe es Analogien im Judentum. So heißt es im Alten Testament im Buch Levitikus (Lev 19,17–18): *„Du sollst in deinem Herzen keinen Hass gegen deinen Bruder tragen. Weise deinen Stammesgenossen zurecht, so wirst du seinetwegen keine Schuld auf dich laden. An den Kindern deines Volkes sollst du dich nicht rächen und ihnen nichts nachtragen. Du sollst deinen Nächsten lieben wie dich selbst."* Allerdings wird die Nächstenliebe hier auf die Angehörigen des eigenen Volkes bezogen, ihr Gebot scheint also auf diese eingeschränkt zu sein. Hinsichtlich der Feindesliebe findet sich eine alttestamentliche Passage im Buch Exodus (Ex 23,4–5): *„Wenn du dem verirrten Rind oder dem Esel deines Feindes begegnest, sollst du ihm das Tier zurückbringen. Wenn du siehst, wie der Esel deines Gegners unter der Last zusammenbricht, dann lass ihn nicht im Stich, sondern leiste ihm Hilfe!"* Ferner wird auf die Klagelieder (Klgl 3,30) verwiesen: *„Er biete die Wange dem, der ihn schlägt, und lasse sich sättigen mit Schmach",* ebenso auf die Sprüche (Spr 25,21–22): *„Hat dein Feind Hunger, gib ihm zu essen, hat er Durst, gib ihm zu trinken; so sammelst du glühende Kohlen auf sein Haupt und der Herr wird es dir vergelten."*

Allgemein gilt allerdings, wie schon an anderer Stelle ausgeführt, die von Jesus geforderte Nächsten- und Feindesliebe als „Normverschärfung" gegenüber den alttestamentlich-jüdischen Vorgaben. In der Jesusüberlieferung werde das Gebot der Nächstenliebe neben das Gebot der Gottesliebe gestellt (Mk 12,28–34) und, so Theißen und Merz, „in dreifacher Hinsicht radikalisiert": als Liebe zum Feind (Mt 5,43–48.), als Liebe zum Fremden (Lk 10,25–37) und als Liebe zum Sünder (Lk 7,36–50).[172] Jedenfalls verbindet man die Nächsten- und Feindesliebe am ehesten mit der Ethik Jesu. Es handelt sich vielleicht um die größte Ausstrahlung seiner Lehre. Allerdings muss offenbleiben, ob Jesus seine Nächsten- und Feindesliebe universalistisch meinte (zum Beispiel auch die römischen Besatzer in sie einschloss) oder nur auf seine jüdischen Volksangehörigen bezog.

Für den Religionsphilosophen Kurt Flasch stehen die Seligpreisungen, die Forderung nach Nächsten- und Feindesliebe, ja überhaupt die ganze Bergpredigt stark im Kontext des von Jesus und den frühen Christen einschließlich der Evangelienschreiber erwarteten nahen Weltendes und des Kommens des Reiches Gottes. Jesus preise die Armen, die jetzt hungern, nicht nur mit Blick auf die Gerechtigkeit, weil es im Reich Gottes bald etwas zu essen gebe. Alle ethischen Aussagen stünden unter der Bedingung des nahen Weltendes, seien sozusagen eine „Interimsethik". Diese Auffassung, die bereits Johannes Weiß[173] und Albert Schweitzer vertreten haben, wird in der Theologie als „konsequente Eschatologie" bezeichnet. Da die Welt entgegen der Ankündigung Jesu bekanntlich nicht untergegangen sei, könne die Bergpredigt, so Flasch, heute nicht ohne neue Prüfung der ethischen Ausrichtung dienen. „Kleine radikale Gruppen mögen sich eine Weile an ihr orientieren; Familienväter, Republiken und Großkirchen können das nicht. Unter ihren Bedingungen sackt die Ethik der Bergpredigt zur Utopie zusammen. Sie wird zur desorientierten Rhetorik."[174]

Erwähnt sei hier noch die vielleicht umstrittenste Forderung Jesu, auch noch die andere Wange hinzuhalten (Mt 5,38–39): *„Ihr habt* *gehört, dass gesagt worden ist: Auge für Auge und Zahn für Zahn. Ich aber sage euch: Leistet dem, der euch etwas Böses antut, keinen Widerstand, sondern wenn dich einer auf die rechte Wange schlägt, dann halt ihm auch die andere hin."* So richtig ernst nimmt das keiner. Dieser unterwürfige Verzicht auf Gegenwehr wird denn auch ebenfalls „eschatologisch" gedeutet, mit Jesu Überzeugung vom unmittelbaren Kommen der Gottesherrschaft und vom Gottesgericht erklärt. „Charakteristisch für die Eschatologie ist gerade die Umkehr der Maßstäbe", so Theißen und März.[175] Da die Gottesherrschaft derzeit nicht zu erwarten ist, können wir unseren Kindern auch weiterhin sagen: Wehren darf man sich!

Das „Vaterunser" (Mt 6,9–13)

„So sollt ihr beten: Unser Vater im Himmel, dein Name werde geheiligt, dein Reich komme, dein Wille geschehe wie im Himmel, so auf der Erde. Gib uns heute das Brot, das wir brauchen. Und erlass uns unsere Schulden, wie auch wir sie unseren Schuldnern erlassen haben. Und führe uns nicht in Versuchung, sondern rette uns vor dem Bösen." Diese Zeilen gelten als authentische Jesusworte.[176] Das „Dein Reich komme" zeigt ebenfalls Jesu Naherwartung des Reiches Gottes, und auch das Bitten um Erlass von Schuld bezieht sich auf das (vermeintlich) unmittelbar bevorstehende eschatologische Endgericht. Für den Jesus-Forscher Heinz-Werner Kubitza ist dieses Gebet ein Beleg dafür, dass Jesus „Jude und nur Jude sein wollte". In diesem Gebet finde sich nicht ein einziger spezifisch christlicher Gedanke. Jesus komme in diesem Gebet selbst gar nicht vor, in der Mitte stehe Gott und die Bitte um das Kommen des Reiches. „Im Vaterunser wird Gott aufgefordert, die Menschen vom Bösen zu erlösen, von einer Erlösung durch Jesus hingegen findet sich kein Wort … Stattdessen ist ein eindeutiges jüdisches Gottesbild bestimmend. Das Vaterunser-Gebet ist durch und durch ein jüdisches Gebet, es gibt dort keine Stelle, die ein gläubiger Jude nicht aus vollem Herzen mitbeten kann."[177] Am klarsten kommt Jesu

Naherwartung des Reiches Gottes in folgender Stelle des Markusevangeliums zum Ausdruck (Mk 9,1): „*Und er sprach zu ihnen: Wahrlich, ich sage euch: Es sind einige von denen, die hier stehen, die den Tod nicht schmecken werden, bis sie das Reich Gottes in Kraft haben kommen sehen.*" Paulus teilte diese Erwartung des bald kommenden Reichs Gottes, so etwa in seinem 1. Brief an die Thessalonicher, dem ältesten Paulusbrief, und im 1. Brief an die Korinther (1. Kor 15,51–52).

„Im Zentrum der Predigt Jesu steht die Gottesherrschaft" – so beginnt auch das Buch des Neutestamentlers Rudolf Bultmann *Jesus Christus und die Mythologie*. Er argumentiert, gestützt auf das Buch seines Mentors Johannes Weiss, *Die Predigt Jesu vom Reich Gottes*[178], diese Gottesherrschaft sei eschatologisch. „Plötzlich wird Gott der Welt und der Geschichte ein Ende setzen und eine neue Welt bringen, die Welt der ewigen Seligkeit."[179] Und Bultmann ergänzt, diese Vorstellung von der Gottesherrschaft sei nicht eine Erfindung Jesu, „sondern sie war gewissen jüdischen Kreisen vertraut, die auf das Ende dieser Welt warteten". Er verweist hierzu auf das alttestamentliche Buch Daniel. Aber dies gilt auch für Johannes den Täufer, der ebenfalls eine Naherwartung des Reiches Gottes hatte.

Auch die erste christliche Gemeinschaft, so Bultmann, habe die Gottesherrschaft im selben Sinne wie Jesus verstanden und das Kommen der Gottesherrschaft in nächster Zukunft erwartet. Diese Hoffnung sei nicht erfüllt worden, der Lauf der Geschichte habe die Mythologie widerlegt. Für die Menschen von heute, so Bultmann, seien das mythologische Weltbild, die Vorstellung vom Ende, vom Erlöser und von der Erlösung vergangen und erledigt, was zu der Frage führe: „Sollen wir die ethische Predigt Jesu beibehalten und seine eschatologische Predigt aufgeben? Sollen wir seine Predigt von der Gottesherrschaft auf das sogenannte ‚soziale Evangelium' zusammenstreichen?"[180]

Die „goldene Regel"

„Alles, was ihr also von anderen erwartet, das tut auch ihnen! Darin besteht das Gesetz und die Propheten" (Mt 7,12). Die „goldene Regel", sie ist eine Vorgängerin des kategorischen Imperativs Kants sowie eine Variante des Sprichworts: „Was du nicht willst, das man dir tu, das füg auch keinem andern zu!" Ist diese „Regel" neu? Nein. Es ist ein allgemeiner ethischer Grundsatz, den man auch in vielen anderen (vorbiblischen) Kulturen und Religionen findet, von Konfuzius über Hinduismus/Buddhismus bis zu den alten Griechen (Aristoteles). Die „goldene Regel" gilt als ethischer Minimalkonsens mit großer Nützlichkeit und als Gebot der Fairness. Sie beschreibt zudem ein kluges Verhalten, setzt sie doch ein Sichhineinversetzen in den anderen voraus. Kritisch wird zwar von manchen eingewendet, es handle sich um ein bloß formales Prinzip, das Inhaltliche komme zu kurz. Mag sein, aber die Welt wäre friedlicher, würde sich jeder daran halten.

Gebt dem Kaiser, was des Kaisers ist, und Gott, was Gottes ist!

Dieser (sinngemäße) Ausspruch Jesu findet sich im Markusevangelium (Mk 12,13–17), aber auch fast gleichlautend im Matthäus- und im Lukasevangelium. Er war die Antwort Jesu auf eine ihm „von einigen Pharisäern und einigen Anhängern des Herodes" gestellte Fangfrage und gilt als echtes Jesuswort. Der Religionswissenschaftler Gerd Lüdemann sieht darin auch eine bewusste Abgrenzung Jesu gegenüber den Zeloten, die Widerstandskämpfer gegen die römischen Besatzer waren: Er forderte anders als sie „nicht eine radikale Entscheidung zwischen Kaiser und Gott in *allen* Bereichen"[181]. Zeloten waren übrigens auch die Bewohner Massadas, die sich nach langer römischer Belagerung im Jahr 72 n. Chr. durch Massenselbstmord dem Zugriff der Römer entzogen.

Zu erwähnen ist noch ein – wesentlich brisanteres Zitat – aus dem Römerbrief des Paulus (Röm 13,1–2): *„Jedermann ordne sich der obrigkeitlichen Gewalt unter; denn es gibt keine Gewalt, die nicht von Gott ist. Die bestehenden sind von Gott eingesetzt. Wer sich daher der Gewalt widersetzt, widersetzt sich der Anordnung Gottes; die sich aber widersetzen, ziehen sich selbst das Gericht zu. ... Gebt allen, was ihr schuldig seid: wem ihr Steuern schuldet, Steuern; wem Zoll, den Zoll; wem Furcht, die Furcht; wem Ehre, die Ehre."* Hitler und Stalin als Werkzeuge Gottes? Ihre Regime gottgewollt? Dieses Pauluszitat wird denn auch entsprechend hart kritisiert. Es sei „der christliche Ursprung aller Untertanengesinnung und Obrigkeitsverbrämung" und „zu allen Zeiten die Lieblingsstelle christlicher Potentaten und Landesherren". Keine Herrschaft sei sicherer als die, die sich von Gottes Gnaden ihren Untertanen verkaufen könne, so der Bibelkundler Heinz-Werner Kubitza.[182] Kürzlich sah ich einen Film über den Widerstand des Münsterer Bischofs, Clemens August Graf von Galen, gegen die Nationalsozialisten. Dieser war jedoch nur halbherzig, da der Bischof sich auf diese Pauluswerte berief. Auch das Naziregime war in seinen Augen grundsätzlich nicht angreifbar, da alle staatliche Gewalt von Gott komme.

Tut dies zu meinem Gedächtnis

Eng mit dem Kreuzestod Jesu verbunden ist das diesem vorausgehende „letzte Abendmahl". Die von Leonardo da Vinci gemalte „Abendmahlsszene" ist neben einigen Kreuzigungsszenen und Marienbildern eines der bekanntesten Motive der Malerei der Renaissance. Es ist das Mahl, das Jesus mit den zwölf Aposteln zur Zeit des jüdischen Pessachfestes vor seinem Kreuzestod in Jerusalem eingenommen haben soll. Berichtet wird darüber – in ähnlicher Weise – in den drei synoptischen Evangelien sowie in Paulus' erstem Brief an die Korinther (1. Kor 11,23–26. Im Markusevangelium heißt es (Mk 14,22–25): *„Während des Mahls nahm er das Brot und sprach den Lobpreis;*

dann brach er das Brot, reichte es ihnen und sagte: Nehmt, das ist mein Leib. Dann nahm er den Kelch, sprach das Dankgebet, reichte ihn den Jüngern und sie tranken alle daraus. Und er sagte zu ihnen: Das ist mein Blut, das Blut des Bundes, das für viele vergossen wird. Amen, ich sage euch: Ich werde nicht mehr von der Frucht des Weinstocks trinken bis zu dem Tag, an dem ich von neuem davon trinke im Reich Gottes."
Johannes erwähnt hingegen die entsprechenden Worte Jesu zum „letzten Abendmahl" bei einer Predigt Jesu an der Synagoge in Kafarnaum (Joh 6,51–58), allerdings in deutlich abgehobenerer Wortwahl – daher wird seine Fassung auch bevorzugt im Gottesdienst verwendet.

Der Gedanke, einen Menschen als Opfertier und die Hinrichtung dieses Menschen als erlösende Opfertierschlachtung zu sehen, ist für Uta Ranke-Heinemann eine „Schlachtertheologie".[183] Eine blutige Erlösung am Kreuz sei eine heidnische Menschenopferreligion nach religiösem Steinzeitmuster. Allerdings handelt es sich wohl um keine echten Jesusworte. Jesus sei ja zum Zeitpunkt seiner vermeintlichen Aussprüche noch nicht tot gewesen, und von seiner Auferstehung habe er nichts gesagt, so Gerd Lüdemann. Abgesehen davon sei Juden der Genuss von Blut verboten. Ihren Sinn erhielten diese Abendmahltexte hingegen, wenn sie von der liturgischen Praxis der ältesten Gemeinde her gelesen würden, also *nach* Jesu Tod.[184]

Die (vermeintlichen) Abendmahlsworte Jesu seien, so Ranke-Heinemann, in der Folgezeit immer massiver und bedeutungsschwerer verstanden worden, bis sich die Christen bei der Frage, ob das Brot wirklich das Fleisch Christi „ist" oder nur „bedeutet" und ob der Wein wirklich das Blut Christi „ist" oder nur „bedeutet", blutig geschlagen hätten – ein Hinweis auf die Auseinandersetzungen im „Abendmahlsstreit" im 9. und 11. Jahrhundert sowie in der Reformationszeit.[185]

Mein Gott, mein Gott, warum hast du mich verlassen?

Der – unerwartete – Kreuzestod Jesu war für seine Jünger eine Katastrophe. Keiner hat diese Entwicklung voraussehen können. Und alle „Leidensankündigungen Jesu" in den Evangelien gelten als fromme Erfindungen – sind sie doch erst lange nach den Ereignissen niedergeschrieben worden. Auch die Emmaus-Jünger waren überrascht und klagten: *„Wir aber hatten gehofft, dass er der sei, der Israel erlösen werde"* (Lk 24,21). Ihr Anführer war – nach offenbar kaum einjährigem Wirken – hingerichtet worden, gescheitert. Schluss! Schluss?

Wurde schon die Geschichte über die Geburt Jesu von den Evangelisten „konstruiert", so gilt dies erst recht für seinen Kreuzestod.[186] Seine Jünger und deren Nachfolger, Paulus und die Evangelisten, wollten seinem Kreuzestod, seinem „vergossenen Blut" einen Sinn geben. Und man bediente sich dabei großzügig aus einer Zauberkiste, die es im Judentum und auch in vielen alten Mythologien gab: dem Opferwesen.

In vielen alten Völkern gab es Rituale, in denen den Göttern etwas geopfert wurde, um sie milde zu stimmen, damit sie für Regen und für gute Ernten sorgen etc. Das konnten Pflanzenopfer sein, aber – vielleicht als wirksamer angesehen – auch Tieropfer oder gar Menschenopfer, jedenfalls Blutopfer. Da überrascht es nicht, dass das ganze Alte Testament voll ist mit solchen Opfern, sei es im jüdischen Tempel, sei es auf Berghöhen für Baal, Astarte & Co. Jesu Tod wurde also bald als „Opfertod" interpretiert. Wofür? Auch das lag nahe. Bereits im Judentum sollten Gott Opfer erbracht werden, damit er den Juden ihre Sünden vergebe. Wollte man nun aus Jesus etwas Besonderes machen, sahen seine Jünger ihn gar als „Messias" an, dann konnte seine Opferung nicht der Vergebung einer lässlichen Sünde gegolten haben, dann musste es eine besonders schwere Sünde sein. Schon Paulus nahm den Apfelbiss Adams ins Visier, durch den die Sünde in die Welt und auf die ganze Menschheit gekommen sei (Röm 5,12–17). Diese Sünde konnte nur durch den Kreuzestod Jesu gesühnt werden. Hierauf baute dann Augustinus seine „Erbsündenlehre" auf. Eine völlig absurde Konstruktion – aber sie bildet seitdem den Kern der christlichen Theologie!

Jedenfalls wurde die Geschichte Jesu, wurden sein Wirken und seine Worte aufgrund dieser Sichtweise rückblickend neu interpretiert, sein Tod als Opfergang zur Erlösung der Menschheit von ihren Sünden und damit auch als Versöhnung mit dem erbosten Gottvater gedeutet. Das Ergebnis finden wir in den entsprechend konstruierten Geschichten der Evangelien, den Paulusbriefen. Die Niederlage von Golgatha wurde als Sieg umgedeutet. Das ganze Neue Testament – es hat nur wenig mit dem „historischen Jesus" zu tun!

Vor allem eine Passage aus dem alttestamentlichen Jesajabuch sehen christliche Theologen als sinngebend für die Leidensgeschichte und Kreuzigung Jesu an und erkennen darin etwas, das diese voraussagt: *„Er wurde verachtet und von den Menschen gemieden, ein Mann voller Schmerzen, mit Krankheit vertraut. Wie einer, vor dem man das Gesicht verhüllt, war er verachtet; wir schätzten ihn nicht. Aber er hat unsere Krankheit getragen und unsere Schmerzen auf sich geladen. Wir meinten, er sei von Gott geschlagen, von ihm getroffen und gebeugt. Doch er wurde durchbohrt wegen unserer Verbrechen, wegen unserer Sünden zermalmt. Zu unserem Heil lag die Strafe auf ihm, durch seine Wunden sind wir geheilt. Wir hatten uns alle verirrt wie Schafe, jeder ging für sich seinen Weg. Doch der Herr lud auf ihn die Schuld von uns allen. Er wurde misshandelt und niedergedrückt, aber er tat seinen Mund nicht auf. Wie ein Lamm, das man zum Schlachten führt, und wie ein Schaf angesichts seiner Scherer, so tat auch er seinen Mund nicht auf"* (Jes 53,3–5).

Auch der in den Evangelien geschilderte Kreuzestod, die dort beschriebenen Szenarien und Worte sind eine Nachstellung solcher alttestamentlicher Passagen. Die neutestamentlichen Geschehnisse sollten – wie auch immer – als Erfüllung der alttestamentlichen „Voraussagen" erscheinen. „Die Passionsgeschichte zeigt in besonderer Weise, wie die Evangelisten die historischen Daten und Fakten manipuliert haben", so die Bilanz Uta Ranke-Heinemanns.[187] Und sie betont an anderer Stelle, die Passionsgeschichte sei, neben allem, was sie sonst noch sei, eine „politische Tendenzgeschichte", verfasst in der Absicht, die Christen von dem Ruch der Staatsfeindlichkeit reinzuwaschen. Deshalb behaupteten die Evangelienschreiber wahrheitswidrig, die Juden seien an allem schuld; nicht Pilatus, sondern die Juden hätten Jesus umgebracht. Da die Christen bei den Römern im Verdacht der staatlichen Aufrührerei gestanden hätten, sei es erforderlich gewesen, eine Feindschaft gegenüber Rom zu widerlegen.[188] Zu dieser Geschichtsmanipulation gehöre auch die Geschichte des Verräters Judas als des Vertreters und Synonym seines Volkes. Den Verrat Judas habe es nicht gegeben. Ranke-Heinemann verweist auf den 1. Korintherbrief (1. Kor 15,5), in dem Paulus berichtet, der auferstandene Jesus sei „den Zwölf" erschienen. Und auch ein Pilatus, der seine Hände in Unschuld gewaschen haben soll, sei unhistorisch.[189] Dazu passt, dass gemäß dem Johannesevangelium Pilatus fast widerwillig Jesus den Juden zur Kreuzigung übergeben haben soll: *„Da lieferte er ihnen Jesus aus, damit er gekreuzigt würde. Sie übernahmen Jesus"* (Joh 19,16). Jesus sei nicht, wie es das Johannesevangelium beschreibe, *unter* Pilatus hingerichtet worden, sondern *von* Pilatus, und zwar mit einer römischen, nicht einer jüdischen Todesstrafe, so Ranke-Heinemann.[190]

Als unechte Jesusworte gelten auch die in der Überschrift genannten Klageworte Jesu am Kreuz (Mk 15,34): *„Und in der neunten Stunde rief Jesus mit lauter Stimme: Eloï, Eloï, lema sabachtani?, das heißt übersetzt: Mein Gott, mein Gott, warum hast du mich verlassen?"*[191] Sie stimmen wortwörtlich mit dem Psalm 22,2 des Alten Testaments überein. Die von Lukas (Lk 23,46) erwähnten letzten Worte Jesu *„Vater, in deine Hände befehle ich meinen Geist"* gelten ebenfalls als nicht authentisch. Sie entsprechen dem Psalm 31,6 des Alten Testaments und gehen auf die frühchristliche Tendenz zurück, die Passion Jesu im Lichte der alttestamentlichen Psalmen zu interpretieren. In gleicher Weise als unecht gelten die Worte Jesu an einen

Mitgekreuzigten: *„Wahrlich ich sage dir: Heute wirst du mit mir im Paradies sein"* (Lk 23,43) und *„Es ist vollbracht!"* (Joh 19,30).[192] Auch die bei Johannes (Joh 19,38–42) nach der Abnahme vom Kreuz beschriebenen Begebenheiten sieht die kritische Bibelwissenschaft als konstruiert an. „Josef von Arimathäa" sei eine erfundene Person und Jesus wahrscheinlich in einem Massengrab beerdigt worden.[193]

Am dritten Tage wieder auferstanden von den Toten, aufgefahren in den Himmel ...

In allen vier Evangelien sowie dem 1. Korintherbrief von Paulus wird über die Auferstehung berichtet. Die Ausführungen sind, was den Hergang selbst wie auch die beteiligten Personen betrifft, widersprüchlich. Ferner fällt auf, dass es im Markusevangelium noch recht schlicht zugeht und die Sache kurz gehalten wird, während Matthäus, Lukas und Johannes die Geschichte dann weiter ausschmücken und aufbauschen.

Die Bedeutung des leeren Grabes kann unterschiedlicher kaum sein. Für die Evangelisten war wichtig, dass der Leichnam Jesu nicht mehr vorgefunden wurde – das leere Grab war sozusagen die Voraussetzung für Jesu auch „körperliche" Auferstehung. Gemäß der Apostelgeschichte (Apg 10,41) erzählt Petrus sogar, dass sie mit dem Auferstandenen gegessen und getrunken hätten. Für Paulus war die „Auferweckung" Jesu (durch Gott) ein zentraler Glaubensinhalt, ohne den der ganze christliche Glaube sinnlos sei. So heißt es im 1. Korintherbrief 15,14: *„Ist aber Christus nicht auferweckt worden, dann ist unsere Verkündigung leer und euer Glaube sinnlos."* Die an den Hochschulen gelehrte, von Bultmann & Co. geprägte Theologie der „Entmythologisierung" lehnt hingegen bekanntlich alles, was in der Bibel gegen die Naturgesetze steht, rigoros ab. Das betrifft dann auch jedwede Vorstellung von einer physischen Auferstehung des Leibes Jesu! Jesus war tot und er blieb tot. Auf die Kanzeln dringt die Ablehnung des Wiederauferstehungsgeschehens jedoch kaum – und die Universitätstheologen halten ziemlich still, schließlich sollen die gewohnten Glaubensvorstellungen der christlichen Schäflein nicht allzu sehr beschädigt werden.[194]

Die Geschichte vom leeren Grab und der Wiederauferstehung kann sich wie schon andere Legenden auf antike Vorbilder stützen. Ein Mythos der sumerischen Religion beschreibt die Fahrt von Inanna, einer von den Sumerern verehrten Himmelsgottheit, zu Ereschkigal, der Königin der Unterwelt. Inanna wollte die Erkenntnis des Todes erlangen und wurde aus diesem Grund von Ereschkigal umgebracht. Mithilfe zweier Götter konnte Inanna nach drei Tagen im Totenreich wieder auferstehen und in das Reich der Lebenden eintreten. Auch im Zoroastrismus und in der altägyptischen Religion gibt es ähnliche Vorstellungen.

Wird im *Katechismus der Katholischen Kirche* die Auferstehung Jesu in seinem alten Körper als geschichtliche Wahrheit dargestellt,[195] so soll dem zu guter Letzt eine lästerliche Stimme zum leeren Grab vom religionsskeptischen Goethe entgegengehalten werden: „Offen steht das Grab! Welch herrlich Wunder! Der Herr ist auferstanden! – Wer's glaubt! Schelmen, ihr trugt ihn ja weg."[196]

Aufgefahren in den Himmel ...

„Christi Himmelfahrt" ist (natürlich nach Weihnachten) der deutschlandweit vielleicht beliebteste Feiertag, da er doch immer auf einen Donnerstag fällt und somit – einschließlich Brückentag – ein langes Wochenende in schöner Jahreszeit ermöglicht. Warum immer an einem Donnerstag? Weil Jesus, so steht es jedenfalls in der Apostelgeschichte, 40 Tage nach seiner (vermeintlichen) Auferstehung in den Himmel aufgefahren sein soll. Da Ostern bekanntlich ein „beweglicher" Feiertag ist (der Sonntag nach dem ersten Frühlingsvollmond, also frühestens der 22. März und spätestens der 25. April), gilt dies entsprechend zeitverschoben auch für Christi Himmelfahrt.

Die „Christi Himmelfahrt"-Legende wird im Wesentlichen von Lukas berichtet (im Lukasevangelium und in der Apostelgeschichte):

„Dann führte er sie (die Apostel) hinaus in die Nähe von Betanien. Dort erhob er seine Hände und segnete sie. Und während er sie segnete, verließ er sie und wurde zum Himmel emporgehoben" (Lk 24,50–51). Erwähnt wird diese vermeintliche Begebenheit in einem Satz auch bei Markus (Mk 16,19); diese Passage gilt aber als gefälscht.

Nach traditioneller Theologie ist Jesus leiblich in den Himmel aufgefahren; das heißt, es blieb keine Leiche zurück. Die kritische Theologie lehnt auch diese Wundergeschichte ab. Viele Theologen sehen im Übrigen „Auferstehung" und „Himmelfahrt" als *ein* Ereignis, wie es auch das Lukasevangelium nahelegt. Die ganze Himmelfahrtsgeschichte ist aus einer Verlegenheit heraus konstruiert worden: Man wollte unbedingt, dass Jesus auch „körperlich" auferstanden ist (die erste Legendenerfindung) – somit musste man ihn auch irgendwie wieder loswerden. Also: Ab in den Himmel![197] Auch für „Himmelfahrten" gibt es übrigens antike Vorbilder. So ist Romulus, der Gründer Roms, gemäß der Schilderung des römischen Geschichtsschreibers Titus Livius (59 v. Chr. bis 17 n. Chr.) in den Himmel aufgefahren. Aber auch für andere prominente antike Akteure werden solche Ereignisse berichtet, so etwa für Herakles oder Alexander den Großen.

Lukas, laut Ranke-Heinemann „der fantasiereichste neutestamentliche Märchen- und Legendenerzähler", ist auch für das sich anschließende „Pfingstwunder" verantwortlich, von dem von allen Evangelisten, einschließlich Paulus, nur Lukas weiß.[198] Das Wort „Pfingsten" leitet sich aus dem Griechischen ab und steht für den fünfzigsten Tag nach Ostern bzw. dem jüdischen Pessachfest. Das Pfingstwunder, von dem Lukas in der Apostelgeschichte schreibt, geht so: *„Als der Pfingsttag* (= das jüdische Schawuot-Fest) *gekommen war, befanden sich alle* (Petrus und seine „Brüder", laut Apg 1,15 etwa 120) *am gleichen Ort. Da kam plötzlich vom Himmel her ein Brausen, wie wenn ein heftiger Sturm daherfährt, und erfüllte das ganze Haus, in dem sie waren. Und es erschienen ihnen Zungen wie von Feuer, die sich verteilten; auf jeden von ihnen ließ sich eine nieder. Alle wurden mit dem*

Heiligen Geist erfüllt und begannen, in fremden Sprachen zu reden, wie es der Geist ihnen eingab. In Jerusalem aber wohnten Juden, fromme Männer aus allen Völkern unter dem Himmel. Als sich das Getöse erhob, strömte die Menge zusammen und war ganz bestürzt; denn jeder hörte sie in seiner Sprache reden. Sie gerieten außer sich vor Staunen und sagten: Sind das nicht alles Galiläer, die hier reden? Wieso kann sie jeder von uns in seiner Muttersprache hören: Parther, Meder und Elamiter ... Kreter und Araber, wir hören sie in unseren Sprachen Gottes große Taten verkünden. Alle gerieten außer sich und waren ratlos. Die einen sagten zueinander: Was hat das zu bedeuten? Andere aber spotteten: Sie sind vom süßen Wein betrunken." Wogegen sich Petrus heftig wehrte: Es sei noch Vormittag – und somit komme Betrunkenheit nicht infrage!

Das ist zwar alles fromm erfunden, hatte aber weitreichende Folgen. Die Christen hatten neben dem Vater und dem Sohn nun auch noch den „Heiligen Geist" als Gottheit oder Teil einer Gottheit („Trinität"), was schließlich vom Konzil in Konstantinopel im Jahr 381 beschlossen wurde. Während die Ostkirche glaubte, dass der „Heilige Geist" nur aus Gott-Vater hervorging, war die Westkirche davon überzeugt, dass er von Vater *und* Sohn (filoque) stammte. Über diese allzu wichtige Frage kam es zu einem solch heftigen Streit, dass man sich im Jahr 1054 gegenseitig exkommunizierte und fortan getrennte kirchliche Wege beschritt.

Gehet hin in alle Welt und lehret alle Völker und taufet sie ...

Dieser „Missions- und Taufbefehl", der dem auferstandenen Jesus in den Mund gelegt wird und der das Matthäusevangelium abschließt (Mt 28,16–20), gilt als unechtes Jesuswort,[199] ist es doch genau das Gegenteil von dem, was Jesus wollte. Er wandte sich nur an die Menschen in Israel, eine Verkündigung seines Glaubens an Heiden und Andersgläubige war nicht seine Absicht: *„Diese Zwölf sandte Jesus aus, gebot ihnen und sprach: Geht nicht den Weg zu den Heiden und zieht* *in keine Stadt der Samariter, sondern geht hin zu den verlorenen Schafen aus dem Hause Israel"* (Mt 10,5–6). Zudem hatte Jesus angesichts des von ihm erwarteten Weltendes und des Beginns des Gottesreiches mit Kirche, gar „Weltkirche", nichts im Sinn. Die Worte und der in ihnen formulierte Auftrag passten vielmehr gut in die urchristliche Zeit, als man „Heiden" zu missionieren beabsichtigte. Im Übrigen: Einer, der tot ist, kann keinen „Befehl" mehr erteilen – auch insoweit ein unechtes Jesuswort.

Wie viele haben sich bei ihren Gräueltaten auf diesen Text gestützt und sich dabei gut, im Recht gefühlt? Millionen starben aufgrund dieses vermeintlich „göttlichen Befehls". Jesus hat sich nur an „die Schafe Israels" gewandt. Auch in seinem Umfeld wird man sich – angesichts der ausgeprägten Erwartung des kurz bevorstehenden Weltendes – kaum mit Missionierung beschäftigt haben. Dies war dann die Idee von Paulus. Entsprechend schreibt auch der Theologe Hans Küng, der geschichtliche Jesus habe mit dem Ende der Welt und dem Kommen des Reiches Gottes zu seinen Lebzeiten gerechnet, daher auch keine Kirche gegründet und „weder für sich noch für die Jünger an eine Mission unter den Heidenvölkern" gedacht.[200] Es leuchtet daher ein, dass die Bibelforscher die folgenden an Petrus gerichteten Worte Jesu im Matthäusevangelium ebenfalls als unecht einstufen: *„Ich aber sage dir: Du bist Petrus und auf diesen Felsen werde ich meine Kirche bauen und die Pforte der Hölle werden sie nicht überwältigen"* (Mt 16,18). Es ist die einzige Stelle im Neuen Testament, in der dies angesprochen wird – ebenfalls ein Indiz für eine Fälschung. Petrus war, so die überwiegende Meinung der Religionswissenschaftler, zudem nie in Rom – auch das also eine fromme Lüge: Der Papst sei der Nachfolger von Petrus, dem ersten Bischof von Rom.

Gerne wird seitens der Kirche und ihrer Anhänger die starke Verbreitung des Christentums als Zeichen ihres Wahrheitsgehalts angesehen. So wenig wie die Auflage der *Bildzeitung* für deren Wahrheitsgehalt steht oder eine Spitzenposition im Ranking der Bestsellerliste des *Spiegels* für die Qualität eines Buches, so zweifelhaft ist es, wenn eine Religion ein solches Argument ins Felde führt. Augustinus und Thomas von Aquin, um zwei prominente Vertreter zu nennen, waren davon überzeugt, dass die starke Ausbreitung des Christentums ein Beweis seines Wahrheitsgehalts sei, sie sahen sie sogar als Wunder an.[201] Würden sie das, kann man fragen, auch dem Islam zubilligen?

Schauen wir uns die Verbreitung des Christentums und ihre Ursachen etwas näher an. Paulus gilt als der wahre Gründer des Christentums. Ohne sein Wirken, insbesondere ohne die Öffnung der neuen Lehre auch für Nichtjuden („Heidenchristen"), mit der er den Richtungsstreit im Urchristentum für sich und seine Vorstellungen entschied, würden wir den Wanderprediger Jesus heute nicht mehr kennen. Nach Jahren der Auseinandersetzungen innerhalb der neuen Bewegung (die ursprünglich als jüdische Sekte galt) zunächst mit den Juden, aber dann fast über drei Jahrhunderte mit den Römern, wurde die christliche Religion schließlich im 4. Jahrhundert unter Kaiser Konstantin zur Staatsreligion des Römischen Reiches. Erst durch diese „Konstantinische Wende" kam die Sache so richtig in Schwung. Aus bis dahin verfolgten Christen wurden schnell Verfolgende. Es begann die „Missionierung von Heiden", und der Zweck heiligte dabei alle Mittel. Aber auch Rückschläge und Trennungen gab es: Im 11. Jahrhundert kam es zu dem bereits erwähnten ersten Schisma der Kirche in eine katholische und eine orthodoxe (Ost-) Kirche. Es folgte im 16./17. Jahrhundert ein weiteres Schisma durch die neue reformatorische Kirche Martin Luthers.

Ein Beispiel für das Machtstreben der Kirche ist die sogenannte „Konstantinische Schenkung", eine im Vatikan vermutlich um das Jahr 800 gefälschte Urkunde über eine (vermeintliche) Schenkung durch Kaiser Konstantin Anfang des 4. Jahrhunderts. Darin wird Papst Silvester I. (Pontifex von 314 bis 335) und seinen Nachfolgern bis ans Ende der Zeit eine auf geistliche Belange gerichtete, aber auch politisch wirksame Oberherrschaft über Rom, Italien, die gesamte Westhälfte des Römischen Reichs und darüber hinaus über das gesamte Erdenrund mittels Schenkung übertragen. Die Päpste nutzten die Urkunde, um ihre Vormacht in der Christenheit zu begründen und ihre territorialen Ansprüche zu untermauern.

Will man wirklich die durch Zwang, Gewalt und Unterdrückung „bekehrten" Menschen und Völker Mittel- und Südamerikas, Afrikas, aber auch in Teilen Europas und Asiens, will man die auf diese Weise „generierten" Christen als Beweis für den Wahrheitsgehalt des Christentums heranziehen? Diese „Missionierung" über weite Strecken der Geschichte des Christentums hinweg gilt als religiöser Imperialismus, als Zerstörung der religiösen und kulturellen Identität vieler Völker.[202]

2.2.5 Die Evangelien

Markus

Das Evangelium nach Markus, das kürzeste der vier kanonischen Evangelien, gilt als das älteste unter ihnen (vermutlich 70 n. Chr.). Älter sind nur die Paulusbriefe. Der Autor ist unbekannt; ein Petrusbegleiter, wie ihn die „kirchliche Tradition" lange sah, war „Markus" jedenfalls nicht. Er war, wie auch die anderen Evangelisten, kein Augen- und Ohrenzeuge von Jesu Wirken. Wahrscheinlich war er ein griechischsprachiger „Heidenchrist", der in Syrien aufwuchs und sein Evangelium für eine heidenchristliche Gemeinde schrieb.[203] Markus verfügte wohl über eine Reihe von Einzelüberlieferungen, die er in einer bestimmten Reihenfolge anordnete. Mit seiner redaktionellen Verknüpfung der ihm vorliegenden Überlieferung von Worten und (vorwiegend) Taten Jesu hat er einen weitgehend künstlichen Aufriss des Lebens Jesu geschaffen. Eine historische Verlässlichkeit ist nach Meinung der Bibelwissenschaftler nicht gegeben.

Das Evangelium lässt sich in drei Hauptteile gliedern:[204] Jesu Wirken innerhalb und außerhalb Galiläas (Kapitel 1–8), Jesu Weg zur Passion (Kapitel 9–10) sowie Jesus in Jerusalem (Kapitel 11–16). Auf wesentliche Inhalte wurde bereits eingegangen. Erwähnt werden soll ergänzend eine Passage, die ebenfalls gut den Charakter der neutestamentlichen Texte als religiöse Erbauungsliteratur deutlich macht und zeigt, dass es nicht um historische Berichte geht. Sie handelt von der „Verklärung Jesu" und von „Elijas Wiederkunft" (Mk 9,2–13): *„Sechs Tage danach nahm Jesus Petrus, Jakobus und Johannes beiseite und führte sie auf einen hohen Berg, aber nur sie allein. Und er wurde vor ihren Augen verwandelt; seine Kleider wurden strahlend weiß, so weiß, wie sie auf Erden kein Bleicher machen kann. Da erschien vor ihren Augen Elija und mit ihm Mose und sie redeten mit Jesus. Petrus sagte zu Jesus: Rabbi, es ist gut, dass wir hier sind. Wir wollen drei Hütten bauen, eine für dich, eine für Mose und eine für Elija. Er wusste nämlich nicht, was er sagen sollte; denn sie waren vor Furcht ganz benommen. Da kam eine Wolke und warf ihren Schatten auf sie, und aus der Wolke rief eine Stimme: Das ist mein geliebter Sohn; auf ihn sollt ihr hören. Als sie dann um sich blickten, sahen sie auf einmal niemand mehr bei sich außer Jesus. Während sie den Berg hinabstiegen, verbot er ihnen, irgendjemand zu erzählen, was sie gesehen hatten, bis der Menschensohn von den Toten auferstanden sei."*

Wenn Jesus, Petrus, Jakobus und Johannes auf einem hohen Berg Moses erscheint, der vermutlich keine historische Figur ist, sondern ein Konstrukt alttestamentlicher Bibelschreiber, dann weiß man, was man von der ganzen „Verklärungsgeschichte" zu halten hat. Dass auch der alttestamentliche Prophet Elija auftaucht, hat damit zu tun, dass nach jüdischer Auffassung, gestützt auf das Buch Maleachi, ein Bote (Elija) dem Messias den Weg bereitet und den „Tag des Herrn", also das Reich Gottes, ankündigt (Mal 3,1; 3,23). Nach christlicher Lesart ist es Johannes der Täufer, der Jesus, dem Messias, den Weg bereitet.

Matthäus

Nachdem man lange annahm, der Apostel und frühere Zöllner Matthäus habe dieses Werk verfasst, wird zwischenzeitlich davon ausgegangen, dass wahrscheinlich erst gegen 90 n. Chr. ein in Syrien lebender Judenchrist dieses Evangelium in griechischer Sprache unter Benutzung des Markusevangeliums und weiterer Quellen geschrieben hat. Die Situation der damaligen Christen war wesentlich durch den Bruch mit dem Judentum bestimmt, der zu Repressionen und Verfolgungen gegenüber den Christen führte. Die herausgehobene Stellung des Missionsbefehls, eines Schlüssels für das ganze Evangelium, zeige, so der Religionswissenschaftler Udo Schnelle, dass sich die Gemeinde nicht erst auf dem Weg zur Öffnung für die Heidenmission befand, sondern schon längst planmäßige Heidenmission betrieb.[205]

Das Matthäusevangelium enthält gegenüber dem deutlich kürzeren Markusevangelium zusätzlich noch folgende Teile: die Kindheitsgeschichte Jesu (Mt 1–2), darunter der Stammbaum Jesu, seine Geburt, die Weisen aus dem Morgenland, die Flucht nach Ägypten und der Kindermord in Betlehem, sowie ergänzende Grab- und Erscheinungsgeschichten einschließlich des Missionsbefehls. Jesus erscheint hier stärker als im Markusevangelium als der Messias der alttestamentlichen Prophetie. Überhaupt wird das Alte Testament häufiger zitiert als in den anderen Evangelien. Auch die Reden über die Endzeit, die Lehre Jesu (darunter die Bergpredigt), sind ausführlicher als im Markusevangelium. Einige Ausschnitte seien im Folgenden beispielhaft angeführt.

Die Niederschrift eines Stammbaums Jesu, der bis auf Abraham zurückgeht und über David führt, erscheint ziemlich absurd. Zum einen gab es – wie schon an anderer Stelle ausgeführt – Abraham als historische Figur nicht; der ganze „Stammbaum" basiert auf den Fantasien und Fantasienamen alttestamentlicher Bibelschreiber. Andererseits ist es ein Stammbaum, der ausgerechnet über Josef, der ja ausdrücklich *nicht* der biologische Vater ist, zu Jesus führt. Die ganze unheilige Konstruktion hat damit zu tun, dass es in einer schon erwähnten Textstelle des alttestamentlichen Propheten Jeremia (23,5ff.) heißt: *„Siehe, es kommt die Zeit, da lasse ich (Jahwe) David einen gerechten Sproß erstehen. Der wird als König herrschen und Recht und Gerechtigkeit im Lande üben."* In Matthäus 1,17 wird ausgeführt: *„Im Ganzen sind es also von Abraham bis David vierzehn Generationen, von David bis zur Babylonischen Gefangenschaft vierzehn Generationen und von der Babylonischen Gefangenschaft bis zu Christus vierzehn Generationen."* Auch diese Genealogie, garniert mit einer schönen Zahlensymbolik, ist nicht Gottes Wort.

Immer wieder gehen bei Matthäus die prophetischen Worte des Alten Testaments in Erfüllung. Hieraus wird heute gefolgert, Adressat seines Evangeliums seien vor allem Judenchristen gewesen. Die Kapitel 3 und 4 enthalten die schon aus dem Markusevangelium bekannten Erzählungen über Johannes den Täufer, die Taufe Jesu sowie dessen Versuchung in der Wüste. Legt man die Texte beider Evangelien nebeneinander, fällt rasch auf, dass es bei der „Versuchung Jesu in der Wüste" eine deutliche Ausweitung im Matthäusevangelium gegenüber den nüchternen Zeilen im Markusevangelium gibt. So kann man nun lesen: *„Dann wurde Jesus vom Geist in die Wüste geführt; dort sollte er vom Teufel in Versuchung geführt werden. Als er vierzig Tage und vierzig Nächte gefastet hatte, bekam er Hunger. Da trat der Versucher an ihn heran und sagte: Wenn du Gottes Sohn bist, so befiehl, dass aus diesen Steinen Brot wird. Er aber antwortete: In der Schrift heißt es: Der Mensch lebt nicht nur von Brot, sondern von jedem Wort, das aus Gottes Mund kommt. Darauf nahm ihn der Teufel mit sich in die Heilige Stadt, stellte ihn oben auf den Tempel und sagte zu ihm: Wenn du Gottes Sohn bist, so stürz dich hinab; denn es heißt in der Schrift: Seinen Engeln befiehlt er, dich auf ihren Händen zu tragen, damit dein Fuß nicht an einen Stein stößt. Jesus antwortete ihm: In der Schrift heißt es auch: Du sollst den Herrn, deinen Gott, nicht auf die Probe stellen. Wieder nahm ihn der Teufel mit sich und führte ihn auf* *einen sehr hohen Berg; er zeigte ihm alle Reiche der Welt mit ihrer Pracht und sagte zu ihm: Das alles will ich dir geben, wenn du dich vor mir niederwirfst und mich anbetest. Da sagte Jesus zu ihm: Weg mit dir, Satan!"* (Mt 4,1–10) Da Jesus offensichtlich alleine war, ist es schon kurios, dass Matthäus weiß, was dort gesprochen wurde. Auch diese Geschichte ist religiöse Prosa, kein Tatsachenbericht.

Kapitel 23 enthält die sieben „Weherufe" Jesu gegen die „Schriftgelehrten und Pharisäer". Beispielhaft heißt es gegen Ende des Kapitels: *„Ihr Nattern, ihr Schlangenbrut! Wie wollt ihr dem Strafgericht der Hölle entrinnen? Darum hört: Ich sende Propheten, Weise und Schriftgelehrte zu euch; ihr aber werdet einige von ihnen töten, ja sogar kreuzigen, andere in euren Synagogen auspeitschen und von Stadt zu Stadt verfolgen. So wird all das unschuldige Blut über euch kommen, das auf Erden vergossen worden ist ... Jerusalem, Jerusalem, du tötest die Propheten und steinigst die Boten, die zu dir gesandt sind. Wie oft wollte ich deine Kinder um mich sammeln, so wie eine Henne ihre Küken unter ihre Flügel nimmt; aber ihr habt nicht gewollt. Darum wird euer Haus (von Gott) verlassen"* (Mt 23,33–38). Nach Lüdemann sind dies zumindest keine echten Jesusworte, sondern von Matthäus entsprechend der urchristlichen Gemeindesituation erfunden.[206]

Lukas

Das Lukasevangelium gilt vielen als das sprachlich gepflegteste Evangelium. Es entstand nach überwiegender Auffassung vermutlich etwa um 90 n. Chr. in Rom. Sein Verfasser „Lukas", der auch als Verfasser der Apostelgeschichte gilt, ist unbekannt; dass er ein Begleiter von Paulus auf dessen Reisen war, wird zwischenzeitlich von der Wissenschaft nicht mehr vertreten. Vermutlich war er ein „Heidenchrist", kein gebürtiger Jude, und kannte Palästina nicht aus eigener Anschauung. Das Evangelium ist wohl vorwiegend für die heidenchristliche Kirche geschrieben, tritt doch das ausgesprochen Jüdische stark in den Hintergrund.[207] Der Verfasser war, wie auch alle anderen Evangelisten, nicht Augenzeuge und somit auf die Berichte anderer, *„die von Anfang an Augenzeugen und Diener des Wortes waren"* (Lk 1,2), angewiesen. Als erste Quelle diente ihm (wie auch schon Matthäus) das Markusevangelium. Weitere Quellen sind die schon erwähnte Logienquelle und möglicherweise weitere nicht bekannte Quellen. Manches aus dem Markusevangelium lässt er auch weg (Mk 6,45 bis 8,26); es wird von der „Lukanischen Lücke" gesprochen. Als zentrales Thema seiner Theologie erscheint vielen heutigen Exegeten das Verhältnis zu Israel, insbesondere die Ablösung des Christentums aus dem Judentum.[208]

Lukas gilt als der „Historiker" unter den Evangelisten. Die Meinungen darüber sind jedoch, zurückhaltend formuliert, geteilt. Nehmen wir nur das völlig unstimmige „Weihnachtsmärchen" oder auch das „Pfingstwunder". Ein schönes Beispiel auch, um die Zuschreibung als „Historiker" als Zumutung zu entlarven, ist der Besuch Marias bei ihrer Verwandten Elisabet (Lk 1,40–49): *„Sie (Maria) ging in das Haus des Zacharias und begrüßte Elisabet. Als Elisabet den Gruß Marias hörte, hüpfte das Kind in ihrem Leib. Da wurde Elisabet vom Heiligen Geist erfüllt und rief mit lauter Stimme: Gesegnet bist du mehr als alle anderen Frauen und gesegnet ist die Frucht deines Leibes. Wer bin ich, dass die Mutter meines Herrn zu mir kommt? In dem Augenblick, als ich deinen Gruß hörte, hüpfte das Kind vor Freude in meinem Leib. Selig ist die, die geglaubt hat, dass sich erfüllt, was der Herr ihr sagen ließ. Da sagte Maria: Meine Seele preist die Größe des Herrn, und mein Geist jubelt über Gott, meinen Retter. Denn auf die Niedrigkeit seiner Magd hat er geschaut. Siehe, von nun an preisen mich selig alle Geschlechter. Denn der Mächtige hat Großes an mir getan und sein Name ist heilig."* Der „Historiker" Lukas schreibt diesen Text fast 100 Jahre nachdem dies vermeintlich geschehen war. Er war also weder Augen- noch Ohrenzeuge. Woher weiß er, dass Elisabets Kind in ihrem Bauch hüpfte, als sie Marias Grußworte hörte? Woher kennt er den Wortlaut ihres Gesprächs? Die auch von Lukas (Lk 4,1ff.) berichtete „Versuchungsgeschichte Jesu" in der Wüste, die weitgehend der des Matthäusevangeliums entspricht, gehört ebenfalls in diese Kategorie. Da braucht es keine „Kritische Bibelforschung", um festzustellen, dass es schön erzählte Geschichten sind, keine Geschichte! Weitere Abweichungen und Besonderheiten des Lukasevangeliums gegenüber den beiden anderen synoptischen Evangelien sind unter anderem der „Stammbaum Jesu", der nun mit Adam beginnt und nicht erst – wie bei Matthäus – mit Abraham (wenn schon, denn schon), sowie die Schilderung des ersten Wirkens Jesu – Jesus beeindruckt als Zwölfjähriger im Tempel die Schriftgelehrten – auch dies gilt Religionswissenschaftlern als Fantasieprodukt. Lukas weitet dann vor allem den im Markusevangelium (Mk 10) geschilderten Gang Jesu nach Jerusalem zu einem Reisebericht (Lk 9,51 bis 19,27) aus, der mehr als ein Drittel des Evangeliums umfasst. Hier finden sich das Gleichnis vom barmherzigen Samariter (Lk 10,25–37) sowie, als Beispiel für Jesu Distanz zu Reichtum, das Gleichnis vom reichen Mann und vom armen Lazarus (Lk 16,19–31). Auch die Gleichnisse vom verlorenen Schaf und der verlorenen Drachme (Lk 15,1–10), vom „verlorenen Sohn" (Lk 15,11–32) und vom Pharisäer und Zöllner (Lk 18,9–14) finden sich nur bei Lukas, ebenso weitere Heilungsgeschichten (Lukas galt daher in kirchlicher Tradition auch als Arzt) sowie die schon erwähnten (vermeintlichen) Begebenheiten „Christi Himmelfahrt" und das „Pfingstwunder".

Johannes

Den historischen Jesus sucht man bei Johannes vergebens. Das ganze Johannesevangelium gilt als erfunden! Dennoch sind viele Theologen, auch solche, die ihm jegliche Historizität absprechen (wie Rudolf Bultmann), von ihm entzückt. Gründe dafür sind die eindrucksvolle Sprache und die „Christologie" des Johannesevangeliums.

Verfasserschaft, Ort und Erstellungszeit des Johannesevangeliums sind umstritten. Überwiegend wird heute unterstellt, dass es zwischen 100 und 110 n. Chr. in Ephesus (Kleinasien) entstanden ist.

Eine Verfasserschaft des Apostels Johannes, wie es die Kirche fast bis in unsere Zeit verbreitet hat, ist nach überwiegender Meinung ausgeschlossen. Der Autor ist unbekannt; ein Augenzeuge des Wirkens Jesu war er jedenfalls nicht.[209] Das Evangelium selbst nennt keinen Namen eines Verfassers. Allerdings wird ein Jünger Jesu hervorgehoben als der „Jünger, den Jesus liebte" (19,26 und 21,20–24). Von diesem wird in Johannes 19,25–27 gesagt, er sei unmittelbar bei der Kreuzigung zugegen gewesen. Ohnehin wird in diesem Zusammenhang den Augenzeugen des Geschehens eine besondere Zeugnisfunktion beigemessen (Joh 19,35). Am Ende des Evangeliums (Joh 21,24) benennt der Text den Lieblingsjünger ausdrücklich als seinen Autor: „*Das ist der Jünger, der von diesen Dingen zeugt und der dies geschrieben hat; und wir wissen, dass sein Zeugnis wahr ist.*" Empfänger des Evangeliums waren die überwiegend heidenchristlichen Gemeinden im Umfeld des Evangelisten.

Das Johannesevangelium weist gegenüber den synoptischen Evangelien erhebliche Unterschiede in Aufbau, Sprache, Stil und Inhalt auf. Als Besonderheiten heben die Religionswissenschaftler die (anfängliche) Konkurrenzsituation zu den Anhängern Johannes des Täufers hervor – dies zeige sich in der durchgängigen Degradierung Johannes des Täufers zum bloßen Zeugen des Christusgeschehens – sowie die Auseinandersetzung mit dem Judentum mit Blick auf die Messianität Jesu. Der Prozess der Loslösung des Christentums vom Judentum hatte schon umfassend mit der paulinischen Heidenmission eingesetzt, das Johannesevangelium blickte bereits auf diese zurück.[210] Es hat nur wenig Stoff mit den Synoptikern gemeinsam: Von den 29 dort berichteten Wundern werden nur zwei genannt, andererseits finden sich fünf dort nicht erwähnte in ihm. In größerem Umfang als bei den Synoptikern werden Reden und Gespräche Jesu wiedergegeben. In der Art und Weise der Darstellung zeigt das Evangelium eine eigenständige Prägung: Johannes lässt Jesus stärker in einer lehrhaft-symbolischen Sprache reden.

Eine Besonderheit des Johannesevangeliums ist darüber hinaus vor allem der Prolog des Johannesevangeliums (Joh 1,1–18) mit seiner an den Anfang der Genesis erinnernden hymnischen Art: *"Im Anfang war das Wort und das Wort war bei Gott, und das Wort war Gott."* Zielpunkt dieser und der drei folgenden Strophen ist Vers 14: *"Und das Wort ist Fleisch geworden und hat unter uns gewohnt …".* Nur bei Johannes findet sich ferner die Wundergeschichte über die Auferweckung des Lazarus von den Toten. Typisch für das Johannesevangelium sind auch die langen Reden Jesu, vor allem die Abschiedsreden. Die Reden Jesu beziehen sich häufig auf seine eigene Person („Ich bin"-Worte) und die Verwendung neuer Begriffe und Metaphern („Licht der Welt", „Brot des Lebens"). Auffallend ist der starke antijüdische Ton des Johannesevangeliums. Allen Evangelien ist gemeinsam, dass sie die jüdische Führung als treibende Kraft hinstellen, die die Auslieferung Jesu an die Römer zur Kreuzigung betrieben habe. Im Johannesevangelium geht die antijüdische Position allerdings über die der anderen Evangelien hinaus. Jesus wird zwar ausdrücklich als Jude dargestellt (Joh 4,9), und Johannes lässt Jesus sagen: *"Das Heil kommt von den Juden"* (Joh 4,22). Aber die Konflikte mit „den Juden" haben eine deutlich feindliche Note und gipfeln in der Aussage Jesu: *"Ihr habt den Teufel zum Vater"* (Joh 8,44). Solche Aussagen spiegeln nach Meinung von Bibelwissenschaftlern die heftigen Auseinandersetzungen nach dem Ausschluss der Christen aus der Synagoge nach dem Jahr 70 n. Chr. wider.

Die Sprache des Johannesevangeliums erinnert an die religiöse Lyrik des Alten Testaments. Das zeigt sich beispielsweise an den Aussagen Johannes des Täufers über Jesus: *„ Am Tag darauf sah er Jesus auf sich zukommen und sagte: Seht, das Lamm Gottes, das die Sünde der Welt hinwegnimmt …"* (Joh 1,29). Ferner wird exklusiv nur im Johannesevangelium über eines der schönsten Wunder Jesu berichtet, auf das jeder Winzer neidisch ist: die Verwandlung von Wasser in Wein bei der Hochzeit in Kana. Sie gilt auch als Beleg dafür, dass Jesus nichts gegen Alkoholgenuss hatte. Befremdlich der Umgangston Jesu mit seiner Mutter: Als der Wein ausging, sagte die Mutter Jesu zu ihm: „*Sie haben keinen Wein mehr. Jesus erwiderte ihr: Was willst du von mir, Frau? Meine Stunde ist noch nicht gekommen. Seine Mutter sagte zu den Dienern: Was er euch sagt, das tut!*" (Joh 2,3–5) Und schließlich stellt sich Jesus – anders als in den synoptischen Evangelien – im Johannesevangelium als Gott oder Gottes Sohn dar, so etwa in Jesu Rede in der Synagoge von Kafarnaum (Joh 6,32–59). Es ist reine – sprachlich markante – Religionslyrik, wie wir sie auch aus den Psalmen oder Paulusbriefen kennen.

In Kapitel 8 stoßen wir auf die Geschichte mit der Ehebrecherin. „Schriftgelehrte und Pharisäer" brachten die auf frischer Tat ertappte Frau zu Jesus und fragten, ob auch er der Meinung sei, die Frau sei gemäß dem Gesetz Moses zu steinigen. Die berühmte Antwort Jesu: „*Wer von euch ohne Sünde ist, werfe als Erster einen Stein auf sie*" (Joh 8,7). Wie selbst in Bibelkommentaren vermerkt, ist diese Geschichte nachträglich in das Johannesevangelium eingefügt worden.[211] Eine von den anderen Evangelien abweichende Darstellung der Kreuzigung Jesu enthält Kapitel 19: „*Bei dem Kreuz Jesu standen seine Mutter und die Schwester seiner Mutter, Maria, die Frau des Klopas, und Maria von Magdala. Als Jesus seine Mutter sah und bei ihr den Jünger, den er liebte, sagte er zu seiner Mutter: Frau, siehe, dein Sohn! Dann sagte er zu dem Jünger: Siehe, deine Mutter!*" (Joh 19,25–27) Da in den synoptischen Evangelien weder von der Anwesenheit von Jesu Mutter noch von der des „Jüngers, den Jesus liebte", bei der Kreuzigung berichtet wird, bestreiten Bibelwissenschaftler den Wahrheitsgehalt auch dieser Passage.[212]

2.2.6 Die Apostelgeschichte

Die Apostelgeschichte beschreibt die Zeit zwischen der Himmelfahrt Jesu und der Ankunft des gefangenen Paulus in Rom. Sie zeigt aber nicht das Leben und Wirken der einzelnen Apostel, wie man vom

Titel her vermuten könnte, sondern stellt ab auf die Entwicklung der frühen Kirche. Als Autor der Apostelgeschichte gilt aufgrund der sprachlichen und theologischen Übereinstimmungen der Evangelist Lukas, der Autor identifiziert sich aber auch selbst mit ihm (Apg 1,1–2).[213] Wie schon beim Lukasevangelium ausgeführt, ist nicht bekannt, wer „Lukas" war. Ein Reisebegleiter Paulus, wie früher angenommen, war er jedenfalls nicht. Wird für die Abfassung des Lukasevangeliums eine Zeit etwa um 90 n. Chr. angenommen, so vermutet man für die der Apostelgeschichte einen Zeitrahmen zwischen 90 und 100 n. Chr. Geschrieben wurde sie möglicherweise in Rom oder im Ägäisraum für die heidenchristliche Kirche. Eine abweichende Auffassung zur Erstellung der Apostelgeschichte und auch der Paulusbriefe vertritt der evangelische Theologe Hermann Detering in seinem Buch *Der gefälschte Paulus*. Er ist der Meinung, die Apostelgeschichte sei erst im 2. Jahrhundert n. Chr. verfasst worden und auch die Paulusbriefe seien vermutlich deutlich später und von anderen Autoren geschrieben worden, möglicherweise von dem Kirchenvater Marcion (85–160 n. Chr.), dem Begründer einer christlichen Bewegung mit gnostischen Einflüssen.

Die historische Glaubwürdigkeit der Apostelgeschichte schätzen Religionswissenschaftler überwiegend als eher gering ein. Vielen gilt Lukas als „Romanschriftsteller". Ranke-Heinemann nennt die Apostelgeschichte angesichts der vielen Wunder, die Lukas die Apostel vollbringen lässt – mehr als Jesus vollbrachte! – „ein Propagandawerk, an Heidenchristen und an noch nicht christliche Heiden gerichtet".[214] Sie idealisiere die von starken theologischen Spannungen geprägte Situation der jungen Kirche. In Wirklichkeit seien die Anfänge voller schwerer Kämpfe und Parteiungen gewesen, gekennzeichnet durch erbitterte Zerwürfnisse zwischen Petrus und Paulus. Hauptstreitpunkte seien, abgesehen von den Kompetenz- und Machtfragen, gewesen, inwieweit die Heidenchristen das Jüdische Gesetz befolgen mussten, ob sie beschnitten werden und ob sie die jüdischen Speisegesetze einhalten mussten.

Einen Eindruck von diesem Streit vermittelt der Galaterbrief (Gal 2,11ff), in dem Paulus berichtet, wie er Petrus in Antiochien vor den versammelten Gemeindemitgliedern heftig angegriffen habe: *„Als Kephas* (= aramäisch für Petrus) *aber nach Antiochia gekommen war, bin ich ihm offen entgegengetreten, weil er sich ins Unrecht gesetzt hatte. Bevor nämlich Leute aus dem Kreis um Jakobus eintrafen, pflegte er zusammen mit den Heiden zu essen. Nach ihrer Ankunft aber zog er sich von den Heiden zurück und trennte sich von ihnen, weil er die Beschnittenen* (= Judenchristen) *fürchtete. Ebenso unaufrichtig wie er verhielten sich die anderen Juden, sodass auch Barnabas durch ihre Heuchelei verführt wurde. Als ich aber sah, dass sie von der Wahrheit des Evangeliums abwichen, sagte ich zu Kephas* (= Petrus) *in Gegenwart aller: Wenn du als Jude nach Art der Heiden und nicht nach Art der Juden lebst, wie kannst du dann die Heiden zwingen, wie Juden zu leben?"*

Petrus schwankte also zwischen den Positionen der Judenchristen um Jakobus (einem Bruder Jesu) und dem immer größer werdenden Kreis der Heidenchristen um Paulus. Ein „Fels" scheint Petrus jedenfalls nicht gewesen zu sein. Allerdings gelten die in der Apostelgeschichte wiedergegebenen Reden, auch die von Petrus, als reine Erfindungen von Lukas. Der Religionshistoriker Hans-Joachim Schoeps merkt an, man habe der Apostelgeschichte „viel zu viel Glauben" geschenkt. Sie sei in Wirklichkeit „doch nur die von einer Partei des Frühchristentums – der siegreichen eben", also der des Paulus –, „akzeptierte Rückschau auf die Anfänge." Sie sei ein Dokument der zweiten oder dritten christlichen Generation, „die einen deutlichen Lehrzweck verfolgt und daher bereits kräftig Legendenbildung betreibt und Personen wie Ereignisse nach ihren Maßstäben ... umstilisiert."[215] Weitere Kritik an der Apostelgeschichte knüpft an deren antijüdischer Haltung an, wie es zum Beispiel auch im Hervorheben des Gerechtigkeitssinns der Römer zum Ausdruck kam. Sie gilt neben dem Johannesevangelium als das antijüdischste Werk des Neuen Testaments.

Die Apostelgeschichte umfasst „Christi Himmelfahrt" und das „Pfingstwunder" (Apg 1,1 bis 2,13); die Urgemeinde in Jerusalem (Apg 2,14 bis 6,15); die Rede des Stephanus und die Mission in Samarien (Apg 7,1 bis 8,3 sowie 8,4–40); die Berufung des Paulus (Apg 9,1–43); Nichtjuden in der Gemeinde (Apg 10,1–48); die Gemeinden in Antiochia und in Jerusalem (Apg 11,1–26 und 11,27–12,25); erste Missionsreise des Paulus (Apg 13,1 bis 14,28); Apostelkonzil in Jerusalem (Apg 15,1–35); weitere Missionsreisen des Paulus (Apg 15,36–18,17 und 18,18–21,14); Paulus als Gefangener und seine Überführung nach Rom (Apg 21,15 bis 26,32; 27,1 bis 28,31). Die folgenden Anmerkungen und Zitate sollen den Ablauf näher beleuchten, weitgehend in der Reihenfolge der geschilderten Begebenheiten.

In der christlichen Urgemeinde herrschte ein frommer Sozialismus, dessen Vorbild möglicherweise das Zusammenleben und das Regelwerk der Essener war, über die an anderer Stelle bereits berichtet wurde. *„Es gab auch keinen unter ihnen, der Not litt. Denn alle, die Grundstücke oder Häuser besaßen, verkauften ihren Besitz, brachten den Erlös und legten ihn den Aposteln zu Füßen"* (Apg 4,34–35). Interessant ist, dass sie weiterhin im Tempel ihre religiöse Heimat hatten, im Grunde also weiterhin fest im jüdischen Glauben verankert waren (Apg 2,44–47). Die Apostel warben für die neue Lehre und bewirkten viele Wunder (darunter die Vertreibung unreiner Geister). Dies verbreitete sich rasch in der Bevölkerung. Der Hohe Rat der Juden war natürlich zornig über die Aufmerksamkeit für diese neue Bewegung und verbot Petrus und Johannes – vergeblich – das weitere Wirken (Apg 5).

In Kapitel 7 wird über die Verhaftung von Stephanus, einem Jünger, berichtet, von seiner Rede vor dem Großen Rat und seiner anschließenden Steinigung. Hier wirkte – auf der Täterseite – ein gewisser „Saulus" mit: *„Saulus aber war mit dem Mord einverstanden. An jenem Tag brach eine schwere Verfolgung über die Kirche in Jerusalem herein. Alle wurden in die Gegenden von Judäa und Samarien zerstreut, mit Ausnahme der Apostel. Fromme Männer bestatte-*

ten Stephanus und hielten eine große Totenklage für ihn. Saulus aber versuchte die Kirche zu vernichten; er drang in die Häuser ein, schleppte Männer und Frauen fort und lieferte sie ins Gefängnis ein"* (Apg 8,1–3). Dann aber kam es bekanntlich zu einer Wende: zur Bekehrung und Taufe des Saulus.

Saulus war unterwegs nach Damaskus, um Christen aufzufinden und sie „in Ketten nach Jerusalem zu bringen". *„Unterwegs aber, als er sich bereits Damaskus näherte, geschah es, dass ihn plötzlich ein Licht vom Himmel umstrahlte. Er stürzte zu Boden und hörte, wie eine Stimme zu ihm sagte: Saul, Saul, warum verfolgst du mich? Er antwortete: Wer bist du, Herr? Dieser sagte: Ich bin Jesus, den du verfolgst … Seine Begleiter standen sprachlos da; sie hörten zwar die Stimme, sahen aber niemand. Saulus erhob sich vom Boden. Als er aber die Augen öffnete, sah er nichts. Sie nahmen ihn bei der Hand und führten ihn nach Damaskus hinein. Und er war drei Tage blind und er aß nicht und trank nicht."* Gott persönlich beauftragte einen „Jünger namens Hananias", Paulus von seiner Blindheit zu heilen. Dieser *„legte Saulus die Hände auf und sagte: Bruder Saul, der Herr hat mich gesandt, Jesus, der dir auf dem Weg hierher erschienen ist; du sollst wieder sehen und mit dem Heiligen Geist erfüllt werden. Sofort fiel es wie Schuppen von seinen Augen und er sah wieder; er stand auf und ließ sich taufen … Und nachdem er etwas gegessen hatte, kam er wieder zu Kräften"* (Apg 9,3–19). Auch hier darf man sich fragen, woher „Lukas" etwa 50 Jahre nach diesem vermeintlichen Geschehen dies alles wusste? Wusste, was „der Herr" dem „Hananias", der offensichtlich alleine war und betete, alles ins Ohr flüsterte? Es sind Fantasieergüsse des Lukas! Paulus selbst, der es ja wissen müsste, erwähnt nichts von derlei Vorkommnissen (Gal 1,15–16).

Seine Auftraggeber, „die Juden", wollten Paulus für seinen Seitenwechsel bestrafen und töten. *„Doch ihr Plan wurde dem Saulus bekannt. Sie bewachten sogar Tag und Nacht die Stadttore, um ihn zu beseitigen. Aber seine Jünger nahmen ihn und ließen ihn bei Nacht in einem Korb die Stadtmauer hinab"* (Apg 9,24–25). Den Korb kann man übrigens heute noch besichtigen …! Aber auch in Jerusalem, wo er zunächst Anschluss an die Jünger suchte, war Paulus nicht sicher, und man schickte ihn nach Tarsus, in seine Heimatstadt (Apg 9,30).

Es folgt die *erste Missionsreise* des Paulus (in Begleitung von Barnabas, einem Mitglied der Gemeinde von Antiochia, und teilweise von Johannes). Stationen der Reise waren insbesondere Salamis und Paphos (Zypern) sowie Perge, Antioch, Ikonion, Lystra und Derbe (Kleinasien). Sie predigten in Synagogen, wandten sich aber auch an „Heiden". Das gefiel den Juden in diesen Gebieten gar nicht: *„Die Juden jedoch hetzten die vornehmen gottesfürchtigen Frauen und die Ersten der Stadt auf, veranlassten eine Verfolgung gegen Paulus und Barnabas und vertrieben sie aus ihrem Gebiet. Diese aber schüttelten gegen sie den Staub von ihren Füßen und zogen nach Ikonion"* (Apg 13,50–51). Aber auch dort war ihre Mission nicht einfach: *„Doch das Volk in der Stadt spaltete sich; die einen hielten zu den Juden, die andern zu den Aposteln. Als die Apostel merkten, dass die Heiden und die Juden zusammen mit ihren Führern entschlossen waren, sie zu misshandeln und zu steinigen, flohen sie in die Städte von Lykaonien, Lystra und Derbe, und in deren Umgebung"* (Apg 14,4–6). Ähnliches wiederholte sich auch auf anderen Stationen der Reise (Apg 14,13–20). Dann kam es zu der entscheidenden Apostelversammlung in Jerusalem, derentwegen Milliarden männlicher Säuglinge davon verschont blieben, ihre Vorhaut opfern zu müssen: Die Versammlung beschloss, dass die „Heiden", die sich zur neuen christlichen Lehre bekannten, ihre Vorhaut behalten durften. Die neuen Mitglieder sollten nur *„Götzenopferfleisch, Blut, Ersticktem und Unzucht"* (Apg 15,29) gegenüber Verzicht üben.

Die *zweite Missionsreise* des Paulus führte ihn nach Syrien und Zilizien, in seine Geburtsstadt Tarsus, nach Galatien, Troas (nahe des antiken Troja) und Griechenland (Philippi, Thessaloniki, Athen, Korinth) sowie mit dem Schiff über Ephesus nach Caesarea und – nach einem kurzen Aufenthalt in Jerusalem – Antiochia (Apg 15–18).

Neues Testament und Christentum

In Philippi lief es wieder nicht gut. Paulus hatte einer Wahrsagerin, einer Magd, die Dämonen ausgetrieben, sodass sie nicht mehr ihrem für die Herrschaft vorteilhaften Gewerbe nachgehen konnte. Paulus und seine Begleiter wurden ins Gefängnis geworfen. Aber Gott ließ ihn nicht im Stich: *„Um Mitternacht beteten Paulus und Silas und sangen Loblieder; und die Gefangenen hörten ihnen zu. Plötzlich begann ein gewaltiges Erdbeben, sodass die Grundmauern des Gefängnisses wankten. Mit einem Schlag sprangen die Türen auf und allen fielen die Fesseln ab ..."* (Apg 16,19–26). Auch am nächsten Missionierungsort, Thessaloniki, gab es Ärger (Apg 17,5–15) – Paulus musste ordentlich Prügel einstecken. Zivilisierter ging es wohl in Athen zu (Apg 17,16–34). In Korinth schließlich blieb Paulus eineinhalb Jahre und arbeitete als Zeltmacher. *„An jedem Sabbat lehrte er in der Synagoge und suchte Juden und Griechen zu überzeugen ... und bezeugte den Juden, dass Jesus der Messias sei. Als sie sich dagegen auflehnten und Lästerungen ausstießen, schüttelte er seine Kleider aus und sagte zu ihnen: Euer Blut komme über euer Haupt! Ich bin daran unschuldig. Von jetzt an werde ich zu den Heiden gehen"* (Apg 18,2–6).

Die *dritte Missionsreise* des Paulus ist vor allem geprägt durch einen etwa drei Jahre dauernden Aufenthalt in Ephesus. Die Reise führte ihn unter anderem nach Galatien, Phrygien, Mazedonien und Griechenland. Paulus wirkte natürlich einige Wunder, aber auch auf dieser Reise gab es für ihn und seine Begleiter viel Ärger. Berichtet wird in Kapitel 19 von einem Aufruhr der Silberschmiede in Ephesus (Apg 19,23–30). Als der Ärger sich gelegt hatte, zog Paulus weiter in Richtung Mazedonien. Um Syrien machte er einen Bogen, da Juden einen Anschlag auf ihn planten (Apg 20,3). In Troas erweckte Paulus einen Toten (Apg 20,7–12). Den Ältesten der Gemeinde in Ephesus, die er nach Milet gerufen hatte, hielt er eine Art Abschiedsrede: *„Ich habe Juden und Griechen beschworen, sich zu Gott zu bekehren und an Jesus Christus, unseren Herrn, zu glauben. Nun ziehe ich, gebunden durch den Geist, nach Jerusalem und ich weiß nicht, was dort mit mir geschehen wird ..."* (Apg 20,21–22). Dann ging es weiter über Kos, Rhodos, Patara, Tyrus nach Caesarea und schließlich, entgegen dem Rat seiner Freunde, nach Jerusalem (Apg 21).

Hier ging es dann heftig zu, insbesondere weil verbreitet wurde, Paulus habe *„sogar Griechen in den Tempel mitgenommen und diesen heiligen Ort entweiht … Da geriet die ganze Stadt in Aufregung und das Volk lief zusammen. Sie ergriffen Paulus und zerrten ihn aus dem Tempel … Schon wollten sie ihn umbringen, da brachte man dem Obersten der Kohorte die Meldung hinauf: Ganz Jerusalem ist in Aufruhr! Er eilte sofort mit Soldaten und Hauptleuten zu ihnen hinunter. Als sie den Obersten und die Soldaten sahen, hörten sie auf, Paulus zu schlagen. Der Oberst trat hinzu, verhaftete ihn …"* (Apg 21,28–33). Vor der Bestrafung schützte ihn beim für Jerusalem zuständigen Oberst sein Hinweis, dass er römischer Bürger sei. Vor dem Hohen Rat wies er anschließend darauf hin, dass er Pharisäer sei, und spaltete, so die Apostelgeschichte, die Versammlung, da die Pharisäer für ihn Partei ergriffen – gegen die Sadduzäer. Da ein Mordkomplott gegen Paulus geschmiedet wurde, ließ ihn der Oberst nach Caesarea bringen, wo er in Gefangenschaft blieb. Nach Konsultationen und einer Gerichtsverhandlung wurde Paulus schließlich – zusammen mit anderen Gefangenen – nach Rom geschickt.

Allzu viel wird nicht berichtet über das Wirken von Paulus in Rom: *„Nach unserer Ankunft in Rom erhielt Paulus die Erlaubnis, für sich allein zu wohnen, zusammen mit dem Soldaten, der ihn bewachte. Drei Tage später rief er die führenden Männer der Juden zusammen"* (Apg 28,16–17a). Er konnte sie aber nicht alle überzeugen. *„Die einen glaubten seinen Worten, die anderen blieben ungläubig. Untereinander uneins, brachen sie auf … und stritten noch lange untereinander"* (Apg 28,24–29). Die Apostelgeschichte schließt wie folgt: *„Er blieb zwei volle Jahre in seiner Mietwohnung und empfing alle, die zu ihm kamen. Er verkündete das Reich Gottes und trug ungehindert und mit allem Freimut die Lehre über Jesus Christus, den Herrn, vor"* (Apg 28,30–31).

2.2.7 Die Paulusbriefe

Von den Personen der Bibel ist historisch Sicheres nur von Paulus bekannt, von dem sieben als echt geltende Briefe erhalten sind. Er kommt allerdings als historischer Zeuge für Jesus nicht infrage, denn darüber, was der historische Jesus gesagt und getan hat, äußert sich Paulus kaum.[216] Es interessiert ihn nicht, oder es war für ihn nicht bemerkenswert (vgl. 2. Kor 5,16); für ihn scheint nur Jesu Kreuzestod und dessen Deutung von Interesse gewesen zu sein.

Ohne Paulus und seine Öffnung der noch jungen Bewegung auch für „Heiden" wären die Christen wohl eine jüdische Sekte geblieben, so wie die Essener. Er hat aus dem *jüdischen* Jesus einen *christlichen* Jesus gemacht und die christliche Theologie geformt. Wesentliche Elemente übernahm er auch aus der griechischen Philosophie, vor allem aus der Lehre Platons. Dessen Einfluss zeigt sich unter anderem bei Themen und Einstellungen wie der Geringschätzung der Frau – Platon behauptete, die Frauen stünden an Tugend weit hinter den Männern zurück, seien als das schwächere Geschlecht auch viel hinterhältiger und verschlagener als jene – oder der Verachtung des Körpers und der Sinnlichkeit, ja geradezu einer Feindschaft gegen das Körperliche (dies war allerdings noch ausgeprägter bei den späteren „Neuplatonikern", wie Plotin im 3. Jahrhundert n. Chr.).

Die Reihenfolge der Paulusbriefe ist im neutestamentlichen Kanon durch den Textumfang bestimmt – wie dies auch für die Surenfolge im Koran gilt. Die sieben als echt geltenden Briefe, die nach überwiegender Auffassung alle in den fünfziger Jahren n. Chr. (50–56) entstanden sind, umfassen den Brief an die Römer, den 1. und 2. Brief an die Korinther, die Briefe an die Galater, die Philipper, die Thessalonicher (1. Brief) sowie den Brief an Philemon.[217]

Auf den Brief an die Römer (Römerbrief) soll näher einzugehen werden, gilt er doch gemeinhin als der Brief, der die theologische Lehre des Paulus am umfassendsten darstellt. Er entstand wahrscheinlich im Jahr 56 n. Chr. in Korinth, wo Paulus sich während seiner dritten Missionsreise einige Zeit aufhielt. Die christliche Gemeinde in Rom, an die Paulus schrieb, bestand aus Judenchristen und Heidenchristen. Das Christentum hatte in Rom zunächst unter den zahlreichen in Rom lebenden Juden Anhänger gefunden. Doch zur Zeit des Römerbriefs waren Christen in den Synagogen schon nicht mehr geduldet. Paulus beabsichtigte, auf einer weiteren Missionsreise auch Rom zu besuchen (Röm 15,24), und der Brief diente der Vorbereitung. Auf die speziellen Probleme der Gemeinde ging er weniger ein, als in seinen Briefen an andere Gemeinden. Stattdessen stellte er ausführlich seine Theologie dar. Seine Aussagen belegt er dabei häufig mit Zitaten aus dem Alten Testament, vor allem aus dem Jesajabuch, und verwendet auch – wie Jesus – die Form von Gleichnissen.[218]

Für viele ist der Römerbrief einer der wichtigsten Teile des Neuen Testaments. Hier wird die Lehre des Paulus komprimiert dargelegt, und der Brief gilt als wesentliche Grundlage der christlichen Theologie und das neutestamentliche Buch mit der größten kirchengeschichtlichen Wirkung. Bereits die Kirchenväter Origenes (185–254 n. Chr.) und Augustinus (354–430 n. Chr.) waren wesentlich vom Römerbrief beeinflusst. Origenes verfasste den ersten Kommentar, und Augustinus, zunächst ein Hallodri, trat wohl durch die Lektüre des Römerbriefs zum Christentum über. Aus Römer 5,12 entwickelte er seine – furchtbare – Lehre von der Erbsünde. Ich muss dabei immer an kleine Kinder denken, denen religiös fanatisierte Menschen damit geradezu Mühlsteine um den Hals hängen. Die Erbsünde ist ein Relikt aus der mythologischen Mottenkiste, von dem sich die Kirche bis heute nicht verabschiedet hat.

Eine zentrale Bedeutung hatte der Römerbrief auch für Martin Luther und die Reformation. Beim Studium von Römer 1,16–17 kam Luther die Erkenntnis, dass allein Gottes Gnade und nicht die guten Werke den Menschen vor Gott gerecht sein lässt, was ein zentrales Element der Reformation wurde. Auch Luther musste sich die Sünde riesengroß vorstellen – wenn schon ein Gott am Kreuz geopfert werden musste, um diese Sünde zu tilgen! Friedrich Nietzsche behauptet gar, worin ihm viele zustimmen werden, die Sünde sei erfunden worden, „um Wissenschaft, um Kultur, um jede Erhöhung und Vornehmheit des Menschen unmöglich zu machen; der Priester *herrscht* durch die Erfindung der Sünde".[219] Die Sünde erscheint somit also auch als Machtinstrument der Kirche.

Wesentliche Themen des Römerbriefs sind die Öffnung der jungen Kirche für „Heiden" und das konfliktbeladene Verhältnis zwischen Christen jüdischer und nichtjüdischer Herkunft („Judenchristen" und „Heidenchristen") in den frühen christlichen Gemeinden, Gehorsamkeit gegenüber der Staatsmacht sowie die „Rechtfertigungslehre", die als Kern des Römerbriefs angesehen wird.

Die Öffnung der Kirche für Heiden und das auch schon in der Apostelgeschichte beschriebene konfliktbeladene *Verhältnis zwischen Christen jüdischer und nichtjüdischer Herkunft* in den frühen christlichen Gemeinden, zwischen „Judenchristen" und „Heidenchristen", hängen eng zusammen. Ein Teil der aus dem Judentum stammenden Christen verlangte, dass auch die Heidenchristen sich beschneiden ließen und die jüdische Lebensweise befolgten, also den Sabbat und die Speisegesetze beachteten. Paulus legt nun dar, dass Juden und Heiden gleichermaßen Sünder seien, die Gott durch Jesu Tod gerettet habe. Daher sei das Halten dieser Gebote nicht bedeutsam. Zwar gelte die Thora für die Juden als Maßstab eines gottgefälligen Lebens, sie schütze aber nicht vor der Sünde (Röm 3,19–20; 7,23). Paulus fordert von Juden- und Heidenchristen in der Gemeinde gegenseitige Akzeptanz. Zwar nennt er die, die sich nur mit schlechtem Gewissen mit Menschen, die sich nicht an die jüdischen Speisegebote halten, an einen Tisch setzen können, schwach, verlangt aber von den sogenannten Starken, Rücksicht auf deren Gewissen zu nehmen (Röm 14,1 bis 15,7). Das entsprach dem auf dem sogenannten Apostelkonzil zwischen Paulus auf der einen Seite und Petrus und dem Herrenbruder Jakobus auf der anderen Seite ausgehandelten Vergleich.

Zum von Paulus geforderten, besonders umstrittenen *Gehorsam gegenüber der Staatsmacht* (Röm 13,1-7) wurde bereits näher in dem Kapitel „Gebt dem Kaiser, was des Kaisers ist" eingegangen. Die Obrigkeit, mit der nicht allein der Herrscher, sondern auch der Staatsapparat gemeint ist, ist für Paulus eine Dienerin Gottes zum Schutz der Guten und zur Bestrafung der Bösen. Jeder hat ihr zu gehorchen. Die Regierungsform oder die Legitimität der Herrschaft problematisiert Paulus dabei nicht. Der Text galt daher über Jahrhunderte als Rechtfertigung jeglicher Form von staatlicher Willkür. Heutige Exegeten beziehen häufig die Zeitumstände der Abfassung des Römerbriefs mit ein: Möglicherweise habe Paulus angesichts der schwierigen politischen Lage nach der Vertreibung der Juden aus Rom zur Loyalität gegenüber dem römischen Staat aufgerufen, schließlich sei die junge christliche Gemeinde schutzbedürftig gewesen.

Die *Rechtfertigungslehre* wiederum ist ein ziemlich merkwürdiges Konstrukt. Ihm liegen folgende Gedanken zugrunde: Aus Gottes Sicht, so kluge Theologen wie Paulus, Augustinus, Luther oder Calvin, könne sich der einzelne, von Anfang an sündenbeladene Mensch nicht durch seine guten Taten oder das Einhalten von Geboten rechtfertigen; er könne nur gerechtfertigt werden durch die Gnade Gottes.

Paulus war von der hoffnungslosen Sündhaftigkeit des Menschen und der Vorherbestimmung zum Heil oder zum Unheil überzeugt – Gott allein entschied, wen er retten und wen er verstoßen würde, egal, was der Betroffene auch tat (Röm 8,29): *„Denn die er ausersehen hat, die hat er auch vorherbestimmt ..."* An die Gemeinde in Rom schrieb Paulus (Röm 9,16): *„So liegt es nun nicht an jemandes Wollen oder Laufen, sondern an Gottes Erbarmen."* Gott hat also – von vornherein – einen Menschen entweder zur Seligkeit oder zur Verdammnis bestimmt (Prädestination). Durch gute Taten kann man nach Paulus jedenfalls nicht erlöst werden. Ein Überbleibsel alten Schicksalsglaubens lebe hier fort, so der Bibelkundler Johannes Maria Lehner mit Verweis auf die Briefstelle Römer 9,18: *„So erbarmt er sich nun, wessen er will, und verstockt, wen er will."*[220]

Allerdings werden nach katholischer Lehre die guten Taten von Gott immerhin mit berücksichtigt, wenn es gilt, die Seligkeit zu erlangen, während die evangelische Lehre allein auf die Gnade Gottes fixiert ist. Nach evangelischem Verständnis sind jedoch gute Taten, insbesondere ein erfolgreiches Handeln des Menschen, ein Zeichen dafür, dass Gott es gut mit einem meint – dass man zu den Menschen gehört, die Gott retten will. Diese Auffassung geht vor allem auf den Schweizer Reformator Calvin zurück. Er war ein strenger Vertreter der „Prädestinationslehre", wonach Gott schon seit Ewigkeit festgelegt hat, wer in den Himmel und wer in die Hölle kommt. Ist jemand beruflich erfolgreich, hat er sozusagen „Gnadengewissheit". Der Soziologe Max Weber hat die These aufgestellt, diese Überlegung habe zum Erfolg des kapitalistischen Systems beigetragen.[221] Das Bemühen, Gnadengewissheit zu erlangen, führe zu einem starken Arbeitswillen. Da es nach Calvin ferner keine Sünde ist, reich zu sein, und dies nur dann zutrifft, wenn der gottgewollte Reichtum zur „Befriedigung lasterhafter Begierden" verprasst wird, komme auch noch Konsumverzicht dazu. Der Reichtum werde dadurch immer größer. Vor allem der wirtschaftliche Erfolg der USA wurde unter Rückgriff auf diese Annahme erklärt. Manche kritisieren zwischenzeitlich diese These – nicht zuletzt mit Blick auf die asiatischen Wirtschaftserfolge.

Evangelischen und katholischen Christen gemeinsam ist der Glaube an „Jesus als Erlöser". Unterschiede bestehen darin, wie sie erlöst und damit „gerechtfertigt" werden. Das war der Hauptstreitpunkt, der die Reformation, die Spaltung der christlichen Kirche in eine evangelische und eine katholische Kirche in der ersten Hälfte des 16. Jahrhunderts, auslöste. Nach evangelischer Sicht ist die Sündenhaftigkeit der menschlichen Natur so groß, dass der Mensch keinen freien Willen mehr in Bezug auf das Heil bzw. auf Gott hat. Daher ist es allein Gottes Handeln, seine unverdienbare Gnade (*sola gratia* = allein durch Gnade), die dem Menschen helfen kann, denn der Mensch ist unfrei.[222] Es ist der Heilige Geist, der den Menschen, ohne dessen willentliche Zustimmung, bekehrt, das heißt ihm den Glauben schenkt. Dadurch erkennt der Mensch seine eigene Sündenhaftigkeit wie auch seine völlige Unfähigkeit und vertraut sich daher ganz Christus an. Es ist dieses Vertrauen, dieser Glaube allein, der die Erlösung ermöglicht (*sola fide* = allein durch Glaube). Lässt sich der Bekehrte infolge seines Glaubens nun taufen, wird die Erbsünde nicht getilgt, sondern bleibt erhalten und wird nur „zugedeckt". Weil der Mensch die Gerechtigkeit Jesu angerechnet bekommt und die Sünde zugedeckt wird, spricht man von *simul iustus et peccator* (zugleich Gerechter und Sünder). Der Mensch ist somit durch die Anrechnung der Tat Christi gerechtfertigt. Gute Werke des Menschen sind so die *Folge* des in Gnaden geschenkten Glaubens.

Nach katholischer Sichtweise wird durch die Erbsünde der freie Willen des Menschen nicht zerstört, sondern nur *eingeschränkt*. Sie lehnt den Gedanken ab, allein Glaube reiche zur Erlösung. Es seien nämlich nicht nur Glaube, sondern auch Liebe, Hoffnung und Buße notwendig für die Rechtfertigung. Sprich die Mitwirkung des Menschen ist erforderlich, seine guten Taten, auch seine Beichte, seine Reue. Die Taufe *tilgt* die Erbsünde, sie deckt sie nicht nur zu. Der Katholik wendet sich in der Beichte an einen Priester, dieser vergibt dem reuigen Sünder in seiner Funktion als Vertreter Jesu Christi in Gottes Namen die Sünden. Im Mittelalter hatten die Menschen dank (durchsichtiger) ständiger Drohungen seitens der katholischen Kirche noch eine ausgeprägte Angst vor Fegefeuer und Hölle. Der Gefahr, in der Hölle zu landen, konnte man entgehen, so die pfiffige Idee des Klerus, wenn man der Kirche ordentlich spendete. Der „Ablasshandel" war geboren – die Versöhnung Gottes durch Zahlung! Dies führte zu Exzessen und war Hauptursache der Intervention Luthers und damit auch der Reformation.

Eine Annäherung der unterschiedlichen Standpunkte der beiden Konfessionen war die *Gemeinsame Erklärung zur Rechtfertigungslehre*, die von römisch-katholischen und evangelisch-lutherischen Theologen erarbeitet und 1999 unterzeichnet wurde. Beide Auffassungen sind furchtbar. Allerdings erscheint die katholische Auffassung etwas menschenfreundlicher – nach der Beichte kommt auch mal wieder ein befreiter, fröhlicher Furz: Die Sünden sind weg! Die evangelische Auffassung erscheint hingegen ziemlich trist, da der Mensch dauerhaft und ohne Unterbrechung im Sündental gefangen ist. Andererseits könnte man aber auch sagen, der Katholik wird immer etwas im infantilen Modus gehalten, der Evangelische steht hingegen stärker in der eigenen Verantwortung für sich.

Solche „theologischen" Überlegungen wie die „Rechtfertigungslehre" interessieren heute keinen mehr. Fragt man Christen, wofür Jesus am Kreuz gestorben sei, wird man wenig Antworten hören. Der Begriff der Erbsünde ist (zum Glück) kaum noch präsent. Kaum einer fürchtet sich noch vor der Hölle. Und „wo das Sündenbewusstsein fehlt, braucht es keine Erlösung." Der Philosoph Kurt Flasch, der sich sein Leben lang mit der christlichen Theologie beschäftigt hat, bilanziert nüchtern: „(I)ch finde mich zwar fehlerhaft und meine Existenz prekär, aber nicht erlösungsbedürftig."[223]

Lesen wir, um auf Paulus zurückzukommen, abschließend noch einen Textauszug aus dem Römerbrief (Röm 1,18–32), der in seiner Diktion auch für andere Passagen der Paulusbriefe steht, sowie einige Textauszüge über Paulus' Verhältnis zu Frauen.

Paulus' Aussagen und Lehrmeinungen sind doktrinär und rigoros gegenüber jeglicher Abweichung von dem, was er für die Wahrheit hält. Man gewinnt geradezu den Eindruck, als würde das Alte Testament wieder auferstehen: *„Der Zorn Gottes wird vom Himmel herab offenbart wider alle Gottlosigkeit und Ungerechtigkeit der Menschen, die die Wahrheit durch Ungerechtigkeit niederhalten. Denn was man von Gott erkennen kann, ist ihnen offenbar; Gott hat es ihnen offenbart. Seit Erschaffung der Welt wird seine unsichtbare Wirklichkeit an den Werken der Schöpfung mit der Vernunft wahrgenommen, seine ewige Macht und Gottheit. Daher sind sie unentschuldbar. Denn sie haben Gott erkannt, ihn aber nicht als Gott geehrt und ihm nicht gedankt. Sie verfielen in ihrem Denken der Nichtigkeit und ihr unverständiges Herz wurde verfinstert. Sie behaupteten, weise zu sein, und* *wurden zu Toren. Sie vertauschten die Herrlichkeit des unvergänglichen Gottes mit Bildern, die einen vergänglichen Menschen und fliegende, vierfüßige und kriechende Tiere darstellen. Darum lieferte Gott sie durch die Begierden ihres Herzens der Unreinheit aus, sodass sie ihren Leib durch ihr eigenes Tun entehrten. Sie vertauschten die Wahrheit Gottes mit der Lüge, sie beteten das Geschöpf an und verehrten es anstelle des Schöpfers – gepriesen ist er in Ewigkeit. Amen. Darum lieferte Gott sie entehrenden Leidenschaften aus: Ihre Frauen vertauschten den natürlichen Verkehr mit dem widernatürlichen; ebenso gaben die Männer den natürlichen Verkehr mit der Frau auf und entbrannten in Begierde zueinander; Männer trieben mit Männern Unzucht und erhielten den ihnen gebührenden Lohn für ihre Verirrung. Und da sie sich weigerten, Gott anzuerkennen, lieferte Gott sie einem verworfenen Denken aus, sodass sie tun, was sich nicht gehört: Sie sind voll Ungerechtigkeit, Schlechtigkeit, Habgier und Bosheit, voll Neid, Mord, Streit, List und Tücke, sie verleumden und treiben üble Nachrede, sie hassen Gott, sind überheblich, hochmütig und prahlerisch, erfinderisch im Bösen und ungehorsam gegen die Eltern, sie sind unverständig und haltlos, ohne Liebe und Erbarmen. Sie erkennen, dass Gottes Rechtsordnung bestimmt: Wer so handelt, verdient den Tod. Trotzdem tun sie es nicht nur selber, sondern stimmen bereitwillig auch denen zu, die so handeln"* (Röm 1,18–32). Man hat den Eindruck, da ist einer mit einer verqueren Psyche, vielleicht auch mit einem sexuellen Defekt. Und es drängt sich auf: In der brutalen Behandlung Andersgläubiger kannte er sich aus seiner Sauluszeit gut aus. Das Fanatische ist gleich geblieben – nur jetzt auf nicht bekehrwillige „Heiden" und Juden gerichtet.

Keine Betrachtung über Paulus ist vollständig, ohne auf seine Leibfeindlichkeit und seine ablehnende Haltung gegenüber Frauen einzugehen. Bis heute haben diese einen üblen Einfluss. Um es kurz zu sagen: Von Frauen hielt er gar nichts! Manche bezeichnen ihn schlicht als Frauenfeind. Einige Textstellen aus seinem 1. Korintherbrief belegen dies: *„Ihr sollt aber wissen, dass Christus das Haupt des Mannes* *ist, der Mann das Haupt der Frau und Gott das Haupt Christi. Wenn ein Mann betet oder prophetisch redet und dabei sein Haupt bedeckt hat, entehrt er sein Haupt. Eine Frau aber entehrt ihr Haupt, wenn sie betet oder prophetisch redet und dabei ihr Haupt nicht verhüllt. Sie unterscheidet sich dann in keiner Weise von einer Geschorenen. Wenn eine Frau kein Kopftuch trägt, soll sie sich doch gleich die Haare abschneiden lassen. Ist es aber für eine Frau eine Schande, sich die Haare abschneiden oder sich kahl scheren zu lassen, dann soll sie sich auch verhüllen. Der Mann darf sein Haupt nicht verhüllen, weil er Abbild und Abglanz Gottes ist; die Frau aber ist der Abglanz des Mannes. Denn der Mann stammt nicht von der Frau, sondern die Frau vom Mann. Der Mann wurde auch nicht für die Frau geschaffen, sondern die Frau für den Mann"* (1. Kor 11,3–9). Alles klar? Und die Klappe halten sollen Frauen natürlich auch: *„Wie es in allen Gemeinden der Heiligen üblich ist, sollen die Frauen in der Versammlung schweigen; es ist ihnen nicht gestattet zu reden. Sie sollen sich unterordnen, wie auch das Gesetz es fordert. Wenn sie etwas wissen wollen, dann sollen sie zu Hause ihre Männer fragen; denn es gehört sich nicht für eine Frau, vor der Gemeinde zu reden"* (1. Kor 14,33 35). Alles Sexuelle ist ihm ohnehin ein Gräuel, und aus seinen Worten zum Zusammenleben von Mann und Frau kann man seine Distanziertheit, ja Ablehnung spüren. Paulus bekennt: *„Ich wünschte, alle Menschen wären (unverheiratet) wie ich"* (1. Kor 7,7). Er brachte auch die Askese ins Christentum: *„Darum laufe ich nicht wie einer, der ziellos läuft, und kämpfe mit der Faust nicht wie einer, der in die Luft schlägt; vielmehr züchtige und unterwerfe ich meinen Leib, damit ich nicht anderen predige und selbst verworfen werde"* (1. Kor 9,26–27).

Vielleicht wäre man mit Jesus doch besser gefahren …

2.2.8 Die Offenbarung des Johannes

Die „Offenbarung" (griech. Apokalypsis) ist das letzte Buch des Neuen Testaments. Ihr Verfasser nennt sich „Knecht Johannes" oder „Johannes, euer Bruder und Gefährte" (Offb 1,1.9), der als von Gott autorisierter Prophet (22,9) die Offenbarung empfangen habe (Offb 1,10–20). Die frühere (und teilweise auch heutige) kirchliche Auffassung, bei dem Autor handle es sich um den Apostel Johannes oder den Verfasser des Johannesevangeliums, lehnt die Bibelwissenschaft zwischenzeitlich ab. Als Verfasser gilt nach heutiger Einschätzung ein judenchristlicher Wanderprediger, der in den frühchristlichen paulinischen Gemeinden Kleinasiens wirkte. Im Text selbst beschreibt er, dass er auf der Insel Patmos in der Verbannung lebe (Offb 1,9). Abfassungszeit war vermutlich der Zeitraum 90–96 n. Chr. Das Buch richtet sich mit den sieben Sendschreiben an die sieben Gemeinden in Kleinasien: Ephesus, Smyrna, Pergamon, Thyatira, Sardes, Philadelphia und Laodizea (Offb 1,11).

Der Verfasser nutzt ausgiebig das Alte Testament als Quelle seiner Visionen, insbesondere die Prophetenbücher Jesaja, Jeremia, Ezechiel und Daniel sowie die Psalmen, aber auch die apokryphen Henochbücher. Vor allem an das Buch Daniel erinnern die symbolhaft verwendeten Zahlen, Tiere und Farben.[224] Die in die Offenbarung eingearbeiteten Bezugsstellen zum Alten Testament werden auf mehr als 300 gezählt. Und meist gilt: Dunkel ist der Rede Sinn! Geheimnisvolle eschatologische, esoterische Lyrik, eine Steilvorlage für Nostradamus-Anhänger, Verschwörungstheoretiker, Dan Brown & Co. Selbst Friedrich Engels, genialer Mitstreiter von Karl Marx, hat sich durch das Buch gequält und deutet die Offenbarung als „authentisches Bild eines beinah primitiven Christentums".[225] Bereits in der alten Kirche war das Buch höchst umstritten, und verschiedene Kirchenväter sprachen sich gegen seine Aufnahme in den biblischen Kanon aus; manche hielten es sogar für eine Fälschung. Erst durch den Einfluss des alexandrinischen Kirchenvaters Athanasius (367 n. Chr.) wurde die Offenbarung als Teil des Bibelkanons anerkannt – allerdings nicht in den Ostkirchen, wo sie keinen vollen kanonischen Status genießt und teilweise überhaupt nicht als biblisches Buch gilt. Die Theologen streiten bis heute über die Deutung des Buches, und viele Aussagen gelten ihnen als problematisch. Auch Martin Luther wusste wohl wenig damit anzufangen: „Mein Geist will sich in dies Buch nicht schicken."

Neben den Büchern Daniel und Ezechiel, den Endzeitreden Jesu in den synoptischen Evangelien sowie den Thessalonicher-Briefen des Paulus hat die Offenbarung dennoch großen Einfluss auf die eschatologischen Vorstellungen der Kirche ausgeübt. Auch darüber hinaus war die Wirkung der Johannesoffenbarung wohl immer gegeben. So hat sie auch für religiöse Vereinigungen wie die Zeugen Jehovas oder die Adventisten maßgebliche Bedeutung, und die esoterische Literatur lebt geradezu von einem solchen Buch. Und auch im nationalsozialistischen Deutschland bediente man sich ihrer mit dem umgedeuteten Begriff des „Tausendjährigen Reichs".

Einige hier wiedergegebene Passagen des Buches sollen einen Eindruck von Sprache und Intentionen des Buches vermitteln, wobei die Deutung der einzelnen Texte und Symbolik umstritten ist. Die Offenbarung enthält 16 Visionen, darunter die Thronsaal-Vision, die Sieben-Siegel-Visionen und zum Ende die Visionen von Milleniumsherrschaft, Weltende, Gericht und der neuen Welt Gottes. Zahlreiche Begriffe und Wendungen sind in den allgemeinen Sprachschatz eingegangen, so z. B.: das „Buch mit sieben Siegeln" (Offb 5), das „A und O", das sich auf Offb 22,13 bezieht („Ich bin das Alpha und Omega, der Erste und der Letzte, der Anfang und das Ende."), oder das „Lamm Gottes" für Jesus. Die Geschichten wurden Johannes natürlich von Gott diktiert: *„Am Tag des Herrn wurde ich vom Geist ergriffen und hörte hinter mir eine Stimme, laut wie eine Posaune. Sie sprach: Schreib das, was du siehst, in ein Buch und schick es an die sieben Gemeinden: nach Ephesus, nach Smyrna, nach Pergamon, nach Thyatira, nach Sardes, nach Philadelphia und nach Laodizea. Da wandte ich* *mich um, weil ich sehen wollte, wer zu mir sprach. Als ich mich umwandte, sah ich sieben goldene Leuchter und mitten unter den Leuchtern einen, der wie ein Mensch aussah; er war bekleidet mit einem Gewand, das bis auf die Füße reichte, und um die Brust trug er einen Gürtel aus Gold ..."* (Offb 1,10–13).

Es folgt die Thronsaal-Vision. Hier ist also beschrieben, was wir früher von unseren alten Pfarrern über den Himmel erfuhren: *„Ein Thron stand im Himmel; auf dem Thron saß einer, der wie ein Jaspis und ein Karneol aussah. Und über dem Thron wölbte sich ein Regenbogen, der wie ein Smaragd aussah. Und rings um den Thron standen vierundzwanzig Throne und auf den Thronen saßen vierundzwanzig Älteste in weißen Gewändern und mit goldenen Kränzen auf dem Haupt. Von dem Thron gingen Blitze, Stimmen und Donner aus ..."* (Offb 4,2–5). Der auf dem Thron saß, hatte in seiner Rechten die berühmte *„Buchrolle mit sieben Siegeln"*. Nur ein *„Lamm, wie geschlachtet, mit sieben Hörnern und Augen"* war in der Lage, die Siegel zu öffnen (Offb 5). Das Lamm soll natürlich Jesus sein. Die sieben Hörner und sieben Augen stehen, so die Erläuterung in Offb 5, 6, für *„die sieben Geister Gottes, die über die ganze Erde ausgesandt sind"*. Beim Öffnen der ersten vier Siegel erscheint jeweils ein Reiter auf einem Pferd, die sog. vier apokalyptischen Reiter (Offb 6,1–8): Der Reiter mit dem weißen Pferd steht für Sieg, der mit dem feuerroten Pferd steht für Krieg/Bürgerkrieg, der mit dem schwarzen Pferd steht für Hunger und Tod und der mit dem fahlen Pferd steht für Furcht, Krankheit, Niedergang und Tod. Als das Lamm das sechste Siegel öffnete, entstand ein gewaltiges Erdbeben, die Sterne fielen auf die Erde, der *„ganze Mond wurde wie Blut"* und die Menschen versteckten sich in Höhlen und Felsenklüften der Berge. *„Sie sagten zu den Bergen und Felsen: Fallt auf uns und verbergt uns vor dem Blick dessen, der auf dem Thron sitzt, und vor dem Zorn des Lammes; denn der große Tag ihres Zorns ist gekommen. Wer kann da bestehen?"* (Offb 6,16–17). Nur *„Versiegelte"*, d.s. Auserwählte, denen vier Engel ein *„Siegel auf ihre Stirn gedrückt haben"*, werden verschont. Der

Autor der Offenbarung, so die These von Friedrich Engels, ist noch voll im Judentum beheimatet. Daher, so Engels, dürfen als „Versiegelte" zuerst 144.000 Juden, 12.000 von jedem der 12 Stämme, vor dem Thron Gottes erscheinen, danach erst werden die Heiden zugelassen. Steilvorlage für ähnliche Bevorzugungs-Voraussagen bei den Zeugen Jehovas.

Schließlich wird das berühmte siebte Siegel geöffnet: *„Als das Lamm das siebte Siegel öffnete, trat im Himmel Stille ein, etwa eine halbe Stunde lang. Und ich sah: Sieben Engel standen vor Gott; ihnen wurden sieben Posaunen gegeben. Und ein anderer Engel kam und trat mit einer goldenen Räucherpfanne an den Altar"* (Offb 8,1–3a). Nacheinander blasen die Engel ihre Posaunen. *„Der erste Engel blies seine Posaune. Da fielen Hagel und Feuer, die mit Blut vermischt waren, auf das Land. Es verbrannte ein Drittel des Landes, ein Drittel der Bäume und alles grüne Gras.* (Offb 8,7). Mit dem siebten Engel beginnt die Weltherrschaft Gottes: *„Der siebte Engel blies seine Posaune. Da ertönten laute Stimmen im Himmel, die riefen: Nun gehört die Herrschaft über die Welt unserem Herrn und seinem Gesalbten; und sie werden herrschen in alle Ewigkeit"* (Offb 11,15).

Die folgenden Kapitel 12 bis 20 schildern gemäß christlicher Auslegung[226] „den Entscheidungskampf des Gottesreiches mit den gottesfeindlichen Mächten. Das „große Zeichen" der Frau (die das Volk Gottes symbolisiert) leitet ihn ein. Ihr Sohn (der Messias) wird vom Drachen (Satan) vergebens verfolgt, worauf dieser nun der Frau nachstellt bzw. ihren „Nachkommen", den Christen. Er bedient sich dazu des Tieres aus dem Meer, des Antichrists (Kap. 13), und dessen Lügenpropheten, des Tieres vom Land. Beide sind Gegenspieler des Lammes, das im Kap. 14 als Schutz der Seinen erscheint."

Das dann folgende Gericht „wird mit dem Bild von Ernte und Weinlese angekündigt und eingeleitet mit der Vision von den Zornschalen Gottes (Kap. 15 und 16), durch die die Menschen zum letzten Mal zur Buße gebracht werden sollen. Kapitel 17 und 18 zeigen das Gericht über die Stadt Babylon, der Hauptstadt der gottfeindlichen Weltmacht, und ihren Fall. Nun kommt Jesus als Sieger auf die Erde und errichtet eine eintausendjährige Herrschaft, in dem der Satan keine Macht hat (Kap. 19,1–20,6). Erneut wird der Satan für kurze Zeit die Völker verführen, aber nur um endgültig vernichtet zu werden und das Gericht anbrechen zu lassen (20,7–15). Am Ende aller eschatologischen Ereignisse aber steht die Vollendung des „neuen Himmels und der neuen Erde" (21,1–22,5). Inmitten der erneuerten paradiesischen Schöpfung (Lebensstrom und Lebensbäume) erhebt sich das himmlische Jerusalem, das von der Gegenwart Gottes seine Herrlichkeit empfängt. Markante Stellen/Bilder dieser Passages sind u. a. der Kampf des Erzengels Michael gegen den Drachen (Kap. 12), das Lamm auf dem Berg Zion und die 144.000 Auserwählten für einen Ehrenplatz im Himmel, die „Versiegelten", die „sich nicht mit Weibern befleckt haben" (Kap. 14), die –in Anlehnung an Ez 23,17 – große Hure Babylon (gemünzt auf Rom, ggf. auch Jerusalem), die Mutter aller Huren (Kap. 17), die Wehklagen über Babylons Fall (Kap. 18) sowie die tausendjährige Herrschaft Christi (Kap. 20). Das Buch endet mit der Aufforderung, es unverändert zu lassen.

2.3 Koran und Islam

2.3.1 Einführung

Der Islam war dem Westen immer fremd, sein Bild geprägt durch Ereignisse wie die Abwehrschlacht der Franken gegen die Araber und Berber in Frankreich unter Karl Martell im Jahr 732 – häufig als „Rettung des Abendlandes" bezeichnet –, die Kreuzzüge (ab dem Jahr 1096 bis ins 13. Jahrhundert) sowie die Abwehrkämpfe der christlichen europäischen Länder gegen das Osmanische Reich („Die Türken vor Wien") in den Jahren 1529 und 1683. In Deutschland konnte daran auch eine gewisse Romantisierung des Islambildes durch die

Märchen aus *1001 Nacht*, Goethes *West-östlicher Divan* oder die Erzählungen Karl Mays nicht viel ändern.[227] Und heute?

Wir assoziieren mit dem Islam heute insbesondere Terror, Attentate, Krieg, Gewalt, Zerstörung antiker Kulturgüter, Al-Qaida, den Islamischen Staat, Unfreiheit, Intoleranz, Verfolgung und Ermordung Andersgläubiger, autokratische Regierungssysteme, die Scharia als Rechtssystem, fehlende Gleichberechtigung von Frauen, das in vielen Ländern strenge Kopftuch- und Verschleierungsgebot, die Verachtung der westlichen Werte und Lebensweise sowie die Ablehnung der Demokratie, wirtschaftliche und wissenschaftliche Rückständigkeit und fehlende Industrieproduktion. Fast einzig die großen Öl- und Gasvorkommen in einigen islamischen Ländern sorgen für Reichtum (vor allem der Herrscherfamilien und Machthabenden). Länder wie die Türkei, Indonesien, Malaysia oder auch andere sind von manchen dieser Punkte ausgenommen.

Friedlicher Islam oder terroristischer Islam? Beide reklamieren für sich, der „wirkliche", der „wahre" Islam zu sein. Beide können ihre Standpunkte durch Koranzitate belegen, fast besser die, die den Koran als Grundlage für den Terrorismus sehen – ein uns aus Talkshows bekanntes Szenario. In guter Erinnerung sind mir allerdings auch unvergessliche Reisen in islamische Länder – ohne je Angstgefühle um die eigene Sicherheit gehabt zu haben. So viele Jahre ist das nicht her. Das Kennenlernen außergewöhnlicher Freundlichkeit und Gastfreundschaft, lebhafte Erinnerungen auch an die ausgelassenen Feste mit persischen Kommilitonen im Studentenwohnheim, an die Säcke von Pistazien, die sie nach ihren Heimatbesuchen mitbrachten.

Im Folgenden finden sich zunächst einige Ausführungen zu den Grundlagen des Islam und dem seine Lehre begründenden Koran, wie ihn vor allem die „traditionelle islamische Überlieferung" sieht und teilweise auch die westliche Islamwissenschaft. Auf die Zweifel an historischen Angaben sowie den geistigen Wurzeln des Islam wird im Anschluss eingegangen.

Der Islam ist – wie Judentum und Christentum – eine monotheistische Religion. Man bezeichnet diese drei Religionen wegen des gemeinsamen Bezugs zum „Stammvater Abraham/Ibrahim" auch als „abrahamitische" Religionen. Mit etwa 1,6 bis 1,8 Milliarden Anhängern ist der Islam nach dem Christentum (etwa 2,2 Milliarden Anhänger) heute die zweitgrößte Weltreligion. Religionsgründer war, so die traditionelle Überlieferung, der Prophet Mohammed, der von 570 bis 632 n. Chr. in Arabien (Mekka und Medina) gelebt haben soll und dem, der islamischen Tradition nach, dort der Koran, Gottes Wort, durch den Erzengel Gabriel offenbart wurde. Erzengel Gabriel? Er ist uns schon aus der Bibel bekannt, hatte er doch gemäß dem Lukasevangelium auch schon Maria ihre unbefleckte Empfängnis verkündet. Keine allzu glaubwürdige Figur also …

Neben dem Koran als der wichtigsten textlichen Grundlage des Islam gilt die *Sunna*, die aus Sira (Biografie Mohammeds) und Hadith (Berichte über die Verhaltensweisen und Lehrmeinungen Mohammeds) besteht, als zweitwichtigste Grundlage. Die sich aus Koran und Sunna ergebenden Normen werden in ihrer Gesamtheit als *Scharia* bezeichnet. „Islam" bedeutet, aus dem Arabischen übersetzt, „Unterwerfung (unter Gott)" bzw. „Hingabe (zu Gott)". Die Anhänger werden als Muslime/Muslima bezeichnet („derjenige bzw. diejenige, der/die sich (Gott) hingibt").

Hauptwerk der *Sira* ist die Mohammed-Biografie von Ibn Ishaq (704–768 n. Chr.), der diese knapp 150 Jahre nach Mohammeds Tod verfasst haben soll; sie ist allerdings erst in späteren Bearbeitungen von Ibn Hisham (gest. 829 oder 834) und at-Tabari (839–923 n. Chr.) überliefert worden ist. Ein weiterer Text der Sira wird al-Waqidi (747–823 n. Chr.) zugeschrieben, der vor allem über die während der Zeit Mohammeds geführten Feldzüge berichtet. Es gibt starke Zweifel an der Historizität der Sira. Schon das erste Kapitel von Ibn Ishaqs Mohammed-Biografie mit dem Stammbaum Mohammeds gibt hierzu Anlass, reicht er doch bei 49 Vorfahren über Abraham und Noah bis Adam zurück.[228] Es folgen weitere 71 Kapitel – von der Geburt Mohammeds bis zu seiner Beisetzung – mit den ihm zugeschriebenen Erlebnissen, Handlungen und Schlachten. Eine Biografie über einen Mann, von dem Islamwissenschaftler sagen, man wisse eigentlich nichts über ihn!

Die *Hadithe* enthalten die Überlieferungen über den Propheten Mohammed: über seine Anweisungen, nachahmenswerte Handlungen, Empfehlungen, Verbote und religiös-moralische Warnungen, die im Koran als solche nicht enthalten sind. Ein Hadith besteht aus seinem Inhalt (*matn*) und einer vorangestellten Überlieferungskette, die die Namen der Überlieferer in ihrer chronologischen Kontinuität bis zurück in die Zeit Mohammeds enthält. Das letzte Glied in dieser Kette ist immer einer der Gefährten Mohammeds, der als Zeuge die Aussage Mohammeds zitiert. Damit soll, so die Intention, die Historizität gewährleistet sein.

Folgende „sechs Bücher" stellen den klassischen Kanon der Hadith-Sammlungen dar: die zwei „gesunden" (im Sinne von authentischen) Sammlungen, die von Al-Buhari (810–870) und die von Muslim (817–875), sowie die Sammlungen von Ibn Madscha (824–887), Abu Dawud as-Sidschistani (817–889), At-Tirmidhi (824–892) und an-Nasa'i (830–915). Das Werk von al-Buhari (Buchari) genießt dabei im sunnitischen Islam die höchste Wertschätzung. Die Zahl der Hadithe überschreitet wohl die Millionengrenze. Niedergeschrieben wurden sie erst 150–250 Jahre nach Mohammeds angenommenem Todesjahr. „Die Sammlung der Hadithe" des Al-Buhari[229] ist in über 40 Themen untergliedert, so unter anderem in Glaube, Waschungen, Gebet, Wallfahrten, Fasten, Heirat und Ehe, Ernährung, Bekleidung und Strafen. Hadithe haben für Muslime fast dieselbe Bedeutung wie Koranverse. Sie sind auch die hauptsächliche Grundlage der Scharia, da der Koran nur bestimmte Bereiche abdeckt und auch weniger ins Detail geht. Eine geschichtlich gesicherte Quelle kann die über Jahrhunderte mündlich von zahlreichen Erzählern überlieferte Hadithensammlung nicht sein.

Eine *inhaltliche Definition* für den Islam findet man im sogenannten Gabriel-Hadith (II, 21).[230] Die hier genannten Pflichten gelten als die „fünf Säulen" des Islam. Sie werden üblicherweise mit den folgenden arabischen Namen bezeichnet: 1. Schahāda (Glaubensbekenntnis), 2. Salāt (rituelles Gebet), 3. Zakāt (Almosensteuer), 4. Saum (Fasten im Ramadan) und 5. Haddsch (Pilgerfahrt nach Mekka).

Das *Glaubensbekenntnis* lautet: „Es gibt keinen Gott außer Gott und Mohammed ist sein Prophet." Diese Formel gilt als Bekenntnis zum strengen Monotheismus, zu Mohammeds prophetischer Sendung und zu dessen Offenbarung, dem Koran. Wer das Glaubensbekenntnis – auf Arabisch – vor zwei Zeugen spricht, gilt als Muslim. Mohammed ist nach islamischem Verständnis einer der fünf großen Propheten (Adam, Noah, Abraham, Jesus und Mohammed); er ist der letzte Prophet und damit für Muslime der eigentliche Gesandte Gottes.

Das *rituelle Gebet* soll fünf Mal am Tag verrichtet werden: vor dem Sonnenaufgang, mittags, nachmittags, bei Sonnenuntergang und bei Einbruch der Nacht. Für die Gültigkeit des Gebets ist es erforderlich, dass der Betende sich zur Kaaba in Mekka hin ausrichtet. Sie gilt als das Heiligste und als das Haus Gottes. Im Stehen wird unter anderem die erste Sure des Korans („die Eröffnende") rezitiert. Es folgen mehrere von verschiedenen Formeln begleitete Niederwerfungen (rak'āt). Das Gebet kann grundsätzlich an jedem Ort vollzogen werden, nach Möglichkeit jedoch in einer Moschee (masdschid, „Ort der Niederwerfung"). Freitags wird das Gebet am Mittag durch ein für Männer verpflichtendes und für Frauen empfohlenes Gemeinschaftsgebet in der Moschee ersetzt, das von einer Predigt begleitet wird. Wesentliche Koranstellen sind Sure 11,114 und Sure 24,58.

Die *Almosensteuer* ist die von jedem erwachsenen und finanziell dazu fähigen Muslim zur finanziellen Beihilfe von Armen sowie für den Dschihad zu zahlende Steuer. Die Regelungen sowie die praktische Handhabung in den einzelnen Ländern sind jedoch unterschiedlich. Koranstellen hierzu sind die Suren 9,103 und 2,267–274. Gegeißelt wird im Koran insbesondere Vermögen und Reichtum; beim göttlichen Gericht wird bestraft, wer sein Vermögen nicht richtig einsetzt, nicht gerecht und großzügig damit umgeht (Sure 111,2 und 92,11).[231]

Bei der Skepsis gegenüber den Vermögenden und den Hinweisen auf die sozialen Pflichten von Reichen ähneln sich also die Lehren von Jesus und Mohammed.

Das *Fasten* findet alljährlich im islamischen Monat Ramadan statt. Der islamische (Mond-)Kalender verschiebt sich jedes Jahr im Vergleich zum gregorianischen (Sonnen-)Kalender um elf Tage nach vorne. Gefastet wird von Beginn der Morgendämmerung – wenn man einen „weißen von einem schwarzen Faden unterscheiden" kann – bis zum vollendeten Sonnenuntergang; es soll insbesondere nichts gegessen, nichts getrunken und nicht geraucht werden und kein ehelicher Verkehr stattfinden. Am Abend und in der Nacht dürfen die versäumten körperlichen Genüsse nachgeholt werden. Der Fastenmonat wird mit dem Fest des Fastenbrechens beendet (Sure 2,183–187).

Das siebenmalige Umschreiten der für Muslime heiligen Kaaba ist der wichtigste Bestandteil der Haddsch, der *Pilgerreise* der Muslime nach Mekka. Die im letzten Mondmonat stattfindende Pilgerfahrt nach Mekka soll jeder Muslim, sofern möglich, mindestens einmal in seinem Leben antreten. Entscheidend dafür, ob die Pilgerfahrt zur Pflicht wird, sind unter anderem seine finanziellen und gesundheitlichen Lebensumstände (Sure 3,97). Muslime glauben im Übrigen, dass Abraham und sein Sohn Ismael die Kaaba erbaut haben, viele auch, dass sie bereits von Adam und Eva erbaut wurde, bevor Abraham und Ismael sie dann neu errichtet haben sollen. Die Koranstelle zur Pilgerfahrt ist Sure 2,196–197.

Darüber hinaus gibt es die Tendenz, *alle* im Koran genannten Pflichten als Teil des Islam zu betrachten, ferner auch den Islam als ein allgemeingültiges und nicht mehr allein auf die Religion beschränktes System zu zeigen. So erklärte Hasan al-Bannā, der Gründer der ägyptischen Muslimbruderschaft, bei einer Konferenz seiner Organisation im Januar 1939: „Wir glauben, dass die Prinzipien und Lehren des Islam umfassend sind und die Angelegenheiten der Menschen im Diesseits und Jenseits regeln. Diejenigen, die annehmen, dass diese Lehren allein die gottesdienstliche oder spirituelle Seite behandeln, sind im Unrecht, denn der Islam ist Bekenntnis und Gottesdienst, Vaterland und Nationalität, Religion und Staat, Spiritualität und Arbeit, Koran und Schwert."[232]

2.3.2 Zur Quellenlage: Islamische Tradition versus historisch-kritische Forschung

> Unter den Frommen
> hat die Archäologie keine Freunde.
>
> Volker Popp, Islamwissenschaftler
> und Numismatiker

Warum gleich zu Beginn des Islam-Teils ein Kapitel zu den historischen Quellen des Islam bzw. des Koran? Weil es hiermit – ähnlich wie bei den historischen Quellen der Bibel – im Argen liegt. Größte Skepsis ist geboten, wenn der Begriff „nach der islamischen Tradition" fällt. Zwar macht man sich schon bei kritischen Studien und Analysen zu den biblischen Quellen bei orthodoxen Juden oder evangelikalen Christen keine Freunde, wenn die Ergebnisse deren „Gefühle verletzen". Bei kritischen Studien oder Aussagen zu Islam, Koran oder Mohammed hingegen muss man um sein Leben fürchten. Entsprechend verwenden kritische Islamwissenschaftler wie „Christoph Luxenberg" (*Die Syro-Aramäische Lesart des Korans*) oder „Norbert G. Pressburg" (*Good Bye Mohammed*) Pseudonyme oder können, wie die Autoren Hamed Abdel-Samad oder Salman Rushdie, nur unter Polizeischutz leben.

Derzeit stehen sich in Deutschland vor allem zwei Richtungen der Islamforschung gegenüber. Für die *traditionelle Islamwissenschaft* stehen Islamwissenschaftler wie Rudi Paret und Hartmut Bobzin oder auch Angelika Neuwirth, die zusammen mit Michael Marx das 2007 begonnene Projekt „Corpus Coranicum" der Berlin-Brandenburgischen Akademie der Wissenschaft leitet. Das Vorhaben bein-

haltet eine Dokumentation des Korantextes in seiner schriftlichen und mündlichen Überlieferung sowie einen Kommentar mit dem Ziel, einem „westlichen Publikum ein besseres Verständnis des Korans zu erleichtern". Dabei wird „der islamischen Tradition folgend ... an dem islamischen Szenario fest(gehalten), wo ein Prophet zwischen 610 und 623 n. Chr. in Mekka aufgetreten ist und verkündet hat."[233]
Auf der anderen Seite gibt es – wenngleich noch eine Minderheitenmeinung – eine Gruppe interdisziplinär arbeitender Wissenschaftler an der Uni Saarbrücken, die sogenannte *„Saarbrücker Schule"*, mit ihrem Leiter, dem zwischenzeitlich emeritierten Religionswissenschaftler Karl-Heinz Ohlig, dem Syrologen und Sprachwissenschaftler Christoph Luxenberg, dem Archäologen und Numismatiker Volker Popp sowie dem Islamwissenschaftler Gerd-Rüdiger Puin. Von ihnen werden wesentliche Inhalte und zeitliche Einordnungen der frühen Islamgeschichte völlig anders beurteilt als von der traditionellen Islamwissenschaft. Zwar lehnen vor allem der „traditionellen islamischen Überlieferung" nahestehende Islamwissenschaftler viele Thesen der „Saarbrücker Schule" ab.[234] Allerdings gibt es, vor allem international, auch viel Zustimmung. Und selbst die Islamwissenschaftlerin Angelika Neuwirth anerkennt, dass Luxenberg mit seinen Thesen zur syro-aramäischen Lesart des Korans „in ein Vakuum der modernen Koranforschung stößt" und das Buch ein „lehrreicher Stein des Anstoßes sei".[235]

Das zentrale Dogma zum Koran lautet: „Der Koran ist unerschaffen. Mohammed hat den Text von Gott durch die Vermittlung des Erzengels Gabriel erhalten und 1 : 1 an seine Nachwelt überliefert. Jedes Wort ist korrekt, authentisch und unverrückbar, heilig und ewig gültig. Es gibt nichts auf der Welt, vergangen, gegenwärtig oder zukünftig, was nicht im Koran enthalten wäre. Der Koran in der Fassung des Kalifen Uthman ist der einzige authentische Koran, so wie er dem Propheten Mohammed mitgeteilt wurde. Die Kairoer Fassung von 1924 entspricht vollkommen dem Koran des Uthman und ist somit die identische Kopie des im Paradies aufbewahrten Originals."²³⁶ Muslime sehen ihre Glaubensquellen, sprich den Koran, die Hadithen und die Sira, als zweifelsfrei historisch untermauert an – so wie dies auch bis ins 17./18. Jahrhundert für das Alte und Neue Testament galt und für viele auch heute noch gilt. Im Folgenden soll eine Kurzfassung Aufschluss über die „Fakten" gemäß der „traditionellen islamischen Überlieferung" geben.

Die Koransuren (insgesamt 114) wurden nach traditioneller Darstellung von Mohammed, der sie vom Erzengel Gabriel in Mekka und Medina eingeflüstert bekam, über einen Zeitraum von 23 Jahren *mündlich* seiner Umgebung vermittelt. Er selbst konnte offenbar, so die Biografie Ibn Ishaqs, weder lesen noch schreiben.²³⁷ Verschiedene Personen seiner Umgebung notierten dies auf unterschiedlichen Materialien (Blätter, Leder etc.) oder lernten das mündlich Übermittelte auswendig. Eine systematische Sammlung der einzelnen Sprüche Mohammeds zu seinen Lebzeiten gab es nicht – zumindest darüber herrscht unter den Islamwissenschaftlern Einigkeit: „Als Mohammed starb, existierte der Koran in seiner heutigen Form noch nicht", so der Islamwissenschaftler und Koranübersetzer Hartmut Bobzin.²³⁸

Nach Mohammeds Tod (632 n. Chr.) begann sein schreibkundiger Gefährte Ibn Thabit mit der Zusammenstellung der vorhandenen Schriftstücke. Es gab bald sieben verschiedene Versionen. Auf Befehl des dritten Kalifen Uthman ibn Affan (Regentschaft 644–656) erstellte Ibn Thabit abermals, zusammen mit Helfern aus dem Stamm der Quraisch, eine von Fehlern bereinigte Version, die in die vier Hauptstädte des islamischen Reichs, Medina, Damaskus, Kufa und Basra, versandt wurde. Heute bezieht sich die islamische Hauptströmung (Sunniten) auf die Kairoer Koranausgabe der Al-Azhar-Universität von 1924, die wie erwähnt auf der Version von Uthman beruhen soll; sie entspreche zu 100 Prozent dem, was Mohammed von Gott mitgeteilt worden sei.

Zwar gibt es unter den deutschen und westlichen Islamwissenschaftlern viele, die auf der „islamischen Überlieferung" aufbauen.

Die historisch-kritischen Islamwissenschaftler sind hingegen skeptisch, was die Quellenlage der „islamischen Überlieferung" betrifft, und kommen hinsichtlich der Historie der Entstehung des Korans und der übrigen „heiligen Bücher" sowie der Geschichte des frühen Islam zu völlig anderen Einschätzungen.[239] So waren für den Orientalisten Gustav Weil (1808–1889) die rein mündlichen Überlieferungen des Lebens des Propheten, seiner Taten und Aussprüche, über Generationen weitergegeben, als Quelle für historische Vorgänge nicht geeignet.[240] Auch der als bedeutendster britischer Islamwissenschaftler geltende William Muir (1819–1905) konstatierte die vollkommen legendenhafte Struktur der islamischen Überlieferungen und nannte Quellen, die sich auf Geschichtenerzähler berufen, als vollkommen wertlos. Der deutsch-ungarische Orientalist Ignaz Goldziher (1850–1921), der als einer der wichtigsten Islamwissenschaftler gilt, bezeichnete in seinen *Muhammedanischen Studien* die Hadithen als Fälschungen aus späteren Zeiten. Diese Meinung teilten auch Leone Caetani (1869–1935), ein italienischer Historiker auf dem Gebiet des Frühislam, und der belgische Orientalist Henri Lammens (1862–1937). Und der französische Wissenschaftler und Koranübersetzer Regis Blachere (1900–1973) fasste seinen Versuch, das Leben Mohammeds zu rekonstruieren, so zusammen: Im Endresultat gebe es keine Quellen, die das ermöglichten. Die traditionellen Überlieferungen seien wissenschaftlich unbrauchbar, der Koran selbst sage nichts zu diesem Thema.

Auch muslimische Wissenschaftler, Theologen, und Literaten haben sich kritisch mit den Quellen und Inhalten des Korans befasst, so etwa Suliman Bashear (1947–1991), Professor an der Universität Nablus – ihn stürzten Studenten aus dem Fenster. Oder der sudanesische Wissenschaftler und Sufi-Theologe Mahmud Muhammad Taha (1909–1985) – er wurde in Khartum öffentlich gehenkt. Oder der ägyptische Professor und Publizist Faruq Foda (1946–1992), der in Kairo auf offener Straße erschossen wurde, nachdem er von einem Kleriker-Komitee der Al-Azhar-Universität der Blasphemie bezichtigt worden war. Dies zeigt: Wer es *heute* in der islamischen Welt wagt, kritische Gedanken über die Entstehung und Natur des Korans oder über Mohammed zu äußern, die Trennung von Staat und Religion zu fordern oder sich gar vom Islam abzuwenden, setzt sein Leben aufs Spiel. Die passenden Suren des Korans, die solche Morde rechtfertigen, werden wir in den Folgekapiteln kennenlernen.

Den Blick auf die kritische Analyse der Textgeschichte des Korans und der Historie des frühen Islam im Einzelnen beginnen wir mit dem Islamwissenschaftler *Günter Lüling* (1928–2014). Er vertrat in einer 1974 erschienenen Studie anhand von Textanalysen der in Mekka entstandenen Suren die These, diese Texte basierten auf einem vorislamisch-christlichen Urtext. Der Koran sei das Ergebnis mehrerer aufeinanderfolgender Redaktionen.[241] Lülings Erkenntnisse wurden von den Islamwissenschaftlern damals abgelehnt; man verweigerte ihm eine akademische Karriere, während er heute hohe Anerkennung genießt.[242]

Für den US-amerikanischen Historiker und Islamforscher *John Edward Wansbrough* (1928–2002) entstand der Koran in einem sich bis ins 9. Jahrhundert erstreckenden Zeitraum, in dem verschiedene Textfragmente im Rahmen eines anonymen Redaktionsgeschehens zu einem Text zusammengefügt wurden. Die wesentlichen Quellen über Mohammed seien als spätere Fiktionen enttarnt worden. Wansbrough zufolge wurden im Laufe der Zeit die jüdisch-christlichen Texte an eine arabische Perspektive angepasst. Ein Großteil der traditionellen Geschichte des Islam sei eine Konstruktion späterer Generationen mit dem Ziel, eine eigene religiöse Identität zu erschaffen. In diesem Kontext sei Mohammed ein erfundener Mythos, dazu geschaffen, den arabischen Stämmen eine eigene Version jüdisch-christlicher Propheten zu geben.[243]

Für den Islamwissenschaftler *Tilman Nagel* (geb. 1942) bildete Wansbroughs Anonymisierung der Autorenschaft des Korans die Vorstufe für die Konstruktion eines „eigentlichen" nicht arabischen Ausgangstextes, der hiernach arabisiert und dann in der Gestalt des heutigen Korans in Umlauf gesetzt worden sein soll. Diese Hypothese sei im Grunde schon in Lülings Arbeiten vorgeprägt; „es blieb einem unter dem Autorennamen Christoph Luxenberg publizierenden Forscher vorbehalten, sie in seinem Buch ‚Die syro-aramäische Lesart des Korans' (zuerst 2000) für sich zu reklamieren und auszuarbeiten".[244]

Näher eingegangen werden soll auf die Thesen der „Saarbrücker Schule".[245] Sie wurden von einem unter dem Pseudonym *Norbert G. Pressburg* schreibenden Autor, der vermutlich Islamwissenschaftler und/oder Historiker ist, in dem Buch *Good Bye Mohammed* zusammengefasst, wobei Pressburg noch weitere Literatur berücksichtigte.[246] Die Thesen lassen sich wie folgt zusammenfassen:

- Es gebe keinen Uthman'schen „Urkoran", aber zahlreiche frühe und unterschiedliche Korantexte – von denen keiner in „Koranarabisch" abgefasst sei. In Sanaa gefundene Koranfragmente aus dem 8. Jahrhundert wiesen zum Beispiel eine andere Surenfolge auf als die der offiziellen Kairoer (Uthman'schen) Koranversion. Auch aus dem 10. Jahrhundert seien zahlreiche Koranversionen mit anderer Surenfolge als der offiziellen nachgewiesen. Die Kairoer Koranversion stamme nicht aus dem 7. Jahrhundert, sondern gehe auf eine jüngere Bearbeitung zurück.
- Erst zwei Jahrhunderte nach den behaupteten Ereignissen hätten die ersten islamischen Berichte über Mohammed und sein Buch eingesetzt. „Mohammed" sei ursprünglich die arabische Bezeichnung für Jesus Christus gewesen. Der „Prophet Mohammed" sei eine fiktive Gestalt, eine später ausgedachte Gründerfigur. Über „Mohammed" wisse man absolut nichts. Möglicherweise habe es einmal einen arabischen Propheten gegeben; auf ihn sei dann alles 200 Jahre rückprojiziert worden.
- Der Islam sei als christliche, antitrinitarische (gegen die Vorstellung eines dreifaltigen Gottes gerichtete) arabische Bewe-

gung entstanden. Theologisch habe in der arabischen Kirche eine Loslösung von Jesus als einem Gottessohn stattgefunden.

- Die Urtexte des Korans seien nicht in Arabisch, sondern in Aramäisch entstanden und basierten in großen Teilen auf einer syrischen christlichen Grundschrift.
- Qouran (Koran) komme vom aramäischen Qeryan, was „Lektionar" bedeutet, also ein liturgisches Buch für die arabischen Christen mit ausgewählten Texten aus dem Alten und Neuen Testament. Die Verwandlung des christlichen Qeryan in den arabischen Koran habe ein halbes Jahrtausend gedauert und sei erst nach vielen Zwischenstufen, Änderungen, Hinzufügungen und Weglassungen – und insbesondere als Jesus allmählich seine Sonderstellung verloren hatte – abgeschlossen gewesen. „Erst im Zuge dieser Bearbeitungen erhielt ‚Mohammed' Existenz und Profil."[247]
- So wie das Christentum eine Abspaltung vom Judentum sei, sei der Islam eine Abspaltung vom Christentum. „Diese Abspaltung bereitete sich im 7. und 8. Jahrhundert vor und war erst im 9. oder 10. Jahrhundert komplettiert." Dabei sollen die arabischen Christen den Judenchristen und damit der alttestamentlichen Welt sehr viel näher gestanden haben als den romanisierten und hellenisierten Christen der Mittelmeerkultur.[248]
- Die islamische Zeitrechnung beruhe nicht auf der Hidschra, denn einen Propheten Mohammed habe es nie gegeben – also auch keinen Auszug desselben aus Mekka nach Medina. Vielmehr beziehe sie sich auf den Beginn des Perserfeldzugs des oströmischen Kaisers Herakleios gegen die Sassaniden im Jahr 622. „Mekka" als Wiege des Islam sei eine Rückerfindung der frommen islamischen Literatur späterer Jahrhunderte. Die Arabische Halbinsel sei im 7. Jahrhundert fast zur Gänze christianisiert gewesen.[249]

- Viele für uns typisch muslimisch anmutende Begriffe seien schlicht Arabisch und hätten bis Ende des ersten Jahrtausends nichts spezifisch Islamisches an sich gehabt.[250] *Allah* sei die aramäische Bezeichnung für „Gott" und heute noch bei arabischen Christen durchaus gebräuchlich; *Mohammed* bedeute „der Gepriesene, Christus", *Abd Allah* „Diener Gottes", *Rasul* „Prophet", *Mahdi* „Messias", *Bismillah* „im Namen Gottes" und *Bismillah rahman rahim* „im Namen des gnädigen und barmherzigen Gottes" (In nomine dominis miseriscordis) – gängige christlich-lateinische Formel!

Die Thesen der „Saarbrücker Schule" sind unter den Islamwissenschaftlern umstritten. Unter anderem kritisiert Tilman Nagel, emeritierter Professor für Arabistik und Islamwissenschaft, sie scharf. Dass die arabisch-islamischen Berichte über Mohammed und die islamische Expansion erst lange Zeit nach den Ereignissen entstanden sind, wird jedoch zwischenzeitlich kaum bestritten. Die meisten Forscher nehmen heute an, dass es um 630 tatsächlich einen Propheten unter den Arabern gegeben habe – was auch Ohlig nicht ausschließt , wenngleich sein ursprünglicher Name vermutlich nicht Mohammed gewesen sei. Selbst Tilman Nagel merkt an die Adresse der (traditionellen) Islamwissenschaft an, diese müsse sich „vom muslimischen Mohammedverständnis emanzipieren, wenn sie der geschichtlichen Wirklichkeit nahekommen wolle".[251]

Für den Islamwissenschaftler *Sven Kalisch* (geb. 1966) ist die Kritik der „Saarbrücker Schule" an der Annahme der Historizität des Islam und auch Mohammeds nachvollziehbar. In einem Interview äußerte er: „Ich vertrete zwar nicht pauschal die Theorien der Saarbrücker Schule der Islam-Wissenschaft, dass der Koran im Grunde ein christlicher Text sei. Ich begrüße aber die methodischen Ansätze, archäologische Zeugnisse, Münzen und Überlieferungen außerhalb des Islam zur Forschung heranzuziehen."[252] Kalisch, der im Alter von 15 Jahren vom Protestantismus zum Islam konvertierte und sich Muhammad

Sven Kalisch nannte, war seit 2004 Inhaber des ersten Lehrstuhls für die Ausbildung islamischer Religionslehrer in Deutschland an der Universität Münster. 2008 entband ihn das nordrhein-westfälische Wissenschaftsministerium von der Lehrerausbildung, als seine kritischen Thesen zur Entstehung des Korans und der Existenz Mohammeds zunehmend von muslimischen Verbänden abgelehnt wurden.

Am 20. Juli 2010 wurde *Mouhanad Khorchide* (geb. 1971) zum Nachfolger Kalischs berufen. Ende 2013 protestierten islamische Verbände, darunter der Koordinationsrat der Muslime in Deutschland, die Türkisch-Islamische Union der Anstalt für Religion (Ditib-Verband) und der Islamrat für die Bundesrepublik Deutschland, jedoch auch gegen Khorchide, der den Islam als „Religion der Barmherzigkeit" interpretiert hatte – was als unzulässige Annäherung an das Christentum verstanden wurde – und zudem, ähnlich wie bereits Kalisch, dafür eintrat, sich dem Koran mit den Mitteln der historisch-kritischen Methode wissenschaftlich zu nähern. Auch er steht zwischenzeitlich unter Polizeischutz. In seinem 2012 erschienenen Buch *Islam ist Barmherzigkeit* stellt Khorchide seine Vision von einem modernen, aufgeklärten Islam vor, einer humanistischen Religion, die vor allem von Gottesbarmherzigkeit, Gottesliebe und Freiheit geprägt sei. Auch könnten die Gebote des Korans nicht mehr wörtlich ins heutige Leben übertragen werden.

2.3.3 Arabien vor dem Islam

Da die Existenz Mohammeds und damit auch die Bedeutung Saudi-Arabiens, Mekkas und Medinas für den Prozess der Entstehung des Korans inzwischen in der Islamwissenschaft kontrovers eingeschätzt werden, ist ein Blick auf die unterschiedliche Einschätzung der vorislamischen Zeit aufschlussreich – zum einen auf die traditionelle Geschichtsdarstellung, zum anderen auf die davon abweichenden Thesen der „Saarbrücker Schule". Unabhängig davon haben, da besteht

Konsens, die arabische Kultur, ihre archaischen Gebräuche und Denkweisen Einfluss auf Inhalte und Regeln des Korans.

Traditionelle Geschichtsschreibung

Von Islamwissenschaftlern wird insbesondere auf die bedingt durch Meer und Wüsten abgeschiedene Lage der arabischen Halbinsel hingewiesen. Nur wenige Karawanenstraßen führten im 7. Jahrhundert, der Zeit Mohammeds, durch das Wüstengebiet. „Von den Großmächten aus gesehen war und blieb Arabien ein verschlossenes, barbarisches Land ... Nur langsam und erst nachträglich setzte ein Einsickerungsprozess ein ... So hat vor allem religiöses Gedankengut von Palästina, Syrien und Irak aus bei der grenznahen Bevölkerung Eingang und Anklang gefunden und ist ... mit abnehmender Intensität auch nach Innerarabien durchgesickert. Im Großen und Ganzen handelt es sich dabei um Ideen und Vorstellungen christlicher und jüdischer Herkunft", so der Islamwissenschaftler und Koranübersetzer Rudi Paret.[253] Auch für die Islamwissenschaftlerin Gudrun Krämer war die arabische Halbinsel um 600 n. Chr. allenfalls „Peripherie bedeutender Kulturzentren" (Byzanz, Persien). Sie erwähnt, dass das Reich der arabischen Nabatäer mit der Hauptstadt Petra und der Stadtstaat Palmyra um 600 längst untergegangen waren.[254] Von den Sandwüsten und Wüstensteppen Zentral- und Westarabiens sind allerdings die Randzonen zu unterscheiden. Alt-Südarabien, das „Glückliche Arabien", das dank Monsunregens oder ausreichenden Grundwassers in Teilen fruchtbar war, war wohl früh und dauerhaft besiedelt. Seinen Reichtum verdankte es nicht zuletzt der Weihrauch-Straße. Allerdings ließen der Zerfall des Römischen Reiches und seine Christianisierung im 4. Jahrhundert n. Chr. die Nachfrage zurückgehen, und um 600 hatte die Weihrauch-Straße ihre frühere Bedeutung längst eingebüßt.

Sowohl die nomadische als auch die sesshafte Gesellschaft waren tribal, das heißt nach Stämmen, Clans und Familien gegliedert. „Das Recht der Arabischen Halbinsel war im Wesentlichen von den Vätern übernommener Brauch (sunna); es galt nicht als göttlich sanktioniert, war nicht schriftlich fixiert und beruhte auf dem Grundsatz von Schädigung und Entschädigung. Dementsprechend spielten Vergeltung, Blutrache und Blutgeld in ihm eine zentrale Rolle. Da es keine Obrigkeit gab, die die anerkannten Normen durchsetzen konnte, war der einzelne auf den Schutz seiner Solidargemeinschaft angewiesen, in erster Linie also seiner Familie, seines Clans oder Stammes", so Gudrun Krämer.[255] Umstritten ist in ihren Augen die religiöse Landschaft, in die Muhammad hineingeboren wurde, da hier authentische Quellen und Zeugnisse fehlen. Verehrt wurden lokale Gottheiten männlichen und weiblichen Geschlechts, die mit Gestirnen, heiligen Steinen und Bäumen assoziiert wurden; vertraut war auch der Glaube an Geister und Dämonen (Dschinnen), Engel und Teufel. Am schwierigsten zu entscheiden ist für Krämer die Frage, ob die Araber tatsächlich an einen übertribalen Hochgott namens „Allah" glaubten. Der Name des Gottes „Allah", der bereits in der vorislamischen Zeit in Mekka an der Kultstätte der Kaaba verehrt wurde, wird meist von arab. *al-ilah* abgeleitet, „der" Gott. In der Kaaba stand, wie die muslimische Tradition selbst berichtet, eine Statue des Mondgottes; Allah selbst hatte kein Kultbild. Den Mekkanern waren hingegen drei weibliche Gottheiten vertraut: al-Lat (Allat, „die Göttin"), die vor allem in Taif verehrt wurde, Manat mit einer Kultstätte nahe Yathrib/Medina sowie al-Uzza („die Allmächtige") mit ihrem Baumheiligtum nahe Mekka. Sie galten als Allahs „Töchter".[256] Der vorislamische Steinkult hatte ein Zentrum in Mekka, wo der schwarze Stein in der Südwestecke der Kaaba, eines würfelförmigen Gebäudes, das Ziel jährlicher Wallfahrten war. „Um die Kaaba wurden in bestimmter Kleidung die vorgeschriebenen Umlaufriten vollzogen", so die Islamwissenschaftlerin Annemarie Schimmel. Und sie fährt fort: „An sich war das Leben der Araber zu jener Zeit ... wenig von religiösen Gedanken bestimmt. Die arabische Literatur des ausgehenden 6. Jahrhunderts lässt kaum auf tiefere religiöse Gefühle schließen ..."[257]

Seit dem 1. Jahrhundert n. Chr. haben bereits Juden in Arabien gelebt. Wahrscheinlich waren im Anschluss an die Eroberung Jerusalems durch Titus (70 n. Chr.) und an die Niederschlagung des Aufstands von Bar Kochba (135 n. Chr.) und vielleicht auch noch später geschlossene Gruppen von Juden aus Palästina nach Arabien eingewandert und hatten sich in verschiedenen Oasen des nordwestlichen Arabiens festgesetzt.[258] In der ersten Hälfte des 7. Jahrhunderts gab es Rudi Paret zufolge mehrere geschlossene jüdische Siedlungen, wie in Medina, wo Juden die Hälfte der Bevölkerung ausmachten. Auf die zeitgenössischen Araber müssen diese in Arabien lebenden Juden einen zwiespältigen Eindruck gemacht haben: „Einerseits waren sie dem arabischen Milieu zuzurechnen. Sie unterhielten sich mit den Arabern in der Sprache des Landes ... Auf der anderen Seite, im Bereich des Religiösen, wollten die Juden nach wie vor etwas Besonderes sein. Sie glaubten, das Jenseits ‚gepachtet zu haben' (wenn man den Wortlaut von Sure 2,94 so frei wiedergeben darf). Sie behaupteten ... im Gegensatz zu den übrigen Menschen in einem besonderen Klientelverhältnis zu Gott zu stehen (Sure 62,6). Die arabischen Zeitgenossen haben eine solche Einstellung zuerst wohl als anmaßend empfunden, vielleicht auch als lächerlich ... Jedenfalls griff jüdisches Gedankengut zwangsläufig ... auf die arabische Umwelt über ... Kein Wunder, dass Mohammed, nachdem er mit seiner religiösen Botschaft in Mekka tauben Ohren gepredigt hatte, schließlich eben von den Arabern von Medina, der Stadt der Juden, gehört und verstanden worden ist."[259]

Gudrun Krämer merkt zu den in dieser Zeit in Arabien lebenden Christen an, dass diese sich auf verschiedene Kirchen und Sekten verteilt hätten; insbesondere gab es ihr zufolge Anhänger der Lehre von Chalkedon (Melkiten), monophysitische Jakobiten (die Christen im äthiopischen Königreich von Aksum) sowie Nestorianer. Zahlenmäßig bedeutender als die Christen seien die Juden gewesen, die um 600 im Jemen und in einer Kette westarabischer Oasen als tribal organisierte, arabisierte und überwiegend sesshafte Gruppen aufgetreten seien.

Mit diesen Einschätzungen stehen Paret, Krämer und Schimmel deutlich in Widerspruch zu den Thesen der „Saarbrücker Schule", die von einem überwiegend christianisierten Arabien ausgehen.

Thesen der „Saarbrücker Schule"

„Mekka" als Wiege des Islam ist laut den Vertretern der „Saarbrücker Schule" eine Rückerfindung der frommen islamischen Literatur späterer Jahrhunderte. Mekka sei nie eine Stadt gewesen, kein Handelszentrum an der Kreuzung wichtiger Handelsstraßen; der in Sure 48,24 genannte „Talgrund von Mekka" beruhe auf einem Übersetzungsfehler. Gleiches gelte für das in Sure 3,96 als Sitz eines Gotteshauses erwähnte „Bakka", das fälschlicherweise als „Mekka" interpretiert werde. Die gesamte Geschichte der ersten 250 Jahre sei legendenhaft in die Wüste Arabiens verlegt oder gleich ganz neu erfunden worden.[260]

Glaubt man der „Saarbrücker Schule", so war die Arabische Halbinsel im 7. Jahrhundert fast zur Gänze christianisiert gewesen – ein semitisches Christentum mit stark alttestamentlichem Bezug. Die Kaaba in Mekka war demnach christlichen Ursprungs (Verehrung Abrahams) und diente noch bis Anfang des 9. Jahrhunderts als Kirche. Im Jemen seien zahlreiche Kaabas nachgewiesen, die als Tempel oder Kirchen gebaut worden seien. Ursprünglich war der Ort der Kaaba – hier besteht Konsens – eine Verehrungsstätte der heidnischen Mondgöttin Allat und der Göttin des Morgensterns Uzza gewesen; ihre Symbole, Stern und Sichelmond, sind Bestandteile mehrerer Flaggen islamischer Länder.

2.3.4 Mohammed

Angesichts der Zweifel, die zwischenzeitlich verschiedene Islamforscher an der Figur des „Mohammed" haben, soll das, was die „traditionelle Islamwissenschaft" basierend auf der „islamischen Überlieferung" über Mohammed berichtet, in Grundzügen dargestellt werden, um dem anschließend erneut die Thesen der „Saarbrücker Schule" gegenüberzustellen.

Mohammed in der traditionellen Islamwissenschaft

Zwar ist Mohammed für die traditionelle Islamwissenschaft eine historische Person. Sein Leben und das Umfeld, in dem er sich bewegte, sind jedoch, so Gudrun Krämer, nur in Umrissen bekannt. Materielle Zeugnisse aus der fraglichen Zeit seien nämlich kaum überliefert. Das Leben Mohammeds und der frühen Gemeinde werde daher „ungeachtet aller wissenschaftlichen Skrupel im Wesentlichen doch aus den literarischen Quellen rekonstruiert, die von gläubigen Muslimen einige Generationen nach dem eigentlichen Geschehen in arabischer Sprache verfasst oder überarbeitet wurden".[261] Krämer schreibt entwaffnend: „Die Geschichte Muhammads und seiner Gemeinde muss man auf der Grundlage muslimischer Quellen schreiben, oder man kann sie nicht schreiben."[262]

Den muslimischen Quellen zufolge, vor allem Ibn Ishaqs Biografie über Mohammed[263], wurde Mohammed um 570 n. Chr. in Mekka als Angehöriger der Banu Hashim, einer der weniger bedeutenden Sippen des Stammes der Quraisch, geboren und starb am 8. Juni 632 in Medina. Mohammed war Waise (so Koransure 93,6) und wohl im Handel weit über Mekka hinaus tätig. Mit fünfundzwanzig heiratete er eine deutlich ältere Geschäftsfrau „von Adel und Reichtum", Khadija bint Khuwailid, mit der er mehrere Kinder hatte, von denen allein seine Tochter Fatima Söhne hatte.[264] Die Überlieferung berichtet von der religiösen Sinnsuche Mohammeds, der sich regelmäßig in eine Grotte des Berges Hira nahe Mekkas zurückzog, um dort zu meditieren. Mit vierzig Jahren hatte er ein erstes Offenbarungserlebnis, dem, mit zeitlichen Abständen, weitere folgten und die sich bis zu seinem Tod fortsetzten. Gemäß Ibn Ishaqs Biografie erschien

Mohammed in dieser Grotte der Erzengel Gabriel. Ibn Ishaq lässt Mohammed in wörtlicher Rede sprechen: *„Als ich schlief, trat der Engel Gabriel zu mir mit einem Tuch wie aus Brokat, worauf etwas geschrieben stand, und sprach: ‚Lies!' ‚Ich kann nicht lesen', erwiderte ich. Da presste er das Tuch auf mich, so dass ich dachte, es wäre mein Tod. Dann ließ er mich los und sagte wieder: ‚Lies!' ‚Ich kann nicht lesen', antwortete ich. Und wieder würgte er mich mit dem Tuch, dass ich dachte, ich müsste sterben ..."*[265]

Mohammed erklärte sich – wohl nach Phasen eigener Unsicherheit – schließlich offen zum Gesandten Gottes (rasul allah) und warb in seiner engeren Umgebung erste Anhänger. Die Mekkaner reagierten vermutlich zunächst eher gleichgültig, „der Väter Brauch und Sitte" war ihnen genug. Allerdings stellte der Gott, von dem Mohammed kündete, höhere Ansprüche als die Gottheiten der Väter: Er forderte Gottes*dienst* im unmittelbaren Wortsinn, der neben Solidarabgaben in Gestalt des Almosens auch regelmäßige Gebets- anstelle gelegentlicher Opferriten umfasste. Gerade die Niederwerfung im Gebet soll den Arabern als erniedrigender Brauch *anderer* Religionen bekannt und für sie anstößig gewesen sein.[266] Darüber hinaus stellte Mohammed mit seiner Forderung nach einem strikten Monotheismus „nicht nur die tradierte Denk- und Lebensweise in Frage. Er griff die eigenen Vorfahren an und damit auch die eigenen Verwandten, die Mohammed und seinen Anhängern trotz der provozierenden Lehren nach wie vor Schutz boten ... Als im Jahr 619 kurz nacheinander Mohammeds Onkel Abu Talib und seine Frau Khadija starben, stand der bisher gewährte Schutz durch den eigenen Clan in Frage."[267] Im Jahr 622 verließen Mohammed und etwa siebzig seiner Anhänger ihren Stammesverband in Mekka und übersiedelten in das 300 Kilometer nördlich gelegene Yathrib, das spätere Medina (*madinat an-nabi*, Stadt des Propheten). Dieses Ereignis wird als „Hidschra" (auch Hidjra oder Hira) bezeichnet und markiert den Beginn der islamischen Zeitrechnung.[268] Die Hidschra markiert eine Trennungslinie in der Geschichte Mohammeds, wie auch in Inhalt und Diktion des Korans erkennbar ist.

In Medina fand Mohammed ganz andere Rahmenbedingungen vor als in Mekka. Es handelte sich um eine größere Oasensiedlung, mit fruchtbaren Böden und ausreichender Grundwasserversorgung. Hier lebten mehrere Clans und Stämme nebeneinander, darunter auch mehrere jüdische Clans. Den Einwohnern Medinas waren monotheistische Ideen somit seit Längerem bekannt. Durch die Gemeindeordnung von Medina wurde, wenn auch nur für zwei Jahre (623/624?), laut Gudrun Krämer eine neue politische Einheit geschaffen, die Muslime mit einzelnen „heidnischen" und jüdischen Clans zu einer politischen Schutz- und Solidargemeinschaft (*umma*) mit Mohammed als Schiedsrichter und Oberhaupt verband.[269] Mohammed, der bis zu seinem Tod zehn Jahre in Medina wirkte, war sowohl geistiges als auch politisches Oberhaupt dieser Gemeinschaft. Religions- und machtpolitisch besonders bedeutsam soll Mohammeds Wendung gegen die Juden von Medina gewesen sein. Folgt man den muslimischen Quellen (jüdische Zeugnisse gibt es Krämer zufolge nicht), so rechnete Mohammed damit, von den Juden als Prophet anerkannt zu werden. Diese Hoffnung erfüllte sich nicht. „Die Enttäuschung führte zur Entfremdung und schließlich zum offenen Konflikt: Entschiedener als zuvor deutete Mohammed den Islam nun als Erneuerung der monotheistischen ‚Religion Abrahams' und wertete damit das Juden- wie das Christentum als spätere und zudem verfälschende Versionen dieser ursprünglich-reinen Offenbarungsreligion ab." In diesem Zuge soll er auch die muslimische Gebetsrichtung (Qibla) von Jerusalem auf Mekka bzw. die Kaaba umgekehrt haben (Koransure 2,142–152).[270]

Nach islamischer Geschichtsschreibung folgte die gewaltsame Rückgewinnung Mekkas. Ihr gingen Überfälle auf mekkanische Karawanen voraus. Insbesondere im Jahr 624 soll den Muslimen in der als legendär geltenden Schlacht bei Badr, südwestlich von Medina, ein Sieg über eine zahlenmäßig überlegene mekkanische Karawane gelungen sein, der ihnen als Zeichen göttlicher Gnade erschien. Im Jahr 630, so heißt es, wurde Mekka eingenommen und die führenden Familien der Quraisch traten zum Islam über. Parallel dazu wurden die Juden aus Medina vertrieben, getötet oder unterworfen und tributpflichtig gemacht.[271] 631/32 pilgerte Mohammed noch einmal zur Kaaba. Am 8. Juni 632 (Jahr 11 des islamischen Kalenders) starb er nach muslimischer Überlieferung in Medina.

Mohammed in den Thesen der „Saarbrücker Schule"

Erst zwei Jahrhunderte nach den behaupteten Ereignissen setzten, so die „Saarbrücker Schule", die ersten islamischen Berichte über Mohammed und sein Buch ein; die meisten sind demnach drei Jahrhunderte nach den beschriebenen Ereignissen entstanden. „Mohammed" (wörtlich: „ein Gepriesener", also kein Name!) soll ursprünglich nichts anderes als die arabische Bezeichnung für Jesus Christus gewesen, die (Um-)Deutung als Name eines arabischen Propheten erst um das Jahr 800, also 150 oder 200 Jahre nach der traditionell angenommenen Lebenszeit Mohammeds erfolgt sein. Der „Mohammedismus" im Sinne des Gepriesenen (Jesus) war in dieser Sicht zur Zeit des Kalifen von Damaskus Abd al-Malik (Regierungszeit 682–707) eine Bezeichnung für die christliche Gemeinschaft – seine Anhänger, die „Mohammedaner", waren zu dieser Zeit also noch keine „Muslime".

Den Propheten Mohammed hat es der „Saarbrücker Schule" zufolge als historische Person niemals gegeben, vielmehr sei er eine fiktive Gestalt, eine Erfindung späterer Zeit, als sich der Islam zu einer eigenen Religion entwickelte und man sich nachträglich eine prophetische Gründerfigur ausgedacht habe. Über „Mohammed" wisse man absolut nichts – im Koran komme Mohammed praktisch nicht vor, und Hadithe sowie die darauf fußende Sira seien als authentische Quellen indiskutabel. Auch wird darauf hingewiesen, dass sich in den zahlreichen archäologischen Hinterlassenschaften aus dieser Zeit (Münzen, Inschriften, Bauwerken, Literatur) keine Spur der Erwähnung eines Propheten Mohammed aus Mekka findet und er erst in der Literatur des 9. Jahrhunderts auftaucht.

Weiter geht die „Saarbrücker Schule" davon aus, dass die Verwandlung des christlichen Qeryan in den arabischen Koran ein halbes Jahrtausend gedauert, er sich also erst allmählich und über zahlreiche Zwischenstufen herausgebildet hat. „Erst im Zuge dieser Bearbeitungen erhielt Muhamad Existenz und Profil."[272] Die Sehnsucht der arabischen Christen nach einer eigenen „heiligen Schrift" habe sich nach einer langen und verwickelten Gestehungsgeschichte im Koran erfüllt. Parallel dazu sei ein eigener arabischer Prophet, die Person „Mohammed", erfunden und entwickelt worden, der wohl nicht zufällig aus dem angesehenen Stamm der Quraisch in Mekka stammen sollte.

2.3.5 Der Koran

Inhalt, Systematik und Glaubenslehren des Korans

Nach islamischer Lehre hat Mohammed den Text des Korans von Gott durch die Vermittlung des Erzengels Gabriel erhalten und unverändert an seine Nachwelt überliefert. Jedes Wort ist damit nach islamischer Lehre korrekt, unveränderbar, heilig und ewig gültig. Betrachten wir nur einige Beispiele, wo die Koranschreiber ihren Gott haben irren lassen. Darüber hinaus gibt es zahlreiche Widersprüche und Zusammenhangloses.[273]

- Laut Gottes eigener Aussage ist seine Botschaft in arabischer Sprache für die Araber zur Erde gesandt worden (Sure 12,2; 42,7; 43,2–4). Warum dann die zahlreichen nicht arabischen Wörter aus dem Syro-aramäischen, Persischen, Griechischen und Hebräischen? Bleibt darauf hinzuweisen, dass das „Koranarabisch" selbst von „Arabiya" (= Hocharabisch) sprechenden Arabern kaum verstanden wird, ganz zu schweigen von den Millionen nicht arabischen Muslimen (Türken, Afgha-

- nen, Pakistanern, Iranern, Indonesiern) – auch wenn sie den Koran rezitieren können.[274]
- Die Jesusmutter Maria (Maryam) ist laut Sure 19 gleichzeitig die Schwester Aarons, des Bruders von Moses, und somit also auch Moses Schwester. Laut der biblischen Zeittafel liegen hier jedoch über 1.000 Jahre dazwischen.
- An einer Stelle ist Wein eine Gottesgabe (Sure 16,67), an anderer Stelle wird er Muslimen verboten (Sure 2,219). Solche Widersprüche – es soll bis zu 500 geben – sind laut Pressburg, den Korangelehrten durchaus bekannt; diese bezeichnen sie als *aufgehobene* und *aufhebende* Verse. Demzufolge kann ein Vers durch einen anderen, ihm in der Aussage widersprechenden Vers aufgehoben werden.[275]
- Zusammenhanglosigkeiten, ob zeitlich und thematisch, ergeben sich auch durch die (von Gott!) vorgenommene Gliederung der Koransuren nach abnehmendem Umfang (Sure 2 umfasst 286 Verse, Sure 112 nur 4 Verse). Dadurch ist die von Islamwissenschaftlern vorgenommene Unterscheidung der in Mekka entstandenen Suren von den späteren, in Medina entstandenen nicht ohne Weiteres erkennbar.
- Bekannt sind auch zahlreiche grammatikalische Fehler. Ali Daschti (1894–1982), ein iranischer Journalist und ausgebildeter Theologe, listete zahlreiche grammatikalische und syntaktische Fehler auf. Er bestritt, dass der Koran von Gott selbst stamme. Die Erzählungen beruhten auf Texten der Juden oder Christen sowie auf der mündlichen Überlieferung arabischer Stämme. Daschti wurde 1979 in Haft genommen wurde, wo er auch starb.[276]

Zur Systematisierung des Korans ist die des deutschen Orientalisten Theodor Nöldeke (1836–1930) erwähnenswert, der die Suren chronologisch und nach dem Ort ihrer Entstehung (Mekka, Medina) unterteilte. Demnach gibt es 90 mekkanische Suren (1. Periode (frühmekkanisch): 96, 74, 111, 106, 108, 104, 107, 102, 105, 92, 90, 94, 93, 97, 86, 91, 80, 68, 87, 95, 103, 85, 73, 101, 99, 82, 81, 53, 84, 100, 79, 77, 78, 88, 89, 75, 83, 69, 51, 52, 56, 70, 55, 112, 109, 113, 114, 1; 2. Periode (mittelmekkanisch): 54, 37, 71, 76, 44, 50, 20, 26, 15, 19, 38, 36, 43, 72, 67, 23, 21, 25, 17, 27, 18; 3. Periode (spätmekkanisch): 32, 41, 45, 16, 30, 11, 14, 12, 40, 28, 39, 29, 31, 42, 10, 34, 35, 7, 46, 6, 13) sowie 24 medinesische Suren (2, 98, 64, 62, 8, 47, 3, 61, 57, 4, 65, 59, 33, 63, 24, 58, 22, 48, 66, 60, 110, 49, 9, 5). Als älteste Texte des Korans werden die Suren 96 und 74 angesehen.[277] Die mekkanischen Suren gelten als theologischer, tiefer und für die Ethik des Islam stehend, die medinesischen Suren sollen hingegen mehr auf die praktischen Dinge bezogen und von kriegerischen Auseinandersetzungen beeinflusst sein. Auf diese Unterscheidung wird weiter unten, wenn es um die Reformfähigkeit des Islam geht, zurückzukommen sein.

Ergebnisse der „Saarbrücker Schule" zur Sprache des Korans

Im damaligen Arabien wurde Aramäisch und/oder ein arabischer Dialekt gesprochen, geschrieben wurde durchweg in Aramäisch. Die arabische Schrift hat sich laut der „Saarbrücker Schule" mit nabatäischen Elementen aus der aramäischen Schrift entwickelt. Das traditionelle „Koranarabisch" gab es im 6. oder 7. Jahrhundert, der Zeit Mohammeds und der behaupteten Herabsendung des Korans, wohl noch nicht, die Abfassung in „Koranarabisch" fand erst vornehmlich im 9. Jahrhundert durch eine Gruppe von Editoren, darunter Tabari, statt. Zudem zeigen zahlreiche Fragmente von Koranhandschriften aus frühislamischer Zeit, dass viel korrigiert wurde.[278] Das muslimische Postulat, der Koran sei von Mohammed bis heute fehlerfrei tradiert worden, widerspricht all dem.

Christoph Luxenbergs Analyse zu den syro-aramäischen Sprachelementen im Koran betrifft auch die sogenannten „dunklen Stellen" im Koran. Dabei handelt es sich um unklare Stellen, die auch von arabischen Interpreten nicht vernünftig, das heißt so ausgelegt werden können, dass sie auch tatsächlich einen ausreichenden Sinn ergeben. Dies umfasst nach bisherigem Untersuchungsstand eine Reihe von Suren oder Begriffen.[279] Ein Beispiel ist die Sure 19,24, die sogenannte Mariensure. Und bei den an mehreren Stellen des Korans als Lohn im Paradies versprochenen „Huris", nach herkömmlicher Übersetzung „großäugige Paradiesjungfrauen", in Erwartung derer sich schon mancher tiefgläubige Muslim als „Märtyrer" in die Luft gesprengt hat, handelt es sich nach der Luxenberg'schen Sprachanalyse um „prachtvolle Weintrauben".[280] Aus den „schwellenden Brüsten" der Huris (Sure 78,33) werden so „üppige, saftige Früchte". Die in Sure 76,19 genannten „ewig jungen Knaben" werden wiederum zu „eisgekühlten Früchten". Nach bisheriger Lesart geht es, so Pressburg, „eigentlich nur um die Erfüllung sexueller Männerträume". Er erwähnt in diesem Zusammenhang, dass der 9/11-Anführer Muhamad Atta ganz in dieser Tradition die Anweisung gegeben haben soll, den Penis zum besonderen Schutz für später zu bandagieren.[281] Das in Sure 24,31 vermeintlich erwähnte „Kopftuchgebot" für Frauen beruht wohl ebenfalls auf einem Übersetzungsfehler; die Rede ist vielmehr von einem Gürtel, der um die Lende zu binden sei. Sure 97 bezieht sich der kritischen Lesart Luxenbergs zufolge nicht auf die Verkündigung des Korans an einen Propheten Mohammed, sondern ist ursprünglich schlicht eine Beschreibung der Geburt Jesu. Vor allem die Suren der ersten mekkanischen Periode zählt Luxenberg zu „jenem Grundstock, aus dem der Koran als christlich-liturgisches Buch ursprünglich bestand".

Die Glaubenslehren des Korans

Im Koran gibt es mehrere Verse, in denen wie in einem „Kleinen Katechismus" zusammengefasst wird, was der einzelne Gläubige zu glauben hat. Für besonders wichtig hält der Islamwissenschaftler und Koranübersetzer Hartmut Bobzin dabei Sure 4,136 (nach seiner eigenen Übersetzung):[282]

Ihr, die da glaubet!
Glaubet an Gott und den (seinen) Gesandten!
Und an das Buch, das Er auf ihn herabgesandt,
Doch wer an Gott nicht glaubt,
Und nicht an seine Engel,
Und nicht an seine Bücher,
Und nicht an seine Gesandten,
Und nicht an den Jüngsten Tag,
Der ist im Irrtum tief verfangen.

Allgemein wird auch noch ein weiterer Glaubensgrundsatz genannt, dem zufolge das Schicksal, ob gut oder schlecht, von Allah allein bestimmt ist. Sehen wir uns die Glaubensgegenstände etwas näher an.[283]

Gott: Der strikte Monotheismus kommt laut Bobzin in Sure 112 am prägnantesten zum Ausdruck (in der Übersetzung von Friedrich Rückert):

1. Sprich: Gott ist Einer,
2. Ein ewig reiner,
3. Hat nicht gezeugt
und ihn gezeugt hat keiner,
4. Und nicht ihm gleich ist einer.

Bis heute gebrauchen arabische Christen und Juden das arabische Wort *allah* für Gott. Es sei daher, so Bobzin, eigentlich falsch zu sagen, der Gott der Muslime heiße „Allah".[284] Von sich selbst spricht Gott Mohammed gegenüber als „dein Herr", oder er verwendet den Plural „wir". In manchen Suren bezeichnet er sich auch als „der Erbarmer". In den späteren Suren dominiert die Verwendung des Gottesnamens „Allah", dem zudem eine Vielzahl von Attributen zugeschrieben wird, wie „der Wissende", „der Weise", „der Hörende".

Die Engel: Trotz der starken Betonung des Monotheismus im Koran spielt der Glaube an Engel als Mittlerwesen zwischen Gott und Mensch eine wichtige Rolle. Stirbt der Mensch, empfängt ihn der Todesengel (Malik) und bringt ihn zurück zu Gott (Sure 32,11). Mit dieser Vorstellung verbindet sich die vom Verhör und von der Bestrafung des Toten im Grab durch Engel (47,27).[285]

Die Offenbarungsbücher: Die Mekkaner erwarteten von Mohammed gemäß Sure 17,93, um an ihn glauben zu können, ein Buch, das er ihnen vom Himmel heruntersenden sollte: *„… dass du in den Himmel aufsteigst. Und (selbst dann) werden wir dir nicht glauben, dass du aufgestiegen bist, ehe du nicht ein Buch (kitab) auf und herabsendest, das wir (vor)lesen können."* Dem liegt wiederum die Vorstellung zugrunde, dass es dieses Buch als Urschrift im Himmel gibt – und der Prophet es nur aufgeschrieben hat bzw. hat aufschreiben lassen (siehe auch Sure 56,77–80). Im Koran werden einige bereits geoffenbarte Bücher genannt: die Thora, die Psalmen und das Evangelium, die Moses, David und Jesus gegeben wurden. Die beiden wichtigsten im Koran erwähnten Bücher sind die Thora und das Evangelium, die mit dem Koran in eine zeitliche Abfolge gebracht werden, in der das jeweils spätere Buch das frühere bestätigt (Sure 5,44–48). Juden und Christen werden daher als „Buchbesitzer" bezeichnet.

Die Gesandten: Im Koran werden mehrere Gesandte (*rasul*) mit Namen erwähnt.[286] Aus der biblischen Überlieferung bekannte Gesandte sind Noah, Lot, Ismael, Moses, Aaron, Elia, Jona und Jesus; aus der islamischen Überlieferung stammen die Gesandten Hud, Salih und Suaib. Der letzte Gesandte ist Mohammed, der gleichzeitig auch Prophet heißt. In Sure 33,7 wird Mohammed in einer Reihe mit den wichtigsten Gestalten der jüdisch-christlichen Tradition genannt. Daneben erscheinen im Koran noch andere biblische Gestalten, die als Propheten (*nabiy*) bezeichnet werden: Adam, Abraham (*Ibrahim*), Isaak (*Ishaq*), Jakob, Josef (*Yusuf*), David, Salomo (*Suleiman*), Elisa, Hiob, Zacharias und Johannes der Täufer. Ein Unterschied zwischen einem Gesandten und einem Propheten ist wohl darin zu sehen, dass Gesandte zu einem bestimmten Volk geschickt werden (Sure 23,44), ansonsten überwiegen die Gemeinsamkeiten.

Der jüngste Tag: Vier Elemente sind hier von besonderem Gewicht.[287] 1) Zunächst bricht eine kosmische Katastrophe herein, die zur Auslöschung der Natur und allen Lebens führt (Weltuntergang). 2) Der Weltuntergang bildet gleichsam die Voraussetzung für die Auferstehung der Toten. 3) Die neubelebten Menschen müssen nun je für sich und ohne Fürsprecher vor dem Gericht erscheinen (auch „Tag der Abrechnung" genannt). Der Schiedsspruch ergeht nach dem Gewicht der Taten, die auf einer Waage taxiert werden, oder nach den Einträgen in einem Buch, das dem Menschen vorgehalten wird. 4) Schließlich ergeht das Urteil: Entweder winkt der Lohn des Paradieses oder die Strafe der Hölle. Stellvertretend für andere Stellen sei hier aus Sure 56 zitiert (in der Übersetzung von Friedrich Rückert); dort heißt es von der höchsten Klasse der Paradiesbewohner, den Gott am nächsten Stehenden:

12. In Wonnegärten ...
15. Auf gestickten Polsterkissen
16. Gelehnt daran, sich gegenübersitzend,
17. Umkreist von Jünglingen ewigen,
18. Mit Bechern, Näpfen, Schalen voll Klarflüssigem,
19. Das nicht berauscht und nicht verdüstert;
20. Und Früchten, wonach sie gelüsten,
21. Und Fleisch von Vögeln, was sie wünschen,
22. Und Huris, schön geäugt,
23. Gleich Perlen in der Muschel, Belohnung fürs getane Gute:
24. Sie hören dort kein Torenwort, noch Sünde,
25. Nur sagen: Friede, Friede!

An die Adresse von Wüstenbewohnern gewandt, kann die Vorstellung vom Paradies verständlicherweise nur die eines angenehm kühlen Gartens sein, von Bächen mit klarem Wasser durchzogen, voller

Bäume mit Früchten aller Art sowie mit allen sinnlichen Genüssen, die der Islam sonst im irdischen Dasein verbietet. Nur: Welche Sinnesfreuden stehen eigentlich den verstorbenen Frauen bevor?

Das Gegenbild ist die Hölle, ein Ort „im Sud- und Glutwinde" (Sure 56,42), eine Stätte fürchterlicher Qualen. Über die Höllenbewohner heißt es in Sure 88,2–7 (in der Übersetzung nach Henning):

Die einen Gesichter werden an jenem Tage niedergeschlagen sein,
Sich abarbeitend und plagend,
Brennend am glühenden Feuer,
Getränkt aus einer siedenden Quelle,
Keine Speise sollen sie erhalten, außer vom Dornenstrauch,
Der nicht fett macht und den Hunger nicht stillt.

So ähnlich haben das früher auch die katholischen Pfarrer geschildert. Man kann – auch an der Wortwahl – unschwer erkennen: Nicht nur die Erschaffung Gottes ist Menschenwerk, auch Himmel und Hölle sind es.

Der Glaube an das Schicksal: Aus der Sure 14,5 – „*Allah führt in die Irre, wen er will; und leitet, wen er will*" – wird abgeleitet, dass es keinen Zufall gibt: Alles ist von Allah bestimmt. Die letzte Ursache ist immer Allah selbst.

Lesen des Korans

Es braucht Zeit, sich an Satzbau, Wortwahl, Rhythmik und „Poetik" der Suren zu gewöhnen. Manches klingt fremd – wie eine eigene Sprache. Zwar ist nach islamischer Darstellung schon allein die Ästhetik der Sprache des Korans ein unwiderlegbarer Beweis für seine göttliche Herkunft. Zu allen Zeiten gab es aber auch gegenteilige Meinungen. Arabische Persönlichkeiten, die dem Koran die ihm zugesprochene ästhetische Qualität schlichtweg absprachen, bezahlten dies oft genug mit dem Leben.[288] Das Alte Testament ist weniger gewöhnungsbedürftig, liest sich leichter – nicht zuletzt weil es Geschichten erzählt, von Menschen in ihrer Zerrissenheit berichtet, mal getrieben von ihrem religiösen Eifer, mal von ihrem Wunsch nach Reichtum, Macht und Sex. Der Koran ist hingegen religiöse Prosa, eher vergleichbar mit den Psalmen und Sprüchen des Alten Testaments. Zu den doch etwas nervigen ständigen Wiederholungen im Koran merkt Bobzin an, den Grund hierfür liefere „die von der gottesdienstlichen Aufführungspraxis her zu verstehende Geschlossenheit der einzelnen Kompositionen".[289]

Der Koran gehöre nicht zu den Büchern, die sich einem leicht erschließen, bekennt selbst Bobzin, immerhin einer der bekanntesten Koranübersetzer, und er zitiert Goethe und andere, die ebenfalls Schwierigkeiten hatten, sich diesem Werk zu nähern. Der Koran sei ein Buch, so schreibt Goethe trotz insgesamt positiver Grundhaltung, „das uns, so oft wir auch daran gehen, immer von neuem anwidert, dann aber anzieht, in Erstaunen setzt und am Ende Verehrung abnötigt".[290] Kritischere Stellungnahmen zum Koran kamen unter anderem von Ricoldo da Monte Croce, einem Dominikanermönch aus der Nähe von Florenz, der im 13. Jahrhundert in einer Streitschrift *Gegen das Gesetz der Sarazenen* eine Art Sündenregister des Korans erstellte, oder auch von Voltaire, der schrieb: „Der Koran lehrt Angst, Hass, Verachtung für Andere, Mord als legitimes Mittel zur Verbreitung und zum Erhalt dieser Satanslehre, er redet die Frauen schlecht, stuft Menschen in Klassen ein, fordert Blut und immer wieder Blut ..."[291] Kritik äußerte auch der Übersetzer der ersten aus dem Arabischen ins Deutsche übertragenen Koranausgabe, David Friedrich Megerlin (1699–1778), der den Koran im Untertitel als „Türkische Bibel" bezeichnete. Überwiegende Meinung war damals, so Bobzin, der Koran sei ein „Lügen- und Fabelbuch", die schlechtere Bibel; erst der katholische Theologe Johann Adam Möhler (1796–1838) habe die Eigenständigkeit des Korans (gegenüber der Bibel) betont.[292]

Bei den folgenden Textwiedergaben verwende ich überwiegend die Übersetzung von Rudi Paret,[293] teilweise auch die Printausgabe in der Übersetzung von Lazarus Goldschmidt (Kennzeichnung mit dem Zusatz „G").²⁹⁴ Die Paret-Übersetzung enthält umfangreiche Klammervermerke mit Klarstellungen, Zweifeln und Kommentaren Parets. Die nicht in Klammern gesetzten Texte sind die „Originaltexte" der Suren. Man kann also alles auch lesen, ohne die Klammervermerke zu berücksichtigen.²⁹⁵ Als den Suren vorangestellte Surennamen bzw. Surenbezeichnungen dienen Schlüsselwörter, die dem Text der jeweiligen Sure entnommen sind. Zum Teil sind verschiedene Surennamen in Gebrauch; sie haben keine weitere Bedeutung.

1. Sure, „Die Eröffnung"

Es handelt sich um eine mekkanische Sure, und sie gilt als das von Muslimen meistrezitierte, etwa dem christlichen Vaterunser entsprechende Gebet. Sie lautet:

Im Namen Allahs, des Barmherzigen, des Gütigen.
Lob sei Allah, dem Herrn der Menschen in aller Welt,
dem Barmherzigen und Gütigen,
der am Tag des Gerichts regiert!
Dir dienen wir, und dich bitten wir um Hilfe.
Führe uns den geraden Weg,
den Weg derer, denen du Gnade erwiesen hast, und die nicht dem Zorn
(Allahs) verfallen sind und nicht irregehen!

2. Sure, die Sure von der Kuh

Sie ist die umfangreichste Sure und gilt als die erste aus der medinesischen Zeit. Einige Auszüge (1–10):

A. L. M. (alif laam miem).

Dies ist die Schrift, an der nicht zu zweifeln ist, (geoffenbart) als Rechtleitung für die Gottesfürchtigen,

die an das Übersinnliche glauben, das Gebet verrichten und von dem, was wir ihnen (an Gut) beschert haben, Spenden geben,
und die an das glauben, was (als Offenbarung) zu dir, und was (zu den Gottesmännern) vor dir herabgesandt worden ist, und die vom Jenseits überzeugt sind.
Sie sind von ihrem Herrn rechtgeleitet, und ihnen wird es wohl ergehen.
Denen, die ungläubig sind, ist es gleich, ob du sie warnst, oder nicht. Sie glauben (so oder so) nicht.
Allah hat ihnen das Herz und das Gehör versiegelt, und ihr Gesicht ist verhüllt. Sie haben (dereinst) eine gewaltige Strafe zu erwarten.
Unter den Menschen gibt es auch welche, die sagen: „Wir glauben an Allah und an den jüngsten Tag", ohne dass sie (wirklich) gläubig sind. Sie möchten Allah und diejenigen, die glauben, betrügen. Aber sie betrügen (in Wirklichkeit) nur sich selber, ohne es zu merken.
In ihrem Herzen haben sie (an sich schon) eine Krankheit, und Allah hat sie (noch) kränker werden lassen. Für ihre Lügenhaftigkeit haben sie (dereinst) eine schmerzhafte Strafe zu erwarten.

Von Anfang an wird also klargestellt: Entweder man glaubt – oder es setzt Strafen Gottes. Die Schöpfungsgeschichte wird ähnlich wie im Alten Testament erzählt (Sure 2,27ff): *„O Adam, bewohne du und dein Weib den Garten und esset davon in Fülle, soviel ihr wollt, aber nähert euch nicht diesem Baum, ihr seid sonst die Frevler. Satan aber vertrieb sie aus diesem und brachte sie aus dem Ort, in dem sie waren"* (G 2,33–34). Es folgen Ausführungen zum alttestamentlichen Bund zwischen Gott und den Juden: *„O Kinder Israels, gedenket der Huld, die ich euch erwiesen, haltet mein Bündnis, so will ich das Bündnis mit euch halten; nur mich fürchtet ... O Kinder Israels, gedenket der Huld, die ich euch erwiesen, dass ich euch unter den Weltbewohners vorgezogen ... Dann retteten wir euch vor den Leuten Pharaos, die euch mit böser Qual drückten ... Dann spalteten wir für euch das Meer und retteten euch; die Leute Pharaos aber ließen wir ertrinken ... Dann verhandelten wir 40 Nächte* *mit Moses; ihr aber wandtet euch später dem Kalb zu, ihr wart Frevler ... Dann verliehen wir Moses die Schrift ..."* (G 2,38–50).

Mohammed bzw. die Koranschreiber sahen, wie hier schon früh deutlich wird, auch das Alte Testament als Gotteswort an und berichten, dass dieser Gott „die Kinder Israels" bevorzugte. Sie verschwenden keinen Gedanken daran, dass die Bibel von jüdischen Priestern, also von *Menschen* geschrieben worden sein könnte, nicht von Gott, der im Koran häufig in der „Ich"- oder „Wir"-Form wiedergegeben wird.

Die 2. Sure enthält auch eine Kurzfassung des Auszugs der Israeliten aus Ägypten, berichtet vom Wirken des Moses und der Übergabe der zehn Gebote, dem ständigen Abfall der Israeliten von Gott, seinen Strafen und seinem immer wiederkehrenden Verzeihen. Der Koran erzählt also all das, was wir schon aus dem Alten Testament kennen. Wir wissen heute, dass die wesentlichen „Fakten" der alttestamentlichen Schriften nicht stimmen, es sich weitgehend um erfundene Geschichten handelt. Auch der sich darauf beziehende Koran ist – allein schon unter diesem Aspekt – Menschenwerk. Man wusste es nicht besser und hat einfach aus dem Alten Testament abgeschrieben.

Gerne wird aus Sure 2 der Vers 59 (G) zitiert, der für das Tolerante im Koran stehen soll: *„Wahrlich, diejenigen, die glauben, die jüdisch, christlich oder sabäisch sind, die an Gott glauben und an den Jüngsten Tag und Gutes üben, ihnen ist ihr Lohn bei ihrem Herrn, keine Furcht über sie, sie sollen nicht betrübt sein."* Und noch ein Beispiel für die Akzeptanz der jüdisch-christlichen Hauptfiguren: *„Bereits hatten wir Moses die Schrift verliehen und darauf die Gesandten folgen lassen, dann ließen wir Jesus, dem Sohn Marias, deutliche Wunder werden und stärkten ihn mit dem heiligen Geist. Aber sooft ein Gesandter zu euch kam mit dem, was euch nicht gefiel, wart ihr hoffärtig; einen Teil habt ihr lügenhaft geheißen, einen Teil getötet"* (G 2,81). Über viele Seiten hinweg werden dann die Israeliten beschimpft, dass sie nicht gläubig seien, sich von ihrem Gott immer wieder abwandten, sich undankbar zeigten, obwohl Gott so viel Gutes für sie getan und sie bevorzugt habe. Stets wird betont, dass sie als Strafe keinen Platz im Jenseits zu erwarten hätten.

Typische Textstellen zu Judentum und Christentum sind auch die folgenden: *"Sie sagen, niemand komme ins Paradies, wenn er nicht Jude ist oder Christ. Dies ist nur ihre Hoffnung. Sprich: Bringet euren Beweis herbei, wenn ihr recht habt"* (G 2,105). *"Sie sagen, Gott habe einen Sohn erzeugt. Erhaben ist er darüber. Nein. Sein ist, was auf den Himmeln ist und was auf Erden, alles ist ihm gehorchend"* (G 2,110). *"Kinder Israels, gedenket der Huld, die ich euch erwiesen, als ich euch unter den Weltbewohnern vorgezogen. Und fürchtet den Tag, an dem nicht eine Seele für die andere Genugtuung leisten kann, kein Lösegeld von ihr angenommen und keine Fürbitte nützen wird, keine Hilfe ist ihnen"* (G 2,116–117).

Wie an anderer Stelle schon ausgeführt, war für Mohammed wesentlich, dass der Islam sich auf Abraham und Ismael, Abrahams Sohn von Hagar, gründete: *"Dann prüfte sein Herr den Abraham durch sein Geheiß, und er vollbrachte es. Er sprach: Siehe, ich mache dich zum Vorbild für die Menschen. Und als dieser inbetreff seiner Nachkommen fragte, erwiderte er: Mein Bündnis erreicht die Frevler nicht. Dann errichteten wir das Haus (die Kaaba zu Mekka) als Zuflucht: Nehmet hin den Ort Abrahams als Gebetsstätte. Wir schlossen dann ein Bündnis mit Abraham und Ismael, mein Haus rein zu halten für die Umkreisenden, für die Verweilenden und für die sich anbetend Niederwerfenden"* (G 2,118–119). *"Sprecht: Wir glauben an Gott und an das, was Abraham, Ismael, Isaak, Jakob und den Stammesvätern geoffenbart worden ist, was Moses und Jesus überliefert worden ist, und was den Propheten von ihrem Herrn überliefert worden ist; wir unterscheiden unter niemand von ihnen, und nur ihm sind wir ergebene Bekenner"* (G 2,130). *"Sprich: Wollt ihr mit uns über Gott streiten? Er ist unser Herr und euer Herr, uns unsere Werke und euch eure Werke; nur ihm sind wir hingegeben. Wollt ihr behaupten, Abraham, Ismael, Isaak, Jakob und die Stammesväter wären Juden gewesen oder Christen? Sprich: seid ihr wissender oder Gott?"* (G 2,133–134)

Die Strafe Gottes für Ungläubigkeit wird an zahlreichen Stellen herausgestellt: *„Siehe, die ungläubig sind und als Ungläubige sterben, diese trifft der Fluch Gottes, der Engel und der Menschen allesamt"* (G 2,156). Ein fast isolierter Spruch im Meer des Jenseitsbezogenen ist es, wenn auch einmal auf die Freuden des Diesseits verwiesen wird: *„O ihr Menschen, genießet von dem, was auf Erden erlaubt und gut ist, und folget nicht den Schritten Satans, denn wahrlich, er ist euch nur ein offensichtlicher Feind"* (G 2,163). Interessant, womit sich Gott im Koran beschäftigt – er steht dem Gott des Alten Testaments in Nichts nach: *„O ihr, die ihr glaubt, genießet des guten, mit dem wir euch versorgt, und danket Gott, dass ihr nur ihm dienet. Nur Verendetes, Blut, Schweinefleisch ... sei euch verboten"* (G 2,167–168). Für Muslime sehr wesentliche Vorschriften der Sure 2 sind auch die Verse 172 (religiöse Pflichten), 173 (Vergeltung für Mord) sowie 179ff. (Fastenpflicht im Ramadan; Wallfahrtspflicht). Gott sieht alles, hört alles, weiß alles. Der Mensch soll ja nicht selbständig denken – auch hierin ist der Koran ein Ebenbild des Alten Testaments. Und wer nicht gottesfürchtig ist, dem werden Fegefeuer und höllische Strafen angedroht, denn: *„Gott ist streng in der Bestrafung"* (G 2,207).

Auffällig ist, dass sich der Koran – also Gott bzw. Mohammed, deren Worte es ja sein sollen – immer nur an die Männer wendet (*„... freigegeben sei euch in der Fastenzeit die Nacht zum Verkehr mit euren Weibern ..."*, G 2,183). Das muss aber nicht verwunden, entspricht es doch dem damaligen „Zeitgeist", der sich ja auch im Alten Testament beobachten lässt. Ein weiteres schönes Beispiel zu den Geschlechterrollen: *„Eure Frauen sind eure Ackerfelder, geht zu euren Ackerfeldern, wie euch beliebt ..."* (G 2,223). Es folgen lange Ausführungen über Ehe und Trennung, den Unterhalt, das Stillen von Säuglingen. Und immer wieder wird deutlich gemacht: *„Der Männer Rang ist ... über ihnen"* (G 2,228). Wie schon beim Alten Testament merkt man: Das haben Männer geschrieben!

Erwähnt wird auch die Geschichte von Saul, David und Goliath (G 2,248ff.). Weiter heißt es: *„Unter den Gesandten bevorzugten wir* *die einen mehr als die anderen, unter ihnen manche, mit denen Gott redete, andre aber erhob er eine Stufe höher. So verliehen wir Jesus, dem Sohn Marias, Wunderkraft und stärkten ihn mit dem heiligen Geist"* (G 2,254.) Besondere Wertschätzung bei Muslimen erfreut sich Sure 2,255, der „Thronvers" (hier in der Übersetzung von Friedrich Rückert):

Gott, außer ihm kein Gott!
Er, der Lebendige, Beständige,
Ihn fasset weder Schlaf noch Schlummer,
Sein ist, was da im Himmel ist und was auf Erden;
Wer leget Fürsprach' ein bei ihm,
Als er erlaub' es denn? Er weiß
Was vor ist und was hinter ihnen,
Doch sie umfassen nichts von seinem Wissen,
Als was er will. Es füllt sein Thron
Die Weite Himmels und der Erde,
Und ihn beschwert's nicht, beide zu behüten.
Er ist der Hohe, Große.

3. Sure von der Familie Amrams (medinesische Sure)

Gleich zu Beginn findet sich hier die Qualifizierung von Thora und Evangelium als Bücher Gottes und Grundlage des Korans: „*Er offenbarte dir das Buch in Wahrheit zur Bestätigung dessen, was schon vorhanden. Bereits vorher offenbarte er die Tora und das Evangelium, als Rechtleitung für die Menschen, und nun offenbarte er dir die Erlösung*" (G 3,2). Erzählt werden dann die aus dem Neuen Testament bekannten Geschichten von Maria, ihren Eltern und ihrem jungfräulich geborenen Sohn Jesus sowie die Parallelgeschichte von Johannes dem Täufer. Jesus wird als „Gesandter" Gottes bezeichnet, der zu den „Kindern Israels" geschickt worden sei (G 3,439). Man könnte glauben, das Neue Testament zu lesen: „*Und als Jesus ihren (der Kinder Israels) Unglau-*

ben wahrnahm, sprach er: Wer sind meine Helfer für Gott? Da erwiderten die Apostel: Wir sind Helfer für Gott. Wir glauben an Gott; bezeuge, dass wir ergebene Gottesbekenner sind ... Gott sprach dann: O Jesus, siehe, ich lasse dich sterben; erhebe dich zu mir und reinige dich von denen, die ungläubig sind. Und ich setze am Tag der Auferstehung diejenigen, die dir gefolgt, über diejenigen, die ungläubig waren ..." (G 3,45–48).

Zur zentralen Stellung Abrahams und zum Verhältnis der sich auf ihn beziehenden Religionen Judentum, Christentum und Islam wird ausgeführt: *„O Schriftleute, streitet nicht über Abraham; die Tora und das Evangelium sind erst nach ihm geoffenbart worden ... Abraham war nicht Jude und nicht Christ, er war vielmehr rechtgläubig und gottergeben; er war nicht der Götzendiener einer. Wahrlich, Menschen, die Abraham näher sind, sind diejenigen, die ihm folgen, und dieser Prophet (d. i. Mohammed), und die glauben. Und Gott ist der Beistand der Gläubigen"* (G 3,58–61). Man sieht, Mohammed versucht Abraham für sich bzw. den Islam zu reklamieren.

Es folgen Vorwürfe gegen die Juden und Christen: *„Sie reden über Gott Lügenhaftes, und sie wissen es"* (G 3,69). Oder: *„Es steht einem Fleischwesen nicht an, dass Gott ihm Schrift, Weisheit und Prophetie verleiht, und er dann zu den Menschen sagt, seid meine Verehrer außer Gott (nicht die Gottes)"* (G 3,73). Oder: *„Den Zorn Gottes ziehen sie auf sich und das Elend schlägt auf sie ein. Dies, weil sie die Verse Gottes leugneten und ohne Recht die Propheten töteten, dies, weil sie widerspenstig waren und rechtswidrig handelten"* (G 3,108). Offenbar wirft Mohammed den Juden auch die Tötung Jesu vor. Über seine eigene Religion sagt er hingegen: *„Sprich: wir glauben an Gott und an das, was er uns geoffenbart, was er Abraham, Ismael, Isaak, Jakob und den Stammesvätern geoffenbart, und was Moses, Jesus und den Propheten von ihrem Herrn überliefert ward. Wir unterscheiden zwischen keinem von ihnen und nur ihm sind wir ergebene Bekenner"* (G 3,78).

Der Koran ist wie eine Gebetsmühle mit ständigen Wiederholungen, Lobpreisungen Gottes und Drohungen mit Fegefeuer und Hölle.

Immer wieder liest man Sätze wie: *"So glaubt nun an Gott und seinen Gesandten, und wenn ihr gläubig seid und gottesfürchtig, herrlicher Lohn soll euch sein"* (G 3,174). Das Leben auf der Erde ist nur etwas Nebensächliches gegenüber dem *eigentlichen* Leben nach dem Tod im Paradies: *"Den Tod kostend ist jede Seele, und euer Lohn soll euch vergolten werden am Tag der Auferstehung. Wer dann dem Fegefeuer fernbleibt und in das Paradies eintritt, er hat es erlangt. Nichts weiter ist das Leben hienieden als ein trügerisches Gerät"* (G 3,182).

4. Sure von den Weibern (medinesische Sure)

Wie gewohnt wendet sich der Koran an die Männer: *"So heiratet von den Weibern, soviel euch beliebt, zwei, drei oder vier ..."* (G 4,3). Die übergeordnete Stellung zeigt sich auch im Erbrecht: *"Ein Mann erhalte einen ebensolchen Anteil als zwei Weiber"* (G 4,12). Es folgen detaillierte Einzelregelungen zur Vererbung – dieser Punkt war Gott trotz der Geringschätzung des Diesseits offenbar besonders wichtig. Umfangreiche Ausführungen gibt es auch zu „Unzucht" und Ehe- und Familienrecht. Dabei ist ein ähnliches Denken wie im Alten Testament zu erkennen.

Natürlich finden sich auch „schöne" Stellen im Koran. Wer mag dem Folgenden schon widersprechen: *"Zu den Eltern seid lieb, sowie zu Verwandten, Waisen, Armen, dem Nachbar, der nahe ist, und dem Nachbar, der ferne ist, dem Genossen an der Seite, dem Wanderer und zu denen, die unter eurer Hand stehen ..."* (G 4,40). Das hindert aber nicht, dass immer wieder anklagende Worte beispielsweise gegen die Juden erhoben werden, so in G 4,48ff. Der Grund war wohl insbesondere, dass die Juden Mohammed nicht als Gottes Gesandten anerkannten. In Sure G 4, Verse 152ff. werden benannt: „Brechen des Vertrages (mit Gott)", „Leugnen der Verse Gottes", „Töten des Propheten" (Jesus), „Verleumdungen über Maria". *"Ob ihrer Sündhaftigkeit haben wir denen, die Juden sind, Gutes verboten, das ihnen erlaubt war, und weil sie vom Pfad Gottes weit abwichen. Und weil sie Wucher nehmen, was ihnen doch verboten ist, und weil sie das Vermögen andrer Menschen in Frevel verzehren; bereitet haben wir den Ungläubigen unter ihnen qualvolle Strafe"* (G 4,158–159).

Wichtig und im Kontrast zu den Aussichten für die Ungläubigen sind die Aussagen zu der Belohnung der Kämpfer Gottes, die heute leider so aktuell sind: *„Aber für den Pfad Gottes kämpfen sollen nur diejenigen, die das Leben hienieden für das zukünftige verkaufen. Und wer für den Pfad Gottes kämpft und getötet wird oder siegt, herrlichen Lohn geben wir ihm dereinst"* (G 4,76). Und etwas später: *„Der Besitz hienieden ist gering, besser ist das Jenseits für den, der gottesfürchtig ist ..."* (G 4,79). Von geringer Toleranz zeugen die Ausführungen zu den Ungläubigen: *„Sie wünschen, dass ihr ungläubig werdet. Nehmet von ihnen keine Freunde, bis sie für den Pfad Gottes ausgewandert sind. Wenden sie sich aber ab, so ergreifet sie und tötet sie, wo ihr sie auch findet; und nehmet von ihnen nicht Beistand und nicht Helfer. Ausgenommen diejenigen, die sich zu einem Volk halten, zwischen dem und euch ein Bündnis besteht ..."* (G 4,91f.). Es folgen weitere Ausführungen über das Töten. Am schlimmsten ist das vorsätzliche Töten eines Gläubigen: *„Wer aber einen Gläubigen vorsätzlich tötet, dessen Vergeltung ist die Hölle, darin er ewig bleibt ..."* (G 4,95).

Vers 161 nennt jene, denen sich Gott offenbart hat: Noah, Abraham, Ismael, Isaak, Jakob, seine Söhne (die Stammesväter der zwölf Stämme Israels), Jesus, Hiob, Jonas, Moses, Ahron, David, Salomo. Jesus wird dabei als Gesandter Gottes häufig auch „Messias Jesus" genannt. Allerdings lehnt der Koran eine „Göttlichkeit" Jesu ebenso ab wie den „dreieinigen Gott": *So glaubet an Gott und seine Gesandten, und saget nicht: Dreiheit. Lasset dies euch zum Guten. Wahrlich, Gott ist ein Einheitsgott ..."* (G 4,169).

5. Sure vom Tisch (medinesische Sure)

Sie gilt als die letzte medinesische Sure und damit als Schlusspunkt der Offenbarung Mohammeds. „Heute vollendete ich eure Religion, vollführte über euch meine Gnade und schenkte euch den Islam zur Religion ..." (G 5,5). Milde waltet hier im Umgang mit den anderen „Schriftbesitzern" (Juden, Christen): „*Heute ist euch das bekömmliche erlaubt, auch die Speise derer, die Schrift empfingen, ist euch erlaubt, und eure Speise ist ihnen erlaubt. Ferner auch Ehefrauen von den Gläubigen und Frauen von denen, die vor euch die Schrift empfingen ...*" (G 5,7). Im Übrigen aber ist wie sonst auch viel von Geboten und Verboten die Rede, von Reinigungsvorschriften vor dem Beten, nach dem Klo, nach dem Berühren von Frauen – ist kein Wasser zur Hand, hat man sich mit feinem Sand zu säubern. Alles wie schon gewohnt: keine Jagd während der Wallfahrt, kein Schweinefleisch essen, nichts Verendetes, nichts mit Blut essen. Und immer wieder wird mantraartig in Erinnerung gerufen: „*Und fürchtet Gott, denn wahrlich, Gott ist wissend dessen, was ihr tut. Denen, die glauben und gute Werke üben, hat Gott Verzeihung und herrlichen Lohn verheißen. Die aber, die ungläubig waren und unsere Verse leugneten, sie sind Genossen des Feuerpfuhls*" (G 5,11–13).

Ferner gibt es erneut ständig Angriffe gegen Juden und Christen, die den mit Gott geschlossenen „*Bund brachen*", „*Schriftworte von ihren Stellen verrückten*" und „*einen Teil von dem, woran sie ermahnt worden*", also von den Schriftworten, vergaßen (G 5,16–17). Mohammed stemmt sich vehement gegen den Anspruch von Juden und Christen, Gott sei nur mit ihnen und bevorzuge sie: „*Da sagen die Juden und die Christen: Wir sind Kinder Gottes und seine Lieblinge. Sprich: Warum dann straft er euch ob eurer Sünden? Nein, ihr seid Fleischwesen unter andren, die er schuf. Er verzeiht, wem er will, und er straft, wen er will ...*" (G 5,21). Der Koran ist so die – nachvollziehbare – arabische Antwort auf den exklusiven Anspruch von Judentum und Christentum auf Gott. Auch Mohammed wollte zu den „Schrift-Besitzern" gehören und schuf entsprechend eine solche

Schrift. Der Koran stehe über Evangelium und Thora, weil er „wahr" sei: *„Und wir ließen hinter ihnen (den Gottesmännern der Juden) her Jesus ... folgen, dass er bestätige, was vor ihm da war, nämlich die Tora. Und wir gaben ihm das Evangelium ... Und wir haben (schließlich) die Schrift (d. h. den Koran) mit der Wahrheit zu dir herabgesandt, damit sie bestätige, was von der Schrift vor ihr da war ... Entscheide nun zwischen ihnen (d. h. den Juden und Christen) nachdem, was Gott (dir) herabgesandt hat ..."* (Sure 5,46–48).

Der Koran ist, so die wiederholte Botschaft, unmittelbares Gotteswort und somit authentischer als Thora und Evangelium, die nur mittelbare Botschaften Gottes enthalten, teilweise auch Verfälschungen und Auslassungen. Allen Muslimen wird geraten, keine Nähe zu Juden und Christen zu suchen: *„Ihr Gläubigen! Nehmt euch nicht die Juden und die Christen zu Freunden! Sie sind untereinander Freunde (aber nicht mit euch). Wenn einer von euch sich ihnen anschließt, gehört er zu ihnen (und nicht mehr zu der Gemeinschaft der Gläubigen). Allah leitet das Volk der Frevler nicht recht"* (Sure 5,51). Ähnliche Aussagen kennen wir auch aus alttestamentlichen Büchern. Zwar sieht Mohammed Muslime einerseits und Juden, Sabier und Christen andererseits, soweit sie an Gott glauben und *„tun, was recht ist"*, vor Gottes Gericht am jüngsten Tag in einer Reihe (Sure 5,69). Es überwiegt aber dann doch die Ablehnung gegenüber Juden und Christen. So heißt es zu den Juden: *„Wir haben doch (seinerzeit) die Verpflichtung der Kinder Israel entgegengenommen und (immer wieder) Gesandte zu ihnen geschickt (die den Bund bekräftigen sollten). (Aber) jedesmal, wenn ein Gesandter ihnen etwas überbrachte, was nicht nach ihrem Sinn war, erklärten sie einige von ihnen für Lügner und brachten andere um"* (Sure 5,70). Und zu den Christen: *„Ungläubig sind diejenigen, die sagen: ‚Gott ist Christus, der Sohn der Maria.' Christus hat (ja selber) gesagt: ‚Ihr Kinder Israel! Dienet Gott, meinem und eurem Herrn!' Wer (dem einen) Gott (andere Götter) beigesellt, dem hat Gott (von vornherein) den Eingang in das Paradies versagt. Das Höllenfeuer wird ihn (dereinst) aufnehmen. Und die Frevler* *haben (dann) keine Helfer. Ungläubig sind diejenigen, die sagen: ‚Gott ist einer von dreien.' Es gibt keinen Gott außer einem einzigen Gott ... Christus, der Sohn der Maria, ist nur ein Gesandter. Vor ihm hat es schon (verschiedene andere) Gesandte gegeben."* (Sure 5,72–75).

Insgesamt kommen im Koran die Christen jedoch besser weg als die Juden: *„Du wirst sicher finden, dass diejenigen Menschen, die sich den Gläubigen gegenüber am meisten feindlich zeigen, die Juden und die Heiden sind. Und du wirst sicher finden, dass diejenigen, die den Gläubigen in Liebe am nächsten stehen, die sind, welche sagen: ‚Wir sind Christen'. Dies deshalb, weil es unter ihnen Priester und Mönche gibt, und weil sie nicht hochmütig sind"* (Sure 5,82). Ansonsten wird immer wieder an die Verbote gemahnt: *„Ihr Gläubigen! Wein, das Losspiel, Opfersteine und Lospfeile sind (ein wahrer) Greuel und Teufelswerk. Meidet es! Vielleicht wird es euch (dann) wohl ergeben"* (Sure 5,90).

6. Sure vom Hausvieh (vorletzte der mekkanischen Suren)

Hier wird die Geringschätzung des diesseitigen Lebens formuliert: *„Das diesseitige Leben ist (doch) nichts als Spiel und Zerstreuung. Die jenseitige Behausung ist für diejenigen, die gottesfürchtig sind, wahrhaftig besser. Habt ihr denn keinen Verstand?"* (Sure 6,32) Ständig also die Drohung: Wer nicht glaubt, kommt nicht in den Himmel! Und Gott weiß alles von dir. Und Gott bestimmt alles. Und Gott ist barmherzig und verzeiht.

7. Sure vom Scheidewall (mekkanische Sure)

Zunächst wird die Geschichte von Adam und Eva erzählt und wie sie Früchte vom verbotenen Baum aßen. Mohammed scheint sich im Alten Testament recht gut ausgekannt zu haben. Für das Neue Testament (Evangelien) gilt das offensichtlich weniger, werden doch aus diesem vergleichsweise wenige Einzelheiten wiedergegeben. Es folgen Schilderungen der Auseinandersetzung zwischen Moses und dem

Pharao, der sieben Plagen, der Flucht durch das rote Meer und des Ertrinkens der Truppen des Pharao sowie des weiteren Gangs der alttestamentlichen Geschichte: Übergabe der Gesetzestafeln an Moses, Tanz ums goldene Kalb … und dass die Juden immer wieder die Gebote Gottes übertraten und von ihm abfielen.

8. Sure von der Beute (medinesische Sure)

„Man fragt dich nach der Kriegsbeute. Sag: Die Kriegsbeute kommt Gott und dem Gesandten zu. Fürchtet nun Gott, haltet Frieden untereinander und gehorchet Gott und seinem Gesandten, wenn (anders) ihr gläubig seid!" (Sure 8,1) Ein einfaches Prinzip also! Dafür, dass kein Gotteskrieger unnötige Gewissensbisse hat, wenn er einen „Oppositionellen" oder Ungläubigen abschlachtet, und dass auch keiner nachlässt im Kampfeswillen, sorgen die folgenden Verse der achten Sure:

12 (Damals) als dein Herr den Engeln eingab: Ich bin mit euch. Festigt diejenigen, die gläubig sind! Ich werde denjenigen, die ungläubig sind, Schrecken einjagen. Haut (ihnen mit dem Schwert) auf den Nacken und schlagt zu auf jeden Finger von ihnen!

13 Das (wird ihre Strafe) dafür (sein), dass sie gegen Gott und seinen Gesandten Opposition getrieben haben. Wenn jemand gegen Gott und seinen Gesandten Opposition treibt, (muss er dafür büßen). Allah verhängt schwere Strafen.

14 So steht es mit euch. Nun bekommt ihr es zu fühlen. Und (lasst euch gesagt sein) dass die Ungläubigen (dereinst) die Strafe des Höllenfeuers zu erwarten haben.

15 Ihr Gläubigen! Wenn ihr mit den Ungläubigen in Gefechtsberührung kommt, dann kehret ihnen nicht den Rücken!

16 Wer ihnen alsdann den Rücken kehrt – und sich dabei nicht (nur) abwendet, um (wieder) zu kämpfen oder abschwenkt (um) zu einer (anderen) Gruppe (zu stoßen und sich dort am Kampf zu beteiligen) –, der verfällt dem Zorn Gottes, und die Hölle wird ihn (dereinst) aufnehmen. Ein schlimmes Ende!

17 Und nicht ihr habt sie getötet, sondern Gott. Und nicht du hast jenen Wurf ausgeführt, sondern Gott. Und er wollte (mit alledem) seinerseits die Gläubigen etwas Gutes erleben lassen. Gott hört und weiß (alles).

Auch dies sind Aussagen, wie wir sie in ähnlicher Form aus den alttestamentlichen Büchern kennen. Dies gilt ebenfalls für verschiedene Verse der folgenden Sure.

9. Sure: Die Buße (medinesische Sure)

Zunächst findet sich in Vers 5 eine schöne Anleitung des Korans zum Umgang mit den „Heiden": „*Und wenn nun die heiligen Monate abgelaufen sind, dann tötet die Heiden, wo (immer) ihr sie findet, greift sie, umzingelt sie und lauert ihnen überall auf! Wenn sie sich aber bekehren, das Gebet verrichten und die Almosensteuer geben, dann lässt sie ihres Weges ziehen! Allah ist barmherzig und bereit zu vergeben*" (Sure 9,5). Oder auch: „*Kämpft gegen diejenigen, die nicht an Allah und den jüngsten Tag glauben und nicht verbieten, was Allah und sein Gesandter verboten haben, und nicht der wahren Religion angehören – von denen, die die Schrift erhalten haben – (kämpft gegen sie), bis sie kleinlaut aus der Hand Tribut entrichten!*" (Sure 9,26) Auch in die Familien wird der Konflikt getragen: „*Ihr Gläubigen! Nehmt euch nicht eure Väter und eure Brüder zu Freunden, wenn diese den Unglauben dem Glauben vorziehen! Diejenigen von euch, die sich ihnen anschließen, sind die (wahren) Frevler*" (Sure 9,23).

Ständig wird auf die vergleichsweise geringe Bedeutung des Erdenlebens gegenüber dem Jenseits hingewiesen, was sicherlich manchem Gotteskrieger sein Handeln erleichtert hat und immer noch erleichtert: *„Ihr Gläubigen! Warum lasst ihr den Kopf hängen, wenn zu euch gesagt wird: ‚Rückt aus (und kämpft) um Allahs willen'? Seid ihr (denn) mit dem diesseitigen Leben eher zufrieden als mit dem Jenseits? Die Nutznießung des diesseitigen Lebens hat (doch) im Hinblick auf das Jenseits nur wenig zu bedeuten"* (Sure 9,38). Speziell an Krieger gerichtet heißt es: *„Rückt leichten oder schweren Herzens (zum Kampf) aus und führet mit eurem Vermögen und in eigener Person um Allahs willen Krieg! Das (zu) tun ist besser für euch, wenn (anders) ihr (richtig zu urteilen) wisst"* (Sure 9,41). Auch der Prophet selbst, Mohammed, wird von Gott zu kämpferischem Eifer ermahnt: *„Prophet! Führe Krieg gegen die Ungläubigen und die Heuchler und sei hart gegen sie! Die Hölle wird sie (dereinst) aufnehmen, – ein schlimmes Ende!"* (Sure 9,73)

Immer wieder bekommt man das Idealbild des Gläubigen vor Augen geführt: *„Diejenigen, die bußfertig und fromm sind, (Allah) loben, asketisch leben und sich (im Gebet) verneigen und niederwerfen, und die gebieten, was recht ist, und verbieten, was verwerflich ist, und auf die Gebote Allahs achtgeben (das sind die wahren Gläubigen). Und bring den Gläubigen gute Nachricht (von der Seligkeit, die sie im Jenseits erwartet)!"* (Sure 9,112) Für einen Ungläubigen zu beten, das geht hingegen gar nicht: *„Der Prophet und diejenigen, die glauben, dürfen (Allah) nicht für die Heiden um Vergebung bitten – auch (nicht) wenn es Verwandte (von ihnen) sein sollten –, nachdem ihnen (endgültig) klar geworden ist, dass sie (wegen ihres hartnäckigen Unglaubens) Insassen des Höllenbrandes sein werden"* (Sure 9,113).

Sure 10: Jonas (mekkanische Sure)

Hier ist der wiederholte Hinweis auf die Göttlichkeit des Korans zu lesen, an der nicht gezweifelt werden darf: *„Dieser Koran ist doch nicht* *einfach aus der Luft gegriffen, (eine freie Erfindung) ohne (dass) Allah (dahinter stünde). Er ist) vielmehr eine Bestätigung dessen, was (an Offenbarung) vor ihm da war. Er setzt die Schrift, an der nicht zu zweifeln ist, (im einzelnen) auseinander (und kommt) vom Herrn der Menschen in aller Welt"* (Sure 10,37).

*

Es gilt innezuhalten. Wer bei der 10. Sure angelangt ist, hat bereits einen Eindruck von Sprache und Themen des Korans erhalten und wesentliche Botschaften Mohammeds schon mehrmals gelesen. Auf die übrigen Suren soll daher nur noch insoweit eingegangen werden, als sie – entsprechend meiner subjektiven Auswahl – besondere Inhalte bieten, die nicht anderweitig erwähnt werden.

*

15. Sure: Der steinige Teil (mekkanische Sure)

In dieser Sure beschwert sich ein genervter Gott, dass viele – skeptische – Menschen Wunderzeichen erwarten, wenn sie an einen „Propheten" und seinen Gott glauben sollen. Das ärgert ihn, und es setzt Drohungen mit dem Hinweis auf Lot und das Schicksal von Sodom.

Sure 17: Die Nachtwanderung (mekkanische Sure)

Die Sure beginnt wie folgt: *„Gepriesen sei der, der mit seinem Diener bei Nacht von der heiligen Kultstätte (in Mekka) nach der fernen Kultstätte (in Jerusalem), deren Umgebung wir gesegnet haben, reiste, um ihn etwas von unseren Zeichen sehen zu lassen! Er ist der, der (alles) hört und sieht"* (17,1). Mohammeds berühmte Reise in die Nacht ist die Grundlage des islamischen Anspruchs auf Jerusalem als eine islamische heilige Stadt. In Ibn Ishaqs Mohammed-Biografie wird diese

Geschichte mit Einzelheiten ausgeschmückt in der Form, dass Vertraute Mohammeds darüber berichten.[296] So meint ein Abdallah: „Dem Propheten wurde Buraq gebracht. Dies ist das Reittier, auf dem auch die Propheten vor ihm geritten waren und das seinen Huf bei jedem Schritt so weit setzt, wie sein Blick reicht. Er wurde auf das Reittier gehoben, und Gabriel begleitete ihn, wobei er die Wunder zwischen Himmel und Erde sah, bis er nach Jerusalem gelangte. Dort traf er Gottes Freund Abraham, Moses und Jesus inmitten anderer Propheten, die sich für ihn versammelt hatten, und betete mit ihnen. Dann wurden ihm drei Gefäße gebracht, das eine mit Milch, das zweite mit Wein und das dritte mit Wasser. ‚Dabei hörte ich eine Stimme‘, so berichtete Muhammad selbst, ‚die sagte: ‚Wenn er das Wasser nimmt, wird er ertrinken und ebenso sein Volk; wenn er den Wein nimmt, wird er in die Irre gehen und ebenso sein Volk; wenn er die Milch nimmt, wird er rechtgeleitet werden und ebenso sein Volk.‘‘ Da ergriff ich das Gefäß mit der Milch und trank davon, worauf Gabriel zu mir sprach: ‚Muhammad, du bist rechtgeleitet und ebenso dein Volk.‘‘‘[297] Soweit also der Tatsachenbericht. Aber so recht überzeugt davon waren wohl selbst Mohammeds Anhänger nicht. Seine Frau Aischa wird mit folgenden Worten zitiert: „Der Körper des Propheten wurde in jener Nacht nicht vermisst, sondern Gott ließ nur seinen Geist die Nachtreise machen."[298]

Die nächtliche Reise Mohammeds wird in der Hadith-Literatur und der Koranexegese gerne mit einer Himmelsreise kombiniert; dabei wird vor allem auf die Sure 53,1–18 sowie Sure 81,19–25 Bezug genommen, in denen in Form einer Vision über die Begegnung Mohammeds mit Gott und den Propheten auf unterschiedlichen Stufen im Himmel berichtet wird. Die „Himmelsleiter" kommt in Sure 70,1–4 vor. In Ibn Ishaqs *Das Leben des Propheten* liest sich das in Mohammeds eigenen Worten so:[299] „Nachdem ich in Jerusalem gebetet hatte, wurde mir eine Leiter gebracht, so schön, wie ich noch nie etwas gesehen hatte … Gabriel ließ mich auf ihr hinaufsteigen, bis er mich zu einem der Himmelstore brachte, das man das Hütertor nennt. Es wird bewacht von einem Engel namens Ismail." Dann wird Mohammed in Begleitung Gabriels von einem Himmel zum anderen geführt – bis er im siebenten Himmel landet. Je höher die Himmelsstufe, desto wichtiger die Insassen: Im zweiten Himmel ist dies unter anderem Johannes der Täufer, im dritten Himmel Joseph, im fünften Himmel Aaron, im sechsten Himmel Moses, im siebten Himmel schließlich Abraham. Und Mohammed wird zitiert: „Nie habe ich einen Mann gesehen, der mir ähnlicher war."[300] Dann schließlich kommt es zur Begegnung mit „dem Herrn", der ihm fünf täglich zu leistende Gebete zur Pflicht machte. Vorlage der Himmelsleitergeschichte war sicherlich die in der Genesis enthaltene Geschichte der Jakobsleiter (Gen 28,11).

Sure 24: Das Licht (medinesische Sure)

Vers 35 („Lichtvers") dieser Sure erfreut sich laut Bobzin einer besonderen Wertschätzung bei den Muslimen (in der Übersetzung von Friedrich Rückert):

Gott ist das Licht des Himmels und der Erde,
Das Gleichnis seines Lichtes ist
Wie eine Nisch' in welcher eine Leuchte
Die Leuchte ist in einem Glas,
Das Glas ist wie ein funkelnder Stern,
Die angezündet ist vom Segensbaume,
Dem Ölbaum nicht aus Osten noch aus Westen;
Das Öl fast selber leuchtet, wenns
Auch nicht berührt die Flamme;
Licht über Licht – Gott leitet
Zu seinem Lichte wen er will:
Gott aber prägt die Gleichnisse den Menschen,
Und Gott ist jedes Dings bewusst.

26. Sure: Die Dichter (mekkanische Sure)

Diese Sure zeigt unter anderem, wie Mohammed die Ungläubigen von der Existenz Gottes (den er in der „Wir"-Form sprechen lässt) zu überzeugen versucht: *„Wenn wir wollten, könnten wir vom Himmel ein Zeichen auf sie hinabsenden, vor dem sie dann (in ehrfurchtsvoller Überzeugung) den Nacken demütig beugen würden ... Haben sie denn nicht gesehen, wie vielerlei herrliche Arten (von Pflanzen und Früchten) wir auf der Erde haben wachsen lassen? Darin liegt ein Zeichen (das den Menschen zur Belehrung dienen müßte). Doch die meisten von ihnen sind (eben) nicht gläubig"* (Sure 26,4–8). Ähnliche Botschaften gibt es beispielsweise auch in den Suren 27 und 30. Der Hinweis auf die „Schöpfung" zählt auch bei Christen und Juden zu den Lieblingsargumenten für die Existenz Gottes. Interessant ist an anderer Stelle der Hinweis, dass Mohammed mit seiner neuen Glaubenslehre vor allem bei den Armen gut ankam: *„Sie sagten: ‚Sollen wir dir glauben, wo dir doch (nur) die untersten Schichten der Bevölkerung Gefolgschaft leisten?'"* (Sure 26,111)

33. Sure: Die Verbündeten (medinesische Sure)

Zunächst wird auf die Auseinandersetzungen nach Mohammeds Auszug aus Mekka eingegangen, dann auf Mohammed und die Frauen. Speziell für den Propheten und seine Frauen gelten die folgenden in Auszügen wiedergegebenen „Sonderregelungen":

30 Ihr Frauen des Propheten! Wenn eine von euch etwas ausgesprochen Abscheuliches begeht, wird ihr die Strafe verdoppelt. Dies (wahr zu machen) ist Allah ein leichtes.

31 Wenn aber eine von euch Allah und seinem Gesandten demütig ergeben ist und tut, was recht ist, geben wir ihr (auch) ihren Lohn doppelt. Und wir haben für sie (im Jenseits) vortrefflichen Unterhalt bereit.

50 Prophet! Wir haben dir zur Ehe erlaubt: deine (bisherigen) Gattinnen, denen du ihren Lohn gegeben hast; was du (an Sklavinnen) besitzt, (ein Besitz, der) dir von Allah (als Beute) zugewiesen (worden ist); die Töchter deines Vaterbruders und die Töchter deiner Vaterschwestern und die Töchter deines Mutterbruders und die Töchter deiner Mutterschwestern, die mit dir ausgewandert sind; (weiter) eine (jede) gläubige Frau, wenn sie sich dem Propheten schenkt und er (seinerseits) sie heiraten will. Das (letztere) gilt in Sonderheit für dich im Gegensatz zu den (anderen) Gläubigen. Wir wissen wohl, was wir ihnen hinsichtlich ihrer Gattinnen und ihres Besitzes (an Sklavinnen) zur Pflicht gemacht haben. (Die obige Verordnung ist eine Sonderregelung für dich,) damit du dich nicht bedrückt zu fühlen brauchst (wenn du zusätzliche Rechte in Anspruch nimmst). Und Allah ist barmherzig und bereit zu vergeben.

Mohammed hatte wohl zwölf Frauen, während eigentlich laut Sure 4,3 nur vier erlaubt waren. Als seine Lieblingsfrau gilt Aischa, die Mohammed heiratete, als sie zwölf Jahre alt war.

44. Sure: Der Rauch (mekkanische Sure)

Besonders abschreckende Ausschmückungen der Beschaffenheit der Höllenstrafen beschreiben, wie die Sünder nur vom verfluchten „Zaqquum-Baum" (Rosenlorbeer) essen dürfen, während – natürlich – den Gottesfürchtigen die paradiesischen Freuden, die uns schon bekannt sind, verheißen werden: „*Der Zaqquum-Baum ist (in der Hölle) die Speise des Sünders. (Er ist mit seinen Früchten) wie flüssiges Metall und kocht im Bauch (der Sünder, die davon gegessen haben), wie heißes Wasser kocht. (Den Höllenwärtern wird zugerufen:) ‚Greift ihn und befördert ihn mitten in den Höllenbrand!'. Hierauf gießet ihm zur Strafe heißes Wasser über den Kopf (mit den Worten): ‚Jetzt bekommst du es zu kosten. Du bist der Mächtige und Vortreffliche!'. (Und der ganzen Schar der Verdammten wird zugerufen:) ‚Das ist es, worüber ihr (zeitlebens) im Zweifel waret'*" (Sure 44,43–50).

47. Sure: Mohammed (medinesische Sure)

Sie enthält wenig schöne Worte zum Umgang mit Ungläubigen: „*Wenn ihr (auf einem Feldzug) mit den Ungläubigen zusammentrefft, dann haut (ihnen mit dem Schwert) auf den Nacken! Wenn ihr sie schließlich vollständig niedergekämpft habt, dann legt (sie) in Fesseln, (um sie) später entweder auf dem Gnadenweg (mannan) oder gegen Lösegeld (freizugeben)! (Haut mit dem Schwert drein) bis der Krieg (euch) von seinen Lasten befreit (und vom Frieden abgelöst wird)!*" (Sure 47,4) Der von Islamwissenschaftlern ins Feld geführte Kontext: Mohammed befand sich in Kriegssituation.

59. Sure: Exodus (medinesische Sure)

Hier geht es um die Rechtfertigung der Vertreibung von „ungläubigen Schriftbesitzern" (insbesondere Juden) aus Medina.

60. Sure: Die Geprüfte (medinesische Sure)

Über den Umgang mit Ungläubigen – auch aus der eigenen Familie – heißt es:

2 Ihr Gläubigen! Nehmt euch nicht meine und eure Feinde zu Freunden, indem ihr ihnen (eure) Zuneigung zu erkennen gebt, wo sie doch nicht an das glauben, was von der Wahrheit (der Offenbarung) zu euch gekommen ist, und den Gesandten und euch (nur darum aus Mekka) vertrieben haben, daß ihr an Allah, euren Herrn, glaubt! (Nehmt sie nicht zu Freunden) wenn (anders) ihr in der Absicht, um meinetwillen Krieg zu führen, und im Streben nach meinem Wohlgefallen ausgezogen seid! ...

3 (Nehmt keine Rücksicht auf eure verwandtschaftlichen Beziehungen zu ihnen!) Weder eure Blutsverwandtschaft noch eure Kinder werden euch (dereinst etwas) nützen. Am Tag der Auferstehung wird Allah zwischen euch (auf Grund eures eigenen Verhaltens) entscheiden. Er durchschaut wohl, was ihr tut.

Und bitte: Kein ehelichen Verbindungen mit ungläubigen Frauen (Sure 60,10). Ähnliche Aufforderungen kennen wir schon aus dem Alten und dem Neuen Testament!

62. Sure: Die Freitagsversammlung (medinesische Sure)

Hier findet sich eine für Muslime wichtige Anweisung: „*Ihr Gläubigen! Wenn am Freitag zum Gebet gerufen wird, dann wendet euch mit Eifer dem Gedenken Allahs zu und laßt das Kaufgeschäft (so lange ruhen)! Das ist besser für euch, wenn (anders) ihr (richtig zu urteilen) wißt*" (Sure 62,9).

65. Sure: Die Trennung (medinesische Sure)

Aufgeführt werden Regelungen über die Trennung von Frauen.

71. Sure: Noah (mekkanische Sure)

Immer wieder treffen wir auf Noah. Der Grund dürfte sein, dass dessen Geschichte gut in Mohammeds simples Schema passt: Wer gottesgläubig ist wird – wie Noah – gerettet, wer ungläubig bleibt, ertrinkt zur Strafe in den Fluten. Und landet dann natürlich in der Hölle.

72. Sure: Der Dschinn (mekkanische Sure)

Die Dschinn sind nach dem islamischen Glauben unsichtbare dämonenartige Wesen, die über Verstand verfügen, gut oder böse sein können und neben den Menschen die Welt bevölkern. Nur in Ausnahmesituationen werden sie den Menschen sichtbar. Der islamische Dschinn-Glaube wurde aus dem vorislamischen Arabien übernommen. Als Aufenthaltsorte bevorzugen Dschinn Wüsten, Wälder, Ruinen und Höhlen. Sie können Familien haben (der Volksmund kennt Geschichten von Menschen, die mit Dschinn verheiratet waren!), Religionszugehörigkeiten, Vorlieben und Abneigungen.

Der Koran erwähnt die Dschinn häufig, und die Verkündung Mohammeds gilt nicht nur für die Menschen, sondern genauso für die sie. Zum Dschinnglauben gehört auch der Glaube an die drei freien Wünsche. Danach gilt: Ist ein Dschinn (in einer Flasche) eingesperrt worden und wird er dann befreit, muss er dem, der die Flasche geöffnet hat, drei Wünsche erfüllen. In den Erzählungen aus 1001 Nacht besteht Aladin mithilfe eines Dschinns, eines guten Geistes aus der Öllampe, seine Abenteuer.

Die beiden ersten Verse der Sure 72 lauten: *„Sag: Mir ist (als Offenbarung) eingegeben worden, dass eine Schar Dschinn (mir beim Vortrag des Korans) zuhörten und daraufhin (zu ihren Artgenossen) sagten: ‚Wir haben einen erstaunlichen Koran gehört, der auf den rechten Weg führt, und wir glauben nun an ihn und werden unserem Herrn niemand (als Teilhaber an seiner Göttlichkeit) beigesellen.'"*

90. Sure: Die Stadt (mekkanische Sure)

Mohammed und der Islam haben, wie an anderer Stelle schon ausgeführt, ein Herz für diejenigen, die nicht auf der Sonnenseite des Lebens stehen. Das Folgende könnte auch von Jesus stammen: *„Doch wie kannst du wissen, was das Hindernis ist? (Es besteht darin) daß man einem Sklaven zur Freiheit verhilft oder an einem Tag, an dem alles Hunger hat, einer Waise aus der Verwandtschaft oder einem Armen, der sich im Staube wälzt (etwas) zu essen gibt und (daß man) überdies zu denen gehört, die glauben und Geduld und Barmherzigkeit einander (als Vermächtnis) ans Herz legen. Das sind die von der rechten Seite"* (Sure 90,12–18).

92. Sure: Die Nacht (mekkanische Sure)

Zum wiederholten Mal wird eine Belohnung denjenigen in Aussicht gestellt, die von ihrem Reichtum etwas abgeben: „*Wenn nun einer (von dem, was er besitzt, anderen etwas ab)gibt und gottesfürchtig ist und an das Allerbeste glaubt, werden wir es ihm leicht machen, des Heils teilhaftig zu werden. Wenn aber einer geizig ist und selbstherrlich auftritt und das Allerbeste für Lüge erklärt, werden wir ihn dem Unheil zur leichten Beute werden lassen*" (Sure 92,5–10).

96. Sure: Der Blutklumpen (mekkanische Sure)

Die ersten fünf Verse dieser Sure gelten als die Beschreibung der ersten Begegnung Mohammeds mit dem Erzengel Gabriel in einer Höhle am Berg Hira.

109. Sure: Die Ungläubigen (mekkanische Sure)

Sag: Ihr Ungläubigen!
Ich verehre nicht, was ihr verehrt,
und ihr verehrt nicht, was ich verehre.
Und ich verehre nicht, was ihr (bisher immer) verehrt habt,
und ihr verehrt nicht, was ich verehre.
Ihr habt eure Religion, und ich die meine."

Das kann man als Ausdruck von Toleranz, vielleicht gar als Aufruf zur Toleranz verstehen. Möglicherweise dient es aber auch nur der Abgrenzung.

112. Sure: Reinheit des Vertrauens (mekkanische Sure)

Sag: Er ist Allah, ein Einziger,
Allah, der souveräne (Herrscher).

Er hat weder Kinder gezeugt, noch ist er (selber) gezeugt worden.
Und keiner kann sich mit ihm messen.

Diese Sure gilt als wichtigste Beschreibung der Gottesvorstellung des Islam.

114. Sure: Die Menschheit (mekkanische Sure)

Die letzte Sure soll noch mal im Wortlaut wiedergegeben werden:
Sag: Ich suche Zuflucht beim Herrn der Menschen,
dem König der Menschen,
dem Gott der Menschen,
(ich suche bei ihm Zuflucht) vor dem Unheil (das) von (jeder Art von) Einflüsterung (ausgehen mag), – von einem (jeden) heimtückischen Kerl, der den Menschen in die Brust (böse Gedanken) einflüstert,
sei es ein Dschinn oder ein Mensch.

2.3.6 Scharia und Dschihad

Die Scharia

Das islamische Recht wird als Scharia bezeichnet. Sie enthält die Gesamtheit der Gesetze und Vorschriften, die in einer islamischen Gesellschaft befolgt werden sollen. Gott ist in diesem Rechtssystem der oberste Gesetzgeber; sein Gesetz ist Teil seiner Offenbarung im Koran. Es gilt nicht nur für Muslime, sondern auch für in einem islamischen Staat geduldete Andersgläubige insofern, als deren öffentliche Lebensführung dem Islam und den Muslimen nicht hinderlich sein darf. Der Begriff des „Rechtlichen" hat dabei eine umfassende Bedeutung: Grundtendenz der Scharia ist die religiöse Wertung aller Lebensverhältnisse. Die Scharia basiert auf drei Quellen: dem Koran, der Sunna (den Hadithen) sowie den weitgehend als normativ anerkannten Auslegungen frühislamischer Theologen und Juristen, insbesondere bis zum 10. Jahrhundert, die verschiedenen Rechtsschulen zugeordnet werden.[301]

Zwar gilt der Koran als die primäre Quelle des Rechts, er enthält jedoch nur einige allgemeine Rechtsnormen und Anweisungen. Er ist, so die Islamwissenschaftlerin Christine Schirrmacher, „nicht in erster Linie ein Gesetzbuch, denn nur rund 10 % seines Textes befassen sich überhaupt mit Rechtsfragen", dabei besonders mit Vorstellungen zum Ehe- und Familienrecht.[302] Die in den Hadithen überlieferten Aussagen und nachahmenswerten Handlungen des Propheten erfüllen die Rolle, ritualrechtliche und andere Rechtsfragen des täglichen Lebens zu beantworten. Koran und Überlieferung werden jedoch, so Schirrmacher, erst durch die Auslegung maßgeblicher frühislamischer Theologen und Juristen sowie durch deren Rechtskompendien konkret fass- und anwendbar. Die Scharia ist also keine fixierte Gesetzessammlung (wie etwa deutsche Gesetzestexte im Bürgerlichen Gesetzbuch oder im Strafgesetzbuch). Weder die Vorschriften der Scharia noch die Interpretationen sind an einer einzigen Stelle zusammengefasst. Eine gedruckte Sammlung von Gesetzen, in der man die Schariastrafen etwa für Ehebruch, Mord und Diebstahl nachschlagen könnte, gibt es nicht.[303]

Unter *Fiqh* versteht man die Gesetzeswissenschaft im Islam, deren Gegenstand die Scharia ist. Die religiösen Gesetze werden in den Büchern des Fiqh dargelegt und erörtert. Wesentlicher Unterschied zwischen Scharia und Fiqh ist, dass die Scharia für Muslime göttliches Recht ist, offenbart in Koran und Sunna, und als Werteordnung gültig für alle Zeiten, während das Rechtssystem Fiqh als menschlich und daher veränderlich gilt und somit Spielraum für Kontroversen bietet.

Praxis und Hauptinhalte der Scharia[304]

Das *Ehe- und Familienrecht* gilt als Kernbereich der Scharia. Im Fokus steht hier insbesondere auch die (untergeordnete) Rolle der Frau. Als Koranverse von großer rechtlicher wie gesellschaftlicher Tragweite gelten hier Sure 4,34: *„Die Männer stehen über den Frauen, weil Gott sie vor diesen ausgezeichnet hat und wegen der Ausgaben, die sie von ihrem Vermögen gemacht haben. Und die rechtschaffenen Frauen sind demütig ergeben (oder: gehorsam) ... "*, sowie ähnlich Sure 2,228: *„Die Männer stehen eine Stufe über ihnen."* Die „Ausgaben" beziehen sich auf die Pflicht des Mannes zum Unterhalt seiner Frau, Sollen Frauen „demütig ergeben" oder „gehorsam" sein, so wird dies in erster Linie auf den Bereich der Sexualität bezogen, denn der Mann erwirbt mit Abschluss des Ehevertrages und mit Aufnahme der Unterhaltszahlungen das Recht auf Sexualität. In Sure 2,223 heißt es: *„Eure Frauen sind eure Ackerfelder, geht zu euren Ackerfeldern, wie es euch beliebt ... "* Diese generelle Unterordnung der Frau durchzieht das gesamte Ehe, Scheidungs- und Sorgerecht. Es finden sich zahlreiche Punkte, in denen Männer rechtlich bevorzugt und Frauen benachteiligt sind:[305]

- Nach Sure 2,282 kann die Zeugenaussage eines Mannes nur von zwei Frauen aufgewogen werden.
- Gemäß dem „Züchtigungsvers" des Korans (Sure 4,34) steht dem Ehemann nach weitverbreiteter Auffassung ein Erziehungsrecht an seiner Frau zu: *„Und wenn ihr fürchtet, dass (irgendwelche) Frauen sich auflehnen, dann vermahnt sie, meidet sie im Ehebett und schlagt sie!"* Zahlreiche islamische Länder haben jedoch den Frauen bei Misshandlungen eine Scheidungsmöglichkeit eingeräumt.
- Auch das Scheidungsrecht benachteiligt die Frau gegenüber dem Mann: Die traditionelle Verstoßungsformel „Ich verstoße Dich", für die der Mann keinerlei Gründe benennen muss, reicht zwar nach staatlichem Recht nicht mehr aus. Dennoch

wird sie teilweise weiter so praktiziert und gesellschaftlich anerkannt. Eine Frau kann hingegen keine „Verstoßung" aussprechen; sie muss immer einen Gerichtsprozess anstrengen und benötigt stichhaltige Gründe und Beweise für ein Fehlverhalten des Mannes, damit es zu einer Scheidung kommt.

- Was das Sorgerecht betrifft, so gehören gemäß Scharia nach einer Scheidung die gemeinsamen Kinder eines Paares immer dem Mann, denn er ist der alleinige rechtliche Vormund und kann alle Entscheidungen treffen.[306]
- Wird im traditionellen Rahmen geheiratet, wie es im nicht städtischen Bereich für die Mehrzahl der Eheschließungen noch heute üblich ist, werden viele Frauen von ihrem Vormund verheiratet, häufig auch ohne eigenes Mitspracherecht bei der Wahl des Ehepartners.
- Einem Mann wird – ausgenommen in Tunesien und der Türkei – prinzipiell immer die Möglichkeit zu einer Zweitehe eröffnet: In Koransure 4,3 heißt es: *„So heiratet von den Weibern soviel euch beliebt, zwei, drei oder vier ..."* Überflüssig zu sagen, dass für Frauen eine Mehrehe nicht zulässig ist! Nur eine Minderzahl der Ehen in islamisch geprägten Ländern ist jedoch polygam – allerdings nicht, weil sie verboten wäre oder als prinzipiell ehrenrührig betrachtet würde, sondern weil jede Frau gemäß der Scharia Anspruch auf Versorgung und einen eigenen Wohnbereich hat, womit eine Mehrehe die finanziellen Möglichkeiten vieler Männer übersteigt.
- Eine Frau erbt gemäß Sure 4,11 immer nur die Hälfte von dem, was ein männliches Familienmitglied an ihrer Stelle erhalten hätte.
- Eine wichtige Rolle spielt die Familienehre. Auch die Familie und die muslimische Gesellschaft weisen der Frau einen nachgeordneten Platz zu, wird doch empfohlen oder angeordnet, dass eine Frau Sitte und Anstand zu wahren und sich bevorzugt im Haus aufzuhalten habe, um nicht durch das

Verlassen des Hauses und ihren Umgang mit nicht verwandten Männern Anlass zu Unmoral zu geben. Sie hat sich zu verhüllen und ist für die Aufrechterhaltung der öffentlichen Moral wie das Ansehen der Familie verantwortlich.

Es sind zum Teil ähnliche Regelungen, wie wir sie insbesondere auch aus dem Alten Testament bzw. aus dem Judentum kennen – einschließlich der „Vielweiberei", die im sephardischen und orientalischen Judentum wohl bis ins 20. Jahrhundert üblich war. Aber auch Paulus war von der Überlegenheit des Mannes überzeugt und prägte so, wie wir schon sahen, das Frauenbild im Christentum.

Das *islamische Strafrecht* ist der zweite Schwerpunkt der Scharia und eines der Themen, bei dem sich im Vergleich zu westlichen Menschenrechtsvorstellungen die größten Differenzen ergeben. Allerdings findet das islamische Strafrecht inhaltlich bzw. nach Ländern nur zum Teil Anwendung.[307] Es wird meist gegliedert nach Grenzvergehen (Kapitalverbrechen), Wiedervergeltungsvergehen und Ermessensvergehen.

Grenzvergehen werden so benannt, weil sie nicht menschliches Recht, sondern das Recht Gottes verletzt, also eine Grenze überschritten haben. Im Einzelnen fallen darunter unter anderem folgende Tatbestände:

Ehebruch und Unzucht: Der Koran bedroht „unzüchtige" Unverheiratete nach Sure 24,2–3 mit 100 Peitschenhieben. Für Verheiratete fordert die islamische Überlieferung die Todesstrafe. War die Frau unverheiratet, der Mann aber verheiratet, soll die Frau im Haus eingesperrt werden, „bis der Tod sie abberuft oder Gott ihr einen Ausweg schafft" (Sure 4,15). Ist der Mann unverheiratet, die Frau aber verheiratet, soll er für ein Jahr verbannt werden und die Frau 100 Peitschenhiebe erhalten.

Schwerer Diebstahl: Sure 5,33 und 38 fordern ebenso wie die Überlieferung beim ersten Mal die Amputation der rechten Hand und im Wiederholungsfall des linken Fußes. Bei schwerem Straßenraub soll es zur Amputation der rechten Hand und des linken Fußes kommen. Bei Raubmord wird die Todesstrafe verhängt.

Genuss von Wein und sonstiger berauschende Getränke: Die Überlieferung fordert 40 (andere Überlieferungen: 80) Schläge.

Abfall vom Islam: Dieser verlangt nach überwiegender Auffassung der Rechtsschulen die Todesstrafe, obwohl der Koran demjenigen, der dem Islam den Rücken kehrt, konkret nur eine Strafe im Jenseits androht.

Homosexualität: Diese zählt nach der Überlieferung – nicht jedoch im Koran – zu den Kapitalverbrechen. Das Strafmaß dafür wird unter muslimischen Theologen und Juristen kontrovers diskutiert. Einige fordern die Todesstrafe, andere reihen die Homosexualität den Vergehen zu, die nach dem Ermessen des Richters bestraft werden können. In sieben islamischen Ländern kann homosexueller Geschlechtsverkehr bei Männern mit dem Tode bestraft werden: Jemen, Iran, Sudan, Saudi-Arabien, Nigeria (nördliche Landesgebiete), Mauretanien und Vereinigte Arabische Emirate. In vielen anderen islamisch geprägten Staaten werden Haftstrafen verhängt, während nur in wenigen (Albanien, Türkei, Indonesien, Jordanien) Homosexualität nicht strafrechtlich verfolgt wird.

Zu den *Verbrechen mit Wiedervergeltung* zählen unter anderem Mord und Totschlag, die nach der Scharia nur menschliches Recht verletzen. Verbrechen mit Wiedervergeltung sehen als Strafe die Zufügung derselben Verletzung und die Tötung des Mörders oder Totschlägers unter Aufsicht des Richters vor, die – falls der Berechtigte (bzw. im Todesfall der nächste männliche Verwandte) darauf verzichtet – in Zahlung von Blutgeld umgewandelt werden kann.

Alle anderen Tatbestände sind hinsichtlich ihrer Bestrafung in das Ermessen des Richters gestellt, also *Ermessensvergehen*, beispielsweise falsches Zeugnis ablegen, Beleidigung, Bestechung, Urkundenfälschung, Unterschlagung, Verkehrsverstöße, Betrug, Erpressung. In schweren Fällen kann der Richter für Ermessensvergehen auch die Todesstrafe verhängen.

Islamisch geprägte Staaten mit Geltung der Scharia

Im Jahr 1990 wurde bei der 19. Außenministerkonferenz der Organisation der Islamischen Konferenz (OIC) die *Kairoer Erklärung der Menschenrechte im Islam* beschlossen, die als Leitlinie der zurzeit 57 islamischen Mitgliedstaaten auf dem Gebiet der Menschenrechte gelten soll. In den abschließenden Artikeln 24 und 25 wird die religiös legitimierte islamische Gesetzgebung, die Scharia, als einzige Grundlage zur Interpretation dieser Erklärung festgelegt. Die Erklärung wird von Islam-Vertretern als islamisches Gegenstück zur Allgemeinen Erklärung der Menschenrechte der UNO gesehen, von der sie jedoch erheblich abweicht.

Die praktische Umsetzung des islamischen Rechts ist in den islamischen Ländern unterschiedlich. In manchen (theokratischen) Staaten gibt es eine Identität von offiziellem Recht und Scharia, in anderen wurde die Scharia abgeschafft, in manchen hat sie lediglich für einen Teil der Bevölkerung Gültigkeit. Im Strafrecht wird laut Schirrmacher das Schariarecht äußerst selten angewandt: In den meisten Fällen ist es de facto mit dem Argument außer Kraft gesetzt, dass es nur in einem wahrhaft islamischen Staat zur Anwendung kommen dürfe, nicht aber in einem Staat, der diese Voraussetzungen nicht erfülle.[308]

Zurzeit ist die Scharia Rechtsgrundlage im Iran, in Saudi-Arabien, Afghanistan Bangladesch, Katar, Kuwait, Bahrain, auf den Malediven, in Mauretanien, Gambia und Senegal. In manchen Ländern gilt sie nur in islamisch dominierten Landesteilen, so etwa in Indonesien, Pakistan, Nigeria und Sudan. Allgemein verbreitet ist die Umsetzung im zivilrechtlichen Bereich beispielsweise in Algerien, Indonesien und Ägypten. Seit etwa Mitte der 1970er-Jahre nimmt die Bedeutung der Scharia in allen islamischen Ländern kontinuierlich zu. Auch in der seit Atatürk laizistischen Türkei geht die Tendenz seit einigen Jahren (AKP, Erdogan) zur Rückkehr zum Schariarecht.

Scharia in Deutschland?

Die Scharia gilt als nicht mit der Allgemeinen Erklärung der Menschenrechte vereinbar. Der Europäische Gerichtshof für Menschenrechte in Straßburg urteilte in mehreren Verfahren, dass die Scharia „inkompatibel mit den fundamentalen Prinzipien in der Demokratie" sei. In Deutschland kommt, so Christine Schirrmacher, die Scharia zwar in Einzelfällen zur Anwendung.[309] Anders als beispielsweise in Großbritannien gibt es jedoch keine Scharia-Gerichte in Deutschland. Allerdings sind hierzulande in muslimischen Kreisen „Friedensrichter" als Instanz zwischen Staat und Straftäter tätig. Die Rechtsauffassung dieser inoffiziell tätigen Friedensrichter geht Schirrmacher zufolge oftmals nicht nur an der des deutschen Staates vorbei, sondern steht in direktem Gegensatz zu ihr. Die Anzeige einer Straftat bei der Polizei gilt in manchen Migrantenkreisen als Zeichen der Schwäche. Ein Opfer, das eine Tat nicht sühnt, gilt nicht als friedfertig, sondern als Schwächling und wird verachtet. Einige der Friedensrichter berufen sich zudem weniger auf die islamische Rechtsordnung als vielmehr auf ein „nahöstliches Gewohnheitsrecht". In jedem Fall wird das Gewaltmonopol des Staates unterlaufen. Bis zu 15 Prozent der Muslime gehen zum Friedensrichter, wie der Integrationsbeauftragte von Berlin-Neukölln berichtet. Die deutsche Politik hat das Problem immerhin wahrgenommen. Im Koalitionsvertrag zwischen Union und SPD im Jahr 2014 heißt es: „Wir wollen das Rechtssprechungsmonopol des Staates stärken. Illegale Paralleljustiz werden wir nicht dulden."[310]

Der Dschihad

„Dschihad" wird bei uns üblicherweise mit „Heiliger Krieg" im Sinne eines von Gott vorgeschriebenen, seinetwegen geführten und von ihm belohnten Krieges übersetzt. Es werden nach überwiegender islamischer Auffassung nur solche Kriege als legitim angesehen, die der

Verteidigung islamischer Staaten, der Freiheit der Muslime, den Islam außerhalb ihres Herrschaftsbereiches zu verkünden, und dem Schutz der Muslime unter nicht islamischer Herrschaft dienen. Das ist ein weites Feld! Darüber hinaus wird der Begriff zunehmend auch auf nicht militärische Aspekte dieses Kampfes ausgedehnt.

Ihren Ursprung hat die Dschihadlehre im Koran und in der Sunna. In diesen Quellen wird der Begriff im militärischen Sinne, sprich als physischer Kampf gegen den Feind verstanden. Die entsprechenden weitgehend medinesischen Koranverse wurden, so die herrschende Meinung in der Islamwissenschaft, vor dem Hintergrund der Auseinandersetzung Mohammeds und seiner Anhänger mit ihren polytheistischen arabischen sowie den jüdischen und christlichen Gegnern geschrieben. Der Dschihad gilt als eines der Grundgebote des islamischen Glaubens und eine allen Muslimen auferlegte Pflicht. Manche islamische Gelehrte rechnen den Dschihad als sechste zu den „fünf Säulen des Islam".

Wichtige Koranstellen zum Dschihad sind jene gegen die arabischen „Götzendiener" (Polytheisten): *„Und wenn die heiligen Monate abgelaufen sind, dann tötet die Polytheisten, wo immer ihr sie findet, greift sie, belagert sie und lauert ihnen auf jedem Weg auf. Wenn sie umkehren, das Gebet verrichten und die Abgabe entrichten, dann lasst sie ihres Weges ziehen: Gott ist voller Vergebung und barmherzig"* (Sure 9,5).[311] Der entsprechende Aufruf gegen die „Schriftbesitzer" (Juden und Christen), lautet: *„Kämpft gegen diejenigen, die nicht an Gott und den jüngsten Tag glauben und nicht verbieten (oder: für verboten erklären), was Gott und sein Gesandter verboten haben, und nicht der wahren Religion angehören – von denen, die die Schrift erhalten haben – (kämpft gegen sie), bis sie kleinlaut aus der Hand (?) Tribut entrichten!"* (Sure 9,29) Diese Koranverse sind auch bekannt als die „Schwertverse", werden sie doch als Aufruf zu einem allgemeinen Kampf gegen die nicht muslimische Welt angesehen. Der Koran nimmt aber auch in anderen Suren – einige haben wir schon kennengelernt – Bezug auf den Kampf gegen Ungläubige. Viele Verse fordern die Muslime zum Kampf auf und versprechen den Gefallenen unter ihnen Belohnungen im Jenseits: *„Und du darfst ja nicht meinen, dass diejenigen, die um Gottes willen getötet worden sind, (wirklich) tot sind. Nein, (sie sind) lebendig (im Jenseits), und ihnen wird bei ihrem Herrn (himmlische Speise) beschert"* (Sure 3,169; siehe auch Sure 3,157–158 sowie 170–172).

Neben dem Koran behandeln auch Hadithe den Dschihad, wie die Erfordernisse des Kampfes für Gott, die jenseitige Belohnung derjenigen, die sich an diesem Kampf beteiligen, und vor allem derjenigen, die bei diesem Kampf getötet wurden. So enthält die Hadithe-Sammlung Al-Bucharis folgenden Ausspruch Mohammeds (Kapitel XXVIII): *„Niemand im Paradies möchte wieder auf die Erde zurückkehren, mit Ausnahme des Märtyrers, der im Kampf für die Sache Gottes gefallen ist. Er möchte auf die Erde zurückkehren, um noch zehnmal getötet zu werden, nach all den Ehrenbezeigungen, die ihm im Paradies zuteil wurden."*[312]

Von Bedeutung für das klassisch-islamische Völkerrechtsverständnis ist die Einteilung der Welt in ein Haus des Islam (Dar al-Islam) und ein Haus des Krieges (Dar al-Harb). Während ersteres alle Gebiete unter islamischer Herrschaft bezeichnet, gilt jedes Land außerhalb des islamischen Herrschaftsbereichs als zum Haus des Krieges gehörig. Es gilt als Pflicht der islamischen Gemeinschaft, möglichst große Teile des Dar al-Harb auf militärischem Wege dem Dar al-Islam einzuverleiben.

Als Reaktion auf die Rede Papst Benedikts XVI. am 12. September 2006 in Regensburg, in der er eine Kritik des mittelalterlichen Kaisers Manuel II. Palaiologus unter anderem zur Bedeutung der Gewalt im Islam zitierte, reagierten 38 namhafte islamische Gelehrte in einem offenen Brief vom 12. Oktober 2006. Auszugsweise heißt es dort: „Was ist ‚Heiliger Krieg'? Wir möchten betonen, dass der Begriff des ‚Heiligen Krieges' in islamischen Sprachen nicht existiert. Djihad, das muss ausdrücklich erklärt werden, bedeutet Einsatz, Engagement, Sich-Anstrengen, und insbesondere sich einzusetzen auf dem Wege Gottes. Wenn Djihad nun auch insofern heilig sein mag, als er auf ein heiliges Ziel gerichtet ist, so ist er nicht notwendigerweise ein ‚Krieg'. Außerdem ist bemerkenswert, dass Manuel II. Paleologus sagt, Gewalt widerspreche Gottes Wesen, setzte doch Christus selbst Gewalt ein gegen die Geldwechsler im Tempel und sagte: ‚Denkt nicht, ich sei gekommen, um Frieden auf die Erde zu bringen. Ich bin nicht gekommen, um Frieden zu bringen, sondern das Schwert …' (Matthäus 10:34–36). Als Gott Pharao ertrinken ließ, widersprach Er da seinem eigenen Wesen?"[313]

Die Botschaft an den Papst ist: Du sitzt im Glashaus! Und sie haben recht: Alle Religionen weisen ein Gewaltpotenzial auf, wie die Geschichte ja vielfach gezeigt hat. Auch die Bibel, insbesondere das Alte Testament, ist, wie die oben teilweise wiedergegebenen zahlreichen Texte zeigen, in der Diktion kaum besser als der Koran. Ebenso hat Martin Luther – man feiert 2017 das 500-jährige Reformationsjubiläum – einen klaren Standpunkt: „In solch einem Krieg ist es christlich und ein Werk der Liebe, die Feinde getrost zu würgen, zu rauben, zu brennen und alles zu tun, was schädlich ist, bis man sie überwinde" (Luther über „Heilige Kriege").

2.3.7 Geschichte und Spaltungen des Islam

Angesichts des bis heute anhaltenden Gewaltpotenzials der Spaltungen im Islam, insbesondere jener in Sunniten und Schiiten, scheint es geboten, auf diese näher einzugehen. Die Geschichte des frühen Islam und zur Person Mohammeds ist, wie ja bereits deutlich wurde, stark umstritten. Zunächst soll daher die geschichtliche Entwicklung entsprechend der islamischen Überlieferung dargestellt werden, um dann die davon erheblich abweichenden Einschätzungen der „Saarbrücker Schule" heranzuziehen.

Die Geschichte des Islam entsprechend der islamischen Überlieferung[314]

Als Mohammed im Jahr 632 n. Chr., offenbar ohne einen Sohn, starb, war die Frage seiner Nachfolge nicht geklärt. Daraus erwuchsen starke innermuslimische Konflikte um die Führung und Macht in der neuen Bewegung, die sich bald zu Kämpfen und regelrechten Kriegen auswuchsen und schließlich vor allem zur Spaltung in Sunniten und Schiiten führte.

Unter den frühen Muslimen war unstrittig, dass Mohammed, den der Koran als „Siegel der Propheten" bezeichnet (Sure 33,40), in seiner Eigenschaft als *Prophet* keinen Nachfolger haben konnte. Es ging allein darum, wer die Gemeinschaft in Zukunft führen sollte. Dabei gab es keine Regelung, wie das neue Oberhaupt der Gemeinde zu ermitteln war. Die in Medina versammelten Muslime einigten sich – wohl nach kurzer, heftiger Auseinandersetzung – darauf, gemäß dem genealogischen Prinzip einen Nachfolger (Kalif) aus Mohammeds Stamm, den Quraisch, zu wählen. „Angesichts der Vielzahl seiner Sippen und Familien ließ das erheblichen Spielraum, schloss aber die medinesischen ‚Helfer' von der Führung aus ."[315] Die ersten vier Nachfolger Mohammeds waren die Kalifen, sprich weltlichen und religiösen Führer, die von den Sunniten auch die „rechtgeleiteten Kalifen" genannt werden: Abu Bakr (632–634), ein Schwiegervater Mohammeds; Omar Ibn al-Chattab (634–644), ebenfalls ein Schwiegervater Mohammeds; Uthman Ibn Affan (644–656), ein Schwiegersohn Mohammeds; sowie Ali Ibn Abu Talib (656–661), ein Cousin und ebenfalls Schwiegersohn Mohammeds. Auf zwei Schwiegerväter folgten also zwei Schwiegersöhne!

Abu Bakr war der Vater von Mohammeds Lieblingsfrau Aischa. Er war einer der ersten Anhänger Mohammeds und einer seiner wichtigsten Heerführer. Er setzte die unter Mohammed begonnene Ausbreitung des islamischen Reiches fort, führte Krieg gegen Persien und eroberte Teile Syriens und Palästinas. *Omar Ibn al-Chattab* war von Abu Bakr vor dessen Tod zum Nachfolger bestimmt worden. Im Jahr

636 eroberte er ganz Syrien und Palästina (Entscheidungsschlacht am Jarmuck gegen das Byzantinische Reich), im Jahr 641 Ägypten und 644 auch Persien. Er wurde noch im gleichen Jahr von einem christlichen persischen Sklaven ermordet. Auf dem Totenbett soll er ein allein aus Quraisch bestehendes Sechs-Männer-Gremium berufen haben, das aus seiner Mitte Uthman Ibn Affan zum Kalifen wählte.[316] *Uthman Ibn Affan* (auch Othman) war der Erste aus der Sippe der Umayyaden an der Spitze des islamischen Staates. Er begünstigte die Mitglieder seiner Familie mit einflussreichen Verwaltungsposten. So setzte er in Damaskus Murawiya als Statthalter ein. Unter Uthman erfolgte, so die traditionelle Überlieferung, die Kanonisierung des Korans. Zu seinen Feinden gehörte Aischa, die Witwe Mohammeds, sowie dessen Vetter und Schwiegersohn Ali. Uthman wurde 656 von Rebellen ermordet. Die Schiiten lehnen Uthman bis heute ab.

Nachfolger Uthmans wurde mit Unterstützung von medinesischen Anhängern *Ali Ibn Abi Talib*, ein Vetter und Schwiegersohn Mohammeds. Die Anhänger Alis sahen ohnehin nur Ali als rechtmäßigen Nachfolger Mohammeds an, er kam jedoch erst jetzt zum Zuge. Allerdings wurde Alis Kalifenamt durch Murawiya angefochten. Auch bedeutende Prophetengefährten verweigerten ihm die Anerkennung. Andere kritisierten, bei Alis Wahl habe kein reguläres Wahlgremium getagt. Mohammeds Witwe und einstige Lieblingsfrau Aischa verweigerte ihm ebenfalls die Gefolgschaft.

Unter Ali kam es nun zur Spaltung der muslimischen Bewegung. Die Angehörigen und Anhänger des Umayyaden-Clans hatten schon vorher Medina verlassen und sich nach Syrien begeben, wo Murawiya an der Macht war und auch blieb. Sie machten Ali den Vorwurf, an dem Mord Uthmans mitschuldig zu sein. Ali verlegte seinen Regierungssitz von Medina nach Kufa (Irak). Im Jahr 656 forderten Alis Feinde ihn zum Kampf heraus. Es kam zur berühmten Kamelschlacht, in der Aischa – sie gehörte zu den Gegners Alis – vom Kamel herab die Kämpfenden angefeuert haben soll. Zwar gewannen Ali und seine Männer diese Schlacht, Ali sah sich aber gezwungen, Arabien zu verlassen und sich mit seinen Anhängern nach Basra (Irak) zurückzuziehen. Im Sommer 657 kam es dann am mittleren Euphrat zur Schlacht von Siffin zwischen der („irakischen") Pro-Ali-Armee und der („syrischen") Pro-Murawiya-Armee. Da weder Ali noch Murawiya den Sieg errangen, wurde ein Schiedsgericht bemüht. Ali wurde zur Aufgabe seiner Macht aufgefordert; er erkannte diesen Spruch jedoch nicht an. Einige Anhänger Alis, die sogenannten Charidschiten („die Ausziehenden"), verließen daraufhin sein Heer und schlossen sich fortan seinen Feinden an. Im Jahre 661 wurde Ali vor der Moschee in Kufa von einem Charidschiten ermordet.

Als sein Gegenspieler beseitigt war, setzte sich *Murawiya* als Kalif durch. Im August 661 erkannten ihn die wichtigsten Führer der Gemeinde als Kalifen an. In der Schlacht von Kerbela (Zentralirak) im Jahr 680 zwischen den Umayyaden und den Anhängern Alis (Aliden) fand dessen Sohn Hussein, der die Aliden anführte, den Tod, und die Aliden wurden vernichtend geschlagen. Damit war die Trennung zwischen Sunniten und Schiiten endgültig besiegelt. In der islamischen Geschichte nach der Schia steht die Schlacht von Kerbela symbolisch für den Kampf zwischen „Gut und Böse", den Kampf „David gegen Goliath", „Unterdrückte gegen Unterdrücker". Für die Schiiten gilt sie als einer der tragischsten geschichtlichen Vorfälle. Ihnen zufolge betrug das Truppenverhältnis in dieser Schlacht 10.000 zu 72 zuungunsten Husseins. Schiiten und Aleviten gedenken jährlich dieser Schlacht.

Drei Parteien verkörperten ab jetzt über Jahrhunderte hinweg den Islam: Sunniten, die Gruppe, die sich um Murawiya gruppierte, Schiiten (Anhänger der Partei Alis; Schia = Partei) und Charidschiten, deren Einfluss aber durch eine weitere Aufteilung in Untergruppen über die Zeit zurückging. Bei den Sunniten bildete sich das Kalifat heraus, bei den Schiiten das Imamat. Die religiösen Unterschiede zwischen Sunniten und Schiiten gelten als gering, die zentralen Glaubensinhalte haben sie gemeinsam. Die Sunniten orientieren sich an den Worten und Taten des Propheten Mohammed, die Schiiten halten sich zusätzlich an die Aussprüche und Ansichten Alis, der für sie der politische und geistige Nachfolger des Propheten ist. Es überwogen und überwiegen bis heute die machtpolitischen Differenzen, wie sie sich seit Jahren in den kriegerischen Auseinandersetzungen im Irak, in Syrien, im Libanon und im Jemen („Stellvertreterkrieg" zwischen Iran und Saudi-Arabien) zeigen.

Die Sunniten bilden heute die größte Glaubensrichtung im Islam (schätzungsweise 85 % der Muslime). Sie stellen in den meisten islamischen Ländern die Mehrheit der Muslime. Zu den Sunniten zählen auch die Wahhabiten, eine sehr konservative und dogmatische Richtung des sunnitischen Islam (insbesondere in Saudi-Arabien). Al-Qaida und der IS entstammen der sunnitischen Richtung. Die Schiiten machen etwa 15 Prozent der Muslime aus. Mehrheitlich Schiiten gibt es im Iran (90–95 %) und Irak (ca. 60 %).

Wesentliche Ereignisse der Geschichte der weiteren Ausbreitung des Islam waren unter der Umayyaden-Herrschaft (661–750 mit Sitz in Damaskus) im Jahr 691 die Eroberung der Atlantikküste Afrikas und 711 die Eroberung Spaniens, Transoxaniens (etwa Usbekistan, Kasachstan, Tadschikistan, Turkmenistan) und der Indusebene. Der arabische Eroberungszug nach Europa kam 732 n. Chr. durch die Niederlage der arabischen Heere in zwei Schlachten bei Tours und Poitiers gegen den Frankenkönig Karl Martell zum Stillstand. Die Abbasiden-Herrschaft (750–1258 mit Sitz in Bagdad) begründete 750 Abul Abbas, ein Nachkomme von Mohammeds Onkel, der sich die Missstimmungen in Persien zunutze machte und Ansprüche auf das Kalifat für seine Familie erhob. Nach seiner Wahl ließ Abul Abbas alle seine Gegner töten oder gefangen setzen. Bis auf wenige Ausnahmen wurden alle Angehörigen der Sippe der Ummayyaden ausgerottet. 1258 n. Chr. nahmen die Mongolen die Stadt Bagdad ein; anschließend ging das Kalifat von Bagdad nach Kairo über. Das selbstständige umayyadische Kalifat von Cordoba (ab 756) geht auf Abd-er-Rahman I. zurück, einen der wenigen Umayyaden, die dem

Blutbad von Abul Abbas im Jahr 750 entronnen waren; er floh zunächst nach Nordafrika und wurde ab 756 Herrscher über al-Andalus, den arabisch beherrschten Teile der Iberischen Halbinsel. Abd-er-Rahman selbst begnügte sich mit dem Titel Emir und brachte so zum Ausdruck, dass er das Kalifat nicht antasten und die Einheit der Gläubigen nicht spalten wollte. Erst im Jahr 929 nahmen die Herrscher in Cordoba auch den Kalifentitel in Anspruch, so dass zu dieser Zeit mehrere Kalifen in der islamischen Welt regierten. Jeder Kalif nahm für sich in Anspruch, der einzig rechtmäßige zu sein. Im Jahr 1236 wurde das spanische Córdoba wieder christlich. Granada, in dem 1248 n. Chr. die Alhambra erbaut wurde, war bis zur Aufgabe im Jahr 1492 die letzte „islamische Insel" in Spanien.

Die Geschichte des Islam nach der „Saarbrücker Schule"[317]

Deutlich anders stellt sich die Geschichte des Islam und seiner Spaltungen dar, wenn man der „Saarbrücker Schule" folgt. Demnach gibt es von keinem der ersten vier Kalifen irgendwelche religionsunabhängigen Spuren. Auch der Kalif Uthman, in dessen Regierungszeit nach islamischer Tradition der erste Koran entstanden sein soll, ist historisch nicht fassbar. Die gemäß der islamischen Tradition in Damaskus residierenden „umayyadischen Kalifen" Murawiya (der erste Kalif, Regierungszeit 661–680) und sein Nachfolger Abd al-Malik (Regierungszeit 682–707) sollen gar keine „islamischen" Kalifen, sondern syrische Christen gewesen sein, also keine „Umayyaden" aus der Familie der Quraisch in Mekka. Murawiyas aramäischer Name war wohl Maavia. Den Felsendom in Jerusalem soll Abd al-Malik zu Ehren Jesus erbaut haben. Damit würde es sich um einen christlichen Sakralbau, nicht um eine Moschee handeln, wie die islamische Tradition unterstellt. Diese Annahme stützt sich auf Inschriften im Felsendom mit dem Glaubensbekenntnis des Abd al-Malik, genauer auf ein 240 Meter langes Schriftband. Zudem soll Al Walid („Gröfaz" nach offizieller Lesart), der Sohn Abd al-Maliks, in Damaskus zur Verehrung Johannes des Täufers eine arabisch-christliche Basilika gebaut haben, die heute als „Umayyadenmoschee" bekannt ist.

Das 7. und 8. Jahrhundert, die Zeit, in der die behaupteten islamischen Eroberungen angesiedelt werden, war der „Saarbrücker Schule" zufolge die Blütezeit der arabisch-syrischen Kirche. Zahlreiche Neubauten von Kirchen entstanden über den Felsendom in Jerusalem und die Johannes-Basilika in Damaskus hinaus. Während Paulus mit seiner Interpretation das Christentum aus dem Orient verabschiedete und es romanisierte, während in Byzanz die Orthodoxie begründet wurde, soll Abd al-Malik eine selbstständige arabische Kirche begründet haben. Er sei Christ gewesen, wie auch alle Marwaniden (vulgo „Omayaden") und die ersten der nachfolgenden „Abbasiden".[318] Der Übergang der Macht von den „Umayyaden" zu den „Abbasiden" wird dabei auch in religiöser Hinsicht als Übergangszeit angesehen, nachdem der erste Abbaside al-Mamun (gestorben 833) im Jahr 756 eine heilige Stätte in Medina gegründet haben soll. Mekka und Medina: diese Region spielt aus dieser Sicht bei der Entstehung des Islam keine Rolle.

Die vielen „Entscheidungsschlachten" gegen zahlenmäßig überlegene Gegner (insbesondere das Byzantinisches Reich und das Perserreich), die „islamischen Eroberungen" in kurzer Zeit – vieles davon sieht die „Saarbrücker Schule" als „Märchen aus dem Morgenland" des „bekannten Märchenonkels Tabari" an, der dies um 900 aufgeschrieben habe, also etwa 200 Jahre nach dem behaupteten Geschehen. Nicht eine der zahlreichen „Entscheidungsschlachten" der Muslime sei historisch belegt. Womöglich stammen, darauf scheinen neuere Analysen hinzuweisen, die „Tabari-Texte" sogar erst aus dem 12. oder 13. Jahrhundert. Dass in dieser Zeit Auseinandersetzungen stattfanden, wird nicht bestritten, von „Muslimen" sei damals jedoch keine Rede gewesen.[319] Die „Goldenen Jahre der islamischen Eroberungen", sie hat es Pressburg zufolge nie gegeben, hingegen durchaus goldene Jahre der arabischen Selbstbestimmung, der Loslösung von den beiden gewaltigen Machtblöcken der Region, von Byzanz und dem Perserreich, was den Grundstein zu einem arabischen Reich und einem arabischen Bewusstsein legte. Erst nachträglich sei diese spezifisch *arabische* Erfolgsgeschichte in eine *islamische* Geschichte umgedeutet worden.

Ein weiteres, der traditionellen Überlieferung nach Goldenes Zeitalter des Islam, nämlich das der Wissenschaften (Bagdad, Cordoba), gehört für die „Saarbrücker Schule" ebenfalls dem Reich der Fabel an. Von den in Rede stehenden Wissenschaftlern und Philosophen soll keiner einer Religion namens Islam nahegestanden haben[320] – weder der in Kufa geborene Jakub ibn Ishak al-Kindi (800–873), der in der Zeit des aufgeklärten, in Bagdad residierenden Herrschers al-Mamun lebte und dessen Denken insbesondere auf Aristoteles und Ptolemäus basiert haben und der koranischen Lehre diametral entgegengesetzt gewesen sein soll, noch Hunain ibn Ishak (808–873), der aus al-Hira im südlichen Mesopotamien stammte, die wissenschaftliche Literatur der Antike ins Arabische übersetzte und Christ gewesen sein soll. Der Grund für die Blüte des geistigen Lebens im mittelalterlichen Arabien und ganz besonders in Persien wird in der Fortführung der antiken Tradition gesehen. Es handelte sich, folgt man dieser Interpretation, um „Goldene Zeiten" nicht der islamischen, sondern der *arabischen* Wissenschaften – mit einem abrupten Ende, als sich der Islam als dominierende Religion etablierte.[321] Er habe das Wissen aus dem Orient nach dem Westen verjagt, wo es bis auf den heutigen Tag geblieben sei.[322]

2.3.8 Islam, Judentum und Christentum – Gemeinsamkeiten und Unterschiede

Beim erstmaligen Lesen des Korans ist man verwundert. Man erwartet Neues und Fremdes – und dann dies: die hundertfache Erwähnung alt- und neutestamentlicher Namen und Themen! Nicht umsonst ist es gängige Rede unter den Korankennern: Ohne Altes und Neues Testament (sowie auch persischer Überlieferungen) bleibt nicht allzu viel! Einige Kriegsabenteuer, Belehrungen der Ungläubigen, Gesetze und Mohammeds Frauengeschichten – selbst die Beschreibung der Verlockungen des Paradieses und die Qualen der Hölle seien jüdisch-persischen Ursprungs, so der Islamkritiker Jaya Gopal.[323] Die Islamwissenschaftler der „Saarbrücker Schule" behaupten sogar, die Urtexte des Korans basierten zumindest in großen Teilen auf einer syrischen christlichen Grundschrift. Die Qualifizierung von Altem und Neuem Testament als Märchenbücher schlägt somit auch voll auf den Koran durch.

Auf die zahlreichen Parallelen von Koran und Altem Testament weist auch der Islamwissenschaftler Philip Khuri Hitti hin: „Im Koran finden wir nahezu alle Erzählungen und an herausragender Stelle die Figuren des Alten Testament: Adam, Noah, Abraham (der an die siebzigmal Erwähnung findet), Ismael, Lot, Joseph, Moses, Saul, David, Salomon, Elias, Hiob und Jonas wieder … Die Geschichten von der Erschaffung und dem Sündenfall Adams werden fünfmal angeführt, die Sintflut und die Geschichte Sodoms jeweils achtmal."[324] Von den neutestamentlichen Personen werden Zacharias, Johannes der Täufer, Jesus (24-mal) und Maria (34-mal) besonders genannt.[325] Auch die Propheten des Islam bestehen überwiegend aus den vorgenannten biblischen Figuren. Zudem übernahm Mohammed aus Altem und Neuem Testament verschiedene Redewendungen, zum Beispiel „den Tod schmecken". Ferner wurden zahlreiche Stellen aus außerkanonischem („apokryphem") jüdischem und christlichem Material übernommen.[326]

Bei allem Hass zwischen Juden und Muslimen gerät oft aus dem Blick, dass Judentum und Islam viele Gemeinsamkeiten aufweisen: Berufung auf Abraham, die Auffassung, es gebe nur einen Gott (der zudem nur seine Anhänger – im Alten Testament sogar nur ein Volk – liebt und bevorzugt), die Beschneidung von Jungen, die untergeordnete Stellung der Frau und bis ins 20. Jahrhundert hinein teilweise auch die Vielweiberei, das Verbot des Verzehrs von Schweinefleisch, die Schächtung von Tieren, Beerdigungsregeln oder die vielen sonstigen Gebote und Verbote (Speisevorschriften, Gebetsrituale, Sexualmoral, Einhaltung von Feier- und Fastentagen), mit denen der Mensch kleingehalten wird.

Ob man nun den Thesen der „Saarbrücker Schule" folgt oder mehr den Mainstream-Islamwissenschaftlern: Es ist eindeutig, dass Altes und Neues Testament den wahrscheinlich zahlreichen Autoren des Korans als Vorlage dienten. Sie haben es mit den vorislamischen archaischen Bräuchen und Gewohnheiten Arabiens kombiniert und damit manche Regeln und Strafen noch verschärft. Ein Vergleich wesentlicher Glaubenslehren von Islam und Christentum zeigt auf der Grundlage einer Ausarbeitung der Islamwissenschaftlerin Christine Schirrmacher Folgendes:[327]

Gott und Jesus: Nach christlicher Lehre schuf Gott den Menschen als sein Ebenbild und Gegenüber, und er offenbart sein Wesen in der Schöpfung. Gott besteht aus Vater, Sohn und Heiligem Geist. Nach islamischer Lehre ist Allah zwar der Schöpfer der Welt und jedes einzelnen Menschen, aber er ist von der Schöpfung getrennt. Es gibt keine Brücke zwischen dem Schöpfer und dem Geschöpf. Jesus ist nicht Gott und darf nicht als Gott verehrt werden. Der Glaube an die Dreieinigkeit ist Vielgötterei und nach islamischer Auffassung eine schwere Sünde.

Sünde, Glaube und Vergebung: Beide Religionen betonen, dass es Gottes Willen entspricht, an ihn zu glauben und nach seinen Geboten zu leben. Übertritt ein Mensch diese Gebote und sündigt er, so kann ihm durch Gottes Barmherzigkeit Vergebung geschenkt werden. Für das Ende der Tage sprechen beide Bücher von ewiger Strafe und von ewigem Lohn. Nach christlicher Lehre übertrat Adam Gottes Gebot im Paradies und brachte damit die Sünde, den Tod und die Trennung von Gott für alle Menschen in die Welt. Versöhnung mit Gott ist nur durch Jesu Tod möglich (2. Kor 5,18–19; Röm 3,20). Nach islamischer Lehre sündigte Adam zwar im Paradies, als er die von Gott verbotene Frucht aß, der Mensch wurde dadurch aber nicht von seinem Schöpfer getrennt. Es gibt keinen Sündenfall und keine Erbsünde (Sure 2,35–39). Der Mensch kann gute Werke tun und durch das Einhalten der Gebote Gottes Gunst erhoffen. Wenn er jedoch gegen Gottes Gebote verstößt und sündigt, trifft er damit nicht diesen. Er sündigt in erster Linie gegen sich selbst (Sure 7,19–25; 7,23). Der reuige Sünder kann nur auf Gottes Vergebung hoffen, eine Gewissheit der Vergebung gibt es nicht, auch keine Gewissheit, ob er nach seinem Tod ins Paradies eingehen darf; Gott ist zu allmächtig, als dass er auf sein Handeln eindeutig festzulegen wäre. So weit weg ist das nicht von den christlichen Vorstellungen, besonders der protestantischen.

Gottes Wort – Heiliger Geist: Christentum und Islam glauben, dass Gottes unverfälschtes Wort in ihren Büchern niedergeschrieben ist. Nach christlicher Lehre ist die Bibel von Gott „eingehaucht", der Heilige Geist wirkte in den Verfassern.[328] Nach islamischer Lehre ist der Koran das reine, unverfälschte Wort Gottes; eine getreue Abschrift des himmlischen Ur-Korans.

Rezeption und Auswirkung von Altem Testament und Koran

Sind nun aber Altes Testament und Koran in ihren *heutigen* Auswirkungen gleich schlimm? Im Dezember 2015 führten zwei junge Niederländer in Den Haag eine Straßenumfrage durch. Dazu überklebten sie eine Bibel mit einem Koran-Cover und lasen vor laufender Kamera verschiedenen Passanten vermeintliche Koranverse vor (Aufforderung zu Gewalttaten, zur Unterdrückung von Frauen, zur Todesstrafe für Homosexuelle). Die Passanten äußerten sich daraufhin abschätzig über den Islam. Dann die Überraschung und das Entsetzen, dass diese Zitate aus der Bibel stammten. Das Video war übrigens ein Renner auf YouTube und wurde millionenfach aufgerufen.[329]

Ja, die „Heiligen" Bücher von Juden und Muslimen sind etwa „gleich schlimm". Nur: Die Juden wollen nicht missionieren, die Muslime schon! Daher wüten ultraorthodoxe Juden im eigenen (kleinen)

Land: gegen Palästinenser, gegen „Sabbatschänder", gegen Juden, die den Palästinensern deren eigenes Land zugestehen wollen, oder sie bringen Politiker um, die Frieden schließen wollen (Rabin). Die „Islamisten" hingegen wüten auf der ganzen Welt. Bei der These, der Koran sei ähnlich schlimm wie das Alte Testament, ist zudem zu berücksichtigen, dass 1,6 bis 1,8 Milliarden Muslimen etwa 15 Millionen Juden gegenüberstehen, davon 6,2 Millionen in Israel und etwa gleich viele in den USA und Kanada. Auch wenn das Alte Testament ähnlich archaisch ist wie der Koran, dient es nur bei vergleichweise weniger Menschen als Anleitung für ihre Lebensgestaltung. Richtschnur ist es für orthodoxe Juden und teils für „evangelikale" Christen, die Mehrzahl der Christen hat hingegen ein entspanntes Verhältnis zum Alten Testament – es wird einfach nicht gelesen! Was vielen, wenn überhaupt, in Erinnerung ist, sind die – zwischenzeitlich eher belächelten – Geschichten der Genesis von der Erschaffung der Welt, von Adam und Eva und der Arche Noah. Kaum einer kennt oder liest die umfangreichen übrigen Teile.

Anders ist es beim Koran: Dessen Texte werden täglich millionenfach gelesen und gelehrt. Und: Aus dem Islam kann man nicht austreten – es drohen hohe Strafen bis zur Todesstrafe. Öffentlich verkündeter Abfall vom Islam wird nach der Scharia mit der Todesstrafe geahndet, und einige islamische Länder praktizieren das auch. Im Judentum war man ebenfalls nicht zimperlich: Das Buch Deuteronomium sieht beim öffentlichen Abfall vom rechten Glauben und beim Gebet zu „Gestirngöttern" unter bestimmten Voraussetzungen die Steinigung vor (Dtn 17,1–7). Diese Strafe wird aber nicht mehr praktiziert. Und im römisch-katholischen Kirchenrecht wird die Apostasie in Can. 751 Satz 2 des Codex Iuris Canonici von 1983 grundsätzlich (nur noch) mit der Exkommunizierung bestraft.

Tomas Avenarius schrieb im Januar 2015 in der *Süddeutschen Zeitung*, es gebe zwar keine unterschiedlichen Wertigkeiten von Religionen, der eine Glauben sei nicht „besser" als der andere, aber es gebe, wie bei weltlichen Ideologien oder anderen Denkgebäuden, „unterschiedliche Konstruktionsprinzipien".[330] Der Islam unterscheide sich vom Christentum unter anderem dadurch, dass er in vielen Aspekten Gesetzesreligion sei, vorschreibe, wie die Gesellschaft ihr Zusammenleben auf Erden organisieren solle, und Auskunft gebe, wann der Islam geschützt werden müsse, wann Gewalt legitim sei. Das mache es Extremisten leicht, und die Mehrheitsmuslime müssten endlich über den Umgang mit der theologischen Konstruktion des Islam debattieren. Solange ein „Heiliges Buch" als einzig wahres offenbartes Wort des Schöpfers gelte, sei dies aber kaum möglich. Weil das Christentum anders konstruiert oder offenbart wurde als der Islam, hätten es die Christen leichter, die machtbesessenen und gewaltaffinen Vertreter ihres Glaubens einzuhegen.

2.3.9 Der Islam heute

> Im Namen der Toleranz sollten wir
> uns das Recht vorbehalten,
> die Intoleranz nicht zu tolerieren.
>
> Karl Popper

Der Islam wird heute weltweit von vielen Menschen mit „Terror" assoziiert. Fast jede Woche erreichen uns neue schreckliche Nachrichten von Taten, die im Namen Allahs und des Propheten begangen wurden. Vor allem die Anschläge auf das World Trade Center in New York am 11. September 2001 haben das Unbehagen vor dem Gewaltpotenzial des Islam verstärkt, und viele, viele Anschläge folgten. Nur an einige wenige, die in westlichen Ländern verübt wurden oder gegen westliche Touristen gerichtet waren, sei erinnert: Bali 2002 und 2005, Djerba 2002, Madrid 2004, London 2005, Paris 2015 „Charlie Hebdo" im Januar und Rockkonzert im Bataclan im November, Brüssel 2016, Nizza 2016 mit Hunderten Toten und Verletzten. Und es lässt sich fortsetzen: Die Anschläge auf einen Weihnachtsmarkt in Berlin 2016, die Anschläge von Manchester, London und Barcelona im Jahr 2017. Es gibt kaum einen Monat ohne von Muslimen ausgeübte Terroranschläge (häufig in Verbindung mit dem „Islamischen Staat" oder „Al-Qaida"). Hinzu kommen die Kriege, die kriegerischen Auseinandersetzungen und die kaum zählbaren Gewaltakte vor allem in Syrien, Irak, Afghanistan, Pakistan, Libyen und dem Jemen mit Tausenden Toten und Verletzten und Millionen Flüchtlingen. Der Nahe und Mittlere Osten, Nordafrika sowie auch teilislamische afrikanische Länder wie Somalia und Nigeria sind in Unruhe, Chaos und Krieg.

Die ganze Welt hat sich durch den islamischen Terrorismus und die gegen ihn geschaffenen „Sicherheitsmaßnahmen" verändert. Dies beeinflusst unseren Alltag, unsere Bewusstseinslage (Angst, Vorsicht) und führt zu Verhaltensänderungen (Ausgehverhalten, Urlaubswahl, Verzicht auf FKK-Baden, Vermeiden von Versammlungen). Nicht zu vergessen, dass zur „Terrorabwehr" weltweit jährlich zig Milliarden ausgegeben werden. Dabei möchten die Menschen gerne glauben, dass die Beschwichtigungen durch Vertreter von Islamverbänden, Politiker und Journalisten zutreffend sind und der Islam tatsächlich eine friedfertige Religion ist. Aber mit jedem weiteren Attentat werden die Menschen skeptischer, und die ewigen Beteuerungen, all die negativen Nachrichten aus der islamischen Welt hätten nichts mit dem Islam selbst zu tun, klingen mit jedem Mal hohler. Dies gilt auch für die Antworten jener, die überhaupt jegliche Kritik am Islam zu unterbinden versuchen und seine Verantwortung für die Probleme und Rückständigkeit in der islamischen Welt ablehnen. Nur mit hoher Interpretationskunst kann der Islam, wie er sich heute präsentiert, als friedlich bezeichnet werden. Ein friedlicher, liberaler Islam ist bisher keine Realität, sondern Zukunftsprojekt. Es wäre Zeit für eine ehrliche Bestandsaufnahme der Glaubensinhalte, ohne die häufigen Beschönigungen.

Kritik kommt dabei auch aus der islamischen Welt selbst. So prangert der pakistanische Atomphysiker Pervez Hoodbhoy den Mangel an Leistungen in Wissenschaft und Forschung, Kunst und Kultur in islamischen Ländern an: „Es gibt rund 1,5 Mrd. Muslime in der ganzen Welt – aber sie können in keinem Bereich eine substantielle Errungenschaft vorweisen. Nicht im politischen Bereich, nicht in gesellschaftlicher Hinsicht, weder in den Naturwissenschaften noch in der Kunst oder in der Literatur. Alles, was sie mit Hingabe tun, ist beten und fasten. Aber es gibt keine Bemühungen, die Lebensbedingungen innerhalb islamischer Gesellschaften zu verbessern. Unbewusst spüren die Menschen natürlich, dass das ein kollektives Versagen ist ... Dabei halte ich mich nur an die Fakten: Welche bedeutende Erfindung oder Entdeckung haben Muslime in den vergangenen tausend Jahren gemacht? Strom? Elektromagnetische Wellen? Antibiotika? Den Verbrennungsmotor? Computer? Nein, nichts, jedenfalls nichts, was eine moderne Zivilisation ausmacht ... Und wenn es nach den religiösen Fanatikern geht, macht das auch nichts. Die stecken gedanklich immer noch im zwölften Jahrhundert."[331] Ergänzen kann man noch den geringen Bildungsgrad, insbesondere den hohen Prozentsatz von Analphabeten vor allem bei Frauen.[332]

Warum ist das so? Naheliegend wäre, dass die islamische Welt sich fragt: Was machen wir falsch? Die weit verbreitete Frage der islamischen Welt ist jedoch bis heute: Wer hat uns das angetan? „Die Antworten sind bis auf den heutigen Tag dieselben: die Franken, die Kreuzfahrer, die Mongolen, die Franzosen, die Engländer, die Missionare, die Sowjets; und aktuell die USA, die Israelis, der Westen", so Norbert G. Pressburg. Er spricht auch von einem „Kult des Beleidigtseins und einer medialen Wut- und Verschwörungsindustrie, die so typisch für die islamischen und ganz besonders die arabischen, Länder ist".[333] Ähnlich äußert sich der Professor für Islampädagogik an der Universität Münster Mouhanad Khorchide, der auf eine bei Muslimen aufgestaute Wut verweist: „Das islamische kollektive Gedächtnis ist noch von Kreuzzügen, der Kolonialzeit und der als Ungerechtigkeit im Nahen Osten empfundenen Politik geprägt, den Kriegen im Irak und in Afghanistan."[334] So sagte Bin Laden zur

Begründung seiner Terrortaten: „Wir zahlen ihnen damit nur einen kleinen Teil von dem zurück, was sie uns angetan haben."³³⁵

Die arabische islamische Welt ist nicht nur durch die Religion, sondern zudem durch eine Kultur der Ehre geprägt, in der sich viele Araber spätestens seit dem Sechstagekrieg 1967 gedemütigt fühlten, wie die Analyse von Karin Fierke und Khaled Fattah von der britischen St. Andrews University zeigt. Die gescheiterte Idee eines säkularen arabischen Nationalismus ist ihnen zufolge durch den Islam als Grundlage für eine länderübergreifende Identität ersetzt worden, die eine globale muslimische Gemeinde postuliert – eine Gemeinde, die seit den Kreuzzügen immer wieder von außen angegriffen und gedemütigt worden sein soll. Als einen solchen Angriff nehmen manche Muslime auch den von den USA angeführten „Krieg gegen den Terror" wahr. Der Kampf der extremen Islamisten gegen den Westen zielt demnach auch darauf, die „Ehre" der Muslime wiederherzustellen.³³⁶

Jede geistige Beschäftigung über die religiösen Bücher hinaus wurde nach Etablierung des Islam geringgeschätzt, galt doch das Postulat, Koran und Sunna enthielten Antworten auf alle Fragen und man brauche keine weiteren Bücher. Sämtliches weitere Wissen galt deshalb als schädlich und gotteslästerlich. Die Ablehnung von Wissen, das ist vielleicht der Hauptgrund für die Misere in der islamischen Welt. Dazu passt, dass der Buchdruck mit 300 Jahren Verspätung Eingang in die islamische Welt fand: Napoleon brachte die erste Druckerpresse mit. Bleibt anzumerken, dass der Stundenplan saudischer Medizinstudenten heute noch zu 30 Prozent Religion umfassen muss, in anderen Studienzweigen sogar zu 50 Prozent.³³⁷

Das „Goldene Zeitalter" des Kalifats al-Mamuns in Bagdad (813–833) gilt als geistig-kulturelle und wissenschaftliche Hochphase, ob nun als arabische oder islamische interpretiert. Diese Blütezeit sei durch die Etablierung des Islam auf der Grundlage vor allem des religiösen Fundamentalismus des Religionsphilosophen Al-Ghazali (1058–1111) mit der Ächtung der Ratio und des freien Denkens beendet worden, so der Islamkritiker Norbert Pressburg. Schließlich hätten wüstenarabische Einflüsse die Religion dominiert. Beduinentraditionen hätten bald die hellenistische Lebenswelt überwölbt. „Die Renaissance, die neuen Staatsideen, die wissenschaftlichen Fortschritte, das neue Bild der Erde und des Himmels blieben in der islamischen Welt vollkommen unbeachtet. … Die Evolutionslehre ist tabu."[338] Wir im Westen hatten Glück: Ohne Renaissance und Aufklärung wäre vielleicht auch das Christentum in diesem wissenschaftsfeindlichen Klima stecken geblieben.

Guter Islam, böser Islam

„Der Islam ist gut – der Islam ist böse", so ähnlich titeln die Medien abwechselnd seit Jahren – ein uns auch aus Fernsehdiskussionen vertrautes Szenario. Beide Seiten können ihre Standpunkte durch Koransuren belegen, besser allerdings diejenigen, die vom „bösen" Islam sprechen. Welche Korantextstellen werden herangezogen – immer mit dem Vorwurf der jeweils gegnerischen Seite, es sei aus dem Zusammenhang gerissen oder vernachlässige „den Kontext" – und wer sind die Verfechter der jeweiligen Thesen?

„Schlimme" Stellen des Korans

Einige der Surenverse zum Umgang mit Ungläubigen und Andersgläubigen sind uns schon aus den vorangehenden Abschnitten bekannt. Die folgende Auswahl wendet sich an alle, die sagen, der „Islam an sich" sei friedfertig. Die folgenden Koransuren sind es jedenfalls nicht:

Und tötet sie, wo (immer) ihr sie zu fassen bekommt, und vertreibt sie, von wo sie euch vertrieben haben! (Sure 2,191)

Und kämpft gegen sie, bis niemand (mehr) versucht, (Gläubige zum Abfall vom Islam) zu verführen, und bis nur noch Allah verehrt wird! (Sure 2,193)

Sie möchten gern, ihr wäret ungläubig, so wie sie (selber) ungläubig sind, damit ihr (alle) gleich wäret. Nehmt euch daher niemand von ihnen zu Freunden, solange sie nicht (ihrerseits) um Allahs willen auswandern! Und wenn sie sich abwenden (und eurer Aufforderung zum Glauben kein Gehör schenken), dann greift sie und tötet sie, wo (immer) ihr sie findet, und nehmt euch niemand von ihnen zum Beschützer oder Helfer! (Sure 4,89)

Der Lohn derer, die gegen Allah und Seinen Gesandten Krieg führen und Verderben im Lande zu erregen trachten, soll sein, dass sie getötet oder gekreuzigt werden oder dass ihnen Hände und Füße wechselweise abgeschlagen werden oder dass sie aus dem Lande vertrieben werden. Das wird für sie eine Schmach in dieser Welt sein, und im Jenseits wird ihnen eine schwere Strafe zuteil. (Sure 5,33) Dieser Vers stand auf dem Zettel, den am 2. November 2004 in Amsterdam der aus Marokko stammende Mohammed Bouyeri mit einem Messer auf die Brust seines Mordopfers Theo van Gogh gespießt hatte. Bouyeri sagte bei seinem Prozess dem Richter, als Muslim dürfe er jedem „den Kopf abhacken", der Allah beleidige.

Da gab dein Herr den Engeln ein: „Ich bin mit euch; so festigt denn die Gläubigen. In die Herzen der Ungläubigen werde Ich Schrecken werfen. Trefft sie oberhalb des Nackens und schlagt ihnen jeden Finger ab! (Sure 8,12)

Nicht ihr habt sie erschlagen, sondern Allah erschlug sie. Und nicht du hast geschossen, sondern Allah gab den Schuss ab; und prüfen wollte Er die Gläubigen mit einer schönen Prüfung von Ihm. Wahrlich, Allah ist Allhörend, Allwissend. (Sure 8,17)

Und wenn die heiligen Monate abgelaufen sind, dann tötet die Ungläubigen, wo ihr sie findet, greift sie, umzingelt sie und lauert ihnen überall auf! (Sure 9,5)

O die ihr glaubt, kämpft wider jene der Ungläubigen, die euch benachbart sind, und laßt sie in euch Härte finden; und wisset, daß Allah mit den Gottesfürchtigen ist? (Sure 9,123)

„Diejenigen aber, die ungläubig sind, – nieder mit ihnen!" (Sure 47,8)

Insgesamt werden 204 Verse gezählt, die sich explizit gegen Nichtmuslime richten! Würde heute jemand solche Dinge schreiben – wie sie in ähnlicher Form auch im Alten Testament stehen –, würde man den oder die Verfasser vor Gericht stellen und das jeweilige Buch verbieten. Schlimm genug, dass zu archaischen Zeiten solches Denken vorherrschte. Dass heute der Koran von Muslimen als unveränderliche, immer noch gültige Wahrheit gesehen und gelebt wird, ist dem friedlichen Zusammenleben *aller* Menschen abträglich. Einem auf den zitierten archaischen Regeln beruhenden Glauben „Respekt" erweisen zu sollen, ist für viele eine Zumutung. Zu den zitierten Forderungen und Aufrufen Mohammeds wird zwar von liberaleren Islamwissenschaftlern – entschuldigend – der historische Kontext bemüht (medinesische Zeit mit Jahren kriegerischer Auseinandersetzungen). In der islamischen Welt gelten sie jedoch überwiegend als Surenverse mit zeitlos-allgemeingültigem Charakter und damit für Gegenwart und Zukunft noch immer als unmittelbare Handlungsanweisungen für vergleichbare Situationen und Konfliktlagen.

Die „schönen" Stellen des Korans

Der Koran enthält – ähnlich der Bibel, auf die er sich stützt – verschiedene ethische/sozialethische Forderungen und Handlungsmaximen, die zum Beispiel dazu auffordern, den Reichtum zu teilen, keine Zinsen zu erheben, Gerechtigkeit walten zu lassen und das Gemeinwohl zu beachten. Ferner finden sich auch (wenngleich wenige) Passagen, die für die Toleranz gegen „Ungläubige" sprechen.[339]

Es wird dazu angehalten, das „Entbehrliche (den Überschuss)" zu spenden: *„Sprich: (Gebt, was ihr) entbehren (könnt)"* (Sure 2,219). Sure 17,22–39 enthält in der Art der „Zehn Gebote" neben der Forderung, nur dem einen Gott zu dienen (17,22), auch einige ethische Forderungen: das Ehrgebot gegenüber den Eltern; das Abgabengebot an Arme; die Ablehnung der Verschwendung; das Verbot des Betrügens; das Verbot des „ungerechtfertigten" Tötens. Für Diebstahl (Sure 5,38) werden – allerdings drakonische – Strafen festgelegt (Abschneiden der Hände). Gewarnt wird vor Verdächtigungen (17,36), vor übler Nachrede (24,19), vor Verleumdung (4,112).

In Sure 5,8 wird die Forderung nach Gerechtigkeit erhoben: *„O die ihr glaubt! Seid standhaft in Allahs Sache, bezeugend in Gerechtigkeit! Und die Feindseligkeit eines Volkes soll euch nicht verleiten, anders denn gerecht zu handeln. Seid gerecht, das ist näher der Gottesfurcht. Und fürchtet Allah; wahrlich, Allah ist kundig eures Tuns."* Auch gibt es ein Tötungsverbot, allerdings nur den „Kindern Israels" verordnet: *„Aus diesem Grunde haben Wir den Kindern Israels verordnet, daß wenn jemand einen Menschen tötet – es sei denn für (Mord) an einem andern oder für Gewalttat im Land –, so soll es sein, als hatte er die ganze Menschheit getötet; und wenn jemand einem Menschen das Leben erhält, so soll es sein, als hätte er der ganzen Menschheit das Leben erhalten. Und Unsere Gesandten kamen zu ihnen mit deutlichen Zeichen; dennoch, selbst nach diesem, begehen viele von ihnen Ausschreitungen im Land"* (Sure 5,32).

Aufgefordert wird zur Friedensstiftung: *„Wenn zwei Parteien der Gläubigen miteinander streiten, dann stiftet Frieden unter ihnen; wenn aber eine von ihnen sich gegen die andere vergeht, so bekämpft die Partei, die sich verging, bis sie zu Allahs Befehl zurückkehrt. Kehrt sie zurück, dann stiftet Frieden zwischen ihnen nach Gerechtigkeit, und handelt billig. Wahrlich, Allah liebt die billig Handelnden"* (Sure 49,9)

Die Blutrache wird gemildert: *"Die Vergeltung für eine Schädigung soll eine Schädigung in gleichem Ausmaß sein; wer aber vergibt und Besserung bewirkt, dessen Lohn ist sicher bei Allah. Wahrlich, Er liebt die Ungerechten nicht"* (Sure 42,40). Zwar wird die Blutrache grundsätzlich beibehalten, aber eine bessere Variante aufgezeigt.

An einer Stelle spricht sich der Koran sogar gegen den Glaubenszwang aus: *"Es soll kein Zwang sein im Glauben. Gewiß, Wahrheit ist nunmehr deutlich unterscheidbar von Irrtum; wer also sich von dem Verführer nicht leiten läßt und an Allah glaubt, der hat sicherlich eine starke Handhabe ergriffen, die kein Brechen kennt; und Allah ist allhörend, allwissend"* (Sure 2,256). Allerdings gibt es die vielen Suren, die sehr wohl von einem Zwang in Glaubenssachen sprechen. Dennoch findet sich selbst eine Schutzgewährung für Götzendiener: *"Und wenn einer der Götzendiener bei dir Schutz sucht, dann gewähre ihm Schutz, bis er Allahs Wort vernehmen kann; hierauf lasse ihn die Stätte seiner Sicherheit erreichen. Dies weil sie ein unwissendes Volk sind"* (Sure 9,6).

Unter anderem wird dazu aufgerufen, Frieden zwischen den Gläubigen zu stiften: *"Die Gläubigen sind ja Brüder. Stiftet drum Frieden zwischen euren Brüdern und nehmt Allah zu eurem Beschützer, auf daß euch Barmherzigkeit erwiesen werde"* (Sure 49,10). Mohammed zeigt sich bisweilen auch tolerant: *"Euch euer Glaube, und mir mein Glaube"* (Sure 109,6). Das war noch in Mekka. Eine gern zitierte Stelle für den friedlichen Charakter des Islam ist Sure 18,29: *"Und sprich: ‚Die Wahrheit ist es von eurem Herrn: darum laß den gläubig sein, der will, und den ungläubig sein, der will.'"* Der Folgesatz wird dann meist weggelassen. Er lautet: *"Siehe, Wir haben für die Frevler ein Feuer bereitet, dessen Zelt sie umschließen wird. Wenn sie dann um Hilfe schreien, so wird ihnen geholfen werden mit Wasser gleich geschmolzenem Blei, das die Gesichter verbrennt. Wie schrecklich ist der Trank, und wie schlimm ist das (Feuer) als Lagerstatt!"* Es geht hier demnach nicht um Glaubensfreiheit, wie der Islamwissenschaftler Tilman Nagel schreibt, sondern es handelt sich um eine der vielen Drohreden, die der Koran gegen Andersgläubige richtet.

Der Islam als Ursache für Menschenrechtsverletzungen, Gewalt und Terrorismus?

Von nicht wenigen wird die These vertreten, dass islamistische Gewalt nicht Folge eines „Missbrauchs" dieser Religion ist, sondern sich unmittelbar aus dem Koran ableitet. Einige der Befürworter dieser Einschätzung sind uns aus Literatur und Medien bekannt.

Der Deutsch-Syrer *Bassam Tibi*, ehemals Professor für Politikwissenschaft und gläubiger Muslim, beschreibt Gotteskrieger als „fromme Muslime". Er stützt sich dabei auf Interviews, die er mit Islamisten in 20 Ländern führte. Tibi prägte Anfang der 1990er-Jahre den Begriff des „Euro-Islam" und fordert, die Prinzipien des Islam mit den Werten der europäischen Kultur und Aufklärung zu vereinbaren sowie die Abkehr des Islam von Scharia und Dschihad.

Der Politologe und Schriftsteller *Hamed Abdel-Samad*, Sohn eines ägyptischen Imams und seit Jahren in Deutschland lebend, hält den Islam für nicht reformierbar, und auch eine „zeitgemäße Interpretation" des Korans oder ein „liberaler" Islam sind für ihn keine Lösung. Er wurde aufgrund seiner Kritik schon häufig mit dem Tod bedroht und lebt unter Polizeischutz. Die vom ägyptischen Scheich Assem Abdel-Maged gegen ihn ausgerufene Fatwa (sprich die Aufforderung, ihn zu töten) wurde im ägyptischen Fernsehsender „Al-Hafez" 2013 landesweit übertragen: „Er muss getötet werden, und seine Reue wird nicht akzeptiert." Abdel-Samad kritisiert die Politiker, die aus Angst oder politischem und wirtschaftlichem Kalkül eine Appeasement-Politik gegenüber dem Islam betreiben. „Man muss zwischen Muslimen und Islam unterscheiden, aber den Islam nicht reinwaschen wollen", sagte er in der Zeit.[340] Wer den Koran als direktes Wort Gottes betrachte, könne ihn eigentlich nicht relativieren. Abdel-Samad fordert von den Muslimen, sich von der Geltung der Texte im Koran zu verabschieden, so wie die meisten Christen sich von den Sätzen des Alten Testaments distanziert hätten. „Der IS macht nichts, was Mohammed in seiner Zeit nicht auch getan hat".³⁴¹ Der IS sei das legitime Kind von Mohammed. Dies gelte auch für „die Religionspolizei in Saudi-Arabien, die Fanatiker in Indonesien, Boko Haram in Nigeria, al Schabab in Somalia und die Hamas im Gazastreifen".

Ähnlich in der Tendenz der indisch-britische Schriftsteller *Salman Rushdie*, der in einer muslimischen Familie aufwuchs: „Die Taliban haben die Menschen in Afghanistan gequält. Im Iran leiden die Iraner. Im Irak die Iraker. 99 Prozent der Getöteten in muslimischen Ländern sind Opfer von Muslimen. Wer nun sagt, das alles habe mit dem Islam nichts zu tun, hat ein Problem mit der Wirklichkeit."³⁴² Rushdie fordert den Westen im Umgang mit Muslimen auf: „Wir müssen klarmachen, in welcher Welt wir leben wollen. Der freie Teil der Welt kann keine Kompromisse eingehen."

Cem Özdemir, Vorsitzender der Grünen-Fraktion im Bundestag, „kann es nicht mehr hören", wenn Islamvertreter erklärten, das alles – sprich der Islamismus mit seiner Gewalt und seinem Terror – habe nichts mit dem Islam zu tun.

Weitere Befürworter der These, der Islam sei Nährboden für Menschenrechtsverletzungen und Gewalt, die selbst teilweise Opfer des „bösen Islam" wurden, sind unter anderem³⁴³ muslimische Dissidenten wie *Necla Kelek*, *Seyran Ateş* (beide türkischstämmig) oder *Mina Ahadi* (aus dem Iran stammend) in Deutschland, die bangladeschische Ärztin und Schriftstellerin *Taslima Nasrin* (nach Todesdrohungen heute im europäischen Exil), die britisch-iranische Bürgerrechtlerin *Maryam Namazie*, der aserbaidschanischer Publizist und Arzt *Rafiq Tağı* (2011 ermordet), der Bangladescher Internet-Aktivist *Asif Mohiuddin* (nach einem Mordanschlag seit 2014 in Deutschland lebend), der in Saudi-Arabien aufgewachsene Palästinenser, Lyriker sowie Kurator von Kunstausstellungen *Ashraf Fayadh* (im November 2015 zum Tode verurteilt) oder auch der saudi-arabische Blogger *Raif Badawi*. Badawi hatte 2008 das Online-Forum „Die Saudischen Liberalen" gegründet, eine Website über Politik und Religion in Saudi-Arabien. 2012 wurde er verhaftet und ein Verfahren wegen Abfall vom Glauben (Apostasie) gegen ihn eingeleitet. Ein islamisches Rechtsgutachten erklärte ihn 2013 zu einem „Ungläubigen". Das Gericht warf ihm vor, Muslime, Christen, Juden und Atheisten als gleichwertig bezeichnet zu haben, und verurteilte ihn zu zehn Jahren Haft und 1.000 Stockhieben sowie einer Geldstrafe. Nach seiner ersten öffentlichen Auspeitschung Anfang 2015 mit 50 Stockhieben war er so schwer verletzt, dass die Fortführung eine Woche später mit weiteren 50 Schlägen auf Anordnung des Gefängnismediziners vorerst verschoben wurde. Ohne internationalen Druck (Europäisches Parlament, Amnesty International, deutsche Bundesregierung) wäre wahrscheinlich noch Schlimmeres passiert.[344]

Zu nennen ist auch der ägyptische Literaturnobelpreisträger *Nagib Machfus* (1911–2006), der 1994 von einem muslimischen Attentäter angegriffen und mit mehreren Messerstichen in den Hals schwer verletzt wurde, nachdem ihn konservative islamische Kreise der Gotteslästerung bezichtigt hatten. Machfus trat gegen die Ideen eines fundamentalistischen Islam, für eine Trennung von Staat und Religion und für eine säkulare, demokratische Gesellschaftsordnung ein. Oder die aus Somalia stammende Frauenrechtlerin und Politikerin *Ayaan Hirsi Ali*, die zunächst in den Niederlanden und heute in den USA lebt – als am 2. November 2004 der Filmregisseur Theo van Gogh in Amsterdam von einem muslimischen Extremisten ermordet wurde, war an seiner Leiche ein vom Täter an Ayaan Hirsi Ali gerichteter Drohbrief befestigt. Ferner die in Pakistan geborene und heute in Deutschland lebende Sabatina James. „Das Fundament der Religion ist das Problem", sagt sie, und das Leben und Wirken Mohammeds selbst spreche Bände, wie sie sich in einer Diskussionsrunde im TV-Kanal Phoenix am 1. Oktober 2015 äußerte. Sabatina James hat den „normalen Islam" im eigenen Leben erfahren: 1982 in Pakistan geboren, wohnte sie dort bis zu ihrem zehnten Lebensjahr, bis sie mit ihren Eltern nach Österreich zog. Als sie sich der Zwangsverheiratung mit ihrem Cousin widersetzte, kam es zum Bruch mit ihrer Familie. Nach Todesdrohungen tauchte sie unter und nahm eine neue Identität an. Sie ist heute Publizistin und Botschafterin der Frauenrechtsorganisation Terre des Femmes.

Selbst ein saudischer Prediger wie Scheich *Adel al-Kalbani*, der langjährige Imam der Großen Moschee von Mekka, sagt in einem Interview des Senders MBC in Dubai, der IS gewinne seine Überzeugungen aus dem, „was in unseren Büchern geschrieben steht und was unsere Prinzipien sind". Beim Umgang mit Häretikern zum Beispiel seien saudische Kleriker mit dem IS einer Meinung: „Wer den Islam verlässt, der muss hingerichtet werden."[345] Wenig verwunderlich, wenn sich auch Terroristen regelmäßig für ihr Handeln auf Koransuren berufen (so etwa Osama bin Laden).[346]

Wer all dies anprangert, wer die Durchsetzung der Menschenrechte, die im Grundgesetz oder auch in der Charta der Vereinten Nationen stehen, einfordert, läuft leicht Gefahr, von Muslimen (insbesondere ihren Verbänden), teilweise aber auch in politisch-intellektuellen Kreisen im Westen in eine islamophobe Ecke gestellt zu werden, wer gar den Koran als Humus für Terror bezeichnet, ohnehin. Dies kritisiert die oben schon erwähnte britisch-iranische Bürgerrechtlerin Maryam Namazie. Anstatt die fortschrittlichen Kräfte in den muslimischen Gemeinden zu stärken, werfe ein Teil der Linken den „Schleier des Respekts vor der anderen Kultur" über die Missstände und die Ablehnung der Werte wie Freiheit und Gleichheit, die dort zum Teil herrschten. Sie sei mit ihrem Frust darüber nicht allein, so der Journalist von Drach in der *Süddeutschen Zeitung*. So fordere die offen lesbische kanadische Muslimin Irshad Manji, dass Nichtmuslime im Westen endlich ihr Schweigen und ihre Selbstzensur brechen.[347] Überraschend und bemerkenswert kritisch sind die Aussagen von Kyai Haji Yahya Cholil Staquf, immerhin Generalsekretär der größten muslimischen Vereinigung Indonesiens, in einem Interview mit der *FAZ* vom 19. August 2017: „Westliche Politiker sollten aufhören, zu behaupten, Extremismus und Terrorismus hätten nichts mit dem Islam zu tun." Es gebe einen ganz klaren Zusammenhang zwischen Fundamentalismus, Terror und Grundannahmen der islamischen Orthodoxie. Der Westen müsse aufhören, das Nachdenken über diese Fragen für islamophob zu erklären. Ein Problem, das geleugnet werde, könne man nicht lösen. Er kritisiert Saudi-Arabien, denn „vor allem die saudische Strategie einer Verbreitung von Wahhabismus und Salafismus hat die Welt in ein Pulverfass verwandelt".

Dieser kritischen Sicht stehen die Bekundungen eines „guten Islam" gegenüber. Hier heißt es dann meist, „der Islam ist friedlich", „das alles hat nichts mit dem Islam zu tun", „der Islam kann nicht als Grundlage des Terrorismus dienen", „er muss nicht reformiert werden", „er passt gut zur Demokratie". Ganz unterschiedliche Stimmen gehen in diese Richtung. Aus *Teheran* ist zu hören, die Terroristen des sogenannten Islamischen Staates seien keine Muslime. Und *Saudi-Arabien* bekundet, der Islam billige keinen Terrorismus. Wahrlich ein Dream-Team zur Bezeugung eines friedlichen Islam! Rechtfertigen doch gerade diese beiden Länder mit ihrer eigenen Auslegung der islamischen Quellentexte Enthauptungen, Gliederabtrennung, die Unterdrückung von Frauen, die Ablehnung von Ungläubigen sowie das Fehlen von Grundrechten und demokratischen Regeln und sind somit eher Zeugen für den autoritären und gewaltsamen Charakter des Islam. Es sind Schreckensherrschaften. Irans früheres Staatsoberhaupt Ayatollah Khomeini definierte den „Heiligen Krieg" als „Eroberung nichtmuslimischer Territorien".

Was haben die Terroranschläge von Islamisten mit dem Islam zu tun? „Nichts", sagte etwa Innenminister *Thomas de Maizière* in der *Süddeutschen Zeitung* nach der Ermordung der Mitarbeiter von *Charlie Hebdo* in Paris. Das ist auch die Haltung der Vertreter muslimischer Verbände in Deutschland. Ihnen zufolge ist der Islam eine Religion des Friedens. Ins gleiche Horn bläst die Arabistin *Angelika Neuwirth*, derzeit FU Berlin und zuvor einige Jahre Professorin an der Universität Amman, Jordanien. Liest man die im Internet zugänglichen Interviews mit ihr, muss man fast glauben, sie kenne den Koran nicht und habe in den letzten Jahren auf einem anderen Planeten gelebt. Sie steht dabei aber nicht allein unter den Islamprofessoren. Es könnte lohnend sein, so Norbert G. Pressburg, einmal den Zusammenhang der deutschen Islamforschung des 20. Jahrhunderts mit der Politik zu untersuchen. Kaiser Wilhelm habe sich Islamkritik an seinen Akademien mit Blick auf den osmanischen Bündnispartner verboten, und auch im Dritten Reich habe es gute Beziehungen zur islamischen Welt gegeben. Vielleicht, so Pressburg, habe sich hier eine gewisse Zurückhaltung zulasten der Wahrheitsfindung erhalten.[348] Selbst *Navid Kermani*, Träger des Friedenspreises des Deutschen Buchhandels, der dem islamischen Sufismus nahesteht, räumt in einem Interview mit der *Zeit* ein: „Wer so tut, als ob Gewalt und Religion nichts miteinander zu tun hätten, der macht sich geradezu lächerlich."

Islam oder Islamismus? Suche nach den Ursachen für den islamischen Terrorismus

Die Abgrenzung der Begriffe „Islam" und „Islamismus" ist umstritten. Zur Unterscheidung äußert beispielsweise der britisch-pakistanische Kolumnist Maajid Nawaz: „Islam ist eine Religion, Islamismus ist eine theokratische Ideologie, die versucht, diese Religion der Gesellschaft aufzuerlegen."[349] Der Politologe Armin Pfahl-Traughber nennt folgende Punkte als typische Merkmale des Islamismus: Absolutsetzung des Islam als Lebens- und Staatsordnung, Gottes- statt Volkssouveränität als Legitimationsbasis, der Wunsch nach ganzheitlicher Durchdringung und Steuerung der Gesellschaft, homogene und identitäre Sozialordnung im Namen des Islam, Frontstellung gegen den demokratischen Verfassungsstaat sowie ein Potenzial zu Fanatismus und Gewaltbereitschaft.[350]

Ruft man sich die in den vorangehenden Kapiteln genannten Koransuren in Erinnerung, fragt man sich unwillkürlich, wo ist hier der große Unterschied? So ist auch für den Islamwissenschaftler Tilman Nagel eine Unterscheidung zwischen Islam und Islamismus ohne Erkenntniswert. „Islam und Islamismus sind so lange nicht voneinander zu trennen, wie Koran und Sunna als absolut und für alle Zeiten wahr ausgegeben werden". Er setzt „Islamismus" mit dem orthodoxen Islam gleich und argumentiert, der Islam sei von Haus aus fundamentalistisch. Er richte sich nicht wie das Christentum in einem bestehenden Staat ein, sondern gründe „einen eigenen". Historisch führt Nagel dies auf die frühislamische Gemeinde unter Mohammed zurück, dessen Wirken „von Anfang an ein entschiedenes Streben nach Dominanz über alle anderen Menschenverbände" innegewohnt habe, weil es sich „als unerschütterbar wahr(nahm) und endgültig richtig auffasste. Die Anwendung von Gewalt zur Selbstbehauptung und dann zur Unterwerfung anderer Gemeinschaften, die eben nicht islamische waren, ist demgemäß ein wesentliches, wenn nicht das wesentliche Merkmal der Geschichte des Wirkens Mohammeds in Medina."[351]

Islam und Demokratie

Allgemein wird in Wissenschaft und Medien eine Diskrepanz zwischen den Normen des Grundgesetzes und dem Islam in seiner derzeitigen Ausprägung gesehen. Angesichts der Tatsache, dass schon in einigen Jahren fast zehn Prozent der deutschen und europäischen Bevölkerung dem Islam angehören werden, ist diese Diskrepanz für unsere Staats- und Gesellschaftsordnung, für unser Zusammenleben von größter Bedeutung.[352] Hoffnung wird vor allem auf die Reformfähigkeit des Islam gesetzt. In diesem Sinn äußert sich beispielsweise Tilman Nagel: Um eine Übereinstimmung zwischen den Normen des Grundgesetzes und dem Islam herbeizuführen, müssten wesentliche Teile des Korans und der Prophetenüberlieferung für nicht mehr gültig erklärt werden. Insbesondere den Koranstellen zur Gewaltanwendung gegen Andersgläubige, zum absoluten Geltungsanspruch des Islam oder auch zur inferioren Stellung der Frau müsste die ewige Geltung abgesprochen werden. Den in einer säkularisierten Gesellschaft lebenden und deren Entfaltungsmöglichkeiten genießenden Muslimen sei zuzumuten, dass sie zwischen überlieferter Geschichte und verpflichtender Wahrheit unterscheiden lernten. Wenn die politischen Entscheidungsträger dies den zugewanderten Muslimen nicht abverlangten, würden sie auch jenen Muslimen in den Rücken fallen, die sich, selbst in Europa vielfach von ihren Glaubensbrüdern bedroht, um eine Anpassung des Islam an eine offene Gesellschaft bemühten.[353]

Islam und Demokratie – ein Gegensatz? Das ist auch der Titel eines Buches der Religionswissenschaftlerin *Christine Schirrmacher*. In einem Interview geht sie auf wesentliche Inhalte ihres Buches ein. Einige ihre Thesen lauten wie folgt:[354]

- Etliche muslimische Meinungsführer und Theologen lehnen die Demokratie rundheraus ab. Sie halten sie für „unislamisch" und warnen Muslime in westlichen Gesellschaften vor einer zu weitgehenden Integration. Sie rufen sie dazu auf, sich abzuschotten und sich ihrer endgültigen Beheimatung in Europa zu verweigern. Besonders Salafisten fallen durch ihre Ablehnung der Demokratie und der westlichen Gesellschaft auf.
- Andere Theologen und Sprecher der muslimischen Gemeinschaft bejahen die Demokratie zwar als ureigenes islamisches Prinzip, begründen dann jedoch nur Teilaspekte der Demokratie mit dem Islam (wie etwa die Freiheit zur Verbreitung des Islam), während sie andere ablehnen, wie zum Beispiel den freien Religionswechsel auch für Muslime. Demokratien und demokratische Prinzipien vollständig zu bejahen ist jedoch nur möglich, wenn das klassische Schariarecht nicht als heute verbindlich anzuwendendes Recht betrachtet wird.
- Zur Trennung von Staat und Religion im Islam führt Schirrmacher aus, dass dem Koran kaum Regieanweisungen für eine als ideal betrachtete Herrschaftsform entnommen werden können. Aus der Rolle Mohammeds als Heerführer, Gesetzgeber und Prophet kann aber der Schluss gezogen wer-

den, dass die ideale islamische Herrschaft geistliche und weltliche Herrschaft zugleich sein soll. Vor allem Führer aus dem islamistischen Spektrum haben dieses Modell als einzig legitime Herrschaftsform propagiert.

- Zur Frage, ob sich die Demokratie im Islam „wiederfinde", erwähnt Schirrmacher, dass zwar die ersten vier Kalifen nach Mohammed aus einer Wahl hervorgingen, aber schon die Dynastie der Umayyaden das Kalifat ab dem Jahr 661 n. Chr. erblich gemacht hatte. Weder in der islamischen Geschichte noch in der islamischen Gegenwart – zumindest in arabischen Ländern – sind Elemente einer echten Demokratie nachweisbar. Es finden sich auch heute dort nicht einmal Gremien, die die Macht wirksam kontrollierten und einem westlich-demokratischen Parlament auch nur annähernd vergleichbar wären. Echte Demokratien sind im arabischen Raum bisher nicht entstanden.
- Der Islam als private Religionsausübung oder ethisches Wertegerüst steht zwar einer Demokratie nicht entgegen. Es gibt keinen Grund, anzunehmen, dass die Ausübung des Islam als Religion, zum Beispiel durch Gebet und Fasten, in unversöhnlichem Widerspruch zu einer Demokratie stehen sollte. Allerdings gilt das nur in Bezug auf den Islam als eines persönlichen Glaubens, nicht jedoch in Bezug auf den Islam als Rechtssystem, das Gesetze, Werte und Normen bestimmt. Wo das Schariarecht Gesetz, Gesellschaftsordnung und Rechtsprechung prägt, können keine umfangreichen Freiheitsrechte im Sinne der UN-Charta der Menschenrechte von 1948 zugelassen werden, denn das Schariarecht kann nach seiner traditionellen Auslegung weder Männern und Frauen noch Muslimen und Nichtmuslimen noch Religionswechslern oder Atheisten Gleichberechtigung zubilligen. Daher ergeben sich bei einer islamischen Gesellschaft, in der Scharianormen das Rechtssystem prägen, erhebliche Schwierigkeiten auf dem Weg in die Demo-

kratie, so etwa auf den Gebieten des Ehe- und Familienrechts, mit Blick auf umfassende Menschenrechte, das Strafrecht sowie die Meinungs, Gewissens- und Religionsfreiheit.

Interessant ist nun vor allem, welche Meinungen *türkischstämmige Muslime in Deutschland* zu Religion vertreten und welches Verhältnis sie zu Demokratie und Integration haben. Eine im Juni 2016 veröffentlichte Studie der Universität Münster mit dem Titel *Integration und Religion aus der Sicht von Türkeistämmigen in Deutschland*, die sich auf eine repräsentative Erhebung von TNS Emnid stützt, zeigt folgende Ergebnisse zu Religion und Integrationsbereitschaft – teilweise differenziert nach Türkeistämmigen der ersten, zweiten und dritten Generation. So stimmen 2016 die in Deutschland lebenden Türkischstämmigen den folgenden Aussagen mit den angegebenen Prozentangaben zu:[355]

	Zustimmung
Die Befolgung der Gebote meiner Religion ist für mich wichtiger als die Gesetze des Staates, in dem ich lebe.	47 %
Muslime sollten die Rückkehr zu einer Gesellschaftsordnung wie zu Zeiten des Propheten Mohammeds anstreben.	32 %
Es gibt nur eine wahre Religion.	50 %
Nur der Islam ist in der Lage, die Probleme unserer Zeit zu lösen.	36 %
Die Bedrohung des Islam durch die westliche Welt rechtfertigt, dass Muslime sich mit Gewalt verteidigen.	20 %
Gewalt ist gerechtfertigt, wenn es um die Verbreitung und Durchsetzung des Islam geht.	7 %
Muslime sollten es vermeiden, dem anderen Geschlecht die Hand zu schütteln.	23 %
Muslimische Frauen sollten Kopftuch tragen.	33 %
Tragen Sie in der Öffentlichkeit ein Kopftuch? (nur weibliche Befragte)	31 %

Wenn nach einem Terroranschlag als Erstes die Muslime verdächtigt werden, macht mich das wütend.	83 %
Der Islam passt durchaus in die westliche Welt.	61 %
Bücher und Filme, die Religionen angreifen und die Gefühle tief religiöser Menschen verletzen, sollten gesetzlich verboten werden.	73 %

Bei der Frage, inwiefern bestimmte Begriffe oder Vorstellungen mit dem Islam assoziiert werden, zeigen sich fundamentale Unterschiede zwischen Mehrheitsbevölkerung und Türkischstämmigen. Nahe beieinander liegen sie hingegen in ihrer Einschätzung zum Christentum:

	Assoziationen zum Islam		Assoziationen zum Christentum		
	Gesamtbevölkerung %	Türkischstämmige %		Gesamtbevölkerung %	Türkischstämmige %
Achtung der Menschenrechte	6	57		52	49
Solidarität	8	53		48	43
Toleranz	5	56		41	49
Friedfertigkeit	7	65		55	49
Benachteiligung der Frau	82	20		11	11

Gewaltbereitschaft	64	12		5	9
Fanatismus	72	18		11	13

Die skeptische Haltung der Türkischstämmigen hinsichtlich der Integrationsperspektiven in Deutschland zeigen folgende Umfrageergebnisse, wobei die deutlich selbstbewusstere Haltung mit Blick auf die eigenen Wurzeln bei den Türkischstämmigen der zweiten und dritten Generation auffällt. Dem stehen jedoch positive Bekundungen zum persönlichen Wohlbefinden und zur Einstellung zu Deutschland gegenüber:

	Zustimmung
Persönliches Wohlbefinden (sehr wohl/eher wohl)	90 %
Verbundenheit mit Deutschland (sehr eng/eng)	87 %
Verbundenheit mit der Türkei (sehr eng/eng)	85 %
Wille zur Integration (stimme stark/eher zu)	70 %
Zur Integration:	
Als Türkeistämmiger fühle ich mich als Bürger zweiter Klasse. (stimme stark/eher zu)	51 %
Egal, wie sehr ich mich anstrenge, ich werde nicht als Teil der deutschen Gesellschaft anerkannt. (stimme stark/eher zu)	54 %
Würden Sie sich selbst als Angehörige/Angehöriger einer Bevölkerungsgruppe bezeichnen, die in Deutschland diskriminiert wird? (ja)	24 %
Die Muslime in Deutschland müssen sich an die deutsche Kultur anpassen. (stimme stark/eher zu)	
Türkeistämmige der ersten Generation	72 %
Türkeistämmige der zweiten und dritten Generation	52 %

Bedingung guter Integration ist es, selbstbewusst zu seiner eigenen Kultur / eigenen Herkunft zu stehen.	
Türkeistämmige der ersten Generation	67 %
Türkeistämmige der zweiten und dritten Generation	85 %

Auffallend und bedenklich ist vor allem, dass die Anpassungsbereitschaft an die deutsche Kultur der Türkeistämmigen der zweiten und dritten Generation geringer ist als die der ersten Generation – fast die Hälfte zeigt diese Bereitschaft nicht.

Ist der Islam reformierbar? Und wie mit ihm umgehen?

So wie in Deutschland das Säkulare zunimmt, so wird dies, das hoffen viele, auch mit dem bisher noch „unaufgeklärten" Islam passieren. Die moderne Arbeitswelt, die digitale Revolution und der damit einhergehende ständige Informationsfluss sowie das starke Bevölkerungswachstum, das die Menschen zwingt, das Miteinander auf der Welt friedlich zu gestalten – was nur mit großer Toleranz möglich ist –, werden, so die Erwartung (bei skeptischer Sicht auch nur die Hoffnung), diese Entwicklung begünstigen. Das heißt aber: Die Muslime müssen sich von zahlreichen Aussagen des Korans, die mit den Menschenrechten (UN-Menschenrechtscharta, Grundgesetz) in Widerspruch stehen und das friedliche Zusammenleben der Menschen gefährden, lossagen. Die hierdurch verursachten oder beeinflussten fast weltweiten Konflikte werden sonst nie abreißen. Die Frage, die sich – vor allem auch vor dem Hintergrund der vielen muslimischen Flüchtlinge – derzeit alle stellen, ob nun die (besorgte) Bevölkerung, die im Panikmodus agierende Politik oder die Wissenschaft, lautet: *Ist der Islam reformierbar?*

Der Koran ist für die meisten Muslime unmittelbar Gottes Wort. Daher ist er in ihren Augen unantastbar und nicht abänderbar – so die orthodoxe islamische Lehrmeinung. Dennoch suchen liberale und säkulare Muslime, Islamwissenschaftlern und Politikern nach (Aus-)Wegen hin zu einer Reform des Islam und seiner „Heiligen Bücher". Ziel ist dabei insbesondere, dass Muslime die Menschenrechte, das Grundgesetz und die Demokratie als etwas ansehen, das mit ihrer entsprechend reformierten Religion vereinbar ist. Eine Reform des Islam *innerhalb* islamischer Länder wird wegen der dortigen Gegebenheiten, insbesondere auch der Gefahr für Leib und Leben möglicher Reformer, allgemein sehr skeptisch gesehen oder für nahezu unmöglich gehalten. In der Umma, der muslimischen Weltgemeinde, bewege sich seit Jahrzehnten wenig, und wenn, dann in Richtung Fundamentalismus und Radikalisierung, so Tomas Avenarius in der *Süddeutschen Zeitung*. In den Ländern, die den Trend setzten, weise der islamische Zeitgeist in die falsche Richtung: Von Ägypten über Saudi-Arabien bis nach Südostasien würden die Reformer von den Extremisten übertönt.[356]

Allerdings gibt es auch Stimmen, die Hoffnung verbreiten, so etwa die des Generalsekretärs der größten muslimischen Vereinigung Indonesiens in dem oben erwähnten Interview mit der *FAZ* vom 19. August 2017. Er betont, eine Feindschaft zwischen Muslimen und Nichtmuslimen oder auch die Segregation (Ausgrenzung) sei heutzutage unvernünftig, da sie ein friedliches Leben von Muslimen in den multikulturellen, multireligiösen Gesellschaften unmöglich machten. Ferner müsse „glasklar" sein, dass die staatlichen Gesetze Vorrang vor religiösen Normen habe. Bestimmte „im Mittelalter entstandene Grundannahmen des Islam" müssten im Kontext ihrer Entstehungszeit verstanden werden und seien daher keine Handlungsanweisung für die Gegenwart. „Darüber müsste möglichst weltweit ein Konsens hergestellt werden." Ein kleiner Hoffnungsschimmer kommt selbst aus Saudi-Arabien, wo der Mitte 2017 zum Thronfolger ernannte Kronprinz Mohammed bin Salman im Oktober 2017 auf einem Wirtschaftsforum in Riad ankündigte: „Wir gehen zu dem zurück, wie wir waren: dem moderaten Islam, der offen gegenüber der Welt und allen Religionen ist."[357]

Mehr Hoffnung auf eine Reform des Islam wird derzeit für die „islamische Diaspora im Westen" gesehen. Millionen Muslime leben in nicht muslimischen Ländern als Minderheit (Türken in Deutschland, Algerier in Frankreich, Pakistaner in England etc.). Hier könnte aufgrund der Informationsmöglichkeiten und des praktischen Erlebens von Freiheit – auch Religionsfreiheit – und Toleranz eine Reformbewegung in Gang gesetzt werden. Bassam Tibi prägte hierfür bereits Anfang der 1990er-Jahre den Begriff des „Euro-Islam". In Deutschland sind derzeit vor allem zwei Reformrichtungen – es sind noch Minderheiten – wahrnehmbar: die „liberalen Muslime", für die Islamwissenschaftler und Religionspädagogen wie Lamya Kaddor und Mouhanad Khorchide, beide Universität Münster, stehen, sowie die „säkularen Muslime" wie zum Beispiel der Leiter des Fachbereichs Islamische Theologie an der Universität Freiburg Abdel-Hakim Ourghi.

Die *Liberalen Muslime* sind in Deutschland im Liberal-Islamischen Bund e. V. (LIB) organisiert. Seine Anliegen und Forderungen sind:[358]

- „dass Musliminnen und Muslime Koran und Sunna frei von Angst, nach eigenem Gewissen und offen interpretieren dürfen.
- die Akzeptanz und Gleichbehandlung unterschiedlicher und selbstbestimmter Lebensgestaltungen entlang der Vereinbarkeit mit dem Grundgesetz. Er (der LIB) ist überzeugt, dass die Förderung eines innerislamischen Pluralismus gleichzeitig einen Beitrag zu einer pluralistischen deutschen/europäischen Gesellschaft insgesamt leistet.
- die Ermutigung seiner Mitglieder, an Gesellschaft und Politik in Deutschland/Europa zu partizipieren, und (der LIB) will sie dabei unterstützen. Dabei sind das Bekenntnis zur freiheitlich-demokratischen Grundordnung sowie die Befür-

wortung der Gleichberechtigung und Gleichwertigkeit von Mann und Frau selbstverständliche Voraussetzungen für die Repräsentanz liberaler Musliminnen und Muslime in Deutschland und Europa. Zur politischen Partizipation gehört auch das Engagement gegen Rassismus, gegen Islamfeindlichkeit und gegen Antisemitismus. Aus dem pluralistischen Bekenntnis folgt ebenfalls, dass gegenüber anderen Religionen kein exklusiver Wahrheitsanspruch geltend gemacht werden darf."

Die *säkularen Muslime* haben ihre Reformvorstellungen am 16. September 2016 in einer „Gemeinsamen Erklärung säkularer Muslime in Deutschland, Österreich und der Schweiz (Freiburger Deklaration)" veröffentlicht[359], die unter anderem von Abdel-Hakim Ourghi, Seyran Ateş und Necla Kelek unterzeichnet wurde. Die in der Deklaration genannten „Werte" betreffen das Einstehen für ein humanistisches, aufgeklärtes Islamverständnis, die Zulässigkeit von Islamkritik, das Recht des Menschen, in völliger Freiheit und selbstbestimmt über sein Leben und seinen Glauben zu bestimmen, und die Ablehnung körperlicher Strafen und der Todesstrafe. Als Ziele werden genannt: „die Ausarbeitung einer neuen modernen, aufgeklärten und humanistisch angelegten Theologie, die den Glauben als persönliche Angelegenheit versteht und uneingeschränkt mit Demokratie und den Menschenrechten konform ist". Eine Zusammenarbeit der säkularen Muslime mit den Liberalen Muslimen, die den konservativen Muslimen wohl näher stehen, wird von Letzteren derzeit noch abgelehnt, wenngleich die Gemeinsamkeiten ersichtlich sind.[360]

Von den zahlreichen Stimmen zu einer Reform des Islam und einer „zeitgemäßen Interpretation des Korans" seien stellvertretend einige wenige genannt. *Bülent Ucar*, Direktor des Instituts für islamische Theologie an der Universität Osnabrück, das für die Ausbildung von Islamlehrern zuständig ist, sieht folgende Ansatzpunkte für eine Reform:[361] Mohammed habe, solange er in Mekka war, vor allem Geduld und Frieden gepredigt. Zwei Drittel der Koranverse seien dort offenbart worden. In Medina seien die Muslime, als sie ihren eigenen Stadtstaat gegründet hätten, angegriffen worden, hätten sich mit Waffen verteidigen und auch Präventivkriege führen müssen. Das habe sich auch in den dort entstandenen Koransuren niedergeschlagen. Diese (medinesischen) Verse dürften nicht als überzeitlich erklärt werden. Mohammed fordere zwar die Todesstrafe für Menschen, die sich vom Islam abkehrten – wie dies auch noch die herrschende Lesart der islamischen Rechtsschulen sei. Tatsächlich sei es im historischen Kontext so gewesen, dass damals in Medina diejenigen, die sich vom Islam abgewendet hätten, nach Mekka zurückgekehrt seien, um die Muslime zu bekämpfen. Deshalb habe die Abkehr vom Islam als Hochverrat gegolten und sei entsprechend bestraft worden. Ucar spricht sich also für eine gewisse Historisierung der „Heiligen Schriften" aus, die geeignet ist, diese zu entschärfen.

In einem ähnlichen Sinn äußert sich *Mouhanad Khorchide*, Professor für Islamische Religionspädagogik an der Universität Münster.[362] Mohammed habe eine klare Trennlinie gezogen zwischen dem, was er als Gottes Gesandter verkündete, und dem, was er als seine *Meinung* vortrug. Verbindlich für Muslime sei heute „der spirituelle und der ethische Geist des Korans" (dafür steht Mekka), die Rechtsordnung (dafür steht Medina) sei dagegen Ausdruck einer bestimmten historischen Epoche und müsse mit dem Wandel der Gesellschaften Schritt halten. Die Verortung von Rechtsvorschriften in ihrem historischen Kontext sei die Voraussetzung dafür, den Islam heute mit demokratischen Grundwerten sowie mit unserem Verständnis von Menschenrechten in Einklang bringen zu können. Zudem sei die heutige islamische Theologie einseitig, da sie von einer Herr-Knecht-Beziehung ausgehe, was auch politische Gründe habe. Viele Machthaber der islamischen Reiche hätten sich den Titel „Schatten Gottes auf Erden" verliehen, um klarzumachen, dass, wer dem Herrscher widerspreche, auch Gott widerspreche. Damit das Volk gefügig blieb, ließen sie das Bild eines Gottes konstruieren, dem

Gehorsam über alles gehe. Das spiele bis heute in einem diktatorischen Staat wie Saudi-Arabien eine wichtige Rolle: Jede Opposition werde nicht nur als weltliche Opposition dargestellt, sondern als eine, die sich gegen Gott richte.[363] Auch christliche Herrscher kennen sich, gestützt auf Paulus, hier gut aus ...

Von vielen Muslimen werde, so Khorchide, zudem die Position vertreten, Gottes Gnade und seine Zuwendung gälten exklusiv ihnen und niemandem sonst. „Es ist nicht zu übersehen, dass im Exklusivismus an sich schon eine Grundlage für Gewalt steckt, denn Exklusivismus bedeutet nichts anderes als die Ablehnung des ‚anderen'. Wenn diese Ablehnung im Namen Gottes geschieht, dann nimmt sie absolute Züge an, die in Kriege münden können. Die Geschichte der drei monotheistischen Religionen kennt dieses Phänomen zur Genüge." Khorchide knüpft seine Reformhoffnung auf die Islamwissenschaft an deutschen Universitäten, da muslimische Reformer in den islamischen Ländern meist verfolgt würden. Gerade die Etablierung der islamischen Theologie an deutschen Universitäten sei eine große Chance, die zurzeit in den meisten islamischen Ländern nicht gegeben sei.

Andere muslimische Theologen forderten ebenfalls schon die Relativierung der medinesischen Suren, wie etwa der bekannte sudanesische Gelehrte und Theologe *Mahmud Muhammad Taha*, der dafür als „Abtrünniger" 1985 in Khartum hingerichtet wurde. Und als der ägyptische Literaturwissenschaftler und Korankenner *Nasr Hamed Abu Zaid* in den 1990er-Jahren sein Buch *Der Koran als Text* veröffentlichte und darin vorschlug, den Koran in seinem historischen Kontext zu lesen, wurde ihm Abfall vom Glauben vorgeworfen – er musste vor dem offiziellen Todesurteil nach Holland fliehen.[364]

Wichtig ist also bei aller Kritik der Auswüchse des Islam (Gewalt, Terror, Intoleranz), nicht alle Muslime in einen Topf zu werfen, sie nicht mitverantwortlich zu machen – auch um Solidarisierungen der gemäßigten Muslime mit den Radikalen zu vermeiden. Der überwiegende Teil der weltweit 1,6 bis 1,8 Milliarden Muslime ist friedlich eingestellt und leidet wahrscheinlich am stärksten unter der radikalen Minderheit. Man muss die gemäßigte Mehrheit dafür gewinnen, dass sie selbst versucht, die radikalen Kräfte zurückzudrängen und wieder einzubinden. Kritik am Islam, darauf muss man wohl immer deutlich hinweisen, bedeutet nicht Kritik an allen Muslimen.

Zurück noch einmal zu *Navid Kermani*, der in seiner Rede in der Paulskirche anlässlich der Verleihung des Friedenspreises des Deutschen Buchhandels im Oktober 2015 den Sufismus, eine Art islamischer Mystik, die sich auch im Musizieren und Tanzen ausdrückt, als sein Islamideal ins Spiel brachte. Ob der Sufismus, der als Gegenpol zum Salafismus und zum orthodoxen Islam gilt, tatsächlich einen reformierten, demokratietauglichen Islam im Gepäck hat, wird jedoch von manchen bezweifelt.[365] Fraglich ist ohnehin, ob jemand, der wie Kermani am Ende einer politischen Rede zu einem Gebet aufruft, sein Vertrauen wirklich in die Vernunft setzt oder ob er nicht vielmehr einen Weg weist, der für die besprochenen Konflikte ursächlich ist. Das ändert aber bei allen Vorbehalten nichts daran, dass gemäßigte, gläubige Muslime wie Kermani wichtig für Veränderungen im Bewusstsein zumindest von Muslimen in Deutschland sind. Sie können als Vorbild dienen für einen den Menschenrechten und dem Grundgesetz verpflichteten Islam.

Die aktuelle Flüchtlingsdebatte: Fakten, Ängste, Leserbriefe

Die Grenzöffnung für Hunderttausende Flüchtlinge, die unkontrolliert nach Deutschland einreisen durften, diese humanitäre Geste Angela Merkels im September 2015 verdient Respekt.[366] Merkels Verhalten danach verdient leider weniger Respekt. Statt um Verständnis zu werben, alle mitzunehmen, kritisierte sie die, die sie mit ihrer humanitären Geste überrascht oder gar überrumpelt hatte: fast alle EU-Staaten, aber auch das im Zentrum des Flüchtlingsstroms liegende Land Bayern und die vielen besorgten Bürger. Ein moralisch abgehobener Gestus schlich sich ein, bei Angela Merkel und auch anderen Politikern und auch Kirchenvertretern – mit teilweise grotesken Argumenten. So äußerte sich Merkel anlässlich eines Staatsbesuchs in Bern am 8. September 2015 im Rahmen einer Veranstaltung an der Universität auf die Frage, wie sie – angesichts der vielen Flüchtlinge mit einem islamischen Hintergrund und der Angst vor einer Islamisierung – Europa und seine Kultur schützen könne:

„Und wenn ich was vermisse, dann ist es nicht, dass ich irgendjemandem vorwerfe, dass er sich zu seinem muslimischen Glauben bekennt, sondern dann haben wir doch auch den Mut zu sagen, dass wir Christen sind, haben wir doch den Mut zu sagen, dass wir da in einen Dialog eintreten, haben wir dann aber doch bitteschön auch die Tradition, mal wieder in einen Gottesdienst zu gehen oder bisschen bibelfest zu sein und vielleicht auch ein Bild in der Kirche noch erklären zu können. Und wenn sie mal Aufsätze in Deutschland schreiben lassen, was Pfingsten bedeutet, da würde ich mal sagen, ist es mit der Kenntnis über das christliche Abendland nicht so weit her. Und sich dann anschließend zu beklagen, dass Muslime sich im Koran besser auskennen, das finde ich irgendwie komisch. Und vielleicht kann uns diese Debatte auch mal wieder dazu führen, dass wir uns mit unseren eigenen Wurzeln befassen und ein bisschen mehr Kenntnis darüber haben. Und insofern finde ich diese Debatte sehr defensiv, gegen terroristische Gefahren muss man sich wappnen."[367]

Der Zuzug von Muslimen als günstige Gelegenheit für ein allgemeines religiöses Revival? Schützenhilfe bekam Merkel von Margot Käßmann, der ehemaligen hannoverschen Landesbischöfin. Sie sagte der *Hamburger Morgenpost*: „Ich muss bei den besorgten Mitbürgern immer ein wenig lächeln", und: „Ich sage denen gern: Gehen Sie sonntags in die Kirchen, dann müssen Sie keine Angst vor vollen Moscheen haben." In ähnlichem Sinne wie Merkels und Käßmanns Bestreben zur religiösen Erneuerung des Landes äußerte sich auch die EKD-Synodale und Fraktionsvorsitzende von Bündnis 90/Die Grünen im Bundestag, Katrin Göring-Eckardt. Sie freute sich einfach: „Durch die Flüchtlinge wird Deutschland religiöser, bunter, vielfältiger und jünger."[368] In Deutschland gehören zwischenzeitlich über 30 Millionen Menschen, etwa 37 Prozent der Bevölkerung, keiner Kirche mehr an, sind Atheisten, Agnostiker oder was auch immer.[369] Diese Menschen pfeifen überwiegend darauf, dass die Götter wieder Einzug halten sollen. Viele sind froh, dass dieser Spuk ein Ende hat. Dass Politiker den Zuzug von Muslimen begrüßen, damit das Land wieder religiöser werde, ist eine Zumutung.

Hamed Adel-Samad mahnt uns – stellvertretend für viele andere –, von den Neuankömmlingen die Beachtung von Verfassung und Gesetzen zu fordern und keine falsche Toleranz zu üben. Und er fragt: „Wovor fliehen die Menschen? Sie fliehen doch genau vor dieser islamischen Geisteshaltung, vor dem Hass auf Andersdenkende und ‚Ungläubige', vor einer Ideologie, die sich über Jahrhunderte verfestigt hat. Und dann kommen sie hierher, und wir sind nicht in der Lage, ihnen zu sagen, dass sie das, wovor sie geflohen sind, hier nicht wiederbeleben können? Es hat doch einen Grund, dass die Menschen nach Deutschland, ins Land der ‚Ungläubigen' flohen und nicht nach Mekka ins Herz des Islam. Der Grund ist, dass Deutschland eine freie und offene Gesellschaft hat, in der die Menschen frei forschen und denken können. Deswegen lebt Deutschland heute in Sicherheit und Wohlstand."[370] Mouhanad Khorchide fordert uns auf, uns vor allem um die Jugendlichen zu kümmern, damit sie nicht radikalen Salafisten auf den Leim gehen: „Diese Jugendlichen fühlen sich heimatlos, an den Rand gedrängt. Sie suchen nach Identität und vor allem nach Abgrenzung. Viele Jugendliche hören kein ‚Ihr gehört dazu', sondern ein ‚Wir Deutsche – ihr Muslime'. Bei den Salafisten finden sie Bestätigung. Eine Identität, die im Widerspruch zur Gesellschaft steht. Sie suchen sich Elemente im Islam, die die Unterschiede betonen, wie einen Bart oder Kleider genau in der Länge, wie sie der Prophet getragen hat. Aber das ist eine Schalenidentität, ohne Kern."[371]

Bleibt anzumerken, dass es ohne die vielen Fußball- und sonstigen Sportvereine tausendmal schlechter um die Integration bestellt wäre. Ein Orden auch für die Tausenden pensionierten Lehrerinnen und Lehrer, für die zahlreichen sonstigen Helfer und die vielen Handwerksbetriebe, die den Jugendlichen Hilfen und Perspektiven bieten.

3 Die Wahrheit – Eine Annäherung

> Die Wahrheit können wir nicht beweisen.
> Aber wir können die Unwahrheit beweisen
> und uns so der Wahrheit nähern.
>
> Karl Popper, österreichisch-britischer Philosoph

> Die Wahrheit ist viel aufregender
> als Mythen, Geheimnisse oder Wunder.
>
> Richard Dawkins, Evolutionsbiologe

Wer die bisherigen Ausführungen zu den „Heiligen Büchern" gelesen hat, insbesondere die zahlreichen Zitate aus Bibel und Koran, wird sicherlich (zumindest manchmal) erschrocken sein. Kann es einen Gott geben, wie er in diesen Büchern beschrieben wird? Grausam und ungerecht, mit verbrecherischen Taten und Aussagen? Der ein Spiegelbild der Denkweise der damaligen archaischen Gesellschaften und ihrer Unwissenheit ist, auch ein Spiegelbild menschlicher Eigenschaften, Schwächen, Aggressionen? Eher nicht. Und Jesus? *Ein Mensch,* unwissend, sich irrend und mit vielen dunklen Seiten.

Bleibt die – schwierigere – Frage, ob es überhaupt einen Gott gibt. Einen vielleicht „abstrakteren" Gott, wie ihn sich Deisten oder Pantheisten vorstellen. Welche Überlegungen, wissenschaftlichen Erkenntnisse, empirischen Befunde sprechen für, welche gegen die Existenz eines Gottes?

3.1 Warum es (mit ziemlicher Sicherheit) keinen Gott gibt

> Oh, wir haben dich gesucht, Gott, in jeder Ruine, in jedem Granattrichter, in jeder Nacht. Wir haben dich gerufen. Gott! Wir haben nach dir gebrüllt, geweint, geflucht! Wo warst du da, lieber Gott?
>
> Wolfgang Borchert, deutscher Dichter, in *Draußen vor der Tür*

Eine Klarstellung gleich zu Beginn an die Adresse von Theisten, auf die der Philosoph Norbert Hoerster hinweist: „Derjenige, der die Existenz von X behauptet, und nicht derjenige, der die Existenz von X bezweifelt oder auch bestreitet, trägt für sein Urteil die *Begründungslast* ... Den Theisten, der den Gottesglauben für rational hält, trifft erkenntnistheoretisch gesehen die Verpflichtung, als erster irgendwelche Pro-Argumente *für* diesen Glauben vorzubringen. Natürlich trifft daraufhin den Atheisten die Verpflichtung, sich mit diesen Pro-Argumenten auseinanderzusetzen und sie zu entkräften. Der Atheist ist jedoch nicht von vornherein verpflichtet, eigenständige Kontra-Argumente gegen den Gottesglauben vorzubringen."[372] Ich tue es trotzdem. Im Folgenden (m)eine Auswahl von Gründen, die gegen die Existenz eines Gottes sprechen.

3.1.1 Er hat sich Zeit gelassen ... und geht unzählbare Umwege!

Zu den naheliegenden Einwänden gegen den Glauben an Gott zählt, dass dieser sich mit seiner Schöpfung – vor allem von uns Menschen – sehr viel Zeit gelassen hat! Erst im letzten Zehntel der letzten Sekunde der seit dem Urknall vor 13,7 Milliarden Jahren laufenden Uhr taucht der Mensch auf. „Und dann, vor 2000 Jahren, im Verhältnis zur schon vergangenen Geschichte des Universums, also eben erst, tritt ein Prophet auf, der verkündet, das alles, von Anfang an, habe ein Gott gewollt und geschaffen. Und nicht nur das: Das alles sei irgendwie auf den Menschen hin entworfen und unterliege dem Plan einer Heilsgeschichte, in deren Zentrum das Verhältnis zwischen Gott und Mensch steht … Einen Vorwurf könnte man gegen Gott jedenfalls nicht erheben: Dass er keine Geduld hätte. Im Ernst: Welche Zumutung an jede nüchterne Vernunft", so der Religionskritiker Peter Henkel.[373] Auch dass dieser Gott neben der Erde gleich noch ein ganzes Universum hat schaffen müssen, mit Trillionen Sternen und Planeten und einer Ausdehnung von vermutlich 80–100 Milliarden Lichtjahren (die Entfernung von der Erde zur Sonne beträgt 8,3 Lichtminuten!) – wo es doch nach Meinung der Kirchen nur um uns ging –, war dann ja ein ziemlich sinnloser Mehraufwand.[374] Die Bildung des Universums, unserer Erde und ihre Entwicklung sind zudem ziemlich kompliziert vonstattengegangen, mit vielen Umwegen und der Gefahr des Scheiterns der ganzen Entwicklung: Wer nur das Endprodukt und den Menschen hätte schaffen wollen – er hätte es sich einfacher gemacht!

Ein weiteres Faszinosum: Die auf der Erde bestehende Tier- und Pflanzenwelt macht nach derzeitigen Schätzungen lediglich etwa zwei Prozent der jemals existierenden Arten aus. 98 Prozent aller Arten sind also bereits ausgestorben – durch Evolution, durch Naturkatastrophen etc. Schätzungen der Wissenschaft gehen davon aus, dass die Gesamtzahl aller *heutigen* Arten zwischen 13 und 20 Millionen liegt. Da wird es ganz schön eng auf der Arche Noah! Die Gesamtzahl aller Tier- und Pflanzenarten, die seit Beginn des Phanerozoikums vor 541 Millionen Jahren entstanden, liegt nach Schätzungen von Wissenschaftlern bei einer Milliarde Arten. Die Vorstellung einer gezielten Schöpfung, wie sie die Genesis nahelegt, ist also, so legen die Ergebnisse der Wissenschaft nahe, einfach falsch. Es gab und brauchte keinen „Architekten" oder „Designer". Von Gott sollte man mehr erwarten als 98 Prozent Ausschuss. Sich alle Arten auszudenken, ihre unterschiedlichen Formen und Strukturen, da hätte ein Gott viel zu tun! Und auch hier die Frage: Warum wäre er so viele Umwege gegangen – auch gerade mit Blick auf die Entwicklung des Menschen? Zunächst Milliarden Jahre der Entwicklung über Einzeller, Mehrzeller, Meerestiere. Erst vor etwa 400 Millionen Jahre wagten sich die ersten Tiere überhaupt aus dem Wasser. Und dann vom kleinen rattenähnlichen Gebilde vor 65 Millionen Jahren über affenähnliche Wesen und „Vormenschen", bis schließlich vor etwa 40.000 Jahren vermutlich nur noch drei Arten übrig blieben: Neandertaler, Denisova-Mensch und Homo sapiens, der schließlich überlebte.

Das hätte Gott einfacher haben können! Wenn es ihm nur um den Menschen gegangen wäre, warum hat er nicht die Erde erschaffen (vielleicht noch eine Sonne als Energiequelle), die Menschen nach seinem Ebenbild, Pflanzen und Tiere, die dem Menschen dienlich sind – so ähnlich, wie es etwa in der Bibel steht und wie es die Kreationisten glauben? Stattdessen diese Entwicklung, die nach derzeitigem Kenntnisstand der Wissenschaften grob wie folgt ausgesehen hat:

Der *Urknall* vor etwa 13,7 Milliarden Jahren markiert den Beginn von Raum und Zeit. Ausgelöst wurde er möglicherweise, so neuere Theorien, durch quantenmechanische Prozesse. Durch Verdichtung aufgrund der Gravitation entstanden nach etwa einer Milliarde Jahre die ersten Sterne. Das Universum wird heute auf mehrere Trillionen Sterne und Planeten geschätzt. Schon die Zahl der Galaxien dürfte laut neuesten, im September 2016 veröffentlichten Berechnungen von Wissenschaftlern eine Billion betragen! Unsere Galaxie, die Milchstraße, hat wiederum wahrscheinlich mehr als 300 Milliarden Sterne, dazu noch unzählbare Planeten. Erst neun Milliarden Jahre später bildeten sich das *Sonnensystem* und die *Erde* heraus (vor 4,7 bzw. 4,6 Milliarden Jahren). Am Anfang war es auf unserem Planeten wohl ziemlich ungemütlich, sah er sich doch einem regelrechten Bombardement durch Asteroiden ausgesetzt. Entscheidend für die weitere Entwicklung war die Entstehung des Mondes als Ergebnis einer Kollision des marsgroßen Planeten/Kometen „Theia" mit der

Erde vor 4,5 Milliarden Jahren. Durch den neu geschaffenen Mond verminderte sich die Erdumdrehung allmählich von sechs Stunden pro Drehung auf 24 Stunden. Ferner war der Einschlag wohl eine wesentliche Ursache für die im Vergleich zur Bahnebene um 23,45 Grad geneigte Erdachse. Vor 3,5 Milliarden Jahren setzte wahrscheinlich die *biologische Evolution* ein: die Entstehung organischer Moleküle aus anorganischen Molekülen. Im Proterozoikum (vor 2,5 Milliarden Jahren bis vor 542 Millionen Jahren) stieg durch die Fotosynthese bei Vorläufern der heutigen Cyanobakterien („Blaualgen") der Sauerstoffgehalt der Erdatmosphäre an. Er betrug vor einer Milliarde Jahren erst etwa 3 Prozent (heute 21 %). Durch den Anstieg des Sauerstoffgehalts ergaben sich eine rasante Vermehrung von Lebewesen und ein Anstieg der *Artenvielfalt* (Kambrische Explosion). Erste komplexere Lebensformen entstanden zunächst nur im Wasser. Vor 400 Millionen Jahren gingen die ersten Tiere an Land, und vor etwa 350 Millionen Jahren gab es an Land auch die ersten Pflanzen. Die Uhr stand da – beginnend mit dem Urknall – auf 23.07 Uhr. Als dann der erste *„moderne Mensch"* vor vielleicht 200.000 bis 300.000 Jahren auftaucht, zeigt unsere Uhr 23.59! Dieser Mensch ist mit etwa 100 Billionen Zellen ausgestattet, allein unser Gehirn mit 100 Milliarden Nervenzellen. Da hat sich Gott ja etwas recht Kompliziertes ausgedacht. Glaube das, wer will. Es hat keine Logik. Und immer mehr Menschen fassen sich an den Kopf.

Nachzutragen zu unserer kurzen Reise durch die Entwicklung unserer Erde bleiben die vielen Katastrophen: vor allem massive Vulkanausbrüche sowie Vereisungen des ganzen Erdplaneten („Schneeball Erde"), die mehrmals fast alles Leben vernichteten. Auch das passt nicht ins Bild einer geplanten Schöpfung durch ein allmächtiges Wesen. Erwähnt werden kann im wechselvollen Leben unseres Planeten auch die Kontinentalverschiebung – ein weiteres Beispiel, dass hier nichts von langer Hand nach einem göttlichen Plan erschaffen wurde. So gab es vor 320 Millionen Jahren zwei Kontinente, Laurasien (Nordkontinent mit Nordamerika und Eurasien) und Gondwana (Südkontinent mit Südamerika, Afrika, Antarktis, Indien, Australien), die vor 250 Millionen Jahren zum Riesenkontinent Pangaea zusammenwuchsen, der wiederum vor etwa 135 Millionen Jahren auseinanderbrach. Erst seit zehn Millionen Jahren hat die Erde ihre heutige Gestalt, und erst vor sieben Millionen Jahren entstanden Graslandschaften. Auf Gras basieren alle Getreidearten. Auch in Zukunft werden sich, so zeigt eine Extrapolation der aktuellen Bewegungen, weitere Kontinentalverschiebungen ergeben.

Auch der Mensch ist nicht an einem göttlichen Reißbrett entstanden und in vielerlei Weise nicht sonderlich „intelligent designed". Wir haben uns aus der Tierwelt allmählich entwickelt – und werden hieran auch öfters schmerzlich erinnert. Unsere Rückenprobleme zeigen, dass wir ursprünglich für eine Fortbewegung auf vier Beinen konstruiert waren; ursächlich für unseren Schluckauf ist, dass wir ursprünglich aus dem Wasser kamen und Kiemen hatten; unser Gehirn spiegelt unsere Entwicklungsgeschichte wider[375]; Schlafzuckungen sollten uns davor bewahren, vom Baum zu fallen – um uns nicht zu verletzen oder gar von wilden Tieren gefressen zu werden; auch dass wir in vielen Dingen Gesichter sehen (bei Autos, Wolken oder Steckdosen), ist ein Überbleibsel unserer Vergangenheit – man musste schnell ein Raubtier wahrnehmen können, um eine Überlebenschance zu haben. Wir sind von animalischen Instinkten besetzt. Auch Phänomene wie unser häufig aggressives Verhalten, die Fähigkeit zu blitzschnellen Entscheidungen, unser „instinktives" Handeln oder Ekelgefühle haben mit unseren frühen Überlebensstrategien zu tun. Wir Menschen sind uns dabei insgesamt sehr ähnlich: Unsere Gene sind zu 99,9 Prozent identisch. Viele Wissenschaftler gehen davon aus, dass vor etwa 70.000 Jahren durch die Folgen des Ausbruchs des Toba-Vulkans auf der Insel Sumatra die Menschheit fast ausgestorben wäre. Wir sind alle miteinander verwandt, auch wenn das den Rassisten dieser Welt nicht gefällt!

Auch wissen wir, dass unsere Erde nur für eine begrenzte Dauer bewohnbar sein wird (immerhin vermutlich noch 500 Millionen

Jahre, sofern wir sie nicht noch schneller unbewohnbar machen). Dass sie von der sich immer weiter ausdehnenden Sonne („Roter Riese") wahrscheinlich in sieben Milliarden Jahren vereinnahmt werden wird, zeigt ebenfalls einen „natürlichen" Ablauf und schließt aus, dass dies ein „Gott" für immer habe schaffen wollen. Überhaupt wird unser ganzes Universum nach derzeitigem Erkenntnisstand irgendwann, nach Milliarden Jahren, „ausgebrannt" sein. Kein Gott muss das Licht ausmachen, alles geschieht nach physikalischen Gesetzen. Schon jetzt, so die Erkenntnisse einer aktuellen internationalen Studie (mit Beteiligung des Max-Planck-Instituts für Kernphysik), hat der Kosmos entsprechend der Messung des gegenwärtigen Energieinhalts der Galaxien den Zenit seiner Entwicklung überschritten.[376]

3.1.2 Er lässt alles zu („Theodizee-Problematik")

„Gott/Jesus liebt Dich!" Wer die christlichen Fernsehsender und Fernsehsendungen, vor allem die mit evangelikalem Einschlag, einschaltet, hört das ständig. Es ist der dümmste Spruch. Der uns ach so liebende Gott – *er greift nicht ein!*

Er greift nicht ein, um Leid, Katastrophen und Schlimmes zu verhindern. Vieles lässt sich da aufzählen: Die erdgeschichtlichen Katastrophen, die Tiere und Menschen vernichteten. Die Pestepidemie, die in Europa zwischen 1346 bis 1353 schätzungsweise bis zu 50 Millionen Menschen das Leben kostete.[377] Die verheerenden Erdbeben, wie das Erdbeben von Lissabon am 1. November 1755 mit wahrscheinlich bis zu 100.000 Toten, das bei vielen Menschen (auch den Philosophen der Aufklärung) Zweifel an ihrem Gottesglauben weckte (der 1. November ist Allerheiligen, ein katholischer Feiertag, und Tausende Gläubige fanden beim Gottesdienst den Tod; das Rotlichtviertel wurde hingegen verschont. Das Erdbeben warf das Theodizee-Problem – die Rechtfertigung Gottes angesichts des Übels in der Welt – auf und hatte vielfältige Auswirkungen auf Philosophie und Religion. Aufgegriffen wurde dies u. a. von Rousseau, Voltaire, Leibniz, Kant und Goethe). Der Ausbruch von Kriegen, der Dreißigjährige Krieg oder die jüngsten beiden Weltkriege – allein im Zweiten Weltkrieg starben bis zu 80 Millionen Menschen, darunter sechs Millionen durch das Naziregime ermordete Juden. Der Tsunami im Indischen Ozean im Jahr 2004, bei dem 230.000 Menschen starben. Die 25 Millionen Aids-Toten seit Ausbruch der Krankheit vor etwa 30 Jahren – und weltweit werden jährlich über 400.000 Kinder geboren, die das Virus im Blut haben.[378] Das millionenfache Sterben von Menschen an Hunger und Seuchen (auch heute noch). Die vielen Flüchtlingstoten im Mittelmeer. Die vielen Menschen, die bei Unfällen umkommen oder verletzt werden. Die soziale Ungerechtigkeit, dass einem Prozent der Menschen mehr gehört als den restlichen 99 Prozent. All dies lässt sich nicht vereinbaren mit der Vorstellung eines gütigen, den Menschen zugewandten, die Menschen liebenden Gottes.

Die schlimmen Dinge passieren, wenn Gründe dafür vorliegen: Unachtsamkeiten im Verkehr, durch die Lebensführung und/oder das Lebensalter bedingte Krankheiten, durch Blitze ausgelöste Brände etc. Ein Kampfrichter wurde bei einem Leichtathletik-Sportfest in Düsseldorf von einem Speer getroffen und starb. Eine Tierwärterin im Kölner Zoo kam aus Unachtsamkeit in das Tigergehege, wurde von einem Tiger angegriffen und starb. Am 16. November 2012 starben in Ägypten 48 Schulkinder bei einem Zusammenstoß ihres Schulbusses mit einem Zug: Der Schrankenwärter hatte vergessen, die Schranken herunterzulassen. Bei dem Erdbeben in Assisi im Jahr 1997 wurde die Doppelkirche San Francesco aus dem 13. Jahrhundert teilweise zerstört, wobei vier Menschen ums Leben kamen, darunter zwei Mönche. An Krebs erkranken nicht nur Atheisten und Agnostiker, nein, auch Strenggläubige, Bischöfe, Pfarrer. Nicht nur Heiden verhungern; auch etwa eine Million gläubiger Katholiken in Irland starb Mitte des 19. Jahrhunderts an Hungersnot, weil die Kartoffelernte wegen Pilzbefall mehrere Jahre ausgefallen war.

Examen besteht man durch Wissen oder Schummeln – keinesfalls durch Beten. Ob drankommt, worauf man sich vorbereitet hat? Hier müsste ja Gott abwägen, ob er nicht das Thema wählt, auf das sich ein anderer Schüler vorbereitet hat. Oder die berühmte Elfmetersituation: Der Elfmeterschütze betet, dass er den Ball ins Tor schießt, der Torwart betet, dass er ihn hält. Wem schenkt Gott Gehör? Hoffentlich nicht den Bayern!

Alles, was möglich ist, passiert. Niemand greift lenkend, greift uns liebend ein. Nichts ist gelenkt. Kein Schicksal ist gelenkt. Es passiert alles so, wie es passieren kann. Es gibt keinen Gott, der eingreift. Das Beten ist umsonst. Die Gebete finden keinen Adressaten. Der Himmel ist leer! Man versteht alle Geschehnisse nur, wenn man sich die Welt *ohne* lenkenden Gott vorstellt. Das tun eigentlich auch die meisten. Selbst die Pfarrer lassen an ihren Kirchtürmen Brandschutzeinrichtungen installieren, ohne dass groß darüber gesprochen wird. Aber es gibt auch noch die vielen anderen. Aufschlussreich ist, dass Kirchenvertreter (nicht alle) heute noch Katastrophen wie die geschilderten als – gerechte – Strafen Gottes bezeichnen, letztmals in Zusammenhang mit der Aids-Krankheit. Das alles hat eine lange Tradition, und die Bibel ist voll mit derlei Bestrafungsdeutungen. Auch nach dem Erdbeben von Lissabon übertrafen sich die Kirchen mit Schuldzuweisungen. Die katholische Kirche rief ihre Gläubigen zur Buße auf. Die Protestanten sahen eine von Gott gegen die katholische Kirche gerichtete Strafe für deren Inquisitionsverbrechen – es hatte schließlich am *katholischen* Allerheiligen-Feiertag gebebt. Und Voltaire, ein Deist, ätzte gegen die These von Leibniz, man lebe in der besten aller Welten. Zeige sich denn nicht jetzt, dass Gott ein Gott des Strafens und der Rache sei?

Nach dem Flugzeugabsturz einer German-Wings-Maschine A320 in den französischen Alpen vom März 2015, bei dem 150 Menschen zu Tode kamen, darunter viele Schüler aus Haltern am See in Nordrhein-Westfalen, wurde Uwe Rieske, ein Pfarrer, ein sogenannter Notfallseelsorger, befragt, was er den Menschen auf die Frage nach dem „Warum" sage: „Wir können diese Frage nur aushalten. Es gibt darauf keine Antwort." Doch, es gibt sie: Er hätte sagen können: „Das von uns geschaffene Bild eines uns zugewandten, liebevollen Gottes scheint nicht zu stimmen."

Dieses „Dilemma" wurde vor allem angesichts des Holocausts deutlich. Wie konnte Gott das zulassen? Einen Deutungsversuch unternahm der jüdische Philosoph Hans Jonas (1903–1993), der 1933, nach der Machtübernahme der Nationalsozialisten, aus Deutschland emigrierte. Er nennt diesen selbst ein „Stück unverhüllt spekulativer Theologie".[379] Für ihn ist es kein allmächtiger Gott, der dies zuließ. Gott habe geschwiegen, „nicht weil er nicht wollte, sondern weil er nicht konnte, griff er nicht ein".[380] Allmächtig sei Gott nur bei der Schöpfung gewesen, danach habe er auf einen Teil seiner Macht verzichtet, in dem er dem Menschen Freiheit zugebilligt habe. Eine Art deistischer Gottesvorstellung. Und man merkt, wie Jonas selbst eingesteht, dass da jemand von seinem Gott einfach nicht lassen will.

3.1.3 Er offenbart sich nicht

Eigentlich könnte Gott ja direkt zu uns sprechen. Er könnte doch sagen: „Genug mit euren Mutmaßungen. Es gibt mich, ich habe die Erde erschaffen, und ich erwarte, dass ihr euch anständig benehmt!" Auch sein Sohn hat nichts Schriftliches hinterlassen. Es gibt keinen Papyrusfetzen, den Jesus beschrieben hätte. Er konnte ja offensichtlich lesen und schreiben – sonst hätte er nicht im Tempel mit den Hohepriestern über die alten Schriften diskutieren können. Und was läge näher, als etwas Schriftliches zu hinterlassen, um jeden Zweifel auszuräumen? Auch kein behauener Stein mit den Zehn Geboten, in Gottes eigener Handschrift, ist auffindbar. Das kann nicht überraschen, ist doch die donnerkrachende Übergabe der von „Gott" gemeißelten Steintafeln an „Moses" eine im 7. bis 4. Jahrhundert v. Chr. erfundene Geschichte.

Nein. Es gibt nichts. Und es kann nichts geben! Was es gegeben hat und immer noch gibt, sind Menschen, selbsternannte Gesandte oder Propheten, die uns sagen, ihnen habe Gott oder „der Vater" gesagt, dass es ihn gebe, was er denke, was für uns geboten sei an ihm gefälliger Lebensweise, was wir essen dürfen und was nicht und wie wir ihn verehren sollen. Auffallend ist übrigens, dass „Gott" sich meist nur Einzelpersonen zeigt, nur zu Einzelpersonen spricht, wie Abraham, Moses oder sogar George W. Bush. Gott zeigt sich dabei gerne in nicht überprüfbaren Situationen, etwa auf wolkenumhüllten Berggipfeln (Moses), in einsamen Wüsten oder in Höhlen, manchmal auch im Traum. Und es sind immer Männer zu denen Gott spricht, Frauen sind seiner wohl nicht würdig; zu denen kommen dann allenfalls rangniedrigere Gesandte (Erzengel, Engel).

Wenn heute jemand behauptet, Gott sei ihm erschienen, habe ihm dies oder jenes erzählt oder geraten oder sogar befohlen – George W. Bush wegen seines Einmarsches in den Irak, der zurückgetretene Papst Benedikt XVI. wegen seines Rücktritts, aber auch Attentäter und Amokläufer aller Religionen –, dann denken wir uns unseren Teil, meist in Richtung des schon häufig kolportierten Zitats von Altbundeskanzler Helmut Schmidt: Wer Visionen hat, sollte zum Arzt gehen. Zu biblischen Zeiten gehörten solche Begegnungen zu den Alltagsschilderungen der fantasiereichen Bibelschreiber mit häufig wenig frommen Absichten. Seit es technische Aufzeichnungsmöglichkeiten gibt, ist es ruhig geworden. Nur von Begegnungen mit Gott, die sie allein, im einsamen Schlafzimmer hatten, getrauen sich noch welche zu berichten. Und so wie heute kein Gott mehr erscheint und sich äußert, so war das auch in Zeiten des Alten und Neuen Testaments. Hätte es damals schon Film- oder Tonaufnahmen gegeben, was würden wir wohl sehen und hören? Auch Wunder geschehen keine mehr, von entsprechend deklarierten Begebenheiten in der Boulevardpresse abgesehen. Und weil es heute, im Zeitalter der medizinischen Erkenntnisse, der wissenschaftlichen Untersuchungsmethoden, der technischen Aufnahmemöglichkeiten, keine Wunder mehr gibt, kann man davon ausgehen, dass es auch in früheren Zeiten keine gegeben hat. Keine Auferweckung von Leichnamen, die schon riechen, keine Brotvermehrung, keine Wunderheilungen in Lourdes. Die Kirche kann sich mit „Reliquien" und ihren Wunderwirkungen (Schweißtuch der Veronika, Vorhaut Jesu, Heiliger Rock, Splitter des Kreuzes Jesu) nur noch blamieren: Sobald man Wissenschaftler ranlässt, zeigt sich schnell der faule Zauber.

3.1.4 Es hat sich bisher keiner der Verstorbenen gemeldet

> Der Tod bedeutet die Tilgung jeglichen Schmerzes, und er ist die Grenze, über die unsere Leiden nicht hinausgelangen; er gibt uns wieder jenen Zustand der Ruhe zurück, dem wir vor unserer Geburt angehörten.
>
> Seneca

Bisher haben laut einer Hochrechnung etwa 110 Milliarden Menschen jemals auf unserer Erde gelebt. Keiner von ihnen hat sich jemals zurückgemeldet oder ein Zeichen gegeben. Wie auch? Wenn man tot ist, ist man tot. Das gilt für Pflanzen und Tiere. Und wir akzeptieren es. Wir sagen allenfalls zu Kindern, dass der tote Hund jetzt im Hundehimmel sei.

Wann haben wir für uns die Unsterblichkeit, das Fortleben in einem Jenseits erfunden? Seit wir denken können und die Angst und Gewissheit uns begleitet, dass wir sterblich sind. Der Wunsch ist hier Vater des (falschen) Gedankens. „Gilt das Fortleben im Jenseits auch für Neandertaler?", sollten wir den Pfarrer fragen. Gilt es auch für die noch älteren Vormenschen? Seit wann haben wir eine unsterbliche Seele? Wir können uns die Fragen sparen. Der Pfarrer weiß es auch nicht. Wir sind, erst einmal gestorben, genauso tot wie Hund, Katze, Wellensittich, Ameise und auch Neandertaler oder Lucie, unsere ostafrikanische Vorfahrin. Und eigentlich wissen das die meisten bis hinein in die religiösen Milieus – und lassen den Pfarrer am Sarg einfach reden. Es hat sich unter den Menschen rumgesprochen. Die Erkenntnisse der Gehirnforscher, dass es eine Gehirntätigkeit ohne körperliche Grundlagen nicht gibt, sind einfach zu erdrückend. Die Vorstellung einer den körperlichen Tod überlebenden „Seele" ist ein frommer Wunsch.

„Gibt es ein Leben nach dem Tod? ... Sind Geist und Körper nicht in Wirklichkeit vielleicht doch zwei ontologisch autonome Entitäten, die auch unabhängig voneinander existieren könnten?", fragt sich auch der Philosoph und Wissenschaftstheoretiker Thomas Metzinger – und kommt zu klaren Antworten: Ein funktionierendes Gehirn sei beim Menschen eine notwendige Bedingung für das Entstehen von Bewusstsein. Geist und Körper könnten nicht unabhängig voneinander existieren, ein Thema, das uns schom im ersten Kapitel beschäftigte. Danach glaubt kaum noch einer der in der aktuellen empirischen Bewusstseinsforschung beteiligten Neurowissenschaftler an ein Leben nach dem Tod oder dass es Sinneswahrnehmungen, Erinnerung, Denken oder Aufmerksamkeit nach dem körperlichen Tod noch geben kann. Metzinger führt weiter aus: „Man *muss* nicht glauben, dass all diese Hypothesen oder Theorien wahr sind. Alle diese Theorien können falsch sein ... Natürlich darf man (aber) jetzt nicht in das Argumentum ad ignorantiam abgleiten, nach dem Motto: ‚Niemand hat endgültig bewiesen, dass es keine unsterbliche Seele gibt, also existiert sie wahrscheinlich doch!' Worum es bei der intellektuellen Redlichkeit geht, ist etwas viel Einfacheres, Bescheideneres: sich selbst gegenüber ehrlich zu sein und einfach nur die Tatsache annehmen, dass dies im Moment der aktuelle Stand der Dinge in Wissenschaft und Philosophie ist."[381] Bleibt anzumerken, dass dieses Prinzip in gleicher Weise für die übrigen in diesem Buch genannten empirischen Ergebnisse, archäologischen Funde, kosmologischen Beobachtungen und darauf aufbauenden rationalen Überlegungen gilt.

Mit meiner Oma hatte ich abgemacht, sie müsse mir ein Zeichen geben, wenn sie mal im Himmel ist. Die Hölle hatten wir nicht in

Erwägung gezogen, sie war ja eine gottesfürchtige Frau und ging auch an Werktagen frühmorgens zum Gottesdienst. Ich war damals acht oder neun Jahre alt, und sie hat es mir fest versprochen. Sie hat es nicht gehalten. Bei ihrem Pflichtbewusstsein gibt es nur eine Erklärung: Sie ist nicht mehr dazu in der Lage gewesen, weil sie einfach tot war.

3.1.5 Wir brauchen ihn nicht mehr zur Erklärung der Welt – Der Gott der Lücken

> Die Philosophie ist tot. Sie hat mit den neueren Entwicklungen in der Naturwissenschaft, vor allem in der Physik, nicht Schritt gehalten. Jetzt sind es die Naturwissenschaftler, die mit ihren Entdeckungen die Suche nach Erkenntnis voranbringen. Die Wissenschaft hat Überzeugenderes anzubieten als einen göttlichen Schöpfer.
>
> Stephen Hawking

> Logik und Empirie haben sich als Instrumente der Wahrheitsfindung bestens bewährt und es gibt keinen vernünftigen Grund, warum wir plötzlich auf sie verzichten sollten, nur weil es um religiöse Fragestellungen geht.
>
> Michael Schmidt-Salomon

Bis vor wenigen Jahren galt für Religionen und ihre Anhänger: Nur ein allmächtiger Schöpfer kann so erhabene Gebilde wie das Universum und die Lebewesen hervorbringen. Viele glauben das noch immer. Es ist eines der beliebtesten Argumente für die Existenz eines Gottes. Aber selbst die Religionen akzeptieren zum Teil bereits die evolutionären Abläufe der Entstehung und Entwicklung des Lebens, der Pflanzen, der Tiere und der Menschen. Gegenteilige Meinungen der „Kreationisten", die es unter Christen (Evangelikale etc.), Juden und besonders im Islam gibt, lösen angesichts der millionenfachen Nachweise in der Natur und in unseren naturwissenschaftlichen Museen, die die Phasen der evolutionären Entwicklungen eindrucksvoll dokumentieren, nur noch Kopfschütteln aus. Selbst der Vatikan hat 1996 schweren Herzens die Evolutionstheorie anerkannt. Die davor als Wahrheit geltenden Geschichten von Adam und Eva waren einfach nicht mehr haltbar. Es geschah nicht aus Wahrheitsliebe – man wollte nicht weiter Zielscheibe von Spott sein.

Sogar zur Entstehung des Universums, der letzten Bastion, einem letzten Anker der Religionen, um ihren Gott zu retten, gibt es inzwischen auf physikalischen Prozessen beruhende Erklärungsmodelle. So sind weltweit bekannte führende Physiker wie Richard Feynman, Alexander Friedmann, Stephen Hawking, Alexander Vilenkin und Andrei Linde der Auffassung, der Kosmos beruhe nicht auf dem Willen eines metaphysischen Weltenkonstrukteurs, sondern allein auf Naturgesetzen. „Spontane Erzeugung ist der Grund, warum etwas ist und nicht einfach nichts, warum es das Universum gibt, warum es uns gibt", so Hawking. „Es ist nicht nötig, Gott als den ersten Beweger zu bemühen, der das Licht entzündet und das Universum in Gang gesetzt hat."

Noch ist unklar, wie der spontane Schöpfungsakt abgelaufen ist. Mittlerweile aber beschreiben Physiker und Kosmologen einige Szenarien. Sie beruhen auf Quantenfluktuationen, also unvorhersehbaren, spontanen und nicht berechenbaren Ereignissen in der zufallsbestimmten Welt der Quanten. In seinem Buch *Ein Universum aus dem Nichts* hat der US-amerikanische Professor für theoretische Physik Lawrence M. Krauss den Stand der Diskussion zusammengefasst.[382] Der Urknall könne danach buchstäblich aus dem Nichts entstehen, dies geschehe sogar zwangsläufig. Hawking und andere führende theoretische Physiker und Kosmologen sind ferner der Auffassung, dass selbst unser Universum nur eines von vielen ist. Hawking räumt ein: „Gäbe es nicht eine Reihe verblüffender Zufälle, die bis zu den Einzelheiten dieser Gesetze (Naturgesetze; Anmerkung von mir) reichen, hätten sich Menschen und ähnliche Lebensformen wohl nie entwickelt."[383] Den Theologen sowie einigen frommen Wissenschaftlern[384], die diese Zufälle gerne als Beweis für das Wirken Gottes werten, hält er entgegen, dass es Abermilliarden von Sternen- und Planetensystemen gebe und dass eben auch unser Universum wahrscheinlich nur eines von vielen Universen sei – mit jeweils *eigenen* Naturgesetzen. Ähnlich äußert sich Krauss: „Wir leben in einem Universum, in dem wir leben können!" Und: „Unser Universum ist so ungeheuer riesig, dass alles, was nicht unmöglich ist, praktisch mit Sicherheit irgendwo vorkommt. Seltene Ereignisse finden ständig statt." Es gebe starke theoretische Hinweise darauf, dass es sich hier (Multiversum) „um mehr als nur eine Möglichkeit handelt. Zahlreiche zentrale Vorstellungen, die einem beträchtlichen Teil der derzeit laufenden Aktivitäten in der Teilchentheorie zugrunde liegen, scheinen ein Multiversum zu fordern. Ich möchte das betonen, weil in Debatten mit Menschen, die das Bedürfnis nach einem Schöpfer verspüren, die Behauptung eines Multiversums als billige Ausrede der Physiker gesehen wird, denen die Antworten ausgegangen sind."[385]

Mit dem Fortschritt der Wissenschaften, mit jeder neuen Entdeckung schwindet auch die Macht Gottes immer mehr, so die (berechtigte) Befürchtung der Theologen. „Der Spielraum Gottes schrumpft", stellt denn auch Alexander Vilenkin, Professor für theoretische Physik und Vertreter der Multiversumstheorie, fest.[386] Was liegt für die Religionen in ihrer Not näher, als mit ihrem Gott in die Nischen der noch offenen Fragen der Wissenschaft zu flüchten? Es ist die Geburt des „Gottes der Lücken". Und natürlich gibt es in den Naturwissenschaften, der Kosmologie noch viele, viele nicht gelöste Probleme und nicht oder noch unzureichend beantwortete Fragen: Was löste den Urknall aus? Was war vor dem Urknall? Wie endet das Universum? Gibt es viele Universen? Was sind dunkle Materie und dunkle Energie, die nach derzeitiger Einschätzung 23 bzw. 73 Prozent der Masse unseres Universums ausmachen? Wo und wie ist das Leben entstanden? Gibt es auch auf anderen Planeten Leben und intelligente Lebewesen?

Aber an den „Lücken" wird kräftig geforscht. Und sie werden Jahr für Jahr etwas kleiner. Manchmal auch größer, da neue Fragen auftauchen. Unsere (derzeitigen) Wissenslücken sind jedenfalls kein gutes Versteck mehr für Theologen. Wenn Religionen und ihrer Gläubigen beispielsweise behaupten würden, die dunkle Materie sei die Kraft Gottes, wäre das nur eine Argumentation auf Zeit. Irgendwann wird man wahrscheinlich im CERN-Institut oder in anderen Forschungsstätten entsprechende „natürliche" Nachweise führen können. Das wissen auch die Religionen und ihre Mandatsträger – und sind entsprechend vorsichtiger geworden.

Aber die Religionen sind zäh und kleben an ihren alten Überzeugungen. Hat die Wissenschaft ein Rätsel gelöst, das einer der religiösen Glaubensgrundlagen den Boden entzieht, weisen die Religionen immer wieder auf etwas hin, das nach Möglichkeit weiter weg ist von einer wissenschaftlichen Überprüfbarkeit. Konnte die Wissenschaft nachweisen, dass zur Schaffung des Lebens, der Menschen und nun eventuell auch noch des Universums kein göttlicher Schöpfungsakt erforderlich war, behaupten jetzt die Kirchenvertreter, Gott habe aber die Naturgesetze geschaffen. Nun bleibt bekanntlich die Wissenschaft nicht stehen. Und zunehmend gibt es, wie wir eben sahen, Wissenschaftler, die von der Existenz unzähliger weiterer Universen ausgehen – mit jeweils *unterschiedlichen* Naturgesetzen. Per Zufall hat unser Universum genau die Naturgesetze, die wir kennen und die dazu geführt haben, dass es uns gibt, so Hawking & Co. Und selbst der schon erwähnte Physiker Alexander Vilenkin beklagt die von ihm mitentdeckte Vielfalt: „Ehrlich gesagt, ich finde es deprimierend. Am meisten deprimiert mich der Verlust der Einzigartigkeit. Egal, ob unsere Zivilisation nun gut oder schlecht ist, ich dachte immer, wir wären etwas Besonderes. Nun sieht es aber so aus, als wären da unendlich viele andere."[387]

Die Frage, ob es einen Gott gibt, sei eine *wissenschaftliche* Frage, so Richard Dawkins. Die bisherigen Forschungsergebnisse – sowohl der reinen Naturwissenschaften als auch der Religionswissenschaftler zur Textanalyse der „Heiligen Bücher" und der Archäologen und Historiker bei der Überprüfung der Geschichtlichkeit der darin geschilderten Ereignisse – zeigen, dass dies der richtige Ansatz ist, den Nebelschleier, den die Theologen so mögen, wegzuziehen. Die Forschungen und bisherigen Erkenntnisse zur Entstehung des Lebens, zur Entstehung und Entwicklung des Menschen, zur Entstehung der Erde und zum Ursprung des Universums zeigen, dass alles natürlichen Ursprungs ist. Diese Gegenstände wurden bisher von den Religionen als Domäne Gottes gesehen: Nur er sei in der Lage, dies alles zu erschaffen. Nun sieht man, wie Stück für Stück die Wissenschaft erkennt: Es geht auch ohne ihn. Alles hat natürliche Ursachen. Wir brauchen keinen Gott mehr, um das alles zu erklären. Den Religionen schwimmen die Felle davon.

Zu viel der Wissenschaft? Gerne wird von Theologen und religiösen Menschen, vor allem aber auch von Esoterikern das folgende Hamlet-Zitat angebracht: „Es gibt mehr Dinge zwischen Himmel und Erde, Horatio, als Eure Schulweisheit sich erträumen lässt." Dieser Spruch ist eigentlich nur die triviale Feststellung, dass wir noch nicht alles wissen, nur halt schöner und etwas mystisch formuliert. Religion und Esoterik haben bisher wenig dazu beigetragen, unser Wissen zu erweitern. Im Gegenteil: Beide gedeihen im Unwissen! Das Zitieren des Spruchs soll – leicht wissenschaftsfeindlich – Skepsis gegenüber den (bisherigen) Erkenntnissen der Wissenschaft zum Ausdruck bringen. Gut so! Nur dabei nicht stehen bleiben, sondern weiterforschen!

*

Wir haben das breite Spektrum von Argumenten, die gegen die Existenz eines Gottes sprechen, kennengelernt. Das, was die Gottesbefürworter dem entgegenhalten, ist nur ihr Glaube, meist gestützt auf die „Heiligen Bücher" und die darauf aufbauenden Religionen. Es ist wie bei einem anderen Schauplatz dieses Konflikts: Während die darwinsche Evolutionstheorie durch unzählige, mannigfaltige Belege (Fossilien) und Beobachtungen, aber auch durch Aufnahmen über die Entwicklung des menschlichen Embryos im Mutterleib, die unsere ganze Entwicklungsgeschichte widerspiegelt, gestützt wird, ist die von amerikanischen Evangelikalen oder auch orthodoxen Juden und Muslimen vertretene „kreationistische *Theorie*", die im Wesentlichen die biblische Schöpfungsgeschichte zum Inhalt hat, widerlegt. „Es steht nicht patt!", so resümiert denn auch der deutsche Philosoph Ansgar Beckermann am Ende seines Buches *Glaube* – nachdem er sich mit den Gottesbeweisen in der Philosophie- und Religionsgeschichte und den Erkenntnissen der Naturwissenschaft befasst hat.

Zu ergänzen ist noch, dass die katholische Kirche zwar – ob der Beweislage – die Evolution zähneknirschend anerkennt. Aber so ganz will sie es dann doch nicht. Sie differenziert nämlich und sagt, die Evolution gelte nur für den *Körper* des Menschen. Seine *Seele* habe Gott jedoch separat dazu erschaffen. Das menschliche Gehirn ist also nach der katholischen Kirche aus der Evolution entstanden, nicht aber, wie wir denken und fühlen.[388] Passt das? Die Neurologen schütteln den Kopf. Man kann die Kirchenvertreter fragen, wann und wo „Gott" damit begann, den Menschen eine separate Seele hinzuzufügen: Vor vier Millionen Jahren beim Australopithecus? Vor zwei Millionen Jahren beim Homo erectus? Vor 200.000 Jahren beim Homo sapiens? Oder besaßen auch die Neandertaler oder die Denisova-Menschen schon Seelen?

Darauf wird die Kirche keine Antwort geben können. Der ganze Denkansatz ist unsinnig. Er beruht auch darauf, dass die Kirche glaubt, bei der Schöpfung sei es nur um den Menschen gegangen. Das bekräftigte Papst Benedikt XVI. immer wieder. So sagte er bei seiner Amtseinführung: „Wir sind nicht das zufällige Produkt der Evolution. Jeder von uns ist die Frucht eines Gedanken Gottes. Jeder ist gewollt, jeder ist geliebt, jeder ist gebraucht." Angesichts Millionen verhungerter und verhungernder Kinder, Millionen Kriegstoter, Millionen Aids-Toter, millionenfachen Unrechts auf der Erde, und, und, und ... kann man nur sagen: Wer's glaubt, wird selig!

3.2 Glaube und Vernunft

> So viel ist gewiss: wer einmal Kritik gekostet hat,
> den ekelt auf immer alles dogmatische Gewäsch.
>
> Immanuel Kant

> Wer ein Christ sein will,
> der steche seiner Vernunft die Augen aus.
>
> Martin Luther

Im Mittelpunkt steht die Frage: Ist religiöser (Gottes-)Glaube rational vertretbar bzw. begründbar oder steht er zu unserem Wissen im Widerspruch? „Nichtglaube" könnte somit ebenfalls unvernünftig sein – sofern er mit unserem Wissen im Widerspruch stünde.[389] Was wir wissen, war im Wesentlichen schon Gegenstand der bisherigen Ausführungen. Insbesondere ging es dabei um die überwiegend aus historischer Sicht inhaltlich falschen „Geschichten" in den „Heiligen Büchern" und die überwiegend archaischen, unseren ethischen Forderungen nicht entsprechenden Moralvorstellungen des dort gezeichneten Gottes und der wesentlichen Akteure. Es ging darum, dass Menschen diese Bücher geschrieben und tausendfach überarbeitet haben – und dass wir unsere Götter selber geschaffen haben. Betrachtet wurden auch die Erkenntnisse der Naturwissenschaften zu unserem Universum, unserer Erde, der Entwicklung des Lebens auf der Erde und auch unserer eigenen Entwicklung. Die Erkenntnisse der Biowissenschaften über die Endlichkeit unseres Lebens zeigen wiederum, dass ein „Leben nach dem Tod" unmöglich ist. Argumentiert wurde auch mit dem Wissen um das viele Leid auf der Erde – in der Vergangenheit und auch heute. Dass es den „persönlichen", den Menschen liebenden und ihn auf jeder Wegstrecke begleitenden Gott der Bibel und des Korans nicht gibt, dämmert inzwischen selbst den Religionsanhängern. Dafür ist das Leid der Welt – mit Kriegen, Vernichtung, Hass, Mord, Verfolgung, Hunger, Krankheiten, Epidemien – zu groß.

Im Folgenden geht es nun um eine Auseinandersetzung mit den Versuchen, „Gottesbeweise" zu führen – Versuche, die, wie wir in diesem Kapitel noch sehen, als gescheitert gelten können. Denn unser Weltbild ist offensichtlich mit solchen Glaubensvorstellungen nicht mehr vereinbar. Der Theologe Hans Küng stellt das zwar forsch in Abrede und behauptet kühn, es sei sogar „leichter als vor ein paar Jahrzehnten oder gar Jahrhunderten", an Gott zu glauben, denn „nach so vielen Krisen" habe sich „erstaunlich vieles geklärt, und viele Schwierigkeiten gegen den Gottesglauben haben sich erledigt".[390] Man fasst sich unweigerlich an den Kopf ob dieser geradezu grotesken Sichtweise, ja Chuzpe. Auch die Kirchenaustrittszahlen zeigen ein klares Votum. Was hat es also mit dem „vernünftig verantwortbaren Gottesglauben" des Hans Küng auf sich?

Damit setzten sich der Philosoph und Soziologe Hans Albert[391], ein Hauptvertreter des kritischen Rationalismus, der Philosoph, Entwicklungs- und Sozialpsychologe Franz Buggle[392] sowie der Staatsrechtler Gerhard Czermak auseinander. Bei Czermak finden sich schöne Beispiele für die Ambivalenzen von Gläubigen, ihr Schwanken zwischen Vernunft und Rationalität im Alltag einerseits und Unvernunft und Irrationalität andererseits. In unseren stark säkularisierten Gesellschaften in Deutschland und Europa habe nur noch bei einer Minderheit die Religion Einfluss auf das alltägliche Verhalten: „Kein verantwortungsbewusster Mensch wird Auto fahren, ohne wenigstens in längeren Abständen sein Fahrzeug auf das Funktionieren seiner wichtigen Teile zu überprüfen, und zwar unabhängig von seiner Einstellung zur Religion. Selbst Gläubige trennen in der Praxis meist streng zwischen Alltag und religiös gehaltenem Feiertag. Im Alltag beachten sie die Regeln der Wissenschaft und Technik, und beim Start von bemannten Raumraketen hoffen sie, dass keine Konstruktionsmängel und Materialfehler vorliegen und die Elektronik funktioniert. Bei Krankheiten vertrauen sie auf medizinische Hilfe. Läuft etwas schief, werden sie regelmäßig die Ursache in menschlichen Unzulänglichkeiten sehen." Aber oft, so Czermak, legen dieselben Menschen, die sich ansonsten ganz rational verhalten, insbesondere an Sonntagen und religiösen Feiertagen den Schalter auf Irrationalität um und sehen „göttliche" Ursachen. „Sie glauben, schwere Krankheiten oder Erdbeben oder persönliches Unglück sei die Strafe Gottes für Verfehlungen. Sie ... wollen die Gottheit durch Gebete zur Wiederherstellung der Gesundheit beeinflussen ..., verschollene Menschen wiederfinden oder gar (durch Viren verursachte) Warzen abbeten lassen. Geweihtes (durch professionelle Religionsvertreter besprochenes) Wasser soll Fahrzeuge vor Unfall oder damit besprengte Tiere vor Krankheit und Unbill schützen ..."[393]

Der Philosoph Kurt Flasch kritisiert „die Großtönerei von Theologen, die das Christentum als Ausbund der Vernunft anpreisen", und bezeichnet es als „Christentum der Unvernunft". Er belegt dies mit zahlreichen Textstellen des Alten und Neuen Testaments, mit deren Grausamkeiten, ethischen Defiziten, der fehlenden historischen Wahrheit und absurden Dogmen und Beschlüssen durch Konzile und Päpste. „Wer den christlichen Glauben verlässt oder auf sich beruhen lässt, kann freier reden ..., verschafft sich Argumentationsfreiheit", so Flasch.[394] Und schon Sigmund Freud stöhnte: „Wenn es sich um Fragen der Religion handelt, machen sich die Menschen aller möglichen Unaufrichtigkeiten und intellektueller Unarten schuldig ... Kein vernünftiger Mensch wird sich in anderen Dingen so leichtsinnig benehmen und sich mit so armseligen Begründungen seiner Urteile, seiner Parteinahme zufrieden geben."[395]

Viele Aspekte der Versuche, den Glauben an einen Gott mit der menschlichen Vernunft zu begründen oder zumindest mit der menschlichen Vernunft im Einklang zu sehen, werden durch die

„Natürliche Theologie" abgedeckt, die die Frage nach Gott auf eine wissenschaftliche, auf Vernunft gegründete Basis stellen will.[396] Und dann ist man schon bei den „Gottesbeweisen", auf die allerdings nur schlagwortartig eingegangen werden soll – da sie als widerlegt gelten. Zu den Vätern dieser Richtung zählen insbesondere Platon und Aristoteles, im Mittelalter vor allem Anselm von Canterbury und Thomas von Aquin.

Platon beschäftigt sich in seinem Alterswerk *Die Gesetze* mit dem „Dasein der Götter ... durch Beibringung überzeugender Gründe". „Die Beibringung überzeugender Gründe" liefert übrigens einen schönen Beitrag zu dem, was wir im Allgemeinen als „vernünftig" bzw. „rational" definieren oder ansehen, nämlich gute Gründe und Argumente für Überzeugungen und Handlungen zu haben oder diese zu suchen. *Aristoteles* geht in seiner Metaphysik von der Annahme des Erfordernisses eines „ersten unbewegten Bewegers" aus.

Der Theologe und Philosoph *Anselm von Canterbury* (1033–1109), ein Italiener aus Aosta, der weitgehend in Frankreich lebte und später Erzbischof von Canterbury wurde, unternimmt in seinem Werk *Proslogion* einen „ontologischen Gottesbeweis". Ausgangspunkt ist dabei der Begriff „Gott" als desjenigen, „worüber hinaus nichts Größeres (Vollkommeneres) gedacht werden kann".[397] Die Möglichkeit eines solchen Gottesbeweises a priori wird von *Thomas von Aquin* (um 1225–1274) bestritten. Daraus, dass ich mir einen vollkommenen Gott denke, folge doch nur, dass er in meiner Vorstellung existiert, nicht aber, dass es ihn tatsächlich gibt. Thomas entwickelte einen eigenen Gottesbeweis „aus der Erfahrung" (a posteriori), den „kausalen Gottesbeweis". Letztlich wollte er zeigen, dass Glauben und Vernunft übereinstimmten; Glaubensüberzeugungen müssten rational begründet sein. Kurz gefasst war sein Ausgangspunkt: „Von nichts kommt nichts." Daher müsse am Anfang von allem ein „unbewegter Beweger" stehen. In seinem Hauptwerk *Summa theologiae* formuliert er fünf Wege, das Dasein Gottes zu beweisen.[398] Dabei stützte er sich teilweise auf Gedanken bei Platon und Aristoteles: Aus dem Bewegtsein wird auf einen ersten unbewegten Beweger geschlossen (Bewegungsbeweis), aus dem Bewirktsein auf eine erste Ursache (Kausalitätsbeweis), aus dem zufälligen Sosein und Dasein auf ein absolut notwendiges Wesen (Kontingenzbeweis), aus dem mehr oder weniger Vollkommensein auf ein absolut vollkommenes Wesen (Stufenbeweis) und schließlich aus dem Geordnetsein der Weltdinge auf einen obersten Ordner (teleologischer Gottesbeweis). Die ersten vier Wege gelten als Varianten des kosmologischen Gottesbeweises.

Die Gottesbeweise, auch der von Thomas von Aquin, hatten vor allem das Ziel, religiöse Überzeugungen zu stützen oder theoretisch zu untermauern. Die Existenz eines Gottes – die hohe Zeit der Gottesbeweise war das Mittelalter – stand ja ohnehin nicht infrage. *Immanuel Kant* verwarf die Gottesbeweise. In seiner *Kritik der reinen Vernunft* widerlegt er den „ontologischen Gottesbeweis" (Anselm von Canterbury), hält aber auch aposteriorische Gottesbeweise wie den „kausalen Gottesbeweis" des Thomas von Aquin angesichts der Beschränkung der Reichweite menschlicher Erkenntnis auf den Bereich des sinnlich Wahrnehmbaren für nicht möglich. Die klassischen Gottesbeweise sind nach dieser Auffassung nicht schlüssig. Auch *Bertrand Russell* (1872–1970) hat sich des kausalen Gottesbeweises angenommen und bezweifelt, dass es eine erste Ursache überhaupt geben muss.

Erwähnt sei noch der „teleologische Gottesbeweis" des englischen Theologen und Philosophen *William Paley* (1743–1805). In seinem 1802 erschienenen Buch *Natural Theology* („Natürliche Theologie – Beweis für die Existenz des Göttlichen, abgelesen an den Erscheinungen der Natur") plädierte Paley anhand der Uhrmacher-Analogie für das Wirken eines Schöpfers in der Natur. Würde man einen Stein finden, so könne man vermuten, er habe schon immer dort gelegen. Würde man aber eine Uhr finden, so würde man dies kaum vermuten. Aus der Zweckmäßigkeit, mit der die Einzelteile der Uhr zusammengefügt seien, müsse man schließen, dass die Uhr einen intelligenten Schöpfer, den Uhrmacher, gehabt habe. Folglich müsse auch ein lebender Organismus, dessen Körperteile ebenso zweckmäßig zusammenwirken wie die Teile der Uhr, einen intelligenten Schöpfer haben, den Paley auch Designer nennt. Man sieht, mancher Irrtum erledigt sich bald von selbst, denn nur wenige Jahre nach William Paley erkannte Charles Darwin, was es mit der Komplexität von Organismen auf sich hat: Sie ist das Ergebnis eines evolutionären Prozesses durch das Wirken von Mutation und Selektion – ohne dass dafür ein Schöpfergott notwendig wäre.

Philosophische Kritik an der Natürlichen Theologie üben David Hume und Arthur Schopenhauer. *David Hume* (1711–1776) setzt sich vor allem in den *Dialogues Concerning Natural Religion* mit ihr auseinander. Er vertritt dabei die Ansicht, dass es keinen „natürlichen" Weg gebe, die Existenz eines christlich verstandenen Gottes mittels bloßer Erwägungen aus Vernunftgründen zu beweisen. *Arthur Schopenhauer* (1788–1860) kritisiert alle Religionen, ausgehend von der Annahme eines allgemeinen „metaphysischen Bedürfnisses" des Menschen, als „allegorisch und mythisch ausgesprochene und dadurch der Menschheit im Großen zugänglich und verdaulich gemachte Wahrheit". Er bezeichnet die Religion deshalb auch als „Metaphysik des Volks". Über ein Kernthema der Natürlichen Theologie, das Verhältnis bzw. den Gegensatz von Vernunft und Glauben, schreibt Schopenhauer: „Wer ein Rationalist sein will, muss ein Philosoph sein und als solcher sich von aller Autorität emanzipieren, vorwärts gehn und vor nichts zurückbeben. Will man aber Theologe sein, so sei man konsequent und verlasse nicht das Fundament der Autorität, auch nicht, wenn sie das Unbegreifliche zu glauben gebietet. Man kann nicht zweien Herren dienen: also entweder der Vernunft oder der (Heiligen; Anmerkung von mir) Schrift ... Entweder glauben, oder philosophieren! was man erwählt, sei man ganz."[399]

Der Vollständigkeit halber sei noch die „*Pascal'sche Wette*" erwähnt. Sie ist kein Gottesbeweis im eigentlichen Sinne, sondern eine Argumentation, warum es auch in Ermangelung von Beweisen sinnvoll sei, an Gott zu glauben. Eine pfiffige Überlegung nach Art einer Kosten-Nutzen-Analyse. Der französische Mathematiker und Philosoph *Blaise Pascal* (1623–1662) argumentierte, dass es besser sei, an Gott zu glauben, weil man nichts verliere, wenn er nicht existiere, aber auf der sicheren Seite sei (sprich in den Himmel komme), wenn es doch einen Gott gebe: „Setzen Sie also ohne zu zögern darauf, dass es ihn gibt." Die Pascal'sche Wette gilt vielen als des großen Denkers nicht würdig; sie sei krämerseelenhaft und banal, ein furchtbares Beispiel dafür, dass sich selbst ein genialer Denker durch den Glauben habe verformen, verkindlichen lassen. Die Pascal'sche Wette führe, so der Politologe und Sozialphilosoph Iring Fetscher, „den Glauben ähnlich wie viel später der amerikanische Pragmatismus auf den Nutzen fürs individuelle Glück zurück".[400]

Anzumerken ist zur „Natürlichen Theologie" noch, dass das Erste Vatikanische Konzil 1870 erklärte, Gott könne mithilfe der menschlichen Vernunft sicher aus der geschaffenen Welt erkannt werden. Wer diese Lehre bestreitet, wird mit dem Ausschluss aus der katholischen Kirche bedroht.

Gerne werfen Gottesgläubige Anhängern eines kritischen Rationalismus vor, sie würden auch nur „glauben", nämlich an die Wissenschaft. Hier benutzen die Gottesgläubigen die Doppeldeutigkeit des Begriffes „glauben". Wenn der Gottesgläubige sagt: „Ich glaube an Gott", dann hält er die Existenz eines Gottes für unbedingt wahr. Dieser unbedingte Glaube wird von den Religionen auch eingefordert. Der „Glaube" an, besser: die „Kenntnisnahme" von wissenschaftlichen Ergebnissen bedeutet hingegen: Durch wissenschaftliche (logische, empirische) Verfahren gelangt man zu – immer noch – zweifelbehafteten Ergebnissen. Diese werden, wenn sie sich immer wieder bestätigen, immer wahrscheinlicher in ihrem Wahrheitsgehalt (so etwa das Evolutionsprinzip). Wissenschaft ist per se aber immer ergebnisoffen; sie ist eine Methodik des kritischen Zweifelns.[401] Der „Glaube" von Wissenschaftler an durch wissenschaftliche Verfahren gewonnene Ergebnisse bedeutet somit die „Vermutung" über die Richtigkeit gewonnener Ergebnisse.

Vernunft und Glaube passen nicht zueinander, so sehr sich auch Papst Benedikt XVI. und der als Benedikt-Versteher geltende Philosoph Robert Spaemann dafür ins Zeug legten (und damit heftige Kritik auslösten). Diese macht Alan Posener in seinem Buch *Benedikts Kreuzzug. Der Angriff des Vatikans auf die moderne Gesellschaft* deutlich.[402] In einem Interview führt er dazu aus: „Ich greife den Papst an, weil er die Demokratie und plurale Gesellschaft angreift. Er diffamiert sie als ‚Diktatur des Relativismus' und fordert nicht nur das Recht, etwa die Homosexualität als ‚objektive Ordnungsstörung im Aufbau der menschlichen Existenz' zu verurteilen, sondern eine Art Wächterrat, der die Entscheidungen des demokratischen Staates auf ihre Übereinstimmung mit der Moral überprüfen soll – eine Forderung, bei der er sich mit den Pius-Brüdern und den Teheraner Mullahs einig weiß. Ich greife den Papst an, weil er die Aufklärung angreift. Er sieht den ‚Ausgang des Menschen aus seiner selbstverschuldeten Unmündigkeit', wie es Kant formulierte, als Verfallserscheinung an und fordert die ‚Reinigung der Vernunft' durch den Glauben was wiederum bedeutet: ich, Ratzinger, entscheide, was vernünftig ist und was nicht. ... Ich habe nichts dagegen, wenn der Papst sagt, wir setzen den Glauben über die Vernunft. Bitte sehr, das sollen die mündigen Katholiken mit ihm und ihrem Gewissen ausmachen. Aber wenn er versucht, den Begriff Vernunft selbst so umzudeuten, dass er Glaube bedeutet, dann habe ich ein Problem." Auch über die Anbiederung des Papstes an die Pius-Bruderschaft empört sich Posener: „Die Pius-Bruderschaft befürwortet eine Abschaffung des weltlichen Staats und ihre Ersetzung durch eine Theokratie ähnlich der im Iran, die Drogen, Prostitution, Pornographie, Blasphemie, Homosexualität und so weiter verbieten und die Todesstrafe wieder einführen würde. Das weiß Benedikt, und trotzdem betreibt er die Annäherung an diese Leute und kommt ihnen weit entgegen ..."[403]

Generationen von kirchlichen Würdenträgern, Professoren und Pfarrern haben versucht, den Einwand zu entkräften, das vielfältige Leiden der Menschen durch Kriege, Seuchen, Naturkatastrophen etc. sei mit der Vorstellung eines von den christlichen Kirchen und anderen Religionen gelehrten allmächtigen, allwissenden, gerechten und unendlich liebevollen und gütigen Gottes nicht vereinbar. Bekannte jüngere Versuche, das Theodizee-Problem zugunsten der Religion und des Glaubens zu lösen, sind insbesondere die von Hans Küng und Papst Benedikt XVI., auf die unter anderem Franz Buggle[404] und Hans Albert eingehen. Schauen wir, was Hans Küng, der immer gerne „Glauben" und „Vernunft" im Einklang sieht, bei all seinen vielen Worten an Antworten anzubieten hat: Er empfiehlt allen Ernstes, die Rolle des alttestamentlichen Hiob einzunehmen und „trotz allem Leid dieser Welt ein unbedingtes, unerschütterliches Vertrauen zum unbegreiflichen Gott" zu haben. Ein Pfarrer spricht hier, kein Wissenschaftler! Schnell weicht er dann aus zum Leid Jesu, das Gott ja auch zugelassen habe. Als wäre das ein Trost! Er spricht vom „verborgenen" Sinn des Leidens, um schließlich seine große Lösung des Problems zu präsentieren: „Ich kann diesen verborgenen Sinn ablehnen: in Trotz, Zynismus oder Verzweiflung. Ich kann ihn auch annehmen: in glaubendem Vertrauen auf ihn, der dem sinnlosen Leiden und Sterben Jesu Sinn verliehen hat. Es erübrigt sich dann mein Protest, meine Empörung, die Frustration bleibt aus, die Verzweiflung hat ein Ende. *Das Gott-Vertrauen als Verwurzelung des Grundvertrauens erreicht hier seine größte Tiefe* (sic!)."[405]

Das ist dann leider – angesichts Millionen Kriegstoter, Millionen ermordeter Juden – doch zu wenig.

3.3 Die Immunisierung des Glaubens

> Einen Theologen kann man praktisch nie widerlegen.
>
> Uta Ranke-Heinemann

> Der Mensch, als moralisches Wesen,
> ist sich selbst gegenüber
> zur Wahrhaftigkeit verpflichtet.
>
> Immanuel Kant

Auf Zweierlei soll hier abgestellt werden. Zum einen geht es um das Sich-Immunisieren der Gläubigen vor möglichen Glaubenszweifeln, zum Beispiel indem sie Erkenntnisse der Wissenschaft oder archäologische Befunde zum Wahrheitsgehalt heiliger Bücher ignorieren; in gewisser Weise betrifft dies auch das Sich-Herausreden mancher Agnostiker. Zum anderen wird die von den Religionen und den Theologen betriebene Immunisierung ihres Glaubens betrachtet, die in dem Eingeständnis liegt, dass es keine Wunder gebe, dass alles nur „im Kontext" verstanden werden könne, vieles nur symbolisch gemeint sei und so weiter.

Immunisierung der Gläubigen und Agnostiker

Gläubige, die es ablehnen, sich auf rationale Argumente für oder gegen ihren Glauben einzulassen (sogenannte Fideisten), gibt es viele. Sie glauben, und sie wollen glauben, wollen nicht den Glauben ihrer Kindheit infrage stellen. Häufig hat das auch mit Traditionen zu tun, mit der Familie, der Gemeinde, der Region, wie wir das beispielsweise aus Italien, Polen oder Oberbayern kennen. Religion ist oft ein Teil von Tradition, die man irgendwie bewahren will. Da prallen alle kritischen Argumente ab, keiner will sie hören. Häufig kontern Religiöse, aber auch Akteure auf der politischen Bühne den Vorwurf der

Unlogik mit dem Verweis auf die Nützlichkeit der Religionen. Der Kreis solcher „Fideisten" wird jedoch kleiner. Selbst der Präsident des Zentralkomitees der Katholiken, der aus Oberbayern stammende ehemalige bayerische Landtagspräsident Alois Glück, beklagte in einem Fernsehinterview, früher habe man im Dorf die gekannt, die sonntags *nicht* zur Messe gingen, heute sei es umgekehrt. Das zeigt, dass religiöse Milieus selbst in Bayern aufbrechen können.

Den Agnostikern liest neben Religionskritikern wie Richard Dawkins auch der Philosoph und Wissenschaftstheoretiker Thomas Metzinger die Leviten. Da es auch nach 2.500 Jahren westlicher Philosophiegeschichte kein einziges überzeugendes Argument für die Existenz Gottes gebe und alle bekannten Gottesbeweise gescheitert seien, sei es „gar nicht so einfach – wie viele von uns das gerne tun – sich in den Agnostizismus zurückzuziehen und zu sagen: Ich sage einfach nichts dazu, ich enthalte mich des Urteils!" Das sei deswegen problematisch, weil die ganze Beweislast aufseiten der Kirchen und ihrer Gläubigen liege, auf der Seite derjenigen, die eine positive Behauptung aufstellten, ohne sie durch empirische Belege oder vernünftige Argumente stützen zu können.[406] Ein klassischer Fehlschluss sei in diesem Zusammenhang das *Argumentum ad ignorantiam*, das „Argument aus dem Nichtwissen". Der logische Fehler bestehe hier in der Annahme, dass etwas, was nicht als falsch bewiesen sei, automatisch wahr sei. Dieser Fehlschluss liege uns allen aus psychologischen Gründen sehr nah, „weil er darin besteht, sich kulturellen Traditionen zu unterwerfen und aus unserem Nichtwissen insgeheim doch eine starke Schlussfolgerung ableiten zu wollen. Aus der Tatsache, dass man etwas nicht weiß, folgt aber fast nichts wirklich Interessantes". Empirisch gebe es keinerlei Belege für die Existenz Gottes. Auch mystische Erfahrungen und veränderte Bewusstseinszustände als solche seien keine empirischen Belege im engeren Sinne.

Metzinger fordert von Christen „intellektuelle Redlichkeit" ein und zitiert in diesem Zusammenhang sinngemäß eine Aussage von William Kingdon Clifford (britischer Philosoph und Mathematiker,

1845–1879): „Es ist zu jeder Zeit, an jedem Ort und für jede Person falsch etwas aufgrund unzureichender Beweise zu glauben sowie für die eigenen Überzeugungen relevante Beweise zu ignorieren, oder sie leichtfertig abzuweisen." Dass man nur etwas glaubt, für das man wirklich Argumente und Belege hat, wird als Evidentialismus bezeichnet. Die philosophischen Gegenstücke sind der Dogmatismus („Es ist legitim, an einer Überzeugung festzuhalten, einfach weil man sie schon hat") und der Fideismus („Es ist legitim, an einer Überzeugung auch dann festzuhalten, wenn es keine guten Gründe oder Beweise für sie gibt, sogar angesichts überzeugender Gegenargumente und starker empirischer Belege"). Der Fideismus sei also der reine Glaubensstandpunkt, so Metzinger, und er beschreibt ihn auch als die Verweigerung jeder ethischen Einstellung zum inneren Handeln. Er sei ein Mangel an innerem Anstand und intellektueller Redlichkeit.

Immunisierung des Glaubens seitens der Kirchen, Religionsvertreter und -anhänger

War es früher eine Glaubensentscheidung, weil man es nicht besser wissen konnte, so glauben viele heute wider besseres Wissen oder weil sie wissenschaftliche Ergebnisse nicht wahrhaben wollen. Es gibt viele Möglichkeiten, um sich herauszuwinden. Da wird, je nachdem wie es in die Verteidigungslinie passt, relativiert: Die Heiligen Bücher müsse man aus der damaligen Zeit erklären, man dürfe nicht alles wörtlich nehmen, es sei eine bildhafte Sprache. Meist wird das bei den Stellen vorgebracht, wo Gott oder Jesus oder Mohammed nicht so gut aussehen. Auch das ist ein aus TV-Talk-Sendungen bekanntes Szenario. Da wird getrickst, dass sich das Kreuz biegt. Nebenbei: Von den Kanzeln und aus den Moscheen sind allerdings ganz andere, nämlich die alten Töne zu hören, und auch in religiösen TV-Sendern (Bibel-TV oder KTV) kann's nicht bibelwörtlich und fromm genug vorgetragen werden.

Eher lässt sich ein Pudding an die Wand nageln, als dass bei der genannten Strategie die Glaubensinhalte der offiziellen Religionsvertreter so richtig zu greifen wären. Besonders beliebt und inflationär verwendet wird derzeit zur Abwehr unliebsamer Fragen die zur Floskel gewordene Worthülse, das könne man nur „im Kontext" lesen respektive verstehen. Vor allem bei Islamvertretern wird damit der Vorwurf zu entkräften versucht, viele Koransuren riefen zur Gewalt gegen Ungläubige, Christen und Juden auf. Ihre Antwort: Das sei alles so nicht gemeint. Als würden die sich auf Gewaltsuren berufenden Selbstmordattentäter um den „Kontext" scheren.

Ein Meister jeglicher Immunisierung ist der schon oft gescholtene Hans Küng. Bei seiner Beschäftigung mit der Auferstehung Jesu – er nennt sie bezeichnenderweise „Auferweckung Jesu", da er Gott, den Vater, gerne als Akteur sehen will – stellt er fest, es könne „sich nicht um ein im strengen Sinn *historisches*, das heißt von der historischen Wissenschaft mit historischer Methode feststellbares Geschehen handeln ... Zu photographieren und registrieren gab es nichts ... Die Auferweckung selber (aber) lässt sich sowenig wie der Auferweckte mit historischer Methode dingfest machen, objektivieren." Und er fährt kühn fort: „Die historische Wissenschaft – die ebenso wie die chemische, biologische, psychologische, soziologische oder theologische Wissenschaft immer nur einen Aspekt der vielschichtigen Wirklichkeit sieht – dürfte hier überfragt sein, weil sie aufgrund ihrer eigenen Prämissen gerade jene Wirklichkeit bewusst ausschließt, die für eine Auferweckung ebenso wie für Schöpfung und Vollendung allein in Frage kommt: die Wirklichkeit Gottes!"[407] Es ist nach Küng kein „*historisches* Geschehen", sondern ein – „im tiefsten Sinne" – „*wirkliches* Geschehen". Verstehe das, wer unbedingt will! Um solches festzustellen, bedarf es wohl langer theologischer Ausbildung! Warum so viele Worte, wenn er doch nur sagen will: „Ihr müsst das glauben"? Nicht gleich als Immunisierungsstrategien erkennbar sind hingegen die Aussagen von Theologen („Entmythologisierern"), die jegliche Wunder durch Jesus in Abrede stellen, wie Rudolf Bultmann,

Die Immunisierung des Glaubens

Paul Tillich oder Reinhold Niebuhr, worauf Hans Albert hinweist. Um nichts anderes handelt es sich aber, wenn sie zentrale Glaubensbestände, zum Beispiel die Gottesidee, völlig entleeren, sodass sie mit keiner möglichen Tatsache mehr kollidieren können.[408]

Aus dem einst so mächtigen Gott der Bibel und des Korans ist ein Gott der Lücken geworden! Dank der wissenschaftlichen Ergebnisse vor allem der letzten 100 Jahre wissen wir: Das Leben, der Mensch ist ohne ihn entstanden. Nun wird Gott auch noch die Schöpfung des Universums abgesprochen. Wir brauchen ihn nicht mehr zur Erklärung der Welt! Die Religionen wappnen sich bereits argumentativ, da der ganze Schwindel immer mehr durchschimmert, sie aber so weitermachen wollen, als wäre dies ohne Bedeutung. An den Gläubigen ist es nun, ob sie solche Mogelpackungen noch akzeptieren wollen oder ob sie die Kirchen und Religionsinstitutionen auffordern, endlich *alles* auf den Prüfstand zu stellen. Aber ist es vorstellbar, dass die jüdischen Gemeinden, die christlichen Kirchen, die Religionsführer des Islam von sich aus sagen: Unsere Religionen sind auf Sand, auf einem Fundament von Unwahrheiten aufgebaut? Besteht Hoffnung darauf? Eher nicht! Bestünde größere Hoffnung, wenn die Unwahrheiten noch klarer als bisher bewiesen werden könnten, etwa durch weitere wissenschaftliche Erkenntnisse? Wenn beispielsweise durch Experimente am Teilchenbeschleuniger des CERN oder durch Beobachtungen und Messungen neuer Weltraummessstationen festgestellt würde, dass sich das Universum, die Naturgesetze, das Leben von selbst erschaffen, dass sie sich durch Evolution ergeben haben, es sogar mehrere Universen gibt, dass auf fernen Planeten ebenfalls intelligente Wesen leben – wir also zur Erklärung für nichts mehr einen Gott brauchen?

Eine für die Religionen sicherlich existenzgefährdende Situation, so sollte man meinen. Skepsis ist aber geboten. Das Beharrungsvermögen der Religionen und ihrer Führer und Unterstützer ist groß. Viele werden klammern, sich schwertun mit einer neuen Sichtweise. Die Funktionäre würden sich wehren, Papst und Bischöfe würden beraten und bald den Schulterschluss mit den anderen Religionen suchen, auch mit den maßgeblichen Politikern und nahestehenden Medien. Führende Politiker in Deutschland – Steinmeier, Merkel, Kauder, Seehofer, Nahles, Schwesig, Göring-Eckardt, Kretschmann, Ramelow, allesamt fest in kirchlichen Gremien oder ihrem Umfeld verankert[409] – würden sich hinter die bedrängten Religionsgemeinschaften stellen, ihnen ihre Unterstützung zusichern. Sie würden an die *Zweckmäßigkeit* von Religion erinnern, an den vermeintlichen Halt für den Menschen, für die Gesellschaft, an die Gefahr der Arbeitslosigkeit der im Religionsbereich Tätigen etc., und sie würden Kontinuität proklamieren. Flankiert würde dies wahrscheinlich durch eine konzertierte Aktion von *Bild*, *Welt*, *FAZ*, *Zeit* und ZDF, durch Talkshows mit Kirchenvertretern sowie Gloria von Thurn und Taxis, Matthias Matussek, Günter Jauch, Harald Schmidt, Eckart von Hirschhausen, Manfred Lütz, die ebenfalls den Nutzen von Religion propagieren und zum Verbleib auffordern. Sondersendungen im ZDF mit Harald Lesch über die von ihm noch vermuteten Wissenslücken, hinter denen sich möglicherweise doch noch Gott verstecken könnte, würden dies ergänzen.

Ein bisschen Spaß muss sein. Spaß?

3.4 Respekt für Religionsgläubige – oder reicht Toleranz?

> Gotteslästerungen zu ahnden ist Sache der Götter.
>
> Tiberius, römischer Kaiser 14–37 n. Chr.

Es ist ein altes Lied. Und Arthur Schopenhauer hat es – vor fast 170 Jahren – in Dialogform beschrieben:[410]

„DEMOPHELES: Unter uns gesagt, lieber alter Freund, es gefällt mir nicht, daß du gelegentlich deine philosophische Befähigung durch Sarkasmen, ja, offenbaren Spott über die Religion an den Tag legst. Der Glaube eines Jeden ist ihm heilig, sollte es daher auch dir seyn.

PHILALETHES: *Nego consequentiam!* (Ich bestreite die Schlussfolgerung!). Sehe nicht ein, warum ich, der Einfalt des Anderen wegen, Respekt vor Lug und Trug haben sollte. Die Wahrheit achte ich überall; eben darum aber nicht, was ihr entgegensteht."

Gegen das von Religionsvertretern, Gläubigen, Politikern, aber auch interessierten Medien vorgebrachte „Respekt"-Totschlagargument zur Schonung der Religionen und ihrer Bücher vor Kritik wandte sich 2012 ein Aufschrei-Artikel („Respekt? Aber wieso denn?") von Alan Posener in der *Welt*: „Muss man die Gefühle gläubiger Menschen respektieren? Warum? Was ist da mit den Ungläubigen? Und überhaupt: Sollte Respekt nicht etwas sein, was man sich verdient? Toleranz sollte reichen. Warum soll ich es ‚respektieren', wenn etwa fundamentalistische Christen die Schöpfungsgeschichte für bare Münze nehmen? Ist es nicht eine Beleidigung meiner Menschenwürde, wenn ich nicht als das Produkt einer Jahrmilliarden währenden Evolution dastehe, sondern als Ergebnis der Freitagabendlaune einer Gottheit? Warum soll ich es respektieren, dass einer glaubt, Gottes Sohn sei für meine

Sünden gestorben? Ist es nicht eine Anmaßung, mir zu unterstellen, ich sei so verworfen, dass nur ein Menschenopfer mich retten könne? Warum soll ich es respektieren, wenn einer glaubt, Mohammed sei mit einem Flügelpferd von Mekka nach Jerusalem geflogen und von dort in den Himmel gestiegen? Ist es nicht eine Beleidigung meiner Intelligenz? Und verdienen nicht die Evolution, die inhärente Anständigkeit des Menschen und seine Intelligenz nicht auch Respekt? Toleranz ja – Respekt nein."[411]

Der skurrilen Beispiele – immer aus der Sicht der *nicht* der jeweiligen Religion Angehörenden – gibt es unzählige. Ob es die Wunder sind, von denen es in den „Heiligen Büchern" nur so wimmelt, oder der Umstand, dass Menschen in Gottesdiensten ihren Gott verspeisen; ob es der Glaube ist, dass auf Selbstmordattentäter im Himmel viele Jungfrauen warten, oder dass Gott Gefallen daran hatte, dass Völker abgeschlachtet werden, nur weil sie gegen die Israeliten eingestellt waren, dass Menschen die Windeln Jesu, seine Vorhaut oder die Gebeine der „Heiligen Drei Könige", die es nie gegeben hat, verehren – all diese Absonderlichkeiten fallen einem natürlich nur bei den *anderen* Religionen auf. Bei der eigenen Religion hat man sich aufgrund des jahrelangen, meist seit der Kindheit währenden Einbläuens und Praktizierens an die Glaubensinhalte und Riten, die Außenstehenden komisch erscheinen, gewöhnt.

Die Religionen sind erst für Toleranz, seitdem sie keine Macht mehr haben, und sie sind es nur dort, wo sie ihre dominante Position verloren haben. Wo sie noch über Macht verfügen, in islamischen oder auch christlichen Ländern (etwa in Polen oder Irland), nutzen sie diese rigoros aus. Wenn ihnen heute beispielsweise in Deutschland diese Macht wieder zuwachsen würde, wie würden sie mit dieser Macht umgehen, wie würde sich das auswirken auf Rechtsstaat und Demokratie? Man kann schlimme Vermutungen anstellen. Einige aktuelle Äußerungen prominenter Kirchenanhänger wie des Philosophen Robert Spaemann oder des Schriftstellers Martin Mosebach mögen dies verdeutlichen. Inspiriert durch die gewaltsamen Reaktionen radikaler Islamisten auf Kritik, teilweise in satirischer Form, am Islam und an seinem Begründer Mohammed und angesichts der daraufhin einsetzenden Zurückhaltung der Medien möchten sie eine ähnliche Zurückhaltung auch für die christlichen Kirchen erreichen. Die von ihnen geforderten Maßnahmen unterscheiden sich kaum von denen radikaler Islamisten. Mosebach will „nicht verhehlen, dass ich unfähig bin, mich zu empören, wenn in ihrem Glauben beleidigte Muslime blasphemischen Künstlern – wenn wir sie einmal so nennen wollen – einen gewaltigen Schrecken einjagen". Das ist, so Dirk Kurbjuweit im *Spiegel*, „Koketterie mit der Todesstrafe, und da es sich um eine Todesstrafe ohne Prozess handelt, ist es Koketterie mit dem Mord." Mosebach lässt offen, welche Strafen er will, spricht aber von einem „hohen Preis", den Künstler für ihre Freiheit zu zahlen hätten, von „Unkosten", die die „Existenz gefährden".[412]

Auch Spaemann, der mit dem Papst Benedikt XVI. einen engen Austausch pflegte, „erzählt ausführlich und ohne Distanz von der Todesstrafe gegen Blasphemie im Islam. Christen sei es allerdings verwehrt, zu diesem Mittel zu greifen. Spaemann will deshalb, dass der Staat drastische Strafen verhänge. Wer Gott lästere, solle doppelt so hart rangenommen werden wie einer, der einen Menschen beleidigt habe." Da waren die alten Römer – wie oben im Epigraph zitiert – schon weiter: Lästerungen gegen Götter sollten nur von den Göttern selbst geahndet werden. Die „wehrhaften Christen", so Kurbjuweit, beanspruchten in der Meinungsvielfalt unserer Demokratie aufgrund ihrer Verdienste („Versorgung der Gesellschaft mit Transzendenz", „Beitrag des Christentums zur Demokratie") eine Sonderrolle, vor allem aber Schonung vor Kritik. Dem hält er entgegen: Transzendenzerfahrungen müssen nicht nur religiöse sein. Für den einen sei zwar Gott das „Heiligste" (ein Begriff Spaemanns), für andere könne es „ein geliebter Mensch, ein Roman, eine Landschaft, auch ein Job" sein. Da gebe es kein Monopol mehr.

Seit dem Mordanschlag muslimischer Attentäter auf die Redaktion der französischen Satirezeitschrift *Charlie Hebdo* im Jahr 2015, bei dem zwölf Menschen getötet und 20 verletzt wurden, weil die Zeitschrift nach Ansicht der Täter Mohammed beleidigt hatte, wird auch in Deutschland über den „Blasphemieparagrafen" § 166 des Strafgesetzbuches und dessen Abschaffung diskutiert. § 166 StGB lautet:

(1) Wer öffentlich oder durch Verbreiten von Schriften den Inhalt des religiösen oder weltanschaulichen Bekenntnisses anderer in einer Weise beschimpft, die geeignet ist, den öffentlichen Frieden zu stören, wird mit Freiheitsstrafe bis zu drei Jahren oder mit Geldstrafe bestraft.

(2) Ebenso wird bestraft, wer öffentlich oder durch Verbreiten von Schriften eine im Inland bestehende Kirche oder andere Religionsgesellschaft oder Weltanschauungsvereinigung, ihre Einrichtungen oder Gebräuche in einer Weise beschimpft, die geeignet ist, den öffentlichen Frieden zu stören.

Immerhin gilt zumindest die Hürde, dass der öffentliche Frieden gestört werden muss! Ansonsten wirkt es aber schon sehr antiquiert. Während vor allem FDP und Grüne sowie humanistische Vereinigungen (wie die Giordano-Bruno-Stiftung) und auch prominente Juristen[413] die Streichung des Blasphemieparagrafen fordern – vor allem mit Verweis auf die Meinungs- und Redefreiheit und darauf, dass Gläubige durch die Strafbarkeit der Beleidigung, der üblen Nachrede und auch der Volksverhetzung ausreichend geschützt seien –, sind CDU und auch die SPD für dessen Beibehaltung, die CSU überdies für eine Verschärfung. Gläubige, so die Befürworter der Abschaffung, bräuchten keinen anderen strafrechtlichen Schutz als andere soziale Gruppen. Der Paragraf sei in seiner jetzigen Form „ein Fremdkörper in einem freiheitlich-säkularen Wertesystem".[414]

Thomas Fischer, Bundesrichter in Karlsruhe, der die ersatzlose Streichung des § 166 StGB fordert, schreibt denn auch: „Wer neben diesem Schutz von ‚Teilen der Bevölkerung' – also allen – noch einen privilegierten Sonderschutz für solche ‚Teile' fordert, die sich, sei es inhaltlich oder nur organisatorisch, auf religiösen ‚Glauben' beziehen, unterläuft im Grunde genommen den demokratischen Konsens. Er setzt nämlich neben das Rechtsprinzip der Gleichberechtigung noch ein System der ‚bevorzugten' Berechtigung, der ‚besonderen' Schutzbedürftigkeit. Das sind Reste einer Lebenswirklichkeit, die schon lange nicht mehr unsere ist. Wir können darauf ohne jede Einbuße an Sicherheit und Frieden verzichten. Die Religiösen in unserer Gesellschaft könnten sich daran gewöhnen, dass ihr Glaube Privatsache und kein öffentliches Schutzgut und dass die Beleidigung von religiösen Gefühlen und Überzeugungen zwar eine Unverschämtheit ist, in einer freien Gesellschaft aber bis an die Grenze zur Volksverhetzung oder der individuellen Beleidigung hingenommen werden kann und muss – wie jede andere Gefühlsverletzung auch."[415]

Hingewiesen werden muss an dieser Stelle darauf, dass in allen „Heiligen Schriften" „Ungläubigkeit" grundsätzlich mit dem Tod bedroht und geahndet wurde, so etwa im Römerbrief des Paulus (1,28–32). Der Religionskritiker Michael Schmidt-Salomon resümiert: „Führt man sich vor Augen, wie vehement ‚Ungläubige' in den Grundlagenschriften der Religionen verunglimpft werden, wirken sämtliche Religionssatiren, die in den vergangenen Jahrzehnten veröffentlicht wurden, wie harmlose Späßchen. Bei Licht betrachtet hätten religionsfreie Menschen also weit triftigere Gründe, sich in ihren weltanschaulichen Gefühlen verletzt zu sehen."[416]

3.5 Religion und Demokratie

3.5.1 Die Wurzeln unseres Staatswesens und die Trennung von Staat und Kirche

Zunächst einige Auszüge aus den ersten 20 Artikeln des Grundgesetzes der Bundesrepublik Deutschland:

Die Würde des Menschen ist unantastbar. Sie zu achten und zu schützen ist Verpflichtung aller staatlichen Gewalt.

Das Deutsche Volk bekennt sich darum zu unverletzlichen und unveräußerlichen Menschenrechten als Grundlage jeder menschlichen Gemeinschaft, des Friedens und der Gerechtigkeit in der Welt.

Jeder hat das Recht auf die freie Entfaltung seiner Persönlichkeit. Jeder hat das Recht auf Leben und körperliche Unversehrtheit. Die Freiheit der Person ist unverletzlich.

Alle Menschen sind vor dem Gesetz gleich. Männer und Frauen sind gleichberechtigt.

Niemand darf wegen seines Geschlechtes, seiner Abstammung, seiner Rasse, seiner Sprache, seiner Heimat und Herkunft, seines Glaubens, seiner religiösen oder politischen Anschauungen benachteiligt oder bevorzugt werden.

Die Freiheit des Glaubens, des Gewissens und die Freiheit des religiösen und weltanschaulichen Bekenntnisses sind unverletzlich.

Jeder hat das Recht, seine Meinung in Wort, Schrift und Bild frei zu äußern und zu verbreiten und sich aus allgemein zugänglichen Quellen ungehindert zu unterrichten. Die Pressefreiheit und die Freiheit der Be-

richterstattung durch Rundfunk und Film werden gewährleistet. Eine Zensur findet nicht statt.

Kunst und Wissenschaft, Forschung und Lehre sind frei.

Die Bundesrepublik Deutschland ist ein demokratischer und sozialer Bundesstaat. Alle Staatsgewalt geht vom Volke aus. Sie wird vom Volke in Wahlen und Abstimmungen und durch besondere Organe der Gesetzgebung, der vollziehenden Gewalt und der Rechtsprechung ausgeübt.

In diesen Artikeln des Grundgesetzes komme, so der Rechtstheoretiker Eric Hilgendorf, das geistige Erbe der Aufklärung zum Ausdruck, welches den deutschen Staat und andere westliche Staaten bis heute in erheblichem Umfang präge.[417] Reden wir also zunächst von der Aufklärung, die überwiegend als Wurzel der Demokratie und des Rechtsstaats angesehen wird.

Am wichtigsten für eine Demokratie, ja deren Voraussetzung ist, wie der einzelne Mensch sich sieht: als Fürsten- oder Gottes- bzw. Kirchenknecht oder als selbst denkender, sein Leben selbst in die Hand nehmender Mensch. In seiner Schrift aus dem Jahr 1784 „Was ist Aufklärung?" hatte Immanuel Kant formuliert: „Aufklärung ist der Ausgang des Menschen aus seiner selbst verschuldeten Unmündigkeit", und die Menschen aufgefordert, sich „ohne Leitung eines anderen" ihres eigenen Verstandes zu bedienen.[418] Grundlegende Bedeutung mit mächtiger Wirkung hat auch ein anderer Satz Kants, mit der er der Kirche und ihrem Gott die Hoheit als Bestimmerin der Moral nahm, sein berühmter „kategorischer Imperativ": „Handle nur nach derjenigen Maxime, durch die du zugleich wollen kannst, dass sie ein allgemeines Gesetz werde."[419] Ähnliche Gedanken wurden auch schon von antiken Philosophen geäußert. Die im Volksmund beliebte Interpretation spiegelt sich in dem Satz „Was du nicht willst, was man dir tu, das füg auch keinem andern zu." Auch hier also kein Bezug Kants zur Religion bei der Frage, wie Menschen miteinander umgehen sollen. Die Wut der katholischen Kirche über die Anmaßung Kants, die Menschen zum eigenen Denken aufzufordern, war nicht folgenlos. Kants *Kritik der reinen Vernunft* wurde vom Vatikan 1827 auf den Index der verbotenen Bücher gesetzt. Hitlers *Mein Kampf* übrigens nicht. Auch alle französischen Aufklärer landeten auf dem Index.

Einer der wesentlichen Wegbereiter des Demokratiegedankens war der Aufklärer und wichtige Gedankengeber der Französischen Revolution *Jean-Jaques Rousseau* (1712–1778). Er erklärte das Volk (und nicht mehr Gott, Bischöfe, Kaiser und Fürsten) zum Souverän der Politik, der über die Gesetze entscheiden sollte. Eine politische Rolle des Christentums lehnte Rousseau ab, denn: „Das Vaterland der Christen ist nicht von dieser Welt", stehe also in Konkurrenz zum weltlichen Vaterland. Wichtig waren auch Vordenker der Aufklärung wie der englische Philosoph *John Locke* (1632–1704) und der französische Philosoph und Staatstheoretiker *Montesquieu* (1689–1755) mit der Idee und Propagierung der Gewaltenteilung. John Lockes Gedanken beeinflussten maßgeblich die Unabhängigkeitserklärung und die Verfassung der Vereinigten Staaten, die Verfassung des revolutionären Frankreichs und über diesen Weg die meisten Verfassungen liberaler Staaten. Montesquieus Buch *De l'esprit des lois* von 1748 wurde, fast überflüssig zu erwähnen, 1751 ebenfalls von der katholischen Kirche auf den Index der verbotenen Bücher gesetzt. Dies alles mag uns bereits hier als kleiner Hinweis dienen auf die von Merkel & Co. gern verwendete Formel von den „christlich-jüdischen Wurzeln" unseres Staatswesens.

Erinnert werden kann, was die Herkunft und das Fundament unserer demokratischen Systeme angeht, auch an die ersten Ansätze in den griechischen Stadtstaaten im 5. Jahrhundert v. Chr., an entsprechende Ansätze im alten Rom sowie an germanische Traditionen wie den Thing, die Volksversammlung, die sich auch in England und nordischen Ländern findet. So richtig in Schwung kam die Idee von Demokratie und Menschenrechten aber erst über die vorgenannten Denker der Aufklärung, die Unabhängigkeitserklärung und Verfassung der Vereinigten Staaten sowie die Französische Revolution. Und erst durch Napoleon kam die Säkularisierung nach Deutschland. All dies geschah immer, wie die vielen in diesem Buch genannten Beispiele zeigen, *gegen* den Widerstand der „Obrigkeit" und der Kirchen, die häufig eine „Obrigkeitsallianz" eingingen, wenn nicht ohnehin Personalunion herrschte.

Wie schwer sich die Kirchen bis in die jüngste Zeit mit der Demokratie und den Menschenrechten tun, zeigt treffend das folgende Zitat des konservativen evangelischen Theologieprofessors Friedrich Wilhelm Graf, Autor von *Die Wiederkehr der Götter*, im Gespräch mit der *FAZ* vom 27. März 2011: „Wir führen ja nun eine sehr intensive Islam-Debatte. Und wir haben immer Vorstellungen, dass ,der' Islam bestimmte Dinge noch nicht könne. Die Aufklärung habe er nicht. Die Demokratie könne er nicht. ... Es könnte doch sein, dass es bei den christlichen Kirchen im Lande nicht so grundlegend anders ist. Die katholische Kirche tut sich ausgesprochen schwer damit, bestimmte Spielregeln der parlamentarischen Demokratie zu akzeptieren. Der Papst polemisiert ... permanent gegen das Mehrheitsprinzip. Er schaltet dem staatlichen Recht immer ein Naturrecht vor. Und auch in der evangelischen Kirche gibt es immer noch sehr viel Autoritätskultus, alte Gemeinwohlideale, die überhaupt nicht in eine pluralistische Gesellschaft passen." Sein Zitat besagt also kurzgefasst: Die Religionen sind in ihrer Ablehnung oder Skepsis gegenüber der Demokratie alle gleich, aus gleichem Holz geschnitzt. Angela Merkel, der prominentesten Vertreterin des falschen Standardsatzes von den „christlich-jüdischen Wurzeln" der Demokratie und der Menschenrechte, sollte mal jemand klarmachen, dass sie nicht Bundeskanzlerin wäre, hätte die Kirche noch das Sagen. Keine Religion hat je für die Gleichberechtigung der Frau gekämpft – übrigens auch Merkels eigene christliche Partei nicht.

Hat unsere Verfassung, haben die Menschenrechte überhaupt irgendwelche „christlich-jüdische" Wurzeln? Und wenn ja, wie groß war ihr Einfluss? Die „Heiligen Bücher" haben wir schon kennengelernt – und auf manche Aspekte der vorgenannten Frage wurde schon eingegangen: auf die aus dem Anspruch, jeweils die einzig wahre Religion zu sein, resultierende Intoleranz und Gewalt gegen alle Andersgläubige, auf Sklavenhaltung, die fehlende Gleichberechtigung von Frauen, die Entmündigung der Menschen durch Hunderte Gebote und Verbote. Das Christentum hat die Menschheit nach den Höhenflügen der Antike (Griechen, Römer) zurückgeworfen: durch die Verhinderung offener Gesellschaften, durch Leibfeindlichkeit, Krieg, Zerstörung, mit Scheiterhaufen, Folter, Hexenverbrennungen. Im „finsteren Mittelalter", vorwiegend zwischen 400 und 1200 n. Chr., herrschten aufgrund von Macht und Einfluss der Kirche Bildungsfeindlichkeit, zunehmender Analphabetismus sowie Zerstörung antiker Kulturgüter. Ähnlich wie viele Muslime den Koran sehen, glaubte man, alles, was man brauche, finde sich in der Bibel. Philosophie galt als gegen Gott gerichtet, Kunst als wertlos, Theater wurden als sündhaft angesehen und antike Schriften, wie die des Aristoteles, da von „Heiden" geschrieben, verbrannt – zum Glück überlebten manche im islamischen Raum.[420] In der Renaissance besannen sich dann Künstler, Dichter, Philosophen wieder der griechisch-römischen Wurzeln und drängten den Einfluss der Kirchen zurück. Aber erst mit der Aufklärung verloren die Kirchen ihre Deutungshoheit.

Die Kirche hat sich über die Jahrhunderte hinweg in feudalen Herrschaftssystemen immer wohlgefühlt. Es gibt den Kalauer: „Da sprach der Kaiser zum Kardinal: ‚Du hältst sie dumm, ich halt sie arm.'" Noch für den aus gräflicher Familie stammenden Pius IX., Papst von 1846 bis 1878, galt die Monarchie als gottgewollte Ordnung, und er verbot 1874 den italienischen Katholiken die Teilnahme an demokratischen Wahlen. Religions, Meinungs- und Gewissensfreiheit waren für ihn widerchristlich. Wichtiger waren ihm die Verkündigung der Dogmen von der unbefleckten Empfängnis Marias und seine eigene Unfehlbarkeit. Im Jahr 2000 wurde er übrigens durch Papst Johannes Paul II. seliggesprochen.

Die diktatorischen faschistischen Regime in Italien unter Mussolini (1922–1943), das Franco-Regime in Spanien (1936–1977) sowie das Salazar-Regime in Portugal (1930–1974) wurden maßgeblich von der *katholischen Kirche* gestützt. Skandalös war aber auch die Rolle der Kirchen in Deutschland im Dritten Reich. Selbst ein der katholischen Kirche so nahestehender Politiker wie Konrad Adenauer äußerte sich entsetzt über ihr Verhalten bei der Judenverfolgung: „Ich glaube, dass, wenn die deutschen Bischöfe alle miteinander an einem bestimmten Tage öffentlich von den Kanzeln aus dagegen Stellung genommen hätten, sie vieles hätten verhindern können. Das ist nicht geschehen und dafür gibt es keine Entschuldigung."[421] Dazu passt auch, dass der Erzbischof von München, Kardinal Faulhaber, nach dem fehlgeschlagenen Attentat auf Hitler 1939 anordnete, in der Frauenkirche ein Te Deum zu lesen und „der göttlichen Vorsehung im Namen der Erzdiözese für die glückliche Rettung des Führers zu danken". Oder auch der Beitrag der *Katholischen Kirchenzeitung* der Erzdiözese Köln vom 20. April 1941: „Es gibt nur wenige Männer ... und zu diesen großen Männern gehört unstreitig der Mann, der heute seinen 52. Geburtstag feiert – Adolf Hitler. Am heutigen Tag versprechen wir ihm, dass wir alle Kräfte zur Verfügung stellen, damit unser Volk den Platz in der Welt gewinnt, der ihm gebührt." Zur Rolle der katholischen Kirche im Nationalsozialismus erwähnt A. Tondi, Jesuit und Professor an der päpstlichen Gregoriana, „dass niemals eine Exkommunizierung gegen das Regime Hitlers ausgesprochen worden (sei), nicht einmal, als dieser und seine Partei in den Konzentrationslagern Millionen von Menschen umbrachten." Karlheinz Deschner, Autor der *Kriminalgeschichte des Christentums*, weist darauf hin, dass kein einziger deutscher Bischof als Häftling in einem Konzentrationslager gewesen sei. Der katholische Bischof von Osnabrück, Wilhelm Berning, habe allerdings einige besucht, habe die Lagereinrichtungen und Wachen gelobt, die Häftlinge zu Gehorsam und Treue gegen Volk und Führer ermahnt und seine Predigt mit einem dreifachen „Sieg Heil" beschlossen.

Schlimmer noch als die katholische Kirche agierte die *evangelische Kirche* – auf der Grundlage von Martin Luthers übler Hetzschrift „Von den Juden und ihren Lügen" aus dem Jahr 1543. Darin forderte Luther unter anderem das Abbrennen jüdischer Synagogen und Schulen – was die Nationalsozialisten in der Nacht vom 9. auf den 10. November 1938 (wahrscheinlich nicht ganz zufällig Luthers Geburtstag) umsetzten. So begrüßte auch der Deutsche Evangelische Kirchenbund „die ‚Machtergreifung' des NS-Regimes (30. Januar 1933) mit großer Begeisterung. In vielen Predigten und Festtagsreden stilisierten seine Vertreter, zum Beispiel Otto Dibelius beim Tag von Potsdam (21. März 1933), Hitler zum gottgesandten Retter des deutschen Volkes, lobten die Beseitigung der Weimarer Demokratie als ‚neue Reformation', parallelisierten Luthers und Hitlers Biografien und konstruierten eine gegen Menschenrechte, Demokratie und Liberalismus gerichtete historische Kontinuität von Luther über Friedrich den Großen und Otto von Bismarck zu Hitler. Im Führerkult waren sich Deutsche Christen (DC) und Bekennende Kirche (BK) damals weitgehend einig."[422] Auch „die staatlich organisierten Novemberpogrome 1938, bei denen tausende jüdische Synagogen, Bethäuser und Friedhöfe zerstört, hunderte Juden ermordet und zehntausende Juden in Konzentrationslager deportiert wurden, geschahen ohne jeden Protest einer Kirchenleitung. Einige DC-Kirchenführer rechtfertigten diese Verbrechen mit Berufung auf Luther. Landesbischof Walter Schultz forderte alle Pastoren Mecklenburgs in einem ‚Mahnwort zur Judenfrage' am 16. November 1938 auf, Luthers ‚Vermächtnis' zu erfüllen … Adolf Hitler, nicht ‚der Jude' habe am deutschen Volk ‚Barmherzigkeit getan', so dass ihm und seinem ‚dem deutschen Volk aufgetragenen Kampf gegen die Juden' die Nächstenliebe, Treue und Gefolgschaft der Christen zu gelten habe. DC-Bischof Martin Sasse veröffentlichte am 23. November 1938 die Schrift ‚Martin Luther über die Juden: Weg mit ihnen!' Darin stellte er ausgewählte Lutherzitate unter dem Leitmotto von Johannes 8,44 (,Ihr habt den Teufel zum Vater …') so zusammen, dass die nationalsozialistische Judenverfolgung als direkte Erfüllung von Luthers Forderungen erschien ... Diese Stimmen waren keine extremen Einzelmeinungen, da die meisten evangelischen Kirchenführer die staatliche Judenverfolgung seit 1933 immer wieder bejaht hatten."

Genug? Dass das Christentum besondere moralische Vorzüge genieße, könne nur behaupten, wer die zweitausendjährige Geschichte dieser Religion und ihre Auswirkungen lediglich aus dem offiziellen Religionsunterricht kenne, bemerkt denn auch der Philosoph Norbert Hoerster.

Auch der für unser Zusammenleben so wichtige Toleranzgedanke war und ist allen Religionen von ihrem Wesenskern her fremd. In besonderem Maße trifft dies auf die monotheistischen Religionen zu. Er begann erst mit der Aufklärung Einzug in das Denken der Menschen und dann auch in die Staatsverfassungen zu halten und wurde als Glaubens- und Gewissensfreiheit zu einem Grundrecht. Papst Gregor XVI. hingegen lehnte noch 1832 in der Enzyklika „Mirari vos" Forderungen nach Glaubens- und Gewissensfreiheit sowie Meinungs- und Pressefreiheit als „Wahnsinn" und „Verderben der Kirche und des Staates" ab und verbot den Katholiken, sich an demokratischen Wahlen zu beteiligen. Erst 1965 (Zweites Vatikanisches Konzil) gestand die katholische Kirche den Menschen Glaubens- und Gewissensfreiheit zu.[423]

Überall, wo die katholische Kirche noch die Macht dazu hat oder über Möglichkeiten der Einflussnahme verfügt, sieht man, dass ihr Geist der Intoleranz noch sehr lebendig ist, ob in Malta 2011 beim Eintreten für das Ehescheidungsverbot, ob in Irland oder Afrika bei der Ablehnung der Nutzung von Kondomen (bei Millionen Aids-Toten und Waisenkindern) oder auch beim Kampf der Kirche gegen die Anti-Baby-Pille. Überall, wo Religionen an der Macht bzw. mächtig waren oder sind, leidet, wie die vielen Beispiele belegen, die Toleranz, die Meinungsfreiheit, die Glaubensfreiheit, die Selbstbestimmung der Menschen. Viele religiöse Führer kämpfen weiterhin für vormoderne geistige und politische Verhältnisse. Da sie glauben, über der Vernunft zu stehen und über besondere Einsichten und Wahrheiten zu verfügen, reklamieren sie für sich auch besondere Rechte. Nur aus vernünftigen Einsichten lassen sich jedoch allgemein akzeptierte, für alle Menschen geltende Regeln für die von uns angestrebte offene Gesellschaft, in der jeder seinen Platz hat, ableiten. Religiöse Überzeugungen können hingegen allenfalls Geltung für Gläubige beanspruchen.

„Gehört eigentlich das Christentum zu Deutschland?", fragte – übrigens ohne dies allzu provozierend gemeint zu haben – Dirk Kurbjuweit im April 2011 im *Spiegel*. Er führte aus, Gott wirke wieder kräftig mit in der deutschen Politik. Dabei werde so getan, als hätte er ein ganz natürliches Anrecht darauf, als gehörte er zur politischen Grundausstattung der Bundesrepublik, zur deutschen Demokratie. Aber das stimme nicht. Die Bundesrepublik sei vielmehr das Kind einer Befreiungsgeschichte. Die westlichen Staaten und Bürger hätten sich von politischen Vorstellungen des Christentums befreien müssen, und auch Deutschland habe dies tun müssen, damit dieses Land so werden konnte, wie es ist. Dabei sei, so Kurbjuweit, die Trennung von Staat und Kirche in Deutschland noch nicht wirklich gelungen.

So ist es, kann man da nur zustimmen. Wer als Konfessionsloser das anschließende Kapitel über die Finanzierung der Kirchen durch allgemeine Steuergelder liest, den kann leicht die Wut packen. Auch zeigen die jüngsten Auseinandersetzungen um Religionsunterricht versus Ethikunterricht, Blasphemie oder die Beschneidung kleiner Jungen, dass viele von ihrer Religion berauschte Christen (Katrin Göring-Eckardt, Angela Merkel) sich freuen über den Zuzug religiöser Muslime, weil sie hoffen, dass die Gesellschaft mit ihnen insgesamt wieder religiöser wird, dass das Religiöse wieder mehr Bedeutung erlangt, die Kirchenvertreter wieder mehr Einfluss gewinnen auf Politik und Gesellschaft. Sollte es tatsächlich dazu kommen, ließe dies, wie die vielen Beispiele zeigen, nichts Gutes für die Gesellschaft erwarten.

Die Religionen verschiedener Richtung geben sich mittlerweile regelmäßig gegenseitig Schützenhilfe und wenden sich zunehmend *vereint* an die weltliche Macht, um ihre Lehren aus ferner Vergangenheit besser schützen zu können, wenn möglich auch mit harten Strafen. „Nichts ist gruseliger", so ein Leserbriefschreiber der *Zeit*, „als die Solidarität der Intoleranten gegen die säkulare Gesellschaft." Bei der Beschneidungsdebatte im Jahr 2012[424] wurde von vielen Kommentatoren einfühlsam die jüdische Tradition über die in Deutschland geltenden Gesetze gestellt. Nicht verwunderlich, dass die muslimischen Vereinigungen und deren Sprecher und die christlichen Kirchen sich dem anschlossen – ist es doch genau das, was sie auch selbst wollen und beanspruchen: das Primat der Religion vor den Werten der Verfassung und dem demokratischen Staatswesen. Die gleiche Koalition auch beim Mordanschlag auf die Redaktion der französischen Satirezeitschrift *Charlie Hebdo*: Alle verurteilen die Anschläge – aber bei Kirchen und Islamverbänden bald wieder mit gedämpftem Trommelschlag. Es solle „Respekt" geben, keine Beleidigungen. Und was das ist, bestimmen sie natürlich selber. Man sieht daran, dass die Bekenntnisse des Klerus zu unserem demokratischen Staatswesen zum Teil nur taktischer Natur sind, werden doch allzu schnell Allianzen mit den Vertretern der anderen Religionen geschlossen, wird Schulterschluss geübt, wenn es um die Sonderrechte der Religionen geht. Die Menschenrechte haben das Nachsehen. Nein, auf diese „religiösen Wurzeln" unseres Staatswesens wollen wir gerne verzichten.

Mit welcher Verbissenheit die Kirche ihre Machtposition verteidigt, zeigte sich bei der „Pro Reli"-vs.-„Pro Ethik"-Auseinandersetzung in Berlin 2008/2009. Hier ging es um die Frage, ob in dieser multikulturellen Stadt nicht ein für alle Schüler verpflichtender Ethikunterricht besser sei für das friedliche Miteinander und das gegenseitige Verständnis in der Gesellschaft, als wenn katholische und evangelische Kinder, Kinder islamischen und jüdischen Glaubens jeweils nur den eigenen Religionsunterricht erhalten – den sie ja in ihren jeweiligen Kirchen oder Glaubensgemeinden ohnehin besuchen können. Klaus Wowereit, der damalige Regierende Bürgermeister Berlins, war mutig. Er gewann die Volksabstimmung zugunsten des Ethikunterrichts. Seine Gegner, die sich in der „Pro Reli"-Kampftruppe zusammenfanden, waren die Kirchen, die Jüdische Gemeinde Berlin sowie die Türkisch-Islamische Union, die CDU, auch einige prominente Mitglieder der SPD, natürlich *Bild* und die üblichen prominenten Verdächtigten, etwa die religiös-konservativen Moderatoren Günter Jauch und Eckart von Hirschhausen.

Zu den Befürwortern einer religiösen Ausrichtung oder Färbung des Staates zählt auch der langjährige Leiter des Feuilletons der *FAZ* und Mosebach-Freund Patrick Bahners. In seinem Buch *Die Panikmacher* gilt seine Sympathie einer Welt, „wo Menschen ihre Religion als einen ewigen Bund und den Staat als Provisorium betrachten", eine Welt, in der Menschen bekennen „dass die Bindung an den Staat nicht das letzte ist, dass es höhere, natürliche Pflichten gibt, deren Verletzung der Staat nicht gebieten kann".[425] Da ist man dann nicht weit vom Gottesstaat!

Was bedeutet es nun, wenn die Trennung zwischen Kirche und Staat aufgehoben wird? Was wären eigentlich die Nachteile eines „religiösen" Staates, gar eines „Gottesstaates", und was sind – im Falle einer Trennung – die Vorteile eines säkularen Staates? Man muss nur einen Blick auf das christliche „finstere Mittelalter" werfen, sich die Situation in islamischen Ländern anschauen oder die derzeit in der Türkei durch Erdogan forcierte Veränderung zum Gottesstaat beobachten. In einem „Gottesstaat" können die religiösen bzw. die religiös inspirierten staatlichen Führer unter Berufung auf eine (vermeintlich) höhere Instanz (Gott) ihre eigenen Macht- und Führungsansprüche legitimieren. Sie sind die Repräsentanten Gottes auf Erden und damit befugt, alle drakonisch zu verfolgen, die diese Ordnung infrage stellen oder gar zerstören wollen. Das „religiöse Temperament" sei nicht gelassen, warnt Dirk Kurbjuweit im *Spiegel*. „Die Religion kommt aus der Ekstase, es geht um große Gefühle, Liebe und

Religion und Demokratie

Hass, um das Eigene und das andere. Mythen sind nicht belegbar und deshalb nur schlecht versöhnungsfähig, man glaubt sie oder nicht. Oft geht es um scharfe Abgrenzung, mein Gott gegen deinen." Deshalb seien religiös grundierte Konflikte oft besonders erbittert, die Kriege besonders langwierig, zum Beispiel der Dreißigjährige Krieg, der nordirische oder der arabisch-israelische Konflikt. Als Teil der demokratischen Mischung sei Religiosität willkommen. Werde sie übermächtig, werde es bedenklich.[426]

Zum Schluss noch ein – mit Einschränkung – versöhnlicher Satz zum Christentum, den man auch auf Judentum und Islam ausdehnen kann. Unser Menschenbild ist stark beeinflusst von der Vorstellung, dass der einzelne Mensch wertvoll ist und gemäß Genesis gar ein Ebenbild Gottes sein soll. Da ist es nicht weit bis zum Gedanken an die Würde und Kostbarkeit jedes einzelnen Menschen, an sein Recht auf Unversehrtheit und auch an die Gleichheit der Menschen. All dies liegt der Demokratie zugrunde. Allerdings hat die christliche Kirche, wie Kurbjuweit zu Recht bemerkt, das Konzept von der Kostbarkeit des Menschen politisch sehr lange außer Acht gelassen; erst Renaissance und Aufklärung haben den Menschen in seiner Kostbarkeit wiederentdeckt und ihn gedanklich aus seiner Rolle des Untertanen befreit. Auch die deutsche Geschichte ist die Geschichte einer Loslösung von den politischen Vorstellungen der Kirche: „Was heute Staat und Staatsbürger ausmacht, musste gegen die christlichen Kirchen erkämpft werden. Deshalb gilt: Der Staatsbürger ist auch ohne Religion vollständig. Wenn er religiös ist, kann das wunderbar sein für ihn. Wenn nicht, gilt das Gleiche."[427]

3.5.2 Die geheimnisvolle Finanzierung der Kirchen in Deutschland

> Liebes reiches Erzbistum Köln,
> Jesus warf Tische von Geldhändlern um.
> Was würde Jesus zu Euren 3,3 Milliarden Vermögen sagen ...
> Jesus war ein Mensch, der barfuß lief.
> Er war arm, er predigte die Nächstenliebe.
> Wir Christen lieben diesen Jesus.
> Und nicht die 3,3 Milliarden des Bistums Köln.
> Der Reichtum ist nicht Jesus.
>
> *Bild* vom 19.02.2015, Post von Wagner

Die Empörung von Wagner wäre noch größer gewesen, hätten ihm auch schon die Vermögenszahlen der Bistümer Paderborn und München vorgelegen. Das Bistum Paderborn veröffentlichte im September 2015 ein Vermögen von über vier Milliarden Euro, das Erzbistum München im Juni 2016 sogar von 5,5 Milliarden Euro. Und das sind noch nicht einmal die vollständigen Zahlen! Schätzungen gehen von einem Vermögen der Kirchen in Deutschland von gigantischen 500 Milliarden aus.[428]

Transparenz über die Kirchenfinanzen besteht bisher nicht. Man kann auch sagen, dass sie bislang nicht gewollt war. Zwar gibt es neuerdings – nicht ganz freiwillige – Bemühungen der Kirchen in Deutschland, ihre Zahlen mehr als bisher offenzulegen, insbesondere wegen des Vertrauensverlusts der Kirchen infolge der Missbrauchsfälle und der Skandale um die Bischöfe Mixa und Tebartz-van Elst. Von einem vollständigen Nachweis der Einnahmen und Ausgaben und des riesigen Vermögens ist man jedoch noch weit entfernt. Das wird sich aufgrund der weiterhin geringen Auskunftsfreude der Kirchen auch so bald nicht ändern, fürchtet man doch, dass die Austrittszahlen aufgrund des als skandalös empfundenen Reichtums der Kirchen weiter anschwellen würden. Aber auch der

Staat hat bisher kein Interesse, die vielen Milliarden an Steuergeldern zur Finanzierung der Kirchen offenzulegen, wird doch auch der Bevölkerungsanteil, der weder der römisch-katholischen noch der evangelischen Kirche angehört – und das sind fast 45 Prozent der Bevölkerung[429] –, zur Kirchenfinanzierung herangezogen.

Carsten Frerk mit seinem *Violettbuch Kirchenfinanzen* ist es vor allem zu verdanken, dass mehr Licht ins Dunkel kommt.[430] Doch selbst er bekennt, er habe noch keine vollständige Übersicht über die kirchlichen Einnahmen und die finanzielle Abhängigkeit der Kirchen vom Staat vorlegen können, zu unübersichtlich sei das Geflecht. Man darf annehmen, das ist auch so gewollt: Die Kirchen profitieren davon und dem Staat ist die Intransparenz ganz recht, kann er doch die Diskussion um seine verfassungsmäßig anrüchige Rolle etwas abfedern. Zu fordern sind von den Kirchen zu erstellende konsolidierte Gesamtrechnungen, wie sie auch von privaten Unternehmen vorgelegt werden müssen und zwischenzeitlich in vielen Bereichen der öffentlichen Hand üblich sind. So erstellen beispielsweise das Land Hessen und seine Kommunen vollständige, nach kaufmännischen Prinzipien aufgestellte Jahresabschlüsse mit Ertrags- und Vermögensaufstellungen sowie konsolidierten Gesamtrechnungen. Der von den Kirchen gerne vorgebrachte Hinweis, es gebe doch – veröffentlichte – Haushaltspläne, soll beschwichtigen und ablenken: In diesen Haushaltsplänen ist bisher nur ein Teilbereich erfasst, der keinen Einblick in die vollständige Vermögens- und Ertragslage erlaubt. So gehen beispielsweise in die Diözesanhaushaltspläne eines Bistums die Sondervermögen „Bischöflicher Stuhl" (kath.), die Vermögen der Dekanate und Kirchengemeinden oder die Staatsleistungen für verschiedenste kirchliche Träger (Caritas, theologische Fakultäten, konfessionelle Schulen) nicht ein.

Die jährlichen Zuwendungen an die Kirchen und ihre Einrichtungen (ohne Caritas und Diakonie) aus vor allem *allgemeinen Steuermitteln* setzten sich im Jahr 2009 wie folgt zusammen:[431]

	Mio. Euro
Einnahmeverzicht des Staates durch die Abzugsfähigkeit der Kirchensteuer als Sonderausgabe	3.000
Ersparnis durch staatlichen Einzug der Kirchensteuer	1.800
Arbeitgeberabrechnung der Kirchensteuer	280
Dotationen der Bundesländer („Säkularisationsausgleich" für kirchliche Pfründe im Mittelalter) zur Finanzierung der Gehälter und Pensionen der Bischöfe und des weiteren Führungspersonals	442
Plus staatliche Verwaltungskosten (ca.)	8
Kirchenbaulasten	101
Steuerbefreiungen	2.270
Steuerliche Absetzbarkeit von Spenden etc.	600
Ausbildung des kirchlichen Nachwuchses (theologische Fakultäten und Hochschulen, sonstige Ausbildungsstätten)	509
Kindertageseinrichtungen	3.915
Religionsunterricht	1.700
Konfessionsschulen	2.264
Familie und Jugendhilfe	357
Erwachsenenbildung, kulturelle Betreuung	100
Militärseelsorge	31
Anstaltsseelsorge etc.	12
Polizeiseelsorge	2
Auslandsarbeit der Kirchen	270
Senderechte in Medien	83
Denkmalpflege	19
Bauzuschüsse	270
Kommunale Zahlungen	61
Kirchentage	7
Bußgelder	5
Zivildienst, Freiwilligendienste	552

Kirchliche Kulturarbeit (2003)	662
Insgesamt	**19.290**

Insgesamt ergibt sich somit ein Zuwendungsvolumen an die Kirchen und deren Einrichtungen von *jährlich* fast 20 Milliarden Euro, die auch von denen aufzubringen sind, die keiner Kirche angehören oder Muslime sind. Da die in der Tabelle genannten Angaben den Stand des Jahres 2009 verkörpern, dürften die aktuellen Bezuschussungen deutlich höher liegen.

Zu den jährlich etwa 20 Milliarden Euro Kirchensubventionierung durch allgemeine Steuergelder kommen noch die Kirchensteuerzahlungen der einer Kirche angehörenden Personen von etwa 10 Milliarden Euro dazu, ferner die eigenen Einnahmen der Kirchen aus dem umfangreichen Immobilien- und Wertpapierbesitz etc. in unbekannter Höhe. Für 2015 lagen aufgrund der guten Wirtschaftslage die Kirchensteuereinnahmen der katholischen Kirche bei 6,1 Milliarden Euro, die der evangelische Kirche bei knapp über 5,4 Milliarden, also insgesamt bei 11,5 Milliarden Euro – trotz des weiter starken Rückgangs der Mitgliederzahlen auf 23,6 Millionen bei der katholischen Kirche und auf 21,9 Millionen bei der evangelischen Kirche (EKD) im Jahr 2016.[432]

Kurzum: Die Kirchen in Deutschland schwimmen im Geld! Aber werfen wir noch einen genaueren Blick auf einzelne Bereiche, in denen die Kirchen finanziell vom Staat profitieren.[433]

Dotationen der Bundesländer („Säkularisationsausgleich")

Dies betrifft Zahlungen an die Kirchen, die sich auf angeblich historische Rechtstitel der Kirchen stützen. Sie werden von kirchlicher Seite auch als „Säkularisationsausgleich" im Hinblick auf die Geschehnisse im Zusammenhang mit der Reformation und der Säkularisation zu Beginn des 19. Jahrhunderts bezeichnet.[434] Die Sachgerechtheit dieser Begründung wird zunehmend bezweifelt. Wahrscheinlich bedarf es hier stärkeren öffentlichen Drucks, versuchen die Kirchen doch, sich ihre mittelalterlichen Obrigkeitsprivilegien bis auf den Sankt-Nimmerleins-Tag abgelten zu lassen. Die Kirchen, die zur damaligen Zeit für die Unterdrückung von Freiheitsrechten der Menschen, für die Einschränkung der Wissenschaft, für Inquisition, Bücherverbote und Hexenverbrennungen standen, sollten sich schämen – selbst wenn diese Ansprüche aufgrund „geschickter Verhandlungsführung" der Kirchen und wohlwollender Politiker und Richter durch Gesetze, Konkordate und Staatsverträge sowie die Rechtsprechung irgendwie „formal" vertretbar sein sollten. Der ganze Wust bedarf einer radikalen Neuregelung, die unserem Verständnis eines säkularen Rechtsstaats Rechnung trägt. Der „Säkularisationsausgleich" belief sich – verteilt auf die Bundesländer (außer Hamburg und Bremen) – auf insgesamt 450 Millionen Euro und dient unter anderem zur Besoldung und Altersversorgung der Bischöfe, Domvikare, Seelsorgegeistlichen und Leiter der Priesterseminare. Die Gehälter und fetten Pensionen der Bischöfe werden also alle von uns Steuerzahlern getragen, ob wir in der Kirche sind oder nicht.

Ausbildung des kirchlichen Nachwuchses

Geschätztes Fördervolumen für die Ausbildung des kirchlichen Nachwuchses aus allgemeinen Steuergeldern: etwa 509 Millionen Euro jährlich, die für theologische Fakultäten und Hochschulen sowie weitere Ausbildungsstätten vom Staat aufgebracht werden. Dabei kann man durchaus daran zweifeln, ob die Theologie überhaupt eine Wissenschaft ist, die an einer *staatlichen* Hochschule etwas zu suchen hat. Hinzu kommt, dass zwar die Studierendenzahlen der Theologiefakultäten stark rückläufig sind (bis zu 63 %)[435], dies jedoch, so Frerk, auf die personelle Ausstattung und die Sachmittel dieser Fakultäten keine entsprechende Auswirkung hat. Sogar der Landesrechnungshof Baden-Württemberg habe das schon moniert, passiert sei jedoch nichts. So stünden beispielsweise an der Universität Frankfurt 79 Studierenden der katholischen Theologie acht Professoren sowie ein akademischer Rat gegenüber! Auf das ganze Land Hessen bezogen ermittle sich eine „Überkapazität", die den Steuerzahler fast vier Millionen Euro jährlich koste. Wohlgemerkt nur die „Überkapazität"!

Neben den staatlichen Hochschulen mit theologischen Fakultäten gibt es in Deutschland 17 kirchliche Fachhochschulen (zwölf evangelische, fünf katholische) mit staatlicher Anerkennung. Fachliche Schwerpunkte sind Sozialarbeit und Religionspädagogik. Obwohl es sich um kirchliche Einrichtungen handelt, werden sie maßgeblich durch Steuergelder bezuschusst. So zahlt Berlin 73 Prozent der Kosten, Bayern gar 80 Prozent. Insgesamt belaufen sich die Zuschüsse auf jährlich fast 50 Millionen Euro.

Die bezuschussten weiteren theologischen Ausbildungsstätten betreffen Ausbildungen in Kirchenmusik (an Kirchenmusikhochschulen, staatlichen Hochschulen), beispielsweise auch für die Regensburger Domspatzen; kirchliche Seminare, Stifte und Konvikte; die „Katholische Universität Eichstätt" (Kostenerstattungen aus Steuergeldern von 85 %, für 2009 sind dies 32 Millionen Euro) sowie zum Ausgleich für die evangelische Kirche die Bezuschussung der Hochschule der evangelisch-lutherischen Kirche in Neuendettelsau; die Studentenseelsorge; die Begabtenförderung, sprich das katholische Cusanuswerk (katholische Gremien wählen die mit Stipendien geförderten Katholiken aus, die Steuerzahler übernehmen einen wesentlichen Teil der Kosten) und als evangelisches Pendant das evangelische Studienwerk Villigst. Die hierfür eingesetzten Steuermittel betragen knapp 20 Millionen Euro jährlich.[436]

Ein Hinweis auf den Status bzw. den Zwitterstatus der Hochschullehrer an theologischen Fakultäten *staatlicher* Hochschulen: Sie sind zwar staatliche Hochschullehrer, werden auch vom Staat bezahlt, benötigen aber die Lehrerlaubnis der Kirchen (missio canonica). Verlieren sie diese Lehrerlaubnis, weil etwa das, was sie lehren, einem Bischof oder der deutschen Bischofskonferenz nicht passt (siehe die Fälle Uta Ranke-Heinemann, Hans Küng oder Gerd Lüdemann), so bleiben sie zwar Hochschullehrer (an einer anderen Fakultät). Allerdings hat der Staat dann eine weitere Professur für eine den Kirchen genehmere Person zu finanzieren! Den Steuerzahler kostet der Religions-Lehrstuhl somit gleich doppelt. Frerk schätzt, dass dies derzeit etwa zehn Professorenstellen betrifft.[437]

Ergänzend noch eine Bemerkung zu den „Konkordatslehrstühlen". Das sind nichttheologische Lehrstühle, bei deren Besetzung die katholische Konfession des Bewerbers eine Rolle spielt. In Bayern gibt es derzeit 21 Konkordatslehrstühle. Eine Landtagsanfrage 1997 ergab, dass 23 Prozent der Pädagogik, 25 Prozent der Politikwissenschaft, 33 Prozent der Soziologie- und 37 Prozent der Philosophielehrstühle mit Einspruchsrecht der katholischen Kirche besetzt wurden.[438] Mit dem Prinzip der Trennung von Staat und Kirche hat das nichts zu tun. Mit den Menschenrechten des Grundgesetzes (Religionszugehörigkeit bzw. Konfession als Qualifikationsmerkmal für eine wissenschaftliche Tätigkeit) auch nichts. Dass es auch an den Universitäten in Freiburg, Mainz und Bonn jeweils zwei ähnliche Lehrstühle gibt, komplettiert den Eindruck. Immerhin erklärten die bayerischen Bischöfe 2013, weil dies doch zum Himmel stank bzw. die verfassungsmäßigen Bedenken stärker wurden, dass sie zukünftig auf ihr Vetorecht verzichten wollen.

Konfessionelle Kindertageseinrichtungen (Kitas)

Von den im Jahr 2009 insgesamt 50.299 Kitas[439] waren 17.256 (34 %) in staatlicher Trägerschaft und 33.043 (66 %) in freier Trägerschaft, davon gut die Hälfte konfessionelle Kitas. Von den insgesamt 17.717 konfessionellen Kitas (35 %) entfielen 9.386 auf katholische Einrichtungen (örtliche Pfarrgemeinden und Caritas), in denen 90.696 Beschäftigte 604.000 Kinder betreuten, und 8.331 auf evangelische Einrichtungen (EKD und Diakonie), in denen auf 78.209 Beschäftigte 501.000 Kinder kamen.

Der Anteil konfessioneller Kitas ist in den einzelnen Bundesländern unterschiedlich. In Bayern etwa befinden sich 40 Prozent in katholischer und 16 Prozent in evangelischer, somit insgesamt 56 Prozent in konfessioneller Trägerschaft. Selbst in Nordrhein-Westfalen betreiben die Kirchen fast die Hälfte der Kitas. Und es gilt (vor allem für Bayern): Je ländlicher der Raum, desto größer der konfessionelle Anteil der Trägerschaft – bis hin zum kirchlichen Monopol. Das bedeutet, dass die Eltern manchmal gar keine Möglichkeit haben, eine von der öffentlichen Hand (Kommune) bzw. nicht konfessionellen Trägern betriebene Kita zu wählen.

Bei der Frage, warum die Kirchen Kindertagesstätten betreiben, reden ihre Würdenträger gar nicht um den heißen Brei herum: Der seinerzeitige Ratsvorsitzende der EKD, Bischof Wolfgang Huber, äußerte sich im Januar 2009 vor der Fachhochschule Bochum zu den aus kirchlicher Sicht großen Vorteilen des Betreibens einer Kita. Während etwa im Kindergottesdienst die Kinder bereits christlich seien, hätte man in einer Kita ganz andere Möglichkeiten: „In kirchlichen Kindertagesstätten dagegen finden sich regelmäßig ungetaufte Kinder, Kinder aus anderen Religionen oder auch aus dezidiert säkularen Familien. Das heißt mindestens zweierlei: Erstens bieten sich missionarische Chancen für die christlichen Kindertagesstätten. Indem sie ungetauften Kindern inspirierende Erlebnisse mit dem Bildungsmaterial des christlichen Glaubens ermöglichen, laden sie auf menschenfreundliche und unaufdringliche Weise zum Glauben an Jesus Christus ein."[440] Das kommt einem Missionierungsgebot an die Kita-Mitarbeiter gleich! Ob die Missionierung in christlichen Kitas den Eltern dieser „heidnischen oder andersgläubigen Problemkinder" recht ist, wird nicht gefragt. Angesichts der Tatsache, dass es sich bei der Finanzierung der konfessionellen Kitas weitgehend nicht etwa um Kirchensteuergelder handelt, sondern um Gelder aus allgemeinen Einkommensteuer- und Lohnsteuerzahlungen, die hier eingesetzt werden, ist das ziemlich unverfroren.

Es ist immer das alte Lied: Die Kirche will an die Kinder, da die frühen Prägungen häufig wie eingebrannt sind. Erzieht die Kirche die Kinder mit ihren religiösen Inhalten – darunter furchtbaren wie der Erbsünde –, ist das aus ihrer Sicht etwas Gottgefälliges. Wurden Kinder in sozialistischen Ländern im Fach Ethik ohne Gottesbezug unterrichtet, war das nach Sprache der Kirche „Gehirnwäsche" oder „Indoktrination".

Wie hoch ist nun der kirchliche Eigenanteil an der Finanzierung *ihrer* konfessionellen Kitas? Lag er in früheren Jahren bei bis zu 20 Prozent, ist er – wie die bei Frerk genannten Beispiele (u. a. Hamburg) zeigen – zwischenzeitlich bei nahezu null. Ähnliche Tendenzen zeigen sich bundesweit. Das heißt, die Kommunen zahlen fast alle Kosten, soweit sie nicht durch Elternbeiträge, die bei etwa 15 Prozent der Kosten liegen, gedeckt sind. Der von kirchlicher Seite gerne gebrauchte Hinweis, mit der Kirchensteuer würden auch die Kindergärten finanziert, ist also ziemlicher Unfug.[441]

Religionsunterricht

Für die Erteilung des Religionsunterrichts an allgemeinbildenden Schulen und Berufsschulen wurden für staatliche Religionslehrer und Gestellungskräfte der Kirchen (Pfarrer, Seelsorgehelferinnen und helfer) 2009 insgesamt 1,7 Milliarden Euro an Steuergeldern ausgegeben. Auch „Religionsunterricht an staatlichen Schulen" entspricht nicht dem Prinzip der Trennung von Kirche und Staat. Das Grundgesetz räumt dennoch den Kirchen dieses Privileg ein. So heißt es im Grundgesetz in Artikel 7: „Der Religionsunterricht ist in den öffentlichen Schulen ... ordentliches Lehrfach." Ähnliches stand schon in der Weimarer Verfassung. Auf diese Pfründe werden der Klerus und seine Helfershelfer (vor allem in der Politik) niemals freiwillig verzichten – obwohl die Zahl der Christen weiterhin dramatisch abnimmt und diese bald nicht mehr die Mehrheit der Bevölkerung stellen werden. Geboten wäre vielmehr angesichts dieser Entwicklung, aber auch aus Gründen des besseren Zusammenlebens der Menschen (Christen, Konfessionslose, Muslime) Ethikunterricht (siehe das Beispiel Berlin). Seine bundesweite Durchsetzung ist wahrscheinlich nur über außerparlamentarischen politischen Druck möglich. Die SPD sei in diesem Zusammenhang an ihr Erfurter Programm aus dem Jahr 1891 erinnert, das unter anderem die Losung ausgab: Religion ist Privatsache.

Schulen in kirchlicher Trägerschaft

Für die etwa 2.000 evangelischen und katholischen „Konfessionsschulen" in Deutschland (allgemeinbildende und berufliche Privatschulen) mit insgesamt rund 519.000 Schülern gaben die Bundesländer 2007 insgesamt fast 2,3 Milliarden Euro aus.[442] Kirchliche wie auch sonstige Privatschulen dienen auch der frühen sozialen Selektion. Vor allem der geringere Anteil von „Problemkindern", insbesondere Kindern mit Migrationshintergrund, ist das Hauptmotiv für manche „religionsferne" Eltern, ihre Kinder in konfessionelle Schulen (auch Kitas) zu schicken.

Die Bundesländer finanzieren die christlichen Schulen unterschiedlich. Durchschnittlich 80 bis 90 Prozent der schulischen Aufwendungen der Privatschulen werden vom Staat bezahlt, in Brandenburg 100 Prozent, in Schleswig-Holstein 80–85 Prozent, in Hamburg 84 Prozent. In Nordrhein-Westfalen gibt es die Besonderheit, dass sich 107 evangelische und 1.045 katholische Schulen, das sind ein Drittel aller Grund- und Hauptschulen, in städtischer Trägerschaft befinden. Eine wichtige Rolle bei der sozialen Selektierung spielt auch das „Schulgeld", das an konfessionellen Schulen von den Eltern zu zahlen ist. Die Beitragshöhe hängt von der Höhe der staatlichen Bezuschussung ab. Da der Staat an seinen Schulen (zum Wohle der Kinder und zwecks Gleichbehandlung aller sozialen Schichten) kein Schulgeld erheben kann, können umgekehrt die Kirchen dies als Köder benutzen, um den Kommunen – des finanziellen Vorteils wegen – eine Konfessionsschule schmackhaft zu machen …

Auslandsarbeit der Kirchen

Selbst beim *Bischöflichen Hilfswerk Misereor*, wo man denkt, das sei bestimmt nur aus Spenden bzw. Mitteln der katholischen Kirche finanziert, stammen von den Gesamteinnahmen von 161,6 Millionen Euro (Jahr 2009) 101,2 Millionen Euro (63 %) aus dem Entwicklungshilfeministerium (BMZ), also aus Steuergeldern, 51,6 Millionen Euro (32 %) aus Spenden und 8,8 Millionen Euro (5 %) aus kirchlichen Haushaltsmitteln. Ähnliches beim *Evangelischen Entwicklungsdienst*: Ihm flossen von Seiten des BMZ 113,5 Millionen Euro zu, 4,9 Millionen Euro kamen aus Spenden („Brot für die Welt") und 48,5 Millionen Euro aus kirchlichen Mitteln. In beiden Fällen gibt es also eine Zwei-Drittel-Finanzierung durch die öffentliche Hand.

Senderechte in den Medien

Die Kirchen genießen auch in den Rundfunk- und Fernsehmedien Privilegien. Sie sind in den Rundfunkräten der öffentlich-rechtlichen Rundfunkanstalten vertreten (Rundfunkgesetze der Länder und ZDF-Staatsvertrag). Zudem ist der Einfluss der gemäß Parteienproporz in die Rundfunkräte entsandten Politiker zu berücksichtigen. Zu kritisieren ist, dass grundsätzlich keine weitere Weltanschauungsgemeinschaft Sitz und Stimme in einem Rundfunkrat hat. Lediglich beim SDR gibt es eine Regelung, die dies ermöglicht, und im saarländischen Rundfunkgesetz wird eingeräumt, dass in Fragen, die konfessionelle Minderheiten berühren, deren Vertreter beratend hinzugezogen werden können. In allen anderen Rundfunkgesetzen tauchen „Andersgläubige" oder Konfessionslose als „gesellschaftlich relevante Gruppe" nicht auf.

Ein weiteres Privileg sind die den Kirchen eingeräumten kostenlosen Sendezeiten.[443] Dabei flimmert neben den sonntäglichen Gottesdienstübertragungen und dem Wort zum Sonntag als klassischen „Verkündigungssendungen" noch eine ganze Reihe weiterer Sendungen mit spezifisch christlichem Inhalt über die Mattscheibe, die von eigenen Kirchenfunkredaktionen produziert werden. Einige sind als solche leicht identifizierbar, wie etwa die ARD-Serie „Gott und die Welt"; andere tarnen sich mit unauffälligeren Namen wie „Kontakte", „Stationen" oder „Kontext".

Kirchentage

Zu den alle zwei Jahre stattfindenden evangelischen und katholischen Kirchentagen ist anzumerken, dass sie zu einem guten Drittel bis zur Hälfte aus staatlichen Steuergeldern finanziert werden. Das macht schätzungsweise sieben Millionen Euro pro Jahr aus.[444] Unsere christlichen Politiker sind daher gern gesehene Gäste … Wohlgemerkt: Auch die vielen Millionen keiner Kirche angehörenden Menschen bezahlen die Kirchentage mit!

Die Kirchen und ihre Wohlfahrtsverbände

Weit mehr als 50 Prozent aller sozialen Einrichtungen in Deutschland sind in Trägerschaft der freien Wohlfahrtspflege. Deren Spitzenverbände sind: Arbeiterwohlfahrt, der Deutsche Caritasverband (katholisch), die Diakonie Deutschland (evangelisch), der Deutsche Paritätische Wohlfahrtsverband, das Deutsche Rote Kreuz sowie die Zentralwohlfahrtsstelle der Juden in Deutschland (ZWST). Die Arbeit der Wohlfahrtsverbände wird zu weit mehr als 90 Prozent aus staatlichen Mitteln und den Sozialversicherungen finanziert. Mehrheitlich handelt es sich dabei um Leistungsentgelte (wie aus der Pflegeversicherung), teilweise gibt es aber auch pauschale Zuschüsse.

Der Deutsche Caritasverband und das Diakonische Werk sind in den vergangenen Jahrzehnten zum weltweit größten privaten Arbeitgeberverbund aufgestiegen. Im Bereich der christlichen Wohlfahrtspflege werden bei etwa 1,5 Millionen Beschäftigten jährlich rund 45 Milliarden Euro umgesetzt. Von diesen Aufwendungen für die

Arbeit von Caritas und Diakonie finanzierten die Kirchen aus eigenen Geldern (im Jahr 2002) rund 810 Millionen Euro, das sind knapp zwei Prozent.[445]

Rechtliche Grundlagen

Zu erwähnen ist der Reichsdeputationshauptbeschluss von 1803. Es war eines der letzten Gesetze des Heiligen Römischen Reiches und wurde auf der letzten Sitzung des Reichstags in Regensburg beschlossen. Letztlich gelang es den Kirchen, ihre Pfründe aus der Zeit, da sie die (obrigkeitsstaatliche) Macht noch innehatten, auf die sie vor allem durch Napoleon und die mit ihm Einzug haltende Säkularisierung verzichten mussten, zumindest pekuniär zu erhalten. Wichtig ist auch der Artikel 137 Absatz 6 der Weimarer Verfassung von 1919. Mit ihm wurde das Besteuerungsrecht der Religionsgemeinschaften nach Maßgabe der landesrechtlichen Bestimmungen erstmals reichsrechtlich garantiert. Dieses Recht ist auch in das Reichskonkordat 1933 aufgenommen worden und wurde 1949 Bestandteil des Bonner Grundgesetzes. Nach Inkrafttreten der Weimarer Reichsverfassung ermöglichten dann die Reichsabgabenordnung von 1919 und das Einkommensteuergesetz von 1920 den Kirchen, die Kirchensteuer durch die staatliche Finanzverwaltung einziehen zu lassen.[446] Das Reichskonkordat vom 20. Juli 1933 zwischen dem Heiligen Stuhl und dem – von den Nazis regierten – Deutschen Reich, das der katholischen Kirche zahlreiche Privilegien einräumt, wird auch heute noch als gültig erachtet wird. Beschlossen worden war es nach dem Ermächtigungsgesetz am 24. März 1933 mit den Stimmen des katholischen Zentrums – lediglich die Sozialdemokraten stimmten dagegen.

Kirchenautonomie

Eine Besonderheit des Verhältnisses von Staat und Kirche in Deutschland ist, dass die Kirchen das grundgesetzliche Recht haben, ihre Angelegenheiten selbstständig und ohne staatliche Eingriffe zu ordnen und zu verwalten. Dieses Recht wird „Kirchenautonomie" genannt.[447] Artikel 137 der Weimarer Verfassung, der über Artikel 140 Grundgesetz in das Grundgesetz aufgenommen wurde, lautet in Absatz 3: „Jede Religionsgesellschaft ordnet und verwaltet ihre Angelegenheiten selbständig innerhalb der Schranken des für alle geltenden Gesetzes. Sie verleiht ihre Ämter ohne Mitwirkung des Staates oder der bürgerlichen Gemeinde." Aufgrund dieses Artikels und weiterer Rechtsprechung gilt das allgemeine Arbeitsrecht (Betriebsverfassungsrecht u. a.) nicht für Caritas und Diakonie – obwohl diese fast ausschließlich mit öffentlichen Geldern finanziert werden. Ein Skandal erster Ordnung. Selbst als das Ausmaß des Missbrauchs von Kindern durch Priester und Bischöfe ruchbar wurde, versuchte die Kirche mit dem Hinweis, das seien innerkirchliche Angelegenheiten, die staatliche Justiz außen vor zu lassen. Doch die öffentliche Erregung war zu groß, die angeekelten Mitglieder liefen den Kirchen in Scharen davon. Sogar die damalige Bundesjustizministerin Leutheusser-Schnarrenberger (FDP) warf 2010 der katholischen Kirche vor, sie engagiere sich zu wenig bei der Aufklärung der Missbrauchsfälle. Die katholische Kirche wehrte sich vehement dagegen, dass das Strafrecht in Deutschland auch unmittelbar für Priester gelten solle – der Kardinal und spätere Papst Ratzinger spielte hier eine unrühmliche Rolle. War es doch gute Übung, solche Straftaten innerkirchlich zu vertuschen bzw. nicht der staatlichen Justiz zu überantworten.

4 Leben ohne Gott – Glücklich ohne Gott

> Imagine there's no heaven / It's easy if you try
> No hell below us / Above us only sky
> Imagine all the people / Living for today …
> Imagine there's no countries / It isn't hard to do
> Nothing to kill or die for / And no religion too
> Imagine all the people / Living life in peace …
> You may say I'm a dreamer / But I'm not the only one
> I hope someday you'll join us / And the world will be as one ….
>
> John Lennon

Wir haben bereits gesehen, dass wir – bei allen noch offenen Fragen – keinen Gott brauchen, um das Leben, die Welt, das Universum zu erklären. Wir werden in diesem Kapitel sehen:

- Wir brauchen ihn auch nicht, um unser Zusammenleben friedlich zu gestalten (Ethik ohne Gott) – ganz im Gegenteil!
- Und wir brauchen ihn nicht, um ein sinnvolles, glückliches Leben zu führen – ganz im Gegenteil!

Zunächst aber soll, quasi als Einstimmungskapitel, eine Art Sachstandsbericht zur derzeitigen Glaubenssituation und zur Verbreitung von Religionen gegeben werden.

4.1 Das Verschwinden der Gottesgläubigkeit

> Die, welche wähnen, daß die Wissenschaften
> immer weiter fortschreiten und immer mehr sich verbreiten
> können, ohne daß Dies die Religion hindere, immerfort zu bestehn
> und zu floriren, – sind in einem großen Irrthum befangen.
> Religionen sind Kinder der Unwissenheit,
> die ihre Mutter nicht lange überleben.
>
> Arthur Schopenhauer

Nicht nur Schopenhauer, auch viele andere glauben, langfristig werde sich die Vernunft gegen die Religion durchsetzen. Die Stimme des Intellekts sei zwar leise, so Sigmund Freud, aber sie ruhe nicht, ehe sie sich Gehör verschafft habe.[448] Selbst die katholische britische Religionswissenschaftlerin Karen Armstrong, eine frühere Nonne, stellt im Schlusskapitel ihres umfangreichen Buches *Die Geschichte von Gott* nüchtern fest: „Vielleicht gehört die Gottesidee wirklich der Vergangenheit an … Areligiöse Denker des 19. und 20. Jahrhunderts betrachteten den Atheismus als notwendige Bedingung für das Menschsein im wissenschaftlichen Zeitalter. Gute Gründe sprechen für diese Auffassung. In Europa werden die Kirchen immer leerer, der Atheismus ist nicht länger die mühsam angeeignete Ideologie einiger intellektueller Pioniere, sondern die vorherrschende Geistesverfassung. In der Vergangenheit trat er stets als Folge einer bestimmten Gottesvorstellung auf, heute hat er die ihm innewohnende Beziehung zum Theismus verloren und ist die mechanische Antwort auf die Lebenserfahrung in einer säkularisierten Gesellschaft geworden. … Viele lässt die Aussicht auf ein Leben ohne Gott unberührt. Andere sind ausgesprochen erleichtert über seine Abwesenheit."[449]

Allerdings warnt Armstrong den Leser, oft breite sich Trostlosigkeit aus. Und sie zitiert Jean Paul Sartre, der von einer „Lücke im Bewusstsein" gesprochen habe, die früher Gott ausgefüllt habe. Dem fehlenden Trost Sartres stellt sie nicht zuletzt den „heroischen Atheismus" von Albert Camus entgegen: Die Menschen sollten Gott trotzig zurückweisen und alle ihre liebevolle Fürsorge der Menschheit zukommen lassen. Aber dazu später mehr. Als einen anderen Lösungsansatz erwähnt Armstrong die „Gott-ist-tot-Theologie", die sich in den 1960er-Jahren vor allem in den USA entwickelte, unter anderem durch den US-amerikanischen Theologen Paul van Buren (1924–1998) mit seiner 1963 erschienen Schrift *Reden von Gott in der Sprache der Welt*: Es sei nicht länger möglich, so van Buren, von einem Gott zu sprechen, der in der Welt aktiv sei. Wissenschaft und Technologie hätten den alten Mythen den Boden entzogen. Wir müssten ohne Gott auskommen und uns an Jesus von Nazareth halten. In einem ähnlichen Sinn äußerte sich auch der US-amerikanische Theologe William Hamilton (1924–2012). Der moderne weltoffene Mensch brauche keinen Gott. Bei Hamilton gibt es keine Bewusstseinslücke, die Gott ausfüllt: Der Mensch suche sich seine eigene Lösung auf der Welt. Zu dieser „Gott-ist-tot-Theologie" zählt auch, insbesondere vor dem Hintergrund des Holocaust, der US-amerikanische Rabbiner Richard Lowell Rubinstein (geb. 1924).[450]

Schon der bekannte evangelische Theologe Paul Tillich (1868–1965) hielt den personalen Gott des traditionellen westlichen Theismus für endgültig überholt. Ein Atheismus, der einen solchen Gott ablehne, sei vollkommen berechtigt. Tillich definiert seinen Gott als die „Grundlage allen Seins".[451] Und selbst der katholische Philosoph Robert Spaemann räumt ein: „Es ist gut denkbar, dass die Kirchen auf das Maß von Sekten schrumpfen und der Glaube den meisten Menschen nur noch wie eine bloße Schrulle erscheinen wird."[452] Neuerdings findet sich der Begriff der „Irgendetwas-gibt-es-Religion". Der französische Philosoph und Religionskritiker Michel Onfray meint sogar (vielleicht gar nicht allzu spöttisch), diese Religion habe im Westen zwischenzeitlich die meisten Anhänger.[453] Die herkömmlichen Gottesvorstellungen seien ihnen zu unglaubwürdig, mit Kirchen und Sekten hätten sie nichts am Hut, sie wollten modern, aber trotzdem irgendwie religiös sein. Zweifelhaft ist, ob eine solche „Religion sui generis" religiöse Bedürfnisse, wie etwa die nach Schutz, Geborgenheit, Anerkennung und Liebe, befriedigen kann. Sie hätte es sicherlich schwer, als Institution zu existieren, da ihre Inhalte zu konturlos sind.

Hingewiesen werden kann auch auf den Ansatz des amerikanischen Rechtswissenschaftlers und Philosophen Ronald Dworkin (1931–2013), eines „religiösen Atheisten", mit seinem 2013 erschienenen Werk *Religion ohne Gott*. „Religion ist etwas Tieferes als Gott", so der Einleitungssatz seines viel diskutierten Buches. Dworkin sieht sich in Übereinstimmung mit der Auffassung Albert Einsteins, eines ebenfalls bekennenden Atheisten. Dworkins „Religion" bezeichnet danach eine Sicht auf die Welt, der zufolge es eine „eigenständige Wirklichkeit von Werten" gibt, die „alles durchdringt". Auch viele Atheisten, so Dworkins Vermutung, seien davon überzeugt, dass es im Universum eine „Macht gibt, die größer ist als wir". Und sie „verspüren eine unausweichliche Verantwortung, ihr Leben auf gute Weise zu führen und die Leben anderer Menschen entsprechend zu achten ... Sie sind vom Grand Canyon nicht einfach nur beeindruckt, sondern halten ihn für ein atemberaubendes und fast schon unheimliches Wunder ... All dies ist für sie mehr als eine unmittelbare und ansonsten nicht weiter erklärbare Reaktion ihrer Sinnesorgane. Sie verleihen der Überzeugung Ausdruck, dass die Kraft oder Macht und das Wunderbare, das sie wahrnehmen, ebenso wirklich sind wie Planeten oder Schmerzen, und dass moralische Wahrheiten und die Wunder der Natur nicht nur Achtung und Ehrfurcht in uns hervorrufen, sondern fordern."[454]

Aber ist diese „Religiosität" nicht doch ziemlich missverständlich? Lässt sich das Staunen und Entzücken über die Schönheit der Natur, der Berge und des Meeres schon als „religiös" bezeichnen? Das Wort „religiös" als Sammelbezeichnung für all das, was uns Freude macht, was gut ist, uns tief berührt (Natur, Moral, Freundschaft)? Das ist schon eine kühne Wortwahl, geboren wahrscheinlich aus dem Wunsch Dworkins, Theisten und Atheisten näher beisammen zu sehen („Die uns allen geläufige harte Unterscheidung zwischen religiösen und nichtreligiösen Menschen ist zu grob") und vielleicht auch Religion und Wissenschaft einander anzunähern. Der Evolutionsbiologe und Philosoph Bernhard Rensch (1900–1990) beispielsweise wollte von dem Begriff des Religiösen in diesem Zusammenhang nichts wissen: „Es kann durchaus eine erhebende und auch beruhigende Vorstellung sein, sich eins zu wissen mit dem Universum als ein so wunderbares, von ewigen Gesetzen bestimmtes Gefüge und zugleich die höchstentwickelte Organisationsstufe darzustellen, befähigt, selbst das Geschehen der Welt zu begreifen. Eine solche Erkenntnis vermag wohl auch ein dem Religiösen verwandtes, erhabenes Gefühl zu erzeugen. Aber meines Erachtens sollte der heutige Stand unserer ... Erkenntnis es nicht mehr nötig machen zu verbergen, dass dieses Weltbild einer Religion nicht mehr entspricht."[455]

Zwar sprachen auch schon andere, wie etwa der Philosoph Herbert Schnädelbach, vom „frommen Atheismus". Aber das trägt alles nicht und wird sich nicht durchsetzen. Für religiöse Menschen ist es eine unzulässige Erweiterung, eine Verwässerung ihrer Religionsdomäne; sie werden sagen, der Begriff gehört uns. Und für Atheisten und Agnostiker wäre es eine befremdliche Vorstellung, ihre schönsten Gefühle unter den Begriff des „Religiösen" einordnen zu sollen.

Auf die Frage, ob vielleicht Ersatzgötter Konjunktur hätten, wenn es keine „Rückkehr der Götter" gäbe, meint der Religionssoziologe Detlef Pollack, Mitautor einer internationalen Studie zur Religion in der Moderne, Menschen versuchten stets, die gemäßigte Zone ihres Alltags zu überschreiten. Das beginne im Spiel, setze sich fort in der Kunst und führe bis hin zu Extremsportarten mit Einsatz des eigenen Lebens. Auch die Religion gehöre zu diesen Formen der Unterbrechung, der Transzendierung der Normalität. Aber sie sei eben nur *eine* Möglichkeit. Pollack will die anderen Versuche nicht unbedingt als religiös bezeichnen und sie damit vereinnahmen. Gemeinschaftserfahrungen und rituelle Inszenierungen von Sport- oder

Medienevents könnten jedoch quasi-religiöse Gefühle erzeugen. Man könne diese kollektive Gärung als eine Form der Religion bezeichnen. Pollack bevorzugt es aber, von einer Quelle des Zusammenlebens zu sprechen, die ihr Wasser in verschiedene Läufe fließen lassen kann.[456]

Vorstellen kann man sich auch eine „Jesus-allein-Religion", glauben doch viele Menschen zwar nicht an einen Gott, aber daran, dass Jesus ein besonderer Mensch war und dass einige seiner Lehrinhalte Maßstab sein können für ein friedliches Miteinander. Dies wäre sozusagen eine Jesus-Religion oder Jesus-Bewegung, die ohne einen Gott auskäme. Ihm würde nachgesehen, dass er selbst damals an einen Gott geglaubt hat, auch an den Teufel, und es würde ausgeblendet, dass er als Teufelsaustreiber wirkte und Ungläubigen die Hölle wünschte. Man könnte weiter die Kirchen benutzen und – mit gewissen Vorbehalten – das Neue Testament lesen. Dem bei manchen Menschen ausgeprägten Bedürfnis nach Spiritualität könnte dadurch Genüge getan werden.

Wie die Religionswissenschaftlerin Karen Armstrong ausführt, „stößt die Vorstellung eines personalen Gottes in der heutigen Zeit immer mehr auf Ablehnung. Aus moralischer, intellektueller, wissenschaftlicher und spiritueller Sicht ist sie nicht mehr haltbar".[457] Die leeren Kirchen scheinen das zu belegen. Tatsächlich laufen den Kirchen die Mitglieder weg. Das geschieht sicherlich aus unterschiedlichen Motiven und Gründen. Die wichtigsten sind:

- Die wachsenden Zweifel an den Glaubensinhalten und die zunehmende Einsicht, der Himmel sei leer. Dies umfasst die vorgenannten Zweifel am „persönlichen" Gott der Bibel bzw. der Kirchen als auch die Frage, ob es überhaupt einen („abstrakten") Gott gibt, ob er nun deistisch oder pantheistisch verstanden wird. Diesen Zweifeln liegen Ergebnisse der Wissenschaft sowie das Verzweifeln am Leiden in der Welt zugrunde.

- Die zunehmende Einsicht, dass nach dem irdischen Leben Schluss ist.
- Die Ablehnung eines „Vermittlers" (in Form einer Kirche, eines Priesters) zwischen sich und Gott.
- Die fehlende Gleichberechtigung der Frauen in kirchlichen Ämtern.
- Die fehlende intellektuelle Redlichkeit von Kirchenvertretern, wenn es um Wahrheitsgehalt und Historizität der Bibel geht.
- Die zum großen Teil beschämende Rolle der Kirchen im Dritten Reich. Manche sind sicherlich auch schon wegen der berüchtigten „Hirtenbriefe" der katholischen Bischöfe an Wahlsonntagen, in denen letztlich empfohlen wurde, die CDU/CSU zu wählen, ausgetreten.
- Die arrogante Machtdemonstration der Kirchen beim „kirchlichen Arbeitsrecht", und das auch bei Einrichtungen (Kitas, Caritas, Diakonie), die im Wesentlichen durch den Steuerzahler und die Sozialversicherungen finanziert werden.
- Die enormen Reichtümer der sich selber gerne als arm darstellenden Kirchen.
- Der Ansehensverlust der Kirchen durch die vielen Missbrauchsfälle von Priestern und Bischöfen und die Vertuschung und schleppende Aufklärung seitens der Kirchen und des Vatikans.
- Sicherlich auch die Absage an die vom Staat im Auftrag der Kirchen eingezogene Kirchensteuer.
- Die zunehmende Säkularisierung und Urbanisierung.

In Deutschland verlassen Jahr für Jahr Hunderttausende die christlichen Kirchen. In den letzten drei Jahren (2014, 2015, 2016) waren es insgesamt etwa 1,25 Millionen Menschen. Die Gesamtzahl der Kirchenmitglieder in Deutschland lag Ende 2016 bei etwa 45,5 Millionen, davon römisch-katholische 23,6 Millionen und evangelische 21,9 Millionen.[458] Bei einer Bevölkerung von etwa 82,7 Millionen sind das rund 55 Prozent. Es ist abzusehen, dass schon in wenigen Jahren die Zahl der Kirchenmitglieder weniger als die Hälfte der Bevölkerung ausmachen wird.[459] Die Zahl der Muslime wird auf 4,7 bis 4,9 Millionen geschätzt.[460] Die Zahl der konfessionsfreien Menschen in Deutschland dürfte 2017 bei 30,5 Millionen Menschen liegen, das sind etwa 37 Prozent der Bevölkerung.[461] Zu erinnern ist daran, dass noch Anfang des 20. Jahrhunderts nahezu alle Deutschen einer christlichen Kirche angehörten.[462]

Projiziert man eine Prognose des Bistums Limburg aus dem Jahr 2013 auf die Kirchenmitglieder in ganz Deutschland, dann könnte sich – grob überschlagen – bis zum Jahr 2050 ein weiterer Rückgang von 20 Millionen Kirchenmitgliedern ergeben. Die Mehrheit der Bevölkerung wird dann konfessionsfrei sein. Noch schwerer zu prognostizieren ist die zahlenmäßige Entwicklung der Anhänger des Islam. Sie könnte – ohne weitere Zuzüge durch Flüchtlingsbewegungen – dann vielleicht bei 10 Prozent der Bevölkerung liegen.

Da gerne behauptet wird, die Zahl der Konfessionsfreien sage nichts über deren Gläubigkeit aus – es soll suggeriert werden, alle seien nur wegen der Vermeidung der Kirchensteuer ausgetreten –, sind einige Umfrageergebnisse zu wesentlichen Glaubensvorstellungen der deutschen Bevölkerung aufschlussreich. Eine Untersuchung aus dem Jahr 2011 kommt zu folgenden Ergebnissen:[463] 58 Prozent der Deutschen glauben an einen Gott, 38 Prozent der Deutschen glauben nicht an einen Gott oder ein höheres Wesen. Den Rest von 4% wird man den Agnostikern zurechnen können. Hinsichtlich der Erwartungen für die Zeit nach dem Tod ist zwischenzeitlich die Skepsis gegenüber den christlichen Jenseitsprophezeiungen sehr groß. Gemäß einer repräsentativen Umfrage des INSA-Instituts von 2012 erwarten nur noch 36 Prozent der deutschen Bevölkerung, dass das Leben nach dem Tod irgendwie weitergeht. Selbst bei Katholiken sind es nur noch 49 Prozent und bei Protestanten gar nur noch 39 Prozent, die dies erwarten, obwohl das Weiterleben nach dem Tod doch ein zentraler Glaubensinhalt der christlichen Kirchen ist.[464] Im Jahr

2016 besuchten übrigens nur noch 10 Prozent der Katholiken den sonntäglichen Gottesdienst.[465]

Eine ähnliche Mitgliederentwicklung der Kirchen wie in Deutschland wird auch für ganz Europa erwartet. So glauben beispielsweise aktuell nur noch 70 Prozent der jungen Briten an einen Gott.[466] Auch in den USA, die gerne als Gegenbeispiel zur Entwicklung in Deutschland und Europa gesehen werden, seien diese Säkularisierungstendenzen feststellbar, so der deutsche Religionssoziologe Detlef Pollack von der Universität Münster, der eine internationale Vergleichsstudie erstellt hat.[467] Zwar gebe es die Verbindung evangelikaler Bewegungen mit der Politik (etwa 25 % der Amerikaner zählen zu den Evangelikalen[468]), es zeige sich aber auch eine rasant wachsende Abwehr dieser politisch-religiösen Liaison. In nur 15 Jahren sei der Anteil der US-Amerikaner, die sich als religionslos bezeichnen, von sechs auf 23 Prozent gestiegen. Eine andere Studie spricht von 25 Prozent.[469] Ein weiteres – nicht unerwartetes – Ergebnis von Pollocks Untersuchung ist, dass mit steigender Bildung die religiöse Bindung sinkt.

Vertreter der Säkularisierungstheorie, zu denen Detlef Pollak gehört, gehen von der Annahme aus, dass die mit der Modernisierung verbundenen Prozesse der Rationalisierung und Individualisierung zu einem Bedeutungsverlust von Religion führen. Verwiesen wird auch auf die zunehmende Urbanisierung, die eine Auflösung der in ländlichen Bereichen starken Weitergabetraditionen zur Folge habe, sowie auf die Demokratisierung, die den hierarchisch organisierten Kirchenstrukturen entgegenstehe. Die Vernunft, so allerdings die derzeit überwiegende Auffassung der Motivationsforscher, ist für sich allein noch kein Grund für unsere Handlungen. Sie führe erst dann zur Einsicht und zu Handlungen, wenn sie emotional angekoppelt sei. Hat also ein Mensch aufgrund der „Faktenlage" die Einsicht, dass es keinen Gott gibt, dann bedarf es häufig noch weiterer Zutaten – etwa der Wut über den Missbrauch durch Priester, das kirchliche Arbeitsrecht, den kirchlichen Reichtum etc. –, um diese

Erkenntnis in eine Handlung umzusetzen, wie zum Beispiel: Austritt aus einer Religionsgemeinschaft, Verzicht auf die Taufe der Kinder bei den Christen oder auf die Beschneidung bei Juden und Muslimen sowie auf Gottesdienstbesuche oder gemeinsame Gebete in Kirche, Moschee oder Synagoge.

Da eine nicht religiöse Haltung in unserer (zumindest westeuropäischen) Gesellschaft nicht mehr geächtet ist und in der Regel nicht mehr sanktioniert wird, sondern vielmehr auf dem Weg zur Mehrheitsmeinung ist, dürfte sich der Prozess der Abwendung von den Religionen noch verstärken. Man muss kein „Pionier" mehr sein, um der Kirche den Rücken zu kehren. Anders noch Anfang der 1970er-Jahre, als die 68er-Generation damit begann. Da rief dann schon mal der Pfarrer bei den Eltern an, um sie – Persönlichkeitsrechte hin oder her – vom schändlichen Tun ihrer Kinder in Kenntnis zu setzen und aufzufordern, das verlorene Schäflein wieder zur Rückkehr zu bewegen.

Die Kirchen werden wahrscheinlich nicht verschwinden. Es werden nicht alle die Kirchen verlassen. Für die Zukunft ist anzunehmen, dass etwa jeder vierte oder fünfte es wichtig finden wird, einer Religion nachzugehen.[470] Es könnte also ein Bodensatz von etwa 20–25 Prozent Religionsanhängern verbleiben.[471] Auch der Evolutionsbiologe Franz M. Wuketits geht davon aus, dass sich die Menschheit nicht vollends von Religiosität und Religionen verabschieden wird. Zu groß seien die Bedürfnisse der Menschen nach Geborgenheit, die Hoffnung auf eine „höhere Ordnung" und der Glaube an eine insgesamt sinnvolle Welt.[472]

Die Stimme der Vernunft ist zwar leise. Wahrheiten kommen „auf Taubenfüßen daher", so Nietzsche. Beim Irrationalismus wird es nicht bleiben. Was einmal widerlegt ist, wird sich niemals auf Dauer halten können. Die Menschen spüren, wenn sich etwas überlebt hat. Die ehemaligen DDR-Bürger haben sich vieles gewünscht, auf was sie verzichten mussten – zu ihrer alten Religion sind sie nicht zurückgekehrt. Die Zahl der „Ungläubigen" und jener, die skeptisch sind, wird weiter steigen. Und immer mehr Menschen gehen zwischenzeitlich eher mit dem Baedeker in der Hand in die Kirche als mit dem Gebetbuch. Die bekannten Kirchen werden heute überwiegend als kulturhistorische Stätten besucht, so wie man sich auch die Tempel in Angkor Wat, den Borobodur oder die Pyramide von Chichén Itzá anschaut.

Allerdings gibt es auch aktuelle Sonderbewegungen, insbesondere wo es um die „Politisierung" der Religionen geht, wie dies für die monotheistischen abrahamitischen Religionen bereits aufgezeigt wurde. Erwähnt werden kann die enge Allianz zwischen der russisch-orthodoxen Kirche mit seinem Oberhaupt Kirill und dem russischen Staat unter Putin. Aber auch Entwicklungen in Afrika mit den stark wachsenden evangelikalen, fundamentalistischen Freikirchen mit sehr viel Nähe zu autokratischen Staatsführern, wie zum Beispiel in Uganda, Nigeria oder der Elfenbeinküste, zeigen dies. Ursachen sind vor allem die große Armut und die Verteilungskämpfe sowie die teils kräftigen Finanzmittel zur „Evangelisierung" durch christliche Fundamentalisten in den USA – auch zur Wappnung vor Auseinandersetzungen mit der islamischen Bevölkerung in diesen Ländern.

Betrachten wir vor diesem Hintergrund etwas näher die heutige Verbreitung von Religionen und die Stufen der Gottesgläubigkeit. Als *Weltreligionen* gelten (mit Angabe ihrer Anhänger weltweit): Christentum (2,2 Mrd.), Islam (1,6–1,8 Mrd.), Judentum (15 Mio.), Hinduismus (940 Mio.), Buddhismus (460 Mio.), „Chinesischer Universismus" (= Daoismus, Konfuzianismus, chinesischer Volksglaube[473]). Sie bezeichnen sich auch gerne als „Hochreligionen" – meist in Abgrenzung zu den „Naturreligionen". Bei aktuell etwa 7,5 Milliarden Menschen gehört somit etwa die Hälfte der Erdbevölkerung der christlichen und islamischen Religion an – die andere Hälfte nicht.

Auf ethnische Religionen, auch traditionelle Religionen oder Naturreligionen genannt, sowie „Sekten", eine häufig abschätzige Bezeichnung für eine von einer Mutterreligion abgespaltene religiöse Gemeinschaft, kann hier nicht eingegangen werden. Bleiben noch die vielen bereits verschwundenen „Religionen", auch vorzugsweise „Mythologien" genannt, was meist mit etwas Minderwertigerem assoziiert wird im Vergleich zu den „Hochreligionen": ägyptische Mythologie, germanische/nordische Mythologie, griechische Mythologie, römische Mythologie etc. Die damals lebenden Menschen haben es sich wahrscheinlich nicht vorstellen können, dass ihre Götter irgendwann einmal in der Schublade verschwinden, die Germanen nicht, dass ihre Götter nur noch in Wagner-Opern eine Rolle spielen. So wird das auch mit den jetzigen abrahamitischen Religionen passieren – irgendwann werden sie verschwunden sein oder als „Sekte" überleben, wie hoch ihr Absolutheitsanspruch, die einzig wahre Religion zu sein, auch immer ist. Ausschließen lässt sich nicht, dass irgendwann die Weltbevölkerung zur Einsicht kommen wird, dass man ohne Religionen besser und friedlicher miteinander auskommt, und diese auf die Liste der gefährlichen Organisationen setzt.

Hinsichtlich der *Stufen der Gottesgläubigkeit werden* gemeinhin unterschieden:

- Atheismus: Es gibt (mit hoher Wahrscheinlichkeit) keinen Gott.
- Agnostizismus: Man kann nicht wissen, ob es einen Gott gibt. Er kann nicht bewiesen und nicht widerlegt werden.
- Pantheismus: Gott ist in allem, beseelt alles (Natur, Universum).[474]
- Deismus: Gott hat die Welt geschaffen – und greift nicht weiter ein.
- Theismus: Es gibt einen persönlichen Gott, der lenkend in das Geschehen der Welt eingreift und dem einzelnen Menschen, von dem er alles weiß, liebend zugewandt ist.

Zu diesen unterschiedlichen Gläubigkeitsstufen gibt es jeweils prominente Vertreter und Anhänger, wobei ich mich auf diejenigen konzentriere, die religionskritisch sind. Dem *Atheismus* werden in der Antike beispielsweise zugerechnet: Anaxagoras, Aristophanes, Demokrit, Epikur, Heraklit, Horaz, Lukrez, Parmenides, Seneca und Xenophanes; in der Zeit der Renaissance bis heute – und hier soll eine große Bandbreite aufgezeigt werden – Francis Bacon, Béla Bartók, David Ben-Gurion, Georges Bizet, Georg Büchner, Warren Buffet, Albert Camus, Charles Chaplin, Le Corbusier, Richard Dawkins, Denis Diderot, Friedrich Dürrenmatt, Thomas Edison, Albert Einstein, Ludwig Feuerbach, Sigmund Freud, Bill Gates, Vincent van Gogh, Georg Grosz, Nadine Gordimer, Stephen Hawking, Heinrich Heine, Theodor Herzl, Werner Herzog, Peter Higgs, Baron d'Holbach, Alfred Hrdlicka, Henrik Ibsen, James Joyce, Franz Kafka, Gottfried Keller, Fritz Lang, John Lennon, Georg Christoph Lichtenberg, Karl Marx, Henri Matisse, W. Somerset Maugham, Golda Meir, Reinhold Messner, John Stewart Mill, Arthur Miller, Claude Monet, Pablo Neruda, Friedrich Nietzsche, Alfred Nobel, Cees Nooteboom, Amos Oz, Olof Palme, Pablo Picasso, Sergei Prokofiev, Yitzhak Rabin, Marcel Proust, Raffael, Maurice Ravel, Marcel Reich-Ranicki, David Ricardo, Gerhard Richter, Philip Roth, Mark Rothko, Bertrand Russell, Jean-Paul Sartre, Arthur Schopenhauer, Dimitri Schostakowitsch, George Bernhard Shaw, Anton Tschechow, Francois Truffaut, Guiseppe Verdi und Rolando Villazón. Schön, sie alle in der Hölle zu treffen! Aber das gilt ja auch für die nachfolgend genannten Agnostiker und Pantheisten. Schließlich sind die Grenzen zwischen Atheisten, Agnostikern und Pantheisten fließend – auch wegen (vor allem in der Vergangenheit) mancher Rücksichtnahmen und (berechtigter) Ängste. Und gelegentlich bezeichnen sich welche als „atheistisch gefärbte" oder „dunkelrote" Agnostiker. Dem *Agnostizismus* werden, unter den genannten Vorbehalten, zugeordnet: Charles Darwin, Thomas Hobbes, David Hume, Immanuel Kant, Karl R. Popper, Mark Twain und Ludwig Wittgenstein, für den *Pantheismus* Giordano Bruno, Johann Wolfgang von Goethe, Ernst Haeckel, Georg Wilhelm Friedrich Hegel, Hermann von Helmholtz, Gotthold Ephraim Lessing, Friedrich Wilhelm Schelling und Baruch Spinoza. Dem *Deismus* lassen sich Gottfried Wilhelm Leibniz, John Locke, Jean Jacques Rousseau und Voltaire zuzählen, dem *Theismus* schließlich all jene, die dem Gottesglauben der christlichen Kirchen, des Judentums und des Islam anhängen.

Das von religiösen Menschen gesehene „Problem" mit dem deistischen Gott ist, dass zu diesem Gott niemand eine allzu enge Beziehung aufbauen wird – er ist ja dafür nicht sonderlich empfänglich. Niemand betet zu ihm, keiner besucht Gottesdienste, und die Kirche wäre weitgehend überflüssig. Auch ob es bei diesem Gott ein ewiges Paradies gibt, ist mehr als zweifelhaft. Der „liebe Gott" hätte ausgedient. Von Vorteil wäre immerhin, dass es das leidige „Theodizee-Problem" nicht mehr gäbe – alles Unglück passiert, wie es eben passiert, und man hätte zumindest diesbezüglich eine natürliche Weltsicht.

Einige Bemerkungen auch zu den Atheisten und Agnostikern. Sie, vor allem die „Atheisten", wurden von den Religionsstiftern und ihren Anhängern nur mit größter Verachtung behandelt, meist verfolgt und gesteinigt. Viele haben bereits mit dem Begriff „Atheist" ihre Probleme, definiert er doch eher, was jemand nicht ist, als das, was er ist oder wofür er ist. Auf der Frankfurter Buchmesse 2013 erzählte Franziska Augstein, als sie den Philosophen Kurt Flasch zu seinem gerade erschienen Buch *Warum ich kein Christ bin* interviewte, ihr Vater, der *Spiegel*-Herausgeber Rudolf Augstein, habe ihr immer geraten, sie solle sich als Agnostikerin bezeichnen, keinesfalls als Atheistin, das erspare ihr viel Ärger und mache sie zudem interessanter ... Dass der Begriff „Atheist" vor allem in den USA stark negativ besetzt ist, zeigt sich in Umfragen, wo „Atheisten" noch hinter Muslimen, Immigranten, Schwulen und Lesben und anderen Minderheiten rangieren – obwohl die Zahl derer, die an einen Gott glauben, in den USA nur bei 62 Prozent liegt.[475] Bessere Begriffe sind, da sie nicht nur Negatives ausdrücken, „Humanist" oder auch „evolutionärer Humanist".

Doch zurück zur Verbreitung der Religionen. Auf die Zahl ihrer Mitglieder kann die Kirche nun wirklich nicht sonderlich stolz sein, schließt sie doch gerne von der Zahl ihrer Mitglieder auf den Wahrheitsgehalt ihrer Lehre. Auch ist zu berücksichtigen, dass nur wenige freiwillig in die Kirche eingetreten sind oder gefragt wurden. Es handelt sich fast ausschließlich um Zwangsmitgliedschaften. Zunächst wurde das Christentum durch Zwang, Folter, kriegerische Auseinandersetzungen und viel Blut in der Welt verbreitet – für den Islam gilt das erst recht –, und der *heutige* Bestand der Christen resultiert aus Babys, die nie gefragt wurden, ob sie getauft werden wollen, und die später einfach die christliche Lehre im Elternhaus, in den Kindergärten und Schulen und dem dort erteilten Religionsunterricht übergestülpt bekamen. Nicht von der Wahrheit einer Religion ist die eigene Religionszugehörigkeit abhängig, sondern davon, wo man aufgewachsen ist (Land, Region, Milieu).

Zunächst zu Europa. Es fing an mit der Erhebung des Christentums zur privilegierten Religion durch den römischen Kaiser Konstantin ab etwa 324 n. Chr. („Konstantinische Wende") und schließlich im Jahr 380 n. Chr. mit der Ernennung zur Staatsreligion – der Startschuss für das Missionieren und die Zwangstaufe. Gab es davor Christenverfolgungen, so drehten die Christen nun den Spieß um und verfolgten ihrerseits die Andersgläubigen, die „Heiden". Das gilt vor allem auch für „Missionierungen" in Mittel- und Südamerika, in Afrika und Teilen Asiens.

Der größte Zwang zur Verbreitung und zum Erhalt der Religion wird bis heute ausgeübt: durch die Zwangstaufe der Kinder. Auf fromme Einsicht will niemand warten – aus einsichtigen Gründen (vgl. in Kapitel 1 die Ausführungen zur frühkindlichen Indoktrination). Angesichts dessen ist zu fordern, dass Kinder erst ab 14, besser ab 16 gefragt werden, ob sie getauft werden wollen. Mit Händen und Füßen wehrt sich die Kirche gegen dieses eigentlich selbstverständliche Kinderrecht. Nein: Menschenrechte sind nicht der Humus, auf dem die Religionen und ihre Kirchen gebaut sind. Und durch verpflichtenden Religionsunterricht und die in religiösen Elternhäusern den Kindern abverlangten Rituale wie Beten und Kirchgang wird diese Prägung weiter zementiert, von Generation zu Generation. Die Vernunft wird dabei nicht angesprochen. Daher ist diesen so geschaffenen Überzeugungen auch nur schwer mit Vernunft beizukommen. Um hier etwas zu bewegen, ist an die Einsicht der Eltern zu appellieren. Viele, teilweise auch religionsferne Eltern lassen ihre Kinder taufen – ohne weiter nachzudenken, aus bürgerlichen Reflexen heraus. Die Zwangstaufen der Kinder gilt es zu brandmarken, sind es doch Reflexe unaufgeklärten Denkens. Aber es gibt Hoffnung. Durch die massenhaften Kirchenaustritte wird allmählich auch das Maß der Indoktrination abnehmen und ein frischerer Wind durch die Kinderzimmer wehen.

4.2 Ethische Prinzipien – ohne Gottesbezug

Ist der gottlose Mensch weniger moralisch? Sind religiöse Menschen die besseren Menschen? Ist Moral überhaupt ohne Gott möglich?

Die Antworten der Religionsanhänger, vor allem ihrer Repräsentanten, aber auch von manchen religiösen Politikern kennen wir. Wenngleich sich aufgeschlossener gebende Religionsvertreter heute mit einer Antwort eher zieren, lassen sich aufgeklärte Menschen bereits solche Fragen nicht mehr gefallen. Tatsächlich ist die These, ohne Gottesgläubigkeit hätten Menschen keine Moral, auch angesichts zwischenzeitlich mehr als 30 Millionen Menschen allein in Deutschland, die keiner Kirche angehören und vielleicht zu einem großen Teil auch nicht mehr gottesgläubig sind, eine ziemliche Unverschämtheit. Dass solche Unsinnsfragen überhaupt noch ernst genommen werden, hat wahrscheinlich damit zu tun, dass wir unsere religiösen Eierschalen noch nicht ganz abgelegt haben. Zu frisch ist noch unsere Erfahrung eines Lebens *ohne* den Gedanken an eine „höhere Instanz". Und auch die Kirchen haben noch nicht ganz verstanden, dass sie ihre Deutungshoheit verloren haben, dass ihr noch vorhandener Einfluss ein auslaufendes Modell ist. Es steht zu befürchten, dass ihre Wahrnehmung der Realität noch einige Zeit durch das Schwimmen im Geld vernebelt wird.

Zum Einsturz brachte das kirchliche Mantra „Ohne Gott gibt es keine Moral" vor allem Immanuel Kant: „Das sittliche Handeln und die sittliche Wertschätzung ist von dem Glauben an die Existenz eines Gottes unabhängig. ... Habe Mut, Dich Deines eigenen Verstandes zu bedienen." Für Kant sind, wie auch sein „kategorischer Imperativ" zeigt, Moralprinzipien rational begründbar – ohne dass es eines Gottesbezugs bedarf. Auch andere große Geister haben sich schon zu diesen Fragen geäußert, sich daran abgearbeitet – wahrscheinlich ebenfalls als Reaktion auf das besagte kirchliche Mantra. So äußerte beispielsweise Albert Einstein: „Das ethische Verhalten des Menschen ist wirksam auf Mitgefühl, Erziehung und soziale Bindung zu gründen und bedarf keiner religiösen Grundlage. Es stünde traurig um die Menschen, wenn sie durch Furcht vor Strafe und Hoffnung auf Belohnung nach dem Tod gebändigt werden müssten."[476]

Schon Baruch de Spinoza (1632–1677), oben dem Pantheismus zugeordnet, schrieb: „Ob jemand Christ, Türke, Jude oder Heide ist nur noch an der Äußerlichkeit seines Auftretens, seiner Kleidung, welche Kirche er besucht, welcher Meinung er sich überlassen hat und auf die Worte welchen Meisters er zu schwören pflegt, zu erkennen. Im übrigen ist der Lebenswandel bei allen gleich."[477] Und der deutsche Philosoph Herbert Schnädelbach klagt die Vertreter dieses Mantras an: „Wer behauptet, wenn die Menschen nicht an Gott glauben, dann ist die Moral bodenlos, der ist historisch und philosophisch ungebildet. Wir wissen seit Aristoteles, dass die praktische Philosophie, die sich über die Fragen der Gerechtigkeit und des guten, gelingenden Lebens Gedanken macht, auf eigenen Füßen steht." Selbst der katholische Sozialphilosoph Hans Joas (geb. 1948) widerspricht der These vom Moralverfall durch Säkularisierung. Auch in religiösen Gesellschaften gebe es Gewalt und Amoral; die USA beispielsweise verzeichneten ein viel höheres Gewaltaufkommen als die europäischen Staaten. Es sei Zeit, dies nun auch empirisch besser zu untersuchen.[478]

„Ist die Moral eine uns von außen auferlegte Instanz, oder ist sie lediglich aus dem Zusammenhang unserer Biologie und unserer Umwelt abgeleitet und kann deshalb auf wissenschaftliche Weise bestimmt werden?", fragt der Kosmologe Lawrence M. Krauss in *Ein Universum aus dem Nichts*. Er zitiert den bekannten Harvard-Kognitionswissenschaftler Steven Pinker mit folgendem Rätsel: „Wenn man, wie viele tief religiöse Menschen, vorbringt, ohne Gott könne es kein endgültiges Richtig oder Falsch geben – das heißt, Gott legt für uns fest, was richtig oder falsch ist –, so kann man die Frage stellen, was denn wäre, wenn Gott verfügte, dass Vergewaltigung und Mord moralisch annehmbar seien. Wären diese Taten dann tatsächlich zu billigen? Auch wenn so mancher mit Ja antworten dürfte, bin ich der Meinung, die meisten Gläubigen wären der Ansicht, dass Gott so etwas nicht verfügen würde. Aber warum nicht? Vermutlich weil Gott irgendeinen Grund hätte, nichts in dieser Art zu erlassen. Das wiederum liegt wohl daran, dass die Vernunft nahelegt, Vergewaltigung und Mord seien moralisch nicht zu akzeptieren. Wenn Gott aber auf die Vernunft zurückgreifen müsste – warum sollte man dann den Vermittler nicht ganz aus dem Spiel lassen?"[479]

„Ohne Gott gibt es keine Moral" oder sogar: „Ohne Gott ist alles erlaubt." Es sind die Lieblingsargumente der Kirchen gegen den Atheismus. Argumente? Sprechen wir besser von „Behauptungen". Das zweite Zitat äußerte übrigens der russische Dichter Dostojewski (*Die Gebrüder Karamasow*) – wir sehen, auch große Geister liegen schon mal daneben. Und die eingangs zitierten Kant, Einstein, Spinoza, auch die im Folgenden noch genannten Evolutionsbiologen oder der zeitgenössische deutsche Philosoph Herbert Schnädelbach senken unisono die Daumen. Für Schnädelbach ist es einer der „dümmsten

Sprüche", die es gibt. Auch der Religionsphilosoph Norbert Hoerster kommt nach Prüfung der wichtigsten Versuche säkularer Moralbegründung zu dem Ergebnis, die Existenz Gottes für die Moralbegründung sei verzichtbar. Die Auffassung Robert Spaemanns, „dass alles erlaubt ist, wenn es Gott nicht gibt", werde „unter Berufsphilosophen heute kaum noch vertreten".[480]

Ob gottgläubig oder nicht, ob christlich, muslimisch oder jüdisch geprägt: Alle Völker haben moralische Gebote und Verbote, so das Tötungsverbot, das Vergewaltigungsverbot, das Diebstahlsverbot, das Betrugsverbot etc. Werfen wir einmal einen Blick auf die bisher gezeigte Moral einiger, die sich auf ihren christlichen Gottesglauben stützten:

Adolf Hitler, Heinrich Himmler (beide katholisch) oder Adolf Eichmann (evangelisch) und die anderen führenden Nationalsozialisten, die durch ihre Angriffskriege für den Tod und das Leid von Millionen Menschen verantwortlich sind, die Millionen Juden umbrachten, kamen – wie auch die Tausenden Helfershelfer – aus christlichen Elternhäusern, beriefen sich auf ihren „Herrgott".[481] Die Nazis waren keine Atheisten! Die Rolle der christlichen Kirchen im Nazideutschland war, wie wir schon gesehen haben, erbärmlich, die der evangelischen Kirche noch schlimmer als die der katholischen Kirche. Und der hochverehrte, im Jahr 2017 anlässlich des 500. Jahrestags der Reformation besonders gefeierte Reformator Martin Luther kann ob seiner Hetzschrift „Von den Juden und ihren Lügen", in der er dazu auffordert, jüdische Synagogen und Schulen anzuzünden, völlig ohne Polemik zu den geistigen Wegbereitern der Judenvernichtung gezählt werden. Auch bei der teilweise barbarischen „Missionierung" Südamerikas und Afrikas sahen sich die dies anordnenden christlichen Kaiser und Könige, die „Missionare" und Soldaten als Vollstrecker biblischen Auftrags. Die „heilige" Inquisition, die Hexenverbrennungen, die vielen „heiligen" Kriege – sie wurden von Christen durchgeführt, häufig im päpstlichen Auftrag und unter Bezugnahme auf die Bibel. Dass auch „Gottlose" unzählige Verbrechen begangen haben, dürfte ebenso wahr sein. Ich muss keinen allzu großen Radius ziehen: Auch in meinem heimatlichen katholischen Dorf gab es ein breites Spektrum an Unmoral und Kriminalität- wie in jedermanns Heimatdorf oder stadt.

Aber auch Menschen jüdischen oder islamischen Glaubens begehen ständig unmoralische Taten und Verbrechen – so wie das Menschen ohne Gottesglauben auch tun. Es bedarf keiner Aufzählung von Einzelbeispielen. Es passiert täglich. Der Glaube an Gott taugt jedenfalls nicht als Unterscheidungskriterium für moralisches oder unmoralisches Handeln. Die Einhaltung moralischer Gebote ist offensichtlich nicht an die Gottgläubigkeit gebunden. Eher gewinnt man den Eindruck, dass vor allem die Vorstellung, nur die eigene sei die wahre Religion, aggressivem Verhalten eher förderlich ist.[482] Nicht uninteressant auch, dass sich nur ein Prozent aller US-amerikanischen Gefängnisinsassen als Atheisten deklariert und die überwältigende Mehrheit der Gefangenen eine starke Nähe zu Gott für sich in Anspruch nimmt.[483] Sich fair zu verhalten, Gutes zu tun, sich für Arme, Schwache, Benachteiligte einzusetzen, das kann viele Wurzeln, viele Triebfedern haben, eine humanistische Grundhaltung und/oder Gottesglauben oder was auch immer. Ich weiß von vielen Sozialdemokraten, Grünen, Linken, Gewerkschaftern – die nichts mit Gott am Hut haben –, dass sie sich für benachteiligte Menschen und Gruppen engagieren, für die Chancengleichheit von Kindern und Jugendlichen kämpfen, Tafeln organisieren, Flüchtlingen und politisch und rassistisch Verfolgten zur Seite stehen.

Der Biowissenschaftler und Philosoph Franz M. Wuketits verneint, dass das Leben in einer gottlosen Welt zu unmoralischem Handeln führt, und begründet dies unter anderem damit, dass die Wurzeln der Moral in eine Zeit zurückreichen, in der noch keine Götter erfunden waren. Formen der Kooperation und gegenseitiger Hilfe, die zu den moralisch am meisten geschätzten Verhaltensweisen zählten, habe es schon immer auch ohne Glauben an Gott gegeben. Wir Menschen seien – wie viele andere Tiere – soziale Wesen, ausgestattet mit der Fähigkeit zum Miterleben, zum Mitgefühl. Unsere Neigung zur Geselligkeit treibe uns gleichsam dazu an, uns am Leben anderer zu beteiligen und daher moralisch zu handeln. Dass wir nicht *ausnahmslos* moralisch handelten, komme bei Gläubigen wie bei Ungläubigen vor. Die Moral sei nicht vom Himmel gefallen. Sie komme „von unten", das heißt, sie resultiere aus den konkreten Erfordernissen des (menschlichen) Lebens, des Zusammenlebens von Individuen in Gemeinschaften. Das soziale Leben führe gleichsam automatisch dazu, dass bestimmte Verhaltensweisen des Einzelnen geschätzt, andere verworfen würden. Wir Menschen würden im Dienste einer funktionierenden Gemeinschaft, von der wir letztlich profitierten, zu einer Minimalmoral angehalten. Wir seien zudem auch gut, um gut zu scheinen, und dieser Schein helfe auch anderen, die ihrerseits den Schein des Guten erweckten – und dadurch auch wirklich gut handelten, sich kooperativ und hilfsbereit erwiesen.[484]

„Hat unser Moralgefühl einen darwinistischen Ursprung?", fragt auch der Evolutionsbiologe und Religionskritiker Richard Dawkins.[485] Auf den ersten Blick scheine ja die Vorstellung, natürliche Selektion sei die Triebkraft der Evolution, nicht dazu geeignet zu sein, unser Gefühl für Moral und Mitgefühl zu erklären. Sei Güte nicht der Theorie „egoistischer Gene" entgegengesetzt? „Aber das ist sie nicht", so Dawkins. Er identifiziert vier „stichhaltige darwinistische Gründe, warum Individuen untereinander altruistisch, großzügig oder ‚moralisch' handeln." Der erste betreffe den Sonderfall der Verwandtschaft. Der zweite sei die Gegenseitigkeit; Gefälligkeiten würden vergolten und in Erwartung eines solchen „Gegengefallens" erwiesen. Drittens bedeute es einen darwinistischen Vorteil, wenn man sich den Ruf der Großzügigkeit und Freundlichkeit erwerbe. Viertens nennt Dawkins den speziellen, unmittelbaren Nutzen der „zur Schau gestellten Großzügigkeit als Mittel, um für sich selbst authentische, unverfälschte Reklame zu machen".[486] Während des größten Teils unserer Vorgeschichte sei die Evolution aller vier Formen des Altruismus durch die Lebensbedingungen der Menschen stark begünstigt worden.

Aus dem Blickwinkel der Evolutionstheorie sind also Moral und Unmoral auf natürlichem Wege entstandene Phänomene; es sind Verhaltensweisen, die sich aus unserem Zusammenleben ergaben. Moralsysteme sind evolutionäre Systeme, entstanden durch natürliche Auslese mit dem (soziobiologischen) Zweck, das Gruppenleben im Interesse des individuellen Überlebens zu ermöglichen. Ein auffallendes Merkmal von sozial lebenden Tieren einschließlich des Menschen ist der „reziproke Altruismus" oder die gegenseitige Hilfe („Wie du mir, so ich dir"). Mit Moral im eigentlichen Sinne habe das, so Wuketits, zwar nichts zu tun, aber dieses Prinzip der Gegenseitigkeit stelle ein breites Fundament für „Moralität" dar.[487] Manchen (idealistischen) Menschen wolle es zwar paradox erscheinen, dass gerade der Egoismus eine wesentliche Triebkraft des Altruismus und damit der Moral darstelle. Aber selbst das christliche Gebot der Nächstenliebe appelliere an die Selbstliebe: „Liebe deinen Nächsten wie dich selbst." Moral sei also nicht zu trennen von den Lebens- und Überlebensinteressen des Menschen, die ohne eine gehörige Portion Egoismus nicht wahrgenommen werden könnten. Doch wisse der „kluge" Egoist, dass andere Menschen eben auch *ihre* Interessen hätten und die mit der gleichen Berechtigung verfolgten wie er die seinen. Er werde sich also mit den anderen zu arrangieren versuchen. Bei sozialen Lebewesen seien Egoismus und Altruismus auf komplexe Weise miteinander verknüpft. Die Gleichsetzung von Atheismus und Amoralismus sei jedenfalls schlichtweg falsch.

Kritisch anzumerken ist, dass man sich leicht eigene moralische Reflexionen ersparen wird, wenn die „absoluten moralischen Werte" von einer Religion vorgegeben werden. So fürchtete der US-amerikanische Philosoph und Psychologe William James (1842–1910), dass uns der Glaube an das Absolute „moralische Ferien" gönne. Sehe man hingegen unser moralisches Verhalten als etwas „Naturgewachsenes" an, dann seien wir gehalten, über unser Handeln situativ immer neu nachzudenken.[488] Die Frage einer Moral ohne Gott hat bereits der französische Aufklärer Baron Paul-Henri Thiry d'Holbach (1723–1789) treffend beantwortet: „Jeder Mensch, der ... mit sich selbst Einkehr hält, wird einsehen, dass ihn sein Interesse auffordert, sich zu erhalten, dass seine Glückseligkeit verlangt, solche Mittel zu ergreifen, die notwendig sind, um friedlich ein von Unruhe und Reue freies Leben zu genießen. Der Mensch ist dem Menschen verpflichtet, nicht weil er, wenn er seinesgleichen schadet, einen Gott beleidigen würde, sondern weil er, wenn er seinem Mitmenschen unrecht tut, einen Menschen beleidigt und die Gesetze der Rechtlichkeit verletzt, an deren Aufrechterhaltung jedes Wesen der menschlichen Gattung interessiert ist."[489]

Moral, so unser Fazit, bedarf keiner Religion, keines Gottes. Ja, die Moral steht über den Religionen. Und jemand, der Moralgebote nur aus Angst vor göttlicher Strafe befolgt, ist nicht sonderlich moralisch. Die Verbindlichkeit der Moral beruht auf Einsicht, nicht auf Gehorsam. Und auch die Gläubigen müssen sich den Moralgeboten der Vernunft unterwerfen.

Kritische Analyse der Zehn Gebote

Viele Christen sehen die Zehn Gebote als Grundlage ihrer Moral und als Richtschnur ihres Handelns an. Mehr noch: Ihrer Meinung nach sollten sie die Grundlage unserer Verfassung sein und reichten aus, die sittliche Ordnung in unserem Land zu gewährleisten.

Es gibt die Zehn Gebote im Alten Testament bekanntlich gleich in zwei Varianten, die sich leicht unterscheiden: Exodus 20,2–17 und Deuteronomium 5,6–21. Geläufiger ist uns jedoch eine dritte Variante: die in den Katechismen verwendete und im Religionsunterricht vermittelte Fassung, die von den Originalversionen in Wortwahl und Gliederung etwas abweicht. Halten wir uns aber an die erste alttestamentliche Version. In der Fassung Exodus 20,2–17 lauten die Zehn Gebote wie folgt:

1. Gebot (Verse 2–3): Ich bin der Herr, dein Gott, der ich dich aus Ägypten, dem Sklavenhaus, herausgeführt hat. Du sollst keine anderen Götter neben mir haben.

2. Gebot (Verse 4–6): Du sollst dir kein geschnitztes Bild machen, kein Abbild von dem, was im Himmel oben oder unten auf der Erde oder im Wasser unter der Erde ist. Du sollst dich nicht vor diesen Bildern niederwerfen und sie nicht verehren. Denn ich, der Herr, dein Gott, bin ein eifersüchtiger Gott, der die Schuld der Väter verfolgt an den Kindern, Enkeln und Urenkeln derer, die mich hassen, der aber Huld erweist bis ins tausendste Glied denen, die mich lieben und meine Gebote halten.

3. Gebot (Vers 7): Du sollst den Namen des Herrn, deines Gottes, nicht missbrauchen; denn der Herr lässt den nicht ungestraft, der seinen Namen missbraucht.

4. Gebot (Verse 8–11): Gedenke des Sabbattags, dass du ihn heiligest. Sechs Tage sollst du arbeiten und all dein Werk tun. Der siebte Tag aber ist Sabbat für den Herrn, deinen Gott. Da darfst du kein Werk tun, weder du selbst noch dein Sohn, noch deine Tochter, noch dein Knecht, noch deine Magd, noch dein Vieh, noch der Fremde, der sich in deinen Toren aufhält. Denn in sechs Tagen hat der Herr den Himmel, die Erde und das Meer und alles, was in ihnen ist, erschaffen; aber am siebten Tag ruhte er. Deshalb hat der Herr den Sabbattag gesegnet und ihn geheiligt.

5. Gebot (Vers 12): Ehre deinen Vater und deine Mutter, damit du lange lebst in dem Land, das der Herr, dein Gott, dir geben will.

6. Gebot (Vers 13): Du sollst nicht morden.

7. Gebot (Vers 14): Du sollst nicht ehebrechen.

8. Gebot (Vers 15): Du sollst nicht stehlen.

9. Gebot (Vers 16): Du sollst nicht als falscher Zeuge gegen deinen Nächsten auftreten.

10. Gebot (Vers 17): Du sollst nicht das Haus deines Nächsten begehren. Du sollst nicht die Frau deines Nächsten begehren, noch seinen Knecht, noch seine Magd, noch sein Rind, noch seinen Esel, noch irgendetwas, was deinem Nächsten gehört.

Taugen nun diese Gebote tatsächlich als Grundlage unserer Verfassung und unseres Zusammenlebens? Sehen wir sie uns im Einzelnen noch einmal an:[490]

Zum 1. Gebot: Unser Grundgesetz beginnt mit dem Satz: „Die Würde des Menschen ist unantastbar". Es bekennt sich dann weiter zu unverletzlichen Menschenrechten, zum Recht auf freie Entfaltung der Persönlichkeit, zur Glaubens- und Gewissensfreiheit einschließlich des Rechts zur ungestörten Religionsausübung und zum Recht auf freie Meinungsäußerung. Das erste – von den Bibelschreibern ihrem Stammesgott in den Mund gelegte – Gebot ist ein Verbot: Keine anderen Götter! Der Gedanke an Religionsfreiheit ist dem Alten Testament fremd. Blutige Kriege wurden wegen solcher Worte geführt. In einer freiheitlichen Verfassung hat ein solches „Gebot" nichts zu suchen. Es ist aufgrund seiner religiösen Intoleranz verfassungsfeindlich.

Zum 2. Gebot: Hier geht es weiter im intoleranten Geist des ersten Gebots. Mehr noch. Der „eifersüchtige" Gott bezieht in seine blindwütige Bestrafungsaktion auch gleich noch die Enkel und Urenkel ein: Sippenhaftung. Auch dies gehört nicht in die Verfassung eines demokratischen Rechtsstaates.

Zum 3. Gebot: Religiöse Fundamentalisten laben sich noch heute an solchen Geboten und würden gerne unser Strafrecht (Blasphemieparagraf) verschärfen. Im Klartext bedeutet das Gebot: Keine

Kritik üben! Das Alte Testament – für Juden und Christen auch heute noch verpflichtend – kennt keine Meinungsfreiheit. Das alttestamentliche Denken widerspricht elementaren Menschenrechten.

Absicht der ersten drei Gebote war – wie an anderer Stelle ausführlicher dargestellt – das Bestreben der Bibelschreiber (etwa 600– 200 v. Chr.), den jüdischen Menschen in Palästina ein Nationalgefühl zu geben. Der Glaube an den *einen* Gott – bis in das 4. Jahrhundert v. Chr., vermutlich sogar noch länger, verehrten die Juden neben und statt „Jahwe" viele andere Götter – sollte identitätsstiftend wirken. Es war vielleicht mehr ein nationalistischer Akt denn ein religiöser. Sei's drum. In der Verfassung eines Staates haben die ersten drei Gebote über den Umgang mit Gott nichts zu suchen.

Zum 4. Gebot: Das Gebot, am siebten Tage zu ruhen, kommt harmloser daher. Aber: „Sabbatschändern" drohte die Steinigung und der Tod. Sicherlich ebenfalls kein Artikel für eine freiheitliche Verfassung.

Zum 5. Gebot: Das Ehrgebot den Eltern gegenüber wird bei vielen zu Kopfnicken führen. Nun, wie halten wir es mit unseren Eltern? Die Ehrerbietung gegenüber den Eltern ist, wie der Bibelkundler Heinz-Werner Kubitza schreibt, „kein einzuklagendes Gesetz, bestenfalls ein Gebot des Anstands und der Dankbarkeit". Ich weiß aus eigener Kindheit um die Selbstverständlichkeit, mit der Kinder in katholischen Elternhäusern, meist von den Vätern, manchmal fast täglich geschlagen wurden. Ein schlechtes Gewissen hatte wohl keiner. Konnte er sich doch auf dieses Gebot berufen und ein entsprechendes Verhalten seiner Kinder einfordern. Möglicherweise beruht das Gebot in unserer Auslegung auch auf einem Missverständnis, da es sich weniger auf das Benehmen der Kinder bezog, sondern auf die Versorgung der Eltern im Alter.[491]

Zum 6. Gebot: Zunächst fällt auf, dass das „Tötungsverbot" im hebräischen Originaltext ein „Mordverbot" ist. Nicht einfach „töten" ist gemeint, sondern das Töten von Angehörigen des eigenen (jüdischen) Volkes. Volksfeinde und Andersgläubige waren davon ausgenommen. Das Töten im Krieg ist nicht davon tangiert.

Zum 7. Gebot: Bevor wir das Ehebruchsverbot nachsichtig durchwinken, sollten wir uns darüber klar werden, dass es in einer modernen Verfassung nichts verloren hat. Das Zusammenleben von Mann und Frau ist nach unserem Rechtsverständnis Privatsache. Das Ehebruchsverbot des Alten Testaments „führt nicht die Monogamie ein. Es verbietet nicht den sexuellen Verkehr des Sklavenbesitzers mit seinen Sklavinnen ... geschützt wird die Ehe als Institution".[492] Es war vor allem für die ehebrechende Frau häufig mit tödlicher Bestrafung verbunden. Ähnliche Konsequenzen haben im Übrigen auch die vielen Regelungen des Alten Testaments zu „unkeuschem", „widernatürlichem" und sonstigem „unzüchtigem" Verhalten. Steinigungen waren allgegenwärtig.

Zum 8. Gebot: Du sollst nicht stehlen! Hier nicken wir endlich einmal uneingeschränkt. Es gehört zum ethischen Grundbestand aller Religionen und Gesellschaften und ist insofern nichts spezifisch christliches, sondern ein Gemeinplatz des menschlichen Zusammenlebens überhaupt.

Zum 9. Gebot: Ein generelles Gebot „Du sollst nicht lügen" ist nicht gemeint. „Niemand, auch kein Gott, könnte im Orient das Lügen verbieten", so der Philosoph Kurt Flasch.[493] Es umfasst nur den engeren Tatbestand „Kein falsches Zeugnis ablegen wider deinen Nächsten", vor allem offenbar vor Gericht. Dieser Tatbestand habe wohl, so mutmaßt Heinz-Werner Kubitza, in der israelitischen Gesellschaft eine große Rolle gespielt. Zudem ist mit dem „Nächsten" hier wie auch an anderen Stellen nur an den Volksangehörigen gedacht, nicht an Mitglieder von Nachbarvölkern. Das Gebot ist somit kaum als generelles ethisches Prinzip geeignet.

Zum 10. Gebot: Gier ist sicherlich keine Tugend. Dem Nächsten aber etwas wegzunehmen bedeutet Diebstahl. Sofern man diese Stelle so auslegt, ist es als ethisches Prinzip natürlich gutzuheißen. Die Aufzählung zeigt die Verhältnisse, die Sichtweise in der damaligen archaisch-patriarchalischen Gesellschaft. Wie Rind und Esel, so gehörte auch die Frau, gehörten die Sklaven und Mägde dem Hausherrn. Kein Gedanke in dieser „Heiligen Schrift" an Gleichberechtigung, an Menschenwürde, an ein Verbot von Sklavenhaltung.

Die ethischen Aussagen unseres Grundgesetzes sind deutlich anspruchsvoller und für unser Zusammenleben in Frieden und Freiheit geeigneter als diese biblischen Zehn Gebote, von denen ohnehin nur drei überhaupt einen Platz haben können in einer freiheitlichen Grundordnung. Als Kontrastprogramm zu den Zehn Geboten wurden zwischenzeitlich weitere ethische „Punkte-Kataloge" erstellt, so von dem französischen Philosophen und Religionskritiker Michel Onfray oder von Michael Schmidt-Salomon, der im Auftrag der Giordano-Bruno-Stiftung die „Zehn Angebote" verfasste als Teil des *Manifests des evolutionären Humanismus*.[494]

Interessant sind zu guter Letzt auch Untersuchungserkenntnisse des kalifornischen Soziologen Phil Zuckermann. Sie zeigen, dass Religionslose stark wertorientiert sind, sich mehr gegen Todesstrafe, Krieg und Diskriminierungen einsetzen als der Durchschnitt und weniger Vorbehalte gegen Ausländer und Homosexuelle haben. Die erstaunlichste Einsicht: Die Atheisten wissen mehr über den Gott, an den sie nicht glauben, als die Gläubigen selbst ...[495]

Drohen Gefahren?

Was passiert, wenn Menschen ihre bisherigen „Gewissheiten" verlieren? Das können ihre religiösen Glaubensgewissheiten sein. Das kann sich aber auch auf ein breiteres Spektrum beziehen (politische Vorstellungen, wissenschaftliches Weltbild). Welche Gefahren lauern hier? Verlieren Menschen ihre Moral, verlieren sie ihren Lebenssinn, werden sie anfällig für totalitäre Systeme?

Der katholische Sozialphilosoph Hans Joas widerspricht der These vom Moralverfall durch Säkularisierung, fragt aber darüber hinaus: „Lebt die säkulare Moral im Vertrauen auf ein moralisches Fundament, das latent von christlichen Werten zehrt, die in den Institutionen fortleben? Und: Verliert säkulare Ethik ihre Motivation, sobald sie nicht mehr auf die Überwindung religiöser Moral angelegt ist?"[496] Ist da jemand – vor dem Hintergrund der evolutionären Ableitung der Wurzeln unserer Moral sowie der, wie die vielen Beispiele zeigen, teils zweifelhaften Inhalte „religiöser Moral" – zu pessimistisch?

Der Philosoph und Wissenschaftstheoretiker Thomas Metzinger beschäftigt sich mit möglichen Gefahren eines neuen neurowissenschaftlichen Menschenbildes: „Möglich wäre auch, dass die Gesellschaft in einen vulgären Materialismus abdriftet. Wenn die Leute sagen: Das ist ein kaltes, leeres Universum, wir sind eine bessere Art von Bioautomaten, Ego-Maschinen ohne Willensfreiheit, die aus der Evolution entstanden sind. Wir haben keine Seele, sondern Selbstmodelle, und es wird im Jenseits keine Belohnung für gute schauspielerische Leistungen geben."[497] Es könnte sich, so fürchtet er, ein primitiver Hedonismus ausbreiten, der zu einer Entsolidarisierung und einer „Flucht in den Fundamentalismus führt. Dem könne man aber, so Metzinger, vielleicht gut mit der Idee eines „evolutionären Humanismus" und der Verteidigung der Werte der Aufklärung begegnen.

Möglicherweise sind viele Menschen nicht sonderlich anfällig für die geschilderten Gefahren. Zum einen gibt es Millionen Menschen, die keiner Religion angehören und von denen viele nicht an einen Gott glauben oder die einer „entspannteren", „philosophischeren" Religion angehören (Buddhismus, Konfuzianismus). Metzinger verweist selbst auf entsprechende eigene Erfahrungen aus Diskussionen mit chinesischen Studenten. Zum anderen leben jetzt etwa 7,5 Milliarden Menschen auf der Erde – mit weiter steigender Tendenz. Und bei dem schon heute gegebenen internationalen Informationsaustausch wird sich auch die Einsicht in die Notwendigkeit festigen, dass wir ohne gemeinsames Handeln, ohne gemeinsame Werte nicht friedlich miteinander leben und unsere lebensnotwendigen Ressourcen (sauberes Wasser, saubere Luft, genügend und gesunde Lebensmittel) erhalten können. Beispiele für diese Bemühungen der Menschheit sind die Vereinten Nationen und ihre Organisationen, die UN-Menschenrechtscharta, Internationale Gerichtshöfe, Weltklimaschutzabkommen, Artenschutzabkommen und vieles mehr – trotz aller derzeitigen Irritationen und der Rückfalle in nationalstaatliches Denken (Brexit, Trump-Präsidentschaft). Was wäre denn die Alternative? Zurück zum Sinai-Gott, an den kaum die Hälfte der Weltbevölkerung glaubt, mit seinen teilweise unsinnigen Geboten? Da können die allgemeinen Menschenrechte der UN-Charta dann doch mehr zum friedlichen Miteinander beitragen. Ein Rückfall in das alte Denken, der Rückzug in nationalstaatliche Interessenpolitik würde die Menschheit in die Katastrophe führen.

Ein Gebot zeichnet sich als grundlegendes, solides und universales Fundament ab, wenn man die ethischen Prinzipen der großen Philosophen durchgeht: das „goldene Gesetz" bzw. die „goldene Regel", wie sie zum Beispiel in Immanuel Kants kategorischem Imperativ zum Ausdruck kommt. In der für uns bekanntesten Form lautet es: „Was du nicht willst, was man dir tu, das füg auch keinem andern zu". Das gilt in der Familie ebenso wie zwischen Nachbarn, das gilt im Verein, im Unternehmen, in der Politik, zwischen den Religionen, zwischen Ländern und Regionen. Auch zwischen den Generationen, etwa bei Renten- und Beitragsfestlegungen. Um dieses Gebot kann sich vieles andere ranken, und es wäre viel gewonnen, wenn es Konsens aller wäre.

Erwähnt werden soll hier auch eine Debatte um den „Doppelcharakter der Aufklärung" bzw. die provokatorische Aussage „Kant versprach den ewigen Frieden – gekommen ist Auschwitz". Hier geht es um die Frage der Philosophen Max Horkheimer und Theodor W. Adorno in ihrer 1944 – kurz vor Ende des Zweiten Weltkriegs – erschienenen *Dialektik der Aufklärung*, warum trotz der Aufklärung die „Menschheit anstatt in einen wahrhaft menschlichen Zustand einzutreten, in eine neue Art von Barbarei versinkt".[498] Die Frage nach dem „Doppelcharakter der Aufklärung" zielt darauf, ob Aufklärung, quasi deren dunkle Seite, geschichtsnotwendig in Mytho-

Ethische Prinzipien – ohne Gottesbezug

logie zurückverfalle. Letztlich wird die Aufklärungsbewegung für die Entstehung der totalitären Systeme des 20. Jahrhunderts verantwortlich gemacht.

Für den Philosophen und Religionskritiker Michael Schmidt-Salomon ist dies ein Denkmodell, „um aufklärerische Positionen zurückzudrängen und die vermeintlich unumgehbare Bedeutung der Religionen für ein funktionierendes Sozialwesen herauszustellen".[499] Er sieht vielmehr im Nationalsozialismus selbst Elemente einer „politischen Religion".[500] Dass der Nationalsozialismus als Rückfall in die Mythologie gedeutet werden könne, „mag man Adorno/Horkheimer zugestehen" so Schmidt-Salomon. Doch sei ihre Behauptung nicht gerechtfertigt, mit dem Nationalsozialismus schlage auch die Aufklärung in Mythologie um. Empirisch sei nämlich genau das Gegenteil der Fall: Diejenigen, die sich ernsthaft an den Idealen der Aufklärung orientierten, seien nicht nur immun gegen die nationalsozialistische Mythologie gewesen, sie seien auch zu den schärfsten Kritikern Nazi-Deutschlands geworden. Schmidt-Salomon erinnert an die in Konzentrationslager Deportierten (wie Carl von Ossietzky), an Emigranten (wie Albert Einstein, Bertolt Brecht oder Erich Fromm) und an diejenigen, die angesichts der hoffnungslosen Lage ihrem Leben selbst ein Ende setzten (wie Kurt Tucholsky und Walter Benjamin).

Die Entstehung totalitärer Regime (einschließlich ihrer jeweiligen Politreligionen) führt Schmidt-Salomon nicht auf den vermeintlichen „Doppelcharakter der Aufklärung" zurück, sondern vielmehr auf die „halbierte Aufklärung". Gesellschaftliche Wirkungen habe nämlich über Jahrhunderte hinweg fast ausschließlich jener Aspekt der Aufklärung entfaltet, den man mit dem Begriff der instrumentellen Vernunft umschreiben könne. Die praktisch-ethischen, weltanschaulich positiven Impulse der Aufklärung seien hingegen weitgehend ignoriert worden. Nicht die Aufklärung selbst neige dazu, in Mythologie umzuschlagen, sondern die von ihr betriebene fortschreitende Entzauberung alter Gewissheiten habe dazu beigetragen, dass sich die große Masse von Menschen überfordert gefühlt und als Gegenmittel ihr Heil in der Akzeptanz neuer Mythen gesucht habe. Schmidt-Salomon verweist auf eine Studie Erich Fromms, der den Nationalsozialismus als eine Fluchtbewegung, die sich aus einer „Furcht vor der Freiheit" speise, begriffen habe. Die zentrale These Fromms dazu sei, „dass der moderne Mensch, nachdem er sich von den Fesseln der vor-individualistischen Gesellschaft befreite", noch nicht gelernt hat, seine intellektuellen, emotionalen und sinnlichen Möglichkeiten voll zum Ausdruck zu bringen. „Die Freiheit hat ihm zwar Unabhängigkeit und Rationalität ermöglicht, aber sie hat ihn isoliert und dabei ängstlich und ohnmächtig gemacht ... er sieht sich daher vor die Alternative gestellt, entweder der Last seiner Freiheit zu entfliehen und sich aufs Neue in Abhängigkeit und Unterwerfung zu begeben oder voranzuschreiten zur vollen Verwirklichung jener positiven Freiheit, die sich auf die Einzigartigkeit und Individualität des Menschen gründet."[501]

Hier zeigt sich Schmidt-Salomon zufolge also der doppelte Freiheitsbegriff der Moderne: Freiheit *von* Unterdrückung muss nicht unbedingt mit Freiheit *zu* einem selbst bestimmten Leben einhergehen, sondern löst unter bestimmten Voraussetzungen antiliberale Fluchtmechanismen aus (Flucht ins Autoritäre, ins Destruktive oder ins Konformistische). Und er fragt: Ist es gerechtfertigt, der historischen Aufklärungsbewegung vorzuwerfen, sie habe bloß kritisiert, aber keine positiven Gegenentwürfe entwickelt, dadurch die Menschen überfordert, sie verängstigt und ihre Flucht in den totalitären Mythos provoziert?[502] Diese Frage müsse man eher verneinen, denn die Aufklärungsbewegung habe sich keineswegs mit der Negation des Bestehenden, nicht mit der Entzauberung der Welt begnügt. Die Aufklärung habe vielmehr eigene Positionen entwickelt. Zwei Aspekte hebt Schmidt-Salomon hervor: Erstens habe das aufklärerische Projekt einer Entzauberung der Welt dieser einen neuen, „rationalen Zauber" verliehen. Wer bereits einmal Richard Dawkins wunderbar illustriertes Buch *Der Zauber der Wirklichkeit* in den Händen hielt, wird dem aus vollem Herzen zustimmen, sind doch die Erkenntnisse der Naturwissenschaften faszinierender als alle religiösen Schöpfungsmythen. Zweitens habe die Aufklärung anstelle der kritisierten althergebrachten Gewissheiten durchaus positive Gegenentwürfe gesetzt. Schmidt-Salomon nennt hier beispielhaft Epikurs *Philosophie der Freude* und dessen Kritik des angstbesetzten Götterglaubens zugunsten einer weltlich-freundlichen Ethik, La Mettries *Über das Glück und das höchste Gut* oder auch Karl Poppers *Die offene Gesellschaft und ihre Feinde*. Das maßgebliche Erbe der Aufklärung seien nicht die Ruinen der überkommenen Traditionen, sondern die reichhaltigen Skizzen zum Aufbau einer besseren Gesellschaft.

Betrachten wir daher abschließend die „positiven Gegenentwürfe" zu den bisherigen althergebrachten Glaubensgewissheiten.

4.3 Glücklich ohne Gott

4.3.1 Ist das Leben ohne Gott nicht mehr schön?

Die vielleicht am häufigsten vorgebrachten Argumente gegen ein Leben ohne Gott zielen darauf,

- dass es ohne Gott keine Moral gebe,
- dass ohne Gott, ohne Jesus und Maria wichtige Trostspender und Haltgeber wegfielen, ja überhaupt Leere, Trostlosigkeit, „Nihilismus" einträten,
- dass es ohne Gott kein sinnvolles, glückliches, schönes Leben gebe.

Auf die Frage nach den ethischen Grundsätzen sind wir schon eingegangen, und es hat sich gezeigt, dass die These, ohne Gott gebe es keine Moral, nicht haltbar ist. Betrachten wir also die beiden anderen Einwände, Trost, Halt und Glück im Leben der Menschen seien in Gefahr, wenn der Gottesglaube fehle.

Die Lebensgestaltung nach dem Abschied von den Religionen und ihren Konventionen sei eine „Lebenskunst", so der Philosoph Wilhelm Schmid, Autor von Büchern über „Glück" und „Gelassenheit". Erst einmal gebe es geradezu eine Besoffenheit davon, wie toll es sei, *wovon* man sich befreit habe.[503] Das Fragenpaar „Wovon?" und „Wozu?", das auch schon von anderen Autoren gestellt wurde, ist eng verwandt mit einem öfters erhobenen Vorwurf an Atheisten: „Ihr sagt immer nur, *wogegen* ihr seid, ihr müsst auch mal sagen, *wofür* ihr seid, um eure gottlose Position attraktiv zu machen!" Vergessen wir allerdings nicht, dass dieses „wovon befreit" und „wozu befreit" nicht die Menschen betrifft, die von Kindheit an keinen Gottesbezug hatten, sondern vor allem solche, die sich im Laufe ihres eigenen Lebens von der Religion, von ihrem Gottesglauben befreit haben. Davon gibt es, wie die Kirchenaustrittszahlen zeigen, Millionen.

Beginnen wir also damit, wovon wir uns befreit haben (wobei dies häufig auch schon die Antwort auf das Wofür beinhaltet). Hier hat vielleicht jeder seine Lieblingsargumente. Aus meiner eigenen Ablösungshistorie waren wichtige Punkte, wichtige „Befreiungsvorteile" der Wegfall des peinlichen samstäglichen Beichtens, der Wegfall der Vorstellung von der „Erbsünde", der – leider nur allmähliche – Wegfall der Angst vor Fegefeuer und Hölle bzw. der Angst, nicht in den Himmel zu kommen, das Verschwinden des ängstlichen Gedankens, kein gottgefälliges Leben zu führen, sowie aus dieser Perspektive des quälenden Gedankens an die Gestaltung eines entsprechend sinnvollen Lebens, auch der Wegfall des allzu engstirnigen *religiösen* Beurteilens des Verhaltens und der Moral anderer.

Die Angst vor der Hölle quälte auch den Philosophen Norbert Hoerster: „Für mich war es, solange ich gläubiger Christ war, immer ein Rätsel, wie die christliche Jenseitserwartung das diesseitige Leben eines Menschen glücklicher machen kann. Zwar liest man bei Thomas von Aquin, dass die Seligen im Himmel das zusätzliche Privileg genießen, ‚die Strafe der Gottlosen (in der Hölle; Anmerkung R. M.) vollkommen zu schauen', damit ihnen ‚ihre Seligkeit noch erfreulicher sei'. Doch auch diese besondere Aussicht hat bei mir nie dazu führen können, dass die Freude auf den Himmel die Angst vor der Hölle überwogen hat."[504] Janosch, der bekannte Kinderbuchautor, bekennt, dass er als Kind durch die katholische Lehre von der Erbsünde verschreckt war – das Trauma verfolge ihn noch heute. Er sagt: „Den katholischen Unsinn geglaubt zu haben, war für mich das größte Unglück des Lebens. Das Geborenwerden ist für einen Katholiken die erste große Sünde, das ist so absurd, dass man es nicht ertragen kann. Als Katholik ein Kind zu gebären heißt: es mit der Sünde zu belasten."[505]

Einige weitere Beispiele für Befreiungsvorteile von der Religion aus dem eigenen Freundeskreis, der Literatur, der Philosophie (einige haben wir auch schon kennengelernt):

- Es gibt kein ängstliches Sinnieren mehr, ob die eigenen Taten von einem nach dem Tod stattfindenden göttlichen Gericht gewichtet werden – und ob man in den Himmel kommt, im Fegefeuer geröstet wird oder in der ewigen Hölle leiden muss und gefoltert wird.
- Bei einem erlittenen Unglück grübelt man nicht mehr darüber nach, ob ein Gott uns wegen unserer „sündigen Lebensweise" eine göttliche Strafe hat verhängen wollen und welche „Sünde" dies den gewesen sein könnte. Im Zusammenhang mit der Aids-Epidemie wurden von Bischöfen und Priestern solche „Gewissheiten" häufig geäußert.
- Homosexuelle können aufatmen, dass sie nicht länger einen lebensgefährlichen Platz auf der göttlichen bzw. kirchlichen Missbilligungsliste haben.
- Keine religiös motivierten Attentate und Anschläge finden mehr statt, keine Religionskriege und Auseinandersetzungen – unbeschadet der Tatsache, dass es häufig Überlagerungen von Kriegsursachen gibt (wirtschaftliche Gründe, territoriale Streitigkeiten, Machtfragen, ethnische Konflikte).

- Die Frage nach dem „Danach", die Wunschvorstellung von einem Leben nach dem Tod hat sich erledigt.
- Mit Themen wie Unfehlbarkeit des Papstes, Dreifaltigkeit Gottes, Ehelosigkeit von Priestern, Jungfräulichkeit Marias müssen wir uns nicht mehr beschäftigen. Viele konnten damit sowieso nichts mehr anfangen.
- Ohne die wachsamen Augen eines „Gottes", die Knute seiner Gebote, die misstrauischen Augen und Ohren der Priester verringern sich die eigenen Ängste. Immerhin ist diese Überwachung für Gläubige omnipräsent: So wurden vor Beginn des Faschings an katholischen Kirchen Plakate aufgehängt: „Gott sieht hinter deine Maske".

Kurz: Der ganze Plunder wird zurückgelassen – auch der mythologische, wie Himmel, Hölle, Fegefeuer, Engel, Teufel, Dämonen, vorbestimmtes Schicksal. „Diejenigen von uns, die in der Vergangenheit ein gespanntes Verhältnis zur Religion hatten, empfinden es als befreiend, dass sie den Gott los sind, der sie in der Kindheit terrorisiert hat. Es ist herrlich, wenn man sich nicht vor einem rachsüchtigen Gott verkriechen muss, der jedem mit ewiger Verdammnis droht, der sich nicht an seine Gebote hält. Wir haben eine neue intellektuelle Freiheit und können kühn unsere eigenen Interessen verfolgen", so beschreibt die Religionswissenschaftlerin Karen Armstrong diese Gefühle. Viele lasse die Aussicht auf ein Leben ohne Gott unberührt, andere seien jedoch ausgesprochen erleichtert über seine Abwesenheit.[506] Nicht zu vergessen ist auch das Argument des Philosophen Ludwig Feuerbach gegen den starken Jenseitsglauben: „Verliert nicht das Leben gerade durch das Jenseits, in dem es erst einen Sinn finden soll, allen Sinn, allen Zweck?"[507]

Was aber ist mit dem *Trost*? Was mit der Sinnlosigkeit, der Trostlosigkeit, dem Nihilismus? Für viele Menschen hat die Vorstellung eines persönlichen gütigen Gottes, eines verstehenden Jesu, einer liebevollen Muttergottes – die vollkommene Mutter und Freundin oder auch (Ersatz-)Frau – oder eines Schutzengels etwas sehr Tröstliches, ja fast „Kuscheliges": Man kann mit ihnen reden (sie sind immer ansprechbar), zu ihnen beten, sich ihnen schwach und ratlos zeigen, sich an sie anlehnen, kann ihnen die Verantwortung für das eigene Schicksal in die Hände legen. Dies kann die Einsamkeit mildern und das Gefühl geben, nicht alleine zu sein, wahrgenommen zu werden. Es sind zwar alles Kopfgeburten. Aber der Wunsch vieler Menschen nach einem göttlichen „Papa" oder einer göttlichen „Mama" (Maria) ist stark. Zudem hat nicht jeder einen realen Papa, eine Mama, einen Bruder, eine Schwester, die uns in Stunden der Not, der Traurigkeit, in unserer Last der Verantwortung für unsere Kinder, in der Angst zu versagen in Schule oder Beruf beistehen. Machen wir uns also nicht lustig über das religiös gestillt werden sollende Bedürfnis nach Halt und Trost. Es gibt wahrscheinlich für manche keinen Ersatz für den (vermeintlichen) göttlichen Beistand. Und zu den Menschenrechten kann man nicht beten.

Ist es den Menschen zumutbar, kann man es ihnen zutrauen, ohne göttlichen Beistand zu leben? Ja, sagt Sigmund Freud, wir müssen nur erwachsen werden. Es stimmt schon: Durch das Wegziehen des religiösen Schleiers entzaubern wir die Wirklichkeit. Aber so wie wir die Märchen der Gebrüder Grimm irgendwann als Märchen erkennen oder den Osterhasen und den Weihnachtsmann als Phantasiefiguren und sie der Wirklichkeit weichen, so werden irgendwann mit großer Selbstverständlichkeit auch die religiösen Geschichten als Relikte kindlich eingebläuter Religion in der Märchenschublade verschwinden. Das ist Teil des Erwachsenwerdens. Zeit des Erwachens.

Für viele ist allerdings der Glaube, ein übernatürliches Wesen bewache und beschütze sie, eine wichtige Stütze und Teil ihres Alltagsbewusstseins. Er wird das für manche auch bleiben. Das hätte ich meiner Oma nicht wegnehmen können, nicht wegnehmen wollen – und sie hätte es sich auch nicht nehmen lassen. Wer einen Gott braucht, der darf ihn behalten. Bert Brecht hat dazu eine schöne Geschichte von Herrn Keuner geschrieben: „Einer fragte Herrn K., ob es einen Gott gäbe. Herr K. sagte: ‚Ich rate dir, nachzudenken, ob dein Verhalten je nach der Antwort auf diese Frage sich ändern würde. Würde es sich nicht ändern, dann können wir die Frage fallen lassen. Würde es sich ändern, dann kann ich dir wenigstens noch so weit behilflich sein, dass ich dir sage, du hast dich schon entschieden: Du brauchst einen Gott."

Viele Gläubige sind davon überzeugt, dass ihr Leben von einer gütigen göttlichen Vorsehung geleitet wird. Aber müssen wir uns ausgerechnet an imaginäre höhere Wesen anlehnen? Geht's auch mit Familie, Partnern, Freunden? So bekannte der Tenor Rolando Villazón, dass er nicht mehr an einen Gott glaube, nicht mehr bete. In schweren Zeiten rede er mit echten Menschen, seiner Frau, einem Freund. Da bekomme er auch Antworten. Von Gott bekomme er keine.[508]

Ein Indiz vielleicht, dass vielen Menschen zwischenzeitlich nicht allzu viel fehlt, wenn Gott und der Glaube an ihn fortfällt, sind die Listen der am meisten gewünschten Begräbnislieder (übrigens glauben fast zwei Drittel der Deutschen, dass es nach dem Tod nicht mehr weitergeht):[509] 1.) I Will Always Love You – Whitney Houston; 2.) Time To Say Goodbye – Sarah Brightman & Andrea Bocelli; 3.) Geboren um zu leben – Unheilig; 4.) Ave Maria – Franz Schubert; 5.) My way – Frank Sinatra; 6.) The rose – Bette Midler; 7.) Tears in Heaven – Eric Clapton; 8.) Abschied ist ein scharfes Schwert – Roger Whittaker; 9.) So wie du warst – Unheilig; 10.) Tage wie diese – Die Toten Hosen. Nur ein christliches Lied hat es mit dem „Ave Maria" in die Top Ten der Begräbnissongs geschafft.

Jüngst sah ich an einem Sonntagnachmittag eine – relativ ausgewogene – Sendung im ZDF in der Reihe „Gott und die Welt". Gezeigt wurden die Geschichte einer vielleicht 50-jährigen Frau aus dem Westfälischen, deren Mann vor ein bis zwei Jahren gestorben war, und die eines etwa gleichaltrigen Mannes aus Leipzig, der vor einiger Zeit von seiner Frau geschieden worden war. Wie kamen sie mit ihrem Leben danach klar? Ganz gut. Die – gläubige – Frau suchte Trost bei Gott, wurde aktiv in ihrer Kirchengemeinde. Den – atheistischen – Mann erlebte man in einem humanistisch-philosophischen Arbeitskreis. Beide machten einen recht zufriedenen Eindruck. Schließlich wurde ein Treffen zwischen beiden arrangiert, wo sie sich über ihre Lebens- und Denkweise, ihre „Lebensbewältigungsstrategien" austauschten. So sympathisch sie sich offensichtlich waren, so wenig Verständnis hatten sie für den jeweiligen Standpunkt des anderen bei der „Frage nach Gott". Schade eigentlich, dass dies wahrscheinlich das K.-o.-Kriterium für eine mögliche beginnende Partnerschaft war.

Man muss großzügig sein mit Menschen, die vor 2.000 Jahren an Gott glaubten. Sie konnten im Allgemeinen nicht lesen und schreiben, sahen in jedem Naturphänomen (Blitz, Donner, Seuchen, Überschwemmungen) ein göttliches Zeichen. Man muss großzügig sein auch mit heutigen Menschen (vor allem in der islamischen Welt), die sich gar kein Leben ohne Religion vorstellen können und von Kindheit an streng indoktriniert worden sind, keinen oder nur geringen Zugang zu freien Medien (ungefiltertes Internet, freies Fernsehen, freie Presse) haben und aufgrund ihrer Armut nie die heimatliche Region verlassen können. Mehr erwarten darf man von *heute* an Gott glaubende Menschen, die alle Freiheiten haben, sich zu informieren. Aber: Manche werden es nicht schaffen ohne göttlichen Beistand. Umfragen und Analysen legen einen Anteil von vielleicht 25 Prozent der Bevölkerung nahe.

Stellvertretend hierzu ein Gedicht von Marie Luise Kaschnitz (1901–1974):[510]

Die Mutigen wissen
Dass sie nicht auferstehen
Dass kein Fleisch um sie wächst
Am jüngsten Morgen
Dass sie nichts mehr erinnern
Niemandem wiederbegegnen
Dass nichts ihrer wartet

Keine Seligkeit
Keine Folter
Ich
Bin nicht mutig

Die Frage, ob denn der Gottesglaube unserem Leben *Sinn* gibt, was von christlichen Würdenträgern wie selbstverständlich unterstellt wird, untersuchte der Philosoph Norbert Hoerster.⁵¹¹ Er setzte sich dabei mit der Frage auseinander, ob die Existenz Gottes dem Menschen eine größere Sicherheit in Fragen der persönlichen, sozialen und politischen Lebensgestaltung gibt, wie es beispielsweise der katholische Kardinal Karl Lehmann sinngemäß proklamierte. Hoerster versucht, entsprechende Verhaltensnormen göttlichen Ursprungs zu identifizieren. Sämtliche Verhaltensnormen seien aber, so Hoerster, eindeutig menschlichen Ursprungs. Und er fragt, ob der Mensch vielleicht durch eine innere Stimme – über sein „Gewissen" – von Gott über dessen Weisungen informiert werde. Dafür sieht er in seiner Beweisführung jedoch keinen Anhaltspunkt und folgert: „Alles in allem kann man nur zu dem Ergebnis kommen, dass sich in keiner Weise zeigen lässt, wieso mit der Annahme der Existenz Gottes für die Bewältigung unserer praktischen Lebensfragen, rational betrachtet, *irgend etwas* gewonnen ist."⁵¹² Die Behauptung des Theologen Hans Küng, ohne Bezug auf Gott sei unser Leben sinnlos und wir seien dem „Nihilismus" ausgeliefert, hält Hoerster für eine sehr merkwürdige Annahme. „Wir besitzen jedoch keinerlei verlässliche Methode … an irgendwelche Informationen über die Ziele Gottes zu gelangen. Wir können vielmehr auch die Existenz sowie den Inhalt solcher Ziele wiederum nur *postulieren* – mit dem Ergebnis, dass vermutlich jeder seine eigenen Ziele … in die postulierten Ziele Gottes hineinliest!"⁵¹³

Nach Sigmund Freud bringt die Besänftigung ominöser bedrohlicher göttlicher Mächte durch religiöse Handlungen dem Menschen zwar keine reale Hilfe, wohl aber eine seelische Entlastung. So ist für

Freud Religion eine „hilfreiche" Illusion. Dennoch bezweifelt er, dass sie in der Jahrtausende währenden Zeit ihrer Existenz das Leben des Menschen glücklicher und erfüllter gemacht hat. George Bernhard Shaw meint zu solchen Betrachtungen nur trocken: Dass religiöse Menschen glücklicher als skeptische sind, ist genauso bedeutungslos wie die Tatsache, dass betrunkene Menschen glücklicher als nüchterne sind. Ohnehin widerspricht der Reigen der schon genannten Atheisten – Picasso, Matisse, Monet, Bartók, Bizet, Schostakowitsch und die vielen anderen – der durchsichtigen Behauptung, ein Leben ohne Gott mache das Leben ärmer, mache die Welt grau.

Über die „Sinnfrage" dachten insbesondere auch die Vertreter des „Existenzialismus" wie Jean-Paul Sartre und Albert Camus angesichts ihrer Überzeugung, dass es keinen Gott gibt, nach. Sie fragten, vor allem vor dem Hintergrund, dass der Mensch das Werk der Evolution ist, eines Milliarden dauernden Prozesses: Was soll ich, was sollen wir auf der Welt? Welchen Sinn hat mein, hat unser menschliches Dasein? Keinen, sagen sie zunächst einmal, verzweifeln aber nicht, sondern versuchen sich in Lösungen. Der Mensch sei in die Freiheit „hineingeworfen" worden und müsse sich nun selbst definieren. Er sei nichts anderes als das, wozu er sich selbst mache. Die damit verbundene totale Freiheit bedeute aber auch die Bürde einer vollständigen Verantwortung des Menschen für sich und sein Handeln. Denn das eigene Leben könne durch keine andere, höhere Instanz mehr entschuldigt werden. Es sei eine Befreiung des Menschen zu seinen eigenen Möglichkeiten hin. Es bedeute, so Sartre, „dass der Mensch zuerst existiert, sich begegnet, in der Welt auftaucht und sich danach definiert"; anders gesagt, „die Existenz geht der Essenz voraus".[514]

Auch für Camus, der in seinem 1942 erschienenen Buch *Der Mythos des Sisyphos* die Philosophie des Absurden entwickelte, hat (ähnlich wie Sartre) das Leben an sich keinen Sinn, es sei vielmehr absurd. Der Mensch werde sich in seinem Allein-Sein seiner Machtlosigkeit und „Fremdheit in der Welt" bewusst. Es gebe, so Camus, für den Menschen „nur ein wirklich ernstes philosophisches Problem: den

Selbstmord".[515] Der Selbstmord erscheint hier als Loslösung von einer sinnlosen Welt: Warum noch leben, wenn doch alles sinnlos ist? Aber Camus lehnt den Selbstmord ab. Sich umbringen hieße, dem Absurden zu erliegen. Die Größe des Menschen bestehe darin, sich vom Absurden nicht unterkriegen zu lassen. Und deshalb sei es am besten, wenn wir den Zufall, der uns auf diese Erde verbracht hat, einfach verlachen. Der Mensch wird zum Menschen erst durch die Revolte – durch die Revolte gegen das Absurde.[516] Indem der Mensch das absurde Verhältnis von Mensch und Welt anerkennt, akzeptiert er sich als ein Wesen, das frei ist. Die Vorstellung, das Leben an sich sei absurd, widerspricht für Camus nicht notwendigerweise der Bejahung des Lebens und dem Glück des Menschen, das gerade in den nie endenden Anstrengungen gegen eine absurde Welt gefunden werden könne. „Der Kampf gegen Gipfel vermag ein Menschenherz auszufüllen. Wir müssen uns Sisyphos als einen glücklichen Menschen vorstellen", so die bekannten Schlusssätze seiner berühmten Schrift.[517]

4.3.2 Ein erfülltes Leben ohne Gott

Mehrere Aspekte scheinen hier von Bedeutung, vor allem, ob wir ohne den Glauben an einen Gott einen „Ersatz in der Sinnfrage" brauchen, ob es sich auch ohne Gott gut leben lässt, und schließlich, ob die Welt bei einer naturalistischen Sicht ihren Zauber verliert.

Zunächst also zu der Frage, *ob der Wegfall religiösen Glaubens einen „Ersatz" durch andere Sinngehalte erfordert.* Ein „sinnvolles Leben" assoziieren wir mit „erfülltem" Leben, mit Glück und Zufriedenheit, ein „sinnentleertes Leben" belegen wir hingegen mit entsprechenden negativen Attributen. Die Frage stellt sich also, was wir als „sinnvolles Leben" und als „Sinn des Lebens" ansehen.

Bei gottgläubigen Menschen mit der Hoffnung auf ein späteres Leben im Himmel ist die Sache vergleichsweise einfach: Der Sinn ihres Lebens ist es, ein gottgefälliges Leben zu führen, um später die himmlischen Wonnen genießen zu können. Bei nicht an solche Dinge glaubenden Menschen, Menschen mit einer naturalistischen Sichtweise, ist die Sache komplizierter und bedarf intellektueller Anstrengung. Wir sind ein – äußerst spätes – Produkt des seit Milliarden Jahren währenden Evolutionsprozesses. Und unserem Entstehen sollten wir keinen weiteren tieferen Sinn zugrunde legen als dem Entstehen von Pflanzen und Tieren. Kann unser Leben dennoch einen Sinn haben, selbst wenn wir nur ein Zufallsprodukt der Evolution, der Natur sind? Einige Antworten, wie die der Existenzialisten, haben wir schon kennengelernt.

„Der Sinn des Lebens ist das Leben selbst", so brachte Goethe es in eine zu seiner Zeit provozierende, da mit kirchlichen Lehren nicht in Einklang stehende Form. Der Sinn des Lebens besteht, so kann man folgern, aus dem, was einer daraus macht. Jeder kann einen anderen Sinn für sich sehen. *Den* Sinn des Lebens gibt es nicht. Man kann seinem Leben höchstens einen Sinn geben. Und jeder muss sich seinen persönlichen Lebenssinn suchen. Statt von einem umfassenden Lebenssinn zu sprechen, gibt es unendlich viele Sinnfragmente, die unserem Leben einen Sinn verleihen können. Der Mensch ist frei zu wählen und zu entscheiden. Und er hat viele Wahlmöglichkeiten. Es gibt daher zum Sinn des Lebens nicht die *eine* Antwort, es gibt so viele Antworten, wie es Menschen gibt. Im Fokus steht der einzelne Mensch mit all seinen Veranlagungen, Begabungen, Wünschen und Fantasien und seinem Streben nach Glück und Zufriedenheit. Nietzsche formulierte dies als Aufgabe für jeden Menschen: „Du sollst der werden, der du bist!"[518] Also: Frage nicht (zu lange) nach dem Sinn des Lebens – gib ihm einen! Auch für den deutschen Philosophen Wilhelm Schmid kann der Mensch nicht ohne Sinn leben. Wir bräuchten – hier bezieht er sich auf Erich Fromm – als Menschen einen „Rahmen der Orientierung und Hingabe", der es uns ermögliche, unsere Ichbezogenheit zu überwinden. Dies könne der Glaube sein, aber auch humane Wertvorstellungen, die Sorge für andere Menschen oder die Natur. Mit Blick auf unser Glücksstreben spiele die

„Selbstsorge" – die Entfaltung unserer Fähigkeiten und Anlagen – ebenso eine Rolle wie das Bemühen um zufriedenstellende soziale Beziehungen.[519]

Aber machen wir uns nichts vor: Die Menschen sind – das weiß jeder aus seinem Bekanntenkreis – unterschiedlich „sinnbedürftig". Für manche ist Lebenserfüllung schon mit sehr wenigen Inhalten, Aktivitäten und sozialen Kontakten möglich. Manchen reicht ein fast ausschließlich hedonistisches Leben mit Urlaub, Geselligkeit, Theater- und Museumsbesuchen, ohne dass ihnen offenbar etwas fehlt. Die Auffassung Goethes, nichts sei schwerer zu ertragen als eine Reihe guter Tage, wird von vielen nicht geteilt. Die Menschen sind unterschiedlich, und sie sind auch unterschiedlich in ihrer Bedürftigkeit und ihren Ansprüchen. Gleiches gilt natürlich auch für solche, die ihren Sinn vor allem in ihrer Gottgläubigkeit haben; auch da gibt es welche, die in die Tiefe gehen, und andere, denen das Knöchelhohe völlig ausreicht. Interessant auch meine Erfahrung dass manche, die vor dem Bruch mit ihrer Religion in ihren Kirchengemeinden oder den kirchlichen Studentengemeinden soziale Dienste leisteten, sich für Hilfsbedürftige engagierten, in ihrem späteren gottfreien Leben, ihr soziales Engagement unter dem Dach anderer Organisationen (Partei, Gewerkschaft) in gleicher Intensität fortsetzten.

Es gibt unendlich viele Sinnfragmente, die unserem Leben einen Sinn verleihen. So zählt der evangelische Theologe Alexander Garth beispielhaft als Wahlmöglichkeiten auf: „sich bei Amnesty International engagieren, seine Selbstinszenierung perfektionieren, das Partywochenende genießen, die Schulbildung eines armen Kindes aus Indien finanzieren, Zeit mit dem Partner verbringen oder wenigstens eine gute Sexbeziehung pflegen, den eigenen Nachwuchs versorgen, seinen berufliche Erfolg ... voran treiben, Geld für hungernde Kinder spenden, den Esoterik-Zirkel leiten, seinen Fußballclub unterstützen, das eigene Haus verschönen, den Garten pflegen, die Anerkennung innerhalb der Szene, zu der man gehört, sichern".[520] Der Beispiele wird es unzählige geben, und jeder wird seine eigene Favoritenliste haben. Auf den vorderen Plätzen stehen sicherlich bei vielen Menschen die Familie, Partnerschaft, die Freunde – das Sich-Kümmern und Sich-Wohlfühlen –, aber auch der Beruf mit seinen Anforderungen, ist doch die Arbeit für vielleicht die meisten Menschen ein großer Zufriedenheitsfaktor. Nicht zu vergessen die „Hobbys", deren Zahl Legion ist; bei manchen decken sich sogar Beruf und Hobby. Sinnstiftend ist für viele die Mitarbeit in Vereinen, Gremien, Gruppen, Parteien (Sozialbereich, Kultur, Sport, Umwelt), wird hier doch der Blick über die eigene kleine Welt hinaus geweitet.

Zwei mögliche spezifische sinnstiftende Aspekte einer säkularen Sichtweise möchte ich hervorheben, so erstens, dass wir die tatsächlichen Ursachen von Geschehnissen erfahren wollen und keine vorwissenschaftlichen Erklärungen wie etwa „vorherbestimmtes Schicksal", „göttliche Strafe" oder „göttliche Fügung" in Erwägung ziehen. Ohne die Sichtweise, ein Gott würde oder könnte einwirken, wird vieles rund. Das säkulare Weltbild macht die Phänomene unserer Welt, unseres Alltags besser verständlich: die Naturphänomene, die tagtäglichen Unglücke auf der ganzen Welt, die Krankheiten, auch dass wir sterben. Dieses Weltbild ist in sich stimmig, vergleichsweise „einfach" und „nachvollziehbar". Die Wirklichkeit wird begreifbar. Zweitens bedeutet eine säkulare Sichtweise eine offenere Einstellung zu den neuen Erkenntnissen der Naturwissenschaften, oft auch eine gewisse Neugierde, insgesamt die – nicht nur zähneknirschende – Bejahung der Evolution und die Einsicht, dass sich alles „natürlich" entwickelt hat. Wir brauchen keinen Gott mehr zur Erklärung der Welt. Ich erinnere mich an Vorträge im Senckenberg Naturmuseum in Frankfurt, bei denen immer wieder einmal die Frage aus dem Publikum kam, wo denn da noch Platz für Gott sei. Die Referenten antworteten meist etwas umständlich, wollten sie die Fragesteller doch nicht vor den Kopf stoßen.

Sein Fazit zu Gott und Kirche zieht der Philosoph Bertrand Russell in seiner Schrift *Warum ich kein Christ bin* aus dem Jahr 1927: „Wir wollen auf unseren eigenen Beinen stehen und die Welt offen und ehrlich anblicken – ihre guten und schlechten Seiten, ihre Schönheit und ihre Hässlichkeit; wir sollen die Welt so sehen, wie sie ist, und uns nicht davor fürchten. Wir wollen die Welt mit unserer Intelligenz erobern und uns nicht nur sklavisch von dem Schrecken, der von ihr ausgeht, unterdrücken lassen. Die ganze Vorstellung von Gott stammt von den alten orientalischen Gewaltherrschaften. Es ist eine Vorstellung, die freier Menschen unwürdig ist. Wenn man hört, wie sich Menschen in der Kirche erniedrigen und sich als elende Sünder usw. bezeichnen, so erscheint das verächtlich und eines Menschen mit Selbstachtung nicht würdig. Wir sollten uns erheben und der Welt frei ins Antlitz blicken ... Eine gute Welt braucht Wissen, Güte und Mut, sie braucht keine schmerzliche Sehnsucht nach der Vergangenheit, keine Fesselung der freien Intelligenz durch Worte, die vor langer Zeit von unwissenden Männern gesprochen wurden ... Sie braucht Zukunftshoffnung, kein ständiges Zurückblicken auf eine tote Vergangenheit, von der wir überzeugt sind, dass sie von der Zukunft, die unsere Intelligenz schaffen kann, bei weitem übertroffen wird." Nur der freie, schöpferische, philosophische Mensch, der seine Gottesillusion verwirft, vermag, so Russell, seinem Leben einen Sinn zu geben.

Eckpunkte eines „aufgeklärten Weltbildes", das geprägt ist von Menschlichkeit, Toleranz und einem freudvollen Dasein im Diesseits, sind nach einem Katalog der Giordano-Bruno-Stiftung: Wissen statt Glauben, Aufklären statt Verschleiern, Nachdenken statt Nachbeten, Selbstbestimmung statt Fremdbestimmung, Vergebung statt Vergeltung, Ethik statt Moral, Freiheit statt Angst, Fortschritt statt Rückschritt, Heidenspaß statt Höllenqual, Humanismus statt Religion.

Aber lässt es sich auch ohne Gott gut leben?

Wenn sich schon etwa 37 Prozent (30,5 Millionen) der deutschen Bevölkerung von der Kirche und mehr oder weniger auch vom Glauben an einen Gott abgewendet haben, stellt sich die Frage nach ihrer Befindlichkeit. „Auch ohne Glauben glücklich?" war sogar Thema des

Glücklich ohne Gott

Katholikentags im August 2016 in Leipzig. Ziemlich komisch, eine solche Frage in Leipzig zu stellen, einer Stadt, in der 84 Prozent der Bevölkerung nicht christlich sind. Eberhard Tiefensee, Religionsphilosoph an der Universität Erfurt, gab denn auch Entwarnung: „Man kann auch ohne Gott gut leben", stellte er, der immerhin katholischer Priester ist, fest. Es gehe auch ohne Kirchen als „Werteagentur". Christen unterschieden sich in ihren Moralvorstellungen nicht von Menschen ohne Konfession. Viele christliche Werte, wie etwa Solidarität mit den Schwachen oder der Wert eines jeden Individuums, seien in der heutigen Gesellschaft allgemein anerkannte humanistische Werte.[521] Einige während der Zeit des Leipziger Kirchentags eingefangene Stimmen bestätigen diese Thesen: Nein, mit Religion habe er nichts am Hut, seine Familie gebe ihm Halt, meinte ein Passant. In der Podiumsdiskussion äußerte jemand: „Ich glaub nichts, mir fehlt nichts."

Bei vielen Menschen weltweit ist der Gottesglaube kaum ein Thema. Nach vor allem katholischer und islamischer Lesart sind das bedauernswerte, traurige Gestalten. Es sind Milliarden, die von den orthodox Gläubigen jeglicher Couleur als zur Hölle fahrende Menschen abgestempelt werden. Sind sie traurig? Trauriger als Gläubige? Wie man schon vermuten kann, ist dem nicht so. Eine im September 2011 veröffentlichte Studie zeigt, dass sich in säkularen Gesellschaften, also beispielsweise in Schweden, den Niederlanden oder Deutschland, gläubige und nicht gläubige Menschen kaum in ihrem Wohlbefinden und Selbstwertgefühl unterscheiden.[522] Halten wir uns vor Augen, wie viele Menschen ohne Gott leben und offenbar ganz gut damit zurechtkommen. Verlässliche Statistiken gibt es nicht, gemäß einer weltweiten Gallup-Umfrage aus dem Jahr 2015 machen sie aber etwa ein Drittel der Weltbevölkerung aus, das wären 2,5 Milliarden Menschen.[523] Die Menschen in der ehemaligen DDR haben viel vermisst – die Religion gehörte nicht dazu! Mehr noch: Der Anteil der keiner Religion Zugehörigen hat seit der Wiedervereinigung weiter zugenommen.

Für die Menschen, die sich gerade von ihrem Glauben verabschiedet haben, stellt sich die Frage: Was nun? Was bedeutet das für mich, für mein Leben, mein Denken und Handeln, meine Werte, meine „Weltanschauung", auch mein „Fühlen"? Was ändert sich? Ändert sich überhaupt etwas? Es ist unterschiedlich und hängt sicherlich auch von der bisherigen „Glaubensintensität" ab, davon, wie sehr der Gottesglaube und die Religion das bisherige Leben beeinflusst, ja sogar bestimmt haben. Für manche, das weiß ich aus eigener Erfahrung, aus Gesprächen sowie aus Bekenntnissen in der Literatur (Kurt Flasch, Norbert Hoerster, Uta Ranke-Heinemann, die uns schon begegnet sind), kann die Ablösung durchaus langwierig und schmerzhaft sein. Zwingend ist das nicht. So lehnt Detlef Pollack, Religionssoziologe an der Universität Münster und Mitautor einer internationalen Studie zur Religion in der Moderne, die These ab, die Menschen hätten ein konstantes inneres Bedürfnis nach Religiosität. Er bezeichnet diese Annahme als „biologistische Behauptung", die sich empirisch nicht belegen lasse. Für die Mehrheit der Menschen seien religiöse Fragen oft nachrangig. Viele meinten, es gebe in ihrem Leben Wichtigeres.[524]

Man kann unzählige Beispiele anführen für die zahlreichen Facetten eines glücklichen, zufriedenen Lebens ohne Gottesbezug. Stellvertretend eine ganz interessante, entspannte Aufzählung des evangelischen Theologen Alexander Garth, der uns schon an anderer Stelle mit schönen Beispielen versorgte und der Ungläubigen unumwunden zugesteht, „auch ohne Gott lässt es sich gut leben". Er führt aus: „Auch Ungläubige ... sind glücklich und unglücklich wie andere Menschen auch. Sie freuen sich des Lebens, der Liebe, der Schönheit der Erde. Sie kennen das Glück von Liebe, Familie und Freundschaft. Sie sind zärtlich zu Menschen und Tieren. Sie weinen bei Bachs Air und tanzen zu Michael Jacksons ‚Thriller' ... Sie haben die gleichen Glücksquellen (außer der Glaubenserfahrung). Sie freuen sich über Erfolg. Sie betrachten staunend die Schönheit und Unermesslichkeit des Universums. Sie genießen das Zusammensein mit nahestehenden Menschen. Sie leiden unter Dummheit, Habgier, Intoleranz, Lieblosigkeit, Hass. Sie sehnen sich nach einer besseren Welt. Sie erleben das Glück, wenn man sich für etwas Gutes engagiert ... Sie übernehmen gern Verantwortung, um dieses Leben lebenswerter und diesen Planeten heimischer zu machen. Sie genießen es, Kinder aufwachsen zu sehen ..." und vieles andere mehr.[525] Schön, aus dem Mund eines Theologen zu erfahren, dass – außer der seiner Meinung nach fehlenden Glücksquelle der „Glaubenserfahrung" – dem „Ungläubigen" tausende Glücks- und Sinnfaktoren bleiben!

Der Philosoph Kurt Flasch beschreibt in seinem autobiografischen Alterswerk *Warum ich kein Christ bin*, wie es sich anfühlt, wenn man kein Christ mehr ist: „Jedenfalls anders als Prediger behaupten. Sie sagen gern, ein Leben ohne Gott und ohne Glauben sei sinnlos. Sie malen sich den Ungläubigen aus, als sehne er sich nach seinem Kinderglauben zurück, als fehle ihm etwas Wesentliches."[526] An anderer Stelle fährt Flasch fort: „Ich habe Gott gesucht und habe ihn nicht gefunden. Ich habe dabei meine rheinische Fröhlichkeit nicht eingebüßt; ich lebe und arbeite in Heiterkeit ..." Und er ergänzt: „Wer den christlichen Glauben verlässt oder auf sich beruhen lässt, kann freier reden ..., verschafft sich Argumentationsfreiheit." Sowie: „Wer kein Christ mehr ist, verliert damit nicht den Zusammenhang mit der christlichen Kultur. Er achtet ihren Bildervorrat, hört Monteverdis *Marienvesper* und besucht den frommen Bildersaal der Kunstgeschichte. Er betritt offen – so distanziert wie beeindruckt – die Kathedrale von Chartres, auch wenn er nicht kommt, um zu beten ..."

Der Evolutionstheoretiker und Philosoph Franz M. Wuketits will sogar zeigen, dass ein „atheistisches Leben" ein besseres Leben ist – besser jedenfalls im Vergleich zu einem Leben mit Gott bzw. einem Glauben an Gott, insbesondere wenn dieser Glaube Menschen am „guten Leben" hindert. So würden unter anderem die meisten religiösen Moralsysteme alles, was Menschen Lust bereite, ob sexuelles Lustempfinden oder der Genuss guter Speisen und Getränke, verteufeln, als ob das Wohlbefinden eines Menschen etwas Unschickliches sei.[527]

Aber verliert unsere Welt bei einer naturalistischen Sicht nicht ihren Zauber?

Eine naturalistische Sicht der Welt bedeutet zumindest eine „Entmythologisierung"[528], eine Entkleidung von allem Mythologischen, aus Unwissenheit Geborenen. Dem einen oder anderen mag dies auch eine „Entzauberung" der Welt sein. Aber die Enttäuschung sollte sich in Grenzen halten – ist es doch eine Befreiung vom falschen Zauber. Die meisten Menschen bevorzugen es, die Wahrheit zu kennen. Der Evolutionsbiologe Richard Dawkins stellt, wie an anderer Stelle schon erwähnt, in seinem Buch *Der Zauber der Wirklichkeit* den Mythen über die Entstehung der Welt, der Pflanzen und Tiere sowie der Menschen die tatsächlichen naturwissenschaftlichen, evolutionären Gründe für all diese Dinge gegenüber. Und man erkennt: Die Beschreibung der Realität und ihrer tatsächlichen Ursachen ist viel spannender und facettenreicher als der Griff in die Mythen-Mottenkiste. Die Dolomiten bleiben eine wunderbare, beeindruckende Berglandschaft, auch wenn wir zwischenzeitlich wissen, dass ihre muscheldurchsetzten Spitzen einstmals den Meeresboden bildeten.

Können nicht Aufklärung, die Welt der Vernunft und des eigenständigen Denkens, die Welt „der Zahlen und Figuren" (Novalis), *und* Romantik, die Welt des Gefühls, des Zaubers, Platz in unserem einen Leben haben? Sehnsucht, Liebe, Natur, Poesie, nebelverhangene Täler, Burgruinen, Gewitterstimmungen, die Freude an alten Mythen und Märchen sind nicht von Religionen und Gottesgläubigkeit abhängig. Da muss es keinen Bruch geben.

Halte es ein jeder, wie er will. Es ist auch eine Generationen- und Altersfrage. In Deutschland können sich rund 80 Prozent der 18- bis 34-Jährigen ein Leben ohne Gott vorstellen.[529] Und die Menschen sind unterschiedlich bedürftig. Dem einen genügt es, dass die Welt schön ist, der andere braucht noch eine Schippe mehr und will auch noch eine göttliche Kraft spüren. Es wird immer welche geben, die sich – wie irrational auch immer von anderen empfunden – gerne an etwas Göttlich-Kuscheliges anlehnen und sich zu dem Religiösen oder Esoterischen hingezogen fühlen. Sollen sie. Dürfen sie. „Jeder soll nach seiner Fasson selig werden", meinte schon der preußische König Friedrich II.

Ich bleibe aber dabei: Sollen wir, nur um unserem Leben Sinn, Tiefe, Trost, „Transzendenz" zu geben, an etwas glauben (Gott), das es nicht gibt? Das nimmt uns unsere Würde!

Feiern wir Weihnachten wie bisher weiter als fröhliches, besinnliches Familienfest. Mit gutem Essen und Geschenken für die Kinder. Schon die alten Germanen feierten um diese Zeit der Sonnenwende. Das alte Jahr geht zu Ende, das neue Jahr beginnt und die Tage werden wieder länger. Ein guter Zeitpunkt, um innezuhalten. Genießen wir weiter den Anblick schöner Kirchengebäude und sakraler Kunst, Kirchenmusik, Oratorien als unser kulturelles Erbe. Wenn man bei Rückkehr von einer Wallfahrt nach Walldürn in die vollbesetzte heimatliche Kirche einzog und die Orgel das Te Deum anstimmte – welche überwältigenden Gefühle wurden ausgelöst. Dem konnte sich kaum jemand entziehen. Und doch: Ist die Musik ärmer geworden, seit sie nicht mehr für die Gottesdienstbegleitung geschaffen wurde? Ist die Kunst ärmer geworden, seit Künstler keine Madonnen mehr malen?

Für Atheisten gebe es keinen Himmel, darum gingen sie sorgsamer mit dem irdischen Glück um, so die deutsch-britische Sozialwissenschaftlerin und Atheistin Fiona Lorenz. Sie berichtet von einer Christin, die gerade eine schwere Zeit durchmacht und ihr gesagt habe: „Wenn es mir wirklich schlecht geht, gehe ich zu meinen atheistischen Freunden. Sie versuchen nicht, mein Leid religiös geradezubügeln. Sie nerven mich nicht mit christlichen Weisheiten, warum und wozu diese Prüfung meines Glaubens gerade gut für mich ist. Sie nehmen mich einfach in den Arm, weinen mit mir, öffnen eine Flasche Wein oder gehen mit mir ins Kino. Keine fromme Soße, sondern Anteilnahme, Solidarität und ein bisschen praktische Lebensfreude."

Die vielleicht schönste Beschreibung eines erfüllten Lebens und Erlebens (ohne Gottesbezug) stammt von dem Schweizer Dichter Gottfried Keller (1819–1890): „Wie trivial erscheint mir gegenwärtig die Meinung, dass mit dem Aufgeben der sogenannten religiösen Ideen alle Poesie und erhöhte Stimmung aus der Welt verschwände! Im Gegenteil! Die Welt ist mir unendlich schöner und tiefer geworden, das Leben ist wertvoller und intensiver, der Tod ernster, bedenklicher und fordert mich nun erst mit aller Macht auf, meine Aufgabe zu erfüllen und mein Bewusstsein zu reinigen und zu befriedigen, da ich keine Aussicht habe, das Versäumte in irgendeinem Winkel der Welt nachzuholen."[530]

Anlage 1: Literaturhinweise

Dieses Verzeichnis enthält wesentliche zitierte Monografien und Sammelbände sowie Lektüreempfehlungen. Angaben zu Zeitungs, Zeitschriften- und Internetbeiträgen finden sich im Endnotenteil.

Albert, Hans: Joseph Ratzingers Rettung des Christentums, München 2008.

Albert, Hans: Das Elend der Theologie, Aschaffenburg 2012.

Beckermann, Ansgar: Glaube, Berlin/Boston 2013.

Beltz, Walter: Gott und die Götter, Hamburg 2007.

Beyerlin, Walter (Hrsg.): Religionsgeschichtliches Textbuch zum Alten Testament, Göttingen 1975.

Buggle, Franz: Denn sie wissen nicht, was sie glauben, Hamburg 1992.

Bultmann, Rudolf: Jesus Christus und die Mythologie, Hamburg 1964.

Czermak, Gerhard: Problemfall Religion – Ein Kompendium der Religions- und Kirchenkritik, Marburg 2014.

Dawkins, Richard: Der Gotteswahn, Berlin 2007.

Dawkins, Richard: Der Zauber der Wirklichkeit, Berlin 2012.

Deschner, Karlheinz: Der gefälschte Glaube, München 2004.

Deschner, Karlheinz: Kriminalgeschichte des Christentums, Bd. 1: Die Frühzeit, Hamburg 2010.

Dworkin, Ronald: Religion ohne Gott, Berlin 2014.

Feuerbach, Ludwig: Das Wesen des Christentums, Stuttgart 2002.

Figl, Johann (Hrsg.): Handbuch Religionswissenschaft, Innsbruck 2003.

Finkelstein, Israel und **Silberman**, Neil A.: Keine Posaunen vor Jericho, München 2002.

Flasch, Kurt: Warum ich kein Christ bin, München 2013.

Flavius Josephus: Jüdische Altertümer, Wiesbaden 2011.

Frerk, Carsten: Violettbuch Kirchenfinanzen, Aschaffenburg 2010.

Freud, Sigmund: Die Zukunft einer Illusion, in: Massenpsychologie und Ich-Analyse, Frankfurt am Main 1993.

Fritz, Volkmar: Die Entstehung Israels im 12. und 11. Jahrhundert v. Chr., Stuttgart 1996.

Gilgamesch-Epos, in der Übersetzung von Hermann Ranke, 12. Aufl., Wiesbaden 2012.

Grom, Bernhard: Religionspsychologie, München 2007.

Hawking, Stephen und **Mlodinow**, Leonhard: Die kürzeste Geschichte der Zeit, Hamburg 2006.

Hitchens, Christopher: Der Herr ist kein Hirte, München 2007.

Hoerster, Norbert: Die Frage nach Gott, München 2010.

Jonas, Hans: Der Gottesbegriff nach Auschwitz, Frankfurt am Main 1987.

Kant, Immanuel: Die Kritiken, Lizenzausgabe für Zweitausendeins, Neu-Isenburg 2008.

Katechismus der Katholischen Kirche, München 1993; **Kompendium**, München 2003.

Kemper, Peter, **Mentzer**, Alf und **Sonnenschein**, Ulrich (Hrsg.): Wozu Gott?, Frankfurt am Main 2009.

Krauss, Lawrence M.: Ein Universum aus Nichts, München 2013.

Kubitza, Heinz-Werner: Der Jesuswahn, Marburg 2011.

Küng, Hans: Christ sein, München 1974.

Küng, Hans: Existiert Gott?, München 1978.

Lehner, Johannes Maria: Das Kreuz mit der Bibel, Zürich 2008.

Lehnert, Uwe: Warum ich kein Christ sein will, Berlin 2012.

Lemsche, Niels Peter: Die Vorgeschichte Israels, Stuttgart 1996 (Biblische Enzyklopädie Bd. 1).

Lüdemann, Gerd: Altes Testament und christliche Kirche, Springe 2006.

Lüdemann, Gerd: Der große Betrug – Und was Jesus wirklich sagte und tat, Springe 2011.

Maccoby, Hyam: Jesus und der jüdische Freiheitskampf, Freiburg 1996.

Moser, Tilmann: Gottesvergiftung, Frankfurt am Main 1976.

Nietzsche, Friedrich: Der Antichrist, Frankfurt am Main 1986.

Onfrey, Michel: Wir brauchen keinen Gott, München 2005.

Onfrey, Michel: Die reine Freude am Sein, München 2008.

Pascal, Blaise: Gedanken, Köln 2011.

Platon: Von der Unsterblichkeit der Seele (Phaidon), München 2015.

Ranke-Heinemann, Uta: Nein und Amen, Hamburg 1992; 9., ergänzte Auflage 2011.

Russell, Bertrand: Warum ich kein Christ bin, Hamburg 1963.

Russell, Bertrand: Philosophie des Abendlandes, Zürich 2007.

Schmidt-Salomon, Michael: Manifest des Evolutionären Humanismus, Aschaffenburg 2006

Schnelle, Udo: Einleitung in das Neue Testament, Göttingen 2013.

Schnädelbach, Herbert: Religion in der modernen Welt, Frankfurt am Main 2009.

Schopenhauer, Arthur: Parerga und Paralipomena, Zürich 1988.

Spinoza, Baruch de: Theologisch-politischer Traktat, Hamburg 2012.

Steinwede, Dietrich und **Först,** Dietmar: Die Jenseitsmythen der Menschheit, Düsseldorf 2005.

Theißen, Gerd und **Merz,** Annette: Der historische Jesus, Göttingen 2001.

Wuketits, Franz M.: Was Atheisten glauben, Gütersloh 2014.

Zenger, Erich u. a.: Einleitung in das Alte Testament, 8. Aufl., Stuttgart 2012.

Anlage 1

Literatur zum Islam

Al-Buhari: Die Sammlung der Hadithe, Stuttgart 1991.

Bobzin, Hartmut: Der Koran – Eine Einführung, München 2007.

Gopal, Jaya: Gabriels Einflüsterungen – Eine historisch-kritische Bestandsaufnahme des Islam, Freiburg im Breisgau 2008.

Ibn Ishaq: Das Leben des Propheten, aus dem Arabischen übertragen und bearbeitet von Gernot Rotter, Kandern 1999.

James, Sabatina: Scharia in Deutschland, München 2015.

Khoury, Adel Theodor: Der Koran (Kommentar), Düsseldorf 2005.

Der Koran, Übersetzung von Lazarus Goldschmidt, Augsburg 2006.

Der Koran, Übersetzung von Rudi Paret, Stuttgart 2010.

Krämer, Gudrun: Geschichte des Islam, März 2008.

Luxenberg, Christoph: Die syro-aramäische Lesart des Korans, Berlin/Tübingen 2015.

Paret, Rudi: Mohamed und der Koran, Stuttgart 2008.

Pressburg, Norbert G.: Good Bye Mohammed, Norderstedt 2012.

Schimmel, Annemarie: Die Religion des Islam, 11. Auflage, Stuttgart 2010.

Schirrmacher, Christine: Die Scharia, Holzgerlingen 2007.

Waraq, Ibn: Warum ich kein Muslim bin, Berlin 2007.

Weblinks

http://www.bibleserver.com

http://www.koransuren.de; seit etwa Anfang 2016: http://www.koran-auf-deutsch.de

Anlage 2:
Abkürzungen der biblischen Bücher

Am	Amos
Apg	Apostelgeschichte
Bar	Baruch
1. Chr	1. Chronik
2. Chr	2. Chronik
Dan	Daniel
Dtn	Deuteronomium
Eph	Epheser
Esra	Esra
Est	Ester
Ex	Exodus
Ez	Ezechiel (Hesekiel)
Gen	Genesis
Hab	Habakuk
Hag	Haggai
Hebr	Hebräer
Hiob	Hiob (Ijob)
Hld	Hoheslied
Hos	Hosea
Jak	Jakobus
Jdt	Judit
Jer	Jeremia
Jes	Jesaja
Joel	Joel
Joh	Johannes
Jona	Jona
Jos	Josua
Jud	Judas
Klgl	Klagelieder

Anlage 2

1. Kön	1. Könige
2. Kön	2. Könige
1. Kor	1. Korinther
2. Kor	2. Korinther
Lev	Levitikus
Lk	Lukas
1. Makk	1. Makkabäer
2. Makk	2. Makkabäer
Mal	Maleachi
Mi	Micha
Mk	Markus
Mt	Matthäus
Nah	Nahum
Neh	Nehemia
Num	Numeri
Obd	Obadja
Offb	Offenbarung
Pred	Prediger (Kohelet)
Ps	Psalm(en)
Ri	Richter
Röm	Römer
Rut	Rut
Sach	Sacharja
1. Sam	1. Samuel
2. Sam	2. Samuel
Sir	Sirach
Spr	Sprüche (Sprichwörter)
Tob	Tobit (Tobias)
Weish	Weisheit
Zef	Zefanja

Anlage 3: Endnoten

1. Bei den Zitaten aus dem Alten und dem Neuen Testament habe ich mich überwiegend auf die Einheitsübersetzung gestützt, die (wie auch andere Übersetzungen) unter www.bibleserver.de hinterlegt ist, zum Alten Testament teilweise auch auf die Bibel des Herder Verlags (Freiburg 2008). Die von mir zitierten Koransuren habe ich der Koranübersetzung des Islamwissenschaftlers Rudi Paret entnommen (soweit nicht eine andere Übersetzung genannt ist); diese Übersetzung war bis etwa Mitte 2016 abrufbar unter www.koransuren.de. Seit einiger Zeit ist die Übersetzung von Muhammad Asad (früher Leopold Weiss) online abrufbar unter www.koran-auf-deutsch.de, die ich in der späteren Phase der Buchentstehung stellenweise verwendet habe.
2. In Die Schrecken des Paradises, Aschaffenburg 2009, hat Esther Vilar amüsant dargestellt, wie wenig lebenswert ein ewiges Leben wäre.
3. Thomas Metzinger, Spiritualität und intellektuelle Redlichkeit, Mainz 2013, S. 20-22, PDF-Dokument abrufbar unter: www.philosophie.uni-mainz.de/Dateien/Metzinger_SIR_2013.pdf.
4. Stephen Hawking und Leonard Mlodinow, Der große Entwurf, Reinbek 2010, S. 32.
5. Hinweise u. a. in chrismon, August 2006.
6. Richard Dawkins, Der Zauber der Wirklichkeit, Berlin 2012.
7. Dietrich Steinwede und Dietmar Först (Hrsg.), Die Jenseitsmythen der Menschheit, Düsseldorf 2005.
8. Repräsentative Umfrage des INSA-Instituts von Anfang April 2012, zitiert nach Focus vom 07.04.2012.
9. Katechismus der Katholischen Kirche – Kompendium, München 2005, S. 82ff.
10. Platon, Von der Unsterblichkeit der Seele (Phaidon), München 2015, S. 62.
11. Aristoteles, De anima (Über die Seele); Text gemäß Otfried Höffe (Hrsg.), Aristoteles: Die Hauptwerke, Tübingen 2009, S. 177-188.
12. Immanuel Kant, Kritik der reinen Vernunft, in: Lizenzausgabe für Zweitausendeins, Die Kritiken, Neu-Isenburg 2008, S. 283ff.

Anlage 3

13 Einteilung nach Thomas Metzinger gemäß Vortrag an der J.-W.-Goethe-Universität Frankfurt am Main am 21.10.2015.
14 Als dessen Vertreter gelten u. a. Patricia und Paul Churchland, Richard Rorty, Ullin T. Place, John Smart und Gottlob Frege.
15 Vertreter dieser Auffassung sind Donald Davidson, Jaegwon Kim u. a.
16 Reduktionismus ist die philosophische Lehre, nach der ein System durch seine Einzelbestandteile (‚Elemente') vollständig bestimmt wird. Emergenz bedeutet, dass ein System mehr als die Summe der Teile ist.
17 Metzinger, Spiritualität und intellektuelle Redlichkeit, a. a. O., S. 23.
18 Sigmund Freud, Eine Kindheitserinnerung des Leonardo da Vinci, in: Das Unbehagen in der Kultur und andere Schriften, Lizenzausgabe für Zweitausendeins, Neu-Isenburg 2010, S. 1019f.
19 Sigmund Freud, Die Zukunft einer Illusion, in: Das Unbehagen in der Kultur und andere Schriften, Lizenzausgabe für Zweitausendeins, a. a. O., S. 597ff.
20 Ara Norenzayan, in: Der Spiegel 52/2012.
21 Metzinger, Spiritualität und intellektuelle Redlichkeit, a. a. O., S. 19f.
22 Richard Dawkins, Der Gotteswahn, Berlin 2007, S. 231ff.
23 Ebenda, S. 243.
24 Arthur Schopenhauer, Parerga und Paralipomena, Bd. 2, Zürich 1988, Kap. 15, § 174, S. 289.
25 Christiana von Wurmb: Erinnerungen aus Schillers Gesprächen im Jahr 1801. 15. März 1801. In: Schillers Leben, verfasst aus Erinnerungen der Familie, seinen eigenen Briefen und den Nachrichten seines Freundes Körner von Caroline von Wolzogen. Cotta 1845, zitiert nach wikiquote.
26 Sigmund Freud, Zwangshandlungen und Religionsübungen, in: Das Unbehagen in der Kultur und andere Schriften, Lizenzausgabe für Zweitausendeins, a. a. O., S. 637ff.
27 Zitiert nach Frankfurter Rundschau, Joachim Frank: Die Windeln Jesu, vom 23.05.2013.
28 Platon, Von der Unsterblichkeit der Seele (Phaidon), a. a. O., Nachwort von Christoph Horn, S. 141.
29 Eine gute Übersicht über das breite Spektrum des wissenschaftlichen Werks von Aristoteles enthält das von Otfried Höffe herausgegebene Lesebuch *Aristoteles: Die Hauptwerke*, a. a. O.

30 Lukrez, Über die Natur der Dinge, Übersetzung Klaus Binder, Berlin/Köln 2014.
31 Zur Bibelkritik siehe: Baruch de Spinoza, Theologisch-politischer Traktat, Hamburg 2012, z. B. 8. Kapitel, S. 145ff. über die Entstehung des Pentateuch sowie anderer Bücher; Spinoza stützt sich dabei u. a. auf bibelexegetische Schriften Abraham Ibn Esras. Zum Gottesbegriff siehe u. a.: Baruch de Spinoza, Die Ethik, Wiesbaden 2012, Vierter Teil, Lehrsatz 4, S. 181f. sowie ebenda, Vierter Teil, Vorwort, S. 175ff.
32 Wiedergegeben in Wikipedia, Stichwort: Spinoza, Fußnote 1.
33 Immanuel Kant, Beantwortung der Frage: Was ist Aufklärung?, aus: Sammelband Immanuel Kant, Die Kritiken, Lizenzausgabe für Zweitausendeins, Frankfurt am Main 2008, S. 635ff.
34 Friedrich Nietzsche, Der Antichrist, Frankfurt am Main 1986.
35 Sigmund Freud, Eine Schwierigkeit der Psychoanalyse. In: Imago. Zeitschrift für Anwendung der Psychoanalyse auf die Geisteswissenschaften, Bd. V (1917), S. 1–7.
36 Freud, Die Zukunft einer Illusion, a. a. O., S. 597ff.
37 Adolf Holl, Wie ich ein Priester wurde, warum Jesus dagegen war, und was dabei herausgekommen ist, Reinbek 1992, S. 14.
38 Walter Beltz, Gott und die Götter, Hamburg 2007, S. 6.
39 Es ist ein Konstrukt aus verschiedenen Zeittafeln, u. a. von Israel Finkelstein und Neil Asher Silberman, Keine Posaunen vor Jericho, München 2006; Lutz van Dijk, Die Geschichte der Juden, Frankfurt am Main, 2008; Beltz, Gott und die Götter, a. a. O.
40 Finkelstein/Silberman, Keine Posaunen vor Jericho, a. a. O., S. 242.
41 Ebenda, S. 327–329.
42 Ebenda, S. 135.
43 Ebenda, S. 162.
44 Ebenda, S. 305.
45 Ebenda, S. 34f.
46 Ebenda, S. 141.
47 Johannes Maria Lehner, Das Kreuz mit der Bibel, Zürich 2008.
48 Zitiert nach Susanne Kaul: Tierknochen lehren Geschichte, in: Frankfurter Rundschau vom 14.05.2014.
49 Beispiele bei Finkelstein/Silberman, Keine Posaunen vor Jericho, a. a. O., u. a. S. 52f.

50 Gerd Lüdemann, Altes Testament und christliche Kirche, Springe 2006, S. 195f.
51 Finkelstein/Silberman, Keine Posaunen vor Jericho, a. a. O., S. 255.
52 Ebenda, S. 263ff.
53 Ebenda, S. 249ff.
54 Ebenda, S. 12.
55 Matthias Schulz, Der leere Thron, in: Der Spiegel 52/2002.
56 Erich Zenger u. a., Einleitung in das Alte Testament, Stuttgart, 8. Aufl. 2012 (herausgegeben von Christian Frevel), S. 152–154.
57 Finkelstein/Silberman, Keine Posaunen vor Jericho, a. a. O., S. 317, 324–327.
58 Ebenda, S. 332.
59 Zenger u. a., Einleitung in das Alte Testament, a. a. O., S. 112ff.
60 Ebenda, S. 120ff.
61 Ebenda, S. 129f.
62 Ebenda, S. 118ff., 130ff.
63 Zitiert nach Schulz, Der leere Thron, a. a. O.
64 Walter Beyerlin (Hrsg.), Religionsgeschichtliches Textbuch zum Alten Testament, Göttingen 1975, S. 95.
65 Ebenda, S. 21.
66 Ebenda, S. 22f.
67 Ebenda S. 21f.
68 Vgl. Johann Figl (Hrsg.), Handbuch Religionswissenschaft, Innsbruck 2003; Beyerlin (Hrsg.), Religionsgeschichtliches Textbuch zum Alten Testament, a. a. O.
69 Auch unter dem Titel „Akrostichischer Dialog", „Babylonische Theodizee" und „Babylonischer Kohelet" bekannt. Vgl. Beyerlin (Hrsg.), Religionsgeschichtliches Textbuch zum Alten Testament a. a. O., S. 157.
70 Ebenda, S. 157–165.
71 Ebenda, S. 110f.
72 Gilgamesch-Epos, in der Übersetzung von Hermann Ranke, 12. Aufl., Wiesbaden 2012.
73 Wolfram von Soden, Der altbabylonische Atraḫasis-Mythos, in: Otto Kaiser u. a.: Texte aus der Umwelt des Alten Testaments, Alte

Folge, Band III: Weisheitstexte, Mythen, Epen, 3.1: Weisheitstexte, Gütersloh 1990, S. 623-624.

74 Übersetzt bedeutet Enūma elisch „Als oben (der Himmel noch nicht genannt war)", benannt nach der ersten Zeile des Epos. Die Tafeln wurden Mitte des 19. Jahrhunderts unter anderem in der Bibliothek des Assurbanipal in Ninive ausgegraben. Die Texte finden sich bei Karl Hecker u. a., Texte aus der Umwelt des Alten Testament, 3,4: Mythen und Epen II, Stichwort: Enuma elish, online unter https://www.uni-due.de/~gev020/courses/course.../enuma%20elish.doc.

75 Hecker u. a., Texte aus der Umwelt des Alten Testament, a. a. O., S. 565-602. Die Schöpfungsgeschichte macht nur einen kleinen Teil des *Enuma elisch* aus.

76 Beyerlin (Hrsg.), Religionsgeschichtliches Textbuch zum Alten Testament, a. a. O., S. 102f.

77 Die Weisheitsbücher der Ägypter, Zürich/München, 1991.

78 Beyerlin (Hrsg.), Religionsgeschichtliches Textbuch zum Alten Testament, a. a. O., S. 89-93.

79 Ebenda, S. 31ff.

80 Ebenda, S. 33.

81 Ebenda, S. 33f.

82 Ebenda, S. 43.

83 Ebenda, S. 46f., 52f.

84 Ebenda, S. 75-88.

85 Figl (Hrsg.), Handbuch Religionswissenschaft, a. a. O., S. 388f.

86 Nach Wikipedia, Stichwort: Exorzismus.

87 Vgl. Zenger u. a., Einleitung in das Alte Testament, a. a. O., S. 88ff.

88 Nach Schulz, Der leere Thron, a. a. O., wie auch die folgenden Angaben und Zitate.

89 Finkelstein/Silberman, Keine Posaunen vor Jericho, a. a. O., S. 254, 262.

90 So der Religionswissenschaftler Dirk Kinet gemäß Schulz, Der leere Thron, a. a. O.

91 Vgl. Berliner Theologische Zeitschrift, 30. Jahrgang, Heft 1/2013, wiedergegeben in https://www.theologie.hu-berlin.de/de/bthz/archiv/2013-1.

92 Matthias Heine in: Die Welt vom 23.12.2012.
93 Die hier verwendete Gliederung der einzelnen Bücher entspricht der des „christlichen" Alten Testaments, das vom jüdischen Tanach teilweise abweicht. Dies betrifft insbesondere die Zahl der in den jeweiligen Kanon einbezogenen Bücher, die Reihenfolge und die Namen der Bücher. Ferner habe ich die im deutschen Sprachraum im Christentum üblichen Namen verwendet (z. B. Hiob statt Ijob oder Moses statt Mose).
94 Finkelstein/Silberman, Keine Posaunen vor Jericho, a. a. O., S. 318.
95 Elberfelder Bibel.
96 Lüdemann, Altes Testament und christliche Kirche, a. a. O., S. 61ff.
97 Marjo C. A. Korpel, Professor für Altes Testament, und Johannes C. De Moor, Professor für semitische Sprachen und Kultur, beide an der Protestantischen Theologischen Universität von Amsterdam, in ihrem Buch: Adam, Eve and the Devil, Sheffield 2014.
98 Vgl. die Buchbesprechung von Nina Scholz zu *Adam, Eve and the Devil* vom 22.05.2014 unter http://geschichtsbilder.net/adam-eve-and-the-devil.
99 Finkelstein/Silberman, Keine Posaunen vor Jericho, a. a. O., S. 12.
100 Ebenda, S. 49.
101 Zitiert nach ebenda, S. 46.
102 Ebenda, S. 54.
103 Ebenda, S. 55–58.
104 Beyerlin (Hrsg.), Religionsgeschichtliches Textbuch zum Alten Testament, a. a. O., S. 123f.
105 Finkelstein/Silberman, Keine Posaunen vor Jericho, a. a. O., S. 61–85.
106 Ebenda, S. 135f.
107 Ebenda, S. 87.
108 Ebenda, S. 91.
109 Ebenda, S. 96, 106.
110 Ebenda, S. 110.
111 Ebenda, S. 139.
112 Zenger u. a., Einleitung in das Alte Testament, a. a. O., S. 285f.
113 Finkelstein/Silberman, Keine Posaunen vor Jericho, a. a. O., S. 160.

114 Israel Finkelstein und Neil Asher Silberman, David und Salomo, München 2009, S. 75.
115 Ebenda, S. 33f.
116 Ebenda, S. 73.
117 Finkelstein/Silberman, Keine Posaunen vor Jericho, S. 209.
118 Ebenda, S. 258.
119 Ebenda, S. 255.
120 Ebenda, S. 169ff.
121 Ebenda, S. 243.
122 Ebenda, S. 25.
123 Mit diesem Zitat bewies nach der Pleite seines Medienimperiums 2002 Leo Kirch, über dubiose Beraterverträge jahrelanger Geldgeber Helmut Kohls, seine Bibelfestigkeit.
124 Zenger u. a., Einleitung in das Alte Testament, a. a. O., S. 566, 570.
125 Ebenda, S. 605f.
126 Peter Bingel und Winfried Belz: Lesen Juden und Christen dieselbe Bibel?, 2010 (www.cremisan.de).
127 Einschließlich der sozial-konservativen Kulanu-Partei, die drei der 22 Kabinettsposten innehat.
128 Gemäß Interview Jan Assmanns mit „Die Presse" vom 10.02.2015
129 www.israelheute.com vom 26.01.2012 sowie Arbeitskreis Religionsfreiheit der Evangelischen Allianz, www.ead.de: Israel, was die Juden in Israel glauben, vom 28.02.2012.
130 Interview mit Klaus Berger mit „Treffpunkt Weltkirche" vom 28.05.2013 (www.kath.net/news/41449).
131 Die wahrscheinlichen Entstehungsjahre der neutestamentlichen Schriften gemäß den Angaben in Udo Schnelle, Einleitung in das Neue Testament, Göttingen 2013.
132 Gerd Theißen und Annette Merz, Der historische Jesus, Göttingen 2001, S. 41f.
133 Ebenda, S. 51.
134 Als maßgebliches Datum und Nachweis gilt der 39. Osterfestbrief des Bischofs Athanasius von Alexandria im Jahr 367.
135 Beispiele nach Lüdemann, Altes Testament und christliche Kirche, a. a. O., S. 18ff.
136 Aus einem Interview mit Arno Widmann in der Frankfurter Rundschau vom 13.05.2015.

137 Lehner, Das Kreuz mit der Bibel, a. a. O., S. 104.
138 Notger Slenczka, „Die Kirche und das Alte Testament", abrufbar unter https://www.theologie.hu-berlin.de/de/professuren/profes suren/st/slenczka-die-kirche-und-das-alte-testament.pdf.
139 Theißen/Merz, Der historische Jesus, a. a. O.; sie stellen ein 5-Phasen-Modell vor.
140 Ebenda, S. 22f.
141 Uta Ranke-Heinemann, Nein und Amen, 9., ergänzte Auflage, Hamburg 2011, S. 13.
142 Gerd Lüdemann, Der große Betrug, Springe, 2011, S. 122.
143 Goethe, Briefe. An Charlotte von Stein, Gerstungen, 06.04.1782.
144 Spiegel-Interview mit Rudolf Bultmann vom 25.07.1966.
145 Theißen/Merz, Der historische Jesus, a. a. O., S. 319.
146 Ebenda, S. 322ff.
147 Ebenda, S. 313–317.
148 Hans Küng, Christ Sein, München, 1974, S. 338ff.
149 Vgl. u. a. Ranke-Heinemann, Nein und Amen, a. a. O., S. 296ff., hier insb. S. 300f.; Lüdemann, Der große Betrug, S. 60ff.
150 Da die Beeinflussung der christlichen Theologie sowie der christlichen Riten und Bräuche durch den genannten Kult mangels Nachweisen wenig gesichert ist, soll hierauf nicht näher eingegangen werden.
151 Lüdemann, Der große Betrug, a. a. O.
152 Heinz-Werner Kubitza, Der Jesuswahn, Marburg 2011, S. 350ff.
153 Ebenda, S. 350.
154 Gustav Mensching, Die Weltreligionen, Wiesbaden 1989.
155 Lüdemann, Der große Betrug, a. a. O., S. 115, 92f.; lt. Lüdemann hat auch der Neutestamentler Rudolf Bultmann geäußert, das vorliegende Wort aus dem Lukasevangelium könne den höchsten Grad an Echtheit beanspruchen, das für ein Jesuswort angenommen werden dürfe.
156 Flavius Josephus, Jüdische Altertümer. Übersetzt und mit einer Einleitung versehen von Dr. Heinrich Clementz, Wiesbaden 2011 (Nachdruck der Ausgabe von 1899), 18. Buch, 3. Kap., S. 878.
157 Ebenda, 20. Buch, 9. Kap., S. 992.
158 Cornelius Tacitus, Werke: Annalen, Bd. 2, mit einer Einleitung und

nach der Übersetzung von Wilhelm Bötticher, Stuttgart 1873, S. 156, zitiert nach der Webseite der Uni Siegen, Fachbereich Theologie, abgerufen am 31.08.2013.

159 Jens Schroeter, Von der Historizität der Evangelien, in: Jens Schroeter und Ralph Brucker (Hrsg.): Der historische Jesus. Tendenzen und Perspektiven der gegenwärtigen Forschung, Berlin 2002, S. 163f., wiedergegeben nach Wikipedia, „Außerchristliche antike Quellen zu Jesus von Nazaret".

160 Unter anderen Kubitza, Der Jesuswahn, a. a. O., S. 297ff.

161 Vgl. Karlheinz Deschner, Der gefälschte Glaube, München 2004, S. 27ff.

162 Ranke-Heineman: Nein und Amen, a. a. O., S. 45ff. Sie erhielt immerhin Ende 1987 einen kirchenunabhängigen Lehrstuhl für Religionsgeschichte an der Universität Essen.

163 Ebenda, S. 27ff.

164 Vgl. insbesondere Deschner, Der gefälschte Glaube, a. a. O., S. 48ff.

165 So der Theologieprofessor Wilhelm Bousset (1865–1920), zitiert nach Deschner, Der gefälschte Glaube, a. a. O., S. 50.

166 Katechismus der Katholischen Kirche, München 1993.

167 Aurelius Augustinus, Vom Gottesstaat, übers. v. Alfred Schröder (Bibliothek der Kirchenväter 3) Kempten/München 1916, S. 444f.

168 Lüdemann, Der große Betrug, a. a. O., S. 79–84.

169 Theißen/Merz, Der historische Jesus, a. a. O., S. 232f.

170 Ebenda, S. 347.

171 Ebenda, S. 350, 315; Theißen und Merz verweisen hier auch auf G. Kittel, Die Bergpredigt und die Ethik des Judentums, ZSTh 2 (1924), S. 555–594.

172 Theißen/Merz, Der historische Jesus, a. a. O., S. 323f.

173 Johannes Weiß, Die Predigt Jesu vom Reich Gottes, Göttingen 1892.

174 Kurt Flasch, Warum ich kein Christ bin, München 2013, S. 228.

175 Theißen/Merz, Der historische Jesus, a. a. O., S. 337.

176 Ebenda, S. 232, 240f.

177 Kubitza, Der Jesuswahn, a. a. O., S. 108–110.

178 Johannes Weiß, Die Predigt Jesu vom Reich Gottes, 2. Aufl. 1900.

179 Rudolf Bultmann, Jesus Christus und die Mythologie, Hamburg 1964, S. 8.

180 Ebenda, S. 15f.
181 Lüdemann, Der große Betrug, a. a. O., S. 98.
182 Kubitza, Der Jesuswahn, a. a. O., S. 343f.
183 Ranke-Heinemann, Nein und Amen, a. a. O., S. 167.
184 Lüdemann, Der große Betrug, a. a. O., S. 75–79.
185 Ranke-Heinemann, Nein und Amen, a. a. O., S. 163.
186 Die folgenden Überlegungen teilweise in Anlehnung an Kubitza, Der Jesuswahn, a. a. O., S. 246ff.
187 Ranke-Heinemann, Nein und Amen, a. a. O., S. 142.
188 Ebenda, S. 150ff.
189 Ebenda, S. 159.
190 Ebenda. S. 161.
191 Vgl. dazu Lüdemann, Der große Betrug, a. a. O., S. 68.
192 Ebenda, S. 70f.
193 Ranke-Heinemann, Nein und Amen, a. a. O., S. 171f.
194 Vgl. auch Kubitza, Der Jesuswahn, a. a. O., S. 192ff.
195 Katechismus der Katholischen Kirche – Kompendium, a. a. O., v. a. Fragen 126–129, S. 64.
196 Johann Wolfgang von Goethe, aus dem Nachlass: Übergangenes zu den Venezianischen Epigrammen.
197 Ranke-Heinemann, Nein und Amen, a. a. O., S. 202ff.
198 Ebenda, S. 213.
199 Vgl. Lüdemann, Der große Betrug, a. a. O., S. 60ff; Ranke-Heinemann, Nein und Amen, a. a. O., S. 296ff., hier insb. S. 300f.
200 Küng, Christ Sein, a. a. O., S. 338ff.
201 Flasch, Warum ich kein Christ bin, a. a. O., S. 132ff.
202 Vgl. u. a. Karlheinz Deschner, Kriminalgeschichte des Christentums, v. a. Bd. 9.
203 Schnelle, Einleitung in das Neue Testament, a. a. O., S. 264ff.
204 Grobgliederung nach ebenda, S. 272f.; die Namen der Verse nach der Einheitsübersetzung.
205 Zur Entstehungsgeschichte des Matthäusevangeliums s. ebenda, S. 287ff.
206 Lüdemann, Der große Betrug, a. a. O., S. 39.

207 Zur Entstehungsgeschichte des Lukasevangeliums s. Schnelle, Einleitung in das Neue Testament, a. a. O., S. 349ff.
208 Ebenda, S. 330.
209 Ebenda, S. 550ff.
210 Ebenda, S. 560.
211 S. den Kommentar zur Einheitsübersetzung auf Bibleserver.com.
212 Lüdemann, Der große Betrug, a. a. O., S. 72f.
213 Im Folgenden insbesondere Schnelle, Einleitung in das Neue Testament, a. a. O., S. 333–353.
214 Ranke-Heinemann, Nein und Amen, a. a. O., S. 238.
215 Hans-Joachim Schoeps, Das Judenchristentum, 1964, S. 10, zitiert nach Ranke-Heinemann, Nein und Amen, a. a. O., S. 242.
216 Gerd Lüdemann auf Spiegel Online, 26.04.2007.
217 Angaben zum Teil nach Schnelle, Einleitung in das Neue Testament, a. a. O.
218 Vgl. insbesondere ebenda, S. 134–158.
219 Nietzsche, Der Antichrist, a. a. O., S. 92.
220 Lehner, Das Kreuz mit der Bibel, a. a. O., S. 235.
221 Max Weber, Die protestantische Ethik und der Geist des Kapitalismus, in: Religion und Gesellschaft. Gesammelte Aufsätze zur Religionssoziologie, Lizenzausgabe für Zweitausendeins, Neu-Isenburg 2006.
222 Das reformatorische Gnadenverständnis ist von Martin Luther in seiner Schrift *Vom unfreien Willen* ausgearbeitet worden.
223 Flasch, Warum ich kein Christ bin, a. a. O., S. 198.
224 Vgl. insbesondere Schnelle, Einleitung in das Neue Testament, a. a. O., S. 595–617.
225 Friedrich Engels, Das Buch der Offenbarung, nach: Progress, Vol. II, London 1883, S. 112–116, in: Karl Marx und Friedrich Engels, Werke, Bd. 21, 5. Auflage, Berlin 1975 (unveränderter Nachdruck der 1. Auflage 1962, Berlin/DDR), S. 9–15.
226 Vgl. Herders Bibelkommentar, Freiburg (Br.), 2008, S. 1521f.
227 Vgl. Norbert G. Pressburg, Good Bye Mohammed, Norderstedt 2012, S. 9f.
228 Ibn Ishaq, Das Leben des Propheten, Übersetzung Gernot Rotter, Kandern 1999/2004, S. 25.

229 Al-Buhari, Die Sammlung der Hadithe, Stuttgart 1991; hier wird nur der ursprüngliche Informant genannt.
230 Ebenda, S. 43f.
231 Vgl. u. a. Hartmut Bobzin, Der Koran – Eine Einführung, München 2007, S. 42.
232 Zitiert nach Wikipedia. Artikel „Islam".
233 Aus einem Interview mit Michael Marx in muslimische-stimmen. de (PDF).
234 Vgl. u. a. Tilman Nagel, Befreit den Propheten aus seiner religiösen Umklammerung, in: FAZ vom 21.09.2007.
235 Jörg Lau, Keine Huris im Paradies, in: Die Zeit vom 15.05.2003.
236 Pressburg, Good Bye Mohammed, a. a. O., S. 15.
237 Ibn Ishaq, Das Leben des Propheten, a. a. O., S. 45f.
238 Bobzin, Der Koran, a. a. O., S. 100.
239 Weitgehend nach Pressburg, Good Bye Mohammed, a. a. O., S. 11–14.
240 Gustav Weil, Mohammed der Prophet, sein Leben und seine Lehre, Stuttgart 1843, zitiert nach Pressburg, Good Bye Mohammed, a. a. O., S. 11f.
241 Günter Lüling, Über den Ur-Qur'an. Ansätze zur Rekonstruktion vorislamischer christlicher Strophenlieder im Qur'an, Erlangen 1974.
242 Nagel, Befreit den Propheten aus seiner religiösen Umklammerung!, a. a. O.
243 Teilweise nach Wikipedia., Artikel „John Wansbrough".
244 Nagel, Befreit den Propheten aus seiner religiösen Umklammerung!, a. a. O.
245 Karl-Heinz Ohlig und Gerd R. Puin (Hrsg.), Die dunklen Anfänge, Berlin 2007; Karl-Heinz Ohlig (Hrsg.), Der frühe Islam, Berlin 2007 (mit Volker Popp und Christoph Luxenberg); Christoph Luxenberg, Die syro-aramäische Lesart des Korans: Ein Beitrag zur Entschlüsselung der Koransprache, Berlin 2007.
246 Im Folgenden weitgehend nach Pressburg, Good Bye Mohammed, a. a. O.; vgl. auch die Rezension von Karl-Heinz Ohlig aus 2010, abrufbar auf der Webseite des INARAH Instituts zur Erfassung der frühen Islamgeschichte und des Korans.

247 Pressburg, Good Bye Mohammed, a. a. O., S. 145.
248 Ebenda, S. 132
249 Ebenda, S. 148.
250 Ebenda, S. 120ff.
251 Nagel, Befreit den Propheten aus seiner religiösen Umklammerung!, a. a. O.
252 Interview im Focus vom 22.09.2008.
253 Rudi Paret, Mohammed und der Koran, Stuttgart 2008, S. 11.
254 Gudrun Krämer, Geschichte des Islam, München 2015, S. 12ff.
255 Ebenda, S. 16.
256 Ebenda, S. 17ff.
257 Annemarie Schimmel, Die Religion des Islam, 11. Auflage, Stuttgart 2010, S. 14f.
258 Paret, Mohammed und der Koran, a. a. O., S. 12–14; vgl. auch Schimmel, Die Religion des Islam, a. a. O., S. 15.
259 Paret, Mohammed und der Koran, a. a. O., S. 12–14.
260 Christoph Luxenberg, Kein „Mekka" und kein „Bakka" im Koran, abgerufen unter www.imprimatur-trier.de am 05.07.2016, sowie Pressburg, Good Bye Mohammed, a. a. O., S. 129ff., 148.
261 Krämer, Geschichte des Islam, a. a. O., S. 11.
262 Ebenda, S. 20.
263 Ibn Ishaq, Das Leben des Propheten, a. a. O.
264 Ebenda, insb. Kap. 9 ,S. 38ff.
265 Ebenda, S. 45f.
266 Krämer, Geschichte des Islam, a. a. O., S. 22f.; Ibn Ishaq, Das Leben des Propheten, a. a. O., Kap. 17, S. 53ff.
267 Krämer, Geschichte des Islam, a. a. O., S. 23.
268 Ibn Ishaq, Das Leben des Propheten, a. a. O., Kap. 36, S. 103ff.
269 Krämer, Geschichte des Islam, a. a. O., S. 24.
270 Ebenda, S. 27. Die Konflikte mit den Juden sind in Ibn Ishaq, Das Leben des Propheten, a. a. O., Kap. 38ff., S. 116ff. beschrieben.
271 Ibn Ishaq, Das Leben des Propheten, a. a. O., Kap. 42ff., S. 127ff.
272 Pressburg, Good Bye Mohammed, a. a. O., S. 145.
273 Ebenda, insb. S. 15–30.

274 Wenn Araber den Koran lesen, verstehen sie, was die Sprache anbelangt, vielleicht 40 Prozent, so der Professor für Islampädagogik an der Universität Münster, Mouhanad Khorchide, in dem Interview in Die Zeit vom 4.10.2012 zum Erscheinen seines Buches *Islam ist Barmherzigkeit – Grundzüge einer modernen Religion.*

275 Pressburg, Good Bye Mohammed,, a. a. O., S. 19; ähnlich auch Schimmel, Die Religion des Islam, a. a. O., S. 32.

276 Teilweise nach Pressburg, Good Bye Mohammed, a. a. O., S. 22.

277 In der von Hartmut Bobzin zitierten Übersetzung von Max Henning.

278 Christoph Luxenberg, Die syro-aramäische Lesart des Korans, a. a. O., S. 335ff.; Pressburg, Good Bye Mohammed, a. a. O. S. 36–38.

279 Pressburg, Good Bye Mohammed, a. a. O., S. 29ff.; Luxenberg, Die syro-aramäische Lesart des Korans, a. a. O.

280 Luxenberg, Die syro-aramäische Lesart des Korans, a. a. O., S. 256ff.

281 Pressburg, Good Bye Mohammed, a. a. O., S. 34.

282 Im Folgenden weitgehend nach Hartmut Bobzin, Der Koran, a. a. O., S. 55ff.

283 Ebenda, S. 55ff.

284 Ebenda, S. 61.

285 Ebenda, S. 64ff.

286 Ebenda, S. 68ff.

287 Ebenda, S. 36–44, hier S. 38.

288 Pressburg, Good Bye Mohammed, a. a. O., S. 22.

289 Bobzin, Der Koran, a. a. O., S. 101.

290 Johann Wolfgang Goethe, Noten und Abhandlungen zu besserem Verständnis des West-östlichen Divans, 1819, zitiert nach Bobzin, Der Koran, a. a. O., S. 9.

291 Aus einem Brief Voltaires an Friedrich den Großen im Jahr 1740.

292 Bobzin, Der Koran, a. a. O., S. 15–17.

293 Sie war unter www.Koransuren.de abrufbar, ist jedoch seit Anfang 2016 nicht mehr verfügbar. Nunmehr ist der Korantext, in einer anderen Übersetzung, unter http://www.koran-auf-deutsch.de abrufbar.

294 Allerdings weicht die Verszählweise gelegentlich leicht voneinan-

der ab: Bei Paret werden die „geheimnisvollen Buchstaben" am Anfang vieler Suren als eigenständige Verse gezählt, bei Goldschmidt werden sie hingegen mit dem ersten „Text"-Vers zusammengefasst. Die Bedeutung der 29 Suren vorangestellten „geheimnisvollen Buchstaben" ist nicht bekannt.

295 Die in der Paret-Übersetzung gelegentlich in Klammern erwähnten arabische Bezeichnungen/Namen habe ich der besseren Lesbarkeit wegen weggelassen. Es fällt auf, dass in der Printausgabe Parets von „Gott" die Rede ist, in der Online-Fassung aber von „Allah".

296 Ibn Ishaq, Das Leben des Propheten, a. a. O., Kap. 27, S. 80–85.

297 Ebenda, S. 80f.

298 Ebenda, S. 83.

299 Ebenda, Kap. 28, Die Himmelsreise, S. 86ff.

300 Ebenda, S. 88.

301 Im Folgenden weitgehend nach Christine Schirrmacher, Die Scharia, Holzgerlingen 2012.

302 Ebenda, S. 20.

303 Ebenda, S. 12.

304 Ebenda, S. 25ff.

305 Siehe Beispiele ebenda, S. 41ff.

306 Auch wenn die Kinder bis zum Ende der Kleinkinderzeit bei der Mutter bleiben, wie es die Scharia eigentlich vorsieht, kann ihr dieses Recht vorzeitig entzogen oder gegen die Scheidung abgehandelt werden. Allerdings haben heute viele islamische Länder die Zeitdauer der Personensorge durch die Mutter angehoben und erlauben der Mutter die Fürsorge bis zum Alter von 15 Jahren für Jungen und bis zum Alter von 18 Jahren für Mädchen.

307 Schirrmacher, Die Scharia, a. a. O., S. 49ff.

308 Ebenda, S. 54.

309 „Scharia-Gerichte in Deutschland", Antrittsvorlesung von Christine Schirrmacher an der Universität Bonn am 17.12.2012.

310 „Wenn Friedensrichter ihre Visitenkarten verteilen", in: FAZ vom 18.04.2014.

311 Übersetzung nach Khoury.

312 Al-Buhari, Die Sammlung der Hadithe, a. a. O., S. 304.

313 Abrufbar unter al-sakina.de.

314 Diese Sichtweise kommt beispielsweise in Schriften von Islamwissenschaftlern wie Rudi Paret, Hartmut Bobzin, Annemarie Schimmel, Tilman Nagel, Angelika Neuwirth sowie Gudrun Krämer, auf deren *Geschichte des Islam* ich mich hier teilweise beziehe, zum Ausdruck.

315 Krämer, Geschichte des Islam, a. a. O., S. 30.

316 Ebenda, S. 32.

317 Im Folgenden weitgehend nach Pressburg, Good Bye Mohammed, a. a. O., S. 28ff., 46ff.

318 Ebenda, S. 122.

319 Ebenda, S. 151f.

320 Ebenda, S. 157ff.

321 Ebenda, S. 177f.

322 Ebenda, S. 177f.

323 Jaya Gopal, Gabriels Einflüsterungen – Eine historisch-kritische Bestandsaufnahme des Islam, Freiburg im Breisgau 2008, S. 53f.

324 Philip Khuri Hitti, The Arabs, 1948, S. 33, zitiert nach Gopal, Gabriels Einflüsterungen, a. a. O., S. 54.

325 Zahlenangaben nach Pressburg, Good bye Mohammed, a. a. O., S. 43.

326 Gopal, Gabriels Einflüsterungen, a. a. O., S. 55f.

327 Weitgehend und stark gekürzt gemäß einem von Christine Schirrmacher verfassten Skript der efg Berlin (abrufbar unter http://www.efg-hohenstaufenstr.de/downloads/texte/islam_christentum_vergleich.html).

328 „Denn die heilige Mutter Kirche hält aufgrund apostolischen Glaubens die Bücher sowohl des Alten wie des Neuen Testamentes in ihrer Ganzheit mit allen ihren Teilen für heilig und kanonisch, weil sie, auf Eingebung des Heiligen Geistes geschrieben, Gott zum Urheber (Autor) haben und als solche der Kirche übergeben sind", so der Katechismus der Katholischen Kirche, a. a. O., Nr. 105. „Das Alte Testament bereitet das Neue vor, während dieses das Alte vollendet. Beide erhellen einander; beide sind wahres Wort Gottes", ebenda, Nr. 140.

329 Zeit Online vom 10.01.2016 u. a.

330 Tomas Avenarius, Fundamentalisten mit grünem Textmarker, in: Süddeutsche Zeitung vom 13.01.2015 (sueddeutsche.de).

331 Interview im Spiegel vom 28.01.2013.
332 Siehe u. a. Arab Human Development Report (AHDR) und Human Development Index (HDI).
333 Pressburg, Good Bye Mohammed, a. a. O., S. 218, 233.
334 „Gott ist kein Diktator", Interview mit Mouhanad Khorchide, in: Die Zeit vom 04.10.2012; Anlass für das Interview war das Erscheinen seines Buches *Islam ist Barmherzigkeit – Grundzüge einer modernen Religion.*
335 Zitiert nach Pressburg, Good bye Mohammed, a. a. O., S. 217.
336 Zitiert nach Markus C. Schulte von Drach, Guter Islam, böser Islam, in: Süddeutsche Zeitung vom 02.03.2016 (sueddeutsche.de).
337 Pressburg, Good Bye Mohammed, a. a. O., S. 225.
338 Ebenda, S. 224.
339 Im Folgenden teilweise gemäß der Koran-Übersetzung von Muhammad Asad (ursprünglich Leopold Weiss), abrufbar unter www.koran-auf-deutsch.de.
340 Interview in Die Zeit vom 07.12.2015.
341 Zitiert nach einem Interview in Die Welt vom 27.09.2015.
342 Salman Rushdie im Interview mit dem Stern, Heft Nr. 39 vom 17.09.2015, S. 62.
343 Auf Stellungnahmen westlicher, teils atheistischer Religionskritiker wie Michel Onfray, Richard Dawkins, Christopher Hitchens, Sam Harris oder der Redakteure und Zeichner von *Charlie Hebdo* sowie auch der bekannten italienischen Journalistin Oriana Fallaci kann ich hier nicht weiter eingehen.
344 Verschiedene Texte Badawis sind veröffentlicht in: Raif Badawi (Hrsg. Constantin Schreiber), 1000 Peitschenhiebe, Berlin 2015.
345 Zitiert nach Martin Gehlen, Terror beim Abendgebet, in: Frankfurter Rundschau vom 06.07.2016.
346 Hierzu und im Folgenden zum Teil nach Markus C. Schulte von Drach, Guter Islam, böser Islam, Essay in Süddeutsche Zeitung vom 02.03.2016 (sueddeutsche.de).
347 Ebenda.
348 Pressburg, Good Bye Mohammed, a. a. O., S. 28.
349 Zitiert nach Schulte von Drach, Guter Islam, böser Islam, a. a. O.
350 Armin Pfahl-Traughber, Dossier Islamismus für die Bundeszent-

rale für politische Bildung, 2011; zitiert nach Wikipedia, Stichwort Islamismus.
351 Tilman Nagel, Islam oder Islamismus? Probleme einer Grenzziehung, in: Hans Zehetmair: Der Islam. Im Spannungsfeld von Konflikt und Dialog, Wiesbaden 2005, S. 25–26, 32–33.
352 Vgl. auf Statistik-Portal die Webseite https://de.statista.com/statistik/daten/studie/380914/umfrage/anteil-der-muslime-an-der-bevoelkerung-in-europa-und-der-welt/.
353 Tilman Nagel, Kann es einen säkularisierten Islam geben?, Aufsatz in „aktuelle analysen 26" der Hanns-Seidel-Stiftung, München 2001, S. 19 u. Fußnote 12.
354 Christine Schirrmacher, Islam und Demokratie – ein Gegensatz?, Holzgerlingen 2013; das Interview ist abrufbar unter www.kath.net/BonnerQuerschnitte.
355 Die Tabellen wurden von mir anhand der Untersuchungsergebnisse gesondert generiert.
356 Avenarius, Fundamentalisten mit grünem Textmarker, a. a. O.
357 Dominik Peters, Prinz Mohammed, der kleine Reformator, zitiert nach Spiegel Online vom 25.10.2017.
358 Im Folgenden wörtlich nach http://lib-ev.jimdo.com.
359 http://saekulare-muslime.org/freiburger-deklaration/.
360 Interview mit Abdel-Hakim Ourghi in: Die Zeit vom 22.09.2016.
361 Interview mit Bülent Ucar in: FAZ vom 18.01.2015 (www.faz.net).
362 Mouhanad Khorchide, Mekka und Medina, in: FAZ vom 18.12.2015.
363 Mouhanad Khorchide, Interview in Die Zeit vom 04.10.2012 zum Erscheinen seines Buches *Islam ist Barmherzigkeit – Grundzüge einer modernen Religion*.
364 Nach Khorchide, Mekka und Medina, a. a. O.
365 Beispielsweise schreibt der Islamwissenschaftler Tilman Nagel: „Die Annahme, einem rigiden, unduldsamen ‚Gesetzesislam' stehe eine ‚tolerante' sufistische Strömung entgegen, gehört zu den Fiktionen der europäischen Islamschwärmerei und wird durch die historischen Fakten tausendfach widerlegt." (Zitiert nach Jörg Lau, Zeit Online vom 09.07.2007). Vgl. Kritik der Süddeutschen Zeitung vom 20.10.2015 zu Kermanis Aufforderung zum Gebet im Rahmen seiner Paulskirche-Rede und vom 06.08.2016 am Sufismus mit dem Beitrag „Warum der Sufismus gar nicht so friedlich ist" des

Schriftstellers und Kenners der islamischen Kultur Stefan Weidner.

366 Die rechtliche Zulässigkeit ihres Handelns ist unter Juristen umstritten. Die engen Leitplanken des deutschen und europäischen Asylrechts seien „gesprengt worden", sagte beispielsweise der ehemalige Präsident des Bundesverfassungsberichts Hans-Jürgen Papier in einem Interview mit dem Handelsblatt vom 12.01.2016; es gebe kein voraussetzungsloses Recht auf Einreise für Nicht-EU-Ausländer. Allerdings billigte der Europäische Gerichtshof Merkel zu, dass sie so handeln durfte; vgl. Kommentar von Heribert Prantl in der Süddeutschen Zeitung vom 26.7.2017 (www.sueddeutsche.de).

367 Teils wörtlich zitiert nach Bild Online vom 08.09.2015.

368 Idea-Webseite vom 17.11.2015. Diese Ansicht vertrat Göring-Eckardt bei der Aussprache zum EKD-Ratsbericht am 8. November 2015 vor der Synode in Bremen.

369 Siehe Kapitel Leben ohne Gott – Glücklich ohne Gott, Das Verschwinden der Gottesgläubigkeit, und die dort angegebenen Quellen.

370 Interview mit „Die Welt" vom 27.9.2015 (www.welt.de).

371 Mouhanad Khorchide, Interview in Die Zeit vom 04.10.2012 zum Erscheinen seines Buches *Islam ist Barmherzigkeit – Grundzüge einer modernen Religion*.

372 Norbert Hoerster, Die Frage nach Gott, München 2010, S. 114f.

373 Peter Henkel, Ach der Himmel ist leer, Berlin 2009, S. 19f.

374 Michael Schmidt-Salomon, Manifest des evolutionären Humanismus, Aschaffenburg 2006, S. 57f.

375 Zu Beispielen siehe Gary Marcus, Murks – Der planlose Bau des menschlichen Gehirns, Hamburg 2009.

376 Vgl. Hermann-Michael Hahn, Der Kosmos ist am Einnicken, in: Die Zeit vom 20.08.2015.

377 Ole Benedictow: The Black Death 1346–1353, zitiert nach Ärzte Zeitung vom 30.08.2004.

378 Mitteilung der UNAIDS, der Aids-Organisation der Vereinten Nationen, zitiert nach Ärztezeitung vom 12.07.2010.

379 Festvortrag anlässlich der Verleihung des Dr.-Leopold-Lucas-Preises der Evangelisch-theologischen Fakultät der Universität Tübingen im Jahr 1984, erschienen in: Hans Jonas, Der Gottesbegriff nach Auschwitz, Berlin 2016, S. 7.

380 Ebenda, S. 41.
381 Metzinger, Spiritualität und intellektuelle Redlichkeit, a. a. O., S. 23.
382 Lawrence M. Krauss, Ein Universum aus dem Nichts, München 2013.
383 Hawking/Mlodinow, Der große Entwurf, a. a. O., S. 143, 160.
384 So versuchte der britische Physiker Roger Penrose die Wahrscheinlichkeit dieser „Feinabstimmung" der angenommenen 37 physikalischen Größen/Naturkräfte zu berechnen und kam auf eine Zahl von 10 hoch 10 hoch 123.
385 Krauss, Ein Universum aus dem Nichts., a. a. O., S. 169f.
386 Zeit-Interview mit Alexander Vilenkin und Andrei Linde vom 23.02.2008.
387 Ebenda.
388 Teilweise nach Michael Schmidt-Salomon, Leibniz war kein Butterkeks, München 2011, S. 51ff.
389 Vgl. hierzu auch Norbert Hoerster, Was können wir wissen, München 2010, S. 104.
390 Hans Küng, Existiert Gott?, München 1978, S. 19.
391 Hans Albert, Das Elend der Theologie, Aschaffenburg 2012, Eingangskapitel.
392 Franz Buggle, Denn sie wissen nicht, was sie glauben, Reinbek 1992.
393 Gerhard Czermak, Problemfall Religion, Marburg 2014, S. 13f.
394 Flasch, Warum ich kein Christ bin, a. a. O., S. 257.
395 Freud, Die Zukunft einer Illusion, a. a. O.
396 Die „Natürliche Theologie" wird von der „Offenbarungstheologie" abgegrenzt, welche die sogenannte „übernatürliche Offenbarung Gottes" als Quelle der Gotteserkenntnis einbezieht.
397 Anselm von Canterbury, Proslogion, Kap. II–IV, aus: Kann Gottes Nicht-Sein gedacht werden? Die Kontroverse zwischen Anselm von Canterbury und Gaunilo von Marmoutiers. Lateinisch-Deutsch. Übersetzt, erläutert und herausgegeben von Burkhard Mojsisch, Mainz 1989, S. 50–59, zitiert nach http://www.philosophie.uni-muenchen.de/studium/das_fach/warum_phil_ueberhaupt/arbeitsblatt_gottesbeweise.pdf.
398 Thomas von Aquin, Summa Theologica, Teil 1, Quaestio 2 (wiedergegeben u. a. unter http://12koerbe.de/pan/st1qu2.htm); zur Kri-

tik siehe u. a. Dawkins, Der Gotteswahn, a. a. O., S. 108ff.; Richard David Precht, Wer bin ich und wenn ja, wieviele?, München 2007, S. 277ff.
399 Schopenhauer, Parerga und Paralipomena, Bd. 2, a. a. O., Kap. XV, § 182, S. 342f.
400 Iring Fetscher: Besprechung von Blaise Pascals „Pensees", in: ZEIT-Bibliothek der 100 Bücher, Frankfurt am Main 1980, S. 85.
401 Vgl. Schmidt-Salomon, Manifest des evolutionären Humanismus, a. a. O., S. 36ff.
402 Alan Posener, Benedikts Kreuzzug. Der Angriff des Vatikans auf die moderne Gesellschaft, Berlin 2009.
403 Interview mit Alan Posener von Eren Güvercin vom 12.11.2009, abrufbar unter https://www.heise.de/tp/features/Ich-greife-den-Papst-an-weil-er-die-Aufklaerung-angreift-3383301.html.
404 Buggle, Denn sie wissen nicht, was sie glauben, a. a. O., S. 244ff.
405 Küng, Existiert Gott?, a. a. O., S. 758.
406 Metzinger, Spiritualität und intellektuelle Redlichkeit, a. a. O., S. 15–19.
407 Küng, Christ sein, a. a. O., S. 338ff.
408 Albert, Das Elend der Theologie, a. a. O., S. 89ff.
409 Prominentere Ausnahmen sind z. B. Martin Schulz, der gegenüber chrismon 2014 äußerte: „Für mich sind wir Menschen das Resultat eines natürlichen Prozesses, mit unserem Tod hört unsere geistige Existenz auf", oder der konfessionslose Christian Lindner.
410 Schopenhauer, Parerga und Paralipomena, Bd. 2, a. a. O., Kap. XV, § 174, S. 287.
411 Alan Posener, Respekt? Aber wieso denn?, in: Die Welt vom 25.09.2012.
412 Dies und im Folgenden teilweise nach Dirk Kurbjuweit, Friede den Wehr-Christen, in: Der Spiegel 33/2012.
413 So u. a. die frühere Bundesjustizministerin Sabine Leutheusser-Schnarrenberger, der Göttinger Staats- und Kirchenrechtler Hans Michael Heinig sowie der Bundesrichter in Karlsruhe Thomas Fischer.
414 Der Grünen-Politiker Volker Beck gemäß Zeit Online vom 12.01.2015.

Anlage 3

415 Thomas Fischer, Ist Gotteslästerung ein notwendiger Straftatbestand, in: Zeit Online vom 03.05.2015.
416 Zeit Online vom 21.09.2012.
417 Vgl. u. a. Eric Hilgendorf, in hpd – Humanistischer Pressedienst vom 09.07.2012, Artikel zur Beschneidungsproblematik.
418 Zur Frage, ob die Aufklärung mit Schuld sei an der „Ermöglichung des Nationalsozialismus" vgl. v. a. Schmidt-Salomon, Manifest des evolutionären Humanismus, a. a. O., S. 83–92.
419 Der Begriff wird in Kants *Grundlegung zur Metaphysik der Sitten* vorgestellt und in der *Kritik der praktischen Vernunft* entwickelt.
420 Nachweise zu den genannten Punkten finden sich bei Rolf Bergmeier, Schatten über Europa – Der Untergang der antiken Kultur, Aschaffenburg 2012 oder bei Peter Watson, Ideen, München 2008.
421 Auf dieses Zitat wird z. B. in der Gedenkstätte am Obersalzberg bei Berchtesgaden, wo Hitler häufig residierte, hingewiesen.
422 Auszug aus dem exzellenten Artikel „Martin Luther und die Juden" in Wikipedia, ebenso das folgende Zitat. Dokumente zur Judenfeindlichkeit Martin Luthers und von Vertretern der evangelischen Kirche zur Zeit des Nationalsozialismus sind enthalten in Der Theologe Nr. 28, abrufbar unter http://www.theologe.de/martin_luther_juden.htm.
423 Enzyklika „Mirari vos" vom 15.08.1832 (Papst Gregor XVI), abrufbar unter http://www.domus-ecclesiae.de/magisterium/mirari-vos.teutonice.html.
424 Ihr Ausgangspunkt war, dass das Landgericht Köln am 7. Mai 2012 urteilte, die (im Islam und Judentum übliche) Beschneidung von Jungen sei strafbar, da es sich um Körperverletzung (§ 223 StGB) handle. Im konkreten Fall ging es um einen vier Jahre alten muslimischen Jungen, bei dem es nach der Beschneidung zu Komplikationen (Nachblutungen) gekommen war. Nach dem Urteil setzte eine erregte Debatte ein – an deren Ende der Deutsche Bundestag einen gesonderten Paragrafen (§ 1631d BGB) beschloss, der die herrschende Beschneidungspraxis billigte. Der neu eingefügte § 1631d lautet: „(1) Die Personensorge umfasst auch das Recht, in eine medizinisch nicht erforderliche Beschneidung des nicht einsichts- und urteilsfähigen männlichen Kindes einzuwilligen, wenn diese nach den Regeln der ärztlichen Kunst durchgeführt werden soll. Dies gilt nicht, wenn durch die Beschneidung auch unter Berücksichtigung ihres Zwecks das Kindeswohl gefährdet wird. (2) In den ersten sechs Monaten nach der Geburt des Kindes

dürfen auch von einer Religionsgesellschaft dazu vorgesehene Personen Beschneidungen gemäß Absatz 1 durchführen, wenn sie dafür besonders ausgebildet und, ohne Arzt zu sein, für die Durchführung der Beschneidung vergleichbar befähigt sind."

425 Zitiert nach Dirk Kurbjuweit, Gott ist nicht Politiker, in: Der Spiegel 14/2011.
426 Ebenda.
427 Ebenda.
428 Bericht unter https://forum.digitalfernsehen.de vom 30.08.2004, der sich auf Schätzungen von Carsten Frerk stützt.
429 Siehe Kapitel „Das Verschwinden der Gottesgläubigkeit" und die dort angegebenen Quellen.
430 Im Folgenden weitgehend entsprechend der Systematik und dem Zahlenmaterial nach Carsten Frerk, Violettbuch Kirchenfinanzen, Aschaffenburg 2010.
431 Leicht geänderte Tabelle nach Frerk, Violettbuch Kirchenfinanzen, a. a. O., S. 259. Sie berücksichtigt insbesondere nicht die Sonderbereiche Caritas und Diakonie.
432 Zahlenangaben nach Süddeutscher Zeitung vom 22.06.2016; die Zahl der Kirchenmitglieder nach Zeit Online vom 21.07.2017.
433 Soweit möglich, wählte Frerk das Bezugsjahr 2009, wenn andere Jahre berücksichtigt wurden, ist dies entsprechend vermerkt.
434 Frerk, Violettbuch Kirchenfinanzen, a. a. O., S. 69.
435 Ebenda, S. 121ff.
436 Ebenda, S. 133–136; laut Frerk sind die für die kirchliche Ausbildung angesetzten Steuergelder von jährlich 509 Millionen Euro zu niedrig geschätzt, da weitere geförderte Teilbereiche fehlten.
437 Ebenda, S. 125f.
438 Ebenda, S. 129–131.
439 Ebenda, S. 136ff.
440 Ebenda, S. 137.
441 Hierzu und zu den weiteren Ausführungen diese Kapitels: ebenda, S. 140ff.
442 Ebenda, S. 152ff.
443 Gemäß Website der ARD ist zwischen zwei Arten von Angeboten zu unterscheiden: (1) Verkündigungssendungen (Gottesdienste

u. Ä.), die den Religionsgemeinschaften nach entsprechenden Regelungen in den Rundfunkgesetzen und staatsverträgen eingeräumt werden, und (2) redaktionell von den Rundfunkanstalten verantwortete Sendungen zu kirchlichen und religiösen Themen und Ereignissen (beispielsweise Berichterstattungen über Kirchentage). Der Anspruch auf Sendezeit ist gesetzlich in der Regel den evangelischen Kirchen, der katholischen Kirche und den jüdischen Kultusgemeinden eingeräumt. Ein Anspruch auf Sendezeiten besteht „für die Übertragung gottesdienstlicher Handlungen ... sowie sonstiger religiöser Sendungen – auch solcher über Fragen ihrer öffentlichen Verantwortung".

444 Frerk, Violettbuch Kirchenfinanzen, a. a. O., S. 206ff.

445 Ebenda, S. 215.

446 Die Kosten der Erhebung der Kirchensteuern durch die Kirchen selbst könnte – nach den Erfahrungen in Österreich – bei 20–25 Prozent des Kirchensteueraufkommens liegen, auf Deutschland bezogen also bei 1,9–2,3 Milliarden Euro. Demgegenüber bedeuten die 280 Millionen Euro, die der deutsche Fiskus den Kirchen als Pauschale berechnet, eine Begünstigung in der Größenordnung von 1,6–2 Milliarden Euro. Durch die kostenlose Berechnung und Abführung der Kirchensteuer durch die Arbeitgeber vermeiden die Kirchen rund 280 Millionen Euro an weiteren eigenen Kosten. Vgl. ebenda, S. 47.

447 Im Folgenden weitgehend nach Frerk, Violettbuch Kirchenfinanzen, a. a. O., S. 62ff.

448 Freud, Die Zukunft einer Illusion, a. a. O.

449 Karen Armstrong, Die Geschichte von Gott, München 2012, S. 562f.

450 Ebenda, S. 567f.

451 Ebenda, S. 570f.

452 Robert Spaemann im Interview in: Der Spiegel 24/2014.

453 Alfred Binder, Religion, Aschaffenburg, 2012, S. 152f.

454 Ronald Dworkin, Religion ohne Gott, Berlin 2014, S. 11f.

455 Bernhard Rensch, Biophilosophie auf erkenntnistheoretischer Grundlage, Stuttgart 1968, S. 267, zitiert nach Franz M. Wuketits, Was Atheisten glauben, Gütersloh 2014, S. 54.

456 Interview in der Frankfurter Rundschau vom 20.05.2015; Detlef Pollack und Gergely Rosta, Religion in der Moderne. Ein internationaler Vergleich, Frankfurt am Main/New York 2015.

457 Armstrong, Die Geschichte von Gott, a. a. O., S. 590.
458 Nach Wikipedia, Artikel Religionen in Deutschland.
459 Vgl. u. a. Statistikportal de.statista.com. Nicht einbezogen ist die Zahl der orthodoxen Christen (insbesondere aus Griechenland sowie den Balkan- und osteuropäischen Staaten), die insgesamt auf etwa 1,2–1,5 Millionen geschätzt werden.
460 Gemäß Bundesamt für Migration (bamf.de vom 16.12.2016).
461 Fortschreibung der für 2015 genannten Werte der Forschungsgruppe Weltanschauungen in Deutschland (fowid) vom 20.12.2016 sowie Wikipedia, Artikel Religionen in Deutschland.
462 Vgl. Broschüre der EKD, Zahlen und Fakten zum kirchlichen Leben 2014.
463 Umfrageergebnisse unter statista,com vom Mai 2011.
464 Repräsentative Umfrage des INSA-Instituts von Anfang April 2012, zitiert nach Focus vom 07.04.2012.
465 Mitteilung der deutschen Bischofskonferenz, zitiert nach Zeit Online vom 21.07.2017.
466 Nach Der Spiegel 13/2016.
467 Interview in der Frankfurter Rundschau vom 20.05.2015; Pollack/Rosta, Religion in der Moderne, a. a. O.
468 Gottes unheimliche Macht, in: Der Spiegel 13/2016.
469 Gemäß den Zahlen des amerikanischen Marktforschers Barry Kosmin verlieren in den USA die Kirchen jedes Jahr bis zu einer Million Mitglieder. Die Zahl der Konfessionslosen hat sich danach in den USA in den letzten 20 Jahren auf 25 Prozent verdoppelt.
470 Die Welt vom 17.02.2016. Der Erziehungswissenschaftler Gerhard de Haan nennt die Zahl von 25 Prozent vermutlich zukünftiger Konfessionsangehöriger; „Ohne Belohnung läuft gar nichts", Gespräch (gemeinsam mit dem Hirnforscher Gerhard Roth) mit der WirtschaftsWoche vom 14.04.2013.
471 Dies legt u. a. auch eine 2015 durchgeführte Erhebung des Infas-Instituts für angewandte Sozialwissenschaft im Rahmen eines Gemeinschaftsprojekts mit der Wochenzeitung *Die Zeit* nahe.
472 Wuketits, Was Atheisten glauben, a. a. O., S. 156.
473 Offizielle Statistiken zu China gibt es nicht bzw. sind mir nicht bekannt. Umfragen zufolge sind zusammen etwa 30 Prozent der Ge-

samtbevölkerung Anhänger des chinesischen Volksglaubens (Schenismus) und des Daoismus; knapp 18 Prozent sind Buddhisten, jeweils über 4 Prozent sind Anhänger einheimischer Religionen von ethnischen Minderheiten und Christen, mindestens 2 Prozent sind Muslime, während Atheisten und Agnostiker etwa 42 Prozent der Gesamtbevölkerung ausmachen. Viele bekennen sich auch zu mehreren Religionen. Der Konfuzianismus, der eher als Sozialethik denn als Religion gilt, wurde in den Zahlenangaben nicht als „Religion" berücksichtigt (Zahlenangaben nach Wikipedia).

474 Der Pantheist (pan = alles, theos = Gott) glaubt nicht daran, dass Gott personal ist oder es viele personale Götter gibt. Er glaubt, dass die Welt Gott ist, dass es eine göttliche Kraft, ein göttliches Prinzip gibt.

475 Prozentangaben nach Josef Joffe, „Gott ist Amerikaner", in: Die Zeit Nr. 9/2011.

476 Albert Einstein, Mein Weltbild, Hrsg. Carl Seelig, Frankfurt, Berlin 1991, S. 26.

477 Spinoza, Theologisch-politisches Traktat, a. a. O.

478 Zitiert nach FAZ vom 31.10. 2012.

479 Krauss, Ein Universum aus dem Nichts, a. a. O., S. 226.

480 Norbert Hoerster, Die Frage nach Gott, a. a. O., S. 53f.

481 So äußerte Adolf Hitler u. a.: „So glaube ich heute im Sinne des allmächtigen Schöpfers zu handeln: Indem ich mich der Juden erwehre, kämpfe ich für das Werk des Herrn." Oder: „Die katholische Kirche hat 1500 Jahre lang die Juden als Schädlinge angesehen ... Ich gehe zurück auf die Zeit, was man 1500 Jahre lang getan hat ... und vielleicht erweise ich dem Christentum den größten Dienst." Entsprechende Zitate beispielsweise auch von Adolf Eichmann, SS-Obersturmbannführer und einer der Hauptverantwortlichen für den Holocaust: „Ich tat reinen Gewissens und gläubigen Herzens meine Pflicht", oder: „Gottgläubig war ich im Leben, und gottgläubig sterbe ich."

482 Anton Grabner-Haider und Franz Wuketits, Religion als Zeitbombe, Aschaffenburg 2016.

483 Rüdiger Vaas und Michael Blume, Gott, Gene und Gehirn, Stuttgart 2009, zitiert nach Wuketits, Was Atheisten glauben, a. a. O., S. 104.

484 Wuketits, Was Atheisten glauben, a. a. O., S. 81f.

485 Dawkins, Der Gotteswahn, a. a. O., S. 296ff.
486 Ebenda, S. 304f.
487 Dies und im folgenden Wuketits, Was Atheisten glauben, a. a. O., S. 83ff.
488 William James in seiner Schrift *Pragmatisme* von 1908, hier nach Wuketits, Was Atheisten glauben, a. a. O., S. 96f.
489 Aus seinem – im französischen Original 1770 erschienenen – Werk *System der Natur und von den Gesetzen der physischen und der moralischen Welt*, Berlin 1960, S. 514f., zitiert nach Wuketits, Was Atheisten glauben, a. a. O., S. 100f.
490 Im Folgenden teilweise nach Kubitza, Der Jesuswahn, a. a. O., S. 333ff.
491 Flasch, Warum ich kein Christ bin, a. a. O., S. 219.
492 Ebenda, S. 218.
493 Ebenda, S. 218.
494 Schmidt-Salomon, Manifest des evolutionären Humanismus, a. a. O., S. 156ff.
495 Umfrage in den USA gemäß Pew Center 2010, zitiert nach Der Spiegel 30/2011.
496 Zitiert nach FAZ vom 31.10.2012.
497 Interview mit Thomas Metzinger in: Die Zeit vom 20.08.2007.
498 Max Horkheimer und Theodor W. Adorno, Dialektik der Aufklärung, Frankfurt am Main 1988, Vorrede.
499 Hier und im Folgenden wird auf die Argumente Michael Schmidt-Salomons in Manifest des evolutionären Humanismus, a. a. O., S. 83–92 abgestellt.
500 Ebenda, S. 84ff. mit Verweis u. a. auf Pfahl-Traughber, Sind Kommunismus und Nationalsozialismus politische Religionen?, in: humanismus aktuell 3/1998 zum Stand der Forschung.
501 Erich Fromm, Die Furcht vor der Freiheit, in: Erich Fromm, Gesamtausgabe, Bd. 1, München 1989, S. 217f., zitiert nach Schmidt-Salomon, Manifest des evolutionären Humanismus, a. a. O., S. 88.
502 Schmidt-Salomon, Manifest des evolutionären Humanismus, a. a. O., S. 89f.
503 „Ich hasse das Thema Glück mittlerweile", Interview mit Wilhelm Schmid, in: Die Zeit vom 05.01.2016.

504 Norbert Hoerster, Die Frage nach Gott, a. a. O., S. 85; die von ihm verwendeten Zitate sind entnommen: Thomas von Aquin, Summa theologica, deutsch-lateinische Ausgabe, hrsg. von der Albertus-Magnus-Akademie Walberberg, Bd. 36, Heidelberg u. a., 1961, S. 181.

505 Zitat aus: Der Spiegel 22/2007.

506 Armstrong, Die Geschichte von Gott, a. a. O., S. 562f.

507 Ludwig Feuerbach, Die Unsterblichkeitsfrage vom Standpunkte der Anthropologie (1846), in: Gesammelte Werke, hrsg. von W. Schuffenhauer, Bd. 10, Berlin 1971, S. 282.

508 Interview mit Rolando Villazón in: Welt am Sonntag vom 30.11.2015.

509 Quelle: Bestattungen.de – Umfrage 11/2012.

510 Marie Luise Kaschnitz, Kein Zauberspruch. Gedichte, Frankfurt am Main 1972.

511 Norbert Hoerster, Die Frage nach Gott, a. a. O., S. 67ff.

512 Ebenda, S. 74.

513 Ebenda, S. 76f.

514 Jean-Paul Sartre, Ist der Existentialismus ein Humanismus? Drei Essays, Frankfurt 1989, S. 11.

515 Albert Camus, Der Mythos des Sisyphos, Reinbek 2016, S. 15.

516 Thomas Assheuer, in: Die Zeit vom 05.08.2010.

517 Camus, Der Mythos des Sisyphos, a. a. O., S. 145.

518 Friedrich Nietzsche, Die fröhliche Wissenschaft, 3.Buch, Nummer 270, S. 519, in: Kritische Studienausgabe Nr.3, München 1999.

519 Wilhelm Schmid, a.a.O.

520 Alexander Garth, Zum Glück gibt es keinen Gott! – Das Glück der Gottlosen, http://www.alexandergarth.de/content/download/Das_Glueck_der_Gottlosen.pdf.

521 Leipziger Volkszeitung vom 27.05.2016, http://www.lvz.de/Specials/Themenspecials/Katholikentag/Auch-ohne-Glauben-gluecklich-Atheisten-und-der-Katholikentag-in-Leipzig.

522 Studie eines Forscherteams der Humboldt-Universität u. a., zitiert nach Spiegel Online vom 30.09.2011.

523 Das Gallup-Institut befragte nach eigenen Angaben mehr als 63.000 Menschen in 63 Ländern; zitiert nach Frankfurter Rundschau vom 13.04.2015.

524 Interview in der Frankfurter Rundschau vom 20.05.2015; Pollack/ Rosta, Religion in der Moderne, a. a. O.
525 Alexander Garth, Zum Glück gibt es keinen Gott! Das Glück der Gottlosen, a. a. O.
526 Flasch, Warum ich kein Christ bin, a. a. O., S. 254 sowie im Weiteren S. 255–263.
527 Wuketits, Was Atheisten glauben, a. a. O., S. 45.
528 Ein von Max Weber verwendeter Begriff, mit dem er die Entwicklung zusammenfasst, die sich aus der Intellektualisierung und Rationalisierung ergibt, die vor allem mit der Entwicklung der Wissenschaft einhergeht. Max Weber, Wissenschaft als Beruf (1919), in: Politik und Gesellschaft, Lizenzausgabe für Zweitausendeins, Neu-Isenburg 2006, S. 1025.
529 Gemäß der europaweiten Studie „Generation What" aus dem Jahr 2016 zur Lebenswelt junger Menschen, zitiert nach http://www.swr.de/swrinfo/die-generation-what-gluecklich-ohne-auto-tv-und-gott.
530 Aus einem Brief Gottfried Kellers an seinen Freund, den Dirigenten und Komponisten Wilhelm Baumgartner, vom 27.03.1851.